财政部规划教材
全国高等院校财经类专业规划教材

绿色金融

张　云　杨凌霄　沈娴瑜　主编

中国财经出版传媒集团
中国财政经济出版社
· 北京 ·

图书在版编目（CIP）数据

绿色金融／张云，杨凌霄，沈娴瑜主编．-- 北京：中国财政经济出版社，2024.3
财政部规划教材　全国高等院校财经类专业规划教材
ISBN 978－7－5223－2809－6

Ⅰ.①绿…　Ⅱ.①张…　②杨…　③沈…　Ⅲ.①金融业－绿色经济－高等学校－教材　Ⅳ.①F83

中国国家版本馆 CIP 数据核字（2024）第 038741 号

责任编辑：苏小珺　　　　责任校对：张　凡
封面设计：北京兰卡绘世　　　　责任印制：党　辉

绿色金融
LÜSE JINRONG

中国财政经济出版社 出版
URL：http：//www.cfeph.cn
E－mail：cfeph@cfeph.cn

社址：北京市海淀区阜成路甲 28 号　邮政编码：100142
营销中心电话：010－88191522
天猫网店：中国财政经济出版社旗舰店
网址：https：//zgczjjcbs.tmall.com
北京中兴印刷有限公司印刷　各地新华书店经销
成品尺寸：185mm×260mm　16 开　29.75 印张　595 000 字
2024 年 3 月第 1 版　2024 年 3 月北京第 1 次印刷
定价：88.00 元
ISBN 978－7－5223－2809－6
（图书出现印装问题，本社负责调换，电话：010－88190548）
本社质量投诉电话：010－88190744
打击盗版举报热线：010－88191661　QQ：2242791300

前 言

面对气候变化问题与生态环境恶化的持续影响，推动绿色低碳转型已经成为全球共识。2020 年 9 月 22 日，我国在联合国大会宣示将提高国家自主贡献力度，二氧化碳排放力争于 2030 年前达到峰值，努力争取 2060 年前实现碳中和（简称“双碳”目标或“30·60”目标）。金融是现代经济的血脉，绿色金融作为促进经济绿色低碳可持续发展的新模式，通过优化资源配置，引导资金流向绿色低碳领域，激励企业绿色技术创新、加强环境与气候风险管理，促进生态环境改善、应对气候变化和实现资源节约高效利用。许多国家已经先后构建了自己的绿色金融体系，逐步完善绿色金融国际合作机制，共同促进全球气候、生态与经济社会的韧性发展。2016 年 8 月，中国人民银行等七部委联合发布《关于构建绿色金融体系的指导意见》，从顶层设计的战略高度规范绿色金融制度，内容不仅涉及绿色信贷、保险、基金、环境权益市场等具体的金融工具，还涉及中央与地方功能及责任的安排部署，国内与国际绿色金融市场业务的合作模式。

党的二十大报告指出，要推动绿色发展，促进人与自然和谐共生，要加快发展方式绿色转型，完善支持绿色发展的财税、金融、投资、价格政策和标准体系，发展绿色低碳产业，健全资源环境要素市场化配置体系。在政府的高度重视和全力推动下，我国绿色金融发展方兴未艾。监管部门关于绿色金融制度与标准体系的建设不断推陈出新，央行推出碳减排支持工具和支持煤炭清洁高效利用专项再贷款等政策工具，绿色金融改革创新试验区建设成果斐然，绿色金融创新产品层出不穷，多层次、多元化的绿色金融市场已然形成。2023 年，中央金融工作会议提出，要把更多金融资源用于促进科技创新、先进制造、绿色发展和中小微企业，明确指出要做好“绿色金融”等五篇大文章，绿色金融将为我国实体经济高质量发展提供更强大动力。

高质效的绿色金融推动金融体系与经济模式重塑的同时，也对金融人才的知识结构、创新意识、实践能力等提出了更高要求。绿色金融知识涉及金融、经济、气象、环境、能源、法律、政策等多学科、多领域，绿色金融人才需要在融会贯通相关理论知识的基础上熟悉实务流程，紧密跟踪制度政策、国际规则与社会发展的动态趋势，面对高标准的知识复合和持续更新的能力要求。2022 年，为贯彻落实《中共中央 国务院关于完整准确全面贯彻新发展理念做好碳达峰碳中和工作的意见》和《国务院关于印发2030年前碳达峰行动方案的通知》精神，以高等教育高质量发展服务国家碳达峰碳中和专业人才培养需求，教育部专门印发《加强碳达峰碳中和高等教育人才培养体系建设工作方案》的通知。因此，我国高等院校应该充分把握绿色金融人才的内涵要求与时代定位，整合校内外资源开发绿色金融系列课程与教材，将与绿色金融有关的理论知识与实践案例更好地融合于人才培养过程之中，为我国绿色金融与绿色经济的可持续发展注入强劲内力。

本书以我国绿色金融实践应用为重点，回溯了绿色金融的起源、演进和发展，从产品、政策、技术、合作等层面深入剖析绿色金融创新及其服务于绿色低碳转型的重要作用。全书分为14章。

第一章总述绿色金融及其相关概念。在梳理绿色金融概念演进与实践历程的基础上，解析碳达峰碳中和目标的内涵，介绍与绿色金融相关的气候投融资、转型金融与生物多样性金融的定义、标准、工具类型与市场实践等。

第二章至第八章从市场产品视角分别介绍绿色金融各领域的具体发展。第二章总体讲述绿色金融市场体系的内涵与构成，以及参与机构、工具产品与交易机制等。第三章介绍绿色信贷的概念、发展和管理等，并结合典型案例分析了绿色信贷创新产品类型等。第四章在介绍绿色债券的概念特征、标准与产品类型的基础上，分析市场发展现状、发行交易机制，并对绿色债券评估认证业务进行介绍。第五章介绍绿色基金的概念、分类、标准与发展情况，并聚焦讨论ESG标准与ESG基金发展等热点问题。第六章梳理了绿色保险的概念与功能，比较了国内外绿色保险制度发展，并结合典型案例分析了绿色保险的创新实践产品。第七章介绍绿色供应链金融的概念、原理、产品、实践案例与风险管理等。第八章围绕碳交易的经济学原理，介绍碳金融概念与碳金融产品，比较分析国内外碳金融市场的运行机制与发展现状。

第九章至第十三章从政策、技术、合作等角度介绍绿色金融外延关键议题。第九章在梳理碳排放负外部性与气候风险影响的基础上，介绍碳中和下货币政策的职能、工具创新和宏观审慎管理的发展。第十章介绍绿色金融科技的应用场景与实践发展。第十一章探讨环境风险的识别、评估、管理和金融机构开展环境风险管理的典型案例。第十二章梳理国内外绿色金融制度的历史演进、政策体系，分析我国绿色金融政策现存问题和借鉴启示。第十三章分析绿色金融国际合作机制，以及我国参与绿色金融国际合作的情况，讨论各国解决绿色金融共性问题的框架与思路。

第十四章结合实验软件，设计并介绍企业碳金融课程实验。在分析企业参与碳市场与减排投融资决策的背景下，梳理我国重点排放企业参与碳交易的制度逻辑与具体规则，介绍自主开发的企业碳金融虚拟仿真实验系统及步骤，以提升学生对碳金融知识的理解与应用能力。

本书由上海立信会计金融学院、浙江工商大学、上海师范大学、云南财经大学等教师团队联合编写，各章主要负责人为：第一章，张云、杨凌霄；第二章，刘娜、张云；第三章，方霞、杨振宇；第四章，杨凌霄；第五章，孙红梅、徐佳怡；第六章，张云（女）；第七章，方茜；第八章，张云、杨凌霄、沈娴瑜；第九章，张云、杨凌霄；第十章，周伟、陈瑾；第十一章，田原；第十二章，王向进；第十三章，葛璐澜；第十四章，王向进、张云、沈娴瑜。

本书编写过程中借鉴了同行专家、学者和研究机构的大量文献资料及研究报告，我们在此表示诚挚谢意！在本书出版之际，特别感谢中国财政经济出版社编辑的大力支持与辛苦付出。因水平经验有限，书中难免存在疏漏与不当之处，恳请广大师生和读者朋友提出宝贵意见和建议，后续将继续修改完善。

编 者

2024 年 2 月于上海

目录
Contents

第一章　绿色金融相关概念

学习要求

1. 掌握绿色金融的概念与功能定位。
2. 理解碳达峰碳中和内涵以及中国“双碳”目标。
3. 掌握气候投融资概念及其与绿色金融的关系。
4. 熟悉转型金融和生物多样性金融的概念，了解转型金融和生物多样性金融的发展现状。

本章导读

随着全球气候变化和环境问题日益严峻，绿色金融作为一种支持可持续发展的创新模式，正在引起世界各国的重视。在碳达峰碳中和目标下，与绿色金融相关的气候投融资、转型金融、生物多样性金融等新模式也随之蓬勃发展，为绿色低碳转型领域的资金需求和资源优化配置提供了重要支撑，为经济高质量发展持续赋能。

第一节　绿色金融概念

一、绿色金融概念

绿色金融是 20 世纪 90 年代发展起来的新概念和综合性交叉学科（Salazar，1998），并于2016年首次纳入G20峰会议题，明确绿色金融是指能够产生环境效益以支持可持续发展的投融资活动。

（一）绿色金融概念的国际演进

绿色金融的源起及内涵界定，与环境金融、可持续金融、气候金融等相关术语存在交叉。国外早期相关研究主要是从环境金融或可持续金融视角展开。《美国传统词典》将环境金融与可持续金融收录在同一个词条中，解释为利用多样化金融工具来保护环境。Devas（1994）分析了绿色金融和环境风险、法律责任之间的关系。White（1996）将绿色金融定义为环保的金融工具创新，环境风险是决策评价的重要因素。世界银行（2013）指出，绿色金融涉及环境治理、可再生能源、绿色建筑等多个行业。国际开发性金融俱乐部IDFC（2014）指出，绿色金融是用以支持可持续发展项目及环保产品的金融投资或者政策性投资，涉及气候金融、污染防治、生物多样性等可持续发展领域。德国发展研究所DIE（2016）将绿色金融定义为包括所有考虑到环境影响和增强环境可持续性的投资或贷款。其他一些主要国际组织对绿色金融的界定如表1－1所示。从相关概念的外延来看，可持续金融对应可持续发展理念，覆盖范围最广；绿色金融侧重环保因素对治理决策的影响，范围次之；气候金融则聚焦碳减排，内涵范畴相对较小（陈诗一，2019）。

表1－1　　主要国际组织对绿色金融概念的表述

国际组织	定义
联合国	旨在提高公共、私营和非营利部门向可持续发展优先事项提供，且主要来自银行、小额信贷、保险和投资等的资金流动。其中一个关键部分是更好地管理环境和社会风险，并平衡好商业回报与环境保护的关系
国际货币基金组织	金融部门通过支持减少气候变化风险和减轻不利气候事件的影响，在应对气候变化的斗争中可以发挥重要作用。长期机构投资者可以帮助重新平衡和分配与气候相关的风险，维护金融稳定。对冲工具（如灾难债券、指数保险）有助于防范日益增加的自然灾害风险，其他金融工具（如绿色股票指数、绿色债券、自愿去碳化举措）有助于将投资重新分配给“绿色”部门
经济合作与发展组织	绿色金融的目标是减少温室气体和提高气候弹性；改善环境目标，如空气和水质、生态系统和生物多样性，以及资源利用效率
亚洲开发银行	绿色金融是为可持续的地球提供资金，涵盖了项目的金融服务、体制安排、国家建议和政策，以及产品（债权、股权、保险或担保）的各个方面，目的是促进资金流向可以实现环境改善、减缓和适应气候变化，并提高自然资本保护和资源利用效率的经济活动和项目

资料来源：中信建投证券．绿色金融发展的国际经验、中国实践与政策建议［R］．2022.

2016年9月，在我国杭州举行的G20峰会上，G20绿色金融研究小组对绿色金融进行权威定义：“能够产生环境效益以支持可持续发展的投融资活动。这些环境效益包括减少空气、水和土壤污染，降低温室气体排放，提高资源使用效率，减缓和适应气候并体现其协同效应等。”发展绿色金融的目标是将环境外部性内部化，并强化金融机构对环境风险的认知，以提升环境友好型的投资和抑制污染型的投资（G20绿色金融研究小组，2016）。

（二）绿色金融概念的国内探讨

国内对绿色金融概念已有较多探讨。1995年，胥刚最早使用了“绿色金融”一词，认为绿色金融体现了金融在环境保护和资源配置中的导向作用，是一项富有建设性的战略规划。高建良（1998）将绿色金融定义为金融机构在可持续发展战略引领下的一种金融运营战略，本质上是将环境保护作为一项基本政策，通过金融业务促进环境保护与经济协调发展。熊学萍（2004）进一步明确了绿色金融的具体行动，即金融机构无论是面向企业、团体的借贷行为，还是面向个人的零售业务，都要注重对环境的保护、治理和对资源的节约使用，促进经济与生态的可持续、协调发展，从而实现人类自身的可持续发展。国务院发展研究中心“绿化中国金融体系”课题组（2016）从狭义和广义两个层面对绿色金融定义进行了归纳，狭义的绿色金融侧重于过程，重点关注绿色金融的评价标准，即哪些金融活动（或金融工具）是绿色的；广义的绿色金融侧重于如何构建绿色金融体系，推动经济转型、稳定和增长。而后，进一步从金融机构经营战略的层面拓展绿色金融的内涵，将之界定为既包括投融资活动的“绿化”，也涵盖社会风险、治理风险防控的绿色金融体系。马骏（2016）首次从政策工具的角度对绿色金融进行阐述，认为绿色金融是通过贷款、私募基金、发行债券和股票、保险等金融服务将社会资金引导至环保、节能、清洁能源和交通等绿色产业发展的一系列政策和制度安排。

2016年8月，中国人民银行、财政部等七部委联合印发《关于构建绿色金融体系的指导意见》（以下简称《意见》），首次对绿色金融的内涵进行了官方界定：绿色金融是指为支持环境改善、应对气候变化和资源节约高效利用的经济活动，即对环保、节能、清洁能源、绿色交通、绿色建筑等领域的项目投融资、项目运营、风险管理等所提供的金融服务。绿色金融体系是指通过绿色信贷、绿色债券、绿色股票指数和相关产品、绿色发展基金、绿色保险、碳金融等金融工具和相关政策支持经济向绿色化转型的制度安排。《意见》对于绿色金融的定义体现了三大要点：一是明确绿色金融目标在于支持有环境效益的项目，环境效益包括支持环境改善、应对气候变化和资源高效利用；二是明确绿色项目类别，这对界定绿色金融产品类型具有重要指导意义；三是明确绿色金融包括支持绿色项目投融资、项目运营和风险管理的金融服务，说明绿色金融不仅包括贷款和证券发行等融资活动，也包括绿色保险等风险管理活动，还包括有多种功能的碳金融业务。

二、绿色金融的发展历程

绿色金融起源可追溯至20世纪70年代，至今大致经历了3个阶段。

（一）萌芽探索期（20世纪70—90年代）

1972年6月，联合国人类环境会议在瑞典斯德哥尔摩举行，这是第一次共同讨论当代环境问题的国际会议，各国开始关注环境恶化的全球影响。1974年，联邦德国设立首家政策性环保银行“生态银行”，专门为环境保护和社会、生态业务提供融资支持，被认为是全球最早的绿色金融实践探索。1980年，美国出台《超级基金法案》，要求企业处理潜在的或者已经发生的环境损害问题。20世纪90年代后，全球变暖愈发严峻，1992年，联合国环境与发展会议在里约热内卢召开，参会各国就气候行动基本原则达成一致并开放签署《联合国气候变化框架公约》（United Nations Framework Convention on Climate Change，UNFCCC），推动了气候金融发展。同年，联合国也发布了《银行界关于环境可持续发展的声明》和《金融业环境暨可持续发展宣言》等文件，推动金融系统对可持续发展的认识。这一时期，许多发达国家政府、国际组织和金融机构开始了多种尝试与探索，为绿色金融发展积累了实践经验。

（二）加速发展期（1997—2009年）

1997年，《京都议定书》签订，明确“将大气中的温室气体含量稳定在一个适当的水平，进而防止剧烈的气候改变对人类造成伤害”的目标，标志着绿色金融进入提速发展阶段。2003年，花旗银行、荷兰银行、西德意志银行等借鉴世界银行的环境保护标准与国际金融公司的社会责任方针，将“环境要素的考量”作为国际项目融资的标准与规范，针对项目融资中资金总成本超过1000万美元的新项目以及因为扩充、改建对环境或社会造成重大影响的原有项目，制定了确定、评估和管理项目环境与社会风险的自愿性管控框架——赤道原则（Equator Principles，EPs），这被视为最早的绿色金融标准。2005年，《京都议定书》正式生效，开启了全球碳金融时代的新篇章，欧盟碳市场EU ETS同年开始运行，推动国际碳交易市场发展逐步成熟，碳金融业务不断发展。

（三）全面发展期（2010年至今）

2010年前后，在欧盟的带动下，以英国为首的发达国家开始相继成立专门的绿色投资银行（GIB），积极推行欧盟体系下的“绿色新政”。美国在 2009 年颁布了《美国清洁能源安全法案》，降低了环保和能源行业的税收比例，并以市场经济模式推动绿色金融发展。韩国于 2008 年起将每年 GDP 的 2% 用于绿色项目投资，并在 2010 年颁布了《低碳绿色增长基本法》，从国家战略层面对气候变化、能源、绿色产业等项目给出实施计划。这一阶段中，我国开始了绿色金融的实质探索，在政策体系、激励机制、披露要求、产品体系、监管体系和国际合作等方面都取得了长足进步，例如，2011 年开始了碳排放权交易试点；2012 年出台《绿色信贷指引》；2016 年发布《关于构建绿色金融体系的指导意见》；2017 年绿色金融配套政策密集落地，并在浙江、江西、广东、贵州、新疆 5 省（自治区）选择部分地区建设绿色金融改革试验区。而 2020 年“双碳”目标提出后，绿色金融发展进一步提速，《2030 年前碳达峰行动方案》对绿色金融做出总体规划与战略布局，2021 年启动全国碳排放权交易市场。

绿色金融发展历程中的重大事件如表 1－2 所示。

表 1－2　　绿色金融的发展历程

时间、事件	内容
1972 年，联合国人类环境会议	讨论当代环境问题的全球性影响及解决方案，关注环境问题的首次国际会议
1974 年，联邦德国设立首家政策性环保银行“生态银行”	专门为环境保护和社会、生态业务提供融资项目支持，被认为是最早的绿色金融实践探索
1980 年，美国出台《超级基金法案》	要求企业处理潜在的或已发生的环境损害问题，是世界上有记录最早的“绿色金融”制度
1987 年，世界环境与发展委员会正式发布《我们共同的未来》报告	首次提出“可持续发展”概念
1992 年，召开联合国环境与发展大会	《联合国气候变化框架公约》签订，《21 世纪议程》向绿色产业和低碳经济倾斜
1997 年，签订《京都议定书》	明确了“绿色经济”和“绿色金融”的研究发展内容
2001 年，世界银行发布《做出可持续的承诺——世界银行环境战略》报告	金融行业运营的基本目标是促进经济的发展、贫困的减少和环境的改善
2003 年，国际金融公司与世界著名银行共同发起建立了赤道原则	商业银行以自愿为原则，在项目融资上全面考虑环境因素和社会问题的国际金融行业基准
2007 年，欧洲投资银行发行全球首只绿色类债券——气候意识债券	推动了绿色债券的国际化发展，加速绿色债券规模扩张
2009 年，哥本哈根气候大会召开	金融发展与“碳减排”之间的协同关系成为共识
2012 年，银监会出台《绿色信贷指引》	银行业金融机构需建立绿色信贷评价体系和奖惩体系，及时公开相关战略、政策及发展情况，从战略高度推进绿色信贷的发展

续表

时间、事件	内容
2015 年，巴黎气候峰会	全球达成“巴黎共识”
2016 年，中国人民银行、财政部等七部委联合印发《关于构建绿色金融体系的指导意见》	构建我国绿色金融发展顶层制度，开启绿色金融元年
2016 年，G20 杭州峰会	发布《G20 绿色金融综合报告》
2019 年，国家发展改革委发布《绿色产业指导目录（2019 年版）》	厘清绿色产业边界，建立全国统一的绿色标准体系，引导资金聚焦于最主要、最关键、最迫切的绿色产业和绿色项目
2021 年，国务院发布《关于加快建立健全绿色低碳循环发展经济体系的指导意见》	为我国建立健全绿色低碳循环发展的经济体系做出指导性意见，以确保实现碳中和、碳达峰目标
2021 年，中国人民银行、国家发展改革委、证监会联合印发《绿色债券支持项目目录（2021 年版）》	对绿色债券支持领域和范围进行了科学、统一的界定，是专门用于界定和遴选符合各类绿色债券支持和适用范围的绿色项目和绿色领域的专业性目录清单及唯一标准
2021 年，中国人民银行发布《银行业金融机构绿色金融评价方案》	修订绿色金融评价评估体系，鼓励积极探索和依法依规拓展绿色金融评价结果的应用场景
2021 年，国务院印发《2030 年前碳达峰行动方案》	完善绿色金融评价机制，建立健全绿色金融标准体系
2022 年，中国人民银行、市场监管总局、银保监会、证监会联合印发《金融标准化“十四五”发展规划》	明确了“十四五”时期统筹推进金融标准化发展的指导思想、基本原则、主要目标、重点任务和保障措施，有助于推广 ESG 理念、落实 ESG 评价活动、规范绿色金融发展
2022 年，银保监会印发《银行业保险业绿色金融指引》	要求银行保险机构深入贯彻落实新发展理念，从战略高度推进绿色金融，加大对绿色、低碳、循环经济的支持，防范环境、社会和治理风险，提升自身的环境、社会和治理表现，促进经济社会发展全面绿色转型
2022 年，证监会发布《中华人民共和国金融行业标准：碳金融产品》	在碳金融产品分类的基础上，制定了具体的碳金融产品实施要求，为碳金融的长远发展奠定基础
2023 年，国家发展改革委发布关于《绿色产业指导目录（2023 年版）》（征求意见稿）公开征求意见情况的通告	进一步厘清产业边界，厘清主次、把握关键，引导有限的政策和资金支持集中到对推动绿色发展最重要、最关键、最紧迫的产业上

资料来源：根据相关资料整理。

专栏 1－1　知识拓展：主要国家的绿色金融体系

1. 欧盟绿色金融体系

欧盟是绿色金融的先行者，已经形成较为完善和成熟的政策体系框架。欧盟首先将《可持续发展融资行动计划》作为指导性文件，对可持续活动的分类、可持续投资基金、可持续指数等多方面做出规定；其次以《欧洲绿色协议》为纲领性文件，提出在2050年实现碳中和目标，并对欧盟国家可持续转型的政策方向给出了相应的建议。此外，欧盟对绿色金融活动分类标准和信息披露有着更高的要求，如发布《欧盟可持续金融分类方案》《欧盟绿色债券标准》《气候基准及信息披露规范》等，为绿色环境相关领域的发展提供了界定标准和参考范例。

同时，欧盟国家政府的政策支持在引导绿色金融发展时起到至关重要的作用。例如，德国等国家通过税收优惠、政府担保等推动绿色环保项目发展；鼓励政策性金融机构、基金机构等吸引社会资本加大对绿色金融的投入。

2. 英国绿色金融体系

英国是最早推进低碳发展的国家之一。2003年，英国提出推进低碳发展，并在2008年、2009年出台的《气候变化法案》与《贷款担保计划》中完善绿色金融顶层设计。英国政府协调了包括伦敦证券交易所、英格兰银行等金融机构，引导社会资金投向新技术、新材料领域，推动绿色环保产业发展。2012年，英国成立绿色投资银行，以市场化手段吸引社会资本投入，促进绿色经济转型。2021年6月30日，英国财政部和英国债务管理办公室（DMO）发布了英国政府绿色融资框架，描述了英国政府发行绿色金边债券（green gilt）和零售绿色储蓄债券（retail green savings bonds）的融资计划，融资收益将用于应对气候变化和其他环境挑战、资助急需的基础设施投资，以及创造更多的绿色就业机会。同时，该框架规定了绿色项目识别、甄选、验证和报告规则。

3. 美国绿色金融体系

美国的绿色金融发展以“超级基金”为起点。《超级基金法案》将政府环保机构、环境损害者、个人等都纳入环境保护中，明确了绿色经济发展的实施准则，并规定了基金来源、支持项目与方向、责任划分、赔偿、清理和政府紧急反应等，为其他国家建立土壤污染管理制度提供了范本。此后，全国性的环境金融中心、环境顾问委员会和环境金融中心网络作为专门的绿色金融组织相继建立，以推进绿色金融法律和政策的执行。

美国拥有丰富的绿色金融创新产品。例如，在绿色信贷方面，推出支持节油技术发展的无抵押优惠贷款；在纽约、康涅狄格和夏威夷等州成立绿色银行，运用创新的商业模式吸引民间资金投资绿色行业；在绿色保险方面，成立专业的环境保护保险公司，在强制保险方式、个性化保险设计、政府担保等方面创新。

资料来源：毕马威中国．助力实现“双碳”目标：绿色金融，大有可为［R］．2021.

三、中国绿色金融的功能定位

2021 年 3 月 7 日，中国人民银行初步确立了“三大功能”“五大支柱”的绿色金融发展政策思路，以适应国家产业结构、能源结构、投资结构和人民生活方式等全方位的深刻变化。

“三大功能”主要是指充分发挥金融支持绿色发展的资源配置、风险管理和市场定价的三大功能。一是通过货币政策、信贷政策、监管政策、强制披露、绿色评价、行业自律、产品创新等，引导和撬动金融资源流向低碳项目、绿色转型项目、碳捕集与封存等绿色创新项目。二是通过气候风险压力测试、环境和气候风险分析、绿色和棕色资产风险权重调整等工具，增强金融体系管理气候变化相关风险的能力。三是推动建设全国碳排放权交易市场，发展碳期货等衍生产品，通过交易为碳排放合理定价。

为实现“三大功能”，需构建和完善绿色金融体系的“五大支柱”。一是完善绿色金融标准体系。遵循“国内统一、国际接轨”原则，重点聚焦气候变化、污染治理和节能减排三大领域，不断完善绿色金融标准体系。目前，绿色金融统计制度逐步完善，多项绿色金融标准制定取得重大进展，中欧绿色金融标准对照研究工作即将完成。二是强化金融机构监管和信息披露要求。持续推动金融机构、证券发行人、公共部门分类提升环境信息披露的强制性和规范性。中国人民银行组织研发的绿色金融信息管理系统，实现了监管部门与金融机构信息直联，提升了绿色金融业务监管的有效性。三是逐步完善激励约束机制。通过绿色金融业绩评价、贴息奖补等政策，引导金融机构增加绿色资产配置、强化环境风险管理，提升金融业支持绿色低碳发展的能力。四是不断丰富绿色金融产品和市场体系。通过鼓励产品创新、完善发行制度、规范交易流程、提升透明度，中国已形成多层次绿色金融产品和市场体系。五是积极拓展绿色金融国际合作空间，积极利用各类多双边平台及合作机制推动绿色金融合作和国际交流，提升国际社会对中国绿色金融政策、标准、产品、市场的认可和参与程度。

四、绿色金融的发展趋势

（一）绿色金融迈向扩容时代

随着气候、环境和生态问题的外部性效应加速显现，全球主要经济体都在大力推进绿色转型发展。作为传统金融的“升级版”，绿色金融将绿色、环境等因素纳入金融体系框架，为实现“双碳”目标和促进实体经济转型提供了更多资金支持和政策倾斜，降低气候

“绿天鹅”（green swan）事件带来的影响。未来，绿色金融必然是促进金融业提质增效、推动实体经济绿色转型的重要抓手，新市场、新机构、新产品将不断涌现，缓解实体企业的资金难题，提高企业开展绿色转型的动力。另外，日渐紧迫的气候压力、频繁爆发的极端天气事件驱动绿色国际合作越发紧密，越来越多的金融机构将参与全球绿色金融倡议与合作。

（二）发展动力转向市场驱动

绿色金融发展具有以政策为主、市场为辅的典型特征，这与绿色发展的外部性具有密切关系。对于实体企业而言，绿色金融虽然有助于缓解资金难题，但资金使用面对较大约束，可能难以匹配企业短期目标；对于金融机构而言，绿色金融投资周期长、短期收益低、风险性较大，在缺乏相应配套政策时存在决策难题，导致欠缺参与绿色金融的主动性和积极性。因此，推动绿色金融持续发展的关键在于有效激发市场的内生动力，加快完善市场化的绿色价格引导机制，减少“政策优惠利率”依赖，才能切实推动企业、产业及社会整体实现绿色转型。

第二节　碳达峰碳中和概念

一、碳达峰碳中和的现实背景

（一）温室效应与气候变暖

碳原子是地球生命的基础，且以二氧化碳、甲烷、一氧化二氮等形式广泛存在于大气层、土壤、海洋、化石燃料之中，通过碳循环维护地球生态系统与气候稳定。工业革命以来，人类大量使用化石能源推动经济发展，也持续排放了过多的二氧化碳等温室气体累积于大气层，强化了大气层阻挡热量逃逸的能力，形成了显著的温室效应，从而导致气候变暖。联合国政府间气候变化专门委员会（IPCC）发布的第 6 次评估报告《气候变化 2023》指出，2011—2020 年，全球地表温度比 1850—1900 年高出 1.1℃。近期内全球温升可能达到 1.5℃，或面临暂时突破 1.5℃的风险。大气、海洋、冰冻圈及生物圈正因此产生广泛而迅速的变化，对人类生活产生着显著和深远的影响。全球 33 亿—36 亿人生活在气候变化的脆弱区，全球约一半人口至少在1年内经历过气候变化导致的严重缺水，更可怕的是气候变化风险越来越复杂，呈现出级联、复合和非线性特征，异常极端气候的频率及强度不断增加，如洪水、干旱、山火和台风等，给世界各国生命财产带来了巨大损失。

比较1880—2020年全球大气层二氧化碳水平和当年地表温度与20世纪平均地表温度之差，可以看出二者之间存在明显的正向关系，即随着二氧化碳水平上涨，气温差距也由负值渐渐变为正值并扩大，即气温持续上升，如图1－1所示。同时，拉长全球平均气温变化趋势数据可以发现，工业革命后气温上升开始加速，这无疑与人类经济活动有密切关系，如图1－2所示。

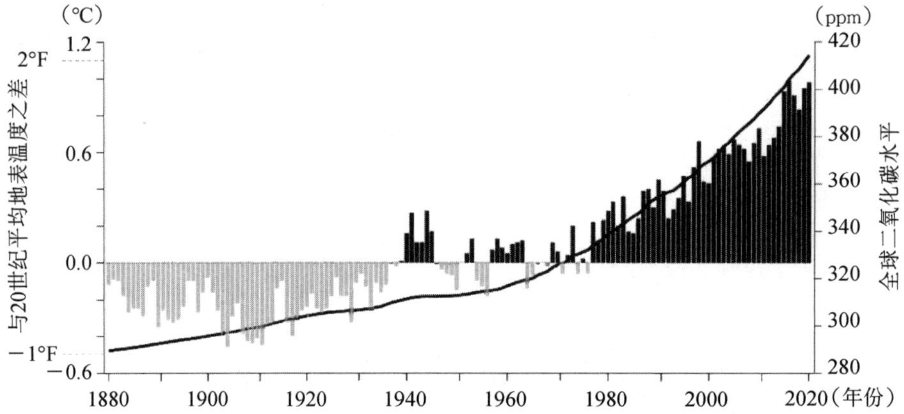

图1－1　1880—2020年全球大气层二氧化碳水平与地表温度差

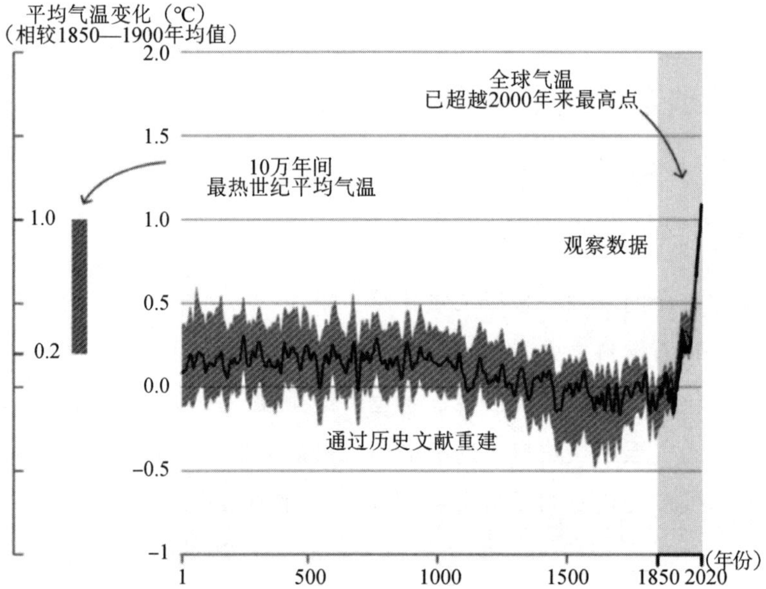

图1－2　全球平均温度变化趋势

专栏1-2　知识拓展：温室效应的成因与影响

温室效应（greenhouse effect）指二氧化碳（CO_2）及其他温室气体积聚在大气层，形成类似温室玻璃板的隔热层，容许阳光照射及传播热力至地球，但阻隔热力循环反方向由地球辐射至太空，最终导致地球大气层变暖（见图1-3）。美国国家海洋和大气管理局指出，除了CO_2，其他较具影响性的温室气体包括甲烷（methane，CH_4）、一氧化二氮（又称笑气，nitrous oxide，N_2O）、六氟化硫（sulfur hexafluoride，SF_6）。其中，CO_2尽管体积较小，但却占据全球温室气体排放总量的近80%，而化石燃料使用释放的CO_2又占其中80%以上。同时，CO_2的分子结构特性使其具有更强的吸收和发射红外辐射能力。因此，CO_2是导致全球气温升高的绝对主要温室气体。

人类的工业活动仍未兴盛时，温室效应早已在地球出现。适当的温室效应其实具有正面作用，地球可借此保持恒温，为人类及其他生物创造适宜的生存环境。可是当大气层中的温室气体水平持续增长，温室效应便会加剧，最终导致地球温度上升。地球变暖可导致地球出现异常气候的次数及强度增加，如洪水、干旱、山火和飓风，进而带来生命财产损失。

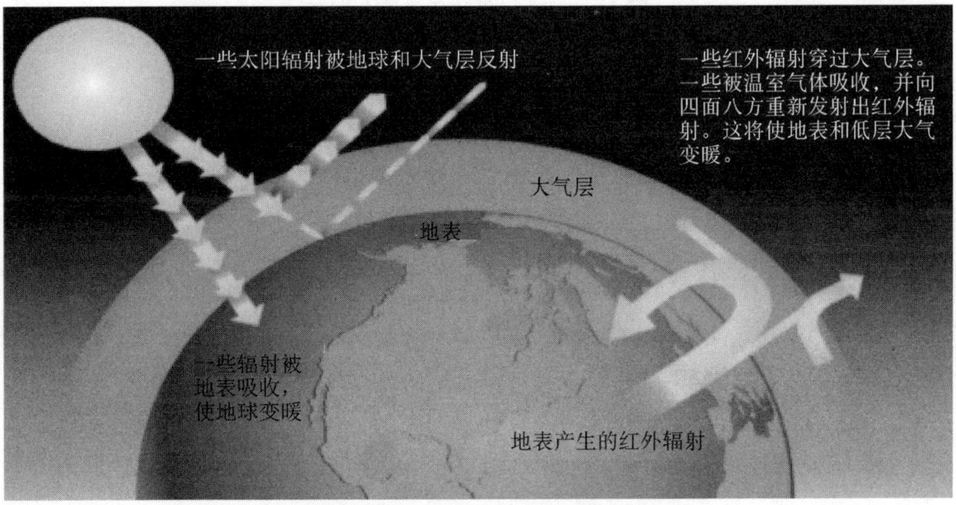

图1-3　温室效应示意图

（二）中国经济增长与碳排放

作为世界第二大经济体与最大的发展中国家，我国经济快速发展过程中，对化石能源需求持续处于高位，且因资源禀赋特征，煤炭使用量占全球煤炭使用量90%以上，导致我国碳排放高于许多发达国家。英国石油公司（BP）数据显示，我国自 2005 年开始成为世界第一大碳排放国。之后，碳排放增速呈波动下降态势。2022 年，我国二氧化碳排放量达到 105.5 亿吨，占全球总排放量的 30.69%。由此而来的气候变化日益明显。根据《2020 年中国生态环境状况公告》，我国地表平均气温上升趋势明显，极端高温事件偏多而极端低温事件偏少，2020 年全国共出现了 37 次区域性暴雨天气过程，造成了大量经济损失。如图 1－4 所示。

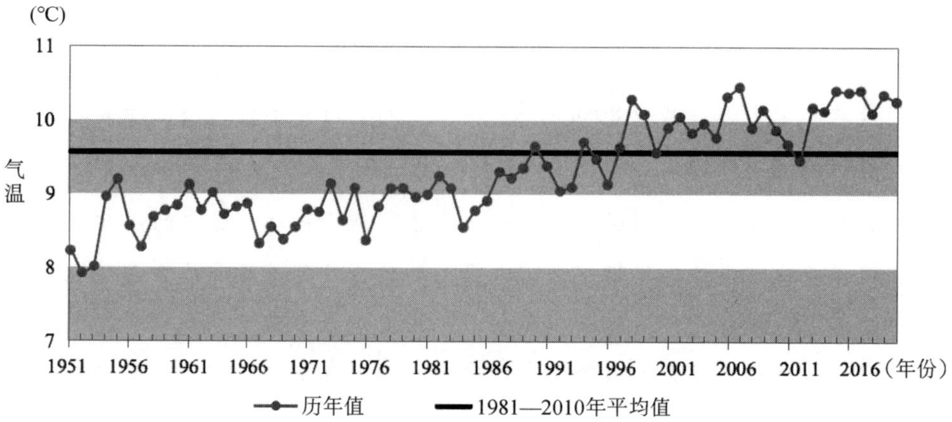

图 1－4　中国平均气温变化趋势

二、碳达峰碳中和目标的内涵

气候变化是人类面临的全球性问题，自 1992 年《联合国气候变化框架公约》签订以来，减少碳排放以应对气候变化逐渐成为全球共识。从《京都议定书》到《格拉斯哥气候公约》，各国通过历次气候大会不断讨论改善国际合作方式，形成了阶段性减排原则和减排目标。

（一）碳达峰内涵

碳达峰是指在某一个时点，二氧化碳的排放达到峰值不再增长，之后逐步回落。达峰目标包括达峰年份和峰值。明确碳达峰目标是为了在确定年份实现碳排放量由增转降。碳达峰是碳中和实现的前提，碳达峰的时间和峰值高低会直接影响碳中和目标实现的难易程度。实现碳达峰的主要措施包括控制化石能源消费总量、控制煤炭发电与终端能源消费、推动能源清洁化等。鉴于传统经济发展模式对化石能源的依赖性，碳排放与经济发展密切相关，因此，碳达峰本质上标志着碳排放与经济发展实现脱钩。

目前，世界上已有部分国家实现了碳达峰，如英国和美国分别于1991年和2007年实现了碳达峰，进入了达峰之后的下降阶段。英国和美国在碳达峰后，碳排放量并未产生直接的下降，而是先进入平台期，碳排放量在一定范围内产生波动，之后进入碳排放量稳定下降阶段。

（二）碳中和内涵

碳中和是指企业、团体或个人等行为主体在一定时间内直接或间接产生的温室气体排放总量，通过使用低碳能源取代化石燃料，以及通过植树造林、碳捕捉等吸收温室气体的方式，实现自身产生的温室气体正负抵消从而达到相对“零排放”。实现碳中和主要通过碳替代、碳减排等方式减少二氧化碳排放，并通过CCUS（碳的捕集、利用与封存）、生物能源等技术，以及造林、再造林等方式增加二氧化碳吸收。

目前，苏里南与不丹分别于2014年和2018年宣布已经实现碳中和目标。两国的能源需求量均较低，产生的碳排放量较少。同时，苏里南与不丹的森林覆盖率分别在90%和60%以上，较高的森林覆盖率提升了其碳汇能力。

三、中国碳达峰碳中和目标

中国政府始终致力于维护世界和平、促进全球发展。作为最早签署《联合国气候变化框架公约》的缔约方之一，中国积极承担应对全球气候变化责任的大国担当，采取了一系列与应对气候变化相关的政策措施，为减缓和适应气候变化作出了积极贡献。

中国政府2002年核准了《京都议定书》，2007年制定了《中国应对气候变化国家方案》，明确了到2010年应对气候变化的具体目标、基本原则、重点领域及政策措施。2013年11月，中国发布第一部专门针对适应气候变化的战略规划《国家适应气候变化战略》。2015年6月，中国向《联合国气候变化框架公约》秘书处提交了《强化应对气候变化行动——中国国家自主贡献》文件，确定了到2030年的自主行动目标：二氧化碳排放2030年左右达到峰值并争取尽早达峰；单位国内生产总值二氧化碳排放比2005年下降60%—65%，非化石能源占一次能源消费比重达到20%左右，森林蓄积量比2005年增加45亿立方米左右。《巴黎协定》签订过程中，中国在自主贡献、资金筹措、技术支持、透明度等方面为发展中国家争取了最大利益。2016年，中国率先签署《巴黎协定》并积极推动落实。到2019年年底，中国提前超额完成2020年气候行动目标，树立了信守承诺的大国形象。

2020年9月，中国政府宣布将提高国家自主贡献力度，采取更加有力的政策和措施，二氧化碳排放力争于2030年前达到峰值，努力争取2060年前实现碳中和。2020年12月举行的气候雄心峰会上，中国政府进一步宣布，到2030年，中国单位国内生产总值二氧化碳排放将比2005年下降65%以上，非化石能源占一次能源消费比重将达到25%左右，森林蓄积量将比2005年增加60亿立方米，风电、太阳能发电总装机容量将达到12亿千瓦以上。2021年10月，国务院发布《关于完整准确全面贯彻新发展理念做好碳达峰碳中和工作的意见》，提出了我国碳达峰碳中和工作的主要目标和工作方向，之后印发的《2030年前碳达峰行动方案》，对2030年前实现碳达峰作了具体部署，如表1－3和表1－4所示。以此为核心，各部委陆续出台社会经济、能源、电力、节能、工业、城乡建设和交通等政策措施，形成了覆盖“十四五”及中长期的“双碳”政策体系。

表1－3　　中国碳达峰碳中和的时间路线和主要定量目标

目标年份	单位国内生产总值能耗	单位国内生产总值二氧化碳排放	非化石能源消费比重	森林覆盖率	森林蓄积量	风电、太阳能发电总装机容量
2025	比2020年下降13.5%	比2020年下降18%	20%左右	24.1%	180亿立方米	—
2030	大幅下降	比2005年下降13.5%	25%左右	25%左右	190亿立方米	12亿千瓦以上
2060	—	—	80%以上	—	—	—

资料来源：中国共产党中央委员会．中共中央 国务院关于完整准确全面贯彻新发展理念做好碳达峰碳中和工作的意见［EB/OL］．https：//www.gov.cn/zhengce/2021－10/24/content_5644613.htm，2021－10－24.

表1－4　　《2030年前碳达峰行动方案》提出的十大行动及具体部署

十大行动	具体部署
能源绿色低碳转型行动	1. 推进煤炭消费替代和转型升级。2. 大力发展新能源。3. 因地制宜开发水电。4. 积极安全有序发展核电。5. 合理调控油气消费。6. 加快建设新型电力系统
节能降碳增效行动	7. 全面提升节能管理能力。8. 实施节能降碳重点工程。9. 推进重点用能设备节能增效。10. 加强新型基础设施节能降碳
工业领域碳达峰行动	11. 推动工业领域绿色低碳发展。12. 推动钢铁行业碳达峰。13. 推动有色金属行业碳达峰。14. 推动建材行业碳达峰。15. 推动石化化工行业碳达峰。16. 坚决遏制“两高”项目盲目发展
城乡建设碳达峰行动	17. 推进城乡建设绿色低碳转型。18. 加快提升建筑能效水平。19. 加快优化建筑用能结构。20. 推进农村建设和用能低碳转型

续表

十大行动	具体部署
交通运输绿色低碳行动	21. 推动运输工具装备低碳转型。22. 构建绿色高效交通运输体系。23. 加快绿色交通基础设施建设
循环经济助力降碳行动	24. 推进产业园区循环化发展。25. 加强大宗固废综合利用。26. 健全资源循环利用体系。27. 大力推进生活垃圾减量化资源化
绿色低碳科技创新行动	28. 完善创新体制机制。29. 加强创新能力建设和人才培养。30. 强化应用基础研究。31. 加快先进适用技术研发和推广应用
碳汇能力巩固提升行动	32. 巩固生态系统固碳作用。33. 提升生态系统碳汇能力。34. 加强生态系统碳汇基础支撑。35. 推进农业农村减排固碳
绿色低碳全民行动	36. 加强生态文明宣传教育。37. 推广绿色低碳生活方式。38. 引导企业履行社会责任。39. 强化领导干部培训
各地区梯次有序碳达峰行动	40. 科学合理确定有序达峰目标。41. 因地制宜推进绿色低碳发展。42. 上下联动制定地方达峰方案。43. 组织开展碳达峰试点建设

从历史累计数据来看，西方国家的碳排放从工业革命开始就已经进行，而发展中国家的碳排放起始时间相对较晚；从人均碳排放的角度来看，发达国家的人均碳排放量虽然在逐渐下降，但是仍有部分发达国家高于发展中国家，特别是人均累计碳排放量远高于发展中国家。发展中国家当前阶段的发展对能源消耗、工业化建设等活动有更高需求，会加剧实现碳达峰碳中和目标的困难程度。作为最大的发展中国家，我国虽然仍面对较高的发展任务，但是不纠结于历史碳排放总量等问题，主动提出加强国家自主贡献和“双碳”目标，且决心以更短的时间走完碳中和之路，如表 1－5 所示，充分体现了中国融入全球治理、体现大国责任担当的表现。

表 1－5　　部分国家或地区实现碳中和目标的年份

目标年份	国家或地区
2030	乌拉圭
2035	芬兰
2040	奥地利、冰岛
2045	德国、瑞典
2050	巴西、加拿大、丹麦、法国、意大利、荷兰、匈牙利、日本、澳大利亚、新西兰、墨西哥、西班牙、瑞士、南非、韩国、美国、英国、中国香港、乌干达、巴基斯坦
2060	中国、哈萨克斯坦、俄罗斯

资料来源：中泰国际．境外绿色金融助力国家实现碳中和的路径［R］．2022.

第三节 气候投融资

一、气候投融资的概念

落实碳达峰碳中和目标，抑制气候变暖趋势，已经成为全球可持续发展的重要主题。技术是实现碳达峰碳中和的核心路径，资金则是重要的物质基础，气候投融资由此应运而生。

（一）气候投融资的定义

1992 年签订的《联合国气候变化框架公约》是应对全球气候变化的国际合作基本框架。根据《联合国气候变化框架公约》，气候投融资（climate finance）是指：来自公共、私人和其他来源的地方、国家或跨国资金，旨在支持减缓和适应气候变化的行动。《联合国气候变化框架公约》通过后，不同国家或国际组织也分别对气候投融资做出定义，与公约界定基本相符。我国 2020 年发布的《关于促进应对气候变化投融资的指导意见》和 2021 年出台的《气候投融资试点工作方案》指出，气候投融资是指为实现国家自主贡献目标和低碳发展目标，引导和促进更多资金投向应对气候变化领域的投资和融资活动。整体而言，国内外对气候投融资尚未形成完全统一的定义，但都明确了其与绿色低碳发展的关联关系。

（二）气候投融资与绿色金融的关系

气候投融资属于绿色金融的一部分，绿色金融除了关注应对气候变化领域，还包括支持环境改善、污染防治、提高自然资源保护、资源节约高效利用等内涵。一般而言，气候金融是绿色金融的一个重要组成部分。基于我国相关政策，两者间的差异如表 1－6 所示。

表 1－6　　气候投融资与绿色金融的关系

	气候投融资	绿色金融
关系	气候投融资是绿色金融的一部分	绿色金融的范围大于气候投融资

续表

	气候投融资	绿色金融
定义	气候金融与联合国应对气候变化框架公约相联，该投融资活动可减少排放，同时允许各国适应气候变化以及减缓气候变化带来的影响	为支持环境改善、应对气候变化和资源节约高效利用的经济活动，即对环保、节能、清洁能源、绿色交通、绿色建筑等领域的投融资、项目运营、风险管理等所提供的金融服务
主导部门	生态环境部、国家发展改革委、工信部、住建部、中国人民银行、国资委、证监会、国管局	中国人民银行、财政部、国家发展改革委、生态环境部、证监会
重点任务	1. 编制试点方案 2. 坚决遏制“两高”项目盲目发展 3. 有序发展碳金融 4. 强化碳核算与信息披露 5. 强化模式和工具创新 6. 强化政策协同 7. 建设国家气候投融资项目库 8. 加强人才队伍建设和国际交流合作	1. 大力发展绿色信贷 2. 推动证券市场支持绿色投资 3. 设立绿色发展基金，通过政府和社会资本合作（PPP）模式动员社会资本 4. 发展绿色保险 5. 完善环境权益交易市场、丰富融资工具 6. 支持地方发展绿色金融 7. 推动开展绿色金融国际合作 8. 防范金融风险，强化组织落实

资料来源：中国人民大学重阳金融研究院．气候投融资与中国未来［R］．2022.

二、气候投融资项目分类与界定

按照资金使用目的，气候投融资主要分为气候适应投融资和气候减缓投融资，其中，适应气候主要指应对气候变化所引发的自然灾害等挑战，提高农业、林业、海洋等方面的适应能力；减缓气候主要是发展低碳、碳捕捉和碳汇技术，优化能源结构，降低碳排放水平。为了推动气候投融资实践发展，包括多边开发银行、国际气候基金在内的国际组织和许多国家针对气候投融资建立了各自具体的项目界定与分类标准，为气候投融资活动提供标准和指南。

（一）多边开发银行对气候投融资项目的分类和界定

非洲开发银行（AFDB）、亚洲开发银行（ADB）、欧洲复兴开发银行（EBRD）、欧洲投资银行（EIB）、泛美开发银行（IDB）和世界银行集团（WB）等主要多边开发银行和国际开发性金融俱乐部（IDFC）分别协商通过了《气候适应资金追踪共同原则》（以下简称《适应原则》）和《气候缓解资金追踪共同原则》（以下简称《缓解原则》）。

《适应原则》对气候投融资项目的界定相对开放，主要考虑气候变化脆弱性的背景和减少该脆弱性的具体项目；《缓解原则》的界定更为具体，除规定符合缓解活动定义的一般原则外，还提供了有资格获得气候缓解融资的活动清单，以及一套具体的确定和排除标准。目前，《适应原则》与《缓解原则》已基本被主流多边开发银行所采用。

1. 《适应原则》

根据《适应原则》定义，适应气候变化资金指应对气候当前和预期变化影响的活动资金。气候适应资金追踪可能涉及独立项目、大型项目下的多个项目或项目组成部分、子组成部分或要素（包括通过金融中介机构融资的项目）。

气候适应资金的评估和追踪采用三步法：第一，确定与气候变异和气候变化有关的风险、脆弱性和影响的背景；第二，在项目文件中说明解决已识别的风险、脆弱性和影响的意图；第三，证明所确定的风险、脆弱性和影响与所资助活动之间的直接联系。

《适应原则》要求尽可能合理地区分适应活动与非适应活动。如果无法利用项目具体数据进行分类，则可以使用定性或基于经验评估确定项目中涵盖气候变化适应活动的比例。

根据多边开发银行 2020 年联合报告，2020 年用于气候适应项目的资金总量相对较小，约 161 亿美元，聚集资金最多的三个领域分别是“能源和交通等建筑环境以及基础设施”“交叉领域”“水资源以及废水处理”。

2. 《缓解原则》

根据《缓解原则》定义，气候缓解资金指用于下列活动的资金：通过避免或减少温室气体排放或增加温室气体封存，从而实质性有助于将大气中的温室气体浓度稳定在与《巴黎协定》的长期温度目标一致的水平上，防止对气候系统的危险人为干扰。

《缓解原则》发布于 2021 年，多边开发银行承诺在发布后两年内实施该原则并将附表中符合条件的活动清单作为穷尽式清单，即只有清单中的活动有资格获得气候缓解资金。两年期限结束后，多边开发银行和 IDFC 将根据各自的经验和需要对清单进行调整，以形成可供共同适用的合格活动清单。气候缓解活动的类型与资格原则如表 1－7 所示。

表 1－7　　气候缓解活动的类型与资格原则

活动类别	资格原则
范围 1 负排放或极低排放活动 (negative or very low emissions)	温室气体净排放量为负或接近零，并完全符合《巴黎协定》的长期温度目标，如土地利用中的碳封存或某些形式的可再生能源

续表

活动类别	资格原则
范围 2 过渡性活动 (transitional)	仍然是温室气体排放系统的一部分，但对向气候中性经济转型具有重要意义，并有助于其发展，如使直接或间接使用化石燃料的制造业提高能源效率，具体资格原则包括： 1. 缺乏技术或经济上可行的极低排放替代品； 2. 遵守明显超过行业或活动预期绩效的国家或行业特定的温室气体排放或排放强度标准、基准或阈值； 3. 不会妨碍极低排放活动的开发或部署； 4. 不会导致与净零温室气体排放的长期目标不一致的温室气体排放密集型资产锁定
范围 3 赋能活动 (enabling)	有助于使其他活动对缓解气候变化作出重大贡献，如制造极低排放技术，具体资格原则包括： 1. 对于发展或实施的其他符合条件的气候缓解活动是必要的； 2. 不会妨碍极低排放活动的开发或部署； 3. 不会导致与净零温室气体排放的长期目标不一致的温室气体排放密集型资产锁定

根据多边开发银行 2020 年联合报告，2020 年用于气候缓解资金的总量比气候适应资金更多，约 499.45 亿美元，聚集资金最多的三个领域分别是“可再生能源”“能源效率（提升）”“交通”。

专栏 1－3 知识拓展：亚投行气候政策与投资策略

亚洲基础设施投资银行（AIIB，以下简称亚投行）近年来积极倡导气候政策与投资策略，并推动应对气候变化的投融资活动。2016 年，亚投行制定环境和社会框架，包括减少排放、促进气候适应项目和推广可再生能源的投资行动。2017 年，亚投行制定了能源领域的投资策略与六大指引准则，其中包括减少能源供给中的碳强度。亚投行将通过支持成员国投资新能源、减少化石能源碳排放等方式减少能源领域的碳强度，助力实现《巴黎协定》的长期气候目标。此外，能源投资新项目也必须符合绿色和可持续发展原则。

2020 年，亚投行制定 2021—2030 年投资策略时，再次提及亚投行将为应对气候变化提供新的资本、新的技术与新的方式。亚投行的核心价值包括清洁与绿色，亚投行的绿色目标包括对气候适应、气候减缓项目的特别关注。此外，亚投行将重点、优先投资绿色基础设施项目，支持成员国实现环境发展目标。在 2021—2030 年投资策略中，亚投行还制定了气候金融的发展目标，即到2025年，气候项目投融资在所有项目融资中占比达50%。同年，亚投行与欧洲领先的资产管理公司Amundi推出AIIB－Amundi气候变化投资框架，将《巴黎协定》的关键目标转化为基本指标，以评估发行人与气候减缓、气候适应和低碳转型目标的契合程度。该框架得到了气候债券倡议组织（Climate Bonds Initiative）的认可，为投资者提供了新的气候投资与评估工具。

资料来源：中央财经大学绿色金融国际研究院．亚投行气候投融资策略、现状及建议［R］. 2021.

（二）中国气候投融资项目分类与界定

我国对气候投融资项目的分类与界定尚未形成官方标准。2021年9月，中国环境科学学会气候投融资专业委员会发布了《气候投融资项目分类目录》（T/CSTE 0061—2021）（以下简称《分类目录》），提供了气候投融资项目分类的基本原则以及减缓气候变化和适应气候变化项目的分类指南，用户可根据相关原则，基于科学的方法和证据确定气候投融资项目的类型。但是，《分类目录》属于团体标准，不具有强制执行效力。

根据《分类目录》，气候投融资项目分为减缓气候变化项目和适应气候变化项目两类：

（1）减缓气候变化项目。

根据《分类目录》，减缓气候变化项目的界定原则是其应符合《绿色产业指导目录（2019年版）》《绿色债券支持项目目录（2021年版）》或相关统计制度中特定类型项目的要求，项目存续期间应能够产生显著的温室气体减排和/或温室气体加速清除等气候变化效益。

《分类目录》列出了详细的减缓气候变化项目列表，包括五个一级分类，分别是“低碳产业体系”“低碳能源”“碳捕集、利用与封存试点示范”“控制非能源活动温室气体排放”和“增加碳汇”。上述一级分类下分设二级、三级和四级分类。针对四级分类下的项目，《分类目录》援引了《绿色产业指导目录（2019年版）》针对具体行业类别的详细标准。

（2）适应气候变化项目。

根据《分类目录》，适应气候变化项目应与已识别的气候变化有关风险、脆弱性和影响等具有明确的相关性，针对风险、脆弱性和影响的评估可参考《适应气候变化—脆弱性、影响和风险评估指南》（ISO 14091：2021）等标准的要求。

《分类目录》附表的适应气候变化项目参考《国家应对气候变化规划（2014—2020年）》下设两个一级分类，分别为“重点领域气候变化适应能力提升”和“适应基础能力及基础设施建设”。两个一级分类项下分设二级与三级分类，并就分类中的项目提供了相应的简略说明，但并未提供详细标准或量化指标。此外，《分类目录》中还提供了联合国政府间气候变化专门委员会（IPCC）工作组报告《AR5 气候变化 2014：影响、适应和脆弱性》涉及的适应领域作为项目分类参考。

专栏 1－4　知识拓展：中国气候投融资政策发展

2020 年 10 月，我国生态环境部等五部委联合发布了《关于促进应对气候变化投融资的指导意见》，首次以气候变化投融资作为政策文件主题，并明确气候投融资是绿色金融的重要组成部分，提出需加强气候投融资与绿色金融的政策协调配合。

2021 年 12 月，生态环境部等九部门联合发布了《关于开展气候投融资试点工作的通知》及附件《气候投融资试点工作方案》，动员地区开展气候投融资试点，探索气候投融资创新模式。

2022 年 8 月，生态环境部等九部委联合发布了气候投融资试点名单，选取 23 个气候投融资试点地区，地域覆盖京津冀、长三角、珠三角、成渝、长江中游等城市群，代表我国不同层级的经济、环境和气候条件下的试点实践，标志着气候投融资时代的开启。

近年来，我国在气候投融资方面不断发力，侧重支持新能源和可再生能源等绿色项目开发，缩小与发达国家的项目差距。2023 年，第二届中国气候投融资国际研讨会在北京召开，涉及两个关键信息。第一，从已有数据来看，试点地区气候投融资项目规模持续扩大。2022 年，23 个试点地区均不同程度地开展了项目库的建设工作，积极探索促进资金与项目的对接，共征集或储备项目超 1500 个，涉及资金达 2 万亿元。第二，从行业来看，各主要银行的气候投融资规模增速实现质的飞跃，其中 2021 年和 2022 年增速均在 30% 以上。其中，银行金融机构支持的绿色贷款 90% 都涉及气候领域。

随着以气候金融为代表的绿色项目快速发展，各地区、行业将继续吸收国际先进经验，探索创新气候投融资发展方式，将有效推动国家自主贡献目标的落实和经济绿色低碳发展，引导和撬动更多社会资金进入应对气候变化领域。

资料来源：申万宏源证券．绿色金融正当时，迈向大扩容时代——2022 年绿色金融发展年度报告［R］．2023.

三、气候投融资工具

随着国际共识的形成和监管机制的逐步完善，气候投融资工具不断创新，丰富投融资渠道，为实现气候适应和转型提供了重要支持。

（一）气候风险管理工具

气候变化带来的物理风险和转型风险是气候投融资风险的根本来源。其中，物理风险是指气候变化所引发的一系列自然因素变化（如台风、洪水、干旱、森林火灾等）给经济带来的损害；转型风险是指经济主体为应对气候变化改变行为或偏好（如政策、监管、技术、消费者观念等）给经济带来的风险。气候风险既可能通过微观路径传染，又可能对整个宏观经济造成系统性冲击，从而影响投融资决策。因此，创新风险管理工具，加强气候风险管理，是推动气候投融资的重要前提。

常见气候风险管理工具包括气候压力测试、气候在险价值模型、气候保险、气候衍生品和气候指数化投资等。其中，气候压力测试通过情景分析、敏感性分析等方法量化气候风险。设置压力情景与压力指标，如碳排放路径变化、全球温度升幅、能源结构调整等，构建气候与环境风险传导模型，选择风险承压指标，如违约率、违约损失、估值变动等风险度量指标，实施压力测试，分析结果并采取相应措施。这一方法多服务于银行和监管机构。气候在险价值（Climate VaR）主要用于估计在特定投资期限内，公司价值、投资组合或金融市场因气候变化造成的损失金额。保险是传统的风险转移工具，许多国家也在积极开发与气候指数挂钩的保险产品。气候指数保险往往通过风力、降水量、温度等气候指标与农产品产量等建立联系，当气候指标或者指数高于或者低于临界值，不管受保者是不是遭受灾害，保险企业都将依据气象条件指数值向保户赔付。气候衍生品本质上是通过衍生合约对气候风险进行分割、重组和交易的证券化产品，不同于传统衍生品之处在于，气候衍生品价值取决于温度、湿度或降水量等天气指数。

（二）投融资创新工具

气候投融资项目多处于技术前沿阶段，往往存在项目周期长、不确定性高等特征，难以吸引私人资本。除了提供贴息担保等传统政策支持方式，混合融资（blended finance）模式自 2015 年后逐渐在应对气候变化等领域得到推广。混合融资主要是将不同性质和目的的资金组合起来，降低气候投融资项目的投资风险，或者提升投资收益，以增强社会资金吸引力。其中，开发性金融资金或者慈善捐赠资金主要关注投资所带的社会影响力，愿意降低所要求的投资收益，助力发展中国家应对气候变化挑战。混合融资常见模式是开发性资金或者慈善资金获取低于市场收益、提供损失优先吸收机制、为气候投融资项目提供担保等，以吸引私人资本参与。截至 2021 年年末，全球混合融资总体规模达到 1600 亿美元，其中撒哈拉以南的非洲、南亚和东亚是混合融资交易最多的地区。

案例 1－1　山东绿色气候基金项目

2019 年，亚洲开发银行批准了中国山东省绿色气候基金项目，这一项目采用公私混合融资机制，调动私人、机构和商业资本为山东省高技术、气候适应型子项目和绿色投资提供资金。亚行投入 1 亿美元，带动德国复兴银行、法国开发署和联合国绿色气候基金约 3 亿美元的联合低成本融资，山东省政府筹集山东省政府和地方企业配套约 11 亿美元的投资，建立一个约 15 亿美元的绿色气候基金。在此基础上，总共撬动 75 亿美元左右的气候正效益投资，目标杠杆率为 1∶5，按照投资项目所能够带来的减排和适应效益，给予差别化的优惠利率。这一基金的目标是到 2027 年，每年减少碳排放量 375 万吨，提高超过 300 万人的气候抵抗力。

除此以外，气候债券、气候挂钩债券、气候挂钩贷款等气候投融资工具也得到快速发展。其中，气候债券是绿色债券的一种，多用于支持新能源发展或者企业技术改造。气候债券倡议组织（CBI）发布了气候债券标准和认证机制，从资金用途、项目和资产的评估和筛选流程、募集资金管理以及信息披露等方面进行气候债券界定，推动发行人落实与《巴黎协议》相一致的控温目标。2018 年以来，伴随各国政府应对气候变化的政策导向愈加明显，气候债券发行规模明显加速。气候挂钩债券/贷款是一种基于绩效表现的气候投融资工具，创新地将债券发行与企业绿色低碳发展目标挂钩。当预定目标实现时，可以下调票面利率，反之亦然，也可以设置其他债券要素与绩效目标挂钩。2020 年，全球资本市场协会发布气候（可持续发展）挂钩债券标准，主要是要求设定关键绩效目标，校验气候可持续发展目标，设定与目标相关的债券要素，定期报告绩效目标实现情况，聘请外部专业机构审核披露信息真实性。

第四节 转型金融

一、转型金融的发展背景

2016 年以来，发展绿色金融已经成为全球共识。以清洁能源、节能环保为代表的“纯绿”或“近纯绿”项目得到了较大的投融资支持与发展机会。但是，应对气候变化不仅需要支持符合绿色和可持续发展标准的项目，大量高碳“非绿”但对经济发展具有重要价值的产业或部门也有“转绿”“降碳”或者产业退出需求，需要金融资源的有效支持。例如，基于能源安全考虑，发展新能源的同时，仍要保障传统能源总量，稳步推进煤炭等化石能源清洁、高效、循环利用。而部分“非绿”领域因条件制约难以真正“转绿”的产业，也需要支持其转向其他具有可持续发展价值的领域，避免带来更加复杂的经济社会冲击。在此背景下，转型金融应运而生，不少国际组织或政府部门、行业协会以及部分金融机构近年来都在积极参与制定或研究转型金融标准。2022 年 11 月，G20 峰会正式批准 G20 转型金融框架，预示着转型金融在全球范围内将进入落地阶段。

我国高度重视绿色发展，近年来已经取得了令人瞩目的成就。但短期内我国的经济发展仍离不开高碳行业的支持。中国碳核算数据库（CEADs）显示，2020 年我国碳排放总量 110 亿吨，其中，电力行业排放 51 亿吨，占比接近一半，工业碳排放 42 亿吨，占比 38.18%，钢铁、化工、建材、有色金属冶炼等传统高耗能行业仍是排放大户，亟须推进转型。另外，推进气候变化政策会给传统碳密集行业带来不可忽视的转型风险，例如，清洁环保技术替代、消费者选择变化等会导致碳密集行业形成巨额“搁浅资产”，严重影响企业运行和收益，进而通过抵押资产等渠道影响金融机构资产价值，引发转型风险的迅速传染，亟须适合的政策引导或金融工具支持。由此，我国对转型金融关注度持续上升。2022 年以来，监管已密集发声，系统性框架研究和政策铺陈正在积极推进。

二、转型金融的概念解析

（一）转型金融的定义

转型金融是相对较新的概念，最早由经济合作与发展组织（OECD）于2019年提出，即服务于可持续发展目标转型的融资活动都可以被纳入转型金融范畴。2020年9月和12月，气候债券倡议组织（CBI）发布《为可信的转型提供融资》，强调转型金融侧重于“气候减缓转型”。同年12月，国际资本市场协会（ICMA）发布《气候转型金融手册》，同样聚焦“应对气候变化的转型”。2022年，转型金融的发展迎来新的里程碑，G20峰会正式批准了《2022年G20可持续金融报告》，其中G20转型金融框架将转型金融定义为“在联合国可持续发展目标（SDGs）的指引下，与《巴黎协定》目标保持一致，支持实现更低和净零排放以及适应气候变化的经济活动的金融服务”。由此可以看出，不同机构对转型金融已经形成了一定共识：一是转型金融旨在实现具有适当雄心的零碳转型，即转型活动以实现《巴黎协定》全球1.5℃温控为目标；二是转型金融的支持范围，狭义上主要支持高碳产业向低碳产业的转变，广义上则包含高碳、高污染、高能耗，以及不可持续的各类“非绿色”“棕色”乃至“黑色”领域的合理金融支持，并促使其“转绿”和走向可持续发展。

部分国家或经济组织对转型金融的概念界定如表1－8所示。

表1－8　转型金融的概念界定

时间	国家或组织	文件名称	定义
2019年3月	经济合作与发展组织（OECD）	《转型金融：引入一个新概念》	在经济主体向可持续发展目标（SDGs）转型的进程中，为它们提供融资以帮助其转型的金融活动
2020年3月	欧盟委员会技术专家组	《欧盟可持续金融分类方法》	为实现减缓气候变化的目标，在尚未提供低碳替代品的部门内作出重大贡献从而满足支持转型活动需要的相关活动。 欧盟分类目录已将建筑、能源、制造业、交通运输等五个部门的28项转型活动纳入其中，并制定了转型活动的技术筛选标准
2020年9月	气候债券倡议组织（CBI）	《为可信的转型提供融资》	明确转型金融为“气候减缓转型”，适用于正在为实现《巴黎协定》2030年全球碳排放减半、2050年净零排放目标作出重大贡献、但不能发挥长期作用的活动，或者可以发挥长期作用，但净零路径尚未明确的活动

续表

时间	国家或组织	文件名称	定义
2020年11月	香港绿色金融协会	《气候转型融资指南》	转型金融支持的对象包括技术和活动，其虽然在实现脱碳、净零方面存在不足，但能够产生比“一切照旧”情形更低的碳排放结果
2020年12月	国际资本市场协会（ICMA）	《气候转型金融手册》	未界定转型金融明确相关标准，旨在为转型债券发行提供指导，提出了发行人信息披露的相关要求，包括四要素：气候转型战略和公司治理、业务模式中考虑环境要素的重要性、气候转型战略应参考的具有科学依据的目标和路径，以及执行情况的信息透明度等
2021年5月	日本金融厅，经济、贸易和工业部、环境部	《气候转型融资基本准则》	立足ICMA手册，转型金融为难以减排的部门提供融资，以助力其为实现脱碳或低碳转型开展长期的、战略性的温室气体减排活动。以实现2050年碳中和为目标，将为支持已制定符合《巴黎协定》目标并满足本文件所载标准的筹款人的融资
2022年11月	G20可持续金融工作组（SFWG）	《2022年G20可持续金融报告》	在可持续发展目标的背景下，支持实现更低和净零排放以及适应气候变化的经济活动的金融服务，且与《巴黎协定》的目标保持一致

资料来源：相关机构，平安证券．把握G20共识下的转型金融发展新机遇［R］．2023.

（二）转型金融与绿色金融的关系

转型金融和绿色金融同属于可持续金融范畴，在缓解气候变化领域存在交集，但两者在作用目的、支持领域和评估标准三方面均存在明显差异（见表1－9）。整体而言，绿色金融更关注绿色产业需求，而转型金融的主要作用是促进高碳行业的低碳转型。因此，转型金融的支持领域更侧重于浅棕、深棕和浅绿产业。

表1－9　　转型金融与绿色金融的比较

	转型金融	绿色金融
作用目的	促进高碳产业低碳转型	扶持绿色产业发展
支持领域	浅棕、深棕和浅绿产业	深绿产业
标准评估	以“转型”为导向，“转型”意味着企业主体和企业经济活动需要随着转型阶段的演变而改变，以更好地实现阶段性减排为目标，侧重转型过程而非结果。转型金融需要动态评估	以“绿色”为导向，“绿色”更强调经济发展的结果而非具体过程。绿色金融标准相对静态

资料来源：中金公司．转型金融：理论框架、发展现状与中国实践［R］．2023.

（三）转型金融的重要性

发展转型金融的重要性主要体现在以下三点：

1. 补充绿色金融不足

虽然绿色金融模式已逐渐成熟，但资金用途主要聚焦符合绿色标准的产业或项目，难以兼顾“非绿”产业或企业的减碳转型需求，与实现气候目标之间形成了巨大的资金缺口。转型金融完美契合当前高碳行业所需，各国及相关国际组织也在推动制定多样的产业标准，创新转型贷款、转型债券、担保等各类转型融资工具对接大量的转型需求，从而促进实现“双碳”目标。

2. 有效防范转型风险

大量高碳企业向低碳或零碳转型是实现碳达峰碳中和目标的必然路径。如果相关企业因达不到绿色标准而无法获取资金支持，无疑将陷入转型困境，而大范围转型失败形成的转型风险可能会通过资产渠道传染至金融体系，形成系统性风险，给宏观经济运行带来冲击。例如，在《巴黎协定》约束和可再生能源的竞争压力下，煤炭、石油储量价值下降，可能会成为“搁浅资产”，导致相关股票和债券下跌，信贷抵质押和企业偿还能力恶化，甚至可能影响金融体系稳定。因此，推动转型金融发展，是防范转型风险形成和传染的有效手段。

3. 对接 ESG 框架

转型金融与 ESG 目标存在高度一致性。无论是气候变化、低碳转型，还是绿色创新能力，这都是 ESG 框架下的热点议题。转型金融天生所具备的促进低碳转型、加速经济高质量发展的特性，与 ESG 的框架和理念初心不谋而合。另外，转型金融高度关注企业 ESG 信息，有助于倒逼企业 ESG 信息披露率，一定程度上也可以抑制“洗绿”现象，切实提高企业转型效率。

三、转型金融国际框架

2019 年 OECD 提出转型金融概念后，国际社会对发展转型金融逐渐形成共识，构建转型金融框架的必要性随之凸显。CBI、ICMA、G20 集团、欧盟、日本等国家和地区以及部分金融机构都在积极参与或研究转型金融标准。

其中，G20 集团自 2016 年起就开始关注讨论绿色金融话题，中国作为 G20 主席国，发起成了 G20 绿色金融研究小组，2021 年这一小组升格为 G20 可持续金融工作组，并产生了重要成果《G20 可持续金融路线图》，提出 19 项行动建议，其中最重要的一项就是在

G20层面形成转型金融共识。2022年，工作组推动起草《2022年G20可持续金融报告》，《G20转型金融框架》是报告最重要的部分，框架目标就是促进高排放行业和企业设定可信的减排目标和实现路径，动员和鼓励金融资本支持高碳行业和企业以实现气候转型，从而支持《巴黎协定》所提出的气候目标。

《G20转型金融框架》包括五大支柱和22条原则。五大支柱包括：界定标准、信息披露、金融工具、激励政策和公正转型。

（1）支柱一：界定标准。

《G20转型金融框架》提出，各国监管部门应明确转型活动与转型投资的界定标准，以规避“假转型”（transition－washing）风险。关于转型标准的界定方法尚未达到完全共识，但G20转型金融框架以透明、可信、可比的减排目标为出发点提出了7条原则性要求。界定标准应该有助于市场主体用较低成本识别转型活动，所界定的转型活动和转型投资应该有透明、可信、可比的减排目标；应该适用于转型企业、转型项目、相关金融产品和投资组合；应该能够反映市场、政策、技术发展的动态需求，考虑公正转型的要求，具有国际的可比性和兼容性。

（2）支柱二：信息披露。

相较于绿色金融，《G20转型金融框架》对转型活动的融资主体（企业）在信息披露方面提出了更严格的要求。这些要求包括：使用转型融资的主体（企业）应该披露具有可信度、可比性、可验证性和有科学依据的转型计划；披露短期、中期、长期温室气体减排目标（包括中间目标和净零目标）和气候适应目标，以及减排活动的进展情况；披露“范围1”和“范围2”温室气体排放数据，并在可能的情况下，披露“范围3”温室气体排放数据；披露落实转型计划的公司治理信息；披露计量排放数据和其他转型指标的方法学；对于指定用途的转型金融工具，应披露资金用途；对于不限定用途的转型金融工具，应披露所支持转型活动的关键绩效指标（KPI）。

（3）支柱三：金融工具。

许多高碳企业已经有很高的资产负债率，或面临较高的技术风险和操作风险，仅依靠债务融资工具，如绿色信贷和绿色债券，不一定能满足其实施转型的多元化金融需求。因此，发展转型金融需要更多创新型金融产品。G20框架基于市场实践提供了一套转型金融工具箱，包括PE/VC等股权基金投资、混合融资、债转股、风险缓释产品等。另外，不论使用哪种转型金融工具，都应该要求融资主体提供透明、科学的转型计划，满足披露要求，并在转型金融工具的设计中引入奖惩机制，鼓励融资主体更加努力地实现减排目标。

（4）支柱四：激励政策。

许多转型企业往往被资本市场认为是高风险企业，相较于“纯绿”企业更难获得私人资本投资。《G20 转型金融框架》建议各成员的决策部门设计和推动落地一批激励政策与机制，例如，借鉴央行“碳减排支持工具”、地方政府的绿色项目担保贴息以及一些非金融手段，以提升转型活动的可融资性，多边金融机构也应该帮助发展中国家设计这些机制。

（5）支柱五：公正转型。

无序低碳转型可能会导致多种负面社会经济影响，包括高碳行业转型过程中可能出现的规模性失业、社区衰落、能源短缺和通胀等问题。G20 可持续金融工作组以缓解对就业的负面影响为例，提出如下具体建议：监管部门和投资者可以要求转型金融涉及的融资主体（企业）提供转型计划对就业的影响评估；如果转型计划可能对就业产生重要的负面影响，企业应该制订帮助失业员工的技能培训和再就业计划，并披露这些计划；监管部门和投资者可以提出与再就业业绩相关的 KPI，并将其纳入转型金融产品的设计中。

四、转型金融工具及创新实践

（一）转型金融工具类型

转型金融市场发展尚处于起步阶段，转型金融工具还不够丰富，目前主要使用的工具以债券、信贷为主，包括转型债券、可持续发展挂钩债券、可持续发展挂钩信贷、可持续发展再挂钩债券和煤炭清洁高效利用专项再贷款等。

相关工具内涵如表 1－10 所示。

表 1－10　　转型金融工具类型

转型金融工具	具体内涵	募集资金用途与目标
转型债券	允许高碳企业为自身一些更清洁、更持续的净零运营和战略转型活动提供资金的金融工具	用于非低碳活动的低碳转型，对实现《巴黎协定》1.5℃控温目标具有关键作用
可持续发展挂钩债券 SLB	债券票面利率与发行人预先设定的可持续发展目标挂钩	通过债券结构设计激励发行人制定和实现可持续发展目标，满足各类致力于实现可持续发展目标的企业融资需求
可持续发展挂钩信贷 SLL	任何能够激励企业达成预先设定的可持续发展目标的各类贷款工具或者备用融资方式（担保额度、保证额度或信用证）	激励企业达成事先设定的可持续发展目标

续表

转型金融工具	具体内涵	募集资金用途与目标
可持续发展再挂钩债券	募集资金向可持续发展挂钩信贷提供融资或再融资的债券；特征是“再挂钩”机制，即“债券票面利率调整”与“底层可持续发展挂钩贷款的保证金率”挂钩，“保证金率”又与“可持续发展挂钩贷款中的可持续发展绩效目标完成情况”挂钩	向可持续发展挂钩信贷提供融资
煤炭清洁高效利用专项再贷款	建立在碳减排支持工具基础上的专项再贷款	贷款资金主要用于支持煤炭安全高效绿色智能开采、煤炭清洁高效加工、煤电清洁高效利用、工业清洁燃烧和清洁供热、民用清洁采暖、煤炭资源综合利用、煤层开发利用七大领域

资料来源：中金公司．转型金融：理论框架、发展现状与中国实践［R］．2023.

（二）转型金融市场实践

近年来，全球转型类债券市场逐步扩大。气候债券协议组织（CBI）数据显示，截至2022年年末，全球符合CBI定义的可持续发展挂钩债券和转型债券累计发行2042亿美元。2022年，全球可持续发展挂钩债券和转型债券的发行规模分别为764亿美元和35亿美元，其中我国发行规模分别为94亿美元和12亿美元，分别位列全球第四和第二，我国正在成为转型类债券的主要发行国。

案例1－2　意大利天然气基础设施运营商Snam S. P. A发行转型债券

作为欧洲天然气管网第一大运营机构，Snam S. P. A（以下简称Snam）于2020年6月对外发布转型债券框架，明确该公司的气候转型目标和转型债券募集资金投向范围：Snam集团致力于在2030年前将直接二氧化碳排放量、间接二氧化碳排放量、甲烷排放量分别减少40%；Snam集团发行的转型债券募集资金只能投向减碳减排项目、可再生能源、能源效率提升、绿色建筑、天然气运输管网改造等“合格项目”。

在转型债券框架指引下，Snam集团先后发行了4只转型债券，如表1－11所示，发行金额共计23.5亿欧元，认购倍数均在2.5倍以上，其中第二只转型债券曾创下意大利期限最长的零息债券纪录。

表 1-11　　Snam S. P. A 发行转型债券简况

发行日期	发行量（欧元）	债券期限（年）	框架文件	转型目标	应用场景	认证机构
2020-6-10	5 亿	10	SNAM 转型债券框架（SNAM Transition Bond Framework）	在 2030 年前将直接二氧化碳排放量、间接二氧化碳排放量、甲烷排放量统一减少 40%	减碳减排项目、可再生能源项目、能源效率项目、绿色建筑项目和天然气运输管网改造项目	DNV GL，由挪威船级社与德国劳氏合并而成的认证机构，为海事、石油天然气、能源行业提供入级和技术保障服务、软件和专家咨询服务，以及认证服务
2020-11-30	6 亿	8				
2021-2-8	5/2.5 亿	4.5/9.33				
2021-6-24	5 亿	10				

资料来源：中央结算公司．转型金融下的债券市场研究［R］. 2022.

根据 Snam 于 2022 年公布的气候行动和转型债券报告（Climate Actionand Transition Bonds Report，2022），在被识别的合格项目中，减碳减排项目占比 15%，可再生能源项目占比 14%，能源效率项目占比 12%，绿色发展项目占比 3%。

目前，我国转型类债券产品可分为银行间市场“可持续发展挂钩债券”“转型债券”和交易所市场“低碳转型公司债券”“低碳转型挂钩公司债券”四个子品种。其中，转型债券和低碳转型公司债券限定募集资金用途，两者与“绿色债券”在绿色装备/技术应用、能效提升等方面之间存在一定交叉。可持续发展挂钩债券与低碳转型挂钩公司债券通过设置关键指标及目标的方式驱动企业转型。可持续发展挂钩债券的发行人集中分布在能源电力、交通运输、建筑建材等高耗能、高碳排放行业。已发行可持续发展挂钩债券一般会根据发行人自身发展战略和经营业务实际，选择具有紧密相关性、可被定量计算的关键环境绩效指标（KPI）和可持续发展绩效目标（SPT），并明确达成时限，指标数量通常为 1—2 个。同时，第三方将对绩效目标的达成情况进行评估验证，如果关键环境绩效指标在时限内未达到预定目标，将会触发债券票面利率上调。

可持续发展挂钩债券成为我国主流转型类金融产品。截至 2023 年上半年，我国境内可持续发展挂钩债券、转型债券累计分别发行 67 只和 15 只，发行规模分别为 730 亿元和 78.3 亿元。

案例1-3 转型债券融资，助力高碳产业升级

为了保证转型债券融资能够真正用于高碳资产的低碳化转型活动，我国的转型类债券从发行到披露的整个生命周期都设置了相应的约束和目标。具体来看，银行间市场的转型债券限定了资金用途，可持续发展挂钩债券主要采用将票面利率与设定的可持续发展指标挂钩的方式。

1. 转型债券的资金用途限定

宝钢股份2022年向专业投资者公开发行G22宝钢1绿色公司债，债券募集资金扣除发行费用后，用于绿色产业领域的业务发展。其中，拟将5亿元用于绿色项目建设。本期募集资金5亿元拟用于宝钢湛江钢铁有限公司湛江钢铁氢基竖炉系统（一步）工程项目建设。根据公司生产经营规划和项目建设进度需要，公司未来可能对募投项目进行调整，投资于后续绿色项目。

中飞租赁2022年发行超短期融资券（转型）22中飞租赁SCP001，发行期限270天，发行额10亿元，拟投向支持高燃料效率的老旧飞机更新换代领域。

2. 可持续发展挂钩债券的目标挂钩

我国的可持续发展挂钩债券（以下简称SLB）是在中国人民银行的指导下，中国银行间市场交易商协会在碳中和绿票的基础上创新升级的产品。从实践来看，协会对首批推出的SLB设置了严格标准，要求在碳达峰碳中和的总体框架下，重点聚焦于碳行业的减排需求，通过专项产品积极引导金融资源向绿色低碳发展领域倾斜。协会首创负债端促进资产端“碳中和”的业务机制，存续期内第5年票面利率直接与可持续挂钩目标实现情况相关联。

华能集团2021年发行中期票据21华能MTN001，票面利率与可持续发展绩效指标SPT挂钩，若华能国际浙江公司可再生能源发电新增装机容量不低于90万千瓦，即达到预设指标，正常还本付息；若未达到预设指标，则最后一个计息年度票面利率上调10bp。

长江电力2021年度第二期中期票据（可持续挂钩）设定的SPT为：（1）2023年年末，可再生能源管理装机容量不低于7100万千瓦，且满足一定标准；（2）总可再生能源管理装机容量相比2020年9月末增长幅度不低于45%。如果没有达到SPT目标，第三个计息年度票面利率提升25bp。

陕煤集团是发行全国首批可持续发展挂钩债券的八家企业之一，2021年成功发行一笔可持续挂钩发展债券［21陕煤化MTN003（可持续挂钩）］，规模10亿元，期限5

年，票面利率4.48%，设立了三项关键考核机制（KPI），分别从吨钢综合能耗、新能源装机规模、火电供电标准煤耗来考量，这三项分别对应了三个可持续发展绩效目标（SPT）：2024年三项指标分别达到430kgce/t、400MW、317gce/kWh。若未达任意一项SPT，则第五年票面利率调升20bp。

第五节 生物多样性金融

一、生物多样性金融的发展背景

（一）生物多样性的内涵与现状

人类的生产生活离不开生态系统服务，而生物多样性是生态系统发挥生产、复原和调节功能、保证生态系统服务稳定性的重要因素之一。根据联合国《生物多样性公约》的定义，生物多样性是指“所有来源的活的生物体中的变异性或多样性，包括陆地、海洋及其他水生生态系统及其所构成的生态综合体，这包括物种内、物种之间和生态系统多样性”。

全球生物多样性现状已不容乐观。生物多样性和生态系统服务政府间科学与政策平台（IPBES）的《全球生物多样性和生态系统服务评估报告》指出，自1900年以来，大多数陆地栖息地的本土物种平均丰富度下降了至少20%，而且目前约有100万种动植物物种面临灭绝的威胁；超过40%的两栖动物物种、近33%的珊瑚礁形成的珊瑚和超过1/3的海洋哺乳动物受到威胁。2021年，英国发布的《达斯古普塔报告》（Dasgupta Review）指出，当前物种灭绝速度比历史数据提高了100—1000倍。生物多样性丧失进程持续加速，且呈现出明显的区域异质性，英国自然历史博物馆发布的生物多样性完整性指数（biodiversity intactness index，BII）指出，西欧部分地区和北美部分地区生物多样性损失严重，撒哈拉以南非洲、南美洲和亚洲部分地区的生物多样性则相对完好。

生物多样性丧失与气候变化密切相关。一方面，两者往往由共同因素导致，如人类的生产活动。另一方面，两者间存在相互影响。气候变化带来的天气变暖与降雨新模式冲击了原有生态系统，且其影响将随时间推移不断加重。有研究显示，当气温上升2℃，面临灭绝风险的物种比例为5%，而当气温上升4.3℃时，面临灭绝风险的物种比例将上升到16%。同时，生物多样性丧失也会加剧气候变化。森林、红树林、湿地、泥炭地和沼泽地等生态系统都具有较高二氧化碳吸收能力，在应对气候变化方面同样扮演着关键的角色。

（二）生物多样性与金融体系

生物多样性丧失将带来新的金融风险，对金融系统稳定性具有潜在冲击。与气候风险类似，生物多样性丧失风险主要包括物理风险与转型风险（央行与监管机构绿色金融网络NGFS，2021）。物理风险是指因生态系统破坏、生物多样性丧失而引发投资价值下降的风险。生物系统可以以食物供应、碳封存、水和空气过滤等形式创造经济价值。生态多样性丧失的过程中，一些对自然资源或生态系统依赖较强的行业，如渔业、林业和造纸业、农业、水电行业等，可能面临无法获取生产资料或者生产成本上涨的负面情况，引发企业亏损、倒闭、金融资产减值等物理风险。对这些经济活动或资产有敞口的金融机构，也会因此面临信用风险和市场风险。据估计，全球有44万亿美元的经济价值创造高度依赖自然及其生态系统服务（世界经济论坛WEF，2020），生物多样性丧失可能导致每年10万亿美元的经济损失（NGFS，2021）。转型风险是指破坏生态系统的经济活动引发的政策、法规、技术、贸易或消费者偏好等方面的不确定性。例如，政府为保护生物多样性出台新的或更严格的生物多样性保护政策法规、提高相关标准或取消对生物多样性有害活动的补贴，消费者偏好的改变以及技术进步等，都可能影响企业经营活动，增加其经营成本，导致部分金融资产成为坏账或估值下降，触发转型风险（Salin，2021；The Sustainable Finance Platform，2020）。两类风险相互影响强化，有可能会进一步带来更广泛的社会经济问题，产生全球金融体系的系统性风险。

应对生物多样性丧失面临巨大的资金缺口，既要增加流向生物多样性保护项目的资金，也应减少流向损害生物多样性活动的资金。据保尔森基金会估计，用于生物多样性保护的资金缺口每年为7220亿—9670亿美元。生物多样性保护的传统资金主要源自政府资金及社会捐赠，不足以支持生物多样性保护的需求。金融体系可以发挥资源配置、风险管理等功能，通过提供可持续金融产品和服务，引导企业加强生物多样性保护，为生物多样性保护作出贡献。目前，多国央行或金融监管部门已将生物多样性与金融稳定的研究纳入日程，鼓励金融机构探索金融支持生物多样性保护的多样化工具。2021年10月，36家中资银行、24家外资银行及国际组织发布了《银行业金融机构支持生物多样性保护共同宣示》，探索为生物多样性保护提供综合化金融服务。截至2023年5月，已有来自23个国家的140家金融机构签署《生物多样性融资承诺》，承诺通过其融资和投资活动，保护并恢复生物多样性。

二、生物多样性金融的概念与意义

（一）生物多样性金融的概念

根据联合国开发计划署国际生物多样性金融项目（BIOFIN）的定义，“生物多样性金融旨在筹集和管理资本，利用金融和经济激励措施支持生物多样性保护”。发展生物多样性金融既可以使金融系统针对经济活动采取适当的评估措施以激励自然保护并提供必要的资金，也可避免为不可持续的经济活动提供资金，其目的在于通过金融手段将更多资源转移到生物多样性保护或对生物多样性有利的项目，协助各国实现生物多样性目标。

（二）生物多样性金融的发展意义

发展生物多样性金融具有重要意义，主要体现在以下三点：

（1）提升生物多样性金融规模。

实现生物多样性目标仍然面临巨大的资金缺口。保尔森基金会预测，当前全球生物多样性保护投资金额为1240亿—1430亿美元，与预计的到2030年前每年需要7220亿—9670亿美元的资金需求相比，还存在巨大缺口。2022年，联合国环境规划署发布的《G20框架下的自然金融状况报告》显示，当前G20国家对基于自然的解决方案投资不足，资金缺口规模约为每年1200亿美元，报告呼吁G20国家到2050年将年度基于自然的解决方案支出扩大到2850亿美元。当前，生物多样性资金主要依赖政府公共支出，社会资本占比非常低，亟须通过金融创新，吸引更多金融机构和社会资金参与生物多样性保护。

（2）创新适应生物多样性需求的金融模式。

生物多样性项目具有周期长、见效慢、公益性、正外部性等特点，传统金融模式下难以激励金融机构参与生物多样性保护的积极性。因此，发展生物多样性金融的核心在于创新金融模式，逐步建立与生物多样性项目特点相适应的金融模式，丰富生物多样性金融供给，或者构建能够进一步平衡生物多样性项目风险和收益的金融模式，以满足社会资本的偏好。

（3）构建生物多样性风险管理体系。

生物多样性对世界经济社会具有重要意义。OECD研究显示，全球40万亿美元的产值在一定程度上依赖自然环境，约占全球GDP的50%。全球物种灭绝提速促使生物多样性风险日渐上升，不仅影响经济增长，也将形成系统性金融风险。创新生物多样性金融，有利于金融机构建立完善相关风险管理体系，紧抓生物多样性保护的机遇，增强相关投资规模。

三、生物多样性金融创新产品

各国金融机构近年来在生物多样性金融领域开展了积极探索，创新开发了一系列金融工具。

（一）信贷工具

银行信贷支持生物多样性保护的本质是在信贷业务中考虑生物多样性保护因子，完善信贷政策制度和流程，拓展抵质押品范围，改善生物多样性保护主体信贷准入条件，倾向性地将信贷投向生物多样性友好型项目或领域，提供优惠利率和贷款支持，从而提高项目投资回报率和融资可获得性，并减少对不利于生物多样性保护的项目的投资。根据中国人民银行《金融支持生物多样性保护调研报告》，我国多个省市积极推动生物多样性信贷。截至2021年年末，云南省生态保护贷款和生态修复贷款余额分别为53.8亿元和421.74亿元，在云南省绿色贷款中的占比约为11.5%。截至2022年第二季度末，青海省生态保护与生态修复贷款余额合计为17.61亿元；张家界市生态修复贷款余额17.57亿元，国家公园、世界遗产、国家级风景名胜区、国家森林公园、国家地质公园、国家湿地公园等保护性运营贷款余额61.42亿元。对于有旅游门票收入、特定资产收费权等较稳定现金流的项目，银行机构以收费权质押、保证、担保等方式，支持生物多样性保护。例如，云南工商银行和邮政储蓄银行推出西双版纳野象谷景区收费权质押贷款，2018—2021年累计发放贷款1.89亿元，满足景区日常运营流动资金需求。

案例1-4　荷兰合作银行“地球影响贷款”

荷兰在生物多样性信贷领域具有世界领先的实践经验和发展水平，荷兰合作银行等金融机构已经开始重视在信贷流程中评估及测度贷款企业或项目的生物多样性保护水平，并将自然资本影响指标细化，明确地把生物多样性指标纳入其环境和社会风险分析框架中。2014年，荷兰合作银行为农民提供“地球影响贷款”（the planet impact loan），根据他们在奶牛养殖业生物多样性监测系统中的得分，给予利息折扣。农场主可以通过供应链伙伴和利益相关者获得回报，通过改善生物多样性耕作获利。

（二）债券工具

支持生物多样性保护的债券工具是指通过发行不同类别的固定收益类证券募集资金，

投向支持生物多样性保护的项目，促进生态系统保护和生物多样性恢复。从国际债券市场实践来看，生物多样性主题债券属于绿色债券细分领域，其募集资金必须符合《绿色债券原则》。特别是，当债券以“生物多样性”贴标时，其募集资金必须全部用于该主题。我国生物多样性主题债券探索主要以绿色金融债为主。法国、巴西、加拿大、瑞典、哥伦比亚和诸多国际组织在生物多样性保护相关的绿色债券方面也做出了积极探索，进一步创新了绿色债券形式。

案例1-5 中国生物多样性主题债券探索

2021年9月，中国银行发行了全球金融机构首笔生物多样性主题绿色债券，等值18亿元。此次债券发行包括人民币和澳门元两个品种，期限均为2年，金额分别为10亿元和10亿澳门元，募集资金将用于国内地区生态建设示范、山区生态修复、生态水网、国家储备林、低质低效林改造等多个具有生物多样性保护效益的项目。2022年5月，中国建设银行推出“生物多样性”和“一带一路”双主题绿色债券，发行规模为等值7.8亿美元，募集资金用于天然林保护、河湖与湿地保护、退耕还林等项目。同年11月，中国银行巴黎分行推出欧洲首只生物多样性主题绿色债券，发行规模4亿美元，募集资金用于珍贵植物保护、自然景观生态修复、国家森林保护区、湖泊生态环境保护等项目。三只债券都被超额认购，反映出国际投资者对生物多样性主题债券的认可。但是，我国金融机构发行的生物多样性主题债券结构简单，主要通过限定募集资金用途而贴标主题，创新性有待加强。

案例1-6 犀牛债券

2022年3月，世界银行发行了世界上首个专门用于保护某一特定物种的金融工具“野生生物保护债券”，又名“犀牛债券”（rhino bond），用于支持南非阿多大象国家公园和大鱼河自然保护区中黑犀牛（diceros bicornis）的保护工作。债券发行资金1.5亿美元，期限5年。

犀牛债券推动了债券支付结构模式的创新。犀牛债券不支付期间票息，期满返还本金，同时支付一笔“效益支付”，其金额与实际保护成效挂钩，最高可达1376万美元。效益支付的资金来自全球最大的环境项目资助者——全球环境基金（global environment facility，GEF），而保护成效以黑犀牛种群数量增长率为主要指标。实际增长率会由独立第三方核验，其中由管理咨询公司“保护阿尔法”计算增长率，由伦敦动物学会核实结果。

相对于内嵌式选择权、“成功才付款”的社会影响力债券（social impact bond，SIB），犀牛债券投资人面对的风险较低，无论项目成功与否，投资人至少可以拿回本金。具体而言，犀牛债券折价发行（94.84%），5年后以面值赎回，本金无损失，而其自愿放弃的五年票息可算是对犀牛保护区的捐赠。如果投资人的捐赠发挥作用，犀牛数量增长率达标，则将GEF的捐赠以效益支付形式回馈给投资人。犀牛债券的评估日为2026年年底，黑犀牛数量增长率目标设在4%。但根据世界银行官网上的信息，2022年年底时该增长率已达7.3%。投资人拿到效益支付的概率极大。

犀牛债券的创新之处在于采取了“债券+捐赠”模式，集合了两种模式的优点。采取纯债券模式时，发行方须支付票息和保护项目的所有成本，而相应成本显然较高。采用纯捐赠模式时，捐赠方除须支付保护项目的所有成本外，还面临捐赠款通常不进行项目成效核验的风险。因此，犀牛债券不但顺利推出保护项目，还降低了成本，而犀牛由发行方和捐赠人共同出资保护，使双方都能超额达到目标。

（三）基金工具

基金支持生物多样性保护主要是基于市场化机制将分散的资金有效转化为符合生物多样性保护产业发展需要的资本金，推动产业升级并促进产业结构优化。英国、法国、日本、澳大利亚等国家都通过机制创新等方式引导设立了专门针对生物多样性保护的创新基金，撬动社会资本引导资金、人才、技术等要素向具有发展潜力的生物多样性友好型企业聚集，解决这些企业的长期融资需求。我国近年来也采取“基金+”模式助力生物多样性目标的实现。

案例1-7　英国生物多样性基金创新探索

英国是较早关注生物多样性保护的国家之一，生物多样性保护领域的公共财政投入每年由7740万英镑增加到2亿英镑以上，并且发行了一系列用于全球生物多样性保护的创新基金。2021年6月G7峰会上，英国宣布设立一项5亿英镑的“蓝色星球基金”，用于支持发展中国家保护海洋和减少贫困人口，该基金第一期1620万英镑资助计划中，570万英镑用于建立英国主导的“海洋国家伙伴关系计划”（OCPP），以帮助发展中国家与英国科学家合作，提高对海洋保护区的认识和管理水平，降低气候变化和海洋污染物的影响；500万英镑提供给“全球珊瑚礁基金”（GFCR），以缓解全球珊瑚礁减少的问题；250万英镑提供给“全球塑料行动伙伴关系”（GPAP），用于解决海洋塑料污染问题；200万英镑提供给“海洋风险和恢复行动联盟”（ORRAA），以帮助发展中国家应对气候变化；100 万英镑用于"全球海洋账户伙伴关系"，用来估算发展中国家海洋健康的经济价值。英国呼吁制定新的全球"30by30"目标，到 2030 年保护至少 30% 的陆地和至少 30% 的海洋。同时，启动了新的国际生物多样性基金，初期投资为 2.2 亿英镑，其中 1 亿英镑用于生物多样性景观基金（biodiversity landscape fund，BLF），建立 BLF 的核心目标是减缓、阻止或扭转 6 个生物多样性热点地区（横跨安哥拉、博茨瓦纳、马达加斯加等 18 个国家）的生物多样性丧失，减少温室气体排放，并保护天然碳汇。热点地区选择的依据是该区域的生物多样性保护在全球范围内的相对重要性、碳汇发展的潜力以及常住人口的经济状况和生计水平。

案例 1-8 中国生物多样性主题"基金+"模式

近年来，我国多省市探索了"基金+"新模式，以应对生物多样性保护的资金需求。

青海采取"公募基金会+信托"方式募集资金，支持三江源国家公园项目。2012 年 10 月，青海省政府和国有资产投资管理公司发起设立三江源生态保护公募基金会。2017 年，该基金会与五矿信托合作发起"五矿信托—三江源思源慈善信托"，存续期 10 年，首期规模 50 万元，前四期募资 200 多万元，用于资助三江源地区基础水文数据采集、生态环保站建设及文化宣传等项目。2019 年，该基金会向三江源国家生态环境保护系列项目提供资金 355 万元，加强生态系统保护与利用，为玛多县生态环保示范村建设项目资助 70 万元，减少白色垃圾污染，提高植被覆盖率。2021 年，该基金会募集公益资金 6000 余万元，创历史新高，助力保护"中华水塔"和青海国家公园示范省建设，支持青海湖流域综合科学考察，开展可可西里藏羚羊等生物多样性保护宣传活动，实施退化草地治理修复、城乡生态重建及专业人员培训项目。

云南采取"专项建设基金+银行"方式筹集资金，支持重点领域项目（包括生物多样性保护项目）建设。专项建设基金由国家开发银行、中国农业发展银行在银行间市场定向发行专项债券筹资设立，利率低（1.2% 或 2.8%），期限长，基金投资方式主要有股权投资和股东借款。2015—2016 年，农发重点建设基金支持大理水体治理项目 3 个，投入基金 6.1 亿元。所支持的环湖截污和入湖河道工程通过截断生活污水和农业面源污水进入洱海和剑湖，消减入湖污染负荷，促进水质改善，有效保护湖泊生物多样性。

（四）保险工具

作为有效的风险管理工具，保险既能为生物多样性投资提供风险预警与评估等服务，减少生物多样性丧失，也能通过事后补偿为恢复生物多样性提供资金。同时，保险资金也可以作为生物多样性友好型项目的资金来源之一。许多国家及国际组织已经探索引导保险资金精准支持生物多样性友好型项目和资金有缺口领域，在发展传统的绿色保险产品的同时，如环境污染责任保险，不断创新保险品种，其中比较具有代表性的是野生动物肇事保险和巨灾保险。

案例1-9　野生动物肇事公众责任保险

野生动物肇事公众责任险的主要保险理赔对象是人和农林作物。保险期内，居民或流动人口在承保区域内遭受野生动物伤害导致人身伤亡或财产损失（财产损失仅限人工种植的农作物），无法找到责任人或者责任人无力赔偿，被保险人依据国家或地方有关法律法规规定给付一次性伤亡救助金、支付医疗费用和财产损失补偿金。

云南省于2010年在全国率先开展野生动物肇事公众责任保险试点，对野生动物肇事导致的居民人身伤亡或财产损失进行补偿，2014年实现全省覆盖。从2011年以来，为亚洲象年均投保1400万元，由太平洋财险和人保财险共同承保，累计赔付1.4亿元。

青海省于2022年5月印发《青海省陆生野生动物造成人身财产损失保险赔偿试点方案》，确定首年度试点期间保险费为每年300万元，试点期间保险费由省级财政负担。青海省成为全国首个赔付区域最广（全省范围）、赔偿类型最全面的实施野生动物致害政府救助责任保险赔偿的省份。

大熊猫国家公园成都管理分局于2022年推出了“大熊猫国家公园成都片区野生动物肇事保险”，为大熊猫国家公园成都片区内的居民和游客提供生命和财产安全保障。这一保险首年投保金额为60万元，保额达1.3亿元。保费不需要居民出钱，一旦发生了野生动物肇事事件，居民可以直接联系保险公司或者成都熊猫分局，进行相关赔付。

四、生物多样性金融展望

随着生物多样性保护意识日益提高，生物多样性保护的资金需求将持续增长。金融支持生物多样性保护具有广阔的发展前景，生物多样性金融的快速发展迫在眉睫。目前，生物多样性金融正在纳入现有绿色金融体系，这既是发展生物多样性金融的有效途径，也是进一步完善绿色金融体系的关键举措。

（一）完善生物多样性金融标准制定

应充分重视气候变化与生物多样性的协同作用，将生物多样性因素纳入既有的绿色金融标准建设中，进一步细化与明确生物多样性的相关产业、行业、项目清单，建立评估项目生物多样性效益的综合评价指标体系，引导金融资源精准流向生物多样性友好的相关领域。在信息披露建设方面，积极开展国际合作，促进国内外生物多样性信息披露标准的协调。

（二）加强生物多样性金融风险管理

应进一步推进我国生物多样性相关系统性金融风险研究，推动金融机构从物理风险和转型风险的角度开展生物多样性风险分析。金融监管机构应使用开发工具和创新方法来分析、量化和监测与生物多样性相关的金融风险。积极开发生物多样性影响评估工具，有效评估金融活动对生物多样性的影响，开展生物多样性风险的情景分析和压力测试。

（三）健全生物多样性投融资机制

政府机构和智库力量应联合开展生物多样性资金缺口的统计研究，明确生物多样性投融资规模和保护生物多样性的资金需求，进一步细化生物多样性资金流动的现状，推动相关政策制定和市场实践。金融机构应开发生物多样性金融产品、不同类型的金融工具，丰富生物多样性金融市场，继续引导私人资本参与。

（四）加强生物多样性金融国际合作

与开展绿色金融国际合作的思路相一致，开展生物多样性金融的国际合作也可以充分利用“一带一路”倡议、中国—东盟合作机制、南南合作机制等，推广生物多样性保护项目建设，凝聚多方力量，促进相互交流与合作。在民间，高校、智库和非营利组织可开展人才交流和对话，培养跨学科的复合型国际人才，持续地支持生物多样性金融的发展。

思考与练习

（1）什么是绿色金融？

（2）怎样理解绿色金融与气候投融资、转型金融、生物多样性金融的关系？

（3）我国绿色金融的功能定位是什么？

（4）简述绿色金融产品的主要类型。

（5）碳达峰碳中和的内涵是什么？

（6）简述气候投融资的项目分类与主要工具。

（7）转型金融的重要性体现在何处？

（8）为什么要发展生物多样性金融？

推荐阅读材料和网站

（1）亚历山德拉·詹努斯，毛倩，赵鑫，陈千明．生物多样性金融报告，载绿色金融蓝皮书：全球绿色金融发展报告（2022）[M]．北京：社会科学文献出版社，2023.

（2）毕马威中国．助力实现“双碳”目标：绿色金融，大有可为 [R]. 2021.

（3）平安证券．把握 G20 共识下的转型金融发展新机遇 [R]. 2023.

（4）申万宏源证券．绿色金融正当时，迈向大扩容时代——2022 年绿色金融发展年度报告 [R]. 2023.

（5）中国人民大学重阳金融研究院．气候投融资与中国未来 [R]. 2022.

（6）中国人民银行．金融支持生物多样性保护调研报告 [R]. 2021.

（7）中金公司．转型金融：理论框架、发展现状与中国实践 [R]. 2023.

（8）中泰国际．境外绿色金融助力国家实现碳中和的路径 [R]. 2022.

（9）中信建投证券．绿色金融发展的国际经验、中国实践与政策建议 [R]. 2022.

（10）中信证券．绿色金融“三大功能”“五大支柱”助力实现“30·60 目标”[R]. 2021.

（11）中央结算公司．转型金融下的债券市场研究 [R]. 2022.

（12）中央财经大学绿色金融国际研究院．亚投行气候投融资策略、现状及建议 [R]. 2021.

（13）中银研究．转型金融发展实践、存在问题与政策建议 [R]. 2023.

（14）生物多样性金融：债券的探索 [EB/OL]. https：//finance. sina. com. cn/esg/2023 -07 -24/doc - imzctxcz9158185. shtml，2023 -7 -24.

（15）袁吉伟：全球气候投融资体系建设及创新趋势 [EB/OL]. https：//baijiahao. baidu. com/s？id =1767870000112252969&wfr = spider&for = pc，2023 -6 -25.

（16）周显峰，杜丽婧，佟岩．气候投融资项目分类与界定：中国实践 vs 国际经验 [J]. 国际工程与劳务，2023（4）：55 -60.

参考文献

［1］崔楚云，侯一蕾，王天一，等．金融支持生物多样性保护：全球实践及政策启示［J］．生物多样性，2022，30（11）：49－59.

［2］陈诗一，李志青．绿色金融概论［M］．上海：复旦大学出版社，2019.

［3］高建良．“绿色金融”：一种新的金融运营战略［J］．云南金融，1998（1）：21－22.

［4］高世楫，俞敏．中国提出“双碳”目标的历史背景、重大意义和变革路径［J］．新经济导刊，2021（2）：4－8.

［5］国务院发展研究中心“绿化中国金融体系”课题组，张承惠，谢孟哲，田辉，王刚．发展中国绿色金融的逻辑与框架［J］．金融论坛，2016，21（2）：17－28.

［6］马骏．“十三五”时期绿色金融发展十大领域［J］．中国银行业，2016（1）：22－24.

［7］马骏．《G20转型金融框架》及对中国的借鉴［J］．中国金融，2022（23）：21－23.

［8］清华大学国家金融研究院绿色金融研究中心．绿色金融：政策与产品［M］．北京：中译出版社，2022.

［9］王文．气候投融资与中国绿色金融方向［J］．中国金融，2022（12）：14－16.

［10］熊学萍．传统金融向绿色金融转变的若干思考［J］．生态经济，2004（11）：60－62.

［11］张胜轩，陈亚芹．兴业银行绿色金融发展实践［J］．中国金融，2022（1）：33－34.

第二章　绿色金融市场

学习要求

1. 掌握绿色金融市场的概念与构成。
2. 熟悉绿色金融市场的参与机构和绿色金融市场工具。
3. 了解绿色金融市场的交易机制。

本章导读

绿色金融是助力实现碳达峰碳中和目标的重要途径，也是实现社会、经济、资源、环境可持续发展的有效手段，完善的绿色金融体系必将对国民经济转型升级发挥积极的作用。因此，理解绿色金融市场的构成、交易工具及交易机制，并促使形成有效的市场机制尤为重要。

第一节　绿色金融市场概述

一、绿色金融市场的发展背景

人类社会正在面临双重挑战（经济合作与发展组织，2011）。一方面，需要持续强劲的经济增长，以满足不断增多的人口需求。这对于占世界总人口84%的中低收入国家的64亿人尤为重要，因为其中很多人仍然遭受着饥饿的威胁，生活条件恶劣。另一方面，全球各国也面临着不断加剧的环境压力，包括空气和水污染、生物多样性丧失、自然资源枯竭和气候变化。

科学家认为，因使用化石燃料排放的大量二氧化碳等温室气体，全球地表温度比工业化前水平升高了约1.1℃（政府间气候变化专门委员会，2021），而气候变暖将造成生物多样性断崖式下降，干旱、洪水等极端天气事件频发以及冰川消融诱发海平面显著上升。根据生物多样性和生态系统服务政府间科学政策平台2019年的报告，多达100万种动植物物种因人类活动而面临灭绝。2021年夏，加拿大、美国、墨西哥皆遭遇热穹顶现象。其中，加拿大和美国的最高气温突破50℃，墨西哥第二大湖泊奎采奥湖因高温而干涸，最热的一周整个北美地区几百人被活活热死。与此同时，中国遭遇了数十年难遇的强降雨天气，多个地区遭遇洪涝。

全球变暖不仅是环境问题，也将引发严重的社会和经济问题。气候变化和极端天气每年影响全世界数百万人的生活，造成数千亿美元的经济损失。《柳叶刀》污染与健康委员会的报告显示，仅在2015年，由空气、水和土壤污染引起的疾病就造成了900万人过早死亡，占当年全球死亡人数的16%（Landrigan等，2017）。世界银行（2020）指出，仅在2016年，与空气污染造成的健康损害相关的成本，全球估计约为5.7万亿美元，相当于GDP的4.8%。

早在20世纪70年代，国际社会就开始对日益严峻的环境挑战做出响应。2015年9月召开的联合国大会第70届会议通过了《2030年可持续发展议程》，该议程含盖了17项可持续发展目标，旨在解决经济、社会和环境三个维度的问题。2015年12月召开的《联合国气候变化框架公约》第21次缔约方大会（COP21）通过了《巴黎协定》。该协定提出，将“致力于实现将全球平均气温上升幅度控制在低于工业化前2℃，并努力将其控制在1.5℃的水平”。这成为推动全球可持续发展的两个重要里程碑。

为实现联合国可持续发展目标和《巴黎协定》温控目标，世界各国亟须采取减缓和适应气候变化的行动，对绿色和低碳基础设施及绿色技术进行大量投资。据估计，从2015年到2030年，发展中国家实现可持续发展目标所需的总投资将达到每年3.9万亿美元，相当于发展中国家预计GDP总和的11%。经济合作与发展组织最近的一项估计表明，受新冠疫情影响，发展中国家实现《2030年可持续发展议程》中的17项可持续发展目标，年度资金缺口在2020年增加了70%，达到4.2万亿美元（OECD，2020a）。同时，根据IPCC的数据，要实现1.5℃温控目标，2016—2050年全球年均能源投资（包括可再生能源、能效提升、电气化和低碳技术）估计为3.26万亿美元，占全球预计GDP的2.4%。

另外，由联合国环境规划署（United Nations Environment Programme，UNEP）、世界经济论坛（World Economic Forum，WEF）、德国国际合作机构（Deutsche Gesellschaft für Internationale Zusammenarbeit，GIZ）、土地退化经济学倡议（the Economics of Land Degradation，ELD）和“生动经济学”（vivid economics）2021年进行的一项研究显示，从现在起到2050年，全球对自然界累计投资达8.1万亿美元，才能有效应对气候变化、生物多样性和土地退化这三大相互关联的环境危机。实现如此大规模的投资，需要公共资本和私人资本的共同参与。如何吸引私人投资者为可持续发展目标，以及气候减缓和适应行动提供资金，已成为许多国家十分关注的重要发展问题。因此，引导私人资本和公共资本投资于绿色和低碳项目的绿色金融，近年来在全世界受到越来越多的关注。

二、绿色金融市场内涵

（一）金融市场的概念与分类

金融市场是指一切货币资金进行融通活动的场所，即资金需要和供给的市场。通过在金融市场上融通资金，将资金的使用权从资金盈余方让渡给资金的需求方。

按照交易工具的不同期限，金融市场可以分为货币市场和资本市场。货币市场一般是指放款期在一年以内的往来资金市场，主要解决市场参与者短期经营资金或短期流动资金的周转。货币市场交易品种主要有短期国库券、商业票据、银行承兑汇票、可转让定期存款证、同业拆借等。这些交易品种可以在市场上随时变卖换成现金，其流动性极高，而风险极小，是近似于货币或者说“准货币”的产品，所以将这些产品的交易场所称为货币市场。但由于这些交易品种的偿还期短，最长不超过一年，该市场又被称短期金融市场。资本市场是指期限在一年以上，以有价证券为交易工具进行中、长期资金交易的市场。根据资金供给形式，可分为长期信贷市场和广义债券市场。该市场交易的对象是比较长期的证券，如公债、股票、债券、抵押契约等。在市场经济国家，有的证券（如股票）甚至没有到期日。所以，资本市场也称为长期金融市场。

金融市场上的各种交易是以银行或证券交易所为媒介进行的，因此，还可以将金融市场分为借贷市场和证券市场。按照证券的性质区别，证券市场又可分为债权证券（即债券市场）和所有权证券（即股票市场）；按照证券进入市场的顺序划分，证券市场还可分为证券发行市场和证券交易市场；按照交易方式的不同，证券市场还可分为现货市场和期货市场、贴现市场和外汇市场等。按照一般惯例，通常使用的是以资金到期日为准绳，即信用期限一年以上的资本市场（长期金融市场）和信用期限一年以内的货币市场（短期金融市场）。

（二）绿色金融市场的内涵

绿色金融市场指进行能产生环境效益从而支持可持续发展的投融资活动场所，亦指满足绿色项目的资金需求和供给的市场，致力于推动可持续发展和低碳转型。绿色金融市场涵盖绿色信贷、绿色债券、绿色保险、绿色基金与ESG投资、碳金融等子领域，并基于不断完善的可持续发展标准、认证机制与绿色金融科技支持，提升市场透明度与交易效率，拓展市场边界并深化产品内涵，紧密对接社会对可持续发展的迫切需求以及金融行业对环境和社会责任的不断关注，助力社会经济走向更加绿色和可持续的发展方向。

三、绿色金融市场的构成

（一）按照标的物划分，可以分为绿色信贷市场、绿色债券市场、绿色保险市场和碳交易市场

1. 绿色信贷市场

绿色信贷市场是以商业银行绿色信贷产品为载体支持绿色低碳和可持续发展项目的金融市场。绿色信贷源于国际金融公司与荷兰银行于2002年提出的赤道原则（Equator Principles，EPs）。赤道原则要求金融机构对融资项目对环境和社会造成的潜在影响进行综合评估，并利用金融杠杆支持项目融资以促进社会的可持续发展。赤道原则的制度体系较为全面，且执行较严格。接受赤道原则的银行（即赤道银行）需要自觉接受外部独立的监督和审查，在贷款存续期需要由外部独立的机构和社会专家来进行项目评估，环境评估报告也需要由外部独立的机构和社会专家来审查。同时，赤道银行也要求借款人建立环境评估信息公开披露和投诉机制等。目前，赤道原则已被广泛用于国际绿色信贷实践，截至2022年7月，全球共有38个国家的138家金融机构自愿采纳赤道原则，包括国内的兴业银行、江苏银行、湖州银行、重庆农商行、绵阳市商业银行、贵州银行、重庆银行和福建海峡银行8家商业银行。除此以外，2018年由贷款市场协会和亚太区贸易市场协会联合发布的绿色信贷原则，2019年由贷款市场协会、亚太区贸易市场协会和贷款银团贸易协会联合发布的可持续发展关联贷款原则也是国际绿色信贷市场参考的重要准则。

2007年，国家环保总局、中国人民银行、中国银监会联合发布《关于落实环境保护政策法规防范信贷风险的意见》，标志着我国绿色信贷市场步入发展起步阶段。2008年，国家环保总局与世界银行国际金融公司联合颁布了《绿色信贷环保指南》，制定了符合中国实际的绿色信贷环保指南。2012年，银监会首次在官方文件《绿色信贷指引》中提出

“绿色信贷”，建议在我国境内依法设立的政策性银行、商业银行、农村合作银行、农村信用社从战略高度推进绿色信贷。2014 年，银监会拟定《绿色信贷实施情况关键评价指标》，提出了绿色信贷的具体评价指标。2015 年，银监会与国家发改委联合发布《能效信贷指引》，激励和引导商业银行积极开展能效信贷业务。2016 年，中国人民银行、财政部等七部委联合印发了《关于构建绿色金融体系的指导意见》，加快构建支持绿色信贷的政策体系，推动银行业自律组织逐步建立银行绿色评价机制，推进绿色信贷资产证券化，在风险可控的前提下对绿色企业和项目加大支持力度，降低绿色信贷成本。2021 年，中国人民银行发布《银行业金融机构绿色金融评价方案》，从定性和定量两个方面对 24 家商业银行的绿色金融业务进行评价，并将评价结果纳入央行金融机构评级等中国人民银行政策和审慎管理工具。

经过多年发展，中国已成为全球最大的绿色信贷市场。根据中国人民银行发布的数据，截至 2023 年第三季度末，中国绿色贷款余额已达到 28.58 万亿元，同比增长 36.8%，位居全球第一，其中近七成投向了具有直接和间接碳减排效益的项目。同时，中国绿色信贷资产质量整体良好，绿色贷款不良率远低于全国商业银行不良贷款率。目前，绿色信贷是中国绿色金融市场中规模最大的绿色金融工具，在全部绿色金融产品中的占比高达 90%。

专栏 2 – 1　知识拓展：赤道原则与兴业银行

赤道原则（Equator Principles，EPs）是 2003 年 6 月由花旗集团、荷兰银行、巴克莱银行、西德意志银行（West LB AG）等，采用世界银行的环境保护标准与国际金融公司的社会责任方针制定。目前施行的是启动于 2020 年 7 月 1 日的第四版赤道原则（EP4），共包括 10 项原则：（1）审查和分类；（2）环境和社会评估原则；（3）适用的环境和社会标准；（4）环境和社会管理体系和赤道原则行动计划；（5）利益相关者参与；（6）申诉机制；（7）独立审查；（8）契约；（9）独立监测和报告；（10）报告和透明度。相较于第三版赤道原则，EP4 修订的主要内容包括扩大赤道原则审查项目范围、新增与国际减排目标相适应的内容、重视气候变化和温室气体排放披露和提升环境社会风险管理等方面。

兴业银行作为中国首家赤道银行，高度重视环境与社会风险管理，借助赤道原则的理念、工具和方法，逐步完善环境与社会风险管理体系。2020 年以来，对标《赤道原则（第四版）》，兴业银行对环境与社会风险管理相关制度进行了全面修订完善，增加了联合国可持续发展目标（SDGs）、《巴黎协定》、气候相关财务信息披露工作组（TCFD）等的气候风险管理要求，顺应了国际可持续发展最新趋势。

资料来源：张胜轩，陈亚芹．兴业银行绿色金融发展实践［J］．中国金融，2022（1）：33 – 34.

2. 绿色债券市场

绿色债券市场是发行和交易绿色债券的金融市场。绿色债券是指募集资金投向节能环保、清洁能源、应对与适应气候变化、生态环境维护等有助于绿色领域的债权债务凭证。绿色债券最早可追溯至2007年欧洲投资银行发行的全球首只气候意识债券。2008年以后，国际绿色债券市场的发行量激增，绿色债券国际标准也日益规范，国际资本市场协会（ICMA）发布的《绿色债券原则》（Green Bond Principles，GBP）和气候债券倡议组织CBI制定的《气候债券标准》（Climate Bonds Standard，CBS）是目前国际市场应用最为广泛的绿债标准。从全球范围看，绿色债券市场发展强劲，在绿色金融市场中占据主导地位，2012—2021年，绿色债券规模占绿色金融总量的93.1%。其中，发达国家占全球绿色债券发行总量的80%以上，欧洲全球绿色债券发行总量半数，北美地区约占1/5。

我国绿色债券市场虽起步较晚，但近年来发展速度较快。2015年12月，中国人民银行发布关于绿色金融债券发行管理的第39号公告正式启动我国绿色债券市场。2016年1月，浦发银行与兴业银行率先在银行间市场发放了国内市场第一批绿色金融债券，2016年全年绿色债券市场规模从几乎为零增长至2071亿元。之后，中国人民银行、国家发展改革委、两大交易所、证监会、中国银行间市场交易商协会等部门陆续出台绿色债券相关政策，逐步建立完善我国绿色债券标准体系，特别是随着《绿色债券支持项目目录（2021年版)》和《中国绿色债券原则》的出台，国内绿色债券标准体系进一步完善，绿色债券评估认证体系也逐步成熟，有力支持了我国绿色债券市场的快速稳步发展。截至2023年第三季度末，中国绿色债券余额达到1.98万亿元，居全球第二。

专栏2-2 知识拓展：绿色分类标准

目前，全球各国都在积极探索绿色分类标准，绿色分类标准的制定方法可以划分为三类：一是基于白名单的方法，这种方法列出了被视为绿色或可持续发展的技术，侧重于确定每个行业或子行业下的合格项目或经济活动，中国、蒙古国和俄罗斯目前采用的就是白名单的方法。二是基于技术筛选标准的方法，对经济活动及其是否符合特定目标设定阈值和筛选标准，以确定经济活动是否对特定环境目标作出实质性贡献，并且对其他环境目标没有重大损害。欧盟、南非和韩国采用的是技术筛选标准方法，智利和哥伦比亚也正在探索采用该方法制定本国的分类标准。三是基于原则的方法，类似于国际资本市场协会发布的《绿色债券原则》，通过为市场参与者确立一套核心原则来评估哪些经济活动可以获得融资。马来西亚和日本采用的是该方法。

3. 绿色保险市场

绿色保险市场以绿色保险作为环境风险管理的有效工具，助力实现可持续发展。国际上，绿色保险通常指与环境风险管理有关的各种保险计划，实质是将保险作为一种可持续发展工具，以应对如气候变化、污染和环境破坏等问题，针对不同的环境问题推出了环境责任保险（以下简称环责险）等绿色保险品种。

绿色保险市场发展以环境责任保险出现为始。环责险是以企业发生污染事故对第三者造成的损害依法应承担的赔偿责任为标的保险。1970 年以后，环保浪潮席卷了整个西方发达工业国家，一系列环境保护法案纷纷出台。为了遏制日益严重的工业污染，各国对环境污染行为实行了极为严格的追责和处罚制度。企业迫切需要将因环境污染而被处罚甚至濒临破产的风险转移出去，环境责任保险便应运而生。在共同应对气候变化过程中，绿色保险的作用已得到各方认可。联合国环境规划署金融倡议组织（UNEP FI）与世界各保险公司在联合国可持续发展大会上共同发起的《联合国可持续发展保险原则》（United Nations Principle for Sustainable Insurance，UN PSI）为国际绿色保险市场的发展实践奠定了基础。2021 年 5 月，国际保险监督官协会（IAIS）与可持续保险论坛（SIF）联合发布《保险业气候相关风险监管的应用文件》，提供了保险业气候风险的监管框架。

我国绿色保险市场的初步探索可以追溯到 20 世纪 90 年代。1991 年，国家环境保护总局选择长春、沈阳、吉林等城市作为试点推行环境责任保险，但是受制于经济发展水平及制度环境不健全等多重因素的影响，试点工作并未取得显著进展，环境责任保险的推进被暂时搁置。2006 年 6 月，国务院在《关于保险业改革发展的若干意见》中，明确提出综合运用多种举措，积极开展环境责任保险等多种责任保险业务。之后，国务院各部委及地方政府部门相继发布了一系列的支持文件，我国绿色保险市场正式起航。2013 年，为了应对日益严峻的环境问题，环境保护部、保监会联合发布了《关于开展环境污染强制责任保险试点工作的指导意见》，决定选择试点，强制要求涉重金属企业和地方政府已纳入投保范围的企业购买环境污染责任保险，鼓励石油天然气开采、石化、化工等高污染企业参与环境责任投保。2015 年 1 月，《中华人民共和国环境保护法》从国家法律的层面，鼓励企业投保环境污染责任保险。2015 年 9 月，国务院在“五位一体”发展规划的指引之下，制定了《生态文明体制改革总体方案》，明确了发展环境污染强制责任保险制度的目标，建议通过构建绿色评级体系等举措完善环境风险的评估。

2016 年 9 月，中国人民银行联合相关部委发布了《关于构建绿色金融体系的指导意见》，要求在环境高风险领域建立环境污染责任保险制度，充分发挥保险机构在风险评估与防范维度的优势，通过保险产品与服务的创新，增强企业的投保意愿，契合企业的保险需求，推动绿色保险的发展。环境污染问题具有显著的外部性，我国绿色保险发展在短期内依靠企业自愿投保的方式，难以满足应对环境问题的需求。2017 年 6 月，环境保护部发布了《环境污染强制责任保险管理办法（征求意见稿）》。生态环境部于 2018 年 5 月 7 日审议并原则上通过了《环境污染强制责任保险管理办法（草案）》，开始从投保范围、费率厘定、合同格式、风险评估与排查、事故核定与赔偿等方面细化环境污染强制责任保险的具体方案，为绿色保险的发展提供了法律支撑。

2022 年 1 月，中国保险业协会发布《2020 中国保险业社会责任报告》，据统计，2018—2020 年，保险业累计为全社会提供了 45.03 万亿元保额的绿色保险保障，支付赔款 533.77 亿元，用于绿色投资的余额从 2018 年的 3954 亿元增加至 2020 年的 5615 亿元，年均增长 19.17%，保险资金向绿色投资领域的倾斜力度逐步加大，对绿色产业、绿色技术的资金扶持力度也在进一步提升。

4. 碳金融市场

碳金融市场主要包括碳排放交易市场和碳金融衍生品市场。碳排放交易市场是通过交易碳排放权（也称为碳配额或碳信用）来减缓气候变化的市场。碳金融衍生品市场则涉及与碳排放权和碳市场相关的金融衍生产品。

碳交易源起两个国际公约：《联合国气候变化框架框架》（1992）和《京都议定书》（1997）。《京都议定书》的签署标志着碳交易市场的产生，其中提出三种市场机制即联合履行机制（joint implementation，JI）、清洁发展机制（clean development mechanism，CDM）和排放交易机制（emission trading，ET），使温室气体减排量（即碳排放配额、碳配额或称碳排放权）成为可交易的无形商品，为碳金融市场的发展奠定了基础。此后，各个国家及地区纷纷通过建立碳交易市场以实现控制温室气体排放的目的。截至 2021 年，已建成了遍布四大洲的 33 个碳交易体系，其中，德国、英国和中国的国家碳交易市场于 2021 年陆续启动交易。目前，全球约 18% 的温室气体排放量纳入全球各个碳交易市场，其中，6.4% 的排放量纳入中国的碳交易市场。

按照运行机制的不同，碳市场可以分为基于配额的交易和基于项目的交易。基于配额的交易遵循“总量—交易”原则，即对碳排放进行总量控制和配额交易，主要交易市场有欧盟碳排放交易体系（EU ETS）、美国区域温室气体倡议（RGGI）和中国碳交易试点等，以政府分配给企业的碳排放配额作为基础产品。基于项目的交易遵循“基准—交易”原则，对国家间合作的减排项目设置减排基准，以项目实现的减排量进行交易，通常以期货方式预先买卖，主要交易形式包括清洁发展机制（CDM）下的“排放减量权证”和联合履行机制下的“排放减量单位”，以核证自愿减排量作为基础产品，在碳市场中核证自愿减排量可以按照抵销比例替代碳排放配额。目前，碳市场以基于配额的交易为主体，以基于项目的交易为辅。

碳排放权交易市场的功能集中体现在三个维度：一是提供碳定价机制，具有价格发现的功能。碳价格能够及时、准确地反映所有关于碳排放权交易的信息，包括碳排放权的稀缺程度、交易风险和污染治理成本等，有助于引导企业实施碳减排应对气候变化。二是风险管理和风险转移功能。碳市场为广大市场参与者提供丰富的碳金融工具和交易策略，市场参与者可根据风险敞口和个人需求有选择性地进行风险管理和风险转移。三是提升企业减排积极性，降低社会减排成本。碳市场运行机制下，碳配额成为一种可交易的无形资产，兼具商品和金融属性，通过环境负外部性的内部化，降低“双碳”目标的实现成本。

专栏 2-3　知识拓展：《京都议定书》三项机制

《京都议定书》中提出三项机制：联合履行机制（joint implementation，JI）、清洁发展机制（clean development mechanism，CDM）和排放交易机制（emission trading，ET）。

联合履行机制（JI）主要用于发达国家和转型经济体之间的合作减排，允许发达国家从其在其他工业化国家的投资项目产生的减排量中获取减排信用，在“监督委员会”（supervisory committee）监督下，进行减排单位核证与转让或获得，所使用的减排单位为“排放减量单位”（emission reduction unit，ERU），也是一种碳排放权。

清洁发展机制（CDM）是指发达国家通过提供资金和技术的方式，与发展中国家开展项目级的合作，将项目所实现的“经核证的减排量”（CER），用于发达国家缔约方完成在议定书第三条下的承诺。CDM 被认为是一项双赢机制：一方面，发展中国家通过合作可以获得资金和技术，有助于实现自己的可持续发展；另一方面，通过这种合作，发达国家可以大幅度降低其在国内实现减排所需的高昂费用。

排放交易机制（ET）是指一个发达国家，将其超额完成减排义务的指标，以贸易的方式转让给另外一个未能完成减排义务的发达国家，同时从转让方的允许排放限额上扣减相应的转让额度。

资料来源：万怡挺．《京都议定书》与低碳金融的发展［J］．环境与可持续发展，2016（4）：7-11.

我国碳交易市场的发展可以划分为试探性 CDM 阶段（2011 年之前）、试点配额交易阶段（2011—2013 年）、全国碳市场筹备阶段（2014—2020 年）和全国碳市场启动交易阶段（2021 年至今）四个阶段。在试探性 CDM 阶段，我国是全球规模最大的 CDM 项目供应国，但项目结构偏向新能源和可再生能源，区域分布呈现西部地区多、东部地区少的局面。在试点配额交易阶段，2011 年 10 月，国家发展改革委发布了《关于开展碳排放权交易试点工作的通知》，在北京、上海、天津、重庆、湖北、广东和深圳 7 个省份（地区）设立排放权交易试点。2013 年，7 个试点陆续启动碳排放交易。在全国碳市场筹备阶段，2013 年，党的十八届三中全会明确建设全国碳市场成为全面深化改革的重要任务之一。2014 年 12 月，《碳排放权交易管理暂行方法》的发布从制度层面明晰了全国碳市场建设的总体框架。2015 年 9 月，首次确认将于 2017 年开启全国统一碳市场交易体系。2017 年 12 月，《全国碳排放权交易市场建设方案（发电行业）》的发布，标志着全国统一碳市场建设拉开帷幕。在全国碳市场正式运行阶段，全国碳市场于 2021 年 7 月 16 日正式启动上线交易，这对我国“双碳”目标的实现具有重大的重要意义。除发电行业外，后续将逐步扩大行业覆盖范围，如钢铁、石化、化工、航空等重点行业，随着时间的推移，全国碳市场的交易产品和方式将进一步丰富，中国碳市场将成为全球最大的碳市场。

截至 2021 年 12 月 31 日，全国碳市场碳排放配额（CEA）累计成交量 1.79 亿吨，累计成交额 76.61 亿元。2022 年开始，成交价开始快速上升（见图 2－1）。

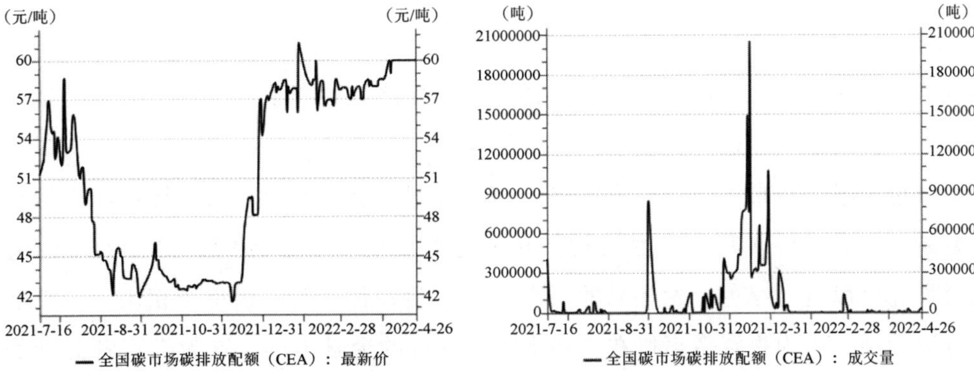

图 2－1　全国碳市场碳排放配额成交价与成交量

数据来源：Wind。

（二）按照金融资产的发行和流通特征，可以划分为绿色金融一级市场和绿色金融二级市场

1. 绿色金融一级市场

绿色金融一级市场是指投资者首次购买新发行的绿色金融产品，如绿色债券或其他与环保、可持续发展相关的金融工具的市场。一级市场是资本市场中的一个阶段，新的金融资产首次发售给投资者。

绿色金融一级市场的交易流程和特点如下：（1）发行过程：在绿色金融一级市场，发行者（通常是企业、金融机构或政府）首次将绿色金融产品引入市场。这可能是绿色债券、绿色证券或其他与环保相关的金融产品。发行者会选择一个合适的绿色金融标准，并确保所发行的产品符合这些标准。(2) 募集资金：通过绿色金融一级市场，发行者能够募集资金用于绿色项目，如可再生能源、节能项目等。这些项目通常有助于减缓气候变化、改善环境状况，或促进可持续发展。(3) 投资者认购：投资者在绿色金融一级市场可以认购新发行的绿色金融产品。这些投资者可能包括机构投资者、个人投资者、基金经理等。他们的认购行为为发行者提供所需的资金，同时使投资者成为该金融产品的持有人。(4) 绿色标准：与一般的一级市场相比，绿色金融一级市场对项目的环保标准和可持续性要求更为严格。发行者必须遵循绿色金融标准，确保项目的环境和社会效益，以满足投资者对可持续性的期望。(5) 信息披露：发行者在一级市场发行绿色金融产品时需要提供详细的信息，包括项目的环保特征、募集资金的具体用途、项目的预期收益等。这有助于投资者做出明智的投资决策，并确保市场的透明度。

通过绿色金融一级市场，投资者有机会直接参与支持和投资于环保和可持续项目，促进资本流向更具社会和环境责任的方向。这有助于推动全球绿色金融的发展，应对气候变化和其他环境挑战。

2. 绿色金融二级市场

绿色金融二级市场是指已经在一级市场发行的绿色金融产品再次进行买卖的场所。在这个市场中，投资者可以通过买卖已经存在的绿色金融产品来进行交易，而非购买新发行的产品。绿色金融二级市场包含以下特点：(1) 交易平台：绿色金融二级市场交易通常在证券交易所、交易平台或其他金融机构的场所进行。这些交易场所提供一个结构化的环境，使投资者可以进行绿色金融产品的买卖。(2) 流动性：与一级市场相比，二级市场通常更具有流动性，因为投资者可以在市场上买卖现有的金融工具。这为投资者提供了更多灵活性，使其能够在需要时更容易买入或卖出资产。(3) 价格发现：二级市场的价格是由市场上的供需关系决定的。投资者的交易行为会推动绿色金融产品的价格发现，从而形成市场价格。(4) 投资者：二级市场的投资者包括原始购买者（一级市场投资者）和新的投资者。这些投资者通过买卖绿色金融产品来调整他们的投资组合。(5) 信息透明度：信息透明度在二级市场同样是关键因素。投资者需要获得关于绿色金融产品的详细信息，以做出明智的投资决策。市场的信息披露机制和规则对于确保透明度非常重要。(6) 市场监管：二级市场需要有效的市场监管机制来确保市场的公平、公正和透明。监管机构负责监督市场参与者的行为，维护市场的正常运作。(7) 可持续投资趋势：由于社会对可持续发展和环保的关注不断增加，绿色金融二级市场的发展也受到可持续投资趋势的推动。投资者对于绿色金融产品的需求可能因此而增加。(8) 全球因素：全球性事件和趋势，如气候变化、环境问题等，也可能对绿色金融二级市场的影响产生跨市场的效应。

绿色金融二级市场的存在为投资者提供了更多选择，也促进了市场的流动性和价格发现。这有助于推动更多的资金流向绿色和可持续的项目，促使金融市场更好地支持环保和社会责任的目标。

（三）按照融资结构特征，可以分为绿色间接融资市场和绿色直接融资市场

金融市场融资活动可分为直接融资和间接融资两种方式。直接融资是指资金盈余单位直接与资金需求单位协议，或在金融市场上购买资金需求单位所发行的股票、债券等有价证券，将货币资金提供给需求单位使用。间接融资是指资金盈余者通过存款等形式，或者购买银行、信托和保险等金融机构发行的有价证券，将其暂时闲置资金先行提供给金融机构，再由这些金融机构以贷款、贴现或购买有价证券的方式把资金提供给短缺者，从而实现资金融通的过程。绿色金融市场上实现资金融通，一般也可分为间接融资和直接融资两种方式。

1. 绿色间接融资市场

绿色间接融资指通过银行所进行的资金融通活动，即投资绿色项目的资金需求者采取向银行等金融中介机构申请贷款的方式筹资。在绿色金融市场上进行的间接融资产品主要为绿色信贷。

2. 绿色直接融资市场

绿色直接融资是资金供求双方直接进行资金融通的活动，即投资于绿色项目的资金需求者直接通过绿色金融市场向社会上有资金盈余的机构和个人筹资，而资金盈余的机构和个人则通过购买资金需求单位所发行的股票、债券等有价证券，将货币资金提供给需求单位使用。在绿色金融市场上交易的直接融资产品主要有：绿色股票、绿色债券、绿色投资基金、绿色金融衍生品等。

目前，我国绿色金融高度依赖以银行信贷为主的间接融资，绿色债券、绿色股权、绿色基金等直接融资在绿色资金中的占比仅有5%左右。但是以间接融资为主的绿色融资体系隐含了诸多需要改善的问题，例如，在获得融资并投入绿色产业的过程中，部分企业的重心倾向于放在获得融资上，而非后续的绿色项目和业务；银行业对于绿色信贷业务面向对象的资信要求较高，其他企业不容易获得绿色融资支持；企业通过“漂绿”行为获得绿色信贷，弥补财务问题并投入非绿领域，造成资金空转等。对此，不仅需要提升绿色信贷业务的规范性，更要不断提高绿色直接融资占比，拓宽绿色融资渠道，帮助更多有条件和真正有绿色资金需求的市场主体获得绿色资金，吸引社会资本快速而高效地投入绿色产业之中。中证鹏元资深研究员指出，银行参与绿色金融直接融资的方式有三种：一是通过在债券市场发行绿色金融债券的方式募集资金，再将募集到的资金用于绿色企业或者绿色项

目的贷款投放；二是银行资金可以认购其他主体发行的绿色债券，将资金投资于绿色领域；三是银行还可以向公众发行绿色主题理财产品。

四、绿色金融市场机构

绿色金融市场中的金融机构是绿色金融资金和服务的主要提供方，包括传统的银行、保险公司和与证券相关的金融机构，以及政策性金融机构。

（一）中国人民银行

中国人民银行是我国的中央银行，肩负着制定和执行货币政策、防范和化解金融风险、维护金融稳定等重任。2014 年，中国人民银行研究局和联合国环境署可持续金融项目共同发起了绿色金融工作小组，该小组旨在提出一个推动构建我国绿色金融体系的政策框架和一系列具有操作性的政策建议。2016 年 8 月，中国人民银行等七部委联合发布了《关于构建绿色金融体系的指导意见》，第一次系统地提出了绿色金融的定义、激励机制、披露要求和绿色金融产品发展规划以及风险监控措施等。2018 年 7 月，为提升绿色金融支持高质量发展和绿色转型的能力，落实《关于构建绿色金融体系的指导意见》，大力发展绿色信贷推动绿色发展，中国人民银行制定了《银行业存款类金融机构绿色信贷业绩评价方案（试行）》，此后中国人民银行率先对 24 家主要银行开展了绿色信贷业绩评价。2019 年第一季度，业绩评价工作推广至全国银行机构。2019 年 7 月，国家发展改革委印发《绿色产业指导目录（2019 年版）》之后，中国人民银行相应修订了《绿色贷款专项统计制度》。根据该制度，中国人民银行口径的绿色贷款按用途划分为节能环保产业、清洁生产产业、清洁能源产业、生态环境产业、基础设施绿色升级、绿色服务六大类。2021 年 4 月 21 日，中国人民银行、发展改革委、证监会联合发布《绿色债券支持项目目录（2021 年版）》，该目录不仅落实了对绿色债券标准的科学修订，拓展了支持领域，而且实现了各类绿色债券评估标准之间，以及与中国其他绿色金融（如绿色信贷）标准的统一，同时兼顾了与国际绿色项目判断标准的协同。2021 年 7 月，中国人民银行印发了《银行业金融机构绿色金融评价方案》，该方案综合考虑银行机构的绿色信贷和绿色债券投资业务，并为绿色股票投资、绿色理财等业务创新预留空间，有利于更加全面地评价银行机构绿色金融业务开展情况。

（二）商业银行

商业银行是提供绿色信贷的主体，绿色的概念最先在商业银行中体现。

2008年，兴业银行宣布采纳赤道原则，率先迈出中国银行业可持续发展进程中的重要一步，成为中国首家、全球第63家赤道银行。赤道原则要求金融机构在向一个项目投资时，要对该项目可能对环境和社会的影响进行综合评估，并且利用金融杠杆促进该项目在环境保护以及周围社会和谐发展方面发挥积极作用。通过采纳实践和操作，赤道原则为兴业银行带来了一整套包括生物多样性在内的环境和社会风险管理体系，兴业银行由此不再局限于零散的环境信贷政策，而是在赤道原则的基础上，构建了一套融合了国际与国内相关政策要求的全面的环境和社会风险管理整体框架。

2012年2月，银监会印发的《绿色信贷指引》，对银行业金融机构有效开展绿色信贷、大力促进节能减排和环境保护提出了明确要求，配合国家节能减排战略的实施，充分发挥银行业金融机构在引导社会资金流向、配置资源方面的作用。据中国人民银行公布的《2022年四季度金融机构贷款投向统计报告》，2022年年末，本外币绿色贷款余额22.03万亿元，同比增长38.5%，比2021年年末高5.5个百分点，高于各项贷款增速28.1个百分点，全年增加6.01万亿元。其中，投向具有直接和间接碳减排效益项目的贷款分别为8.62万亿元和6.08万亿元，合计占绿色贷款的66.7%。分用途看，基础设施绿色升级产业、清洁能源产业和节能环保产业贷款余额分别为9.82万亿元、5.68万亿元和3.08万亿元，同比分别增长32.8%、34.9%和59.1%。从行业看，电力、热力、燃气及水生产和供应业绿色贷款余额5.62万亿元，同比增长27.4%，全年增加1.15万亿元；交通运输、仓储和邮政业绿色贷款余额4.58万亿元，同比增长10.8%，全年增加4546亿元。

2016年，中国银行提出“绿+”计划实施方案，旨在“为绿色发展加一把力”。“绿+”计划的主要目标在于，实现金融制度创新，增加绿色产业投入，助力我国发展方式转变，以金融促进实体经济良性发展，助力国家发展质量提升，同时，规避以环境与生态影响为主要因素的信贷风险，有效抑制污染性投资。中国银行还积极创新绿色金融产品，中银香港推出经独立第三方认证的企业及个人绿色定期存款产品；澳门分行推出针对个人的便捷绿色消费信贷“绿易贷”产品；悉尼分行为客户绿色融资定制衍生产品保值方案和绿色工程建筑保函服务；卢森堡分行通过中银欧洲资产管理平台推广ESG概念的中国主题资管产品。

作为银行业“领头羊”，中国工商银行探索出了一条从“理念”到“行动”的绿色金融建设之路，不仅为市场提供了丰富的成功经验，也为其业绩增长打造了新引擎。早在2007年，中国工商银行就在同业中率先提出了建设“绿色信贷银行”的目标，并明确了严格的环保信贷标准。2013年，工商银行印发了《行业（绿色）信贷政策》，鼓励和引导对绿色经济领域的信贷支持，并持续更新和完善。2015年，中国工商银行又率先制定了行业首份《绿色信贷发展战略》，明确其绿色信贷发展目标、组织管理及绿色信贷体系建设等内容。在随后几年时间里，工商银行又陆续推出了一系列工作规划，并将目光转向了更高层次的绿色金融上。在2021年年初发布的《2021—2023年发展战略规划》中，工商银行确定了未来三年绿色金融体系建设的目标、路径和工具。其中，支持低碳产业发展、推动投融资组合低碳转型、加强气候风险管理、夯实投融资碳计量基础成为工商银行绿色金融战略的“四大支柱”。随着绿色金融战略体系的建设，工商银行也形成了愈发完善的绿色金融治理架构，以推进绿色金融战略的落地。2020年，中国工商银行在董事会社会责任与消费者权益保护委员会承担绿色金融政策研究审议的基础上，于管理层面设立了绿色金融委员会，以进一步加强对绿色金融工作的统筹领导及协调推动。至此，中国工商银行建立了董事会监督领导、绿色金融委员会统筹协调，各部门协同配合，分支机构积极创新的绿色金融战略推进体系。同时，中国工商银行还打造了多元化的绿色金融服务体系，通过财务顾问、债券承销、项目贷款、租赁+保理、理财投资、产业基金等多种方式，实现全产品、全方位支持绿色经济发展。正是凭借系统化的绿色金融推进体系，工商银行成为商业银行中绝对的绿色金融建设领导者。截至2021年6月底，中国工商银行绿色贷款余额达到2.15万亿元，较年初增长16.7%；绿色非贷款融资余额4000多亿元，累计发行绿色金融债券近100亿美元。目前，中国工商银行绿色贷款规模、绿色债券发行量、绿色债券承销及投资额等各项绿色投融资指标均保持多年的同业领先。

（三）政策性银行

国家开发银行、中国进出口银行和中国农业发展银行，是1994年由国有独资商业银行分出来的三家政策性银行。

国家开发银行成立于1994年，是全球最大的开发性金融机构，是中国最大的对外投融资合作银行、中长期信贷银行和债券银行。国家开发银行成立的主要目的是贯穿经济政策，配合经济发展活动进行投融资。《国家开发银行关于绿色金融发展的指导意见》指出，用美丽中国的思想指导绿色金融建设，将促进生态文明建设、促进产业绿色发展、促进银行自身可持续发展三者结合，努力践行绿色金融体系行动计划，增加绿色金融供给。对外绿色投融资合作中，不断提高绿色化水平，助力全球经济社会与环境可持续发展。国开行围绕“生态环境保护、绿色城乡建设、工业绿色转型”三大主攻板块，加大绿色信贷支持力度；拓展绿色项目筹资渠道，积极发行境内外绿色金融债券，引导社会资本参与绿色投资。国开行通过与多部委和各地政府合作，积极筹集和引导社会资金投向绿色产业、生态环保领域。国开行专门成立了由总行行长任组长的绿色信贷工作组，将绿色信贷发展战略纳入国开行“十三五”业务发展规划的范畴，并积极发挥开发性金融优势，主动探索绿色金融债券发行。

中国进出口银行主要经营进出口信贷业务，业务范围涉及公路、铁路、港口、通信等诸多领域，是我国对外经贸和对外金融体系的重要组成部分。进出口银行于 2007 年确立了“鼓励绿色信贷业务发展并主动控制授信业务环境与社会风险”的绿色信贷战略，成为国内银行践行绿色金融的先行者之一，2015 年制定了《绿色信贷指引》，从组织管理、政策制度、流程管理、内部控制和信息披露等方面对加强信贷项目的环境和社会风险管理提出要求。目前，中国进出口银行已经逐步建立了以绿色信贷为主体，以绿色基金、碳金融服务为补充的多元化绿色金融业务体系。根据自身业务特点，建立了以转贷款、节能环保贷款、转型升级贷款、传统优势信贷产品为核心的绿色信贷产品体系，推动企业、产品和服务绿色“引进来”、绿色“走出去”；根据碳排放权交易市场发展，推出以碳资产咨询顾问业务为重点的碳金融业务。

中国农业发展银行成立于 1994 年，主要负责我国大型农业项目的资金筹集和投资，为农村基础设施建设、“三农”事业发展等提供资金支持。2022 年 6 月 27 日，中国农业发展银行首次发布绿色金融专题报告《2021 年度绿色金融报告》，该报告指出聚焦绿色产业指导目录重点支持产业，持续加大“三农”领域绿色信贷支持力度，截至 2021 年年末，农发行绿色贷款余额 11713.74 亿元，较 2020 年年末增长 38.06%，累计发行经公开认证的绿色债券 756.2 亿元、5 亿欧元，为贯彻落实习近平生态文明思想、助力“双碳”目标实现作出了积极贡献。为推动绿色信贷业务高质量发展，农发行将服务国家战略与绿色发展有机结合，聚焦重点领域，持续加大支持力度。一是统筹支持符合国家标准的粮棉油政策性收储和市场化收购工作，大力支持粮食生产、绿色优质农产品加工和物流绿色仓储，全力保障重要农产品供给。二是开展“长江行”“黄河行”活动，服务污染防治和水沙治理、贫困地区防洪安全、饮水安全和生态安全、生态保护修复、荒漠治理和水土保持等。三是积极推动城乡基础设施和公共服务互联互通、普惠共享，加大对农村厕所革命、生活污水治理、生活垃圾处理、供水保障、村庄清洁行动等重点领域的支持力度。四是优化国家生态安全屏障体系，坚持以生态优先、绿色发展为导向，推进森林资源培育产业发展，重点支持天然林资源保护，积极推进国家储备林建设。同时，积极推动国家绿色金融改革创新试验区建设，助力地区绿色发展；进一步丰富绿色专项债券种类，为支持绿色发展提供可靠资金保障。

（四）保险公司

保险公司提供的绿色保险产品主要有环境污染责任险和巨灾保险。

环境污染责任险是以企业发生污染事故对第三者造成的损害依法应承担的赔偿责任为标的的保险。排污单位作为投保人，依据保险合同按一定的费率向保险公司预先交纳保险费，就可能发生的环境风险事故在保险公司投保，一旦发生污染事故，由保险公司负责对污染受害者进行一定金额的赔偿。巨灾保险是指对因发生地震、飓风、海啸、洪水等自然灾害，可能造成巨大财产损失和严重人员伤亡的风险，通过保险形式，分散风险。2006年，国务院出台《关于保险业改革发展的若干意见》，明确要求开展环境污染责任保险试点。2013年，环境保护部与保监会联合印发《关于开展环境污染强制责任保险试点工作的指导意见》，启动环境污染强制责任保险试点工作。保险公司承担企业环境风险事故的赔偿责任，倒逼保险公司在承保前组织专家进厂评估并给出评估报告，合理评定企业环境风险等级，并据此与企业协商确定保费，使环境风险损害与保险保障相匹配。在承保期间，保险公司对企业适时进行环保体检，企业通过参保得到保险公司的协助，加强环境风险的管理能力，提升污染治理水平。

巨灾保险对于积累灾前资金储备，实现巨灾风险跨期分散，推动国家灾害管理的稳定和长久机制建设具有重要意义。2006年，国务院《关于保险业改革发展的若干意见》指出“建立国家财政支持的巨灾风险保险体系”，使巨灾保险重新进入大众视野。2008年汶川地震发生后，巨灾保险的呼声愈发强烈，此后巨灾保险相关制度开始陆续出台。近年来，《中共中央关于全面深化改革若干重大问题的决定》（2013）、《国务院关于加快发展现代保险服务业的若干意见》（2014）先后发布，及至2016年，随着《建立城乡居民住宅地震巨灾保险制度实施方案》《中国保险业发展“十三五”规划纲要》《地震巨灾保险条例》等一系列政策陆续出台，巨灾保险在经历了十年停滞后再次受到关注，步入发展阶段。当前，我国巨灾保险发展初具规模并取得了较好的效果：一是形成了有序的运行架构。在“政府推动、市场运作、保障民生”原则下，政府负责推动制度设计、立法保障和政策支持。例如，成立中国城乡居民住宅地震巨灾保险共同体，采取“整合承保能力、准备金逐年滚存、损失合理分层”的模式运行，进一步整合了行业承保能力。二是设立市场化的损失分担机制。损失分担机制设定了总体限额和分层机制，基于“风险共担、分层负担”的原则，由投保人、保险公司、再保险公司、巨灾保险专项准备金、财政支持及其他紧急资金安排逐层承担损失。三是巨灾保险品种不断拓展。例如，中国城乡居民住宅地震巨灾保险产品在2016年7月全面销售，标志着我国城乡居民住宅地震巨灾保险制度正式落地；上海保险交易所在2019年4月上线了多年期住宅地震巨灾保险产品，对既有产品进行了完善升级。除此之外，巨灾保险的品种也在不断拓展。一方面，各地政府因地制宜建立了区域巨灾保险制度，如云南、黑龙江、广东等地试点了巨灾指数保险模式；另一方面，有部分地区除地震之外，还将强台风、洪水扩展进入了巨灾保障责任中。

（五）PE/VC 及机构投资者

绿色私募股权和绿色投资基金（PE/VC 基金）是绿色金融重要融资方式。我国的绿色产业项目大多处于发展初期，与传统成熟行业相比，风险较高，一般没有太多的资产作为抵押向银行融资，也很难通过公开市场上市或者发行债券来进行融资。因此，PE/VC 基金成为这些企业重要的融资来源，应该作为支持绿色创新企业的重要手段。随着绿色产业的不断发展，各地区不断成立各种绿色产业基金。目前，国内的绿色产业基金一般由政府引导基金进行投资，行业内的大型机构发起或参与。例如，2016 年信银振华（北京）股权投资基金管理、行业龙头金风科技、中国中信集团有限公司及其下属公司联合成立信银金风（北京）基金管理公司。该基金管理公司计划发起成立信银金风风电产业基金（有限合伙），主要投资于国内中小型民营风电项目公司的股权，并谋求控股权。

在绿色金融发展初期，机构投资者刚刚介入相关绿色行业，通过与行业内龙头企业有限公司成立股权投资基金，可以弥补金融机构在相关绿色行业经验不足的短板，既能够借助上市公司行业内资源进行管理运作，发挥金融机构在金融领域的专业优势进行资本运作，又能够以上市公司平台作为退出渠道，在推动绿色经济发展的同时获取收益。

2018 年 11 月，中国证券投资基金业协会正式发布了《中国上市公司 ESG 评价体系研究报告》和《绿色投资指引（试行）》，界定了绿色投资的内涵，明确了绿色投资的目标、原则和基本方法，对基金管理人开展绿色投资活动进行了全面的指导和规范，引导从事绿色投资活动的基金管理人、基金产品市场化、规范、专业化，并为上市公司环境信息披露提供参考框架，鼓励 ESG 投资。

第二节　绿色金融市场产品

我国以《关于构建绿色金融体系的指导意见》作为指引，初步构建了涵盖绿色信贷、绿色债券、绿色保险、绿色基金、碳金融等多元化的绿色金融产品体系。

一、绿色信贷

绿色信贷属于绿色间接融资的重要方式，是绿色金融的支柱性产品，也被称为可持续融资或环境融资，是指金融机构为支持环境改善、应对气候变化和资源节约高效利用等经济活动，发放给企事业法人、国家规定可以作为借款人的其他组织或个人，用于投向节能环保、清洁生产、清洁能源、生态环境、基础设施绿色升级和绿色服务等领域的贷款。根据我国绿色信贷统计制度，目前绿色信贷包括两部分：一是支持节能环保、新能源、新能源汽车三大战略性新兴产业生产制造端的贷款；二是支持节能环保项目和服务（包含：绿色农业开发项目，绿色林业开发项目，工业节能节水环保项目，自然保护、生态修复及灾害防控项目，资源循环利用项目，垃圾处理及污染防治项目，可再生能源及清洁能源项目，农村及城市水项目，建筑节能及绿色建筑项目，绿色交通运输项目，节能环保服务项目，采用国际惯例或国际标准的境外项目，共 12 大项目类型）的贷款。

案例 2－1　民生银行的“光伏贷”

民生银行积极贯彻落实国务院及监管机构关于绿色金融、气候投融资、碳减排支持工具、煤炭清洁高效利用再贷款政策等各项要求，丰富产品体系，助力绿色发展，推出“绿投通、绿融通、绿链通、绿营通”绿色金融产品体系。其中，“绿投通”产品通过投贷联动、并购融资等，解决客户生产环节资金痛点，助力电源结构优化及产业结构调整。“绿融通”产品通过碳权交易、国补保理等方案，帮助企业盘活碳权资产和应收账款，提升资金运营效率。“绿链通”产品通过供应链金融平台，解决核心企业上下游供应链企业融资难问题，疏通生态环节堵点。“绿营通”产品则通过线上化、一站式服务，助力企业低碳运营和个人低碳生活。

“光伏贷”是“峰和”绿色金融产品体系的延伸与创新。该业务采用全线上模式，功能模块与民生银行小微金融 APP 深度整合。广大用户可实现远程申请、校验、审核。同时，民生银行与核心光伏厂商紧密结合，实现系统互联与数据交换，实时获得用户分布式光伏设备的发电数据与运营维护情况，动态把握资产运行状况，实现了全流程的风险管控。该产品有三大特色：

一是产品创新。零首付申请，农户可享受最高25 万元的“光伏贷”额度支持，期限可达 15 年，实现长期助农、惠农。电费在还款后分配给农户，农户在光伏设备使用周期中获得稳定收益。

二是操作创新。业务流程简便快捷，民生银行小微金融 APP 整合“农户光伏贷”功能模块，完全实现光伏贷业务的全线上化运营管理。

三是模式创新。以民生银行广大核心光伏厂商战略客户为依托，构建光伏行业“政、企、银”多元生态圈。以“聚焦战略客户、聚焦农户、聚焦乡村振兴”为开发理念，实现“一点带全国”的业务创新布局，既实现了全国重点区域内的广泛经营，又实现了单一操作分行的集中风险管理，取得了较好效果。

绿色信贷对实践绿色发展具有重大意义：一方面，绿色信贷在绿色金融发展中具有促进金融机构、产业和企业绿色转型的作用，从而推动绿色经济发展；另一方面，商业银行作为绿色信贷的参与主体，可通过发展绿色信贷，达到社会与经济效益的双赢。

二、绿色债券

绿色债券是指将募集资金专门用于支持符合规定条件的绿色产业、绿色项目或绿色经济活动，依照法定程序发行并按约定还本付息的有价证券。根据发行主体与监管主体的不同，可以分为公司债、企业债、金融债、地方政府债、资产证券化和其他绿色债务融资工具。

伴随绿色转型发展的推进，绿色债券产品创新不断加速。例如，2021 年 3 月，中国银行间市场交易商协会在中国人民银行的指导下，创新推出碳中和债，进一步支持疫后经济绿色复苏和低碳转型。碳中和债，是指募集资金专项用于具有碳减排效益的绿色项目的债务融资工具，须满足绿色债券募集资金用途、项目评估与遴选、募集资金管理和存续期信息披露四大核心要素，属于绿色债务融资工具的子品种。上海证券交易所、深圳证券交易所也分别于 2021 年 2 月 25 日和 2021 年 3 月 5 日推出碳中和公司债券。2021 年 4 月，为深入贯彻落实碳达峰碳中和重大决策部署，进一步提升债务融资工具服务实体经济能力和水平，中国银行间市场交易商协会在国内首次创新推出可持续发展挂钩债券。可持续发展挂钩债券（sustainability - linked bond，SLB）是指债券条款与发行人可持续发展目标挂钩的债务融资工具。可持续发展挂钩债券不属于绿色债券，不同于绿色债券的募集资金用途创新，可持续发展挂钩债券的创新之处在于债券结构的创新——将债券条款与预定的可持续发展目标挂钩。根据公开资料显示，挂钩的关键绩效指标有新能源发电装机容量、单位产品能耗和污染物排放量等，挂钩的债券结构设计有续期、利率调升、赎回等。绿色债券创新产品的不断推出对于加强债券市场对企业绿色发展和低碳转型的支持、推动绿色债券市场创新发展具有重要意义，有助于推动绿色债券市场稳健扩容。

案例 2 – 2　陕煤集团可持续发展挂钩债券

2021 年 5 月，中国华能、大唐国际、长江电力、国电电力、陕煤集团、柳钢集团、红狮集团首批 7 只可持续发展挂钩债券成功发行。

以首批中唯一煤炭类企业，且发行期限最长的债券为例。2021 年 5 月 7 日，由国家开发银行牵头主承销的陕煤集团 2021 年度第三期中期票据（可持续挂钩）成功发行，发行期限 5 年，发行金额 10 亿元。经过提前征询 100 多家金融机构投资意向，本只债券发行利率最终锁定在 4.48%，低于二级市场估值 19bp，充分体现了市场机构对碳达峰碳中和理念和可持续发展挂钩债券的高度认可，为企业低碳转型提供了低成本的直接融资支持。

该债券以碳密集行业企业为对象，将与碳排放密切相关的三个指标作为关键业绩指标，更全面地衡量企业节能减排质效，在为企业低碳转型提供直接融资支持的同时，强化了企业绿色发展的市场约束，旨在敦促企业通过技术升级改造和产业多元化转型实现绿色发展目标。

从绩效指标遴选看，国家开发银行专项工作团队与陕煤集团经过研究和充分沟通，选择了“吨钢综合能耗”“火电供电标准”“新能源装机规模”三个业绩指标与其可持续发展绩效目标挂钩，并对应设定了实现可持续发展绩效的时间表。

从结构设计看，存续期第 5 年的票面利率直接与绩效目标的完成情况挂钩，通过结构设计激励发行人有计划、有目标地实现可持续发展。在本期债券存续期第 4 年末，将由中债资信评估有限责任公司对发行人关键绩效指标的完成情况进行评估，例如，2024 年度发行人未能完成可持续发展绩效目标，则触发存续期第 5 年的债券结构调整，即 2025 年付息日至 2026 年付息日之间的票面利率在原利率基础上增加 20bp。

从信息披露看，本只中期票据存续期间在每年 4 月 30 日前披露上年度财务信息及存续期报告的基础上，增加了以下信息披露要求：报告期内挂钩目标的绩效结果、实现可持续发展效益及该表现结果对债券的结构特征所产生的影响，以及任何有助于投资人了解发行人相关行为的信息。根据国际经验及相关理论研究，上述信息可体现传统财务信息无法体现的企业经营情况及风险因素，从而有效帮助投资人更好地进行投资决策，有利于引导投资人关注绿色金融投资模式和建立绿色投资体系。

该只债券的成功发行，探索了从负债端结构设计推动企业资产端绿色发展的新模式，将更好推动企业实现低碳转型。预计到 2025 年，将推动陕煤集团实现年节约标准煤 47.52 万吨，减排二氧化碳 115.09 万吨。

据介绍，截至 2021 年 11 月末，中国银行间市场交易商协会共发行 21 只可持续发展挂钩债券，发行规模 326 亿元，体现了中国银行间市场交易商协会、金融机构和企业发行人贯彻落实碳达峰碳中和重大战略，坚决实现低碳转型升级的责任担当。

三、绿色保险

绿色保险通常指与环境风险管理有关的各种保险计划。狭义上，绿色保险是指环境污染责任保险，即当企业发生污染环境的行为导致第三方人身或者财产损失后，由保险公司在约定的限额内对其进行赔偿，并且也应对治理污染的费用进行补偿。广义上，绿色保险是一种可持续发展保险，指融入环保意识及生态文明理念的保险经营活动，通过保险业的绿色转型来对生态环境进行保护及支持环保产业的发展，为绿色经济保驾护航。经过多年发展，绿色保险已经发展出环责险、绿色项目贷款担保保险、指数保险、碳保险等多元化产品类型。目前，中国已形成了以污染环境风险保障类为主，绿色建筑风险保障类、绿色建筑风险保障类、巨灾/天气风险保障类等相结合的绿色保险体系，在绿色金融中发挥越来越的重要作用。

案例 2-3　平安产险的森林碳汇遥感指数保险

平安产险推出的森林碳汇遥感指数保险，以碳汇的变化量为赔偿、补偿依据，在传统林险基础上用碳汇指数保险为森林经济提供更全面的保障，助力灾后林业碳汇资源救助和碳源清除、森林资源培育、加强生态保护修复。借助卫星遥感技术，平安产险还可高效监测森林碳汇变化情况，为客户提供科学管理建议，帮助客户提升碳汇值增长速度。截至目前，平安产险森林碳汇遥感指数保险已在河北、湖南、广西、安徽、广东五省完成试点落地，提供碳汇风险保障超 1640 万元。

四、绿色基金

绿色基金，在美国称为环境基金（environment fund），在日本和西欧称为生态基金（eco-fund），是指向不特定投资者公开发行受益凭证或者以非公开方式向合格投资者募集资金，并投资于绿色标的（一般占总投资标的 60% 以上）的投资基金。绿色基金以促进企业环境绩效、发展绿色产业和减少环境风险为目标，采用系统性绿色投资策略，主要聚焦于雾霾治理、水环境治理、土壤治理、污染防治、清洁能源、绿化和风沙治理、资源利用效率和循环利用、绿色交通、绿色建筑、生态保护和气候适应等领域，可以引导资金流向节约资源、技术开发和生态环境保护的产业，是一种将生态发展和经济收益相结合的基金模式。

1965 年，世界上首只“禁酒”基金 AktieAnsvar Aktiefond 于瑞典诞生，该基金可被视为全球范围内最早的绿色基金，其核心策略是将当时视为不利于可持续发展的酒精、烟草等高碳排行业从基金的投资组合中剔除。2004 年，联合国规划署首次正式提出 ESG（environment，social and government）投资概念，从社会责任、生态保护和公司治理的非经济指标维度，评估上市公司的投资行为。全球部分国家收集并公布了绿色基金的数据，而另一部分国家只公布可持续投资基金的数据。此外，大多数绿色金融产品缺乏量化数据。很多国家有可比的绿色债券数据，但关于绿色贷款、绿色投资基金和其他绿色金融产品的数据却参差不齐。

绿色基金是中国绿色金融体系的重要组成部分，尽管起步较晚，但中国正逐渐成为世界上绿色基金发展最快的国家。在中央和地方一系列政策支持下，近年来中国绿色基金发展速度较快，2002 年，我国国内第一只致力于清洁技术投资的海外系列风险投资基金——中国环境基金成立；2011 年，首只绿色证券类投资基金——兴全绿色投资股票型证券投资基金发行；中国节能环保集团公司联合银行、保险公司、工商企业等设立的绿色基金已超过 50 亿元。2016 年，《中共中央关于制定国民经济和社会发展第十三个五年规划的建议》中明确提出“设立绿色发展基金”；同年 8 月，财政部等七部委联合印发《关于构建绿色金融体系的指导意见》中，指出“支持设立各类绿色发展基金，构建中央财政专项支持、地方政府和社会资本支持、社会资本和国际资本设立等不同结构的绿色发展基金”。根据中国证券投资基金业协会调查数据，62.25% 的私募证券投资基金管理人认同 ESG 投资理念；2016 年备案的节能环保等绿色方向的私募基金 121 只，较 2012 年增长 82.6%；2017 年，中国 ESG 社会责任投资基金共 106 只，大约 22% 的中国机构投资节能环保等绿色产业项目。截至 2020 年年末，全国已设立并在中国证券投资基金业协会备案的绿色基金已超过 850 家。

中国绿色基金发展呈现以下特点：一是各级政府纷纷成立绿色基金。在我国，各级政府以多种方式推动绿色基金发展，目前山东、内蒙古、宁夏、安徽等 17 个省（自治区、直辖市）成立了省级绿色发展基金或投资引导基金，云南普洱市、陕西西安市、安徽新安江市等地级市也成立市级绿色产业基金。政府作为绿色基金的发行主体，可以降低投资者对于绿色项目的风险厌恶，引导民间资本跟进。二是绿色股权投资比例较高。在中国证券投资基金业协会备案的绿色基金中，股权投资基金数量超过半数。三是绿色基金投资前景广阔。据统计测算，“十三五”期间，我国在可持续能源、环境基础设施建设、环境修复、工业污染治理、能源与资源节约五大领域的绿色融资需求为 14.6 万亿—30 万亿元。绿色基金资金来源广泛、投资对象多样，随着经济社会发展对绿色产业市场的需求持续加强，绿色基金发展土壤必将愈加丰厚。

五、绿色股票

2020 年 5 月，全球首只“绿色股票”在瑞典亮相，成为绿色金融领域的又一创新产品。2021 年 6 月，纳斯达克在北欧交易所推出了“绿色股票标签”（green equity designation）计划，目的是提高上市公司在绿色发展方面的能见度和透明度，便于 ESG 投资者识别绿色标的。同月，过滤技术供应商 NX Filtration 经 CICERO 评估，其 100% 的收入和投资均为绿色，该公司随后以“绿色 IPO”的名义在阿姆斯特丹泛欧交易所上市。2021 年 11 月，菲律宾的一家聚焦可再生能源的不动产投资信托公司（REIT）也获得了绿股认证，并于 2022 年 2 月在菲律宾交易所上市，成为亚洲首笔绿股 IPO。2022 年 2 月，德国电商企业 Rebelle 在纳斯达克北欧交易所上市，成为纳斯达克首笔绿股 IPO。

纳斯达克的“绿色标签”分为绿色股票标签（green equity designation）和绿色股票转型标签（green equity transition designation）两种，前者旨在标识出收入和投资中超过 50% 来源于绿色活动的公司，后者旨在识别致力于绿色转型、并将其 50% 的投资投向绿色领域的公司。纳斯达克指定 CICERO 和穆迪 ESG 解决方案事业部（Moody's ESG Solutions）作为“绿股贴标”的评估服务商。公司需要获得评估机构出具的独立意见，且满足交易所的界定标准（见表 2－1），方可获得绿色股票贴标。

表 2－1　　纳斯达克对绿色股票的标准和要求

项目	绿色股票标签	绿色股票转型标签
收入	公司 50% 或以上的营业收入来自绿色活动，化石燃料获利不超过 5%	对营业收入来自绿色活动的比例无门槛限制，但来自化石燃料活动的营业收入必须低于 50%
投资	公司 50% 以上的投资必须投向绿色领域	
环境数据	公司必须提供其在环境方面的目标和绩效指标信息	
与《欧盟可持续金融分类方案》的一致性	公司必须声明其与《欧盟可持续金融分类方案》（EU Taxonomy）中所界定的可持续活动一致，包括符合最低保障（minimum safeguards）和无重大损害原则（do no significant harm）	
评审期	公司获初次认证后，其后每年需进行有限度的年度评估和数据更新。在有重大变化的情况下，需进行一次全面评估。否则，每三年进行一次全面评估	

作为一种新型可持续金融产品，绿色股票为全球投资者提供了新的资产类别。相对于ESG投资涵盖主题广、评级难度大、价值判断多等特点，绿色股票聚焦于节能减排与低碳转型主题，评估方法客观透明，可满足那些专注于气候变化风险与机遇的股权投资者的特殊需求。在全球“碳中和”大趋势下，绿色股票有望成为与绿色债券并驾齐驱的核心绿色金融资产之一。

在“双碳”背景下，中国未来30年的低碳转型投资需求将达上百万亿元。毋庸置疑，其中既有风险较低、适合使用绿色贷款和绿色债券等债权融资的项目，也有风险较高、更适合利用股权融资的项目。因此，引进并推广绿色股票的评估标准和融资形式，既能给致力于低碳转型的中国企业提供一种成本更低、期限更长、灵活性更高的融资工具，也能给专注于环境与气候风险治理的ESG投资者提供一种回报更高、可信度更高的绿色金融资产。

六、碳金融工具

2016年8月31日，七部委发布的《关于构建绿色金融体系的指导意见》指出，要推动建立全国统一的碳市场，有序发展碳远期、碳互换、碳期权、碳租赁、碳资产债券等碳金融产品。随着全国碳市场的建立，碳交易市场纳入企业增多，市场活跃度上升，全国碳排放权交易信息由上海环境能源交易所进行发布和监督。碳金融系列产品可鼓励银行、证券、保险、基金等金融机构参与，促进形成大规模金融交易的制度安排。除二氧化碳权交易外，排污权交易工作交易标的物包括化学需氧量、氨氮、二氧化硫、氮氧化物等污染物，并引入竞价方式交易，扩展了绿色金融产品的种类。可促进排污单位开展深度治理，改善环境质量。

专栏2-4 知识拓展：排污权交易在美国的发展

美国是研究排污权交易理论最早的国家，在排污权交易方面的实践探索大致经历了三个阶段：第一代排污权交易以“排污消减信用（emission reduction credit，ERC）”的实施为重点，第二代排污权交易以“目标总量控制型排污权交易”的实施为重点，第三代排污权交易以“规范化交易机制”的实施为重点。

第一代排污权交易：“排污消减信用”实施阶段

第一代排污权交易的主要交易对象是“排污消减信用”，具体是指当污染企业的实际排放水平低于政府法定标准水平时，差额部分经排污行为人申请超量治理证明，可在市场中交易。“排污消减信用”是整个排污权交易制度的核心，其作为一种可交易的货币可以在其他各种政策之间流通。1979 年 12 月，美国环保署（Environmental Protection Agency，EPA）尝试将排污权交易应用于大气污染控制项目中，并逐步建立起以危险泡泡（risk bubbles）、“网状”计划（netting）、补偿交易计划（offset trading program）、“储蓄”条款（banking）和汽油中铅添加剂交易计划（lead trading program）为核心内容的一整套排污权交易体系。

（1）危险泡泡。该政策规定，一个排污行为人（亦称排污企业）若有多个排污口，那么只要排污行为人的总排污量不超过总量控制标准，就可以对各个排污口治理成本的高低进行比较分析，并允许各个排污口的排放量进行内部调剂，借此以最低的成本实现最优化的治理效果。

（2）“网状”计划。该计划是通过计算改建或扩建后的排放净增量来确定一个排污行为人是否要进行新污染源的检查程序，如果净增量超过了预定的基准，则允许该排污行为人利用在其他方面得到的排放减少信用抵消因改建、扩建带来的排放物增量，从而免除或减少企业承担满足新污染源要求的相应负担。

（3）补偿交易计划。该计划是指如果新污染源安装了污染控制设备，且达到了最低排放率标准，并通过购买该地区其他污染源的超额消减信用补偿了新污染源排放物的增加，则允许新污染源的发展。

（4）“储蓄”条款。该条款下，排污行为人可将未使用完的排污权存放在指定的“银行”以备日后自己使用或出售给其他合适的排污者。

（5）汽油中铅添加剂交易机制。该计划是指通过给各炼油厂发放一定数量的“铅权”，允许各炼油厂在淘汰期之前的过渡期内使用“铅权”。当各炼油厂提前完成淘汰任务时，可以将富余的“铅权”出售给其他炼油厂。

第二代排污权交易：“目标总量控制型排污权交易”实施阶段

“排污消减信用”在部分地区的成功实施，证明了“排污权交易”的有效性，为“排污权交易”的进一步发展奠定了基础。1990 年，美国国会通过的《清洁空气法》修正案及实施的“酸雨计划”标志着第二代排污权交易市场的开端。“酸雨计划”是指为有效控制严重的酸雨污染问题，美国政府提出在全国范围的电力行业实施二氧化硫（SO_2）排放权交易计划，这是一项真正以市场为导向的排污权交易计划。“酸雨计划”要求到 2010 年，美国的 SO_2 年排放量相较于 1980 年减少 1000 万吨。SO_2 排污交易计划的交易对象是 SO_2 排放许可证。

第二代排污权交易除了 SO_2 排放许可交易计划，还有加州南海岸为了控制硫氧化物（SOx）和氮氧化物（NOx）于1994年创设的区域清洁空气激励市场（Regional Clean Air Incentives Market，RECLAIM）和东北氮氧化物交易计划（Northeast NOx Budget Trading Program，NBP）。

第二代排污权交易计划取得了积极而显著的效果。1978—1998年，美国空气中一氧化碳（CO）浓度下降58%，二氧化硫（SO_2）浓度下降53%；1990—2000年，CO排放量下降15%，SO_2排放量下降25%。在经济效益方面，根据EPA统计，1970—1990年，执行和遵守《清洁空气法》的直接成本为6890亿美元，而直接收益高达22万亿美元。

第三代排污权交易："规范化交易机制"构建与实施阶段

面对全球气候变化的严峻挑战，美国采取多种措施积极应对，表现为以减少碳排放为核心的第三代排污权交易体系的构建。美国第三代排污权交易计划主要包括区域温室气体消减计划（Regional Greenhouse Gas Initiative，RGGI）、清洁空气洲际法规（Clean Air Interstate Rule，CAIR）、西部气候倡议（Western Climate Initiative，WCI）、中西部温室气体减排协议（Midwestern Greenhouse Gas Reduction Accord，MGGRA）和以芝加哥气候交易所（Chicago Climate Exchange，CCX）为代表的气候变化自愿性计划。其中，RGGI是美国第一个强制执行的针对CO_2排放权交易的项目。

第三节 绿色金融市场交易机制

一、绿色金融市场交易机制概述

（一）绿色金融市场交易机制的概念

绿色金融市场交易机制尚未达成广泛认同的定义，根据对金融市场交易机制的研究，绿色金融市场交易机制是指绿色金融市场交易规则和保证规则实施的技术，以及规则和技术对定价机制的影响。

绿色金融市场价格形成机制与一般的市场价格形成机制类似，主要受到供需关系、市场参与者的行为、信息透明度、市场规模、绿色标准、政策和法规以及全球因素等因素的影响。影响绿色金融市场价格形成的关键因素包括：(1) 供需关系：绿色金融市场上，价格的基本决定因素是绿色金融产品的供给和需求。如果有更多的投资者愿意购买绿色金融产品，而供给相对稳定，价格可能上升，反之亦然。(2) 市场参与者行为：不同的市场参与者，如机构投资者、个人投资者、基金经理等，会根据他们对绿色金融产品和市场的看法采取不同的行动。他们的交易活动会影响市场价格的波动。(3) 信息透明度：绿色金融市场的信息透明度对于价格形成至关重要。发行者需要提供充分的信息，以便投资者了解绿色金融产品的特征、发行者的信用状况、项目的预期效益等。信息的不对称可能导致价格不准确或波动较大。(4) 市场规模：绿色金融市场的规模也会对价格产生影响。如果市场规模较小，一些相对较小的交易可能导致较大的价格波动，而大规模的交易可能对市场价格产生更显著的影响。(5) 绿色标准：由于涉及绿色金融，特别的是在绿色金融市场，绿色标准和认证的要求对价格形成有直接的影响。投资者可能更愿意支付溢价，以获取符合特定绿色标准的产品。(6) 政策和法规：当地和国家层面的政府政策和法规对于绿色金融市场的价格形成也具有重要作用。政府可能通过税收激励或其他手段鼓励绿色金融的发展，从而影响市场价格。(7) 全球因素：全球性事件和趋势，如气候变化、环境问题等，也可能对绿色金融市场的价格产生重要的跨市场影响。

总体而言，绿色金融市场价格形成机制是一个受多方面影响的复杂系统。投资者和市场参与者需要密切关注市场动态，了解绿色金融产品的基本面和市场因素，以做出明智的投资决策。

(二) 绿色金融市场交易机制的类型

绿色金融市场可以分为一级市场和二级市场，下面将对两种市场的交易机制进行讨论。

1. 绿色金融一级市场交易机制

绿色金融的一级市场是指绿色资源的动员，包括环境类资源技术发明类（如节能减排技术）和环境保护类（如排污权和捕捞使用权等）的确权、授权、评估、授信、担保增级、卖方回购、第三方托管、托管、置换等资产证券化类业务等，其形成的做市主体应能够使本行业的投资报酬率和其他行业的投资报酬率持平，否则，一级市场的效益将得不到充分动员。目前，我国绿色金融一级市场尚未开始有效运行，一级市场中最重要的是绿色金融资源的动员有回购式的担保支持，有了担保式产品回购支撑，资产的证券化才是可能实现的。同时，做市主体类别应该分类完全，做市主体数量也需要达到一定标准，否则产品的形成和投资报酬率持平只是一句空话。

2. 绿色金融的二级市场交易机制

绿色金融的二级市场是在一级市场动员的基础上，形成让场内交易头寸活跃的做市主体，将场外业务导入场内来的做市主体，还有让交易成本降到最低的价格收敛商主体，并且三者在结构配比合理的基础上要达到门槛性数量。一般而言，三者的比例应该是1∶10∶10，做市主体数量不少于12—15家，最好在100家左右，三者加起来的数量不少于1500家。就我国的实际情况而言，绿色金融二级市场的形成还处于前期阶段。就资本市场的发展来看，需要有绿色金融的独立市场。

3. 绿色金融市场的互动与关联

一个好的绿色金融市场，应该要具备以下功能：一是动员区域“块块”绿色金融资源；二是与国家“条条”金融机构有效对接；三是与广域范围一级和二级资本市场“并网”；四是三者结合起来，能够在我国形成以地方试点为基础的绿色金融全国第三方市场平台。仅依靠20世纪形成的证券交易所和债券市场，完成绿色产业投融资服务的成本将会非常高。

二、绿色金融市场交易机制实例——中国碳排放交易机制

当前，中国的碳排放交易市场包括9个试点省市碳交易市场和1个正处于初期运营阶段的全国统一的碳排放权交易市场。在未来，各个试点省市碳市场将与全国统一的碳市场持续并行一段时间，并逐步向全国统一的碳市场平稳过渡。

对于试点碳交易市场，就交易品种而言，主要包括碳排放配额（Chinese emission allowances，CEA）和国家核证自愿减排量（Chinese certified emission reductions，CCERs）。碳排放配额是指排放单位在生产经营过程中排放 CO_2 等温室气体（GHGs）的额度，1吨CEA等于1吨 CO_2 当量。国家核证自愿减排量是由中国境内可再生能源项目、节能减排项目经政府批准备案后所产生的自愿减排量，用于抵消他方的碳排放量，在交易完成后在国家登记簿中予以注销。国家核证自愿减排量以风电、水电、光伏发电、生物质发电等新能源与可再生能源类项目占比最大，占全部备案项目数量的77%。国家核证自愿减排量是碳配额的市场替代品，1个国家核证自愿减排量等于1个碳配额，但国家核证自愿减排量价格远低于碳配额价格。9个碳交易试点市场中，除四川仅交易国家核证自愿减排量品种，其他8个试点市场都是以碳配额交易为主、国家核证自愿减排量交易为辅。图2-2为中国碳交易机制的图解，详细介绍了在碳配额交易过程中，从配额发放到配额交易是如何运行的，碳配额和国家核证自愿减排量交易是如何相辅相成的。控排企业针对自身碳配额使

用情况买入或卖出碳配额，不足部分也可以由国家核证自愿减排量弥补。当前，各试点碳交易市场中交易的衍生产品较少，仅湖北、深圳、上海、广州开启了碳配额远期交易，广州于2017年进行了碳期权的初步尝试，由于各试点交易市场没有期货交易资格，而根据《期货交易管理条例》，期货交易须在批准的专业期货交易所进行，因此，当前碳期货还未在各试点市场开启。

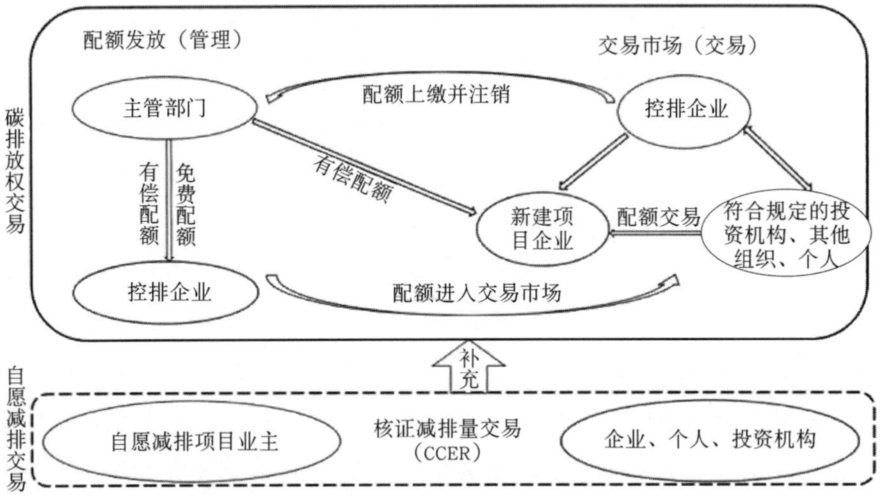

图2－2　中国碳交易机制图解

案例2－4　湖北碳排放权交易中心

1. 参与主体

碳排放权交易主体包括纳入碳排放配额管理的企业、自愿参与碳排放权交易活动的法人机构、其他组织和个人。截至2021年7月，湖北碳市场交易主体共有9860户，其中个人账户达9196户，控排企业和投资机构数量分别为373户和291户。

2. 交易产品

目前，湖北碳排放权交易中心的交易品种主要包括碳排放配额和中国核证自愿减排量（CCER），并鼓励探索创新碳排放权交易相关产品。其中，中国核证自愿减排量是指依据《温室气体自愿减排交易管理暂行办法》所取得的项目减排量，单位以“吨二氧化碳当量”（tCO_2e）计。

3. 交易规则

湖北碳排放权交易中心的交易方式主要采用“协商议价转让”和“定价转让”的混合交易方式。市场参与人进行交易时，应通过本中心交易系统进行申报。市场参与人申请买入或卖出标的物，其买入或卖出标的物的金额或数量不得超过其交易账户中持有的金额或数量。个人市场参与人持碳量不得超过100万吨。市场参与人在本中心申请卖出标的物时，其申请卖出的数量在交易账户中扣减。市场参与人申请挂牌交易的标的物，不得超过其有效期限。市场参与人向本中心交易系统提交申报指令，交易系统收到申报指令后，按规则进行交易。本中心交易系统接受市场参与人的交易申报时，锁定申报卖出标的物和申报买入标的物的交易价款。达成交易的，本中心交易系统向买方交易账户移交标的物，并将对应价款划转至卖方交易账户。

协商议价转让是指在本中心规定的交易时段内，卖方将标的物通过交易系统申报卖出，买方通过交易系统申报买入，本中心将交易申报排序后进行揭示，交易系统对买卖申报采取单向逐笔配对的协商议价交易方式。

定价转让分为公开转让和协议转让，由卖方提出申请，经本中心同意后挂牌。公开转让是指卖方将标的物以某一固定价格在本中心交易系统发布转让信息，在挂牌期限内，接受意向买方买入申报，挂牌期截止后，根据卖方确定的价格优先或者数量优先原则达成交易。单笔挂牌数量不得小于10000吨二氧化碳当量。协议转让是指卖方指定一个或多个买方为交易对手方，买卖双方场外协商确定交易品种、价格及数量，签订协议转让协议，并在交易系统内实施标的物交割的交易方式。

思考与练习

（1）绿色金融市场的融资方式有哪些？

（2）绿色金融市场的参与机构主要有哪些？

（3）绿色金融市场工具主要有哪些？

（4）请结合金融学相关知识，简述绿色金融市场的交易机制及其影响因素。

推荐阅读材料和网站

（1）中国人民银行等七部委．关于构建绿色金融体系的指导意见［EB/OL］．https://www.mee.gov.cn/gkml/hbb/gwy/201611/t20161124.368163.htm,2016－8－31.

（2）国际金融论坛 IFF．2021 年全球金融与发展报告［R］．2021.

（3）世界银行．碳定价机制发展现状与未来趋势［R］．2021.

（4）什么是绿色金融？绿色金融体系、发展模式介绍［EB/OL］．https：//www.sgpjbg.

com/info/25217. html.

（5）2022 年绿色债券市场运行报告——绿色债券标准统一，市场扩容推动高质量发展［EB/OL］. https：//finance. sina. com. cn/zl/2023－01－31/zl－imyeancp0166245. shtml.

（6）全球视角下的创新型绿色保险产品综述［EB/OL］. https：//iigf. cufe. edu. cn/info/1012/3895. htm.

（7）绿色金融助力高碳高污染产业绿色转型——中国银行业绿色低碳金融产品创新系列典型案例［EB/OL］. https：//mp. weixin. qq. com/s/_ H8nyyvB9FNr0bJYfqcGBg，2022.

（8）绿色金融助力碳达峰碳中和［EB/OL］. http：//www. pbc. gov. cn/redianzhuanti/118742/4489076/4500507/index. html.

（9）平安产险．以“创新＋保险”“服务＋保险”，为绿色发展保驾护航［EB/OL］. https：//k. sina. cn/article_ 1784473157_ 6a5ce64502002hn7y. html.

（10）中国电信建立内部碳交易体系［EB/OL］. https：//finance. sina. com. cn/esg/2023－12－02/doc－imzwqtfw3394795. shtml.

（11）解析中国绿色信贷现状［EB/OL］. https：//finance. sina. com. cn/esg/2023－07－03/doc－imyzmaum6035565. shtml.

（12）助力实现“双碳”目标，绿色金融大有可为［EB/OL］. https：//assets. kpmg. com/content/dam/kpmg/cn/pdf/zh/2021/08/contribute－to－the－realization－of－the－dual－carbon－goal. pdf.

参考文献

［1］Landrigan，Philip，et al. The Lancet Commission on Pollution and Health［J］. The Lancet Commissions，2017，391（10119）.

［2］OECD. Global Outlook on Financial for Sustainable Development 2021［R］. 2020a.

［3］翁智雄，葛察忠，段显明，龙凤．国内外绿色金融产品对比研究［J］. 中国人口·资源与环境，2015，25（6）：17－22.

［4］陈亚芹，别智．商业银行绿色金融产品体系与业务创新［J］. 金融纵横，2021（3）：46－52.

［5］王元龙．碳金融与我国商业银行的新机遇［N］. 金融时报，2009－7－18（002）.

［6］陈诗一，李志青．绿色金融概论［M］. 上海：复旦大学出版社，2019.

［7］黄文君，田莎莎，王慧．美国的排污权交易：从第一代到第三代的考察［J］. 环境经济，2013，115：32－39.

[8] 纪建文. 从排污收费到排污权交易与碳排放权交易：一种财产权视角的观察[J]. 清华法学，2012 (5)：65-72.

[9] 世界银行. 碳定价机制发展现状与未来趋势2021 [R]. 华盛顿特区：WB，2021.

[10] 政府间气候变化专门委员会. 气候变化2014：综合报告 [R]. 瑞士日内瓦：IPCC，2014.

[11] 国际金融论坛. 2021年全球金融与发展报告 [R]. 中国北京：IFF，2021.

[12] 胡萍萍. 浅析绿色金融发展现状及问题 [J]. 中国集体经济，2012 (16)：1-4.

[13] 项梦曦. 全球绿色金融稳步发展 [N]. 金融时报，2023-1-20 (008).

第三章 绿色信贷

学习要求

1. 了解绿色信贷的内涵、特点及实施意义。

2. 掌握中国绿色信贷的政策脉络与发展现状，熟悉《绿色信贷指引》等核心政策的关键内容。

3. 明确绿色信贷的管理目标和具体实施，掌握绿色信贷的组织管理、流程管理和风险管理的主要内容和工作流程。

4. 了解绿色信贷创新产品的特征及产品分类。

本章导读

绿色信贷是绿色金融框架下的创新金融工具，是实现资源节约型、环境友好型社会和经济可持续发展的有力抓手。对我国而言，绿色信贷是起步最早、发展最快、政策体系最为成熟的绿色金融产品，对于提升银行业竞争力、规范企业经营行为，贯彻落实“双碳”目标发挥了关键作用。

第一节 绿色信贷概述

一、绿色信贷的基本概念

绿色信贷是绿色金融发展的核心领域，已被广泛应用于国内外金融机构的信贷实践。

国外贷款机构主要基于市场化原则推进绿色信贷业务，以赤道原则为标准，建立用于确定、评估和管理项目融资过程中所涉及环境和社会风险的一系列自愿性原则，通过金融杠杆促进该项目在环境保护和社会发展中发挥积极作用。中国绿色信贷实践起源于2007年7月国家环保总局、中国人民银行和银监会联合发布的《关于落实环保政策法规防范信贷风险的意见》（以下简称《意见》），要求将企业环境守法情况作为审批贷款的必备条件之一，严格控制向环境违法行为企业的贷款，《意见》的颁布标志着中国绿色信贷的开端。2012年2月，银监会发布的《关于印发绿色信贷指引的通知》，首次将“绿色信贷”纳入官方文件，从绿色信贷的组织管理、能力建设、流程管理、内部控制与信息披露五个方面对银行业提出了三十条规定，为银行业开展绿色信贷业务提供了基本框架和政策约束，使绿色信贷的实施从政策层面逐步向操作层面推进。

绿色信贷指金融机构为支持环境改善、应对气候变化和资源节约高效利用等经济活动，发放给企事业法人、国家规定可以作为借款人的其他组织或个人，用于投向节能环保、清洁生产、清洁能源、生态环境、基础设施绿色升级和绿色服务等领域的贷款。根据当前的理论与实践研究，一般认为绿色信贷存在广义和狭义之分，狭义的绿色信贷指商业银行将环境责任纳入信贷经营行为以实现经济和环境的协同发展，广义的绿色信贷则是指国家相关部门和银行业联合限制、阻断企业危害环境的行为，鼓励和发展企业的环境友好行为，以信贷等金融资源推动经济和社会的可持续发展，优化银行业金融机构信贷结构、降低金融风险和环境风险、提高社会服务水平。因此，绿色信贷主要包括两个层面的含义：一是国家政策层面，政府通过政策激励引导商业银行在信贷经营中承担相应的社会环境责任；二是商业银行自身经营管理层面，培育和支持资源节约型、环境友好型企业成长和发展，对污染性或存在环境问题的企业和项目的投资贷款和流动资金进行资金限制。

二、绿色信贷与传统信贷的区别

绿色信贷已成为银行转型发展的重要方向，有助于实现生态环境保护和可持续发展，其通过金融杠杆引导信贷资金向，有利于社会环境保护和健康发展流动。绿色信贷最内在的含义是调节好金融业和可持续发展相互联系，主要表现形式为：筹集资金保护生态环境、促进绿色产业发展，建设新金融系统，促进金融工具的开发。在这种商业形式下，信贷业务主要用于向环保、清洁及可再生能源企业提供资金，禁止向高污染、高耗能企业发放贷款，这与传统信贷的商业模式表现出很大的不同。总体来说，主要表现在经营理念、政策内涵、业务流程、风险管理等方面，具体区别如表3－1所示。

表 3-1 绿色信贷与传统信贷的区别

	传统信贷	绿色信贷
经营理念	追求自身利益最大化，遵循获利性、流动性和安全性原则	追求绿色利润最大化，重视环境保护，积极履行社会责任，扩大社会影响力，在银行作为金融中介的过程中发挥其环保职能
信贷政策	银行自身内部指定具体政策措施，评估贷款发放标准，遵循利润最大化原则，贷款发放的可能性取决于银行自身的获利性、安全性和流动性	除了遵循传统信贷政策标准，还要将企业的社会声誉和环境表现作为考虑因素，并综合国家环保部门的意见，信贷资源流向明确，发展绿色环保产业
业务流程	银行根据自身内部固定程序，来确定贷款标准和放贷数量	银行和环保部门共同评估，只有同时满足二者所提出的评估要求和标准，才可办理
风险管理	一般性的风险管理，其风险与借贷时间有关，时间长则风险大，时间短则风险小。此过程只考虑信贷资金的安全性，不考虑环保与社会效益	环保技术不先进，绿色信贷政策不完善，环境风险较大。存在严重的地方保护主义阻碍，企业自身环保信息披露不足，环保信息沟通机制不畅

三、发展绿色信贷的意义

金融机构通过金融服务配置信贷资源影响产业发展，其中钢铁、石油化工、建筑、采掘和有色金属等基础性重点行业是金融资源倾斜的对象，金融资源配置的不平衡，在很大程度上推动了高耗能、重污染行业持续膨胀，加剧了产能过剩和环境污染。表 3-2 展示了 2005—2015 年各行业及其污染排放情况，表中显示信贷获得量前十的行业中有 6 个属于重污染行业。具体而言，空气和水污染方面，借款量前十的行业平均排放约是其他行业的两倍，且工业固体废物几乎全部集中于钢铁、有色金属和煤炭三大行业当中。形成这一资产配置状况的原因有：第一，因信息不对称导致的道德风险和逆向选择，导致重资产行业通过提供充分的抵押担保而普遍受到银行的青睐。第二，20 世纪 90 年代到 21 世纪初，中国产业政策明确支持基础支柱性产业的发展，钢铁、煤炭、基础化工等大批重化工产业成为信贷集中的领域。因此，仅依靠传统信贷将无法实现经济可持续发展和绿色转型，发展绿色信贷的重要性凸显。

表 3-2　　融资规模前十的行业及污染排放

排序	年均借款（亿元）	行业分类	固定资产比例（%）	废气（立方米/万元）	废水（吨/万元）	废物（吨/万元）
1	6054.56	电力、热力、水和燃气的生产和供应业	54.67	17729.82	13.77	7.84
2	3644.48	石油和天然气开采及石油化工（石油石化）	37.01	7285.59	8.41	12.39
3	3403.21	房地产业	1.80	—	—	—
4	3032.84	交通运输	46.67	—	—	—
5	3029.95	黑色金属开采、冶炼及延压加工（钢铁）	46.53	15698.02	5.80	431.01
6	1521.79	有色金属开采、冶炼及延压加工	30.94	7303.87	10.00	291.04
7	1377.50	基础化工	36.56	7167.66	12.02	17.17
8	1364.71	建筑	6.74	—	—	—
9	1343.65	煤炭	40.37	2036.28	5.95	343.21
10	1191.94	通信	38.55	822.43	0.69	0.01

数据来源：文书洋，张琳，刘锡良．我们为什么需要绿色金融？——从全球经验事实到基于经济增长框架的理论解释［J］．金融研究，2021（12）：20-37.

（一）促进银行业务发展

绿色信贷不仅是银行业金融机构社会责任的要求，更是自身风险管理和可持续发展的必然要求。近年来，因信贷客户对环境和社会的损害而导致银行业经营风险上升的现象频繁发生，一方面，不良贷款攀升，信贷资金安全受到威胁；另一方面，社会声誉受到侵害，以致危及正常经营。推行绿色信贷，把环境和社会责任标准融入银行业的经营管理活动中，对环境和社会风险进行动态评估和监控，为有效防范和降低环境和社会风险提供了可能，有助于银行业金融机构管理环境和社会风险。此外，推行绿色信贷也是全球商业银行规范运营的必然趋势。

（二）规范企业经营行为

绿色信贷主要是通过融资环节影响企业资本获得成本，进而对企业生产经营产生影响。例如，对新客户或新项目准入环节实行“环保一票否决制”；对环境和社会风险大的客户进行授信额度限制，必要时实施停止放贷或提前收回贷款等惩罚性措施；对存在环境和社会风险隐患的客户，要求其采取提高保证金比例、追加担保等风险缓释措施，并按时披露环境信息。以上措施均会对企业产生较强的督导作用，当绿色信贷形成的外在压力足以影响企业的生存发展时，将会迫使企业规范经营行为，降低环境和社会风险。

（三）有效克服市场失灵

政府部门对企业环境污染责任的追究日益严格，但环保部门的调控政策仍面临着调控范围有限、调控力度不够和调控手段单一的问题，容易导致市场失灵。而以政府介入的命令控制型环境规制往往以处罚为主，并且会因为地方保护主义、办事效率低等问题导致政府失灵。绿色信贷具有市场激励型环境规制的特征，将环境风险组合到银行风险管理当中，充分利用信贷风险管控手段，借助市场机制、政府调控和社会监督等多种力量，变事后处罚为事前预防、事中监督，既能解决市场失灵，又能回避政府缺位，进而推进资源节约型和环境友好型社会建设。

（四）促进社会可持续发展

通过金融部门助力环境与社会议题，有利于消除“守法成本高，违法成本低”的不平等现象，促进企业环境和劳工权益保护意识觉醒和提高。以环境议题为例，银行可以将企业环境责任的履行情况作为信贷投放的前提条件，严格控制对高污染、高耗能行业的信贷投入，防止盲目投资，同时借助宏观调控政策，把一些比较脆弱的、资金链易断的、产业结构优化较低的企业淘汰出去。而对于已经介入的“两高”企业，要推动其改善环境绩效，如无实质性改善迹象，银行要毫不犹豫地退出。这样，既优化了银行的客户结构，提高了银行的经济效益，又极大地促进企业环境保护意识的增强，促进经济结构调整和经济增长方式的转变，实现环境保护与金融安全的双赢，有利于经济可持续发展。

（五）推动经济结构转型

经济结构转型要求金融必须转型，经济结构转型是金融转型的依据和前提，金融转型是经济结构转型的动力和推手。由于经济结构转型必然全面触及原有经济结构并使社会、经济关系发生深刻变化，因而涉及面广、难度大，需要较长的时间进程。而加快金融转型进程，通过优化金融产品结构、金融组织结构、金融市场结构等，更好地发挥金融支持实体经济的作用，则可加快经济转型步伐。在目前金融结构格局下，以银行信贷为主导的间接融资在社会融资结构中占有优势地位，因而加快绿色信贷发展，促进银行适应低碳经济发展的要求，在信贷的行业结构、产品结构、业务结构等方面加快转型，对加快推进金融转型进而推动经济转型至关重要。

第二节 绿色信贷发展概况

一、绿色信贷发展历程

随着环境污染问题日趋严峻，在多方支持和共同努力下，中国绿色信贷发展大体经历了起步探索、引导推动与全面发展三个阶段。

（一）绿色信贷起步探索阶段

20世纪90年代以来，各部门陆续推出绿色信贷政策举措，开启绿色信贷实践探索。1993年6月，国家环保局、国家计委、财政部、中国人民银行发起了《关于加强国际金融组织贷款建设项目环境影响评价管理工作的通知》，其中提出进一步加强国际金融组织贷款项目环境评价的管理工作；1995年2月，中国人民银行颁布了《关于贯彻信贷政策与加强环境保护工作有关问题的通知》，第一次将金融机构信贷工作与环境保护结合起来，要求各级金融部门在信贷工作中重视自然资源和环境保护，把环境保护和污染防治纳入银行授信决策因素，以此推动经济建设和环保事业的发展。2004年，国家发展改革委、中国人民银行和银监会联合发布了《关于进一步加强产业政策和信贷政策协调配合控制信贷风险有关问题的通知》，明确了对属于禁止类目录的建设项目，各金融机构要立即停止各种形式的新增授信支持，对已实施的项目授信要采取妥善措施予以收回。2005年年底，国务院发布了《关于落实科学发展观加强环境保护的决定》，明确表明要建立健全有利于环境保护的信贷制度，再次强调金融部门要制定有利于环境保护的金融政策。

（二）绿色信贷引导推动阶段

2007年以后，我国加大重视环境保护和经济发展之间的关系，实施行政手段和经济手段相结合的方式，推动绿色发展（见表3-3）。2007年7月，银监会颁布《关于防范和控制高耗能高污染行业贷款风险的通知》，明确指出商业银行要进一步加强对高耗能高污染行业的贷款检查。随后国家环保总局、中国人民银行、银监会联合发布了《关于落实环保政策法规防范信贷风险的意见》，首次提出“绿色信贷”的概念，要求各商业银行将企业环境守法情况作为审批贷款的必备条件，严格贷款审批、发放和监督管理，对未通过评审验收和限制淘汰类的新建项目，不得提供信贷支持。该政策的提出健全了绿色信贷顶层设计，有利于环境经济政策的融合和加强企业对环境违法行为的社会监督和经济制约。2007年11月，银监会相继印发了《节能减排授信工作指导意见》和《关于加强银行业金融机构社会责任的意见》，2007年的一系列文件阐明了发展绿色信贷的紧迫性和重要性，标志着环境保护国家意志的强化，是环保部门和金融部门联合环境治理的重要开端。

表3－3　　中国绿色信贷政策体系演变

时间	部门	政策	内容
2007年7月	国家环保总局、中国人民银行、银监会	《关于落实环保政策法规防范信贷风险的意见》	充分认识利用信贷手段保护环境的重要意义，加强建设项目和企业的环境监管与信贷管理
2007年11月	银监会	《节能减排授信工作指导意见》	银行业金融机构要充分认识做好节能环保领域金融服务工作的重要性，自觉改进和加强对节能环保领域的金融服务，合理控制信贷总量，着力优化信贷结构
2009年12月	中国人民银行、银监会	《加强信贷结构调整促进国民经济平稳较快发展的政策意见》	加大对产业转型的融资支持，坚持“区别对待、有保有压”的信贷原则，严格控制不符合相关标准的新增授信和信贷排放
2012年2月	银监会	《绿色信贷指引》	全面评估银行业金融机构的绿色信贷成效，按照相关法律法规将评估结果作为银行业金融机构监管评级、机构准入、业务准入、高管人员履职评价的重要依据
2012年6月	银监会	《银行业金融机构绩效考评监管指引》	要求银行业金融机构在绩效考评中设置社会责任类指标
2013年2月	银监会	《关于绿色信贷工作的意见》	要求认真落实绿色信贷指引要求，各银监局和银行业金融机构应切实将绿色信贷理念融入银行经营活动和监管工作中，不断增强银行业以绿色信贷促进生态文明建设的自觉性和主动性
2013年7月	银监会	《绿色信贷统计制度》	对绿色信贷相关统计领域进行了明确划分，要求各家银行对所涉及的环境、安全重大风险企业贷款和节能环保项目及服务贷款进行统计
2014年6月	银监会	《绿色信贷实施情况关键评价指标》	规定绿色银行评级的依据和基础

续表

时间	部门	政策	内容
2015年1月	银监会、国家发展改革委	《能效信贷指引》	列举符合国家产业政策或行业规划的重点能效项目，鼓励银行业金融机构在有效控制风险和商业可持续的前提下，加大对重点能效项目的信贷支持力度
2016年8月	中国人民银行、财政部、银监会	《关于构建绿色金融体系的指导意见》	为中国绿色金融的发展给出了顶层设计，提出大力发展绿色信贷
2017年12月	中国银行业协会	《中国银行业绿色银行评价实施方案（试行）》	开展绿色银行评价工作。同年，中国人民银行将银行机构绿色信贷业绩表现纳入宏观审慎评估
2018年1月	中国人民银行	《绿色贷款专项统计制度》	要求金融机构报送绿色贷款专项统计
2018年7月	中国人民银行	《关于开展银行存款类业金融机构绿色信贷业绩评价的通知》	要求绿色信贷业绩评价每季度开展一次，定量指标权重为80%，定性指标权重为20%
2019年12月	银保监会	《关于推动银行业和保险业高质量发展的指导意见》	要求金融机构建立健全环境与社会风险管理体系，将环境、社会、治理要求纳入授信全流程，大力发展绿色金融
2020年12月	财政部	《商业银行绩效评价办法》	将绿色信贷占比纳入服务国家发展目标和实体经济的考核条件
2021年6月	银保监会	《银行业金融机构绿色金融评价法案》	对《关于开展银行业存款类金融机构绿色信贷业绩评价的通知》进行修订，将绿色贷款升级为绿色金融
2022年6月	银保监会	《银行业保险业绿色金融指引》	为金融机构将绿色低碳政策充分融入金融业务中去建立了引导机制，进一步规范了绿色投融资的具体流程，强化了组织管理和工作协调机制，对信息披露提出了新的要求，推动了第三方评估和审计行业的发展

2009年12月，中国人民银行联合银监会出台了《加强信贷结构调整促进国民经济平稳较快发展的政策意见》，要求加大对产业转型的融资支持，坚持“区别对待、有保有压”的信贷原则，督促银行机构加大重点项目、重点产业和重点区域信贷投放的同时，严格控制不符合国家产业政策规定、市场准入标准、国家环评标准和碳排放标准项目的新增授信和信贷排放。

（三）绿色信贷全面发展阶段

2012 年，银监会发布《绿色信贷指引》，规定了商业银行等金融机构在绿色信贷执行过程中需要遵循的指导原则及注意事项，明确了绿色信贷审批标准，为商业银行信贷风险防范提供保障。银行业等金融机构严格遵守绿色信贷相关立法，以《绿色信贷指引》条例为依据，对“两高一剩”行业贷款实行一票否决制，利用政策驱动绿色信贷项目有序实施。

《绿色信贷指引》为商业银行绿色信贷做出指导，绿色信贷由顶层设计阶段转化为实践阶段，引导银行业等金融机构的信贷资金实现绿色分配，通过严格的审批标准增强了风险防范与控制，极大地降低了信贷风险发生的概率。《绿色信贷指引》的出台对银行的组织管理、政策制度、流程管理、内部管控与信息披露以及监督、检查都提出了具体的要求，加快中国绿色信贷工作进程。2013 年，银监会制定了《绿色信贷统计制度》，明确了 12 类节能环保项目和服务的绿色信贷统计范畴，要求商业银行对绿色信贷相关的多项指标进行统计。2014 年，银监会发布《绿色信贷实施情况关键评价指标》，进一步完善了绿色信贷考评体系，为各商业银行落实《绿色信贷指引》和绿色绩效考核提供了权威依据，考评结果将作为银行业金融机构准入、工作人员履职评价和业务发展的重要依据。

2015 年 1 月，银监会和国家发展改革委联合印发《能效信贷指引》，从业务重点、业务准入、产品创新、信贷流程和风险审查等方面提出可操作性的政策措施，鼓励和指导银行业金融机构积极开展能效信贷业务，有效防范能效信贷业务相关风险，支持产业结构调整和企业技术改造升级，促进节能减排，推动绿色发展。《能效信贷指引》将引导更多的银行业金融机构进入绿色信贷领域，发挥其在引导社会资源流向绿色经济、低碳经济领域的资源配置作用。2016 年以来，随着我国绿色金融体系的建立完善，中国人民银行陆续推出《绿色贷款专项统计制度》《关于开展银行存款类业金融机构绿色信贷业绩评价的通知》，对绿色信贷业绩评价进一步加强，绿色信贷进一步发展。2021 年之后，银保监会相继发布《银行业金融机构绿色金融评价法案》《银行业保险业绿色金融指引》等，进一步完善绿色金融业务规范与业绩考核方案。

二、绿色信贷发展现状

近年来，我国绿色信贷市场持续快速发展。截至 2023 年第一季度，绿色信贷余额接近 25 万亿元，规模稳居世界第一；绿色贷款资产质量较好，不良贷款率低于同期各项贷款整体不良水平；根据中国人民银行统计，绿色信贷规模从 2018 年的 8.23 万亿元增长至

2022 年的 22.03 万亿元，五年间增长 13.8 万亿元，年均增速达 28.18%，中国绿色信贷规模得到快速增长。

从资金流向来看，交通和能源行业为绿色信贷支持的主要支持方向，年均占比 59.32%，但近五年呈现结构调整趋势。一方面，交通和能源行业绿色贷款占比由 2018 年年底的 76.18% 下降至 2023 年第一季度 43.42%，降幅约 32.76%。另一方面，交通运输、仓储和邮政业绿色贷款总额呈现先上升后下降再上升的“U”形态势，且 2021 年前交通运输、仓储和邮政业绿色贷款总额一直高于电力、热力、燃气及水生产和供应业绿色贷款总额，但 2021 年后电力、热力、燃气及水生产和供应业绿色贷款总额开始迅速上升（见图 3－1）。

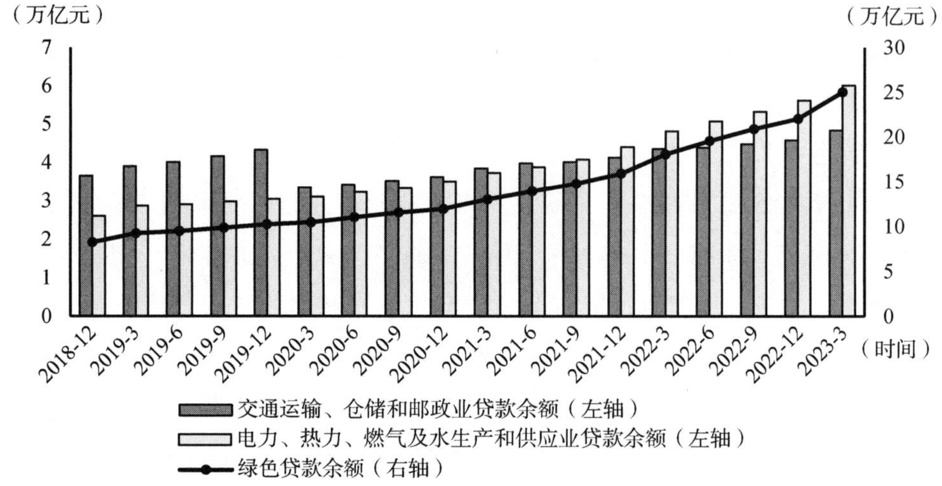

图 3－1　绿色信贷余额及支持行业结构图

专栏 3－1　知识拓展：国外绿色信贷发展典型模式

1. 美国绿色银行

据美联储统计数据，美国商业银行近年来大力创新绿色信贷产品，并推出绿色信贷组合，覆盖至绿色农业、环保旅游、生态建设等各个领域。纽约、夏威夷、康涅狄格等州相继成立绿色银行，推动公共资本与私人资本的紧密合作，为清洁能源、基础设施改善募集资金，以提高能源市场短期和长期的资金供给。当前美国绿色银行可以分为准公共机构模式、州立清洁能源融资机构模式与基础设施银行三种模式，具体差异如表 3－4 所示。

2. 英国特色绿色信贷产品

英国商业银行积极创新绿色信贷产品。例如，巴克莱银行（Barclays Bank）与零售企业合作，推出了绿色信用卡产品，持卡者在合作企业购买绿色产品或服务时，可

表 3-4 美国绿色银行模式

	准公共机构模式	州立清洁能源融资机构模式	基础设施银行
代表银行	康涅狄格州绿色银行	纽约绿色银行	新泽西州能源适应银行
目标定位	吸引和安排资金支持当地清洁能源项目	支持当地清洁能源项目	提高当地关键设施的适应能力
资金来源	系统效益收费、区域温室气体减排行动收益、补助金私人资本等	主要来自政府拨款	主要来自政府拨款
产品服务	第三方贷款、租赁、PACE	信用增级、贷款损失准备金和贷款捆绑	补助金、低息贷款
创新产品	资产评估清洁能源项目（C-PACE）、智能 E-贷、住宅太阳能投资项目、太阳能接待产品	—	—
风险管理	C-PACE 贷款规定贷款金额不得超过物业价值总额的 35%，流程上采用金融机构标准的尽职调查和贷款审批流程，保证贷款将来能出售	建立投资和风险委员会，针对投资风险和企业风险进行最终风险管理	补助金和可免除贷款最大比例不超过需要资金额度的 40%，剩余部分可用分期低息长期贷款补足，基准贷款利率 2%，特定项目利率根据项目收益率、饱和度来确定

享受到比较高的折扣，且借款利率较低。综合考虑社会和环境因素，巴莱克银行制订了涉及 50 多个行业的信贷管理指引，涵盖企业可能存在的环境违法信息和各等级环境风险。目前，该指引在联合国环境规划署推动下，已成为全球 170 余家金融机构的信贷模板。英国还创新了绿色房屋改造贷款，即通过成立节能减排基金，与银行及相关企业携手来帮助英国家庭安装太阳能电池板、改装阁楼等节能措施。绿色房屋改造贷款的参与家庭可在足够长的时间内进行分期付款偿还贷款。英国政府为工程和能源咨询公司 Wood Group 发放了首笔国家支持的“绿色转型贷款”，以扩大该企业低碳产品和服务的规模。英国的信贷机构英国出口融资（UKEF）通过出口发展担保（EDG）提供 80% 的贷款额，用于支付运营或资本支出。部分资金还将支持企业在能够实现低碳转型的领域的研发工作，包括风能、太阳能、波浪能和潮汐能，生物能源，储能，氢和碳的捕获、使用和储存（CCUS）。

资料来源：申万宏源．创新绿色信贷产品，加大政策引导支持［R］．2022.

第三节 绿色信贷管理

绿色信贷关乎银行的发展战略和经营决策，需要董事会、管理层和基层部门自上而下地传导践行，完善的组织管理架构可在全行培育和倡导可持续发展理念的绿色信贷企业文化，更为有效地推动银行绿色目标的实现。因此，绿色信贷必须贯穿于整个商业银行的治理架构，包含在银行的各项组织管理中，才能为业务的健康、有序发展奠定坚实的基础。银监会发布《绿色信贷指引》的组织管理部分对银行董事会、高级管理层和归口管理部门在绿色信贷实施过程中的主要职责提出了相应的要求。

一、绿色信贷的组织管理

（一）董事会职责

董事会是银行经营的最高决策机构，绿色信贷要作为银行经营长期发展战略，必须获得董事会的支持。董事会对股东大会负责，对商业银行经营和管理承担最终责任。绿色信贷要作为银行经营长期发展战略，必须获得董事会的支持。由于实施绿色信贷战略需要立足集团长远发展，部分措施可能会使银行的经营收益、客户关系和市场竞争力受到一定影响。这就需要董事会从战略高度树立绿色信贷的发展理念，将绿色信贷纳入银行的长期发展战略，同时发挥监督作用，确保绿色信贷战略得到有效的实施。

董事会在绿色信贷方面的具体职责为：根据实际情况单独设立战略委员会，制定银行绿色信贷长期发展战略，审批高级管理层制定的绿色信贷经营目标，并监督、评估绿色信贷发展战略的实施和执行情况；制定银行绿色信贷风险容忍度、风险管理和内部控制政策，建立风险管理委员会，负责监督高级管理层关于绿色信贷业务的信用风险、市场风险、操作风险和声誉风险等风险的控制情况；建立审计委员会，检查银行绿色信贷风险及合规状况、会计政策等；制定资本规划，承担绿色信贷资本管理最终责任；建立薪酬委员会，确保建立科学合理的绿色信贷绩效考核机制等。

（二）高级管理层职责

高级管理层由商业银行总行行长、副行长、财务负责人及监管部门认定的其他高级管理人员组成，对董事会负责，同时接受监事会监督，其在职权范围内的合法经营管理活动不受干预。《绿色信贷指引》要求，银行的高级管理层应当根据董事会的决定，制定绿色信贷目标，建立工作机制和流程，明确职责和权限，开展内控检查和考核评价，每年向董事会报告绿色信贷发展情况，并及时向监管机构报送相关情况。

高级管理层负责组织银行的经营管理活动，其在绿色信贷工作中的管理目标主要是制定绿色信贷战略，通过建立完善的工作机制，确保绿色信贷战略实施所需要的高层管理制度得到有效的确立。高级管理层管理职责主要有：

（1）制定发展战略。促进环境保护、资源节约、污染治理、生态保护发展，加强环境和社会风险管理，提升全行环境和社会表现的绿色信贷发展战略。

（2）确立绿色信贷目标。制定绿色信贷发展目标，经董事会审议后，按地区和业务条线分解目标。

（3）建立绿色信贷实施的机制和流程。

（4）明确职责分工。根据银行的组织管理架构，明确相应部门在绿色信贷工作推进过程中的职责分工及权限。

（5）开展内控和考核。针对绿色信贷战略的主要目标实施内控和绩效评估。

（6）定期报告。及时向董事会汇报绿色信贷战略实施情况及重要事项。

（三）专门管理部门职责（绿色信贷归口管理及协调机制）

根据《绿色信贷指引》的要求，银行高级管理层应当明确一名高管人员及牵头管理部门，配备相应资源，组织开展并归口管理绿色信贷各项工作。必要时可以设立跨部门的绿色信贷委员会，协调相关工作。

绿色信贷工作的参与部门，应在各家银行自身的组织架构和工作机制、流程管理基础上，在各自工作职能范围内按照本行战略方向推动绿色信贷落到实处。同时，就专业领域内重大绿色信贷问题，制定应对措施，并及时、完整地向高级管理层汇报；就绿色信贷工作相关重要事项和信息及时与牵头部门沟通。

二、绿色信贷的流程管理

银行应将绿色信贷要求贯穿于整个信贷流程，在客户准入、贷前调查、授信审批、合同签订、贷款支付及贷后管理等方面均细化落实绿色信贷相关要求，将节能、环保、生态、安全与社会风险纳入客户及项目风险管理的重要评价内容，确保项目节能环保方面的合规性、完整性和相关程序的合法性。发挥信贷资金优化资源配置的作用，加大对绿色经济领域的支持，实现信贷资金与国家支持的新兴产业领域的良性互动，最大限度地控制和减少资源消耗。

考虑到目前国内银行普遍将绿色信贷管理纳入现有信贷业务管理流程之中，本小节将按照项目贷款一般流程中的前期调查、审批审查、贷后管理等三个主要部分介绍绿色信贷的流程管理环节。

（一）前期调查

尽职调查阶段主要由客户经理或前台业务部门发起完成，必要时还需要法律部门出具法律审查意见，涉及的主要工作包括：

1. 全面了解客户信息

客户经理应根据客户及其项目所处行业、区域特点，通过实地调查和间接调查相结合的方式，收集整理办理具体信贷业务所需的资料和信息，充分了解客户环保合规情况及环境表现的历史信息，若涉及担保，还应对担保人、抵（质）押品进行调查，尽可能确保对客户（项目）的环境和社会风险状况做出合理、客观的初步判断。

2. 进行绿色信贷分类

基于收集到的相关信息和初步判断，对照本行绿色信贷分类标准，及时将对应分类标识录入银行的管理系统。

3. 形成尽职调查报告

客户经理应根据收集整理的相关信息做出初步判断，形成尽职调查报告，必要时应由法律部门相关人员出具法律审查意见，交由前台业务部门负责人，并报相关部门核查。

4. 重点风险要点调查

在尽职调查过程中，客户经理应认真核实企业环保依法合规方面的真实状况，其中环境敏感行业的企业或项目，还应对客户的环境和社会风险管理水平、事故应急保障、社会认可度等方面进行充分调查和初步评估；对于采取房地产或土地抵押担保方式的贷款，应对抵押房地产所在地或抵押土地的历史用途、是否存在土壤或地下水污染问题等情况进行调查；对于可能对生态环境、文化遗产产生较大负面影响或者引起职业或居民健康、生产安全问题的项目，需要在调查报告中对潜在的环境、健康和安全风险情况予以说明。

（二）审查审批

审查审批阶段主要由授信审批部门完成，该阶段应重点审查借款人（项目）环保审批手续的合规性、完整性和相关程序的合法性，即项目环评是否经有关部门审批，审批或核准机关是否具有相应权限，是否存在违规越权审批。

银行应对包括环境和社会风险在内的客户（项目）整体风险和增信措施等情况进行总

体判断，制订最终贷款方案，确定贷款前提条件和管理要求。对于存在较大环境风险隐患的客户，实行名单制管理，综合评估各类环境风险的性质、环境风险程度以及对客户偿债能力潜在影响，采取相应的风险缓释措施，除了提高资本金比例、采用银团贷款等传统方式外，还可以探索新的风险释缓措施，如要求贷款客户投保环境污染责任保险（对于易发生污染事故的企业、储存运输危险化学品的企业和危险废物处置的企业）、要求客户实施节能环保、安全生产等技改项目等。这些都需要在合同中有所体现，要求客户提交环境和社会风险报告，订立客户加强环境和社会风险管理的声明和保证条款，设定客户接受贷款人监督等承诺条款，以及客户在管理环境和社会风险方面违约时银行机构的救济条款。

（三）贷后管理

贷后管理主要包括放款环节管理、贷后监测预警、及时调整绿色信贷分类标识和建立定期报告制度四项工作。

1. 放款环节管理

核准放款时，信贷作业监督人员应对贷款审批日至放款核准申请日期间，客户是否出现未经环保验收擅自投产、因涉及环保违法违规而被责令停工或发生重大安全生产事故等情况进行审查，对于出现上述情况的，综合评估对企业生产经营和银行贷款安全性影响之后，可考虑不予放款。在已授信项目的设计、准备、施工、竣工、运营、关停等各环节，均应设置环境和社会风险评估关卡，对出现重大风险隐患问题的，可中止直至终止信贷资金拨付。

2. 贷后监测预警

贷款发放后，客户经理应及时查询生态环境部、工信部等政府部门发布的政策和信息，加强和当地政府环保部门、工信部门、安全生产部门的沟通，了解分管企业的环保及安全生产依法合规情况，重点关注企业运行中污染物排放水平、污染物治理设施运行等环境和社会风险因素的变化情况；加强对国家政策标准与监管要求变化对客户环保、安全生产依法合规影响的敏感性分析，对存在较大环境和社会风险以及发生环境违法违规或重大安全生产事故事件的客户，及时进行风险预警。

3. 及时调整绿色信贷分类标识

作为重要的管理依据，绿色信贷分类标识的更新维护是贷后管理的一项重要工作，准确的分类管理是做好信贷风险防范的基础。银行可以考虑将绿色信贷分类纳入贷款质量分类测算指标中。例如，设置环保违规企业或存在重大环境风险企业的贷款质量的上限；对环境敏感行业的贷款，在同等情况下，规定其贷款质量的分类不能优于环境友好型企业。

4. 建立定期报告制度

商业银行应建立健全重大环境和社会风险的内部报告制度，明确报告内容、方式、频率和归口部门等要素。在客户发生重大环境和社会风险事件时，及时启动应急预案，采取相关的风险处置措施，尽可能地规避和降低事件可能给商业银行带来的声誉风险以及由此产生的信贷损失，并定期形成内部环境风险管控报告。

三、绿色信贷的风险管理

绿色信贷是一项综合性、系统性工作，风险管理是其中一项重要任务。从广义上来讲，银行绿色信贷风险是指银行在经营过程中，由于各种环境、社会等不确定因素的存在而导致银行蒙受直接或间接损失的可能性。

（一）风险类别

1. 社会与环境风险

社会与环境风险是企业在生产运营过程中由于环境污染等违法行为受到相关部门处罚或承担赔偿责任，或者由于国家环保政策及法规的改变，企业的生产经营受到影响，从而给商业银行带来因企业无法按时还本付息、企业环境违法行为所形成的连带责任以及社会商誉损害等形成的信贷风险。目前，全球范围内的金融机构主要依据赤道原则对社会与环境风险进行识别、衡量与管理。赤道原则是由花旗银行、荷兰银行等银行在 2003 年根据环境保护标准和社会责任方针，衡量和管理社会与环境风险的非强制性准则。赤道原则适用于全球各国及各行业项目相关融资贷款的自愿性标准，截至 2022 年 7 月，全球共有 138 家金融机构自愿采纳赤道原则，涉及 38 个国家。赤道原则已成为发展绿色信贷过程中评估社会与环境风险的通用准则。

2. 信用风险

环境和社会风险直接影响银行面临的信用风险敞口。当客户发生环境和社会风险时，将直接影响其履约能力即信用质量。例如，客户因不当的环境和社会表现而受到政府相关部门处罚，更新过时的设备来适应更高标准的环保、安全等法律法规要求，生产过程中的污染处理费和污染受害者索赔，发生各类环境违法事件、安全生产事故、食品安全事件导致市场形象受损等，都会对企业的经营状况造成负面影响，从而增加银行的信用风险。

此外，除了关注投资项目本身的环境和社会风险外，客户其他方面的问题同样对企业的整体经营成果和财务状况产生影响。例如，作为抵押资产的不动产污染、企业用地污染、生产过程环境污染、项目的技术风险以及产品通过最终用户的使用对环境产生副作用、清除对土地和生产过程中产生污染的费用等，发生这些情况都会引起企业盈利能力下降，对企业利润及归还贷款产生压力，增加还贷风险，危及银行债权安全。

3. 市场风险

银行面临的市场风险一般包括利率风险、股票风险、汇率风险、商品风险等。随着国际金融交易市场的不断完善，一些绿色信贷相关的金融产品已经能够定价并上市交易，如清洁发展机制（clean development mechanism，CDM）项下的国际碳排放权，其价格波动将对持有该资产的企业经营造成重大影响。与之建立业务关系的银行，如以该资产作为抵押物的银行，则将同样面临风险。

4. 操作风险

根据《巴塞尔协议》，操作风险由人员、流程、系统和外部事件四方面引发，其中每个因素都可能发生在环境和社会风险管理上。一方面，企业在经营过程中的不慎操作可能使借款银行蒙受损失，例如，企业因环保设施年久失修导致污染物超标排放并受到环保部门停产整顿的处罚，从而使企业无法按时偿还银行贷款。另一方面，银行内部人员操作不当也可能导致银行遭受损失，例如，银行人员受专业知识的局限无法有效辨识客户的环境和社会风险，银行人员为了完成业务指标而故意放松环境和社会方面的信贷准入标准，存在环境和社会风险的客户贿赂银行人员等情况。

5. 法律风险

法律风险主要是指合规风险。对于环境和社会风险客户，监管机构有明确的管理规定。《绿色信贷指引》第十六条规定：银行业金融机构应当对拟授信客户进行严格的合规审查，针对不同行业的客户特点，制定环境和社会方面的合规文件清单和合规风险审查清单，确保客户提交的文件和相关手续的合规性、有效性和完整性，确信客户对相关风险点有足够的重视和有效的动态控制，符合实质性合规要求；第十七条规定：银行业金融机构应当加强授信审批管理，根据客户面临的环境和社会风险的性质和严重程度，确定合理的授信授权和审批流程，对环境和社会表现不合规的客户，应当不予授信。一旦银行对存在环境和社会风险的客户给予授信，将可能受到监管机构的处罚，甚至可能招致法律诉讼。此外，银行还会因为借贷行为而对客户的环境和社会违法行为承担法律责任，遭受与客户相关的环境和社会责任的法律追索等。

6. 声誉风险

银行要为客户的环境和社会违法行为承担声誉风险。如今网络发达，信息传播迅速，国家和公众对各类环境、安全事件的关注度不断提高，若银行涉及某个环境和社会违法事件，必将对银行的整体声誉造成负面影响。

（二）风险管理的主要措施

1. 实行“一票否决制”和名单制管理

社会与环境风险管理已经渗透各大商业银行绿色信贷业务的各项流程中。以中国工商银行为例，绿色信贷流程主要分为尽职调查、审查审批、合同签署与资金拨付以及贷后管理4个环节。在开展绿色信贷业务的过程中，商业银行对未达到标准的企业或项目实行“一票否决制”，针对“两高一剩”行业实行限额管理与名单制管理。商业银行在尽职调查环节将社会和环境风险作为调查的重要内容，对于没有通过环保部门审批或被环保部门通报批评的客户一票否决。此外，商业银行严格控制“两高一剩”行业贷款并对产能过剩行业实行限额管控，采用名单制管理高风险客户，名单之内的高风险客户不能进行信贷活动。

2. 对融资项目进行绿色分级管理

为了识别社会与环境风险，商业银行按照项目对社会与环境的影响程度进行分级管理。例如，中国银行将融资项目进行绿色分级，分别用绿+、绿、黄和红色来代表项目的社会与环境风险程度；中国工商银行制定了《绿色信贷分类管理办法》，以对环境的影响程度为依据将需要评估管理的项目分为四级共12类；中国农业银行围绕着效率、效益、环保、资源消耗和社会管理这五大绿色指标对企业或项目进行分级管理；中国建设银行在行内发布《中国建设银行绿色信贷发展战略》，根据客户社会与环境风险情况将客户由高至低分为A、B、C三类。同时，商业银行对于不同级别的贷款项目和客户实行动态管理和差异化管理，加强与坚持绿色经营客户的合作，坚决退出不符合国家环境标准的项目，推动产业结构向低碳环保绿色方向转型。

3. 外部环保违法违规信息纳入银行内部管理系统

商业银行关注监管部门所发布的环保及安全生产违法违规信息，并加强与环保类非政府组织的合作，将环境保护信用评价结果、环境违法企业名单等外部信息纳入银行内部管理系统，降低商业银行与贷款企业之间的信息不对称性；对具有违法违规情况的企业进行风险排查和评估，及时在行内发布风险预警信息并采取相关措施。例如，中国农业银行为增强社会与环境风险管理能力，关注国家和地方相关部门发布的环境违法违规信息，对违规企业及时下发风险预警和提示函；中国建设银行将环保部门所披露的企业违法违规信息纳入内部管理系统及客户评级系统，并在评级系统中对存在不良环保记录的客户强制下调评级。

4. 开展绿色信贷自评与绿色信贷培训

根据银保监会的要求，商业银行陆续进行了行内绿色信贷自评价，总结自身绿色信贷风险管理的执行情况并完善其社会与环境风险管理体系。此外，商业银行还积极收集有关社会与环境风险管理的典型案例，加强绿色信贷风险防控专项培训力度。例如，交通银行针对行内相关工作人员定期开设信贷投放指引和高风险行业防控、绿色金融等绿色信贷专题课程，帮助商业银行信贷工作人员充分掌握绿色信贷业务知识，降低操作风险，提升应对复杂社会与环境风险的能力。

专栏3-2　知识拓展：中国绿色信贷分类管理

基于环境和社会风险评估标准，中国商业银行对绿色信贷客户的环境和社会风险进行动态评估与分类，将相应结果作为评级、信贷准入、管理和退出的重要依据，以此采取差别化的风险管理。绿色信贷分类管理可从行业、客户、项目等多个维度开展。

从行业维度而言，我国出台的《绿色信贷实施情况关键评价指标》吸收借鉴了赤道原则的分类标准，结合中国的实际国情，划分A类、B类和C类项目，分别具有不同级别的环境或社会风险，如表3-5所示。

表3-5　中国绿色信贷实施指标

项目类别	风险描述	具体行业	管理要求
A类	建设、生产、经营活动有可能严重改变环境原状，且产生的不良环境和社会后果不易消除的客户	核电站；大型水电站、水利项目；资源采掘项目；环境和生态脆弱地区的大型设施，包括旅游设施；少数民族地区的大型设施；毗邻居民密集区、取水区的大型工业项目等	对客户控制环境和社会风险的进展情况进行动态评估，相关结果应作为其评级、信贷准入、管理和退出的重要依据，并在贷款"三查"、贷款定价和经济资本分配等方面采取差别化的风险管理措施
B类	建设、生产、经营活动将产生不良环境和社会后果，但较易通过缓释措施加以消除的客户	石油加工、炼焦及核燃料加工；化学原料及化学制品制造；黑色金属冶炼及压延加工；有色金属冶炼及压延加工；非金属矿物制品；火力发电、热力生产和供应、燃气生产和供应；大型设施建筑施工；长距离交通运输（包括管道运输）项目，城市内、城市间轨道交通项目	
C类	建设、生产、经营活动不会产生明显不良环境和社会后果的客户	—	—

从客户维度而言，交通银行按照授信客户对环境的影响程度，对所有建立信贷关系的授信客户实行分类标识，分为红色（环保风险）、黄色（环保关注和警示）、绿色（环保合格及以上）三色共7类，并对客户控制环境和社会风险的进展情况进行动态评估，在贷款"三查"、贷款定价和经济资本分配等方面采取差别化的风险管理措施。招商银行对全部对公贷款进行了四色分类，即环保绿色信贷（环境友好型）、环

保蓝色贷款（环保合格型）、环保黄色贷款（环保关注型）和环保红色贷款（环保缺失型）。四色分类在信贷系统中完成系统标识并进行名单制管理，在客户准入、风险分类、贷后管理中采取针对性管理措施。

考虑到企业的主营业务可能跨越多个行业领域，因此客户、项目相结合的多重维度也纳入金融机构管理之中。工商银行吸收借鉴了赤道原则和IFC绩效标准，综合客户、项目、贷款维度建立了四类十二级绿色信贷分类标准及管理办法，其中四类包括环境友好类、环境合格类、环境观察类和环境整改类，友好类分4级，合格类分2级，观察类分2级，整改类分4级，这种分类方法对环境表现最好和最差类别的企业与项目具有更细的识别度。在此基础上，工商银行将绿色信贷分类嵌入金融机构流程管理过程中，建立了绿色信贷分类与企业评级资产质量分类的关联，并提出了相应的绿色信贷分类管理要求。

资料来源：川财证券．中国绿色信贷发展现状与特征分析［R］．2022.

第四节　绿色信贷创新产品

一、绿色信贷创新产品概述

商业银行绿色信贷产品创新是银行信贷产品创新的一个重要组成部分，既要顺应绿色发展、低碳发展、循环发展的趋势，也要符合商业银行信贷产品创新方法与途径。

（一）绿色信贷产品创新的驱动因素

1. 外部驱动因素

近年来，国家对节能减排、环境保护、清洁及可再生能源等绿色领域陆续出台了一系列的产业扶持政策，特别是银监会《绿色信贷指引》的发布，都突出强调了绿色信贷不可或缺的作用。商业银行作为金融主力军，依托信贷产品创新，帮助客户完成节能环保目标，是其义不容辞的社会责任。

2. 内部驱动因素

经济绿色发展和产业升级转型需要资金配套支持，同时节能环保新业态、新商业模式的出现也对信贷产品提出新需求。为了满足来自市场的需求，商业银行有必要开展信贷产品创新，开发出符合节能环保行业特征的新型信贷产品，这样也有助于商业银行构建差异化竞争优势，提升对节能环保项目的金融服务水平。

（二）绿色信贷创新产品的特征

目前，随着内外部环境变化，商业银行信贷创新产品呈现出个性化、组合化和短期化三个方面的特征。

一是个性化。以客户为中心，基于客户个性化需求进行产品的量身定制，成为近年来商业银行信贷产品创新的主要诱因。由于节能环保领域内容广泛，包括绿色农业开发、工业节能节水、自然保护与生态修复、灾害防控、资源循环利用等多个行业，不同行业所需要的产品创新形态会有较大差异，因此必须针对各个行业的具体特征来设计产品。

二是组合化。绿色信贷如果作为单一产品提供，通常不能完全满足新兴绿色企业的需求。银行必须将跨市场、多功能的系列产品，根据企业的特定需求进行打包组合，才能实现一站式满足企业的多种需求，提升自身的竞争力。

三是短期化。这与环境政策变化的节奏和绿色产业市场洗牌的速度密切相关。由于政府在绿色经济的发展中起到了至关重要的推动作用，其财政、税收政策和其他相关强制措施的出台，直接影响市场的需求与供给。当政策在方向、力度上进行调整，原有的市场平衡将被打破，原有的绿色信贷产品也随之失效，需要研发新的产品来对接新的市场需求和新的产业模式。当前政策出台的频度和强度不断提升，此外，同业的效仿和竞争的加剧也迫使银行加快绿色产品的创新步伐。

二、绿色信贷创新产品分类

当前，绿色信贷创新产品主要分为两大类：一类是零售类产品，主要针对居民绿色生活方面的融资需求，信贷资金用于鼓励家庭的低碳消费等；另一类是公司类产品，主要面向节能环保等绿色行业的企业客户开发的信贷产品，用于支持企业在低碳领域的生产经营。

（一）零售类产品

零售类产品主要是指向自然人客户发放的，以绿色消费或经营为用途的贷款，包含绿色房产类贷款、绿色消费类贷款和绿色经营类贷款。此外，绿色信用卡等也属于绿色信贷创新类零售产品。

1. 绿色房产类贷款

一是绿色住房按揭贷款。银行向购买符合环保标准的绿色住房客户发放的按揭贷款。与普通住房按揭贷款相比，银行对绿色住房的首付比例要求较低，同时该按揭贷款通常还可享受较优惠的贷款利率。例如，荷兰银行对绿色抵押贷款在普通抵押贷款利率的基础上减息1%。

二是绿色商业用房按揭贷款。银行向购买符合环保标准的绿色商用房的客户发放的按揭贷款。与绿色住房按揭贷款相似，此类贷款也可享受较普通商业住房贷款更低的利率，在绿色商业建筑保险方面的要求也相对较低。但是，银行在信贷准入时对建筑的绿色节能等级要求较高。

2. 绿色消费类贷款

较为常见的消费类贷款有以下两种：第一，光伏按揭贷款，指银行向自然人发放用于购置屋顶光伏发电设备的贷款。该贷款期限根据借款人光伏发电设备投入及电费销售收入的实际情况合理确定；贷款利率由银行与合作的光伏发电设备安装、销售公司协商确定。贷款通常为信用贷款，由借款人承诺以本人并网电费销售收入作为还款来源。有时，部分贷款也可能由光伏发电设备安装、销售公司进行担保。一些地区把这类贷款和扶贫相结合，对低收入农户安装光伏发电设备进行贷款贴息或定额的财政补助。第二，新能源汽车贷款，指银行向个人发放的用于购买新能源汽车的贷款。例如，平安银行汽车消费金融中心匹配新能源汽车线上直营售车模式，开发全线上、自动化贷款产品，20 万元以内的新能源车贷业务全流程线上审批；建设银行推出购车分期线上服务平台，通过运用信息技术，实现线上申请、自动派件、自动审批，与多家经销商及品牌合作，围绕新能源汽车销售网络开展全链条金融服务。

3. 绿色经营类贷款

绿色经营类贷款主要指银行向个体工商户发放的用于绿色生产经营的贷款。例如，台州利用金融科技，创新性地通过大数据分析和人工智能等技术手段，将普惠金融和绿色金融融合发展，搭建普惠小微绿色金融应用场景“微绿达”，有效解决流动性贷款绿色认定难、小微企业绿色评价难、小法人金融机构环境信息披露难等问题。“微绿达”为市场主体提供碳项目发布与评价、碳金融产品融资对接、碳信用报告生成与查询、碳金融政策等方面的全方位绿色金融服务。相关功能自上线以来，已推动落地融资产品超过 200 亿元，发布绿色低碳项目 1241 个，已助力金融机构完成绿色认定 1.3 万笔，涉及金额超过 350 亿元。

4. 绿色信用卡

绿色信用卡也被称为低碳信用卡、环保信用卡等，在普通信用卡基本功能的基础上增加了绿色环保概念。这种附加绿色属性的获得途径包括银行让利和客户让利。第一，银行让利又分为直接让利和挂钩让利，直接让利即银行为持卡人购买绿色产品和服务提供优惠的利率，用于鼓励客户的绿色消费，如英国巴克莱银行的呼吸卡等；挂钩让利，即银行按照客户用信用卡购买绿色节能产品的金额捐赠一定比例的利润给绿色产业、基金会等。第二，客户让利，即银行鼓励客户将该卡的绿色积分捐赠给投资于温室气体减排的组织、兑换绿色商品等，或者鼓励客户根据个人每年产生的碳排放量，用信用卡购买相应的碳减排量，以此实现个人碳中和，消除个人的碳足迹，从而达到环保的目的，如兴业银行与北京环境交易所推出了国内首张低碳主题认同卡——兴业银行中国低碳信用卡。

（二）公司和项目类产品

1. 绿色建筑贷款

绿色建筑贷款包括为建造绿色建筑发放的房地产开发贷款，或以绿色建筑为抵押的贷款。绿色建筑企业可获得信贷计划、授信额度、利率定价、贷款发放等方面的信贷支持。例如，湖州市金融机构已推出“绿地贷”“绿色购建贷”“绿色建筑企业按揭贷”等20余款绿色建筑专项信贷支持产品，其中推出的全国首个“农房绿色建筑贷”，专项支持新建或改建的绿色农房建设，根据建筑星级贷款期限最长可达15年、额度最高可达建房总额70%、利率最高可下调40个基点，有效解决农村住房贷款担保难、期限短、周转烦等问题，已累计为263户农房绿色改造提供7815万元资金支持。

2. 能效项目贷款

所谓能效信贷，是指银行业金融机构为支持用能单位提高能源利用效率、降低能源消耗而提供的信贷融资。银监会与国家发展改革委联合印发的《能效信贷指引》，从能效项目特点、能效信贷业务重点、业务准入、风险审查要点、流程管理、产品创新等方面，提出具有可操作性的指导意见，通过专业化、针对性的业务创新和风险管控要求，为银行业金融机构提升产业服务水平提供指导和帮助。

《能效信贷指引》界定能效信贷包括“用能单位能效信贷项目”和“节能服务公司合同能源管理信贷”两种方式。“用能单位能效信贷项目”是指节能服务公司与用能单位以契约形式约定节能项目的节能目标，节能服务公司为实现节能目标向用能单位提供必要的服务，用能贷款以节能效益支付节能服务公司的投入及其合理利润的节能服务机制。其实质是以减少的能源费用来支付节能项目全部成本的节能业务方式。在这一过程中，银行向节能服务公司贷款，用于该公司支付项目所需的成本投入，并以未来的收益权作抵押。

“节能服务公司合同能源管理信贷”是指银行对符合准入条件的节能服务商、设备制造商、公用事业单位等提供项目贷款，用于支付节能项目建设。同时，银行和国际金融公司（IFC）约定，一旦贷款发生风险，会实行双方的损失分担，即 IFC 运用赠款及其自有资金，按照约定比例为符合损失分担协议的贷款本金担保。在这一过程中，IFC 会提供相应的技术支持，用于评估和测算项目的技术风险与环境效益。

3. 排放权交易领域的贷款

由于一些可交易的排放权流动性好，市场价格评估方便，因此银行以此类权益作为抵押发放贷款。目前，运用最为广泛的是碳排放权抵押融资和排污权抵押贷款。碳排放权抵押融资包括碳资产质押融资碳保理等新型碳金融信贷产品，既有对国际碳交易卖方发放的，也有针对买方发放的贷款。排污权抵押贷款是指银行向企业发放贷款，以其拥有的排污权作为抵押，或向其发放贷款用于购买排污权，以企业利润归还的贷款。

第五节 绿色信贷典型案例

案例 3-1　衢州绿色金融支持农村屋顶光伏电站建设（绿色消费类贷款）

1. 概要

衢州正大融资担保有限公司与工商银行衢州市分行推出家庭光伏专项分期业务。自 2016 年业务开办以来，已为 2000 多户家庭解决了光伏融资难题，累计光伏贷担保额近 2 亿元。

2. 背景

光伏太阳能发电是优质的绿色能源，在我国能源战略中有重要的地位。分布式光伏发电既是推动新能源生产和构筑国家能源新体系的重要力量，也是稳增长、调结构、促改革、惠民生的重要举措。

3. 实施

衢州正大融资担保有限公司为拟建家庭光伏发电站并向银行申请融资的农户提供担保，银行据此为农户发放贷款，保险公司为贷款期间内的电站非人为破坏因素承保。银行与光伏安装公司签订协议，保证光伏电站建设质量，确保电站至少在还款期内发电正常，以保证农户的还款意愿。

4. 效益

一是经济效益，衢州市全年光照充足，非常适合光伏发电。以目前售电价+国家补贴+省补贴（0.4153+0.18+0.1元），每度电收益为0.6953元，年创收可达6900元左右，月均售电收入近580元。安装上述规模的电站该农户需贷款49000元，贷款期限8年，按月等额还款，月还款640元。农户通过“零首付”拥有了自己的光伏电站，每月仅需额外支付60元，即可归还银行贷款，还款压力极小。贷款还清后，每年可创净收益6000多元。二是环境效益，光伏发电是一种绿色清洁的能源，农村地区生态环境脆弱，发展光伏发电既保护了农村的环境，也推动了绿色农业生产及美丽乡村的建设。若按每户安装5kWp装机容量光伏发电设备计算，每年可发电5000多度，年减排二氧化碳可达5吨。三是社会效益，用户能够有效解决用电过程中的低电压问题，改善电能质量，保障电能可靠性。在满足“自发自用”的前提下，可以实现“余电上网”，促进低收入农户增收，提升精准脱贫效率，推进经济社会协调发展。

案例3-2 云筑联手网商银行推出绿色供货贷，助力小微企业（绿色个体经营贷款）

1. 概要

云筑作为建筑产业互联网平台，为支持经营绿色建筑材料的小微企业，通过快速识别符合《绿色产业指导目录（2019年版）》的绿色建筑项目、绿色建材厂商及供应商，引导资金实现精准投放。目前，经营范围涉及装配式建筑、集成房屋、节水等领域的小微企业，均可申请绿色供货贷。

2. 背景

2022年2月28日，中央全面深化改革委员会第二十四次会议强调，“促进普惠金融和绿色金融、科创金融等融合发展，提升政策精准度和有效性”。金融机构进行探索和实践，中国建筑旗下产业互联网公司云筑与网商银行达成合作，共同向建筑产业链上游的上万家小微供货商提供“绿色供货贷”服务。此项服务的落地，是推动国内建筑行业的低碳转型的有益探索。

3. 实施

近日，陕西金石良友模块化房屋有限公司获得了首笔“绿色供货贷”。该公司主要从事活动房屋、箱式房等绿色建材制造，此笔贷款将被用于箱式房屋备货，企业主业和融资用途均符合网商银行的普惠绿色贷款业务认证标准。此笔“绿色供货贷”的发放，依靠的是网商银行基于数字技术打造的供应链金融方案“大雁系统”。放款为纯线上数字化模式，实现了3分钟申请、1秒钟到账和0人工干预。此外，小微企业主还能享受网商银行专属绿色贷款优惠，从而有效降低融资成本。

4. 其他产品

除了“绿色供货贷”，网商银行还推出了“绿色采购贷”和“绿色0账期”。其中，“绿色采购贷”为核心品牌企业下游经销商提供普惠融资，“绿色0账期”则帮助天猫、淘宝等电商平台销售绿色商品的商家快速回款。

案例3-3　湖州高质量推进绿色建筑与绿色金融协同发展（绿色建筑贷款）

1. 概要

为助力实现碳达峰碳中和目标，湖州充分发挥国家首批绿色金融改革创新试验区与全国首个绿色建筑与绿色金融协同发展试点城市的先发优势，探索构建绿色建筑支持体系，大力推进绿色建筑和绿色金融的良性互动与协同发展。试点两年多来，绿色建筑与绿色建筑贷款规模持续攀升，绿色金融对绿色建筑的支撑作用不断强化。

2. 建材方面

一是建立绿色建材认定和评价的地方标准，编制《湖州市绿色建材基本要求》，增加具有湖州特色的围护结构、地板等绿色建材产品，扩大绿色建材覆盖面。二是构建绿色建材产业培育机制，建立实时更新的绿色建材企业库，帮助金融机构有效识别绿色建材产品和企业。三是加大财政金融支持力度。一方面，对通过绿色产品认证的建材企业给予一次性奖励20万元，对于符合要求的新建装配式建筑工业化基地按年产能给予10万—50万元奖励。另一方面，为降低绿色建材融资成本，对主要产品纳入政府采购目录的绿色建材企业，在现有的绿色贷款贴息、担保费率补助等绿色金融支持政策基础上，按照上浮10%执行。

3. 多方位政策

构建多方位政策支持，为绿色建筑开发增添动力。一是创新容积率奖励，对星级绿色建筑给予容积率叠加奖励。二是建立落实差异化信贷支持，绿色建筑企业可获得信贷计划、授信额度、利率定价、审批效率、贷款发放等方面的重点支持。湖州市金融机构已累计推出“绿地贷”“绿色购建贷”“绿色建筑企业按揭贷”等20余款绿色建筑专项信贷支持产品。三是创新政保合作推动绿色建筑保险，湖州市共落地11单绿色建筑性能保险，参保项目占全部绿色建筑项目的35.48%，保费共计777.2万元，提

供风险保障1.19亿元。

4. 消费理念

培育购房者的绿色消费理念，增进其对绿色建筑节能、环保效益的认可度，激发消费者购买绿色建筑的积极性是推进绿色建筑可持续发展的必要措施。一是给予契税补助与公积金贷款额度。为鼓励消费者购买绿色建筑，湖州对购买首套绿色建筑商品住房，按其所缴纳契税地方留成部分的50%给予补助。二是给予房贷优惠。推动银行机构在风险可控的前提下，积极对接居民的绿色建筑消费需求，合理利率定价，提高相应信贷审批效率。例如，在利率定价上，邮储银行湖州市分行对居民合理的绿色建筑消费需求给予FTP减15bp支持，杭州联合银行安吉绿色支行较同类贷款可优惠40—55bp。

案例3-4 浙江农行破解企业融资难困境（能效项目贷款）

1. 概要

湖州市政府与农行浙江分行合作开展湖州市工业领域“绿色企业（项目）”系列贷试点，推出“绿色项目提速贷”“亩均贡献提效贷”“绿色工厂提升贷”三类绿色企业（项目）信贷产品，3年内农行浙江分行拟安排信贷资金700亿元，全力助推湖州1000个以上工业企业（项目）加速发展，成为工业领域高质量发展的领跑者，推动绿色项目建设提速。

2. 具体实施

“绿色项目提速贷”是2020年4月湖州市创新推出的助推企业高质量发展的“绿色企业（项目）”系列贷产品之一，优先支持2年内投产的亿元以上项目，重点支持1年内投产的亿元以上项目。据了解，开工后1年内投产的亿元以上项目，最低给予基准利率下浮10%的利率优惠；开工后18个月内投产的亿元以上项目，最低给予基准利率下浮8%的利率优惠；开工后2年内投产的亿元以上项目，最低给予基准利率下浮5%的利率优惠。

3. 效益

“绿色企业（项目）”系列贷推出以后，受到全市众多企业的欢迎。该产品推出短短几个月时间，农业银行湖州分行已经对400余户企业新增授信50多亿元，享受基准利率及下浮的企业有100多户，为企业减少利息支出2000万元，该行的法人贷款利率水平同比明显下降，同时带动了全市金融机构利率全面下行，其中四大行法人贷款利率较年初下降20余bp，真正实现了金融支持服务民营实体经济的发展。

案例 3-5　衢州市发放全国首笔“绿碳保”担保贷款（碳排放领域贷款）

1. 概要

2021 年 12 月 28 日，衢州市信保融资担保有限公司为衢州一家碳账户贴标为“浅绿”的工业企业提供 420 万元贷款担保，标志着衢州市成功发放全国首笔“绿碳保”担保贷款，让绿色担保在衢州大地绽放“低碳”之花。

2. 背景

衢州市自 2017 年成为国家级绿色金融改革创新试验区以来，始终秉持“绿色 + 特色”理念，引绿色金融活水助推实体产业高质量发展，为建设四省边际共同富裕示范区、四省边际中心城市提供有力金融支撑。衢州市紧紧围绕“双碳”工作目标及共同富裕建设，以绿色金融改革推动碳账户体系建设，以数字化改革为抓手，从小切口中催生大场景，涵盖工业、农业、能源、建筑、交通和居民生活六大领域，其中工业碳账户已覆盖全部规上工业企业。

3. 实施

“绿碳保”就是为全面落实新发展理念、践行绿色金融改革创新、助推碳达峰碳中和而推出的专项绿色担保产品。该产品根据工业企业碳账户贴标情况，给予差异化的担保额度，其中，贴标为“深绿”的工业企业担保额度上限为 1000 万元；“浅绿”的担保额度上限为 500 万元。为加大对碳减排碳中和的金融支持力度，“绿碳保”实行担保费八折的优惠。为提升企业业务办理便捷度，衢州市搭建专属绿色审批通道，精简业务报送流程，优先保障绿碳企业的融资需求。在产品推出后，衢州市相关部门主动与各家合作银行联系，筛选符合准入条件的绿碳企业，推动“绿碳保”业务报送，并加大对企业的宣传力度，让更多企业了解到适合自己的担保产品。此外，还将“绿碳保”引入衢州市金融服务信用信息平台（衢融通），以便于推动政策红利应享尽享。

案例 3-6　衢州市实施五大工程深化基于碳账户的转型金融路径（碳排放领域贷款）

1. 概要

衢州市作为全国首批绿色金融改革创新试验区之一，2021 年，在全国率先开展基于碳账户的转型金融工作实践，以金融精准服务低碳转型为目标，以数字化改革为抓手，创新构建碳账户金融“5e”（即碳排放 e 账本、碳征信 e 报告、碳政策 e 发布、碳金融 e 超市、碳效益 e 评估）闭环体系，为实现“政府精准治碳、企业精准减碳、金融精准支持”提供了转型金融“衢州方案”。

2. 背景

2022年，中国人民银行等四部门和浙江省政府发布的《关于金融支持浙江高质量发展建设共同富裕示范区的意见》文件中明确提出“推动衢州市探索基于碳账户的转型金融路径，打造绿色金融浙江样板”。

3. 实施

一是设立账户，衢州市碳账户建设已覆盖工业企业2764家，能源企业98家，建筑主体129家，交通运输企业73家，农业主体1000家，社会居民239万人。同时，重点工业产品碳足迹核算覆盖全市首批150家企业，进一步明晰重点行业企业降碳路径。二是成立碳账户工作专班，涉及20个政府相关部门和33家金融机构，合力推进碳账户金融体系建设。全市政府、金融管理部门、金融机构出台相关政策制度40项。三是多方协调，碳账户金融应用系统已与全市26家银行机构核心业务系统打通，上线3003家企业碳征信报告及239万居民个人的专属碳征信报告供金融机构查询使用。四是创新驱动，全市33家金融机构推出55款碳金融专属产品，累计发放企业碳账户贷款408亿元，个人碳账户贷款62亿元。碳账户贷款额度最高可给予1.5倍提额系数，利率定价最高可减少100bp。实现32家银行金融机构环境信息披露全覆盖，率先开展风险压力测试，深入研判碳配额制度对火电、钢铁、水泥和造纸四个高碳行业生产经营和对银行信贷资产造成的潜在影响。

思考与练习

（1）什么是绿色信贷？绿色信贷与传统信贷的区别是什么？

（2）请简述中国绿色信贷的发展历程。

（3）绿色信贷的管理分为哪几个方面？具体内容有哪些？

（4）请简述绿色信贷创新产品的特征及分类。

（5）绿色信贷的实施包含哪些内容，最关键的部分是哪项？为什么？

推荐阅读材料和网站

（1）川财证券．中国绿色信贷发展现状与特征分析［R］．2022.

（2）申万宏源．创新绿色信贷产品，加大政策引导支持［R］．2022.

（3）中国金融学会绿色金融专业委员会（www. greenfinance. org. cn）。

（4）王遥，徐洪峰．中国绿色金融研究报告（2021）［M］．北京：中国金融出版社，2022.

（5）银监会．银监会关于印发绿色信贷指引的通知［EB/OL］．https：//www. gov. cn/gongbao/content/2012/content_2163593. htm？eqid = a556592d00033809000000264637638，2012-1-29.

参考文献

［1］陈诗一，李志青．绿色金融概论［M］．上海：复旦大学出版社，2019.

［2］刘锡良，文书洋．中国的金融机构应当承担环境责任吗？——基本事实、理论模型与实证检验［J］．经济研究，2019，54（3）：38-54.

［3］罗霞，夏梦瑶，陈新建．商业银行发展绿色信贷的风险与管理策略［J］．征信，2022，40（3）：72-80.

［4］牛淑珍，齐安甜．绿色金融［M］．上海：上海远东出版社，2019.

［5］王丽颖，付琼．绿色信贷［M］．北京：中国环境出版社，2016.

［6］文书洋，张琳，刘锡良．我们为什么需要绿色金融？——从全球经验事实到基于经济增长框架的理论解释［J］．金融研究，2021（12）：20-37.

［7］殷红．全球绿色分类标准及发展［J］．中国金融，2020（9）：65-67.

［8］中国银行业协会，东方银行高级人员研修院．绿色信贷［M］．北京：中国金融出版社，2018.

第四章　绿色债券

学习要求

1. 掌握绿色债券的概念与特征，熟悉绿色债券标准。
2. 掌握绿色债券的类型。
3. 了解绿色债券市场发展历程与现状。
4. 熟悉绿色债券发行条件与流程。
5. 掌握绿色债券评估认证的概念，了解绿色债券评估认证的方法。

本章导读

作为绿色金融的重要实践形式，绿色债券近年来在全球得以蓬勃发展，吸引了金融机构、企业与各国政府的广泛关注。绿色债券标准体系日益完善、产品类型逐渐丰富、评估认证方法逐渐成熟。已经进入发展快车道的绿色债券，成为支持绿色可持续发展的中坚力量。

第一节　绿色债券概述

一、绿色债券概念与特征

（一）绿色债券概念

作为债券的创新品种，绿色债券属于实践先行、理论跟随的债务工具。2007 年，欧洲投资银行向欧盟27个国家发行了全球首只绿色类债券“气候意识债券”（climate awareness bond），拉开了债券市场绿色化的序幕。经历初期平稳发展后，全球绿色债券市场自2013年出现爆炸性增长。不同国家与组织也随之对绿色债券的定义和范围进行了界定。

世界银行于2007年首次提出绿色债券概念，将其定义为专门为支持具有积极环境效益或气候变化效益的项目而发行的固定收益债务工具。经济合作与发展组织（OECD）指出，绿色债券是指一种由政府、跨国银行或企业发行的，为促进低碳经济和适应气候变化的项目筹集必要资金的固定收益证券。气候债券倡议组织（CBI）将绿色债券界定为，为环境发展或者环保项目募集资金的固定收益金融工具。国际资本市场协会（ICMA）则认为，绿色债券是将募集资金专门用于资助符合规定条件的绿色项目，或者为这些项目进行再融资的债券工具，而绿色项目是指那些可以促进环境可持续发展，并且通过发行主体和相关机构评估和选择的项目和计划。

伴随绿色债券市场的发展实践，我国对绿色债券的定义经历了由分散到统一的过程。绿色债券市场发展早期，中国人民银行、国家发展改革委、证监会、中国银行间市场交易商协会等部门陆续发布了针对不同类型绿色债券的业务指引或指导意见，界定了不同的绿色债券概念范畴，如表4－1所示。2021年4月，中国人民银行、国家发展改革委和证监会联合发布《绿色债券支持项目目录（2021年版）》，统一了绿色债券支持项目范围，也首次明确了绿色债券定义，即“将募集资金专门用于支持符合规定条件的绿色产业、绿色项目或绿色经济活动，依照法定程序发行并按约定还本付息的有价证券”。2022年7月，绿色债券标准委员会正式发布《中国绿色债券原则》，这是我国首个统一的绿色债券标准，沿用《绿色债券支持项目目录（2021年版）》的绿色债券概念，并明确了募集资金用途、项目评估与遴选、募集资金管理和信息披露四项绿色债券核心要素，进一步推动了国内外绿色债券标准接轨。

表4－1　　国内绿色债券定义发展

时间	部门	文件	定义
2015年	中国人民银行	《中国人民银行公告〔2015〕第39号》	绿色金融债券是指金融机构法人依法发行的、募集资金用于支持绿色产业并按约定还本付息的有价证券。绿色产业项目范围可以参考《绿色债券支持项目目录》
2015年	国家发展改革委	《绿色债券发行指引》	绿色债券是指募集资金主要用于支持节能减排技术改造、绿色城镇化、能源清洁高效利用、新能源开发利用、循环经济发展、水资源节约和非常规水资源开发利用、污染防治、生态农林业、节能环保产业、低碳产业、生态文明先行示范实验、低碳试点示范等绿色循环低碳发展项目的企业债券

续表

时间	部门	文件	定义
2017 年	证监会	《关于支持绿色债券发展的指导意见》	绿色公司债券是指符合《证券法》《公司法》《公司债券发行与交易管理办法》及其他相关法律法规的规定，遵循证券交易所相关业务规则的要求，募集资金用于支持绿色产业项目的公司债券
2017 年	中国银行间市场交易商协会	《非金融企业绿色债务融资工具业务指引》	绿色债务融资工具，是指境内外具有法人资格的非金融企业在银行间市场发行的，募集资金专项用于节能环保、污染防治、资源节约与循环利用等绿色项目的债务融资工具
2021 年	中国人民银行、国家发展改革委、证监会	《绿色债券支持项目目录（2021 年版）》	绿色债券是指将募集资金专门用于支持符合规定条件的绿色产业、绿色项目或绿色经济活动，依照法定程序发行并按约定还本付息的有价证券，包括但不限于绿色金融债券、绿色企业债券、绿色公司债券、绿色债务融资工具和绿色资产支持证券
2022 年	绿色债券标准委员会	《中国绿色债券原则》	绿色债券指募集资金专门用于支持符合规定条件的绿色产业、绿色项目或绿色经济活动，依照法定程序发行并按约定还本付息的有价证券

资料来源：根据相关文件整理。

总体而言，各方对绿色债券的定义虽各有侧重，但概念界定的两大要点大体相似：一是募集资金投向符合条件的绿色项目，二是筹资方式通过固定收益类证券。然而在实务操作中，国内外对绿色债券的认定尚未形成统一口径与具体标准，不同的绿色项目或环境、气候项目是否属于绿色债券支持范围在不同国家和市场的仍存在较大差异。

（二）绿色债券特征

1. 募集资金投向专一

发行债券所募集的资金必须按照规定用于绿色项目的建设、运营、收购、补充项目配套营运资金或偿还绿色项目的有息债务，这是绿色债券区别于普通债券的重要特征之一。按照《中国绿色债券原则》要求，绿色债券的募集资金须 100% 用于符合规定条件的绿色产业、绿色经济活动等相关的绿色项目。绿色项目认定范围则主要依据《绿色债券支持项目目录（2021 年版）》判定。境外发行人绿色项目认定范围也可依据《可持续金融共同分类目录报告——减缓气候变化》《可持续金融分类方案——气候授权法案》等国际绿色产业分类标准。

2. 项目管理流程明确

为保证绿色债券募集资金切实投向符合规定的绿色项目，各国往往要求发行人制定绿色项目筛选标准和评估认定流程，且鼓励或强制发行人聘请独立的第三方机构对绿色债券进行评估认证，同时要求配套相应的募集资金管理办法，对募集资金专户或者专门台账进行管理，以确保资金专款专用于绿色产业项目，并做到全流程可追踪，规范内部操作。

3. 政策支持力度强大

鉴于绿色项目的外部性及其对经济绿色低碳转型的作用，为绿色项目提供融资支持的绿色债券也受到各级政府的高度重视，给予较大的政策支持力度。一方面，各级政府部门通过专项贴息、财政补贴、上市奖励等多种方式降低绿色企业融资成本。例如，深圳市政府将对成功发行绿色债券的企业按规模的2%给予补贴，以50万元为上限；江苏省政府对绿色债券发行实施债券贴息、增发补助等鼓励措施；上海清算所发文表示绿色债券的发行登记费率、付息兑付服务费率降低50%等。另一方面，各监管部门提供发行便利，提升绿色发审效率。例如，中国银行间市场交易商协会和沪深交易所均为绿色债券发行提供绿色通道；国家发展改革委提出绿色企业债发行不受发债指标限制；设立地方绿色企业债券担保基金为绿色企业债提供担保、采用“债贷组合”等为绿色债券提供更多增信方式。

4. 信息披露要求严格

绿色债券发行人应向投资者和社会公众证明募集资金用于绿色项目及其产生的环境效益，因此监管机构通常提出更高的信息披露要求，内容不仅包括募集资金整体使用情况、绿色项目进展情况，还涉及预期或实际环境效益等，并需要进行详细的分析与展示，同时鼓励由独立第三方专业机构在绿色债券发行前和存续期进行绿色评估认证。

5. 社会环境效益显著

绿色债券融资管理有效融合了企业经济利益与社会环境效益，在支持节能减排、生态环保、可持续发展等方面效果显著。相较于普通债券，绿色债券能够带来显著的社会环境效应。根据中债—绿色债券环境效益信息数据库的统计数据，2022年我国发行的已披露环境效益数据的贴标绿色债券支持二氧化碳减排量披露值约为3617万吨，由此估算2022年发行的全部贴标绿色债券募集资金可支持二氧化碳减排量约为4087万吨，充分发挥了绿色债券促进实现“双碳”目标的推动作用。

二、绿色债券标准

绿色债券标准是市场实操中界定绿色债券边界的准则，建立明确、清晰、通用的绿色债券标准体系是保证绿色债券市场健康持续发展的基石。

（一）绿色债券国际标准

1.《绿色债券原则》（Green Bonds Principles，GBP）

《绿色债券原则》是全球适用范围最广的绿色债券标准，是由国际资本市场协会（ICMA）联合绿色债券原则执行委员会推出的自愿性指导方针，2014 年首次发布，目前使用的是 2021 年版本。GBP 提出绿色债券的四大核心要素分别为募集资金用途、项目评估与遴选流程、募集资金管理和信息披露。

“募集资金用途”是 GBP 的基石，GBP 采用指定行项目目录的方式规定了资金投向的绿色项目范围，包括可再生能源、能效提升、污染防治等十大领域，但没有提出具体标准，而是强调要兼容其他国际规则和各国法律。

“项目评估与遴选流程”要求发行人阐明绿色项目的可持续发展目标、内部评估流程和评估依据的相关准入标准，同时鼓励发行人引入第三方机构的独立评估。

“募集资金管理”涉及资金的账户管理、投资运作与跟踪记录等，要求发行人采取足够的措施追踪资金流向，确保所募资金能够专用于绿色项目。

“信息披露”要求发行人记录并按年度公开募集资金的使用信息，并在发生重大事项时进行临时披露。

2.《气候债券标准》（Climate Bonds Standards，CBS）

《气候债券标准》是判断募集资金投向是否具备气候效益且满足气候债券发行要求的最常用标准之一，由气候债券倡议组织（CBI）组建的国际专家委员会于 2011 年年底制定发布，之后经过多轮修订，目前使用的是 2019 年 12 月发布的 CBS3.0 版本。这一版 CBS 采用了和 GBP 一致的结构，分为用途、评估、管理、披露四部分，体现了绿色债券形式要件的国际共识。

作为操作性指引，CBS 基于最新的气候科学和控制全球气温上升不超过 2℃的目标，将适合项目和资产纳入其中，建立分类目录，并为能源、水资源和废物废料等多个领域开发了较为详细的认证标准。清晰地呈现出气候债券的资格准入图谱，便于发行人对照和遵循。特别值得注意的是，CBS 对化石燃料极为苛刻，几乎不认可与之相关的项目，体现了支持脱碳、减少碳排放的宗旨。

CBS 采取内外两项措施引导和确保债券符合气候债券的基本要求。一是基于 GBP 四项核心要素，将原则性的规定细化为发行人应遵循的强制性要求，加强发行人公司治理的内部约束；二是引入专业且具有公信力的外部机构，构建鉴证与认证机制，强制要求发行人在气候债券发行前后引入 CBI 认可的第三方机构启动鉴证和认证程序，就项目评估和资金管理出具独立的认证报告，以便在债券发行路演中使用认证来增强债券的吸引力并降低发行成本。

3.《可持续金融共同分类目录》（Common Ground Taxonomy Instruction Report）

随着全球绿色债券市场的发展，印度、日本、东盟、欧盟等国家政府和地区联盟都纷纷基于 GBP 框架结合自身情况制定绿色债券标准，推动了绿色债券基础设施建设，但是各标准间仍普遍缺乏可比性和兼容性，易引发“洗绿”和“漂绿”风险，不利于跨境资本流动。

作为参与全球绿色金融市场的两大主要经济体，中国和欧盟秉持求同存异原则，积极推动国际绿色分类标准趋同。2019 年 10 月，中国人民银行与欧盟委员会共同宣布发起可持续金融国际平台（IPSF），2020 年 7 月，IPSF 设立可持续金融分类目录工作组，中欧相关部门担任共同主席。工作组通过对中国《绿色债券支持项目目录》和欧盟《可持续金融分类方案——气候授权法案》进行全面和细致的比较，联合编制了初版《可持续金融共同分类目录》，并于 2021 年 11 月发布。2022 年 6 月，更新版《可持续金融共同分类目录》发布，该目录着眼于中国和欧盟分类目录的重合部分，从环境与气候目标、原则依据、具体经济活动条目及其条件等角度出发，集中展示中欧双方认可能源、制造业、建筑、交通、固废和林业 6 大领域 72 项对减缓气候变化有重大贡献的经济活动，同时界定了绿色项目的技术指标，有助于使用者提高筛选绿色资产效率，降低绿色认证成本。

GBP、CBS 和《可持续金融共同分类目录》的比较如表 4－2 所示。

表 4－2　　国际绿色债券标准比较

	《绿色债券原则》（Green Bonds Principles，GBP）	《气候债券标准》（Climate Bonds Standards，CBS）	《可持续金融共同分类目录》（Common Ground Taxonomy Instruction Report）
发布机构	国际资本市场协会（ICMA）	气候债券倡议组织（CBI）	可持续金融国际平台（IPSF）
首版发布时间	2014 年 1 月	2011 年 11 月	2021 年 11 月
最近更新时间	2021 年 6 月	2019 年 12 月	2022 年 6 月

续表

	《绿色债券原则》（Green Bonds Principles，GBP）	《气候债券标准》（Climate Bonds Standards，CBS）	《可持续金融共同分类目录》（Common Ground Taxonomy Instruction Report）
合格标准	四大核心要素： • 募集资金用于绿色项目，并应在债券的法律文件中进行合理描述 • 阐明绿色项目的环境可持续发展目标、项目是否遵从绿色项目类别的评估流程、相关准入标准 • 募集资金净额或等额资金应记入独立子账户、转入独立投资组合或由发行人通过其他适当途径进行追踪，并经发行人内部正式程序确保用于与绿色项目相关的贷款和投资 • 发行人应当记录、保存和每年更新募集资金的使用信息，直至募集资金全部投放完毕，并在发生重大事项时及时进行更新	• 发展低碳行业、技术和实践，减少温室气体排放，同时避免危险的气候变化 • 提升对气候变化的适应	• 中欧共同认可的对实现减缓气候变化目标具有“实质性贡献”的经济活动 • “无重大损害”原则标准量化难度较大 • 双方最低保障措施参考的制度要求并不一致且较难比较
框架	• 募集资金用途 • 项目评估与遴选流程 • 募集资金管理 • 相关信息披露	• 指定项目和资产的筛选 • 内部控制流程 • 发行前的相关信息披露 • 指定的项目和资产 • 募集资金使用 • 募集资金专款专用 • 保密性 • 相关信息披露 • 气候债券分类方案 • 技术标准	
所关注的环境领域/目标	• 气候变化减缓 • 气候变化适应 • 自然资源保护 • 生物多样性保护 • 污染防治	• 低碳 • 气候变化适应	• 气候变化减缓

续表

	《绿色债券原则》（Green Bonds Principles，GBP）	《气候债券标准》（Climate Bonds Standards，CBS）	《可持续金融共同分类目录》（Common Ground Taxonomy Instruction Report）
关注行业/活动	• 可再生能源 • 能效提升 • 污染防治 • 生物资源和土地资源的环境可持续管理 • 陆地与水域生态多样性保护 • 清洁交通 • 可持续水资源与废水管理 • 气候变化适应 • 生态效益性和循环经济产品、生产技术及流程 • 符合地区、国家或国际认可标准或认证的绿色建筑	• 能源 • 运输 • 水 • 建筑 • 通信技术 • 废弃物 • 土地利用与海洋资源 • 工业	• 农业、林业和渔业 • 制造业 • 电力、燃气、蒸气和空调的供应 • 供水、污水处理、废物管理和修复活动 • 建筑业 • 运输和仓储业 • 其他 （7 大门类、16 个类别和 72 项减缓气候变化的经济活动，通过情景分析方法对每项经济活动的描述和技术标准进行界定）
债券种类	• 标准绿色债券 • 绿色收益债券 • 绿色项目债券 • 绿色资产支持证券	• 募集资金债券 • 募集资金收益债券 • 项目债券 • 证券化债券	

资料来源：毕马威中国．助力实现“双碳”目标：绿色金融，大有可为［R］．2021.

专栏 4-1 知识拓展：区域联盟的绿色债券标准建设

1. 东盟绿色债券标准

为了助力东盟经济转型可持续发展模式，东盟绿色债券标准（ASEAN GBS）于 2017 年 11 月通过东盟资本市场论坛（ACMF）正式发布。这一标准基本遵循《绿色债券原则》（GBP）的四大核心要素与外部认证审核建议，绿色债券支持项目分类也大致相同，但与 GBP 也有一定区别：一是 GBP 是体现市场导向的自愿性标准，但是东盟绿色债券标准属于指导性准则，旨在为发行人提供更具体的指导与市场操作指南，即所有标识为东盟绿色债券的债券都需要都达到这一标准；二是要求发行人与东盟存在地理或经济上的联系；三是发行人需持续公开地提供项目收益使用、评估和管理等信息，并鼓励发行人更频繁地提供定期报告；四是强制要求绿色债券接受外部审核并公开披露结果，同时发行人可以进行多种级别和类型的审查。

2. 欧盟可持续金融分类方案

欧盟委员会在2018年3月即提出“可持续增长金融行动计划”，承诺为绿色金融产品创建标准。2019年6月，欧盟委员会可持续金融技术专家组（TEG）发布了《可持续金融分类方案》的技术报告，对相关经济活动进行筛选分类，拟定了技术筛选标准。2021年4月，欧盟正式发布《可持续金融分类授权法案》，设置了减缓气候变化、适应气候变化、水资源和海洋资源的可持续利用与保护、向循环经济转型、污染的预防和控制、生物多样性和生态系统的保护与恢复6大环境与气候目标，并以对上述目标是否做出“实质性贡献”“无重大损害”“满足最低限度保障措施”作为经济活动的衡量标准，同时基于产业分类设定分类结构。在这一分类方案基础上，欧盟提出绿色债券标准建议与可用性指南，没有直接沿用GBP分类标准，且在信息披露与外部认证审核等方面更加严格，例如，强制要求发行人披露绿色债券的资金分配报告和影响报告，强制要求发行人进行外部审核认证等。

（二）绿色债券国内标准

我国债券市场长期以来存在多头监管的情况，2023年国务院机构改革之前，中国人民银行、国家发展改革委、证监会、中国银行间市场交易商协会等部门对不同类型的债券负有监管责任。为推动绿色债券市场发展，相关监管部门自2015年以来陆续发布并持续修订针对不同类型绿色债券的发行指引或指导意见，持续优化绿色项目支持范围，不断推动绿色债券标准趋于统一。具体政策内容如表4－3所示。

表4－3　　中国绿色债券相关文件与政策梳理

时间	机构/部门	文件/政策	要点
2015年12月	中国金融学会绿色金融专业委员会	《绿色债券支持项目目录（2015年版）》	我国首次明确绿色项目的界定标准，共包含6个一级分类，31个二级分类和38个三级目录，奠定绿色债券市场基础
2015年12月	中国人民银行	《中国人民银行公告〔2015〕第39号》（关于绿色金融债券发行管理）	为绿色金融债券发行提供指引，强调募集资金只能用于支持绿色产业项目，并对债券存续期间募集资金管理进行了明确规定
2015年12月	国家发展改革委	《绿色债券发行指引》	明确绿色企业债定义及其适用的12个重点领域，并对每类项目的下辖领域进行了细分，但尚缺乏明确的绿色界定标准和条件

续表

时间	机构/部门	文件/政策	要点
2016 年 3 月	上海证券交易所	《关于开展绿色公司债券业务试点的通知》	为上交所发行的绿色公司债券提供发行指引
2016 年 4 月	深圳证券交易所	《关于开展绿色公司债券业务试点的通知》	为深交所发行的绿色公司债券提供发行指引
2017 年 3 月	证监会	《中国证监会关于支持绿色债券发展的指导意见》	要求证监会系统单位加强政策支持和引导，建立审核绿色通道，适用“即报即审”政策，提升企业发行绿色公司债券的便利性
2017 年 3 月	中国银行间市场交易商协会	《非金融企业绿色债务融资工具业务指引》	对非金融企业在银行间市场发行绿色债券提供指引，至此绿色债券政策已实现市场全覆盖
2017 年 10 月	中国人民银行、证监会	《绿色债券评估认证行为指引（暂行）》	对评估认证机构资质、业务承接、评估认证内容、评估认证意见等方面进行了规范
2018 年 2 月	中国人民银行	《关于加强绿色金融债券存续期监督管理有关事宜的通知》	进一步明确了绿色金融债券的存续期管理，重点核查发行人募集资金投向绿色项目的真实性、筛选和决策程序的合规性、募集资金管理的规范性、环境效益目标实现情况等
2018 年 2 月	中国人民银行	《绿色金融债券存续其信息披露规范》	要求重点说明报告期内募集资金的使用情况
2018 年 3 月	上海证券交易所	上海证券交易所公司债券融资监管问答（一）——绿色公司债券	进一步明确了评估认证、发行条件等要素
2018 年 8 月	上海证券交易所	上海证券交易所资产证券化业务问答（二）——绿色资产支持证券	明确绿色资产支持证券的定义，以及评估认证、存续期管理等事项
2019 年 3 月	国家发展改革委、工业和信息化部等五部委	《绿色产业指导目录（2019 年版）》	划定 6 大绿色产业，涉及节能环保产业、清洁生产产业、清洁能源产业、生态环境产业、基础设施绿色升级和绿色服务。设置三级目录，其中二级目录包括了 30 项内容，三级目录包括了 211 项内容
2020 年 11 月	上海证券交易所	《公司债券发行上市审核规则适用指引第 2 号——特定品种公司债券》	规范绿色债券的发行上市申请等相关业务行为

续表

时间	机构/部门	文件/政策	要点
2020 年 11 月	深圳证券交易所	《深圳证券交易所公司债券创新品种业务指引》	规范绿色债券的发行上市申请等相关业务行为
2021 年 4 月	中国人民银行、国家发展改革委、证监会	《绿色债券支持项目目录（2021 年版）》	绿色项目界定标准更加科学准确，不再将煤炭等化石能源清洁利用等高碳排放项目纳入支持范围，并采纳国际通行的“无重大损害”原则，使减碳约束更加严格。债券发行管理模式更加优化，首次统一了绿色债券相关管理部门对绿色项目的界定标准，有效降低了绿色债券发行、交易和管理成本，提升了绿色债券市场的定价效率
2021 年 5 月	中国人民银行	《银行业金融机构绿色金融评价方案》	中国人民银行分支机构要根据《银行业金融机构绿色金融评价方案》要求，结合实际制定辖区内银行业金融机构（法人）绿色金融评价实施细则并做好评价工作，积极探索拓展评价结果应用，着力提升银行业金融机构绿色金融绩效。本通知自 2021 年 7 月 1 日起施行。《中国人民银行关于开展银行业存款类金融机构绿色信贷业绩评价的通知》（银发〔2018〕180 号）同时废止
2021 年 7 月	上海证券交易所	《上海证券交易所公司债券发行上市审核规则适用指引第 2 号——特定品种公司债券（2021 年修订）》	进一步优化了绿色债券募集资金使用和信息披露要求，确保募集资金流向绿色产业领域
2021 年 7 月	深圳证券交易所	《深圳证券交易所公司债券创新品种业务指引第 1 号——绿色公司债券（2021 年修订）》	进一步优化了绿色债券募集资金使用和信息披露要求，确保募集资金流向绿色产业领域
2021 年 11 月	中国人民银行	《可持续金融共同分类目录》	中国人民银行与欧盟委员会相关部门共同牵头完成《可持续金融共同分类目录》

续表

时间	机构/部门	文件/政策	要点
2022 年 1 月	中国银行间市场交易商协会	《关于加强绿色金融债券存续期信息披露自律管理的通知》	要求绿色金融债券发行人严格按照有关要求做好绿色金融债券存续期的信息披露，提升绿色金融债券信息披露透明度，提高发行人信息披露质量
2022 年 3 月	中国银行间市场交易商协会	《非金融企业债务融资工具专项产品指南（2022 年版）》	从募集资金管理、发行注册要求和存续期信息披露三个方面规范了绿色债务融资工具等 19 项专项产品的业务要求，推动绿色债务融资工具注册发行及存续期管理工作的规范化与透明化
2022 年 6 月	银保监会	《银行业保险业绿色金融指引》	进一步拓宽绿色金融政策的覆盖面。近年来，我国银行业逐步建立了涵盖监管指引、统计制度、指标评价的绿色金融制度体系，保险业在发展环境污染责任保险等绿色保险方面也取得了积极成效。建立银行业保险业统一适用的绿色金融指引，有利于完善绿色金融政策体系，补齐制度短板，引导银行保险机构切实加强绿色金融管理，推动保险业在绿色投融资和风险管理等方面进一步发挥积极作用
2022 年 6 月	可持续金融国际平台	《可持续金融共同分类目录》更新版	与联合国气候变化大会（COP26）期间发布的初版相比，《共同分类目录》更新版采纳了许多 2021 年 11 月 4 日至 2022 年 1 月 14 日公开征集到的市场反馈意见，完善了现有目录，并增补了 17 项由中欧专家评估确认的经济活动
2022 年 7 月	绿色债券标准委员会	《中国绿色债券原则》	《中国绿色债券原则》是供市场主体参考使用的绿色债券自律规 则，旨在推动中国绿色债券市场规范和高质量发展
2022 年 9 月	深圳证券交易所	《深圳证券交易所公司债券创新品种业务指引第 1 号——绿色公司债券（2022 年修订）》	修订绿色公司债券业务指引，一是调整绿色公司债券募集资金用途，将募集资金用途要求中用于绿色项目的募集资金比例下限由 70% 提升为 10%；二是明确绿色项目认定范围；三是新增项目评估与遴选流程披露要求；四是鼓励发行人提升存续期内对绿色公司债券相关事项的信息披露频率

续表

时间	机构/部门	文件/政策	要点
2022 年 12 月	上海证券交易所	《上海证券交易所资产支持证券挂牌条件确认规则适用指引第 4 号——特种品种资产支持证券》	规范绿色资产支持证券的认定标准、信息披露和中介机构核查要求，进一步规范绿色资产支持证券的发行
2023 年 3 月	上海证券交易所	《上海证券交易所公司债券发行上市审核规则适用指引第 2 号——特种品种公司债券（2023 年修订）》	参照《中国绿色原则》关于绿色公司债券相关要求，修订了《上海证券交易所公司债券发行上市审核规则适用指引第 2 号——特种品种公司债券》

资料来源：根据公开文件整理。

1.《绿色债券支持项目目录（2021 年版）》

随着我国绿色债券政策体系的完善，关于绿色债券募集资金投向的绿色项目认定标准形成了两套体系：一是绿色金融债、公司债、债务融资工具、资产证券化产品参照中国金融学会绿色金融专业委员会发布的《绿色债券支持项目目录（2015 年版）》执行；二是绿色企业债参照《绿色债券发行指引》和《绿色产业指导目标（2019 年版）》执行。两套标准大体一致，但细节仍存在一定出入，因此，绿色企业债和其他绿色债券的认定略有不同。

为了进一步促进绿色债券市场规范健康发展，避免监管套利，统一“绿色”判断标准，2021 年 4 月，中国人民银行、国家发展改革委与证监会印发《绿色债券支持项目目录（2021 年版）》，自 2021 年 7 月 1 日正式生效。新版目录所做出的主要调整如下：

其一，优化了绿色债券管理模式。新版目录改变了绿色金融债、绿色公司债、绿色债务融资工具与绿色企业债在发行和监管等方面的割裂状态，重新统一了绿色债券定义内涵与项目标准，有效降低了绿色债券发行、交易和管理成本，提升了绿色债券市场的定价效率。

其二，统一了绿色项目界定标准。新版目录重新调整和界定了绿色债券支持项目的范围，与旧版目录相比，一级目录列示的这六大类别中，节能环保由旧版的节能和污染防治整合形成，而绿色服务则为新增领域。二级目录上，新版增加了绿色农业、绿色建筑、可持续建筑、水资源节约和非常规水资源利用等新时期国家重点发展的绿色产业领域。三级、四级目录上，将旧版 38 项三级目录扩充至 48 项，以便与《绿色产业指导目录（2019 年版）》一致，并增加了 204 项四级目录，整体覆盖的范围更广、分类更细。同时，将煤炭等化石能源清洁利用等高碳排放项目剔出绿色债券项目范围，推动与国际标准接轨。

其三，提供了绿债发展稳定框架。一是实现绿色项目二级、三级目录与国际主流绿色项目分类标准基本一致，并采纳国际通行的“无重大损害”原则，以“对生态环境无重大影响”作为水电、核电等项目的前提，有助于境内外主体更好地理解、识别、查询和投资绿色资产；二是四级目录与《绿色产业指导目录（2019 年版）》三级目录基本一致，有助于国家绿色低碳转型发展重点项目得到“清单”式金融服务。

新版目录的发布与应用有助于境内外投资者更好地识别和投资于绿色债券，推动绿色资本的跨境流动。但是相较于 CBI 绿色债券分类方案，新版目录支持的项目范围仍然更广泛和宽松，例如，中国绿色项目支持的行业领域更多，额外包含了绿色咨询技术服务、绿色运营管理服务等，且无子行业需进一步认证要求；相较于 CBS、欧盟、东盟等绿色债券标准强制第三方认证，我国仍采取自愿和鼓励的态度。因此，中国标准口径的绿色债券仍有相当一部分不符合国际绿色债券标准。

《绿色债券支持项目目录（2021 年版）》的绿色项目分类如表 4 – 4 所示。

表 4 – 4　　《绿色债券支持项目目录（2021 年版）》分类情况

一级分类	二级分类	三级分类
节能环保产业	能效提升	高效节能装备制造、工业节能改造、用电设施节能
	可持续建筑	绿色建筑材料
	污染防治	先进环保装备制造、水污染治理、大气污染治理、土壤污染治理及其他污染治理、农业农村环境综合治理
	水资源节约和非常规水资源利用	非常规水资源利用
	资源综合利用	资源循环利用装备制造、固体废弃物综合利用、生物质资源综合利用
	绿色交通	新能源汽车和绿色船舶制造
清洁生产产业	污染防治	生产过程大气污染治理、生产过程水污染治理、工业园区污染治理、无毒无害原料替代与危险废物治理
	绿色农业	农业农村环境综合治理
	资源综合利用	固体废弃物综合利用、工业园区资源综合利用
	水资源节约和非常规水资源利用	工业节水
清洁能源产业	能效提升	电力设施节能
	清洁能源	新能源与清洁能源装备制造、可再生能源设施建设与运营、清洁能源高效运行
生态环境产业	绿色农业	农业资源保护、农业农村环境综合治理、绿色农产品供给
	生态保护与建设	自然生态系统保护和修复、生态产品供给

续表

一级分类	二级分类	三级分类
基础设施绿色升级	能效提升	城镇电力设施和用能设施节能
	可持续建筑	建筑节能与绿色建筑
	污染防治	城镇环境基础设施
	水资源节约和非常规水资源利用	水资源节约、海绵城市
	绿色交通	城乡公共客运和货运、铁路交通、水路和航空运输、清洁能源汽车配套设施
	生态保护与建设	城市生态保护与建设
绿色服务	咨询服务	绿色咨询技术服务
	运营管理服务	绿色运营管理服务、环境权益交易服务
	项目评估审计核查服务	项目评估审计核查服务
	监测检测服务	监测检测服务
	技术产品认证和推广	技术产品认证和推广服务

2.《中国绿色债券原则》

2022 年 7 月 29 日，在中国人民银行和证监会指导下，由绿色债券标准委员会制定的《中国绿色债券原则》正式发布。这是我国首个统一的绿色债券标准，属于供市场主体参考使用的绿色债券自律规则。《中国绿色债券原则》充分尊重国际通行标准，在文件框架和内容结构上参考《绿色债券原则》，明确了绿色债券的四大核心要素，对绿色债券发行人和相关机构的基本要求。

“募集资金用途”需 100% 用于符合规定条件的绿色产业、绿色经济活动等相关的绿色项目，比以往国内相关标准更加严格，也回应了国际上关于我国绿色债券募集资金部分用于非绿领域的质疑。

“项目评估与遴选”规定发行人应明确绿色项目具体信息，但是提出若暂无具体募投项目的，应明确评估与遴选流程，并在相关文件中进行披露。同时，建议与鼓励发行人聘请独立第三方评估认证机构对绿色债券进行评估认证，并披露债券的绿色程度与评价方法。

“募集资金管理”提出发行人应开立募集资金监管账户或建立专项台账，对绿色债券募集资金到账、拨付及收回实施管理，确保募集资金严格按照发行文件中约定的用途使用，做到全流程可追踪。

“信息披露”对存续期信息披露提出更高的要求，特别是披露频次、募集资金使用情况和环境效益实现方面。

总体而言，《中国绿色债券原则》框架下，绿色债券募集资金投向更加明确，适用更加严格，信息披露更加完善，上交所等机构已据此推进相关绿债品种发行规则的更新，有助于开启我国绿色债券市场的改善空间，吸引更多投资者的关注。同时，《中国绿色债券原则》的出台更是充分体现了推动国内外绿色债券标准接轨的思路与决心：

其一，提高募集资金使用比例，明确提出"绿色债券的募集资金须100%用于符合规定条件的绿色产业、绿色经济活动等相关的绿色项目"；

其二，明确绿色债券分类，基于国际惯例结合中国国情将绿色债券分为普通绿色债券、碳收益绿色债券、绿色项目收益债券、绿色资产支持证券；

其三，调整绿色项目支持范围，剔除不符合国际标准的煤炭清洁利用等高碳行业。由此，促进绿色债券市场的内外互通，推动我国绿色债券市场蓬勃发展。

《中国绿色债券原则》与国际绿色债券标准的主要内容比较如表4－5所示。

表4－5　《中国绿色债券原则》与国际标准的对比

	《绿色债券原则》	《气候债券标准》	《中国绿色债券原则》
发布机构	国际资本市场协会	气候债券倡议组织	绿色债券标准委员会
发布/修订时间	2014年发布，2021年最新修订	2011年发布，2019年最新修订3.0	2022年7月发布
募集资金用途（绿色项目范围）	100%用于绿色项目。可再生能源、能效提升、污染防治、生物资源和土地资源的环境可持续管理、陆地与水域生态多样性保护、清洁交通、可持续水资源与废水管理、气候变化适应、生态效益性循环经济产品、绿色建筑等	100%用于绿色项目。能源、交通、水资源、低碳建筑、土地使用和海洋资源、工业、废弃物处理、信息通信技术等	100%用于绿色项目。依据《绿色债券支持项目目录（2021年版）》：能效提升、可持续建筑、污染防治、资源综合利用、绿色交通、绿色农业、绿色服务；境外发行人绿色项目认定范围也可依据《可持续金融共同分类目录报告——减缓气候变化》《可持续金融分类方案——气候授权法案》等国际绿色产业分类标准
项目评估与遴选流程	绿色债券发行人应向投资者阐明：（1）绿色项目的环境可持续发展目标；（2）判断项目是否遵从绿色项目类别的评估流程；（3）相关准入标准，包括负面清单及其他识别和管理潜在风险的流程	发行前阐明：（1）相关资格标准与潜在风险；（2）在项目和资产选择中引用的绿色标准或认证；（3）评估与债券相关的资产和项目是否符合相关资格要求 发行前后都应阐明：（1）债券与气候相关目标的声明；（2）该债券在发行人有关环境可持续发展的总体目标、策略、政策和进程当中的定位；（3）债券的发行理由；（4）项目是否符合绿色项目类别的评估流程	发行人应明确绿色项目具体信息，若暂无具体募投项目的，应明确评估与遴选流程，并在相关文件中进行披露。需考虑因素：（1）绿债项目的分类标准、技术标准或规范，以及绿色项目环境效益的标准、方法、依据和前提条件；（2）绿色项目遴选决策的流程；（3）所遴选的绿色项目应合法合规、符合行业政策和相应技术标准或规范，承诺不存在虚假、误导与重大遗漏

续表

	《绿色债券原则》	《气候债券标准》	《中国绿色债券原则》
募集资金管理	绿色债券的募集资金应记入独立子账户、转入独立投资组合或由发行人通过其他适当途径进行追踪，并经发行人内部正式程序确保用于与绿色项目相关的贷款	绿色债券募集资金应计入独立子账户、转入独立投资组合或由发行方以适当方式跟踪记录，并确保资金用于指定项目和投资	发行人应开立募集资金监管账户或建立专项台账，对绿色债券募集资金到账、拨付及收回实施管理，确保募集资金严格按照发行文件中约定的用途使用，做到全流程可追踪
信息披露（报告）	发行人应当记录、保存和每年更新募集资金的使用信息，直至募集资金全部投放完毕，并在发生重大事项时及时进行更新。年度报告内容应包括配置绿色债券募集资金的项目清单，以及项目简要说明、资金配置量和预期效果	发行人应在债券未清偿期间至少每年编制一份报告，应包括分配报告（资金分配情况）、资格报告（证明绿色债券符合相关资格要求）、影响报告（相关项目的实现和影响）等	发行人或资金监管机构应当及时记录、保存和更新募集资金的使用信息，直至募集资金全部投放完毕，并在发生重大事项时及时进行更新。年度报告应包括：资金使用情况、绿色项目进展、预期或实际环境效益等。相关工作底稿及材料应当在债券存续期届满后继续保存至少两年。此外，建议半年或季度披露报告；鼓励第三方机构出具评估认证报告
外部认证/审核	建议发行人通过外部审核机构确认其绿色债券/绿色债券计划对标四个核心要素。发行人在筹备绿色债券发行流程时可借鉴多种渠道的外部意见，并以不同层次和类型的审核内容向市场提供	规定了CBI对绿色债券进行认证的规则和程序，包括发行前认证、发行后证明和存续期认证维护三个阶段	建议发行人聘请独立的第三方评估认证机构对绿色债券进行评估认证，就绿色债券是否符合四项核心要素进行说明，出具书面评估认证报告并向投资人公示。鼓励在评估认证结论中披露债券的绿色程度及评价方法

资料来源：平安证券．中国绿色债券原则解读与国际标准对比［R］．2022.

三、绿色债券的类型

（一）按照发行主体分类

按照发行主体不同，绿色债券可以分为绿色金融债、绿色公司债、绿色债务融资工具、绿色熊猫债、绿色资产支持证券等。

1. 绿色金融债

绿色金融债是指金融机构法人依法发行的、募集资金用于支持绿色产业并按约定还本付息的有价证券。银行等金融机构通过债券融资后，可以信贷投放的方式将资金借给最终使用企业投入绿色项目，具体涉及资源节约、生态保护和污染物削减等。绿色金融债券在我国由中国人民银行核准发行和监管。

2. 绿色公司债

绿色公司债是指符合《证券法》《公司法》《公司债券发行与交易管理办法》及其他相关法律法规的规定，遵循证券交易所相关业务规则的要求，募集资金用于支持绿色产业、绿色项目或绿色经济活动的公司债券。绿色公司债在我国由证监会负责监管。

3. 绿色企业债

绿色企业债主要用于募集资金用于支持节能减排技术改造，绿色城镇化、能源清洁高效利用、新能源开发利用、循环经济发展、水资源节约和非常规水资源开发利用、污染防治、生态农林业、节能环保产业、低碳产业、生态文明先行示范实验、低碳试点示范等绿色循环低碳发展项目的企业债券。绿色企业债在我国由国家发展改革委负责监管。

4. 绿色债务融资工具

绿色债务融资工具是指境内外具有法人资格的非金融企业在银行间市场发行的，募集资金专项用于节能环保、污染防治、资源节约与循环利用等绿色项目的债务融资工具。主要类型包括中期票据、短期融资券、项目收益票据、资产支持票据。绿色债务融资工具在我国由中国银行间市场交易商协会负责监管。

5. 绿色熊猫债

绿色熊猫债指境外实体在中国发行的人民币债券，募集资金专门用于绿色资产或绿色项目。绿色熊猫债的发行应兼顾熊猫债和绿色债的相关指引。与其他一般熊猫债相比，绿色熊猫债的特色在于：发行人将发行债券贴标“绿色”、募集资金专门用于绿色资产或绿色项目、发行人追踪并报告资金用途，以保证合规。绿色熊猫债需要兼顾熊猫债和绿色债的监管要求。

案例 4－1　我国首只绿色科技创新熊猫债发行

2023 年 2 月 2 日，中国电力国际有限公司（以下简称中电国际）在上海证券交易所成功发行 8 亿元人民币熊猫债，债券简称：中电 GK01，债券代码：138862. SH，募集资金将全部用于哈萨克斯坦清洁能源项目，包括哈萨克斯坦 Gulshat 光伏项目、阳光 Borey 风电项目等绿色项目建设、运营、收购或偿还绿色项目贷款，这是我国首只绿色科技创新熊猫债。

1. 发行基本情况

中电国际于1994年在香港注册成立，是我国五大发电集团之一、全球最大的光伏发电企业——国家电力投资集团有限公司全资子公司，主要从事常规发电、新能源发电、综合智慧能源及氢能等业务的开发、投资、建设和运营。

中电GK01全称是“中国电力国际有限公司2023年面向专业投资者公开发行绿色科技创新公司债券（第一期）”，注册资金20亿元，首期8亿元，票面利率3.29%，主体和债项信用评级均为AAA。该券不设立增信措施，主承销商为星展证券（中国）有限公司。

2. 券种特征

结合发行企业特点、融资目的和券种属性来看，中电GK01属于多类券种融合产物。

一是绿色债券，该券募集资金用于光伏、风电等清洁能源项目，此类清洁能源具有不排放污染物、可再生等特点，是优质绿色能源。

二是央企科创公司债券，中电国际是国资委直属央企——国家电投子公司，从事水电、风电、光伏、气电、氢能等领域开发、投资、建设和运营，是国家电投谋求境外市场发展的重要平台。该公司境外装机以清洁能源为主，是国有经济领域推动传统能源创新转型的代表性企业之一。该券的发行是对2021年11月由证监会、国资委联合发布《关于支持中央企业发行科技创新公司债券的通知》提出“鼓励央企子公司发行科技创新公司债券”政策的落实。

三是熊猫债券，发行主体注册地位于香港湾仔，发行和交易地点是上交所。该券募集资金流向央企子公司设在境外的绿色项目，是我国债券市场促进国际国内“双循环”畅通发展的代表性案例。

3. 发行意义

作为我国熊猫债市场创新发展的又一标志性案例，中电GK01发行背后蕴含丰富意义。

一是支持熊猫债市场不断创新发展。近年来，我国熊猫债市场持续推进券种创新发展，首单“一带一路”沿线企业熊猫债券、首单“债券通”熊猫债券、首单“革命老区”熊猫债券、首单绿色主权熊猫债券等相继发行。该券发行进一步拓展了绿色熊猫债的新券种。

二是提升中国企业参与全球环境治理的实质能力。全球环境治理或者说气候治理需要各国共同参与，中国优质能源企业加大绿色科技和经济“走出去”力度，有助于实现双赢或多赢效果。本次熊猫债支持中国跨国公司设于境外的绿色项目，无疑为中国企业深度参与全球环境治理发挥积极作用。

三是切实支持“一带一路”建设。推进“一带一路”共建国家基础设施和产业等项目共建，符合包括我国在内的“一带一路”倡议利益，本次熊猫债融资支持能为这些项目建设提供基础性支持，有助于推动项目建设和建成运营。

（二）按照资金用途和追索方式分类

按照资金用途和追索方式不同，绿色债券国际分类标准将绿色债券分为标准收益用途绿色债券、绿色收益债券、绿色项目债权、绿色证券化债券四类。《中国绿色债券原则》基于国际惯例结合中国特色，将绿色债券分为普通绿色债券、碳收益绿色债券、绿色项目收益债券、绿色资产支持证券。

1. 普通绿色债券

普通绿色债券是指符合《中国绿色债券原则》要求，专项用于支持符合规定条件的绿色项目，依照法定程序发行并按约定还本付息的有价证券。普通绿色债券包含蓝色债券和碳中和债两个子品种。其中，蓝色债券是指募集资金投向可持续型海洋经济领域，促进海洋资源的可持续利用，用于支持海洋保护和海洋资源可持续利用相关项目的有价证券。碳中和债则是指募集资金专项用于具有碳减排效益的绿色项目，通过专项产品持续引导资金流向绿色低碳循环领域，助力实现碳中和愿景的有价证券。

2. 碳收益绿色债券

碳收益绿色债券是指符合《中国绿色债券原则》要求，募集资金投向符合规定条件的绿色项目，债券条款与水权、排污权、碳排放权等各类资源环境权益相挂钩的有价证券。例如，产品定价按照固定利率加浮动利率确定，浮动利率挂钩所投碳资产相关收益。

3. 绿色项目收益债券

绿色项目收益债券是指符合《中国绿色债券原则》要求，募集资金用于绿色项目建设且以绿色项目产生的经营性现金流为主要偿债来源的有价证券。

4. 绿色资产支持证券

资产证券化（asset－backed securitization，ABS）是指以基础资产未来所产生的现金流为偿付支持，通过结构化设计进行信用增级，在此基础上发行的创新型融资工具。绿色资产支持证券是一类创新的资产证券化产品，指符合《中国绿色债券原则》要求，募集资金用于绿色项目或以绿色项目所产生的现金流作为收益支持的结构化融资工具。绿色资产证券化与一般资产证券化产品在交易结构、现金流归集、信用增级等产品设计方面并无差异，主要区别在于产生现金流的基础资产需符合绿色标准和（或）募集资金需用于符合要求绿色产业领域。根据发行市场和监管机构的不同，国内绿色ABS可以分为绿色信贷ABS、绿色ABN和绿色企业ABS三大类。

案例4-2 国开行发行首单碳中和金融债

2021年3月18日，国家开发银行面向全球投资人成功发行首单3年期200亿元"碳中和"专题"债券通"绿色金融债券，发行利率3.07%，所募资金将用于风电、光伏等碳减排项目，有效推动电力系统脱碳，助力实现能源系统跃迁。

1. 发行概况

国家开发银行是我国政策性银行之一。2015年3月，国务院明确国家开发银行定位为开发性金融机构。国家开发银行高度重视绿色金融相关工作，将有限的金融资源向绿色领域倾斜。在绿色金融债券方面，制定了《国家开发银行人民币绿色金融债券管理暂行办法》，就绿色项目筛选、决策程序、发行申请、债券发行、募集资金专项管理、第三方认证和信息披露管理等做出了明确规定。

本只债券为国家开发银行2021年第一期"债券通"绿色金融债券，计划发行规模不超过200亿元，将根据发行前实际项目需求适当进行调整，每期发行前向中国人民银行备案。本次债券为3年期固定利率附息债，采用实名制记账式债券形式。募集资金将专项用于助力实现碳达峰、碳中和目标、环保、节能、污染防治、林业开发、清洁交通等支持环境改善、促进可持续发展的绿色项目投放。

2. 券种特征

本只债券是我国首只由金融机构在境内发行的碳中和债，债募集资金严格用于风电和太阳能发电两个碳减排相关领域，并聘请第三方认证机构给予认证。在募投项目方面，本只债券引入了国际标准，甚至还引入了气候债券倡议组织CBI贴标认证，使其成为首单获CBI贴标认证的碳中和债券。

本只债券是"债券通"绿色债券，面向海内外投资者同步发行。2017年11月，国开行曾成功发行首笔中国准主权国际绿色债券，吸引了超过200个机构投资者参与认购，包括绿色专业投资人、境外央行和主权财富基金等，体现出国际投资者对中国主权信用和国开行的充分认可，也为本次碳中和债券奠定了海外投资者基础。

3. 发行意义

参考绿色金融市场发展的国际经验，开发性银行往往是最早参与，且长期活跃在绿色债券市场的发行主体之一。我国自2021年创新推出碳中和债券，首批发行人均为非金融企业。此次国开行首只碳中和专题绿色金融债券的发行拉开了碳中和金融债的发展序幕，是助力我国经济社会高质量发展和绿色转型的重要举措，后续也会带动更多碳中和专题绿色金融债券发行，从融资端更好地支撑绿色领域的布局，也有助于激发信贷、租赁、信托等领域产生更多支持碳减排项目的创新产品，充分发挥绿色金融工具对于低碳发展的支持作用，助力经济低碳转型和碳达峰碳中和目标实现。

（三）按照是否贴标分类

贴标绿色债券是指在我国市场上经过监管机构批准发行的绿色债券，或在交易所注册全称包含“绿色”字样标签的债券。一般而言，判断贴标绿债最简单的方法是看债券简称是否含有“绿色”“G”“GC”“GN”“CP”“MTN”等字眼。例如，兴业银行股份有限公司 2023 年第一期绿色金融债券“23 兴业银行绿债 01”；2022 年第二期浙江安吉两山国有控股集团有限公司绿色债券“G22 两山 2”；中材科技股份有限公司 2022 年面向专业投资者公开发行绿色公司债券（第一期）“22 中材 G1”；绿湖州市城市投资发展集团有限公司 2021 年度第二期绿色中期票据（项目收益）“湖州城投 MTN002（项目收益）”等。

非贴标绿色债券是指发行人未做申明，但募集资金实际投向符合《绿色债券支持项目目录（2021 年版）》《绿色债券发行指引》《绿色债券原则》《气候债券标准》等权威绿色债券标准之一，且投向绿色产业项目的资金规模在募集资金中占比不低于贴标绿债规定要求的债券，也称为“实质绿”债券。

贴标绿债和非贴标绿债共同构成了投向绿色领域的债券，即“投向绿”债券。

第二节　绿色债券发展

一、全球绿色债券发展及现状

（一）全球绿色债券的兴起与发展

随着应对气候变化成为全球共识，资本市场绿色化趋势不断加速。2007 年 7 月，欧洲投资银行向欧盟 27 个国家的投资者发行了全球首只绿色类债券“气候意识债券”，募集 6 亿欧元投向可再生能源和能效项目。自此，全球绿色债券市场进入萌芽期。2008 年，世界银行与瑞典北欧斯安银行合作，发行了第一笔真正意义上的标准化绿色债券，发行规模约为 33.5 亿瑞典克朗（约 30.6 亿元），募集资金用于斯堪的纳维亚国家养老基金支持气候项目。欧洲投资银行和世界银行在绿色债券方面的尝试在应对气候领域引起了广泛的关注。之后一直到 2012 年，气候债券倡议组织成立，《联合国气候变化框架公约》确立气候融资概念，经济合作与发展组织和国际能源署将绿色债券作为解决气候变化融资问题的重要途径建议政府使用。国际机构与多边组织在这一阶段积极推动绿色金融发展形成国际共识，奠定了绿色债券发展的良好基础。

2013 年之后，全球绿色债券开始出现爆发式增长。美国马萨诸塞州、瑞典哥德堡于 2013 年发行了市政绿色债券；同年 11 月，瑞典公司 Vasakronan 发行了全球首只企业绿色债，丰田、苹果等跨国公司和中国工商银行等大型商业机构陆续发行绿色债券，越来越多元的发行人在绿色债券发展中扮演了重要角色。2014 年，《绿色债券原则》（GBP）的发布为市场提供了标准规范，绿色资产担保债券、绿色资产支持证券、主权绿色债券等创新产品不断涌现，绿色债券市场逐渐完善，在 2013—2014 年均创出两倍以上的增长之后，基本维持了两位数的增速。绿色债券发展进入快车道，也被越来越多的国家视为支持绿色可持续发展的中坚力量。

专栏 4-2　知识拓展：主要发达国家绿色债券的发展情况

1. 美国

美国在 20 世纪 80 年代即出台法案，明确金融机构和企业的环境法律责任和环境披露义务，规定机构应承担绿色投资使命。除了大型公司发行绿色债券外，政府和公共机构也为推广绿色债券起到示范作用，其中，马萨诸塞州是美国第一个发行免税绿色债券的地方政府，对债券投资人减税或对发行人进行利息补贴，而加利福尼亚、纽约和夏威夷地区分别发行地区一般责任债券和收益担保债券以支持绿色项目建设。自 2014 年至 2022 年第一季度，美国共 500 家发行主体，累计发行绿色债券 5531 单，累计发行规模达 3340 亿美元，已经成为全球最大的绿色债券发行国。绿色债券的年发行量从 2014 年的 59 亿美元增长到了 2021 年的 819 亿美元，且 2020—2021 年年增长率更是高达约 62.8%。美国绿色债券的发行主体主要是市政发行人，而投资者多是国内散户或机构投资者。来自房利美的绿色抵押支持证券（MBS）约占美国绿色债券总发行量的 39%，是占比最高的绿色债券类型。

2. 法国

法国绿色债券发行始于2012年，法国地方政府法兰西岛大区（Île-de-France）牵头发行了第一只绿色债券，用于资助能源、低能耗社会住房以及生物多样性等项目，该项目赢得了气候2016年债券绿色债券先锋奖。此后，金融企业、大型非金融企业开始加入绿色债券发行者队伍，成为法国绿色债券增长的重要力量，但公共部门发行的长期绿色债券长期占主导地位。法国绿色债券投向能源、建筑、运输等多个方面，其中能源与建筑领域占据了60%的绿债资金。2015年11月，法国能源和海洋环境部在第21届联合国气候变化大会期间决定成为气候债券倡议（the Climate Bonds Initiative）合作伙伴，这是世界上第一个政府环境部的合作伙伴。根据气候债券倡议，法国超过95%的绿色发行债券获得了外部审查。截至2021年8月，法国绿色债券累计发行量为1243亿美元，为世界第三、欧洲第一大绿色债券发行国。

3. 欧洲新兴市场

波兰于2016年12月和2018年2月分别发行了第一只和第二只主权绿色债券，向市场显示了实施脱碳战略的决心；斯洛文尼亚的SID银行是一家国家开发银行，于2018年开始发行绿色债券，募集资金主要投向可再生能源与建筑、交通领域；立陶宛Lietuvos Energija公司在政府支持下，于2017年发行首只绿色债券，资金主要投向可再生能源、低碳建筑和废弃物处理领域；2018年是冰岛绿色债券的发行元年，国家公用事业公司Landsvirkjun发行了2亿美元绿色债券用于可再生能源项目。

4. 亚洲

亚洲新兴市场国家的绿色债券发展势头强劲，其中，中国是新兴市场最大的绿色债券发行国，日本是亚洲第二大的绿债发行国。2014—2020年，日本累计发行绿债22158.6亿日元（约1295.91亿元）。2021年6月的G7峰会上，日本首相官宣布日本将在未来的五年内在气候投融资政策领域注入6.5万亿日元（约3800亿元），也体现出日本发展绿色金融的决心。印度绿色债券市场发展迅速，印度可再生能源开发署（IREDA）、印度铁路金融公司（IRFC）、印度证券交易委员会（SEBI）、印度工商联合会（FICCI）等政府机构对此贡献斐然。东盟国家，包括印度尼西亚、马来西亚、菲律宾、新加坡、泰国和越南均已发行绿色债券，并在绿色金融政策体系设计和实践中成效显著。

5. 拉丁美洲

巴西是拉丁美洲最重要的绿色债券发行国，截至2018年年末，发行量占该地区总发行量比例已达 60% 以上；秘鲁、智利、哥伦比亚及乌拉圭均已发行绿色债券，其中利马和圣地亚哥证券交易所制定绿色债券指南以促进秘鲁和智利绿色债券市场的发展；在墨西哥政府的大力支持下，墨西哥 FIRA 公司获得了首个认证气候债券农业融资项目，该项目将促进整个拉丁美洲农业的可持续发展。

资料来源：东吴证券．当前全球存量绿色债券格局如何？[R]．2022.

（二）全球绿色债券市场现状

1. 市场规模

经过多年发展，绿色债券已经在全球绿色金融市场占据主导地位，2012—2021 年，绿色债券规模占全球绿色金融市场总量的 93.1%。根据 CBI 公开数据，自 2007 年首单绿色债券发行至 2021 年年末，全球绿色债券发行规模稳步上涨，累计规模已经突破 1.5 万亿美元。2021 年，全球绿色债券发行规模达 4444 亿美元，同比增长达 50%。如图 4－1 所示。

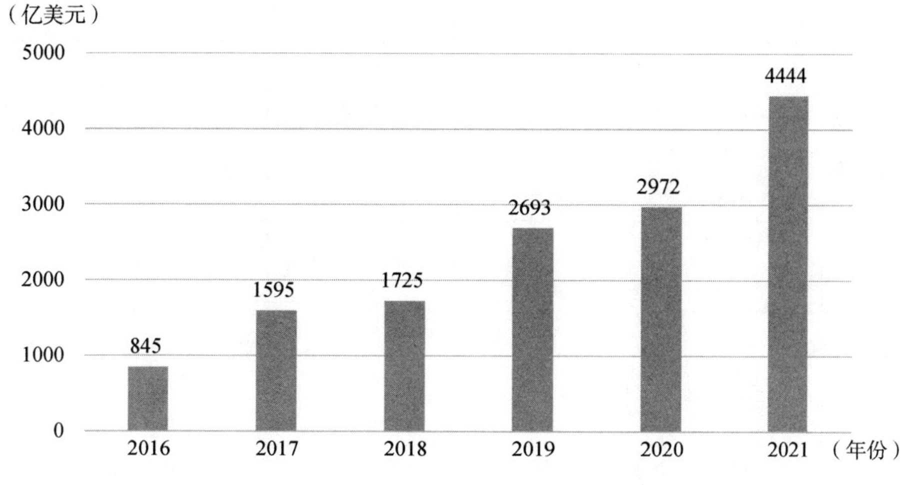

图 4－1 2016—2021 年全球绿色债券发行规模

数据来源：气候债券倡议组织（CBI）。

2. 市场结构

就发行地区而言，根据彭博（Bloomberg）数据，截至 2022 年 5 月，欧洲绿色债券存量规模达 8916 亿美元，占全球市场的 56%，位列全球首位；其次为亚洲地区，绿色债券存量规模达 3211 亿美元，占比 20%；北美地区存量规模为 2159 亿美元，占比 13%，排名第三。可以看出，该三大洲绿色债券存量规模合计占全球比重已达 89%，应与该三大洲较早开始推动产业绿色转型、当地国家经济水平较强、所包含国家数量较多等因素存在显著相关性。从发行国家来看，全球绿色债券存量规模超千亿的国家前五名分别为法国、德国、中国、美国和荷兰，这五国及超国家组织的合计存量绿色债券余额占全球市场份额达55%。而全球前20大存量绿色债券规模的国家或地区市场份额占比达88%，如表4-6所示。这一比例基本符合"二八定律"，说明全球绿色债券市场扩容贡献主要来自小部分相对发达国家或地区，此类国家或地区往往对可持续发展与经济绿色低碳转型的重视程度更高，更积极地推动绿色金融市场制度与体系建设，推动绿色债券成为债券发行人的有利选择，并促进绿色产业良性循环。

表4-6　　　　绿色债券存量规模的国家分布情况

排序	发行主体国家（地区）	所属大洲	存量债券余额（亿美元）	存量债券数量（只）	市场份额（%）
1	法国	欧洲	1824	339	11.31
2	德国	欧洲	1789	639	11.09
3	中国	亚洲	1512	576	9.37
4	美国	北美洲	1296	340	8.04
5	荷兰	欧洲	1258	166	7.80
6	超国家组织	—	1235	287	7.66
7	瑞典	欧洲	618	529	3.83
8	英国	欧洲	582	96	3.61
9	西班牙	欧洲	537	103	3.33
10	韩国	亚洲	493	241	3.06
11	日本	亚洲	484	300	3.00
12	加拿大	北美洲	460	94	2.85
13	意大利	欧洲	433	46	2.69
14	挪威	欧洲	363	165	2.25
15	中国香港	亚洲	285	60	1.77
16	丹麦	欧洲	254	44	1.58
17	比利时	欧洲	204	26	1.26
18	开曼群岛	北美洲	202	61	1.25
19	卢森堡	欧洲	193	69	1.20
20	澳大利亚	大洋洲	171	29	1.06
—	其他	—	1932	827	11.98

数据来源：彭博，东吴证券．当前全球存量绿色债券格局如何？[R]．2022.

就发行人的类型分布而言，多元化趋势日益明显。截至 2022 年 5 月，存续绿色债券发行人主要分布于 13 大行业，其中来自银行业、工业、非银金融业及国家政府的发行人所发行的绿色债券存量规模合计占比达 62%，其中金融机构是投融两端的纽带，实体企业是盈利项目参与者，政府是非营利公益项目参与者，三者互惠共利、协同合作，全方位覆盖绿色产业转型需求，才能推动低碳经济长期可持续发展。

就绿债募集资金投向而言，截至 2022 年 5 月，全球绿色债券的资金投向共分为 17 个大方向，分别为消除贫困，消除饥饿，确保健康和福利，确保优质教育，性别平等，清洁用水和环境卫生，可负担的清洁能源，体面工作和经济增长，行业、创新与基础设施，减少不平等，可持续的城市和社区，负责任的消费和生产，气候行动，海洋资源，陆地生态系统，和平、正义和强有力的机构，可持续发展全球伙伴关系。其中，可负担的清洁能源、可持续的城市和社区以及气候行动是资金投向最多的三个领域，占比合计分别达 56%。同时可以发现，全球绿色债券支持的绿色项目范围较广，还涉及人文和谐、维护公平等方向，与各国发展目标有关，这也为我国发展绿色债券市场、规范项目支持范围提供新的思路。

二、中国绿色债券的发展及现状

（一）中国绿色债券发展历程

中国绿色债券市场由自上而下推动建立，相较于发达国家，虽起步较晚，但发展速度较快。2014 年 5 月，中广核风电有限公司通过中国银行间市场交易商协会在银行间市场发行的 10 亿元中期票据（14 核风电 MTN001），这只债券本质属于债券收益与核证自愿减排量收益挂钩的“碳债券”，但因当时国内还没有绿色债券的定义和标准，所以没有贴上绿色债券标签。2015 年 7 月，新疆金风科技股份有限公司在香港联交所发行的 3 年期债券是我国在国际市场上发行的第一笔绿色债券。2015 年 12 月，中国人民银行发布关于绿色金融债券发行管理的第 39 号公告正式启动我国绿色债券市场，浦发银行、兴业银行于 2016 年 1 月率先在银行间市场发放的绿色金融债也成为国内市场首发的绿色债券。2016 年被视为我国绿色债券元年，绿色债券市场规模从几乎为零增长至 2071 亿元。2016—2020 年，中国人民银行、国家发展改革委、两大交易所、证监会、中国银行间交易商协会等部门陆续出台绿色债券相关政策，初步建立我国绿色债券标准体系，推动了绿色债券市场稳步发展。但是这一时期绿色债券参与主体较为单一，非金融企业发行份额占比较低。

2021 年以来，“双碳”目标引领绿色债券发展进入新阶段。《绿色债券支持目录

(2021年版)》首次统一了国内标准,《绿色债券原则》进一步推动了境内外接轨,绿色标准委员会于2022年首次开展绿色债券评估机构的市场化评议,市场制度的逐步完善推动了绿债市场的快速扩容。2021年之后,绿色债券发行增速显著提升,后续增长动力强劲,产品体系日益丰富,碳中和债、蓝色债券、可持续发展挂钩债陆续出现,基于碳排放量化指标的债务融资工具也在持续探索中。

(二)中国绿色债券市场发展现状

1. 市场规模

中国绿色债券市场发展自2016年以来整体呈现稳定上升趋势。近两年,受"双碳"目标引领与完善政策体系激励,绿色债券发行规模提速显著。2021年,发行规模为8101亿元,同比增长265%;2022年,发行规模破万亿元,较2021年增长40.83%,如图4-2所示。同时,受大量超长期限绿色地方政府债券发行影响,近两年绿色债券平均发行期限明显提升,而与同期无风险利率下行同步,绿色债券平均发行利率明显下降。

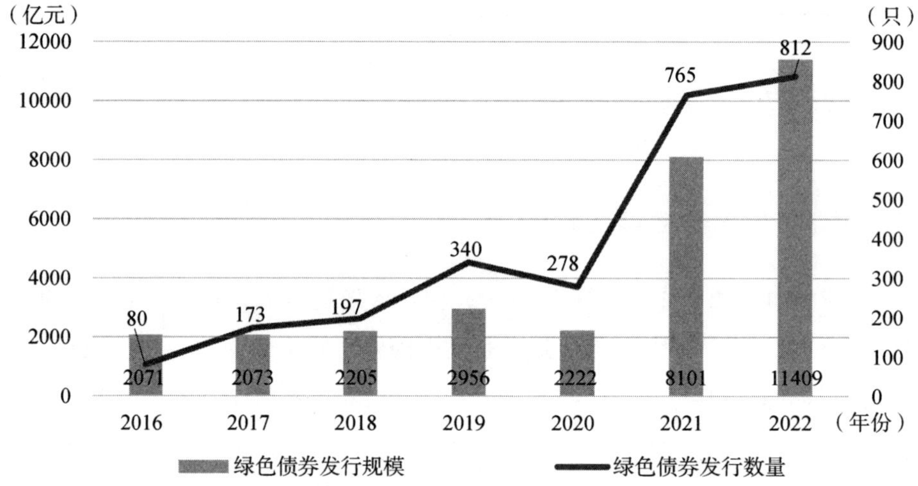

图4-2 2016—2022年中国绿色债券发行规模和数量

数据来源:Wind,平安证券. 2022年度绿色金融行业发展报告:构筑双碳战略的基石[R]. 2022.

2. 市场结构

就发行地区结构而言,我国绿色债券发行人主要集中于东部地区。2022年,全国共27个省(自治区、直辖市)发行绿色债券,其中发行规模超百亿元的地区超15个。北京市场2022年的发行规模在全国市场位列首位,占全国市场规模的41%,广州、上海分别列第二、第三位,这与地区政策环境高度契合。《北京市"十四五"时期金融业发展规划》《上海市碳达峰实施方案》《广东省发展绿色金融支持碳达峰行动实施方案》等都明确了鼓励绿色债券发展的态度与方案，有力推动地方绿色产业发展与绿色债券产品创新。

就发行主体特征而言，我国绿色债券发行主体一直以来以国有企业为主，2022 年国企绿债发行规模占比接近 85%。近年来，民间资金参与绿色债券发行的积极性有所提升，民营企业的绿债发行占比也有所提高。发行主体信用资质较高，2022 年，AAA 级发行人发行的绿色债券规模占比达 88%，AA + 和 AA 级债券占比为 12%。发行主体所处行业较为广泛，但是仍以金融、能源、租赁、交通等行业发行人为主。其中，金融机构是我国绿色债券最早的参与者，也一直占据绿色债券市场优势地位，2022 年绿色金融债占比达 43%。而能源电力行业发债占比 23%，募集资金主要投向清洁能源。租赁行业是绿色资产支持证券的主要发行人，整体占比 9%。除此以外，建筑业、制造业、房地产业、综合行业等的绿债发行规模也在不断提升。

就绿色债券类型而言，我国绿色债券细分类型发展呈现新趋势。2019 年以前，绿色金融债是市场绝对主力。随着非金融企业参与度持续提升，2021 年绿色债券融资工具迎来爆发式增长，首次成为发行量占比最高的绿色债券类型。2022 年，银行间市场的绿色金融债和绿色债务融资工具发行规模分别占市场总量的 41% 和 37%。另外，绿色资产支持证券也逐渐成为绿债市场的重要组成部分，2022 年发行规模占比约 1/4。绿色债券创新品种中，聚焦碳减排效益的碳中和债券发行规模同比下降 16%，热度有所回落。蓝色债券发行规模仅为 111 亿元，尚有较大发展空间。

第三节 绿色债券发行与交易

一、绿色债券市场参与主体

绿色债券发展的内生动力来源于不同参与主体从市场中活动的益处。绿色债券的发行者往往面对更低的综合发行成本和发行条件，投资者则可以在一定程度上规避环境风险，同时两者都能够获得绿色声誉收益，维护社会责任形象。同时，监管机构能够降低监管成本，中介机构可以拓展业务机遇，国家更是能从经济低碳转型、可持续发展与良好的国际声誉中获益。

（一）绿色债券发行主体

1. 国际性金融机构

欧洲开发银行、世界银行、德国复兴银行、亚洲开发银行等国际型金融机构是重要的绿色债券发行人之一。在缺乏完整的绿色债券筛选标准和公开透明的募集资金管理机制的市场起步阶段，国际性金融机构因能够极大程度上确保资金使用的绿色专项性与合规性，成为这一段阶段的主流发行人，为刺激绿色债券供需、建立基准收益率曲线、提供最佳市场惯例等发挥了重大作用。

2. 政府部门

对于政府而言，绿色债券是一个提供低成本资金、有助于实施绿色政策和计划的有力工具。政府和政府支持机构在国际市场以外币（美元、欧元等主要货币）发行的绿色主权债券是各国政府推进《巴黎协定》框架下承诺的国家自主贡献时可以使用的重要产品创新。自从 2016 年波兰政府成为首个发行绿色主权债券的国家，绿色主权债大多数都是由发达经济体发行的，其中欧洲国家发行规模占比接近 90%。市政绿色债券在美国、瑞典、法国等国家也得以普遍使用。我国地方政府 2022 年发行绿色债券的规模占比达 23%。绿色债券在满足地区可持续发展的基础设施项目建设，以及减缓和适应气候变化项目的巨大公共投资需求方面发挥了越来越重要的作用。

3. 金融机构

金融机构广泛参与了包括绿色债券在内的各种绿色金融活动，具有丰富的绿色金融实践经验，是早期绿色债券市场的发行主力军。2016 年，我国金融机构发行的绿色债券占全部发行规模的 77.74%。之后，绿色金融债规模占比有所下降，但 2022 年发行规模占比仍达 24%，也表现出银行业金融机构在加大信贷投放、支持绿色行业发展等方面的融资需求不断高涨。根据经济合作与发展组织（OECD）的估计，在各国达成共识——21 世纪末将全球气温升高控制在 2℃以内的大背景下，金融部门的绿色债券发行有望继续保持强劲增长，预计绿色债券总额将于 2025 年达到 1 万亿美元，于 2035 年达到 1.7 万亿美元。

4. 非金融企业

近年来，全球绿色债券市场的快速发展也得益于许多知名非金融企业的引领。例如，日本丰田于 2014 年发行了绿色资产担保债券，将募集资金用于电动汽车和混动汽车的开发；2016 年，特斯拉、苹果也都在各自领域发行了绿色债券。这些企业通过绿色债券筹集资金的同时，也促进了设施、产品、供应链等绿色运营，为其他公司树立了榜样。我国实体企业 2019 年之后的绿债发行量显著上升，超越金融机构成为最主要的发行人类别。2021 年，非金融企业发行绿色债券 4138 亿元，占比达 70.04%。其中，国有企业占据绝对领先地位，规模占比达到95%以上。国有企业主动服务国家绿色发展战略部署，积极促进生产方式绿色转型，很好地发挥了标杆示范作用。民营企业也积极参与了碳达峰碳中和等行动，但其绿色债券的发行数量和规模占比较小。

（二）绿色债券投资主体

绿色债券的投资者范围广泛，但机构投资者，特别是养老基金、保险公司、银行和投资基金一直是促进绿色债券市场增长的主要动力。对机构投资者来说，投资绿色债券既能展示其可持续发展意识，履行对客户和公众的承诺，又无须承担大量的额外成本，是一种回报较稳定的投资机会。

《巴黎协定》背景下，安联集团（Allianz）、英杰华集团（Aviva）、安盛保险集团（AXA Group）、贝莱德集团（Blackstone）、加州教师退休基金（CalSTRS）、法通投资管理公司（Legal & General Investment Management）和苏黎世保险集团（Zurich Insurance Group）等拥有10万亿美元资产管理规模的投资者于2015年12月签署了《巴黎绿色债券声明》，宣布："我们有责任（作为投资者和受托人）应对未来威胁投资效益的气候变化，我们将会通过可持续、负责任的投资，确保客户资金的安全。"同时，他们也表示"相信绿色债券将会成为实现这两个目标的战略的一部分"。

《绿色债券市场投资者期望声明》表示："绿色债券巨大的发展潜力以及投资者对于绿色债券的认知和渴望，是经济向低碳、可持续方向转型的动力所在。"该声明签署方主要包括：安联集团、安盛集团、贝莱德集团、加州教师退休基金、太平洋投资管理公司（PIMCO）、美国投资者和环境组织联合会（Ceres）和苏黎世保险集团等26个全球投资者。

境内绿色债券的投资者以商业银行、基金、证券和保险资管等机构投资者为主，个人投资者发展尚在萌芽阶段。中国首单绿色金融柜台债"国开行2017年第三期绿色金融债券"于2017年9月才面向个人投资者开放。

二、绿色债券发行条件与流程

（一）绿色债券发行条件

绿色债券的发行条件与普通债券基本相同，但由于绿色债券具有绿色属性，以及金融监管部门对于绿色债券的一些特殊规定，绿色债券发行条件仍有特殊之处。我国不同类型的绿色债券发行条件如表4-7所示。

表 4-7　　绿色债券发行条件比较

项目	绿色企业债	绿色公司债	绿色债务融资工具
募集资金用途	主要用于支持节能减排技术改造、绿色城镇化、能源清洁高效利用、新能源开发利用、循环经济发展、水资源节约和非常规水资源开发利用、污染防治、生态农林业、节能环保产业、低碳产业、生态文明先行示范实验、低碳十点示范等绿色循环低碳发展项目	主要用于绿色产业项目建设、运营、收购或偿还绿色项目贷款等	专项用于节能环保、污染防治、资源节约与循环利用等绿色项目，用于绿色项目的建设、运营及补充配套流动资金，或偿还绿色贷款。绿色贷款应是为绿色项目提供的银行贷款或其他金融机构借款
募集资金占项目总投资的比例	不超过80%，且符合资本金比例要求	符合资本金比例要求	符合资本金比例要求
用于绿色项目的比例	不低于50%的债券募集资金用于绿色项目。主体信用评级AA+且运营情况较好的主体，可使用募集资金置换由在建绿色项目产生的高成本债务	募集资金应当全部用于符合规定条件的绿色产业、绿色经济活动等相关的绿色项目	应承诺将所有募集资金全部用于绿色项目
用于补流的比例	不超过50%的债券募集资金可以用于偿还银行贷款和补充营运资金	不超过30%的债券募集资金可以用于补充公司流动资金或偿还借款等，但必须是绿色产业领域	0
评估认证机构	不强制聘请第三方认证机构，可申报后由专业司局评估	对于符合国家《绿色债券支持项目目录》相关要求的绿色项目，发行人在申报发行及存续期内可自主选择是否聘请独立的专业评估或认证机构出具评估意见或认证报告。对上述范围之外投资者不容易识别或发行人认为需要聘请第三方评估认证的绿色项目，申报发行时应聘请独立的专业评估或认证机构出具的评估意见或认证报告	鼓励第三方认证机构对企业发行的绿色债务融资工具进行评估，出具评估意见并披露相关信息。鼓励第三方认证机构在评估结论中披露债务融资工具绿色程度，并对绿色债务融资工具支持绿色项目发展及环境效益影响等实施跟踪评估，定期发布相关评估报告

续表

项目	绿色企业债	绿色公司债	绿色债务融资工具
增信	允许就项目收益部分与债券本息规模差额部分提供担保。鼓励探索采用碳排放权、排污权、用能权、用水权等收益权，以及知识产权、预期绿色收益质押等增信担保方式	无特殊要求	无特殊要求
绿色主体要求	可结合优质主体企业债券设计	最近一年合并财报中绿色产业领域营业收入比重超过50%（含），或绿色产业领域营业收入比重虽小于50%，但绿色产业领域营业收入和利润均在所有业务中最高，且均占到发行人总营业收入和总利润30%以上的公司，可不对应具体绿色项目发行绿色公司债券，但募集资金应主要用于公司绿色产业领域的业务发展，其金额应不低于募集资金总额的70%	无
审核机制/审核通道	加快和简化审核类	实行“专人对接、专项审核”，适用“即报即审”。可以与普通公司债券及其他特定债券品种同时申报	为绿色债务融资工具的注册评议开辟绿色通道，并对绿色债务融资工具接受注册通知书进行统一标识
参考文件	《绿色债券发行指引》	《上海证券交易所公司债券发行上市审核规则适用指引第2号——特种品种公司债（2023年修订）》 《深圳证券交易所公司债券创新品种业务指引第1号——绿色公司债（2022年修订）》 《绿色债券支持项目目录（2021年版）》 《中国绿色债券原则》	《非金融企业绿色债务融资工具业务指引》 《非金融企业债务融资工具专项产品指南（2022年版）》

资料来源：根据相关文件整理。

（二）绿色债券发行流程

绿色债券发行的基本流程与一般债券类似，涉及发行前准备、发行实施与发行后期三个阶段，但更重视绿色治理、可追踪性和透明度要求。

1. 发行前准备

发行前准备阶段需要确认发行对象、发行规模、发行期限、发行价格、发行方式等基本要素，编制发行文件，其中最为重要的是确定合格的绿色项目和资产。绿色债券的关键属性在于其募集资金用于绿色项目或资产，我国主要参考《绿色债券支持项目目录（2021年版）》进行资产或项目确认。同时，发行人可以提供由独立的专业评估机构或第三方认证机构出具的认证报告，就募集资金拟投项目的绿色属性进行评估认证，建立绿色资金隔离追踪和报告程序，确保在绿色债券所募资金在整个生命周期中，不会被故意投入非绿色项目。

2. 发行实施

绿色债券的发行实施与其他债券类似，经过证监会等相关部门审批批准，组织债券发行，开展发行披露与发行宣传，以便吸引更多投资者关注和参与，顺利完成绿债发行。

3. 发行后期

发行后期主要包括发行核算、利息支付、偿还本金和风险控制等步骤。债券到期前要追踪监管募集资金用途并作年度报告，确认资金仍然妥善配置到绿色项目。而重复发行绿色债券的发行者可以使用相同的框架确认绿色项目和资产、相同的独立审核机构以及相同的募集资金和报告程序管理方法。

三、绿色债券交易

2015 年至今，我国绿色债券二级市场存量规模逐年攀升，2022 年余额已达到 24293 亿元，较 2021 年增幅达到 39.15%；绿色债券的数量也增至 2043 只，较 2021 年增幅为 22.63%（见图 4－3）。随着绿色债券继续扩容以及在债券市场中份额不断增加，绿色债券交易制度建设也将继续完善。

同时，绿色债券交易热度也有所提升。从交易总额来看，绿色债券交易额自 2015 年逐年攀升，且维持了较高增幅。截至 2022 年 12 月底，年内绿色债券交易总额已经高达 1860 万亿元，较 2021 年整年交易总额的增幅高达 24.79%（见图 4－4）。从交易结构来看，绿色债券主要以回购交易为主，占比高达 95.21%，而同业拆借和现券交易占比仅为 4.70% 和 0.10%（见图 4－5）。

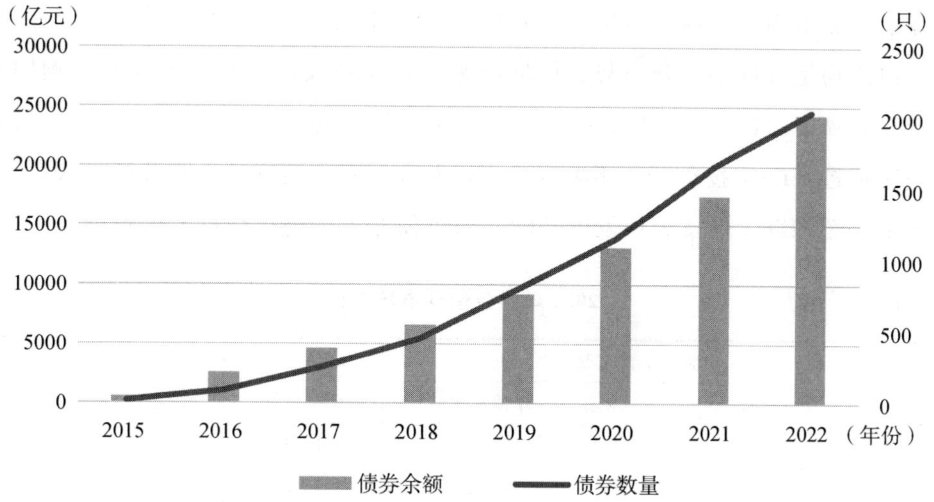

图 4-3　2015—2022 年绿色债券二级市场存量数量与规模

数据来源：Wind，平安证券．2022 年度绿色金融行业发展报告：构筑双碳战略的基石［R］. 2022.

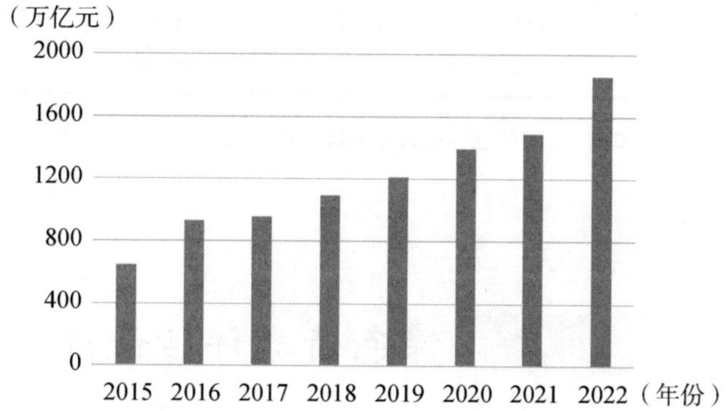

图 4-4　2015—2022 年绿色债券交易总额

数据来源：Wind，平安证券．2022 年度绿色金融行业发展报告：构筑双碳战略的基石［R］. 2022.

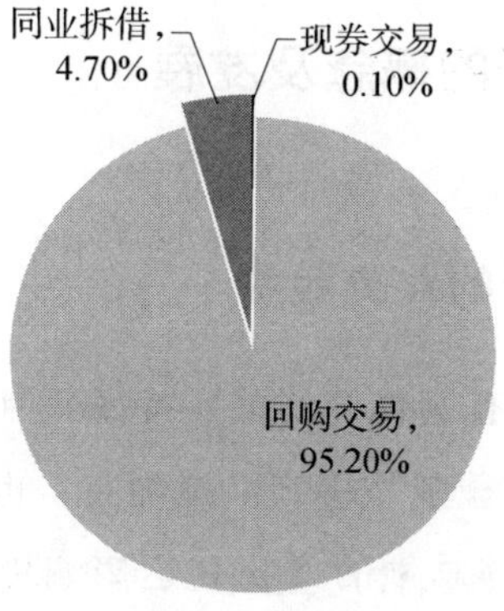

图 4-5　2022 年绿色债券交易结构

数据来源：Wind，平安证券．2022 年度绿色金融行业发展报告：构筑双碳战略的基石［R］. 2022.

从绿色债券余额与现券交易量占比来看，2017 年至今，绿色债券在余额口径及交易量口径中，占比均呈现逐年提升态势，但横向来看，受到投资收益率等现实影响因素限制，绿色债券在总体中占比始终较低，提升空间仍然广阔（见表 4－8）。鉴于全球新能源绿色革命正快速推进，ESG 投资理念不断深化，以及我国对碳达峰碳中和政策加快落地，未来绿色债券市场还将继续保持高速发展动能，绿色债券市场仍存在较大扩容空间。

表 4－8　　2022 年绿色债券市场占比

年份	债券余额（亿元）			现券交易量（亿元）		
	全部债券	绿色债券	绿债占比（%）	全部债券	绿色债券	绿债占比（%）
2016	643086	2561	0. 40	113441	2000	1. 76
2017	746801	4591	0. 61	992566	2755	0. 28
2018	856502	6607	0. 77	1497740	5288	0. 35
2019	971061	9176	0. 94	2133017	7137	0. 33
2020	1142998	13095	1. 15	2409972	10101	0. 42
2021	1303396	17457	1. 34	2291890	12671	0. 55
2022	1413525	24293	1. 72	2902336	18138	0. 62

数据来源：Wind，平安证券．2022 年度绿色金融行业发展报告：构筑双碳战略的基石［R］．2022.

第四节　绿色债券评估认证

一、绿色债券评估认证的概念及发展

（一）绿色债券评估认证的业务起源

绿色属性是绿色债券区别于普通债券的重要特征。但是投资者往往缺乏环境相关专业知识，很难自行对债券的“绿色含量”进行准确判断，也易对募集资金用途、绿色项目类别、信息披露等方面的透明性和真实性产生顾虑，影响投资者对绿色债券的信心。为了提升资金投向绿色项目的可信度与信息披露的透明度，增强绿色债券的公信力，对绿色债券进行独立认证显得尤为重要。

通用的绿色债券标准都鼓励或推荐发行人开展绿色债券认证。《绿色债券原则》（GBP）推荐发行人使用外部审查以确保发行的绿色债券符合 GBP 的核心要件，并提出了咨询评估、审计核查、第三方认证、评级四种评估认证方式。《气候债券标准》（CBS）对债券认证要求更为严格，如果发行人希望债券被认证为气候债券，必须进行第三方认证，并规定了第三方认证流程。我国各种类型绿色债券的发行指引以及《中国绿色债券原则》都鼓励发行人提交独立的专业评估或认证意见。国内外多家第三方机构也公开发布了绿色债券评估认证方法，尝试对环境效益进行评估和测算，但是尚未形成共识与统一标准。在这一背景下，2017 年 12 月，中国人民银行与证监会联合公布了《绿色债券评估认证行为指引（暂行）》，明确了机构资质、业务承接、业务实施、报告出具和监督管理方面的规定，这是我国乃至全球第一份针对绿色债券评估认证工作的规范性文件。之后，《绿色债券评估认证机构市场化评议操作细则（试行）》及配套文件于 2021 年出台，为进一步降低“漂绿”风险与投资者交易成本，促进我国绿色债券市场健康发展奠定了坚实基础。

（二）绿色债券评估认证的概念

根据《绿色债券评估认证行为指引（暂行）》的定义，绿色债券评估认证是指评估认证机构对债券是否符合绿色债券的相关要求，实施评估、审查或认证程序，发表评估、审查或认证结论，并出具报告的过程和行为。

作为发行过程中的两种重要评估行为，绿色债券评估认证不同于绿色债券信用评级。信用评级聚焦影响绿色债券的信用风险，信用评级机构对发行人的偿债能力和偿债意愿作出综合评价，并通过预先定义的信用等级符号（如 AAA、AA、A、BBB 等）进行表示。而绿色债券评估认证关注债券的绿色属性及绿色程度，由独立的专业机构通过专业的评估方法和流程，对绿色债券的募集资金用途、项目筛选和评估、资金追踪管理和项目运作、环境可持续影响等核心要件进行专业评估，为投资人提供更多绿色信息。

（三）绿色债券评估认证的发展现状

绿色债券评估认证是确认债券绿色资质的关键步骤。目前，全球已发行的绿色债券中约有 80% 都采取了不同形式的外部审核。我国绿色债券评估认证也进入规范化发展阶段，根据绿色债券标准委员会发布的《2022 年度绿色债券评估认证市场运行及相关情况的通报》，2022 年，我国全市场经评估认证的绿色债券共计 416 只，占全市场绿色债券发行数量的 80%；评估认证总规模达 7831.513 亿元，占比 89.56%。其中，绿色金融债实现 100% 认证，经评估认证绿色债务融资工具占比 90.7%，经评估认证的绿色公司债占比 75.1%。绿色债券市场的绿色属性背书不断增强。

二、绿色债券评估机构的资质要求

（一）气候债券倡议组织（CBI）对评估机构的资质要求

国际上活跃的认证机构主要包括环境咨询机构、学术研究机构、国际审计机构、社会责任咨询公司和传统检验认证机构。CBI 对第三方认证的要求相对严格。CBI 推荐的第三方认证主要包括两类：一是利用气候债券倡议组织批准的审核者，根据《气候债券标准》进行绿色债券的认证；二是寻找信誉良好的科学机构对绿色债券的资质进行审查。CBI 设定了详细的第三方机构资格准入标准，要求认证机构具有稳健的财务和绿色债券认证的专业能力与经验，同时强调认证机构与发行主体不能存在利益关联。气候债券标准委员会秘书处有权对认证机构全面开展尽职调查。目前，经 CBI 认可的机构已有 66 家，我国中财绿融、中国节能、中诚信、联合赤道、东方金诚、绿融投资、华测认证、商道融绿等机构已获 CBI 认可。

（二）中国绿色债券评估机构的资质要求

《绿色债券评估认证行为指引（暂行）》列明了评估认证机构的基本资质条件：

（1）建立了开展绿色债券评估认证业务所必备的组织架构、工作流程、技术方法、收费标准、质量控制、职业责任保险等相关制度；

（2）具有有权部门授予的评级、认证、鉴证、能源、气候或环境领域执业资质；

（3）具有相应的会计、审计、金融、能源、气候或环境领域专业人员；

（4）最近 3 年或自成立以来不存在违法违规行为和不良诚信记录。

2021 年发布的《绿色债券评估认证机构市场化评议操作细则（试行）》规定评估认证机构开展绿色债券评估认证业务，应当满足《绿色债券评估认证行为指引（暂行）》所列的条件，并取得绿色债券标准委员会的注册文件。2022 年 9 月，绿色债券标准委员会正式公布绿色债券评估认证机构评议结果，共 18 家机构通过绿标委注册，如表 4 – 9 所示。

表 4 – 9　　中国绿色债券评估认证机构

序号	机构名称
1	联合赤道环境评价有限公司
2	中诚信绿金科技（北京）有限公司
3	安永华明会计师事务所（特殊普通合伙）

续表

序号	机构名称
4	远东资信评估有限公司
5	东方金诚信用管理（北京）有限公司
6	深圳鹏元绿融科技有限公司
7	绿融（北京）投资服务有限公司
8	普华永道中天会计师事务所（特殊普通合伙）
9	中节能衡准科技服务（北京）有限公司
10	中债资信评估有限责任公司
11	上海新世纪资信评估投资服务有限公司
12	中国国检测试控股集团股份有限公司
13	北京中财绿融咨询有限公司
14	中国质量认证中心
15	晨星信息咨询（上海）有限公司
16	安融征信有限公司
17	北京商道融绿咨询有限公司
18	大公低碳科技（北京）有限公司

从 2022 年评估认证业务的情况来看，绿债评估认证市场的集中度较大，联合赤道、中诚信绿金和远东资信合计只数占比 79%，合计规模占比 86%，单家机构规模均在 1200 亿元以上，第五名及之后规模在 500 亿元以下，规模效应较为明显。从存续期评估认证情况来看，联合赤道、中诚信绿金、安永、东方金诚信用和中节能衡准合计只数占比 90%，这五家机构合计规模占比 86%，与其前几年业务积累量较大存在一定关系。

三、绿色债券评估认证标准与政策

（一）气候债券倡议组织的绿色债券评估认证标准

气候债券倡议组织对第三方认证采取强制态度，规定的认证流程中包含发行前认证和发行后持续认证两个阶段。发行前认证流程包括气候债券标准委员会初审和认证机构核查双重环节，共同把好项目“绿色关”，如图 4-6 所示。初审重点审查发行人条件及募集资金用途等。发行人须选择获得 CBI 认可的机构开展认证，认证机构重点关注项目和资产的筛选、发行人追踪和报告募集资金使用的内部流程。CBI 进行最终审核和贴标认证，发行人获得贴标认证后，可在债券推广和路演时使用。

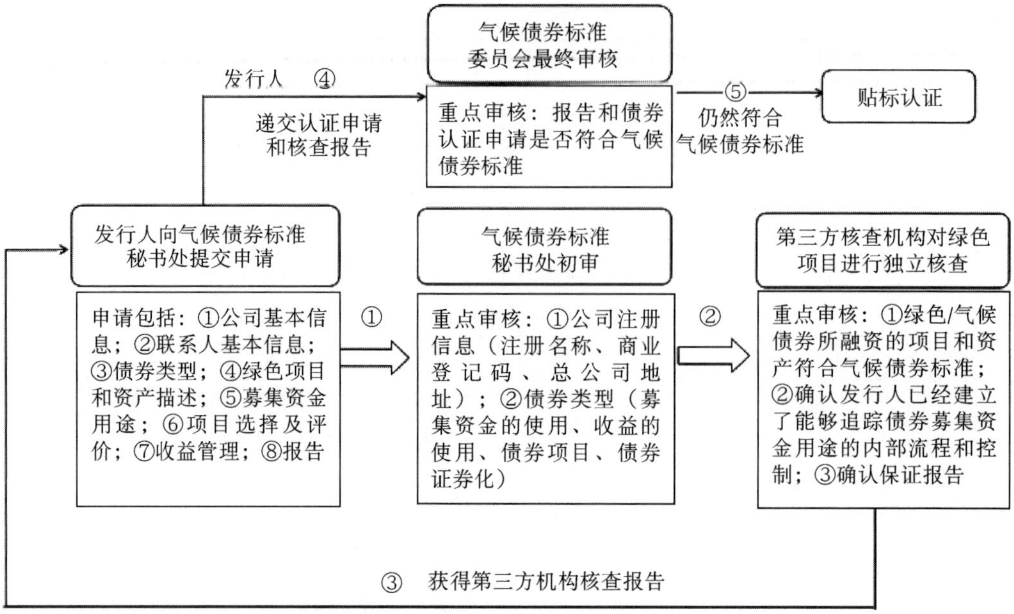

图 4－6　CBI 发行前认证流程

发行后认证另选独立第三方认证机构，认证重点关注债券存续期内募集资金的实际使用情况、项目和资产的持续性、未分配募集资金的使用和发行人内部管理系统的妥当性，行业协会重点核查募集资金用途和项目可持续性，确保绿色债券募集资金真正投向绿色项目，把好项目"投向关"，如图 4－7 所示。CBI 要求认证机构根据客观的认证依据分类出具认证结论。

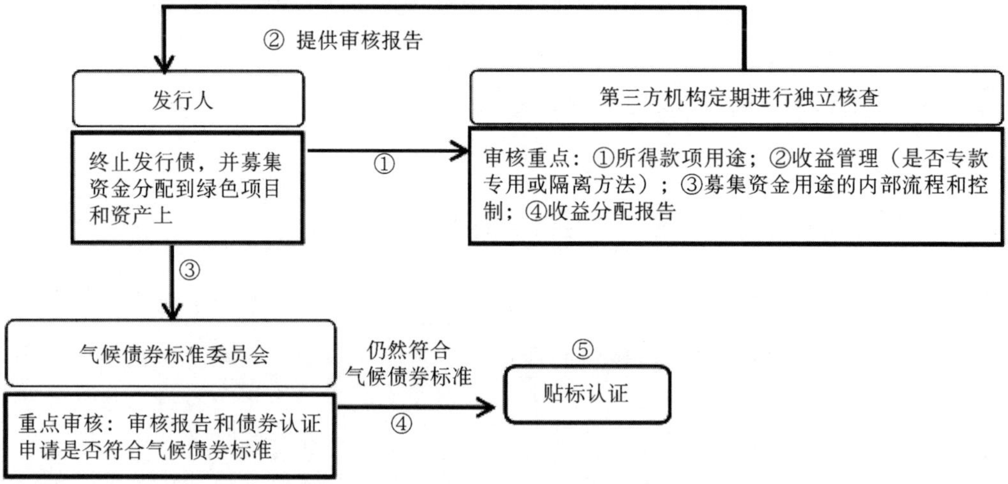

图 4－7　CBI 发行后认证流程

（二）中国绿色债券评估认证标准与政策

2017年10月26日，中国人民银行、证监会发布《绿色债券评估认证行为指引（暂行）》（以下简称《指引》），对机构在国内债券市场开展的绿色债券评估认证业务进行了规范。根据《指引》的要求，绿色债券评估认证原则上应依据绿色债券标准委员会认可的国际或国内通行的鉴证、认证、评估等业务标准。

《指引》规定，绿色债券评估认证分为发行前评估认证和存续期评估认证。从评估认证的主要内容来看，绿色债券评估应当包括形式认证和绿色效益认证。其中，形式认证即判断发行人及募投项目，在项目评估与筛选、募集资金使用与管理、信息披露与报告等方面是否符合发行绿色债券的监管要求；绿色效益认证即综合判断预期实现环境效益高低。具体内容如表4－10所示。

表4－10　《绿色债券评估认证行为指引（暂行）》业务实施与报告出具要求

发行前评估	发行后评估	报告出具要求
拟投资的绿色项目是否合规	已投资的绿色项目是否合规	本期绿色债券的基本情况，包括但不限于募集资金拟投资的绿色产业项目类别、项目认定依据或标准、环境效益目标、绿色债券募集资金使用计划和管理制度等
绿色项目筛选和决策制度是否完备	绿色项目筛选和决策制度是否得到有效执行	评估认证工作实施情况，应当按照本指引规定的评估认证内容要点，充分报告实施的评估认证程序，发现的事实及其与绿色债券相关要求的符合情况等
绿色债券募集资金管理制度是否完备	绿色债券募集资金管理制度是否得到有效执行	导致“不符合”结论、“无法发表结论”的事项，或债券绿色程度评估认证的方法体系说明
绿色信息披露和报告制度是否完备	绿色信息披露和报告制度是否得到有效执行	评估认证结论
绿色项目环境效益预期目标是否合理	绿色项目环境效益预期目标是否达到	

资料来源：根据相关文件整理。

同时，绿色债券细分类型的发行也受到中国人民银行、国家发展改革委、证监会和中国银行间市场交易商协会等相关部门出台的一系列政策的支持和引导，其中对绿色债券评估认证也提出了不同的要求，如表4－11所示。

表 4-11　　绿色债券细分类型的评估认证相关政策

债券类型	适用制度政策	监管机构	绿色评估认证要求
绿色金融债券	《关于在银行间债券市场发行绿色金融债券有关事宜公告》	中国人民银行	鼓励发行人按年度向市场披露由独立的专业评估或认证机构出具的评估报告，对绿色金融债券支持绿色产业项目发展及其环境效益影响等实施持续跟踪评估
	《关于加强绿色金融债券存续期监督管理有关事宜》		对绿色金融债券存续期内信息披露提出了更明确和具体的要求，明确绿色金融债发行人应在年度报告中对报告期内投放的绿色项目情况进行披露，但是没有对是否需要第三方评估认证机构出具相关评估认证报告提出具体要求
	《绿色金融债券存续期信息披露规范》		
绿色企业债	《绿色债券发行指引》	国家发展改革委	国家发展改革委对绿色企业债进行专项认证，没有要求发行人聘请第三方机构进行单独认证。因此，大多数企业债发行人未启用外部评估认证
绿色债务融资工具	《非金融企业绿色债务融资工具业务指引》	中国银行间市场交易商协会	鼓励第三方认证机构在评估结论中披露债务融资工具绿色程度，并对绿色债务融资工具支持绿色项目发展及环境效益影响等实施跟踪评估，定期发布相关评估报告
	《关于明确碳中和债相关机制的通知》		对评估认证的要求更加具体，提出第三方评估认证机构要按照可计算、可核查、可检验的原则，对绿色项目能源节约量（以标准煤计）、碳减排等预期环境效益进行专业定量测算
绿色公司债	《上海证券交易所公司债券发行上市审核规则适用指引第 2 号——特定品种公司债券（2023 年修订版）》	上海证券交易所	绿色项目符合《国家绿色债券支持项目目录》或者国际绿色产业分类标准相关要求的，发行人可以在申报发行阶段和存续期内自主选择是否聘请独立的专业评估或认证机构出具评估意见或者认证报告。绿色项目不易由投资者清晰识别的，发行人应当在申报阶段聘请独立评估认证机构出具评估意见或者认证报告。评估认证机构应当在评估意见或认证报告中就绿色公司债券募集资金用途、项目评估与遴选、募集资金管理和存续期信息披露等是否符合相关要求发表明确意见。同时，鼓励发行人在债券存续期内按年度向市场披露由独立评估认证机构出具的评估意见或认证报告，持续跟踪评估认证绿色项目进展及其实际或预期环境效益等

续表

债券类型	适用制度政策	监管机构	绿色评估认证要求
绿色公司债	《深圳证券交易所公司债券创新品种业务指引第1号——绿色公司债券（2022年修订）》	深圳证券交易所	鼓励发行人聘请独立的第三方评估认证机构出具评估认证报告，就绿色公司债券是否符合募集资金用途、项目评估与遴选、募集资金管理、存续期信息披露等方面的要求进行说明，并在评估认证结论中披露公司债券的绿色程度和评价方法。这是首份要求在评估认证报告中披露绿色程度的监管文件

资料来源：根据相关文件整理。

四、绿色评估认证方法

（一）标准普尔的绿色债券评估认证方法

标准普尔（以下简称标普）的绿色债券评估认证方法主要侧重于分析债券募集资金投资所能产生的绿色效益。在具体评估时，标普将绿色债券所投资项目分成了两类：一类是有助于提升环境质量的项目，例如，绿色建筑、林业、能源基础设施、绿色交通、废弃物处置等；另一类是可以帮助适应环境变化的项目，例如，可以抵御洪涝灾害、保护财产的项目。两类项目分别适用不同的评估认证框架。

对于有助于提升环境质量的项目，标普从透明度、治理水平和环境效益三个方面评估绿色水平。其中，透明度衡量的是募集资金使用的信息披露情况，治理水平衡量的是募集资金的管理及环境影响评估情况，而环境效益衡量的是债券募投项目在碳减排、污染物减排、水资源节约、土地保护等方面产生的效益。评价环境效益时，标普既考虑项目自身所能产生的效益，也会考虑项目与可替代的同类技术相比的相对效益。最后，根据绿色评估得分对应到相应的绿色等级，由高到低分别为E1、E2、E3或E4（见图4－8）。

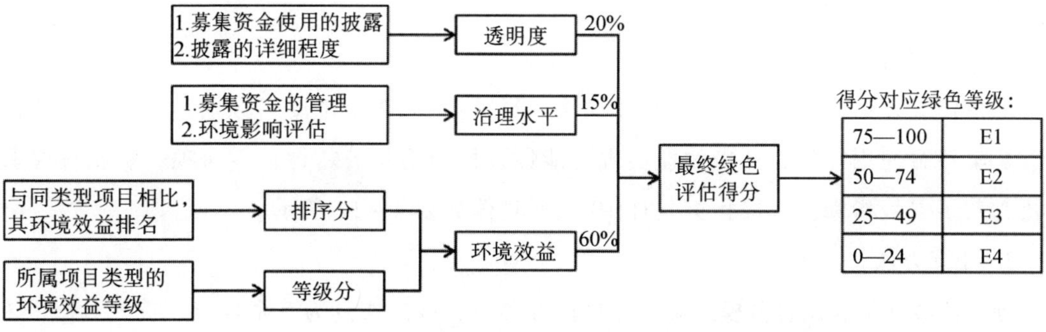

图4－8　标普的绿色债券评估认证框架：提升环境质量的项目

对于有助于适应环境变化的项目，标普从透明度、治理水平和适应效益三个方面评估绿色水平。其中，适应效益指的是项目在帮助适应环境变化方面所能产生的效益，例如，为应对海平面上升而修建的防洪堤可以抵御气候变暖对沿海地区的破坏。标普在衡量适应效益时，一方面会计算项目帮助适应环境变化所产生的效益，另一方面也会根据量化指标的可获性、发展中国家情况进行调整。最后，根据绿色评估得分对应到绿色等级，由高到低分别为 R1、R2、R3 或 R4（见图 4－9）。

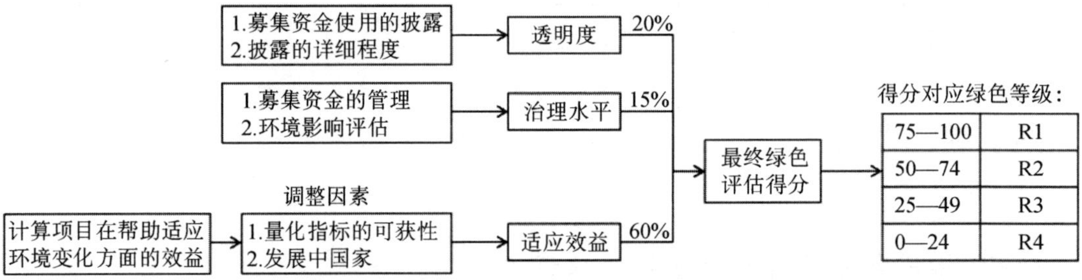

图 4－9　标普的绿色债券评估认证框架：适应环境变化的项目

在标普的评估认证框架下，如果债券募集资金不全部应用于绿色项目，则最终评估得分＝项目评估得分×资金用于绿色项目的比例。如果债券募集资金用于多个不同的绿色项目，则先分别计算各项目的绿色评估得分，再按资金使用比例进行加权平均得到最终评估得分。如果债券为资产支持证券，则直接衡量底层资产项目的绿色等级。

（二）中诚信的绿色债券评估方法

中诚信是国内重要的信用评级机构之一，一直致力于绿色债券研究，于 2016 年发布了中诚信国际绿色债券评估方法，并于 2021 年进行了最新修订。评估方法涵盖募集资金投向评估、募集资金使用评估、环境效益实现可能性评估与信息披露评估四个方面，考量因素包括但不限于相关监管文件、债券发行文件、访谈记录及其他公开或来源可靠的非公开信息。

1. 指标体系

绿色债券评估指标体系共分为两级，一级指标涵盖四个维度，分别为募集资金投向评估、募集资金使用评估、环境效益实现可能性评估与信息披露评估。每项一级指标又具体细化为若干二级指标。二级指标共计 10 项。具体如表 4－12 所示。

2. 计算方法

绿色债券评估采用打分模式确定绿色债券等级。该模式分为三个环节，首先对每个末级指标进行打分，其次按指标权重加权求和计算综合评分，最后根据综合评分确定最终等级。

表 4－12　　中诚信的绿色债券评估指标体系

一级指标	二级指标	指标含义
募集资金投向评估	募集资金用于绿色项目的比例	募集资金能否真正投向绿色项目以及是否为符合监管要求的绿色项目，是评估绿色债券履行“绿色”承诺意愿及能力的重要基础。此指标通过定量与定性进行综合考量，其中关于绿色项目的判定标准主要参考监管机构要求。目前，主要参考的标准为《绿色债券支持项目目录》
	政策符合性	根据国家、行业、区域相关政策，对募集资金拟投项目的政策符合性进行判断
	项目合规性	募集资金拟投项目的合规性文件是否齐全，如项目的立项批复、环评批复、用地批复、借款合同等
募集资金使用评估	募集资金管理制度	评估过程主要通过审核绿色债券发行人与此相关的内部流程或管理文件是否规范和完善
	募集资金专项账户	评估主要查阅发行人与监管机构签订的资金监管协议，确认发行人是否开设募集资金专项账户，专项账户将用于募集资金的接收、存储与划付，确保募集资金用于绿色项目
	募集资金使用管理	主要评估发行人按募集资金使用计划用于绿色产业领域的意愿，是否采取对募集资金进行专项管理等有效措施确保募集资金的合理、有效使用
环境效益实现可能性评估	环境效益显著性	环境效益的显著性评估主要通过衡量环境目标设置的清晰性、合理性、可行性与可验证性，进而对实现既定环境目标的可能性进行评估
	环境影响风险	评估项目可能产生的环境影响，具体分析项目建设、运营期可能会带来的影响因素和风险，以及项目是否采取减少影响的应对措施
信息披露评估	信息披露管理制度	评估过程主要通过审核绿色债券发行人与此相关的内部流程或管理文件是否规范和完善
	信息披露合规性	对绿色债券披露信息的内容、场所、人员进行多维度考量，旨在评估信息披露各方面要素是否符合规定要求

“募集资金配置于绿色项目的比例”是指标体系中的唯一定量指标，是债券募集资金投向绿色项目的资金占债券募集资金总额的比例，比例不同对应不同得分。其他指标为定性指标，以满足指标描述的符合性程度进行打分，符合程度不同对应不同得分。

3. 结果符号及含义

评估体系共分为五级，分别为 G－1 至 G－5。具体等级符号及相关定义如表 4－13 所示。该评估方法从“募集资金投向评估”“募集资金使用评估”“环境效益实现可能性评估”和“信息披露评估”四个维度评价，综合确认绿色债券最终评估结果，并通过 G－1 至 G－5 五个等级体现。

表 4－13　　　　绿色债券评估体系符号及内涵

等级	含义
G－1	绿色债券在募集资金投向、使用及配置于绿色项目过程中所采取措施的有效性出色，由此实现既定环境目标的可能性极高
G－2	绿色债券在募集资金投向、使用及配置于绿色项目过程中所采取措施的有效性很好，由此实现既定环境目标的可能性很高
G－3	绿色债券在募集资金投向、使用及配置于绿色项目过程中所采取措施的有效性较好，由此实现既定环境目标的可能性较高
G－4	绿色债券在募集资金投向、使用及配置于绿色项目过程中所采取措施的有效性一般，由此实现既定环境目标的可能性一般
G－5	绿色债券在募集资金投向、使用及配置于绿色项目过程中所采取措施的有效性较差，由此实现既定环境目标的可能性较低

案例 4－3　临港股份绿色公司债券跟踪评估报告

上海临港控股股份有限公司（以下简称临港股份）于 2022 年 3 月 18 日面向专业投资者公开发行绿色公司债券“G22 临债 1”和“G22 临债 2”两期债券，发行规模共计 10 亿元，G22 临债 1 债券期限为 4 年，G22 临债 2 债券期限为 5 年。发行前聘请中诚信绿金科技（北京）有限公司（以下简称中诚信）开展绿色评估，授予本次债券 G－1 等级。本次债券募集资金计划全部用于偿还 4 个绿色建筑项目的项目贷款。发行完成后，中诚信通过审阅临港股份提供的相关资料，对本次债券募集资金使用、绿色项目进展、环境效益实现情况和信息披露执行情况四个方面进行跟踪评估，并于 2023 年 4 月 23 日发布跟踪评估报告。

1. 募集资金使用

中诚信通过审阅本次债券募集资金的银行转账凭证、贷款合同等资料，对募集资金使用情况进行评估。

临港股份按照公司内部制定的《上海临港控股股份有限公司募集资金管理制度》，规范使用本次债券募集资金，并于中信银行上海奉贤支行开设专项账户，用于发行人本次债券募集资金的接收、存储、划转与本息偿付，确保了募集资金用于绿色项目。本次债券募集资金投放项目未变更，不涉及新的绿色项目遴选与决策。具体投放情况如表 4－14 所示。中诚信未发现本次债券募集资金使用过程中与中国证券监督管理委员会发布的《中国证监会关于支持绿色债券发展的指导意见》、上海证券交易所发布的《上海证券交易所公司债券发行上市审核规则适用指引第 2 号——特定品种公司债券（2023年修订版）》不符的情况。

表4-14　募集资金投放情况

序号	项目名称	拟使用募集资金（万元）	实际投放募集资金（万元）	实际使用募集资金（万元）	项目资金用途
1	奉贤科技绿洲南桥园区三期项目	30000	30000	30000	偿还项目贷款
2	上海漕河泾开发区浦江高科技园“电子信息研发产业园”项目	30000	30000	30000	偿还项目贷款
3	上海漕河泾科技绿洲四期工业厂房及辅助用房项目	30000	30000	30000	偿还项目贷款
4	漕河泾现代服务业集聚区二期（二）工程项目	10000	10000	10000	偿还项目贷款
	总计	100000	100000	100000	

2. 绿色项目进展

中诚信审阅了发行人提供的募投项目进展情况的相关资料。截至2022年12月31日，奉贤科技绿洲南桥园区三期项目、上海漕河泾科技绿洲四期工业厂房及辅助用房项目、漕河泾现代服务业集聚区二期（二）工程项目均已竣工并投入使用，上海漕河泾开发区浦江高科技园“电子信息研发产业园”项目于2023年3月竣工投入使用。

3. 环境效益实现情况

中诚信根据本次债券募集资金用投放的绿色项目情况，对本次债券环境效益的实际实现情况进行评估。

中诚信根据临港股份提供的本次债券募集资金投放项目的运营数据测算，本次债券募集资金投放项目在2022年度运营合计实现利用非常规水源123.00立方米，二氧化碳减排448.37吨，替代化石能源量192.16吨标准煤，二氧化硫减排量64.37千克，协同氮氧化物减排量96.88千克，协同减少烟尘排放量14.02千克。

募投项目分别按照资金使用比例对所产生的环境效益进行折算，在债券发行后，2022年，项目总利用非常规水源18.73立方米；项目通过使用可再生能源发电，与外购火力发电项目相比，可实现二氧化碳减排80.21吨；替代化石能源量34.38吨标准煤；二氧化硫减排量11.52千克；氮氧化物减排量17.33千克；减少烟尘排放量2.51千克。

本次债券募集资金投放的上海漕河泾开发区浦江高科技园“电子信息研发产业

园”项目截至2022年12月31日尚未投入运营，无实际运营完整数据，无法计算项目实际环境效益，故中诚信在本次跟踪评估中不对环境效益的实际实现情况进行评估。中诚信在本次债券存续期间将持续关注临港股份募集资金投放项目的后期建设和运营情况以及实际产生的环境效益情况。

此外，中诚信通过公开渠道查询，并根据临港股份提供的环境影响声明，自本次债券发行之日起至2022年12月31日，募投项目在建设或运营过程中未涉及环保处罚，未出现环境污染事件。

4. 信息披露执行情况

2023年4月30日之前，临港股份将严格按照《上海临港控股股份有限公司信息披露事务管理制度》，在上海证券交易所官网上披露定期报告，报告内容包括：本评估期（2022年度）的募集资金使用、绿色项目建设情况。同时，本报告将同步进展进行披露。

5. 评估结论

综上，中诚信对本次债券募集资金使用、绿色项目进展、环境效益实现情况和信息披露执行情况四个方面进行了评估，经中诚信绿色债券评估委员会审定，中诚信维持上海临港控股股份有限公司2022年面向专业投资者公开发行绿色公司债券（第一期）G－1等级，确认该债券募集资金用途符合国家发展改革委等七部委发布的《绿色产业指导目录（2019年版）》和中国人民银行等三部委发布的《绿色债券支持项目目录（2021年版）》。

思考与练习

（1）什么是绿色债券？绿色债券与一般债券有什么差异？

（2）简述国内外的绿色债券标准。

（3）按照资金用途和追索方式，绿色债券包括哪些类型？

（4）简述中国绿色债券市场的现状。

（5）绿色债券的发行条件与一般债券有什么不同？

（6）绿色债券评估认证是什么？它对绿色债券发展具有什么意义？

推荐阅读材料和网站

（1）毕马威中国．助力实现“双碳”目标：绿色金融，大有可为［R］．2021.

（2）东方金诚信用．我国绿色债券标准体系建设进展与发展建议［R］．2018.

（3）东吴证券．当前全球存量绿色债券格局如何？［R］．2022.

（4）联合资信．2022年度绿色债券运行报告［R］．2023.

（5）平安证券．2022年度绿色金融行业发展报告：构筑双碳战略的基石［R］．2022.

（6）平安证券．中国绿色债券原则解读与国际标准对比［R］．2022.

（7）上海证券交易所．境内外绿色债券市场比较研究［R］．2017.

（8）远东资信．绿色债券评估认证开展情况与方法论浅析［R］．2021.

（9）远东资信．中国绿色债券评估认证方法［R］．2021.

（10）远东资信．各领域绿色债券环境效益评价方法实践［R］．2023.

（11）中财绿融．关于《中国工商银行股份有限公司2022年度绿色债券报告》第三方评估意见［R］．2023.

（12）中诚信绿金．绿色债券评估方法［R］.

（13）中诚信绿金．上海临港2022年面向专业投资者公开发行绿色公司债券（第一期）绿色债券评估报告［R］．2023.

（14）中国工商银行．2022年度绿色债券报告［R］．2023.

（15）中信证券．绿色债券进入新阶段［R］．2022.

（16）中信建投证券．绿色金融发展的国际经验、中国实践与政策建议［R］．2022.

（17）中债资信．国内外绿色债券募投项目界定标准对比［R］．2017.

（18）中债—绿色债券环境效益信息门户（https：//www. chinabond. com. cn/greenbond/#/home）。

（19）气候债券倡议组织（CBI，https：//cn. climatebonds. net/）。

（20）枝言万语．三种绿色债的发行条件对比及全部细分品种［EB/OL］．https：//zhuanlan. zhihu. com/p/563414326？utm_ id =0，2022 -9 -13.

参考文献

［1］巴曙松，丛钰佳，朱伟豪．绿色债券理论与中国市场发展分析［J］．杭州师范大学学报（社会科学版），2019，41（1）：91 -106.

［2］陈诗一，李志清．绿色金融概论［M］．上海：复旦大学出版社，2019.

［3］陈骁，张明．中国的绿色债券市场：特征事实、内生动力与现存挑战［J］．国际经济评论，2022（1）：104－133＋7.

［4］范彬彬，温婧．碳中和目标下绿色债券市场发展［J］．中国金融，2021（19）：36－37.

［5］邵欢，孟祥瑞．国际绿色债券的筛选标准［J］．中国金融，2021（9）：23－24.

［6］史英哲，王遥．绿色债券［M］．北京：中国金融出版社，2018.

［7］史英哲，云祉婷．中国绿色债券市场发展报告（2020）［M］．北京：中国金融出版社，2020.

［8］王遥，徐楠．中国绿色债券发展及中外标准比较研究［J］．金融论坛，2016，21（2）：29－38.

［9］杨涛，杜晓宇．绿色金融：助力碳达峰、碳中和［M］．北京：人民日报出版社，2021.

［10］詹小颖．绿色债券市场发展：国际经验及启示［J］．南方金融，2016（9）：18－23.

［11］张平，郭青华，许玥玥．我国碳中和债券的实践、挑战与发展路径——基于"下一代欧盟"绿色债券框架的比较研究［J］．经济纵横，2022（2）：104－110.

［12］张语洋．中国境内绿色债券发展现状、挑战与对策［J］．清华金融评论，2022（7）：77－80.

第五章 绿色基金

学习要求

1. 了解绿色基金的国内外发展情况。
2. 掌握绿色基金的概念、分类和标准。
3. 熟悉ESG标准体系与ESG基金。
4. 了解绿色基金的典型案例。

本章导读

绿色基金是绿色金融体系的重要组成部分，是以促进企业环境绩效、发展绿色产业和减少环境风险为目标，将生态发展和经济收益相结合的基金模式。绿色基金在我国起步较晚，但是发展迅速，目前的种类很多，从投资标的角度就可分为绿色产业投资基金、绿色债权基金、绿色股票基金、绿色混合型基金、ESG基金等，需要多方面了解和掌握运用。

第一节 绿色基金概述

一、绿色基金定义

绿色基金，在美国称为环境基金（environment fund），在日本和西欧称为生态基金

(eco-fund)，是指向不特定投资者公开发行受益凭证或者以非公开方式向合格投资者募集资金，并投资于绿色标的（一般占总投资标的60%以上）的投资基金。绿色基金以促进企业环境绩效、发展绿色产业和减少环境风险为目标，采用系统性绿色投资策略，主要聚焦于雾霾治理、水环境治理、土壤治理、污染防治、清洁能源、绿化和风沙治理、资源利用效率和循环利用、绿色交通、绿色建筑、生态保护和气候适应等领域，可以引导资金流向节约资源、技术开发和生态环境保护的产业，是一种将生态发展和经济收益相结合的基金模式。

二、绿色基金发展现状

（一）绿色基金起源

绿色基金是绿色金融体系最广泛的资金源，欧美地区的绿色基金建立较为广泛，建立方式包括公司或机构投资者以市场融资建立、非政府组织或个人捐赠建立、政府罚没资金建立等。投资对象包括但不限于环境绩效较好的企业，也会考虑直接投资于市场效益较差但生态效益前景优良的企业。

美国是世界上社会责任投资（SRI，关注道德和社会责任）发展最早和最完善的国家。在20世纪60—70年代环保运动的影响和推动下，1982年世界上第一支将环境指标纳入考核标准的绿色投资基金——Calvert Balanced Portfolio A在美国面世。其将环境指标纳入整体考核方案中，采用积极筛选与核查的方式，选择更注重环境保护方面的企业进行投资，并通过定期的股东大会直接影响企业，增强了其对生态环境的重视度。至今，其社会责任投资基金仍然坚持运用环境、社会责任和公司治理（ESG）因素来实现金融增值。

英国于1988年推出了第一只绿色投资基金——Merlin Ecology Fund。西欧地区的绿色基金是作为社会责任投资（SRI）的产品演变而形成的投资于环境的基金类型。全球能效和可再生能源基金（GEEREF）是欧盟委员会借鉴欧洲投资基金的运作方式，应用于改善气候变化的成功案例。其利用PPP组织架构募集资金，向非洲、加勒比和太平洋地区、北非地区、非欧盟的东欧地区、拉丁美洲和亚洲地区的“地区子基金”注入资金，投资于新型能源、可再生能源项目、绿色基础设施项目和一些被商业投资机构和国际金融机构忽视的金额低于1000万欧元的环保项目上。

日本则在1999年创建了第一支SRI基金——日本日兴生态基金（NikkoEco-Fund）。其投资策略可以总结为：通过环境调研公司，以企业对环境的策略作为判断企业价值的重要维度，面向重视环保的、业绩优异的生态企业开展积极的投资。其从3800余家在东京证券交易所上市的企业中选取约100家作为最终投资对象。这使其投资回报率始终处于业内较高水平，风险承受能力也相应提高，拉动市场效应明显，由此形成良性循环。

我国的绿色发展基金起步较晚，但发展势头迅猛。中国政府“坚持绿色发展，着力改善生态环境”，明确提出加快推进绿色城市、智慧城市、人文城市建设，加快财税体制和投融资机制的改革，创新金融服务。2016年7月，在中国的推动下，G20财长和央行行长会议正式将发展绿色金融的七项倡议写入会议公报。之后，在G20峰会上，绿色金融得到各成员的关注，并且首次被写入G20峰会公报中。几乎与此同时，“发展绿色金融，设立绿色发展基金”已经被列入“十三五”规划，成为一大亮点。绿色发展基金可以充分运用政府与市场的双轮驱动，有效化解金融创新的资金瓶颈问题，势将成为中国可持续发展的新引擎。

（二）绿色基金国际发展现状

绿色投资基金的概念虽然在20世纪80年代就已出现，但是直到进入21世纪，全球绿色基金才正式进入高速发展阶段，极大地促进了社会经济生态效率的提高。

在美国、日本、欧洲等地，绿色投资基金得到了很大的发展。不同国家由于市场发育程度的差异，绿色投资基金表现出不同的形式。在美国和欧洲，绿色投资基金的发行主体主要为非政府组织和机构投资者；在日本，则以企业为主。

1. 美国绿色投资基金发展现状

美国最初没有专门设立绿色投资基金，只在SRI基金内纳入生态投资。自美国诞生第一支绿色投资基金以来，诸如绿色世纪权益基金（Green Century Equity Fund，CCEF）、Parassus Fund等更多绿色投资基金在市场相继推出，带来了良好经济生态效益。这也促使更多SRI将生态环境纳入筛选范围，并以股东对话的形式增加对企业环境议案的讨论次数，从而构成了美国初期的绿色投资基金。1996年，美国成立了社会投资论坛（U. SSIF），它为生态投资提供了广阔的交流平台，也标志着美国包括绿色投资基金在内的SRI进入高速发展阶段。

截至2021年12月底，美国可持续基金市场存有基金534只，总规模达到3570亿美元，占全球总额的13%，是全球第二大可持续基金市场。2021年，美国新发可持续基金121只，另有26只基金获得可持续标签授权，转化为可持续基金。其中，最大的转换基金是已发行94年、管理着84亿美元的先锋基金（Pioneer Fund）。2019—2020年，美国可持续基金市场净流入总体呈上升趋势。2021年第一季度至2022年第一季度，美国可持续基金市场净流入额持续下滑。这一下降趋势主要是由新冠疫情和熊市周期所造成的，但是相比于普通基金市场，美国可持续基金市场的韧性要强得多。净流入额占比方面，2021 年，可持续基金流入额在美国基金市场总流入额中的平均占比为 6%，2022 年第一季度该数值已增长至 12%。

2. 日本绿色投资基金发展现状

第二次世界大战后，日本奉行“经济第一主义”，以牺牲环境为代价的粗放型经济增长模式给生态环境和国民健康造成了严重的危害，被公认为“世界公害大国”。20 世纪七八十年代，许多污染型企业在环境诉讼中败诉，给企业形象和声誉造成很大的影响，致使企业逐步认识到环境绩效的改善能节约成本，提高公司的诚信和可靠度，增加企业利润，从而极大地促进了绿色投资在日本的发展。自 1999 年发行第一只绿色投资基金（Nikko-Eco－Fund）之后，日本推出了 8 只绿色投资基金，如 Global Environment、Environmental Protection 等，这些基金在筛选投资对象时只关注与环境相关的公司，这不仅引起了证券投资者的重视，还引起了媒体的关注。

随着可持续发展概念的普及，日本可持续基金发展迅速。2016—2018 年，可持续投资资产增长了 307%。彭博数据显示，日本占据了亚洲 ESG 股票型基金市场的 80%资产，并主导了亚洲最大的 ESG 公募基金。日本公有基金是绿色金融的最大支持者。日本政府退休金投资基金（GPIF）作为世界上最大的公共退休金基金，目前共购买了 6.5 万亿日元（约 3800 亿元）绿色债券和社会债券，并重仓一系列日本 ESG 指数，如 FTSE Blossom Japan 指数。由于投资金额多，GPIF 的投资决定对日本上市企业影响非常大。除此之外，GPIF 明确要求所有基金经理使用 ESG 评估方法进行投资。另一只主要绿色基金是成立于 2013 年的日本绿色基金（Japan Green Fund）。该基金的主要资金来源是碳税和其他环境税，目标在于通过清洁能源投资吸引社会资本的加入。2020 年 12 月，日本首相官营义伟宣布将向日本绿色基金注资 2 万亿日元（约 1200 亿元）以资助绿色经济复苏。

3. 欧洲绿色投资基金发展现状

欧洲是目前全球最大的社会责任投资市场，据市场机构统计，其绿色基金规模已超过 320 亿欧元。在欧洲地区，绿色投资基金更专注于环境等某个具体的领域，而且其资产增速也大于市场资产的平均增速，欧洲不同的国家之间差异较大。为实现环境可持续发展，欧盟委员会将欧洲投资基金（EIF）的管理经验充分运用于应对气候变化方面，于 2008 年创办全球能效和可再生能源基金（GEEREF），基金采取 PPP 组织架构形式，由公共部门出资，向中小型项目开发者和企业提供股权投资，包括新兴市场中的可再生能源和能效项目、绿色基础设施项目，从而有效发挥母基金的投资杠杆效应。以下以德国和法国为例进行具体介绍。

作为欧洲最大的经济体，德国在2017年仅占该地区绿色基金市场的9%，而英国和法国的市场份额则高出两倍。根据2021年Novethic欧洲绿色基金报告，欧洲可持续基金市场规模达2430亿欧元，德国仅占70亿欧元。金融行业协会（Forum Nachhaltige Geldanlagen，FNG）的2020年年度报告显示，德国对可持续投资的兴趣显著回升，2019年增长了23%，达到2700亿欧元。然而，这仍然仅占该国当年基金市场的5.4%。

法国政府引入公共认证标签为绿色投资基金提供一套共同的标准。Greenfin认证标签于2016年诞生，标签的标准基于3个支柱：绿色份额和排除、ESG标准以及积极影响，它们共同为基金的管理过程及其对过渡的有效贡献提供了质量和透明度保证。法国首都巴黎并不是欧洲第一个提倡可持续和负责任投资（SRI）的金融中心，但在过去10年中，巴黎金融中心已成为社会责任投资（SRI）方面的独特枢纽，以可追溯的方式系统地整合治理、道德和社会标准。事实上，它目前正致力于开发尖端的金融工具和监管措施，以促进社会公平的生态转型，应对气候变化和保护生物多样性。

（三）绿色基金国内发展现状

2020年7月，国家绿色发展基金在上海注册成立，这是我国生态环境领域的第一支国家级投资基金。国家绿色发展基金注册规模885亿元，首期由财政部、长江经济带沿岸11个省市、金融机构、国有企业及民营企业等共同出资成立，其中财政部出资100亿元，占比11.3%。中基协备案的基金管理人为“绿色发展基金私募股权投资管理（上海）有限公司”，该公司成立于2021年6月11日，管理人股东共12个，以银行系、上海国资系为主。

目前，国家绿色发展基金已有80余个储备类项目，重点投向长江经济带11个省市的环境保护和污染治理、生态修复、国土空间绿化、能源资源节约利用、绿色交通、清洁能源等绿色发展领域。预期基金将从包括项目、股权等多个层面上支持相关企业投资融资，有望改善过去企业因投融资问题拖累自身发展的困境。截至2022年9月，国家绿色发展基金在备案后已出资1只基金和2个项目，具体如下：2021年12月7日，国家绿色发展基金作为战略投资者，出资10亿元参与中国华电旗下“华电福新”的增资扩股，目前国家绿色发展基金持股比例约为1.1%。

2021年12月30日，国家绿色发展基金认缴出资约1.8亿元，投资云南洱海流域湖滨缓冲带生态修复与湿地建设工程项目（“洱海项目”）的专项基金，资金用途主要包括生态修复和湿地建设、环湖生态廊道、生态搬迁、污水管网完善和科研试验地等建设与运营。这是国家绿色发展基金完成的首个项目类投资，为大理洱海的环境治理与生态修复提供了有力支持。

2021 年 12 月 31 日，国家绿色发展基金联合中国宝武钢铁集团、建信金融资产投资有限公司共同发起设立“宝武绿碳私募基金”，基金首笔认缴金达 56.25 亿元，其中，中国宝武出资 29.99 亿元，建信投资出资 11.24 亿元，绿色基金出资 9.99 亿元。

2022 年 3 月，中国宝武正式发起设立宝武绿碳私募投资基金，即“宝武绿碳基金”。该基金总规模 500 亿元，首期 100 亿元，围绕钢铁产业链碳中和实施投资，主要聚焦新能源、绿色技术、环境保护、污染防治等领域，其中 50% 以上基金规模拟投资于中国宝武碳中和产业链方向的优质成熟标的。该基金是目前市场首支且规模最大的碳中和主题基金，也是国家绿色发展基金签约落地的首个钢铁领域的子基金项目。

面对绿色投资领域目前整体发展程度不高、市场参与主体绿色投资意识不强等问题，我国政府注重发挥政策资金的引领撬动作用，形成了以产业基金为主的发展方式，吸引更多资金和投资主体参与其中，资金投向多为清洁能源、生态环境保护修复、垃圾污水处理等。目前，我国已在山东、内蒙古、山西、河北、四川等多个省份设立了 50 多只区域性地方政府支持的绿色发展基金。

三、中国绿色基金体系特征

中国绿色基金起步较晚，但由于我国大力倡导绿色发展新理念，已初步形成了中国特色的绿色基金体系，并具有以下特征。

（一）制度特征明显

相比其他国家绿色基金从下到上、市场主导的发展模式，我国绿色基金更多彰显出了政府从上到下大力主导，具有明显的制度特征，先后出台多项文件和指导意见来明确其战略定位、发展路径等内容，建立起了绿色基金快速发展的制度性框架（见表 5 - 1）。2015 年 9 月，中共中央、国务院印发《生态文明体制改革总体方案》，首次明确提出建立绿色金融体系，将其提升到国家战略高度；2015 年 12 月，在我国大力倡议下，G20 绿色金融研究小组成立；2016 年 3 月，《中共中央关于制定国民经济和社会发展第十三个五年规划的建议》提出发展绿色金融，设立绿色发展基金。

表 5 - 1　　推动中国绿色基金发展的各项政策

时间	政策内容
2015 年 9 月	中共中央、国务院印发《生态文明体制改革总体方案》，首次明确提出建立绿色金融体系，将其提升到国家战略高度

续表

时间	政策内容
2015 年 12 月	在我国大力倡议下，G20 绿色金融研究小组成立
2016 年 3 月	《中共中央关于制定国民经济和社会发展第十三个五年规划的建议》提出发展绿色金融，设立绿色发展基金
2016 年 7 月	G20 财长和央行行长会议发布公报对政府通过绿色金融带动民间资本进入绿色投资领域达成共识，明确了政府与社会资本合作的绿色发展基金是一条重要路径
2016 年 8 月	习近平总书记在原中央全面深化改革领导小组第二十七次会议上提出，要利用绿色基金等金融工具和相关政策为绿色发展服务
2017 年 6 月	国务院常务会议决定建设绿色金融改革创新试验区，提出支持创投、私募基金等境内外资本参与绿色投资
2017 年 8 月	中共中央、国务院印发的《关于服务实体经济防控金融风险深化金融改革的若干意见》提出，设立绿色基金，支持低碳生产和绿色发展
2018 年 6 月	中共中央、国务院印发的《关于全面加强生态环境保护 坚决打好污染防治攻坚战的意见》明确提出设立国家绿色发展基金
2019 年 7 月	国务院金融稳定发展委员会办公室推出 11 条金融业对外开放措施，其中明确指出到 2020 年取消基金管理公司外资股比限制，对我国绿色基金发展将产生积极影响和新挑战
2020 年 10 月	生态环境部等五部委出台了《关于促进应对气候变化投融资的指导意见》，明确了鼓励和引导民间投资与外资进入气候投融资领域、深化气候投融资国际合作等重要内容

（二）政府主导与市场参与相融合

中国充分发挥政策资金的引领撬动作用，形成了以产业基金为主的发展方式，吸引更多资金和投资主体参与其中。

国家层面带头示范，到 2019 年已经成立的 22 只涉及中央财政出资的国家级基金，总规模为 23695.5 亿元。例如，2015 年 3 月成立的“绿色丝绸之路股权投资基金”，致力于“丝绸之路经济带”的生态环境改善和光伏清洁能源发展；2015 年 9 月，中央财经领导小组办公室和美国保尔森基金会共同倡导成立“中美建筑节能基金”，采取跨境公私合作关系（public – private partnerships，PPP）模式；2020 年成立了“国家绿色发展基金”，首期募资规模为 885 亿元，主要投向长江经济带沿线 11 省（市），适当投向其他重大战略区域，主要采用股权投资和基金注资的方式。

地方层面也在配套跟进，地方政府主要采取与著名基金、专业公司等机构进行合作的方式，形成了以绿色发展基金为主的区域性绿色基金。据不完全统计，近年来先后成立了省级及以下政府性投资基金2000多只。通过发布《“一带一路”绿色投资原则》、举办8期中国社会责任论坛、成立中国企业社会责任联盟、发布多期《中国责任投资年度报告》《中国私募投资基金行业社会责任报告》、展示绿色金融案例等多种方式，推动、引领更多社会资金向绿色领域聚集。

（三）绿色基金发展速度较快

中国证券投资基金业协会数据显示，截至2021年第三季度末，绿色、可持续、ESG等方向的公私募基金数量接近1000只，规模合计7900多亿元，较2020年年底规模增长36%。其中，公募基金190多只，管理规模4100多亿元；私募基金800只，管理规模3700亿元，90%为股权创投基金。

2021年下半年，公募基金开始加大绿色投资布局。根据不完全统计，目前布局绿色投资相关方向的基金公司已有50余家，其中易方达基金、鹏华基金、富国基金、华夏基金、汇添富基金、工银瑞信基金、建信基金、景顺长城基金等公司布局力度较大。Wind数据显示，2021年绿色投资相关主题基金发行量超过50只，远超以往任何一个年份。成立的50多只基金中，名称中一般都含有“ESG”“低碳”“碳中和”或“环保”等字样。

第二节　绿色基金分类与标准

一、绿色基金分类

绿色基金的种类很多。从政府资金参与程度角度，绿色基金可分为政府性环境保护基金、政府与市场相结合的绿色基金（PPP模式绿色基金）、纯市场的绿色基金；从投资标的来看，绿色基金可分为绿色产业投资基金、绿色债权基金、绿色股票基金、绿色混合型基金等。不同类型的绿色基金，其目的、资金来源、投资、运行机制和组织形式都有区别。根据发起设立方式，我国绿色产业基金主要有四类：政府发起的绿色引导基金、PPP绿色项目基金、产业企业（大型企业集团）发起的绿色产业发展基金、金融机构或私人发起的绿色PE/VC基金。表5－2为绿色产业基金的四种模式介绍。

表 5-2 绿色产业基金的四种模式

基金类型	发起主体	基金投向	运作模式
绿色引导基金	各级政府	偏公益性行业，具有长远意义、重大意义的关键技术和重要领域，投资回报期长，风险较大	重在引导和撬动社会资本，投向并孵化对绿色发展有重要意义的行业、项目和技术。目前，国家绿色发展基金已经设立，旨在通过市场化方式，引导社会资本支持环境保护和污染防治、生态修复和国土空间绿化、能源资源节约利用、绿色交通和清洁能源等领域。除国家绿色发展基金外，在地方层面，各地也纷纷筹备或已设立绿色发展基金，但在募集与投资方面，都尚待进一步拓展
PPP 绿色项目基金	地方政府或建设单位	公益性强、投入期限长、投资回报率偏低，但现金流相对稳定	此类基金主要投资于若干或单一环保类基建项目。从国际经验来看，环保类基础设施建设的持续性大规模融资需求无法单独依靠政府资金解决，引导和利用社会资本参与项目投资、建设、运营、退出被证明是一种行之有效的项目融资方式，并已在国内外得到广泛应用和推广。将 PPP 模式应用到绿色产业中，一方面保持了政府的引导作用，另一方面通过政府的参与为项目隐性增信，更容易吸引社会资金参与绿色基金。目前，污水处理、垃圾焚烧、生态修复项目因为市场化程度较高、现金流稳定、操作相对成熟等特点，在实践过程中成为被各地方 PPP 绿色基金推行的重点领域
绿色产业发展基金	大型企业集团	与企业业务具有一定协同性的绿色产业。侧重生态发展和经济收益的结合，布局绿色产业的同时，履行社会责任	该类基金主要由大型企业集团设立，通常以产业发展为目的，投资行为与业务发展紧密联系，选择符合企业战略方向的绿色项目进行投资孵化或并购。同时，作为企业承担和履行社会责任的重要体现，有助于提升其社会声誉。由于具有较好的产业整合平台，以及强大的资本运作能力，其投资的绿色产业项目退出渠道也更为通畅。例如，2020 年 4 月，光大控股发起的“光大‘一带一路’绿色股权基金”，目标规模 200 亿元，首期 100 亿元，主要投向为绿色环境、绿色能源、绿色指导和绿色生活四个领域
绿色 PE/VC 基金	金融机构、私人	市场化项目，行业前景好、投资回报较好的绿色股权项目	该类基金主要由金融机构或私人发起设立，采取完全市场化的募投管理运作模式，与一般的私募股权基金并无二致，其目的是投资于有良好市场前景的绿色产业项目，目前在基金业协会备案的大多数绿色股权基金均属于此类。例如，红杉中国携手远景科技集团成立的碳中和技术基金，总规模 100 亿元，将重点投资和培育全球碳中和领域的领先科技企业

二、绿色基金标准

相较于绿色信贷及绿色债券已经形成国际上相对具有一致认可度的标准，绿色基金标准发展较为落后，仅有各国地区性标准文件，且多数由第三方机构制定颁布。国内方面，中国证券投资基金业协会颁布制定《绿色投资指引（试行）》及《对基金管理人绿色投资自评估报告框架的建议》，旨在逐步引导从事绿色投资活动的基金管理人、基金产品以市场化、规范化、专业化方式运作。

德国金融行业协会（Forum Nachhaltige Geldanlagen，FNG）可持续投资基金标签是德语国家金融市场的可持续投资质量标准，适用于在德国、瑞士、奥地利或列支敦士登有投资活动的共同基金（除分级基金、保本基金、组合型基金等，并有排除国家名单），相应基金中的所有公司须根据可持续标准进行全面分析，产品必须具有明确的可持续战略，并成立专门公司开展贴标服务。

法国生态转型部的绿色金融标签适用于法国的上市基金、另类投资基金、基础设施基金、债券基金、私有债务基金、房地产投资信托、房地产集体投资计划，规定了八类合格的能源生态转型即应对气候变化活动，主要包括绿色投资占组合的比例、排除特定活动、管理 ESG 议题、测量和报告正面影响，标签有效期为 1 年，要求由独立认证机构进行认证，认证结果需提交标准发布的政府部门。

卢森堡气候金融标签适用于受欧盟成员国监管的基金，通过向符合条件的投资工具授予标志使用权，积极推广负责任投资。任意基金只要其监管地具有与欧盟同等 ESG 监管水平，均可提出申请。提出申请后，基金的整个投资组合都必须根据卢森堡金融标志认证协会（LuxFLAG）确定的战略和标准接受审查，审查关键环节包括投资分析、决策过程和对投资者的透明度等。协会对每个申请基金的投资战略和 ESG 整合高标准、严评估，从而使他们的 ESG 标志获得业内公认。

比较 Forum Nachhaltige Geldanlagen（FNG）及其成员、其他利益相关者为可持续共同基金（mutual funds）开发的质量标签、法国的 Energy and Ecological Transition for Climate Label（EETC）和卢森堡气候基金标准（LuxFLAG Climate Finance Label Eligibility Criteria），以及基金业协会颁布的投资指引、自评估报告框架等绿色基金相关标准文件，可以看出国外相关标准内容设计具有一定相似性。对于候选基金的资质或行为要求均包括"基金一般性资质要求""资金比例限制及对合格标的规定""对于基金的投资运作及内部管理的要求""环境效益监测与信息披露"。国内的投资指引虽然没有制定明确的资金投资比例要求，但核心思路与国外标准基本相同。

（一）基金一般性资质要求

国外绿色基金标准及投资指引对于候选基金都提出了一般性的资质要求，主要包括以下三个方面：

第一，法律监管。标准都要求基金必须接受基金标准制定机构所在地区相关法律的监管与约束。例如，卢森堡气候基金标准要求申请基金必须接受欧盟成员国的授权或受到欧盟成员国的监管，如果基金管理人并未得到授权，申请基金必须拥有一个接受欧盟成员国监管的托管人，且基金管理人必须在欧盟成员进行注册或接受欧盟成员国监管；EETC要求基金遵守欧盟可转让证券集合投资计划（UCITS）V指引，基金资产由证券或债权组成的，其中至少75%发行人在欧盟境内有注册机构，该限制条件不适用于债券基金；FNG要求可持续管理共同基金需提供其遵守欧盟可转让证券集合投资计划（UCITS）或德国、澳大利亚、瑞士、列支敦士登等地的等价标准。

第二，EETC和FNG都对合格的基金类别及不符合标准的基金类别进行列举说明。例如，FNG不允许结构化基金、担保基金、小额贷款基金、合成交易所买卖基金和母基金等基金类型申请成为绿色基金。

第三，卢森堡气候基金标准虽然没有对具体的基金类别进行规定要求，但对基金治理提出了相关要求，并明确要求基金必须以追求投资回报为目标。

国内的投资指引要求设立并运作绿色投资主题基金时，应当符合《公开募集证券投资基金运作管理办法》《私募投资基金监督管理暂行办法》或相关自律规则的规定。

（二）基金投资比例及合格标的规定

EETC针对不同的投资标的设置了不同的资金投资比例及合格标的资产要求。卢森堡气候基金标准相比EETC相对模糊，仅针对基金设置一个总的资金投资比例要求，即75%投资于绿色领域，同时，针对不同类别的投资标的进行了相关规定。FNG则不同于EETC和卢森堡气候基金标准，并未对投资标的“绿色”进行规定，而是要求90%以上的标的资产筛选应用了ESG投资策略。投资指引仅要求基金优先投资于绿色项目或具有正向环境效益的企业，没有对资金比例等提出具体要求。

同时，国外三个标准均列举了严格不允许投资的产业及标的类型。EETC规定，不利于能源及生态转型的项目必须排除在外。FNG规定，申请人需要在可持续分析中自证其已建立有效的排除流程，并且对发行人及其国家有一定的要求。

国内投资指引仅要求基金优先投资于绿色项目或具有正向环境效益的企业，没有对资金比例等提出具体要求。绿色项目或具有正向环境效益的企业包括直接或间接产生环境效益的、可再生能源及资源循环利用、资源使用效率更高、排放水平更低的公司及产业，与环保、节能、清洁能源等绿色产业相关的企业和项目，在环保和节能表现上高于行业标准的企业和项目，在降低行业总体能耗、履行环境责任上有显著贡献的企业和项目，或经国家有关部门认可的绿色投资标的。

（三）基金的投资运作及内部管理要求

国内外绿色基金标准除了有对募集资金比例使用限制及合格投资标的的规定外，还对申请基金的投资运作和基金管理人的内部治理提出了相关要求。其主要运用的投资策略为ESG整合，具体体现在基金的投资决策流程、内部治理流程、对于投资对象的主动管理行为三个方面。

这部分的内容规定是绿色基金标准不同于信贷、债券等产品的核心内容，体现了基金“主动投资”的特性，也是保证绿色基金标准环境效益实现的重要内容。

第一，投资决策流程中绿色投资策略的应用。卢森堡气候基金标准对于ESG整合策略的要求较为笼统，仅要求基金提供SRI/ESG有关政策或加入国际社会责任相关原则，并证明其符合国际公认的披露标准。EETC要求候选基金应向投资者明确描述其投资策略中的环境目标，同时描述计算资产组合中绿色资产份额的方法和该方法对于投资决策的影响。FNG要求基金管理人必须证明其内部流程和工具的范围及质量可用于识别在可持续方面表现良好的投资对象并优先投资。同时，FNG和EETC均要求基金公司证明其建立了在ESG方面具有争议性投资标的的排除策略。投资指引从两方面为基金的绿色投资策略选择提供了相关方法指引。一方面，要求基金构建标的资产环境评价体系，主要指标包括风险暴露、负面环境影响、正面绿色绩效、环境信息披露水平等；另一方面，要求主动管理的绿色投资产品，应当将绿色因素纳入基本面分析维度，并将不符合绿色投资理念和投资策略的投资标的纳入负面清单。

第二，公司内部治理中ESG整合的应用。EETC要求基金建立ESG争议主动监督与管理流程，以及相应的资源调配机制，基金应当明确说明其解决争议和相关措施的事前事后机制，以及该机制的调整优化频率。FNG在实现可持续发展方面要求公司建立相应的人才储备及沟通策略，这虽然不是严格意义上的ESG整合策略，但对比国际ESG整合策略的操作发现，其对于公司内部治理机制的要求与ESG整合策略较为相近，具体包括：（1）人员储备，在公司层面运用外部专家对可持续性的专业知识进行咨询；（2）企业制度，制定企业社会责任（CSR）政策，明确CSR目标，并定期发布在公开文件中，制定在应对气候变化方面的全国层面指导方针；（3）沟通策略，评估基金投资者在提高发行人可持续性意识方面建立的指引和流程，包括选举权及其实践方面的方针、股东对话、股东合作参与计划等；（4）机构信誉，FNG不同于其他两个国外标准，其对基金管理人层面单独提出了公司内部治理要求，国内的投资指引要求开展绿色投资的基金管理人应当配置研究人员或研究团队，深入分析绿色投资标的中与环境相关的业务、服务或投入要素，逐步构建和完善绿色投资相关数据库、方法论和投资策略，同时，基金管理人应当与高级管理人员确定绿色投资理念和投资目标，并对绿色投资体系建设和运行进行监督管理。

（四）环境效益检测机制与信息披露

三个标准均要求基金对于应对气候变化、推动能源及生态转型和可持续发展等领域的推动作用建立监督评估机制，并进行合理的信息披露。

1. 环境效益评估机制

卢森堡气候基金标准要求申请基金必须建立一个衡量机制，并以指标形式提供预测及实际的运行效果。同时，该标准要求申请基金必须解释其监测、测量及报告气候影响的方法，可以采用内部开发的方法和国际公认标准。

EETC 要求基金设置测量投资对于能源及生态转型实际影响效益的相关机制，需要提供投资环境效益测量机制的相关信息，包括人力资源部署、评估方法及相关指标、提供第三方的评估认证报告。该标准在附录中提供了可选指标，并要求基金将所选的指标与潜在基准进行对比。同时，基金对于相关影响指标的说明应与基金的目标框架一致。

FNG 的审计重点在于，基金投资者利用 ESG 关键绩效指标对基金特定的可持续方面表现的衡量。基金应自证其应用了 ESG 的关键绩效指标，并与基准参考进行对照，同时，自证其应用的 ESGKPI 方法学是否优于基准参考。另外，公开的信息和数据的指标得分为满分，非公开数据的得分减半。

2. 信息披露

国外绿色基金标准对于信息披露的要求主要包括两个方面：一是基金在环境及应对气候方面的投资目标或整体投资策略，二是对于基金相关表现的定期披露。

卢森堡气候基金标准要求基金必须清楚阐述其气候投资目标（包括环境和财务目标），并且向投资者披露具体的投资组合及相关文件，同时说明其符合的国际公认披露标准，如 IRIS、GRI 等。

EETC 要求：（1）基金总体财务及环境目标必须在其给投资者的文件中进行描述和披露，包括投资政策中的环境目标及期望的结果，财务目标或其他与环境目标有关的其他类型（道德等）目标；（2）基金至少从气候变化、水、自然资源、生物多样性四个方面选择一个方面说明其投资标的的贡献与发展情况，并在附录中列出具体指标的选择范围；对于正在筹备的基金，应当说明其在上述四方面中将要选择哪个指标实施和监测。

FNG 要求：（1）在公开的文件中定期披露负责任的投资政策和报告；（2）基金层面考察社会责任投资报告的质量，申请人至少每季度公开基金和（或）发行人的可持续表现，特别是在基金的相关文件中公开，且这些信息最好包含在传统的财务文件中。

第三节 ESG标准体系与ESG基金

一、ESG投资的概念

ESG投资源于社会责任投资SRI，旨在寻求财务绩效之外的企业评价标准。2006年，纽约证券交易所发布的《联合国责任投资原则》（UNPRI）将社会责任投资理念写入正式章程中，签署PRI的投资机构承诺有义务为受益人的长期利益行动，同时考虑环境、社会和治理问题对投资组合业绩的影响，并做出一系列承诺。

ESG投资是在SRI基础上，纳入环境（environment）、社会（social）、公司治理（corporate governance）三大因子。其中，环境（E）方面，主要考虑企业对环境的影响，如企业在生产过程中如何管理和控制各类污染物的排放（包括自身生产经营产生的直接污染和带动上下游产生的间接污染）以及对废物的处理方式等；社会责任（S）方面，主要考虑企业对社会造成的各种影响，如员工管理、福利与薪酬、员工安全、与上下游供应商及服务商的关系、产品安全性等；公司治理（G）方面，主要考虑公司组织架构、股东和管理层的利益关系、是否存在腐败与财务欺诈、信息披露透明度及商业道德等方面。

投资人关注ESG的原因主要在于：一是不同于传统的财务指标，ESG表现可以反映企业的社会价值，帮助投资人更好地衡量投资标的的长期价值；二是ESG可以帮助投资人衡量企业经营的潜在风险，进一步完善风险管理；三是越来越多的投资人不再以赚钱为终极目标，更希望通过投资带来正的社会价值。

二、ESG评价体系

中国现有的ESG评价体系尚处于起步阶段。一般情况下，从评估对象的角度出发，ESG指标和评价体系可分为两个部分，一部分将被投企业作为评估对象，以上市公司业务经营范围与年报披露范围中ESG成分表现作为评估重点的ESG指数，这也是主流ESG指标关注内容；另一部分主要将金融行业投资机构视为评估对象，评估其投资策略与资产配置成分中ESG投资的占比与表现。

目前，国际主流认可度较高的ESG评级体系主要包括富时罗素（FTSE Russell）、汤森路透（Thomson Reuters）、道琼斯（Dow Jones）、明晟（MSCI）和晨星（Moring Star）。其中，MSCI ESG 指数是目前发展历程最久、体系较为完善的 ESG 评价体系（见表 5－3），对我国 ESG 评价体系建立具有建设性的参考意义。2018 年 6 月，MSCI 首次正式将 A 股的 222 只大盘股纳入其新兴市场指数和全球指数，并将所有纳入上市公司进行 ESG 评级。

表 5－3　　　　MSCI ESG 评价体系指标

领域	主题	关键评价指标
环境	气候变化	碳排放、融资环境因素、单位产品碳排、气候变化脆弱性
	自然资源	水资源稀缺、稀有金属采纳、生物多样性、土地应用
	污染和消耗	有毒物质排放消耗、电力资源消耗、包装材料消耗
	环境治理机遇	提高清洁技术的可能性、发掘可再生能源的可能性、建造更环保的建筑可能性
社会	人力资本	人力资源管理、人力资源发展、员工健康与安全、供应链劳动力标准
	产品责任	产品安全和质量、隐私和数据安全、化学物质安全性尽职调查、金融产品安全性、健康和人口增长风险
	利益相关者反对意见	有争议的物资采纳
	社会机遇	社会沟通途径、医疗保健途径、融资途径、员工医疗保健机会
内部治理	公司治理	董事会、股东、工资和鼓励及福利、会计与审计
	公司行为	商业道德、腐败和不确定性、反竞争行为、金融系统不稳定性、纳税透明度

目前，中国部分金融机构相继探索建立自身的 ESG 评价体系，包括中证指数 ESG、华证 ESG、商道融绿 ESG 和润灵环球 ESG 评价体系，但整体分散。

以润灵环球 ESG 评价体系为例，其包含三级指标体系，在一级指标环境、社会、公司治理三个维度下设立 23 项二级分类议题，如社会维度下的二级指标包括员工管理、人力资源和发展、职业健康安全、信息安全和个人信息保护、供应链劳工、产品安全、普惠金融以及公益慈善。评估指标包括约 350 项具体指标。

根据润灵环球、第一财经研究院、诺亚控股联合推出的《2022 中国 A 股公司 ESG 评级分析报告》，截至 2021 年 12 月 31 日，深交所上市公司数量 2578 家，上证所上市公司数量为 2037 家，A 股共计 4615 家企业。通过公开信息收集（2022 年 5 月 31 日前），2021 年 ESG 披露企业 1267 家，数量占 A 股上市企业数量的 27.5%，有 3348 家未披露企业，占 A 股上市公司的 72.5%。其中，在 CSI800（中证 800）企业中，2022 年披露的 ESG 报告（包括但不限于 CSR 报告、可持续发展报告等）企业数量为 513 家，占 CSI800 企业的 64.13%；未披露企业 287 家，占 CSI800 企业的 35.87%。

ESG 评级结果分为 7 个等级，从低到高分别是 CCC、B、BB、BBB、A、AA、AAA。2019—2022 年，中证 800 成分股公司 4 年的 ESG 评级整体处于上升通道，2022 年评级在

BBB（含）以上的公司相比2019年，增幅超过2倍。评级在CCC的公司相比2019年降幅为21.5%。过去4年，中证800成分股公司的ESG综合得分均值总增幅为69.1%，其中，评分处于前100家企业的ESG综合得分均值总增幅为31.9%，说明更具规模的中证CSI800成分股公司相较于中小型企业，更重视ESG的表现和信息披露。从2022年的评级结果看，企业多落在B、BB和BBB三个等级，占比约89.8%，其中，BB级占比62.9%，得分处于下游分数的CCC级占比8.5%，得分为A级的占比只有1.7%，没有公司被评为AA级和AAA级。A股上市公司的ESG信息披露质量还有很大的提升空间。

整体而言，我国ESG信息披露和监管体系在逐渐成形，但仍以企业主体自治自愿为主。监管机构目前仅针对重点高碳排、高污染行业公司实行强制披露要求，对于一般上市公司暂无强制性披露要求。我国统一的ESG评级体系仍在探索建设中，发布机构零星分散，尚无统一标准，有待发展整合。此外，ESG披露目前主要立足于被投资主体经营报告，诸如年报的信息披露要求，在投资机构，诸如绿色基金的ESG相关策略方面的监管政策仍为空白。

三、ESG基金

（一）ESG基金概念

ESG基金指的是投资于具有可持续发展特征的公司的基金，往往剔除了高污染、高耗能、产能过剩行业的公司，更加强调环保、绿色、可持续的发展理念。美国共同基金（Mutual Fund，类似于国内公募基金）历史业绩数据显示，当上市公司面对自身或者市场系统性危机时，有足够社会责任的公司往往能更好地抵御信任危机，这反映在股票长期回报上则更加稳定、能具备战胜市场的可能。由于这类公司都具备可持续性发展的特点，所以就把投资此类企业的共同基金叫作ESG基金。经历各类金融危机后，投资者发现企业ESG绩效成为客观评估其长期发展潜力与平衡风险能力的因素之一，这也正在推动ESG投资成为主流趋势。

ESG基金的主要目标是挑选那些在环境保护、社会责任和公司治理方面表现出色的企业进行投资，同时避免投资那些可能会对社会或环境造成负面影响的企业。这种投资方式既有助于推动可持续发展，也可以降低投资风险，提高长期投资回报率。ESG基金通常采用定量和定性分析相结合的方法，通过对企业的财务数据、产品和服务、供应链管理、公司文化等多个方面进行评估，给予每家企业综合的ESG评分，然后根据这些评分来决定投资组合的构成。

（二）ESG 基金分类

我国 ESG 基金目前并无标准分类，在研究中，通常会分为 ESG 策略基金和泛 ESG 基金（见表 5－4）。其中，ESG 策略基金是指在基金合同中明确将 ESG 纳入投资策略的基金；泛 ESG 基金是指投资理念中包含环境或社会责任的基金，包括绿色概念基金和社会责任基金。

表 5－4　　　　ESG 基金分类

ESG 产品	分类	备注
ESG 策略基金	ESG 核心策略基金	产品名称包含 ESG，或投资策略包含 ESG，且把 ESG 作为主要投资策略
	ESG 概念策略基金	投资策略包含 ESG，且以 ESG 作为辅助策略，如进行负面筛选、评价优选、行业配置等
泛 ESG 基金	绿色概念基金	基金名称或投资策略中包含“可持续发展”“环保低碳”“新能源”“绿色发展”等
	社会责任基金	基金产品名称或投资策略中包含“社会责任”

基于如上规则对规模 1 亿元以上的公募基金进行筛选，截至 2022 年，共有 ESG 基金 343 只，总规模 3767.47 亿元，占全部公募基金的比重分别为 3.55% 和 1.49%。由此可见，我国 ESG 基金的规模仍然非常小，而其中以 ESG 为核心策略的基金更是少之又少，只有 18 只，总规模不足百亿元。

在所有 ESG 基金中，ESG 概念策略基金与绿色概念基金是主要的两类基金。ESG 概念策略基金之所以规模相对较大，是因为此类基金并不把 ESG 作为核心策略，通常只是用 ESG 评级对股票池进行负面筛选或评优筛选。其优点是操作较为简单，一旦建立 ESG 评级，就可以对所有基金产品的股票池进行筛选，但缺点也同样明显，ESG 并非核心策略，对基金业绩的贡献度不高，容易流于形式。目前，ESG 概念策略基金虽然有 118 只，规模也近 1800 亿元，但可以发现，主要的基金管理人是两家，即汇添富基金管理股份有限公司和上海东方证券资产管理有限公司，前者发行基金 73 只，后者发行基金 20 只，合计发行 93 只，占 ESG 概念策略基金的比重达到 78.81%。

绿色概念基金专注于绿色相关领域或主题的投资，是近两年表现较为火爆的投资主题。全球碳中和积极推进背景下绿色产业发展提速，在我国市场表现尤为明显，为绿色概念基金的发展提供了机遇。近两年，以光伏为代表的新能源行业，以及新能源汽车行业加速发展，为绿色概念基金带来了丰厚回报，也进一步带动了基金规模的扩张。从结构来看，绿色概念基金中，新能源类基金最多，如果加上光伏类基金，一共有 119 只，合计占比近 60%；其次为低碳、碳中和基金，一共有 46 只，合计占比 22%；最后为环保类基金、可持续发展基金等。

专栏5-1　知识拓展：国外养老金与ESG投资

养老金机构被赋予维护养老资产可持续性、实现代际财富转移的职责，往往以稳健的投资方式实现长期风险调整后收益的最大化。因此，养老金可持续发展与ESG投资的内在诉求一致。养老金开展ESG投资势在必行，具体体现为：

（1）风险因素：考虑气候变化、地域冲突等可能影响基金长期业绩的风险因素，有助于搭建更趋完善的标的筛选与组合构建流程，在长期内优化投资组合的风险收益特征。

（2）适应ESG相关政策法规：降低政策变动、"黑天鹅"事件等因素影响标的公司经营、引致投资收益损失的可能性，提升对标的公司主动管理的绩效。

（3）强化公共属性：把握社会前沿趋势，积极履行社会责任；通过引导标的公司重视ESG治理，间接促进本土乃至全球经济环境与资本市场的可持续发展，形成机构在国际社会的良好声誉。

多家国外养老金机构已经将ESG投资与其配置框架、组合构建、绩效评价等层面深度结合，如表5-5所示。

表5-5　代表性养老金参与ESG投资情况

机构	机构简称	管理规模	ESG投资特征
日本政府养老投资基金	GPIF	196.59万亿日元（约15727亿美元）	被动投资8只ESG指数，规模约12万亿日元，拥有较完善的ESG绩效评估体系，重视对委外管理人的ESG投资监督
挪威政府全球养老基金	GPFG	12.34万亿挪威克朗（约13990亿美元）	专注全组合ESG风险控制，运用标的筛选、所有权行使等ESG投资工具
加拿大养老金计划投资委员会	CPPIB	5390亿加元（约4312亿美元）	建立完善的ESG整合体系，创设气候变化证券选择框架、尽职调查问卷等创新工具
澳大利亚未来基金	Future Fund	1944亿澳元（约1458亿美元）	布局能源和林地投资超40亿澳元，对内部投资和委外投资均设计ESG整合流程
丹麦劳动力市场补充养老基金	ATP	9473.46亿丹麦克朗（约1450亿美元）	确立到2030年2000亿丹麦克朗的绿色投资目标、到2050年投资的完全碳中和目标，多元途径布局ESG投资
韩国国家养老服务基金	NPSF	948.7万亿韩元（约7985亿美元）	内部建立ESG评级体系，结合对标的突发事件的调查，形成ESG投资依据

养老金ESG的投资流程具体包括：投前审查纳入对标的ESG治理情况的尽职调查；组合构建纳入基于ESG因素的合理筛选；投后管理纳入对ESG相关事项的监督、投票；投后评估提供组合调整的依据；等等。例如，加拿大CPPIB制定了在投资生命

周期中运用各类工具的规划，分为价值识别和价值创造两维度。其中，价值识别是对标的投资机会、风险的充分挖掘，而价值创造则是基于评估结果，进行投资组合的搭建与持续监控。在全投资流程中，CPPIB 也将与公司积极对话，及时识别并消除不利于养老金运营和声誉的负面影响。丹麦 ATP 践行 ESG 整合的核心是基于风险敞口的一套尽职调查流程。基金理事会制定投资责任履行政策作为尽职调查的基础，对组合内公司如何规范经营行为、对 ATP 如何应对 ESG 制度法规的变化提出要求。在该政策指导下，ATP 将尽职调查的相关工作统一纳入内部管理，从 2021 年开始对相关成果进行独立披露。

资料来源：中信证券．海外养老金视角下的 ESG 投资：配置框架、投资执行与绩效评估［R］. 2022.

（三）ESG 基金投资策略

ESG 投资，就是在传统财务分析投资流程中，将环境、社会、公司治理三个方面的因素纳入考虑，考察企业中长期可持续发展的潜力，从而找到既能创造股东价值，又能创造社会价值的投资标的。而所谓的 ESG 投资策略，最简单的理解就是把 ESG 纳入考虑的不同的方式方法。

全球可持续投资联盟（Global Sustainable Investment Alliance，GSIA）将 ESG 投资策略分成七种类型，这也是全球目前认可度最高的分类标准，包括负面筛选、正面筛选、规范筛选、ESG 整合、可持续发展主题投资、影响力/社区投资和企业参与及股东行动。这些 ESG 投资策略可以分为三类：第一是筛选类，即基于一定的标准对投资标的进行排除和选择，主要包括负面筛选、正面筛选、国际惯例筛选、可持续主题投资；第二是整合类，就是将 ESG 理念融入传统投资框架；第三是参与类，即通过投资推动公司采取行动、实现积极的社会和环境影响，主要包括企业参与及股东行动、影响力和社区投资。

1. 负面筛选

负面筛选（negative screening），又叫排除筛选（exclusionary screening），是指寻找在 ESG 方面表现低于同行的公司，然后在构建投资组合时避开这些公司。常见的负面筛选条件可以是产品类别（如烟草、军工、化石燃料），也可以是公司的某些行为（如高碳足迹、腐败、环境诉讼），或者是给 ESG 得分划定最低标准，如剔除同行业评级排名较低的 20% 的公司。创金合信 ESG 责任投资股票 A（011149）是一个纯 ESG 基金，这个基金采用的就是 ESG 投资策略中的负面筛选策略。在基金招募说明书中，公司明确做出了说明：在综合评估公司 ESG 责任投资情况后，把评级为 B 以下的公司剔除，构建底层的 ESG 基础投资池。

2. 正面筛选（同类最优）

正面筛选（positive screening）和同类最优（best - in - class）非常类似，指的是基于ESG标准、根据公司的ESG表现，在同一个类别/行业/领域内对比进行筛选，通常是选出ESG表现最好的公司，或是给入选设置ESG指标的门槛值。

正面筛选策略和同类最优经常应用在ESG指数编制上。例如，沪深300 ESG价值指数（931466）从沪深300指数（000030）样本中选取ESG分数较高且估值较低的100只上市公司证券作为指数样本；MSCI ESG领先指数（MSCI ESG leaders indexes）采用正面筛选和负面筛选相结合的方法，筛选出评级BB或以上，并且争议分数（MSCI ESG controversies score）在3分以上的公司，同时剔除争议性武器、核武器、民用武器、烟草、酒精、传统武器、赌博、核电、化石燃料开采、火力发电等行业的公司。

负面筛选和正面筛选策略都是比较容易操作和实施的，因此被广泛应用，可以说这两个策略是很多投资者将ESG考虑纳入其投资组合的起点。很多ESG指数的编制也是基于这两个策略。

3. 标准筛选

标准筛选（norms - based screening，NBS）也叫国际惯例筛选，是根据国际规范，筛选出符合最低商业标准或发行人惯例的投资，如剔除不符合国际劳工组织最低标准的公司。和正面筛选、负面筛选的条件不同，它所使用的“标准”往往是现有框架，包括联合国、经济合作与发展组织、国际劳工组织等机构发布的关于环境保护、人权、反腐败方面的契约、倡议，如《联合国全球契约》、《联合国人权宣言》、经济合作与发展组织的《跨国企业准则》、国际劳工组织的《关于多国企业和社会政策的三方原则宣言》等。

4. 可持续主题投资

可持续主题投资（thematic investing）指的是对有助于可持续发展主题的资产进行投资，如可持续农业、绿色建筑、智慧城市、绿色能源等主题。它注重预测长期社会发展趋势，而不是对特定公司或行业进行ESG评价。

5. ESG整合

随着信息披露和评价体系的完善，ESG整合正在成为最核心的ESG投资策略。ESG整合（ESG integration）指的是“在投资分析和决策中明确、系统地将环境、社会和治理问题纳入其中”，也就是说将ESG理念和传统的财务分析相融合做出全面的评估。ESG整合具体可以分为个股公司研究和投资组合分析两部分。个股公司研究，主要是收集上市公司财务和ESG数据进行分析，找到影响公司、行业的重要财务和ESG因子；投资组合分析要评估的是财务和ESG对投资组合的影响，从而调整投资组合内股票的权重。在进行

ESG 整合时，一般会采用定性或者定量的分析方法。在 ESG 整合策略刚出现时，定性分析采用得比较多，主要是因为当时 ESG 数据比较少；随着上市公司 ESG 披露越来越多，ESG 评级数据越来越丰富，越来越多的公司把 ESG 信息量化并纳入分析估值的框架里。全球可持续投资联盟（GSIA）在《全球可持续投资回顾 2020》中整理了 2016—2020 年主流 ESG 投资策略的规模，可持续主题投资、ESG 整合策略发展迅速。2020 年，ESG 整合策略超过负面筛选成为全球规模最大的 ESG 投资策略，达到 25.195 万亿美元。

6. 企业参与和股东行动

企业参与和股东行动（corporate engagement & shareholder action）指的是投资人利用股东权利来影响企业行为，从而实现 ESG 投资目标。主要有四种形式：投资人主动要求 ESG 相关信息披露，直接改变被投资公司的行为、提出明确的要求，股东投票支持 ESG 相关决议，以及如果投资者未能成功开展上述企业参与活动，可以向公司提出撤资。ESG 投资者通过积极参与公司治理和股东行动，协助与督促所投资企业推行 ESG 理念。

7. 社区投资和影响力投资

社区投资（community investing）指为具有明确社会或环境目的的企业提供资金，其中一个子类别就是 ESG 影响力投资（impact investing），指的是通过投资以实现积极的社会和环境影响，投资目的是在获得经济收益之外产生有益于社会的积极成果，帮助减少商业活动造成的负面影响，因此，影响力投资有时也会被认为是回馈社会和慈善事业的延伸，常见于一些慈善基金会。

以上是七种 ESG 投资策略，其实我们经常见到的主要是负面筛选、正面筛选、ESG 整合三种，特别是国内的很多 ESG 指数构建采用的是负面或正面筛选策略。但随着 ESG 披露和评级的发展，ESG 整合策略也会成为国内的重点。

（四）ESG 基金监管体系构建

1. 中国 ESG 基金监管体系

中国 ESG 基金呈稳步增长趋势，但占比仍然较低。截至 2022 年 6 月，我国证券市场上以 ESG 为主题的公募基金数量再创新高，达到了 222 只，规模约 2298 亿元（见图 5-1），不及全部公募基金管理规模的 1%，仍需大力发展。相比之下，全球 ESG 基金发展迅速，规模已从 2019 年年底的 1 万亿美元上升到 2022 年第一季度末的 2.8 万亿美元。

ESG 基金监管正处于发展阶段。2014 年 7 月，证监会发布的《公开募集证券投资基金运作管理办法》规范了基金募资、投资及其他运作活动，为 ESG 等相关主题基金的规范运作提出了基础要求。特别针对环境议题，2018 年中国证券投资基金业协会正式发布了《绿色投资指引（试行）》，对基金管理人开展绿色投资提出原则性要求。2020 年 9 月，

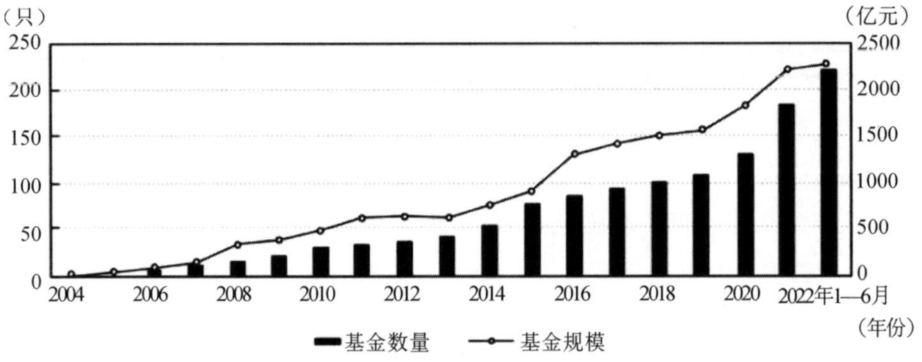

图 5-1　2004—2022 年 6 月中国 ESG 主题公募基金数量及规模

“双碳”目标的宣布进一步推动了绿色金融服务的发展，也扩大了 ESG 基金的成长空间。2021 年 4 月，中国人民银行、国家发展改革委、证监会共同发布《绿色债券支持项目目录（2021 年版）》，统一国内不同绿色项目标准。

现行的基金管理办法尚未针对 ESG 基金提出明确定义。《公开募集证券投资基金运作管理办法》明确要求基金应符合“有明确、合法的投资方向”，确保“基金名称表明基金的类别和投资特征，不存在损害国家利益、社会公共利益，欺诈、误导投资者，或者其他侵犯他人合法权益的内容。基金名称显示投资方向的，应当有百分之八十以上的非现金基金资产属于投资方向确定的内容”。但目前，监管层面尚未对 ESG 基金给出明确定义，也未对名称中体现了 ESG 相关特征的基金提出更有针对性的运作和 ESG 相关信息披露要求。

持续鼓励基金管理人开展绿色投资。《绿色投资指引（试行）》明确了绿色投资的定义、目标和原则，鼓励有条件的基金管理人采用系统的 ESG 投资方法，综合环境、社会、公司治理因素落实绿色投资，并为开展绿色投资的基金管理人提供投资方法的指引，对基金管理人开展以环境为重点的 ESG 投资有重要的指导意义。

《绿色债券支持项目目录（2021 年版）》推动国内外绿色项目标准趋近统一。《绿色债券支持项目目录（2021 年版）》是在中国人民银行发布的《绿色债券支持项目目录（2015 年版）》和国家发展改革委发布的《绿色债券发行指引》基础上，结合《绿色产业指导目录（2019 年版）》，对不同绿色券种含义界定和认证标准的统一。《绿色债券支持项目目录（2021 年版）》对绿色债券的界定进行了明确的规范，减少了由于绿色债券市场标准不统一可能带来的“漂绿”等现象。为了更好地与国际主流标准接轨，新版目录不再将煤炭等化石能源清洁利用项目纳入绿色债券支持范围。

上市公司 ESG 披露要求持续增强，逐步为 ESG 基金信息披露奠定数据基础。证监会于 2018 年 9 月修订《上市公司治理准则》，确立了上市公司 ESG 信息披露的基本框架，并于 2021 年 5 月修订上市公司年度报告和半年度报告格式准则，新增“环境和社会责任”

章节，鼓励公司自愿披露在报告期内的低碳减排、乡村振兴等工作情况。交易所方面，2019年3月，上交所发布《科创板股票上市规则》，明确提出ESG披露和管理要求，要求上市公司在年度报告中披露履行社会责任的情况，并视情况编制和披露可持续发展报告；2020年9月，深交所发布《深圳证券交易所上市公司信息披露工作考核办法（2020年修订）》，首次提及ESG披露并将其纳入考核。

2. 中国ESG基金评级体系

我国基金ESG评价出现较晚，基金ESG评分总体偏低。2020年9月，中央财经大学绿色金融国际研究院在“2020中国金融学会绿色金融专业委员会年会暨中国绿色金融论坛”上发布了“中国公募基金ESG评级”，迈出了探索我国基金ESG评价体系的第一步。2021年9月，国内首个基金ESG评价体系——《ESG基金：国际实践与中国体系构建》由中国金融学会绿色金融专业委员会、腾讯金融研究院等机构联合发布。为使评价体系与国际接轨，增强其实用性和覆盖面，该报告首次系统梳理了欧盟、美国和中国香港的ESG基金监管框架，详细对比了全球主流的基金ESG评级方法论。参考国际先进经验和方法论，该报告所构建的ESG评价指标体系既符合国际惯例和标准，又在指标设计上体现中国特色。其中78个底层指标符合国际PRI准则，能够覆盖上市公司全方位的ESG表现，精选核心指标更贴近实际，便于被行业接纳，也方便基金公司在此基础上进行丰富和完善。

在研究方法和数据来源方面，构建的“主题—维度—上市公司—基金”四层穿透型基金ESG评级算法符合国际惯例。数据来源丰富，底层数据包括3000多家上市公司的100多万指标数据、3000多家偏股型基金产品的共计85万条记录，能够根据基金持仓变化、上市公司ESG表现变化进行更新，实现结果的动态输出。同时，来自国内主流数据平台的数据更加可信赖，所有的数据清洗、验算、合并、匹配过程清晰，并且方便验证。

报告根据上市公司的ESG评价情况，计算出基金产品的ESG评分，并根据得分将基金产品分为“深绿”“浅绿”和“其他”三种类型。结果显示，2020年，我国金融市场上共有367只深绿基金（占比10.68%），584只浅绿基金（占比17.01%），所有绿色基金数量为951只（占比27.69%）。报告统计显示，相比普通基金，ESG基金在收益方面具有优势。整体而言，浅绿基金收益率高于深绿基金，二者的平均收益整体高于非绿色基金。从时间期限来看，绿色基金比非绿色基金12个月的收益率高5%左右，两年期收益率高6%左右，三年期收益率高出7%左右。也说明投资于ESG基金具有更好的收益，基金的ESG评价可以有效指导投资者获得更高的投资回报。

3. 欧盟ESG基金监管体系

欧盟ESG最核心的框架性文件是《可持续发展融资行动计划》和《欧洲绿色协定》，指引整个欧盟地区从立法、投资等层面充分落实可持续发展。目前，欧盟市场已经形成了从企业到投资的ESG信息价值链，并以碳市场、碳边境调节机制形成了相对严格的碳约束机制。

近10年来，欧盟委员会从《非财务报告指令》（Non－financial Reporting Directive，NFRD）开始试点企业的可持续信息披露，到最近正式开始实施《企业可持续发展报告指令》（Corporate Sustainability Reporting Directive，CSRD），逐步提升强制性，逐步扩大披露的覆盖范围。为了配合CSRD的标准化披露，欧盟发布了《欧盟可持续发展报告准则》（European Sustainability Reporting Standards，ESRS），通过整合主流的ESG国际披露框架、衔接NFRD阶段的信息披露来提升企业ESG披露的一致性。根据欧盟的时间安排，2023年1月5日起，约50000家欧盟企业需要遵循CSRD的规范进行ESG信息披露，到2029年，部分与欧盟存在贸易关系的非欧盟企业也需要被CSRD纳入约束。

欧盟发布的《可持续金融信息披露条例》（Sustainable Finance Disclosure Regulation，SFDR）对资金端整个价值链的金融市场参与者（FMPs）从机构主体层面和资管产品层面分层制定了ESG信息披露规则和相应的可持续发展目标。在机构主体层面，SFDR强制辖内机构需要披露业务过程中的可持续风险政策、负面影响；在资管产品层面，SFDR根据ESG融入程度将资管产品分为深绿（条款9）、浅绿（条款8）和普通（条款6）三种类型，并设定了相应的披露标准和环境、社会绩效目标。《欧盟分类目录》则保证了ESG信息从资产到资管产品层面传递的一致性。更严格的SFDR监管规则在短期可能会导致部分不符合标准的“条款9”基金降级，但长期来看能帮助市场参与者挖掘出更符合可持续发展目标的深绿资产。我们测算，以A股市场为例，有15只A股目前分别被超过10只SFDR“条款9”基金纳入持仓，获得了欧盟框架的ESG认可。

碳足迹约束：内外协同，抑制“碳泄漏”。为了实现欧盟经济体承诺的2030年前碳减排、2050年前碳中和的目标，欧盟对内以总量控制为原则、碳排放权稀缺性作为定价机制构建了碳排放权交易体系（ETS），对外构建了碳边境调节机制（CBAM），通过内外协同效应引导、约束经济结构来逐步实现欧盟经济体的气候目标。

4. 美国ESG基金监管体系

美国联邦层面对于ESG基金信息披露做出规定的时间相较于欧盟较晚，但是已在逐步加强对ESG基金的信息披露要求。SEC于2022年5月提议《加强投资顾问和投资公司对于ESG投资实践的披露》（Enhanced Disclosures by Certain Investment Advisers and Investment Companies about Environmental，Social and Governance Investment Practices）（以下简称《提议》），为ESG基金制定披露要求，以促进投资公司和投资顾问就基金是如何融入ESG因素为投资者提供一致、可比和可靠的信息。与此同时，为进一步打击“漂绿”现象，SEC拟修改《投资公司法》中的命名规则。

《提议》细化了不同种类ESG基金的披露要求。《提议》提出将ESG基金划分为不同种类并明确相应的披露要求，规定相关机构在基金招募说明书、年度报告和顾问手册中进行 ESG 相关信息的具体披露。《提议》通过使用分层表格的披露方式，帮助投资人深入了解该基金的 ESG 投资策略，以便能更好地比较同类 ESG 基金之间的信息。除此之外，对于使用代理投票或者参与作为重要投资策略的 ESG 基金，《提议》要求披露有关其对特定 ESG 议题进行投票等相关的事项信息；对部分以环境为重点的基金，《提议》要求披露与其投资组合层面相关的碳足迹，以及加权平均碳强度等环境相关信息。

SEC 加强打击资金流向与基金名称不符合的情况。SEC 于 2022 年 5 月下旬提议修改《投资公司法》中的“命名规则”，要求机构对名称中带有“ESG”“增长”“价值”等专业术语的基金在招募说明书给出该术语的明确定义，并确保该基金中 80% 的资产投向符合该定义所规定的投资范围。

5. 香港 ESG 基金监管体系

香港监管机构不断提升基金层面的 ESG 信息披露要求，并对 ESG 基金和气候基金提出了具体的披露要求。香港证监会于 2021 年 6 月发布《致证监会认可单位信托及互惠基金的管理公司的通函——环境、社会及管治基金》（经修订的通函）（以下简称《通函》），加强以 ESG 因素为主要投资重点的基金的信息披露规定。《通函》取代了 2019 年 4 月发布的《至证监会认可单位信托及互惠基金的管理公司的通函——绿色基金或环境、社会及管治基金》（旧通函）。

《通函》以 2019 年发布的版本为基础，删除了最低基金投向比例的要求，加入了关于 ESG 基金进行定期评估并披露、披露如何纳入 ESG 因素的新规定，并对气候基金（climate funds）进行了定义。值得注意的是，《通函》中说明，如果基金已经符合 SFDR 第八条或者第九条的披露要求，那么这类基金将被判定满足《通函》规定的披露要求。《通函》规定，ESG 基金应当在招募说明书披露以下内容，如表 5－6 所示。

表 5－6　　《通函》规定 ESG 基金应当披露的内容（节选）

ESG 重点	ESG 投资策略	资产分配方式及比例	参考基准	额外披露	风险
描述基金的 ESG 重点，如气候变化；用于衡量基金的 ESG 重点实现情况的标准，如评级、第三方证书或标签等	ESG 基金采用投资策略，该策略在投资过程中的约束因素和重要性，以及该策略是如何持续实施；考量 ESG 衡量标准的过程摘要；描述排除政策	与基金的 ESG 重点相称的预期或最低比例的证券或其他投资	在相关指数被用来衡量 ESG 基金的 ESG 目标实现情况的背景下，如果基金追踪 ESG 基准，那么机构应披露该基准的特点及组成	关于基金底层资产 ESG 相关属性的尽职调查说明；ESG 数据来源及处理描述，或者在 ESG 数据确实下使用的假设；如有，股东参与政策	描述与基金的 ESG 重点和投资策略相关的风险或限制

持续强化基金管理人的气候相关风险管理和信息披露责任。对于所有基金管理人，2021年8月，香港证监会发布《致持牌法团的通函——基金经理对气候相关风险的管理及披露》（以下简称《通函》），提出了基金经理应在投资及风险管理中考虑气候相关风险，并做出适当的披露，要求基金经理按照“治理—投资管理—风险管理—披露”模块提供气候相关信息。在基本规定层面，《通函》要求基金机构披露董事会及管理层在气候变化议题上的职责、描述气候相关风险是如何融入风险管理流程，以及评估和量化气候相关风险的工具及指标。《通函》还对上一个汇报年度内任何三个月所管理的集体投资计划的资产价值达到或超过80亿港元的基金经理提出进阶标准，提出计算并披露投资组合层面碳足迹、评估情景分析适用性等要求。《通函》面向全体基金管理人，提升了全体从业机构对气候相关可持续因素的关注，也可能促进ESG基金和气候基金关注气候相关绩效，并提供了绩效量化乃至对比的数据基础。

第四节　绿色基金典型案例

一、绿色气候基金

绿色气候基金（GCF）成立于2010年，是《联合国气候变化框架公约》及《巴黎协定》下的重要资金机制，旨在通过给发展中国家实施减缓和适应气候变化项目提供融资支持，为实现国际社会应对气候变化的目标作出贡献。GCF主要通过其认证的全球、区域、国家项目执行机构为发展中国家公共和私营部门提供赠款、贷款、股权、担保等方式的支持。

GCF最高决策机构为董事会，负责审批机构战略、政策、项目、认证机构等重要事项，由董事和副董事构成，每届任期3年。其中，发达国家选区董事、副董事各12名，发展中国家选区董事、副董事各12名。中国是GCF董事会成员。2019年11月，GCF批准首个中国项目——山东绿色发展基金贷款项目，资金规模为1亿美元。

山东省绿色发展基金总规模100亿元，一期规模17亿元。其中，利用亚行贷款1亿美元等值欧元，由财政部代表国家统一筹借、省财政厅提供担保的主权外债，期限为20年（宽限期为15年），这也成为全国首只在省级层面利用国际金融组织贷款设立的绿色基金。"当前，绿色发展的若干领域由于技术不够成熟、投资回报低，所以，资金成为制约发展的重要因素。"山东省财政厅厅长刘兴云介绍。基金的设立实现了金融工具与绿色发展有机结合，与其他贷款5至6年宽限期相比，该项目宽限期大大延长，有利于发挥资金的最大效益，支持山东省积极的气候政策目标。

该基金创新了国际金融组织资金利用方式，将以直接投资和子基金投资的方式，重点投向节能减排、环境保护与治理、清洁能源、循环经济、绿色制造等领域，预计在项目实施期内可减少二氧化碳排放2500万吨，使1000万人直接或间接受益。

二、中美绿色基金

（一）中美绿色基金概况

中美绿色基金是中美政界和商界领袖共同提议发起设立的市场化运营的私募股权投资基金，由中央财办和美国保尔森基金会牵头，联合中美两国在金融、绿色产业领域的多家龙头机构共同发起设立。

中美绿色基金定位为绿色股权投资标杆以及中美双边绿色合作框架的市场化执行者，通过专注于绿色股权投资，树立绿色投资的专业化标杆，促进中国经济的绿色低碳转型和发展，同时，搭建中美在绿色发展方面创新战略合作的民间交流平台，促进中美在绿色金融、绿色技术等领域的商业化合作。中美绿色基金的理念是：专注绿色投资，绿创中国发展。

（二）中美绿色基金历史沿革

2015年9月，我国国家领导人访美期间，中美政界和商界领袖前瞻性地提出设立一个市场化的绿色投资基金，作为开展中美绿色金融和技术合作的民间交流平台；2016年4月，中央财经领导小组办公室会同美国保尔森基金会召集"一行三会"，中美相关领域龙头企业召开中美建筑节能基金筹备协调会；2016年6月，中美绿色基金被纳入第八轮中美战略与经济对话联合成果之一；2016年11月，经国务院领导批准，"中美绿色基金"正式成立，基金宗旨是专注绿色投资，构建中美民间绿色交流合作平台；2017年11月，中美绿色一期旗舰基金完成首次关账，国内绿色产业相关领域的知名国有企业、民营企业等多元化投资人出资参与；2018年10月，按国务院领导要求，并经国家发展改革委党组同意，徐林从国家发展改革委离职出任中美绿色基金董事长一职；2019年2月，中美绿色一期旗舰基金完成全部募集工作，基金总规模为23亿元；2019年12月，经商保尔森基金会并请示中财办同意，中美绿色基金管理框架进行调整，徐林董事长开始筹备组建中美绿色基金管理有限公司，负责中美绿色基金未来发展；2020 年 7 月，中美绿色基金管理有限公司完成基金业协会私募基金管理人登记，取得私募基金管理人资质，开始中美绿色二期旗舰基金募集。

（三）中美绿色基金投资方向

中美绿色基金共有五大投资方向，分别是新能源与能源结构调整，资源循环利用、生态环境保护与修复，绿色健康产业，绿色制造、绿色交通与物流，绿色农业与养殖，具体内容如表 5 - 7 所示。

表 5 - 7　　中美绿色基金投资方向具体内容

投资方向	具体内容
新能源与能源结构调整	节能技术推广、综合能源管理服务、生物质能源、地热能利用、氢燃料电池、太阳能、风能技术及其应用与运营，先进高效储能技术、能源互联网技术及区域能源微网、多能互补能源网、先进电池管理系统
资源循环利用、生态环境保护与修复	生态环境保护与修复技术和模式，包括智慧化的污染源监控、水质监测、空气检测技术和模式，生态检测技术和应用、土地修复技术和模式、先进固废和危废处理技术和模式、水处理等技术与运营等
绿色健康产业	围绕生物技术、靶向药物、细胞治疗、基因检测、智能医疗器械、远程医疗等新技术、新兴业态和运营模式
绿色制造、绿色交通与物流	基于人工智能技术和工业互联网技术的绿色智能制造技术和制造模式，有利于降低排放的清洁能源交通工具制造和智慧绿色物流工具和模式等
绿色农业与养殖	农业资源利用、农业生产精细化管理、农产品质量安全管理与产品溯源，低污染的生物农药、生物化肥、牲畜工业化清洁养殖、海产品的陆基循环水养殖，有利于减少耕地占用和温室气体排放的植物蛋白生产技术和模式

三、全球绿色资助基金

全球绿色资助基金（GGF）是总部在美国科罗拉多州的一个基金会。美国有很多基金会资助经过注册的组织和需要大量资金的项目，而全球绿色基金认为很多发展中国家的基层组织需要的经费资助并不是很多，而且这些国家中的很多组织注册比较困难，全球绿色资助基金旨在通过对发展中国家基层环境运动进行小额资助，以期帮助保护全球环境。全球绿色资助基金在最未受关注而又面临诸多环境威胁的地区广泛支持以社区为基础的环境活动。自1993年，全球绿色资助基金在168个国家资助超过15000笔赠款，价值超120亿美元。

全球绿色资助基金在许多国家和地区设有顾问委员会，由当地了解如何最有效利用有限资源的环境领袖们组成。顾问委员会负责推选可以获助的组织，这种以群体为基础的工作方式有利于在环境领域内建立民主机制。同时，顾问委员会将本地环境群体及其需求的内容进行记录，同样让捐助者们受益匪浅。

全球绿色资助基金主要在气候正义、健康的生态系统和社区、建立公平工资、土地水和资源权、妇女环保行动、保护环境的权利等方向努力。例如，自2004年，全球绿色资助资金已向尼日尔三角洲社区团体发放了126笔捐款，总额超过600万美元；自2014年，全球绿色资助资金增加了对解决环境破坏造成的不平等和性别影响的项目资助，71%的一般支持预算均用于该目标；2022年1月，全球绿色资助基金为能源转型的前线提供资金；2022年8月，全球绿色资助基金为Mfolozi社区环境正义组织提供了两笔赠款，帮助当地社区打击煤炭开采及其负面的经济、社会和环境影响等。

四、荷宝资产管理公司

荷宝资产管理公司（Robeco）作为一家国际资产管理公司，广泛投资于股票与债券。截至2021年6月，Robeco资产管理规模约为2370亿美元（约1.6万亿元），其中2100亿美元（约1.4万亿元）的资产管理融入ESG考量。其旗下的基金——RobecoSAM Circular Economy Equities Z EUR成立于2020年2月，是符合SFDR第九条要求的可持续金融产品。截至2022年5月31日，基金规模达1.22亿欧元（约8.75亿元），历史年化回报率9.45%。该基金为从传统生产和消费模式向循环经济过渡的解决方案提供资金，并通过投资符合联合国可持续发展目标（SDGs）的公司实现可持续投资目标，符合《欧盟分类法》中定义的六个可持续投资环境目标之一的“向循环经济过渡”。另外，该基金在投资组合中排除存在争议行为和提供有争议产品的公司，确保基金的投资资产不仅符合《欧盟分类法》中对其他五个环境目标不造成重大伤害的规定，还遵守“最低保障措施”的要求。被排除的行业包括有争议的武器、烟草、化石燃料、核电、大麻、酒类等，并且不将资金投入违反《联合国全球契约》或《经合组织跨国企业准则》等国际商业标准的公司。RobecoSAM Circular Economy Equities前十大持仓及行业权重分布见图5-2。

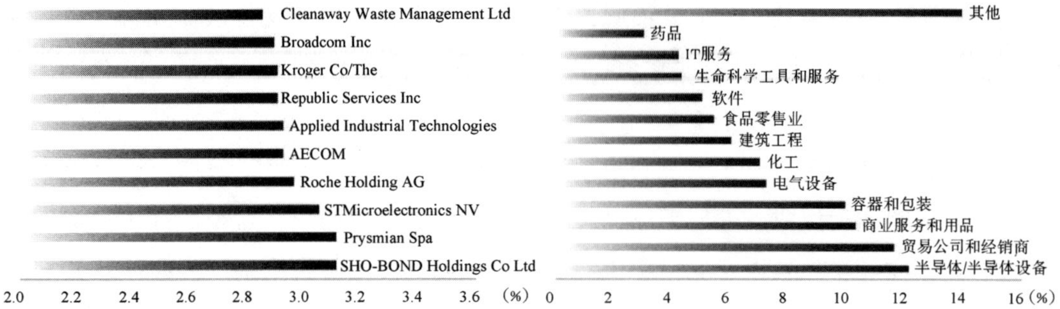

图 5-2 RobecoSAM Circular Economy Equities 前十大持仓及行业权重分布

五、联博集团

联博集团（AllianceBernstein）是一家资产投资公司，截至 2022 年 6 月，该公司管理资产规模达到 6870 亿美元（约合 46024 亿元），旗下 ESG 基金 AB Sustainable Global Thematic Fund 成立于 1996 年 10 月 1 日，截至 2022 年 6 月 30 日，该基金管理规模达 1.8 亿美元（约合 12 亿元），历史年化回报率达 6.27%。AB Sustainable Global Thematic Fund 致力于追求高回报率，并对可持续发展作出积极贡献，ESG 因素已纳入所有投资决策中，投资方向符合联合国可持续发展目标。该基金设定了气候、健康、赋能三大投资主题，由于基金将 ESG 作为主要考虑因素，因此基金运作符合 ESG 专注基金的定义。截至 2021 年年末，该基金 96.9% 的投资方向符合 SDGs，符合《投资公司法》拟定的 80% 资产投向符合 ESG 名称的要求，从行业分布的结果来看，投资组合的筛选满足该基金设定的三大主题。AB Sustainable Global Thematic Fund 前十大持仓及行业权重分布如图 5-3 所示。

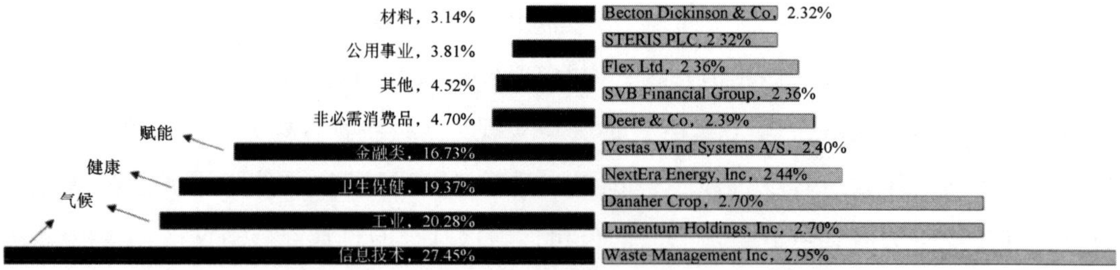

图 5-3 AB Sustainable Global Thematic Fund 前十大持仓及行业权重分布

六、安本标准

安本标准（Aberdeen）作为一家国际资产管理公司，通过将 ESG 纳入核心投资流程，在全球寻找可持续发展投资机会。截至 2021 年 6 月 30 日，安本标准管理资产规模达 4653

亿英镑（约合37674亿元）。我们选用其管理的ESG基金安本标准—环球可持续股票基金（AFA665）作为案例进一步说明。该基金成立于1993年2月1日，是登记在香港SFC《环境、社会及管治基金列表》中的ESG基金之一。截至2022年6月30日，其管理的基金规模达2.1亿美元（约合14.1亿元），过去5年年化回报率为3.87%。该基金根据公司内部ESG评分数据，剔除ESG风险较高的公司以及业务或收益产生与烟草制造、热能煤、博彩、油气和武器相关的公司。同时，基金管理人积极与被投公司的管理团队保持沟通，引导企业可持续发展。安本标准—环球可持续股票基金前十大持仓及行业权重分布如图5－4所示。

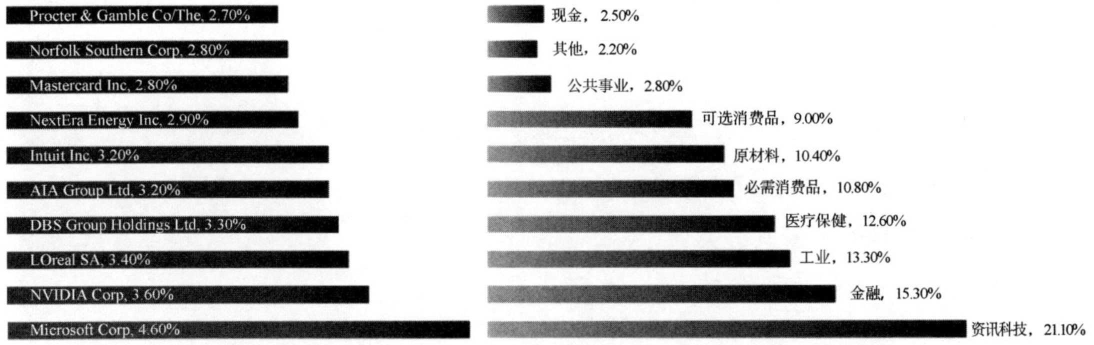

图5－4　安本标准—环球可持续股票基金前十大持仓及行业权重分布

七、大摩ESG量化混合

为了更详细地阐述国内ESG基金现状，本小节选取国内一只ESG主题基金——大摩ESG量化混合（以下简称大摩量化）作进一步分析。截至2022年6月30日，大摩量化的规模为3.22亿元，过去1年年化回报率分别为－16.9%。该基金披露了相关实质性信息，但是仍存在一定的改进空间。根据基金的招募说明书，在投资目标方面，大摩量化对符合ESG要求的股票进行投资，力争获取超越比较基准的投资回报与长期资本增值；在投资策略方面，大摩量化使用“白名单制度”和“黑名单制度”，选取具有较好ESG实践表现的公司进行投资，同时排除某些不符合ESG投资要求的行业、公司；在投资范围上，基金强调其投资至符合ESG要求的上市公司证券资产不低于非现金基金资产的80%。大摩量化较为清晰地披露了ESG投资策略和相关ESG资产配置比例。与其他境外领先的ESG基金披露实践相比，我们认为大摩量化可以进一步阐述其“黑名单制度”，提供其使用的排除方法、标准、被排除的行业及业务等信息，从而使投资者更好地获知和评估该基金的ESG投资理念及方法。大摩量化前十大持仓及行业权重分布如图5－5所示。

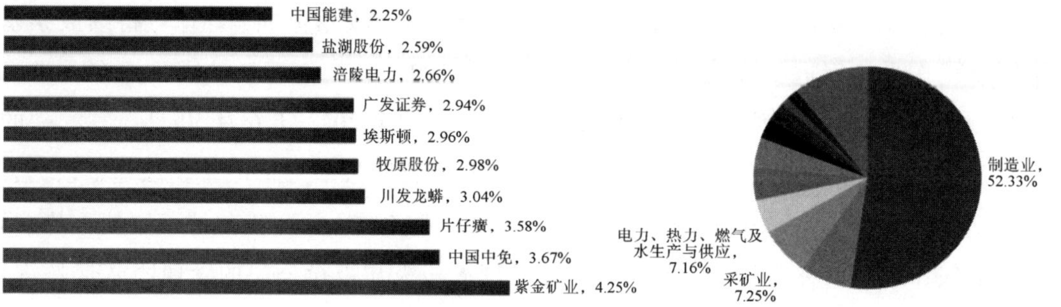

图 5-5　大摩量化前十大持仓及行业权重分布

思考与练习

（1）什么是绿色基金？与一般基金的主要区别体现在哪里？

（2）绿色基金的基本模式有哪些？

（3）简述 ESG 基金及其分类。

（4）举例说明 ESG 投资策略。

推荐阅读材料和网站

（1）国信证券 . ESG 指数和 ESG 基金的比较分析 [R]. 2023.

（2）华宝证券 . 多维度价值导向的投资理念和策略分析 [R]. 2023.

（3）华金证券 . ESG 全球市场回望与前瞻 [R]. 2023.

（4）商道融绿 . 中国责任投资年度报告 2022 [R]. 2022.

（5）中信证券 . 海外养老金视角下的 ESG 投资：配置框架、投资执行与绩效评估 [R]. 2022.

（6）国家绿色发展基金（https://www.ngd-fund.com/）。

（7）丝路基金（http://www.silkroadfund.com.cn/）。

参考文献

[1] 安国俊 . 绿色基金发展的国际借鉴 [J]. 中国金融，2016（16）：30-32.

[2] 安国俊，张宣传，等 . 国内外绿色基金发展研究 [M]. 北京：中国金融出版社，2018.

［3］崔连标．全球绿色气候基金方案设计与影响评估［M］．北京：经济科学出版社，2017.

［4］林殷．可持续基金国际标准制定的实践［J］．中国金融，2022（18）：64－65.

［5］毛振华．ESG基金的发展趋势与长期价值——读《ESG基金：国际实践与中国体系构建》［J］．中国金融，2022（4）：96.

［6］倪培根，秦二娃，程锐．推进绿色基金环境信息披露［J］．中国金融，2022（9）：52－53.

第六章　绿色保险

学习要求

1. 掌握绿色保险的概念。
2. 理解“双碳”目标下绿色保险在经济社会发展和生态文明建设中的能效。
3. 熟悉国内外绿色保险的相关制度与实践。
4. 熟悉绿色保险的创新产品及典型案例，能够识别和分析绿色保险发展的趋势。

本章导读

本章追溯了绿色保险的源起与发展，以“双碳”目标为指引，梳理了绿色保险的概念与功能；介绍了美国、德国、英国、法国的绿色保险制度；从国家和地方两个层面，回顾了国内绿色保险制度的发展；归纳整理了绿色保险的创新实践，并从负债端和资产端两个维度引入了典型案例。

第一节　绿色保险概述

国家在“十三五”规划中正式将“发展绿色金融”提升为国家战略，“十四五”规划将绿色保险作为绿色金融体系的重要组成部分和履行社会责任、创造社会价值的主要承载主体，绿色保险在践行国家绿色金融战略中的地位和作用不断显现。绿色保险不仅可以为应对环境风险、气候风险提供创新产品，通过费率机制将环境成本内部化，也能作为重要的机构投资者，从投资端引领绿色投资，助力经济社会的绿色低碳转型。

一、绿色保险概念

绿色保险通常指的是与环境风险管理有关的各种保险计划，实质是将保险作为一种可持续发展工具，以应对如气候变化、污染和环境破坏等问题，针对不同的环境问题推出的环境责任保险等绿色保险品种。

早期的学者将绿色保险的内涵限定为环境责任险（中国保险，2001；阚小冬，2005；汪国庆，2009；王顺庆，2013），也有学者从更可持续发展的视角或保险行业绿色发展的视角对绿色保险进行界定。章金萍（2006）将绿色保险的内涵由环境责任保险扩展到保险业的经营理念，认为绿色保险是指保险企业将环保意识融入承保和投资两个环节，增强对环保企业的支持。吕秀萍和黄华等（2011）结合可持续发展理念，从保险行业绿色发展的视角对绿色保险进行了再界定，认为绿色保险是指保险行业在产品开发、宣传推广及服务提供等各个环节，以绿色和可持续发展的理念为指导，进而通过保险行业的绿色发展推动经济社会的可持续发展。

随着绿色保险研究的深入及实践的进展，学者们普遍认为将绿色保险等同于环境污染责任险的定义过于狭窄，试图从广义和狭义两个层面对绿色保险的内涵进行界定。中国人民银行等（2016）在《关于构建绿色金融体系的指导意见》中，提出鼓励和支持保险机构创新绿色保险产品和服务，其中绿色保险包括巨灾保险、环保技术装备保险、针对低碳环保类消费品的产品质量安全责任保险、船舶污染损害责任保险、森林保险和农牧业灾害保险等产品。马骏（2016）认为，绿色保险是为解决因经济社会活动中的环境问题衍生的环境风险而提供的一种保险制度安排和长期治理机制，包括与农业、其他社会生产领域相关的通过创新保险模式来实现改善环境的保险，是一种以环境保护为目的，协调各生产领域的险种。绿色保险能有效调动多方力量，构建政府、企业和社会全社会参与的环境治理机制，有效防范环境责任风险、分担损害赔偿责任、保障受害者合法权益，在保护并改善环境、促进绿色经济发展、支持生态文明建设方面发挥积极作用。段雅超（2017）将绿色保险的内涵界定为：以平滑企业收益为目标，能够通过稳定企业的业绩和现金流来提振投资者信心，进而帮助企业融资的保险产品。王文和曹明弟（2018）认为，广义的绿色保险是指以经济社会活动所引发的环境风险作为标的的一系列保险产品和保险制度安排以及相关的长期治理机制，狭义的绿色保险包括应对环境污染事故的短期保险工具及以气候变化可能带来的风险为标的的长期保险工具。根据中国绿色金融国际合作委员会的界定，狭义的绿色保险是在适应绿色经济发展过程中，为了支持环境改善、应对气候变化和促进环境的节约与高效利用而提出的保险解决方案；广义的绿色保险还包括了保险资金的绿色应用，全面覆盖了保险业的负债端和资产端。在负债端，主要向环境污染、巨灾风险以及清洁能源、绿色交通、绿色建筑、绿色技术等领域提供责任保险、保证保险等细分财产保险产品以及风险保障和风险管理服务；在资产端，主要以保险资金直投的方式，为绿色环保产业提供长久、稳健的资金支持。汪洵和黎峥（2022）提出，狭义的绿色保险是指环境污染责任保险，是指当企业发生污染环境的行为导致第三方人身或者财产损失后，由保险公司在约定的限额内对其进行赔偿，并且也应对治理污染的费用进行补偿；广义的绿色保险是一种可持续发展的保险，即融入了环保意识及生态文明理念的保险经营活动，通过保险业的绿色转型来对生态环境进行保护及支持环保产业的发展，为绿色经济保驾护航。夏诗园和郭金龙（2022）认为，狭义上的绿色保险主要包括环境污染责任险和巨灾险；广义的绿色保险范围较大，包括提供与气候变化和环境污染等风险相关的保险保障和创新产品。

专栏 6－1 知识拓展：保险公司关于绿色保险界定的探索

中国人民财产保险公司曾经按照中国人民银行、银保监会的要求，依托多年实践，研究提出界定绿色保险的“3—3—7”框架。其中，第一个“3”是服务三大方向，绿色保险作为服务绿色发展的保险解决方案，致力于支持环境改善、应对气候变化和促进资源节约高效利用；第二个“3”是囊括三个板块，包括绿色保险产品、绿色保险服务和保险资金的绿色运用；“7”是七类绿色保险产品，包括环境损害风险保障类、绿色资源风险保障类、绿色产业风险保障类、绿色金融信用风险保障类、巨灾或天气风险保障类、鼓励实施环境友好行为类、促进资源节约高效利用类。

资料来源：降彩石．绿色保险服务新发展格局［J］．中国金融，2021（2）：44－46.

2022 年 11 月，银保监会发布《绿色保险业务统计制度的通知》，首次对绿色保险的内涵作出了明确界定，提出“绿色保险是指保险业在环境资源保护与社会治理、绿色产业运行和绿色生活消费等方面提供风险保障和资金支持等经济行为的统称”。负债端包括保险机构围绕绿色低碳、可持续发展提供的保险产品和服务；资产端包括保险资金在绿色产业进行的投资。

专栏6－2 知识拓展：《绿色保险业务统计制度的通知》(2022年11月)

《绿色保险业务统计制度的通知》中，统计内容包括三个部分，共计对14个一级项目和30个子项目开展统计。

第一部分是为环境、社会、治理（ESG）提供保障的保险业务，主要从保险产品的维度进行统计，包括巨灾保险和碳保险等气候变化风险领域、环境污染责任保险和船舶污染责任保险等环境风险领域、安全生产责任保险等社会治理风险领域的保险业务。此外，在本部分相关子项设置了与第二部分业务交叉的统计项，解决重复统计问题。

第二部分是绿色产业保险业务，主要从客户的维度进行统计，行业分类主要参照国家发展改革委等部委发布的《绿色产业指导目录（2019年版)》设置，包括生态农业、生态保护和生态修复等生态环境产业，太阳能产业、风能产业、水力发电产业、核能产业等清洁能源产业，建筑节能与绿色建筑、绿色交通、园林绿化、环境能源基础设施等基础设施绿色升级产业，以及节能环保产业、清洁生产产业和绿色服务等领域的保险业务。

第三部分是绿色生活保险业务，主要从保险产品的维度进行统计，包括新能源汽车保险、非机动车保险等服务绿色生活的保险业务，同样也设置了交叉统计项。

二、绿色保险功能和作用

绿色保险可以通过稳定机制、利益机制、整合机制、增信机制、联动机制、激励机制六大机制助力绿色低碳发展。其中，稳定机制是指保险事故发生后，保险机构提供保险赔偿，稳定客户的财务状况；利益机制是指一旦发生保险事故，保险公司要负责赔偿，因而有足够动力为预防和减少事故发生而努力；整合机制是指保险公司积极动员各种力量，整合服务、科技等资源要素，为客户做好风控等增值服务；增信机制是指保险公司通过偿付能力支撑的赔偿承诺和有效的风控服务，增进绿色环保行为的信用；联动机制是指保险同其他金融板块及相关各方联动，促进信息共享，服务社会多元共治；激励机制是指为实施绿色生产、绿色消费等环境友好行为的投保人，提供费率优惠或权益增进（降彩石，2021)。

（一）促进环境风险管理

绿色保险框架下的高危企业环境风险排查与监控机制，通过事前预防、事中管理、事后补救与响应，全面提升企业防范和治理环境污染事故的能力。保险公司通过承保前风险评估，开展风险隐患排查和预警警示，有助于强化企业的环境责任意识和节能减排的压力，降低环境事故发生概率；通过事中管理，有助于提升企业应对环境事故的能力，降低发生环境责任事故的风险和损失；通过事后的响应和补救，追踪调查，有助于强化企业安全生产的责任，全面提升企业环境管理水平，最大限度降低环境事故发生的概率和风险。

（二）提高企业风险承载能力

突发的环境污染事故具有受害范围大、受害人数多、赔偿金额大、处理周期长等特点，污染企业往往因为承担数额巨大的赔偿而影响企业的生产经营，甚至破产倒闭。通过投保环境污染责任保险等绿色保险产品，将企业环境污染赔付责任转移给保险公司，有效减缓因突发意外事故等原因引发的企业环境风险，提高企业抵抗风险能力。由保险公司来支付赔偿和环境清理费用，也有利于有效保护生态环境，使受污染的地块及时得到修复和治理。

（三）助力产业结构转型

绿色保险通过市场化的手段使保费作为经营成本内部化，将保费与企业行业风险等级和企业风险管理水平挂钩，用经济手段倒逼企业加强日常环境风险管理，同时促使企业加强科技创新，对生产工艺和流程进行改造和升级，降低企业的污染排放水平和单位能耗水平，及时调整企业发展战略，转向环境风险小、污染排放少、资源能源消耗低的行业和领域，从而间接推动企业的转型升级。

（四）优化社会治理

突发意外事故导致污染物释放、散布、泄漏、溢出或逸出，造成环境污染，容易造成纠纷和引发旷日持久的诉讼，很多受害者得不到有效而充分的赔偿，甚至得不到赔偿，从而激化了社会矛盾，甚至会引发群体性事件。绿色保险通过市场化的赔偿机制，保险公司依据签署的保险合同，向投保人收取一定的保险费用，并承担经济赔偿责任，在保险事故发生时由其对受害者的损失承担相应的赔偿责任。这大大提高了赔偿速度，有效降低环境侵权者与受害者之间的谈判成本，有效、迅速地救济污染受害者，保障了环境污染受害者的合法权益。

三、绿色保险的发展现状

绿色保险早期主要以环境污染责任险为主，我国于 20 世纪 90 年代开始在长春、沈阳、吉林等地开始试点，但曾经一度停滞，并且出现“叫好不叫座”的现象。2007 年之后，随着相关政策法规的陆续出台、保险技术的迭代创新，绿色保险的发展开始提速。“双碳”目标提出之后，在“十四五”规划及相关指导意见的推动下，绿色保险进一步发展壮大，负债端的产品日趋多样化，资产端的绿色投资逐步深入，为绿色低碳产业的发展和棕色产业的转型提供了支持。

（一）绿色保险政策框架顶层设计日趋完善，国家及地方立法及制度不断健全

2006 年 6 月，国务院发布《关于保险业改革发展的若干意见》，首次明确大力发展环境污染等责任保险。随后，国务院、环境保护部、工业和信息化部、国家发展改革委、保监会、银保监会等相关部委陆续发布与环境污染责任保险、绿色保险创新相关的制度政策安排和指导意见，为绿色保险的发展壮大提供了纲领。深圳、浙江湖州等地方政府也通过地方立法、设置地方标准等方式，为绿色保险发展打造良好的制度环境。目前，我国绿色保险的制度体系日趋完善，逐步形成“一般性环境立法与绿色保险专项法规相配合、中央立法与地方性法规并举”的格局（邵成多，邱峰，2023）。

（二）绿色保险市场规模不断扩大，参保企业数量增加，保费逐年增长，保险功能逐步增强

目前，环境污染责任险试点已遍布全国 31 个省（自治区、直辖市），覆盖重金属、危险废物处置等 20 余个高环境风险行业，截至 2022 年 8 月，已经有 39 家保险机构共发行 178 款产品。

2022 年 1 月，中国保险业协会发布《2020 中国保险业社会责任报告》，据统计，2018—2020 年，保险业累计为全社会提供了 45.03 万亿元保额的绿色保险保障，支付赔款 533.77 亿元。

2020 年，绿色保险保额 18.33 万亿元，较 2018 年增加 6.30 万亿元，年均增长 23.43%。2020 年，绿色保险赔付金额 213.57 亿元，较 2018 年增加 84.78 亿元，年均增长 28.77%，比保费年均增长高 6.81%（见图 6－1）。

（三）加强运作模式创新，突破传统自愿投保模式的弊端

绿色保险试点启动之时，普遍采用的是自愿投保的方式，企业投保的意愿不强，保险公司承保的积极性不高，未能在经济绿色低碳转型中发挥保险的功能。随后，试点城市开始创新实践，期望在政府推动与引导的驱动下，探索强制投保、保费补贴、保险—信贷联动等新型运营模式（见表 6－1）。

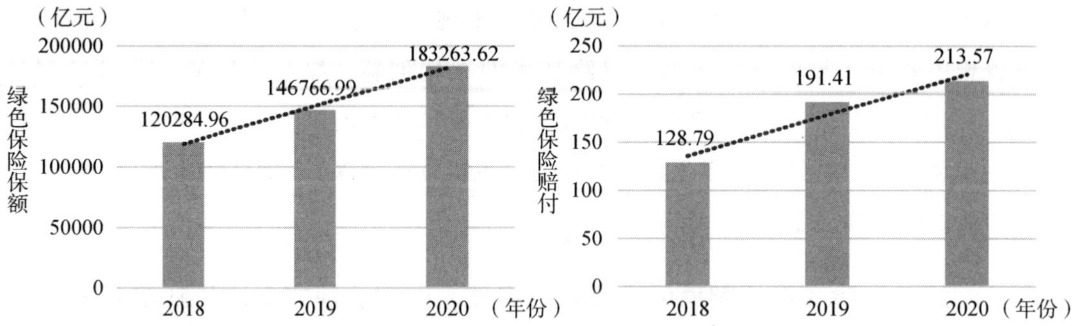

图 6－1　2018—2020 年绿色保险保额与绿色保险赔付变化趋势

数据来源：中国保险业协会．保险业聚焦碳达峰碳中和目标助推绿色发展蓝皮书［R］．2021.

表 6－1　绿色保险运作模式的创新探索

运作模式	主要做法	代表地区	关键点	优缺点
强制投保模式	先以污染物类别或污染物排放量等为标准来界定污染企业类型，再以政策强制投保	湖南	企业分类的依据和标准	若纳入投保范围的企业过多、不合理，会带来额外负担而产生抵触情绪；一旦污染严重的行业发生事故，保险机构或面临巨额赔偿
保费补贴模式	以绿色保险的保费等因素作为标准，给予保险公司或者污染企业政府补贴	湖北武汉：对投保企业补贴 50% 保费，高科技企业为 70% 四川德阳：2009—2011 年参保企业补贴 50% 保费 江苏无锡：对投保企业补贴 10% 保费	补贴金额大小和企业范围划分	助力减轻投保负担，实现分散环境风险的初衷，但由于信息不对称或存在利用虚假投保来骗取财政补贴的可能
绿色信贷综合模式	将投保绿色保险与否与污染企业的信贷挂钩	河北	对信贷的需求程度	发展绿色保险的同时，带动绿色信贷推广，但无须信贷或信贷规模较小的企业可以规避投保要求

资料来源：邵成多，邱峰．“双碳”目标下绿色保险创新发展的国内外实践［J］．北方金融，2023（1）：42－50.

（四）负债端绿色资产保险产品和服务日趋多元化

保险行业不断丰富产品供给，围绕能源结构调整、绿色交通发展、建筑行业绿色转型、绿色低碳技术推广、巨灾应对能力提升、生态碳汇能力提升、环境风险多元共治等多个重点领域，推出巨灾保险、环责险的创新模式（无锡模式、湖州模式等）、生态系统碳汇保险（草原碳汇遥感指数保险、林业碳汇价格保险、海洋碳汇指数保险等）、农业相关保险（农业气象指数保险、海水养殖赤潮指数保险、农业碳汇保险）、清洁能源产品质量保险及利润损失保险、技术研发及知识产权相关保险（研发费用损失保险、专利执行保险）、碳交易保险（绿色信贷保证保险、专利质押融资还款保证保险、碳排放配额质押贷款保证保险）等多元化的产品与服务，充分发挥保险保障和风险管理的功能，为经济社会绿色低碳发展贡献力量。

（五）资产端保险资金绿色投资市场规模逐步扩大

从资产端来看，保险资金助力绿色低碳转型的核心路径有两条：一是直接投资，即作为机构投资者，将绿色发展理念融入投资管理决策，优化资产配置机制，直接参与能源结构优化、环境污染治理、绿色交通、绿色建筑、绿色技术创新等绿色低碳产业的投资，积极引导资金流向可持续发展领域。二是间接投资，即保险机构通过投资绿色债券、股票、信托计划、基金等绿色金融和转型金融产品，推动经济社会的可持续发展。

根据中国保险业协会统计，保险资金中用于绿色投资的余额从 2018 年的 3954 亿元增加至 2020 年的 5615 亿元，年均增长 19.17%（见图 6－2），保险资金向绿色投资领域的倾斜力度逐步加大，对绿色产业、绿色技术的资金扶持力度也在进一步提升。根据保险资产管理业协会统计，2018—2021 年，保险业资产规模从 16.4 万亿元增加到 21.7 万亿元，成为市场上第二大机构投资者。

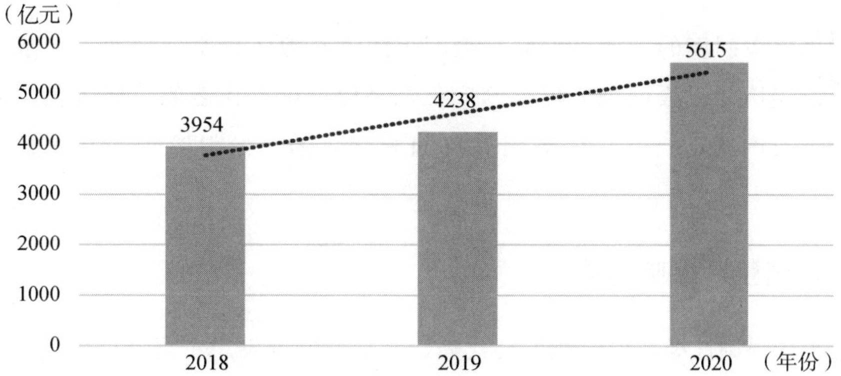

图 6－2　2018—2020 年绿色投资余额

数据来源：中国保险业协会．保险业聚焦碳达峰碳中和目标助推绿色发展蓝皮书［R］．2021.

在投资方向上，2020 年保险资金用于绿色债券、债权计划、股票投资、公募及私募基金、信托计划等主要绿色金融领域的投资余额较 2018 年同比增长 40% 以上。截至 2021 年 8 月底，保险资金实体投资项目中涉及绿色产业的债权投资计划登记（注册）规模达 10601.76 亿元。其中，直接投向的重点领域包括交通 3306.22 亿元、能源 3211.05 亿元、水利 695.04 亿元、市政 564.61 亿元等。保险资金以股权投资计划形式进行绿色投资的登记（注册）规模为114亿元，其中直接投向环保企业股权14亿元，投向清洁能源企业100亿元。

第二节　国内外绿色保险制度的发展

作为绿色金融不可或缺的子系统，绿色保险深度与广度的拓展需要制度先行。环境污染责任保险（以下简称环责险）是各个国家绿色保险实践的起点，随着相关制度的不断完善，环责险已经成为诸多国家以市场化方式解决环境赔偿问题的主流方式之一。目前，国际上绿色保险的运作模式主要有强制环境责任险制度，强制责任保险与财务保证或担保制度相结合，自愿为主、强制责任保险为辅三种。我国的绿色保险也逐步由自愿参与向强制保险过渡。

一、国外绿色保险制度

国外绿色保险制度的发展以欧盟、美国等国家和地区为主要代表，形成了三种主流模式：一是以美国为代表的强制保险制度；二是以德国为代表的强制责任保险与财务保证或担保相结合的制度；三是以英国和法国为代表的自愿保险为主、强制保险为辅的制度。

（一）美国强制保险制度

美国是实行强制性绿色保险制度的代表，其保险制度发展主要可以分为三个阶段。

1966年之前，环境责任由一般的公众责任保险单（comprehensive general liability，CGL）来承担，并且此时公众责任保险单承担的仅指突发的或者偶然的环境责任。

1966—1973年，环境污染危害日益突出，公众责任保险单在承担突发性环境责任的同时，开始承担持续性环境污染导致的环境责任。

1973年之后，公众责任保险单将故意造成的污染和持续性污染导致的环境责任列入除外责任，保险人只接受突发性和偶然性的环境责任。然而，在大量相关诉讼中关于“突发性和偶然性”的定义出现了纷争，部分法院认为，即使是渐进性污染，如果其发生是无意识且不能预料的，那么也属于突发性和偶然性范畴。1975年出现专门的环境损害责任保单

(environmental impairment liability, EIL)。EIL 属于索赔性环境责任保险，承保特定场所的突发性和渐进性污染。由于《资源保护与恢复法案》(Resource Conservation and Recovery Act, RCRA) 和《综合环境处理、赔偿和责任法》(Comprehensive Environmental Response, Compensation, and Liability Act, CERCLA) 的规定，产生了大量的环境保险需求，承保环境损害责任保险的保险公司从 1980 年的 3 家扩大到了 1982 年的 12 家。在 RCRA、EIL、Superfund 的指导下，化学品污染保险市场逐步建立，20 世纪 80 年代初期曾有 40 余家保险公司参与。随后，环境责任保险的风险开始显现，以 1983 年为例，该年度承保的渐进性环境污染责任的保费收入为 3500 万美元，保险公司需要偿付的损失约为 9000 万美元。1985 年，保险市场上只剩 2 家保险公司承保环境损害风险。

环境保护立法的出台最初刺激了美国绿色保险的发展，但由于保险人缺乏衡量环境责任的技术和经验，以及连带责任、追溯责任等环境条款和法院不利于保险人的司法释义，让保险人承担了许多保单本身无力承担的责任，造成保险公司亏损严重，直接后果是保险公司在公众责任保单中完全排除了任何形式的环境责任保险。

20 世纪 80 年代中后期，美国的环境保险不仅保费很高，而且保障范围很窄。随着保险技术的更迭，到 20 世纪 90 年代中后期，保险人已经能够更加精确地估计自身的损失，逐步扩大了保险的责任范围，降低了保险费用。1997 年，EIL 的保费较 1987 年下降了 75%。保险市场中环境责任险保险人的数量和保险能力都在不断增加。1995 年之后，环境保险投保量每年以 20%—30% 的速度增长，2005 年环境责任保险的总保费达到 20 亿美元。

专栏 6-3　知识拓展：RCRA 与 CERCLA

RCRA 是于 1976 年通过的法案，经过多次修订。它的主要目标是管理和控制危险废物的生成、储存、运输和处置，以及促进废物的资源化利用。RCRA 要求各州制定和实施废物管理计划，并对危险废物的标识、管理和处理设施进行监管和执法。

CERCLA 是于 1980 年通过的法案，也被称为超级基金法案。它的目标是管理和处理危险废物的污染场地，并追究造成污染的责任方的责任。CERCLA 设立了超级基金，用于清理和修复受污染的场地，并提供了对责任方的追偿机制。

RCRA 和 CERCLA 都是重要的环境保护法案，它们共同促进了废物管理和环境污染的控制。RCRA 主要关注危险废物的管理和资源化利用，而 CERCLA 主要关注危险废物污染场地的清理和责任追究。这两个法案在实践中通常是相互关联和互补的。

（二）德国环境责任保险制度

德国环境责任保险起初是采取强制责任保险与财务保证或担保相结合的制度。1990 年 12 月 10 日，德国颁布《环境责任法》，以附件形式列举了存在重大环境责任风险的设施名录，要求列入名录的经营者必须采取责任保证措施，包括与保险公司签订损害赔偿责任保险合同，或由州、联邦政府、金融机构提供财务保证或担保。如果经营者不能遵守提供保险等财务保证的规定，或者未向主管机关提供其已经做出保险等财务保证的证明材料，主管机关可以全部或者部分禁止其设施的运行。对违反规定的设施经营者，可处以 1 年以下有期徒刑或罚金。

从保险范围和责任免除来看，德国起初对渐进性污染引起的损失责任不予保险，并将其列为责任免除。1965 年起，保险责任范围逐渐扩大。1978 年以后，保险人同意对大气和水污染造成的财产损失赔偿责任承保，但如果责任事故发生在被保险企业地域之外，可预见的经常排放物引起的损失仍列为除外责任。总体而言，德国模式保障范围有限，主要参照常规责任保险的保障范围，并针对欧盟指令的额外保障，并未广泛实施强制保险。

根据《环境损害赔偿法》规定，保险金额不得低于 5000 万马克。对于特定种类的运行设施，因其危险性高低有别，联邦政府可以规定最低保险金额，但最低不得少于 1000 万马克。

（三）英国、法国环境责任保险制度

英国、法国等国家以任意责任保险为原则，在法律有特别规定的情况下实行强制责任保险。

在英国，没有关于公司和其他组织需要投保第三者公众责任保险的强制性要求。1974 年，伦敦保险市场首次对单独、反复性或继续性环境损害予以承保。但在这种条件下，是否投保环境责任保险仅仅是依投保人的自愿，法律和政府一般无权强制要求企业投保。当然，法律强制规定必须投保的情况除外，例如，英国在 1965 年颁布的《核装置法》要求安装者负责投保最低为 500 万英镑的责任保险；英国作为《国际油污损害赔偿民事责任公约》和设立《国际油污损害赔偿基金国际公约》的成员国，在海洋油污损害赔偿领域也实行强制性环境责任保险。英国实行的强制性环境责任保险有油污损害责任保险、核反应堆事故责任保险。

在法国，专业的环境污染责任保险始于 20 世纪 70 年代，在此之前，对企业可能发生的突发性事故，以一般的责任保险单承保。1977 年，由英国保险公司和法国保险公司组成污染再保险联营，制定了污染特别保险单，对环境损害事故的承保不再局限于偶然、突发

事故，对于因单独、反复性或继续性事故所引起的环境损害也予以承保。法国是1969年《国际油污损害赔偿民事责任公约》和1971年《国际油污损害赔偿基金国际公约》的成员国，因此在油污损害赔偿方面采用强制责任保险制度。

二、中国绿色保险制度

中国绿色金融的发展呈现“自上而下”的政策引导与“自下而上”的创新实践相结合的态势，本小节将从国家、地方两个层面介绍我国绿色保险制度的演变。

（一）国家层面绿色保险立法及相关制度

中国对绿色保险的初步探索可以追溯到20世纪90年代。1991年，环境保护局选择长春、沈阳、吉林等城市作为试点推行环境责任保险，但是受制于经济发展水平及制度环境不健全等多重因素，试点工作并未取得显著进展，环境责任保险的推进被暂时搁置。随后，国家层面的立法及相关制度、指导意见陆续出台，为绿色保险的发展构建了良好的制度环境（见表6-2）。

表6-2　国家层面绿色保险的相关立法及制度

部门	时间	文件名称	政策要点
国务院	2006年6月	《关于保险业改革发展的若干意见》	大力发展环境污染等责任保险，促进安全生产和突发事件应急管理
环境保护总局、保监会	2007年12月	《关于环境污染责任保险工作的指导意见》	正式开始环境污染责任保险制度建设
环境保护部、保监会	2013年1月	《关于开展环境污染强制责任保险试点工作的指导意见》	明确环境污染强制责任保险的试点企业范围、保险条款和保险费率
第十二届全国人民代表大会	2015年1月	《中华人民共和国环境保护法》	鼓励投保环境污染责任保险
保监会	2016年6月	《中国保险业发展“十三五”规划纲要》	配合国家新能源战略，加快发展绿色保险，完善配套保险产品研发
中国人民银行、财政部等六部委	2016年9月	《关于构建绿色金融体系的指导意见》	在环境高风险领域建立环境污染强制责任保险制度，鼓励和支持保险机构创新绿色保险产品和服务，鼓励和支持保险机构参与环境风险治理体系建设
保监会	2017年5月	《关于保险资金投资政府和社会资本合作项目有关事项的通知》	明确保险资金投资PPP项目的条件

续表

部门	时间	文件名称	政策要点
环境保护部	2017 年 6 月	《环境污染强制责任保险管理办法（征求意见稿）》	明确环境污染强制责任保险的定义、适用范围、强制投保范围、保险责任范围等事项
生态环境部	2018 年 5 月	审议并原则上通过《环境污染强制责任保险管理办法（草案）》	
生态环境部	2018 年 8 月	《关于生态环境领域进一步深化“放管服”改革，推动经济高质量发展的指导意见》	建立环境责任保险制度，将环境风险高、环境污染事件较为集中的行业企业纳入投保范围，加强环境风险监控
国务院	2020 年 3 月	《关于构建现代环境治理体系的指导意见》	推动环境污染责任保险发展，在环境高风险领域研究建立环境污染强制责任保险制度
国务院	2021 年 2 月	《关于加快建立健全绿色低碳循环发展经济体系的指导意见》	发展绿色保险，发挥保险费率调节机制的作用
中共中央、国务院	2021 年 9 月	《关于深化生态保护补偿制度改革的意见》	鼓励保险机构开发创新绿色保险产品，参与生态保护补偿
中共中央、国务院	2021 年 11 月	《关于深入打好污染防治攻坚战的意见》	在环境高风险领域依法推行环境污染强制责任保险
工业和信息化部	2021 年 11 月	《关于加强产融合作推动工业绿色发展的指导意见》	鼓励企业投保环保技术装备保险、绿色科技保险、绿色低碳产品质量安全责任保险等
国务院	2021 年 11 月	《关于鼓励和支持社会资本参与生态保护修复的意见》	健全森林保险制度，推进草原保险试点，加大保险产品创新力度
工业和信息化部	2021 年 12 月	《“十四五”工业绿色发展规划》	优化完善首台（套）重大技术装备、重点新材料首批次应用保险补偿机制
国务院	2022 年 1 月	《“十四五”节能减排综合工作方案》	推进环境高风险领域企业投保环境污染责任保险
住房和城乡建设部	2022 年 3 月	《“十四五”建筑节能与绿色建筑发展规划》	强化绿色保险支持，开展建筑节能及绿色建筑性能责任保险试点
银保监会	2022 年 5 月	《中国保险业标准化“十四五”规划》	加快研究绿色保险产品和服务标准，有效链接各类环境权益市场相关标准；探索绿色保险统计、保险资金绿色运用等标准建设
银保监会	2022 年 6 月	《银行业保险业绿色金融指引》	积极开展绿色保险和资金运用，加大对绿色低碳发展的风险保障和资金支持
银保监会	2022 年 11 月	《绿色保险业务统计制度的通知》	分步骤分项目统计绿色保险负债端业务

资料来源：根据公开信息整理。

2006 年 6 月，国务院在《关于保险业改革发展的若干意见》中，明确提出综合运用市场机制、政府引导、强制推行等多种举措，从煤炭行业开始试点，逐步推进责任保险的发展规划，要求保险机构加强创新，积极开展环境责任保险等多种责任保险业务。以此作为开端，国务院、各部委及地方政府部门相继发布了一系列支持文件，我国绿色保险市场正式起航。

经过 7 年的探索，以企业自愿参与环境责任保险为主导的形式在应对环境风险维度并未发挥预期的功能。为了应对日益严峻的环境问题，环境保护部、保监会在 2013 年联合发布了《关于开展环境污染强制责任保险试点工作的指导意见》，决定选择试点，强制要求涉重金属企业和地方政府已纳入投保范围的企业购买环境污染责任保险，鼓励石油天然气开采、石化、化工等高污染企业参与环境责任投保。2015 年 1 月，《中华人民共和国环境保护法》从国家法律的层面，鼓励企业投保环境污染责任保险。同年 6 月，国务院在《关于加快推进生态文明建设的意见》中明确了试点要进一步深化环境污染责任保险工作，并提出建立巨灾保险制度的规划。同年 9 月，国务院在“五位一体”发展规划的指引之下，制定了《生态文明体制改革总体方案》，明确了发展环境污染强制责任保险制度的目标，建议通过构建绿色评级体系等举措完善环境风险的评估。

2016 年 9 月，中国人民银行联合相关部委发布了《关于构建绿色金融体系的指导意见》，要求在环境高风险领域建立环境污染责任保险制度，充分发挥保险机构在风险评估与防范维度的优势，通过保险产品与服务的创新，增强企业的投保意愿，契合企业的保险需求，推动绿色保险的发展。

环境污染问题具有显著的外部性，而我国绿色保险的发展在短期内只能依靠企业自愿投保的方式，难以满足应对环境问题的需求。2017 年 6 月，环境保护部发布了《环境污染强制责任保险管理办法（征求意见稿）》。2018 年 5 月 7 日，生态环境部审议并原则上通过了《环境污染强制责任保险管理办法（草案）》，开始从投保范围、费率厘定、合同格式、风险评估与排查、事故核定与赔偿等方面细化环境污染强制责任保险的具体方案，为绿色保险的发展提供了法律支撑。

2021 年 2 月，国务院发布《关于加快建立健全绿色低碳循环发展经济体系的指导意见》，提出发展绿色保险，发挥保险费率调节机制的作用。2021 年 9 月，中共中央、国务院发布《关于深化生态补偿制度改革的意见》，鼓励保险机构开发创新绿色保险产品，参与生态保护补偿。2021 年 11 月，中共中央、国务院发布《关于深入打好污染防治攻坚战的意见》，提出在环境高风险领域依法推行环境污染强制责任保险。2021 年 12 月，工业和信息化部发布《“十四五”工业绿色发展规划》，提出优化完善首台（套）重大技术装备、重点新材料首批次应用风险补偿机制。2022 年 5 月，银保监会发布《中国保险业标准化“十四五”规划》，提出研究绿色保险产品和服务标准，有效衔接各类环境权益市场相关标准，探索绿色保险统计、保险资金绿色运用等标准建设。2022 年 6 月，银保监会发布《银行业保险业绿色金融指引》，提出积极开展绿色保险和资金运用，加大对绿色低碳发展的风险保障和资金支持，增加了对绿色保险资产端的规划与引导。2022 年 11 月，银保监会发布《绿色保险业务统计制度的通知》，进一步明确了绿色保险统计的方法论。

（二）地方层面绿色保险立法及制度

2019 年 4 月，浙江湖州出台首个绿色保险市级地方标准《环境污染责任风险评估技术规范》。2020 年 10 月，深圳市人大常委会审核通过我国绿色金融领域首部地方性法规——《深圳经济特区绿色金融条例》，提出要建立和完善保险资金绿色投资制度，于 2021 年 3 月 1 日起正式实施。2021 年 7 月，《深圳市环境污染强制责任保险实施办法》对该险种免责条款、保费标准、赔偿范围、赔偿标准等问题作出明确规定。上海、江苏、浙江、广东等地区都制定了绿色保险的相关制度和指导意见（见表 6－3），从增强产品供给、优化激励机制等方面推动了绿色保险的发展。

表 6－3　　部分地方政府绿色保险相关制度

地区	时间	文件名称	政策要点
上海	2018 年 3 月	《上海市 2018—2020 年环境保护和建设三年行动计划》	探索环境污染责任保险，在高风险行业推行环境污染责任保险，深化环境污染第三方治理推进机制
	2018 年 4 月	《上海市“十三五”节能减排和控制温室气体排放综合性工作方案》	加快金融机构产品和服务创新，在高风险行业推行环境污染责任保险
	2021 年 7 月	《上海国际金融中心建设“十四五”规划》	发展绿色保险，发挥保险费率调节机制作用
	2021 年 7 月	《上海市碳达峰实施方案》	有序推进绿色保险服务，围绕安全降碳需要，加大金融产品创新力度，助力低碳技术推广和产业绿色低碳转型
	2021 年 10 月	《上海加快打造国际绿色金融枢纽 服务碳达峰碳中和目标的实施意见》	创新绿色保险产品；鼓励保险机构发展绿色保险，探索差异化的保险费率机制，提升对绿色经济活动的风险保障能力；鼓励发展绿色产业保险、碳交易信用保证保险、碳汇损失保险等相关保险产品；探索在危险废物处理处置等环境高风险领域，试点环境污染强制责任保险；鼓励保险机构参与环境风险治理体系建设
	2022 年 10 月	《上海市“十四五”节能减排综合工作实施方案》	引导金融机构创新绿色保险等金融产品服务，试点实施环境污染强制责任保险

续表

地区	时间	文件名称	政策要点
江苏	2018 年 10 月	《关于深入推进绿色金融服务生态环境高质量发展的实施意见》	加快发展绿色保险
	2020 年 3 月	《省政府关于推进绿色产业发展的意见》	加快发展绿色保险，鼓励保险机构参与环境风险治理体系建设，探索发展环境权益融资业务
浙江	2017 年 9 月	《中共衢州市委、衢州市人民政府关于推进绿色金融改革创新试验区建设的实施意见》	谋划和建设绿色金融集聚平台（科创金融小镇、绿色金融大厦、科创金融飞地）；引进和培育绿色金融主体；推进绿色保险模式创新
	2019 年 4 月	《环境污染责任风险评估技术规范》	湖州市发布全国首个环境污染责任险市级地方标准，为绿色保险发展提供技术支撑
	2019 年 6 月	《湖州市绿色小额贷款保证保险（“绿贷险”）试点实施方案》	明确了保险模式、实施主体、支持对象、额度期限、保险费率、业务管理、风险分担、追偿机制、叫停机制、政策扶持等方面的内容
	2021 年 8 月	《湖州市绿色金融促进条例》	保险业金融机构可以围绕环境保护、安全生产、防灾减灾、农业生产等方面创新绿色保险产品，规范和优化保险服务，促进投保主体加强风险管理。收集、贮存、运输、利用、处置危险废物的单位，应当按照国家有关规定，投保环境污染责任保险。支持铅蓄电池、电镀、化工、纺织染整、制革、造纸等行业企业，投保环境污染责任保险。市、区县人民政府可以对投保企业给予保费补助。银行业金融机构可以将企业投保环境污染责任保险情况，作为绿色信贷管理的重要参考
	2023 年 4 月	《湖州市属国有企业碳达峰实施方案》	培育发展绿色金融服务体系，创新绿色保险等绿色金融产品服务供给，尽快构建以碳中和为目标的绿色金融服务体系
	2023 年 5 月	《湖州市人民政府办公室关于印发湖州市 2023 年绿色金融改革创新推进计划的通知》	迭代升级绿色金融政策体系，出台深化绿色金融改革创新政策 2.0 版，建立绿色保险等绿色金融业务的财政奖励机制；强化市、区县一体联动，发挥政策协同效应
广东	2020 年 10 月	《深圳经济特区绿色金融条例》	国内首部绿色金融地方性法规，建立和完善保险资金绿色投资制度
	2021 年 7 月	《深圳市环境污染强制责任保险实施办法》	对环境污染强制责任保险的投保与承保、风险评估等给予清晰界定

资料来源：根据公开信息整理。

三、绿色保险国际倡议

随着绿色金融理念的逐步推广，国际组织及绿色金融全球性多边合作愈加活跃，各种多边合作倡议、框架、原则纷纷建立，包括赤道原则（EPs）、《绿色债券原则》（GBP）、气候相关财务信息披露工作组（TCFD）、负责任投资原则（PRI）、《联合国环境规划署金融倡议可持续保险原则》（PSI，以下简称《可持续保险原则》）、负责任银行原则（PRB）等，国际绿色金融倡议和原则对引领国际绿色金融合作发挥了重要作用。其中，与保险业关系最密切的为《可持续保险原则》和可持续保险论坛（SIF）主导发布的《保险业气候相关风险监管的应用文件》。

（一）《可持续保险原则》

共同应对气候变化过程中，保险与可持续金融已得到各方认可，推动相关标准的国际趋同工作一直在有序推进中，为全球绿色保险发展提供重要工具和手段。《可持续保险原则》是国际绿色保险发展与实践的主要支撑，该原则是2012年6月由联合国环境规划署金融倡议组织（UNEP FI）与世界各保险公司在联合国可持续发展大会上共同发起，是联合国与全球保险业最大的合作举措，对全球绿色金融和责任投资的发展起到重要推动作用。

《可持续保险原则》共有三大支柱，分别是在保险主业经营中融入对可持续发展的考虑，与各利益相关方协作，透明度高的信息披露。此外，《可持续保险原则》包括四项原则，通过识别、评估、管理和监督与环境、社会和治理问题相关的风险和机会，以负责任和前瞻性的方式完成保险价值链中的所有活动，旨在为全球保险业提供一个应对环境、社会和公司治理（ESG）风险与机遇的实践框架。

在国际绿色金融倡议及原则方面，《可持续保险原则》对于我国绿色保险发展具有重要借鉴意义。《可持续保险原则》包括决策过程、与客户及同业合作、与政府及监管部门合作、公开披露四大方面，在保险产品的开发、设计和承保过程中充分考虑ESG有关因素，降低承保风险，充分发挥保险工具在风险担保方面的功能，支持全球可持续发展目标实现。我国绿色保险发展基本制度建设也可以从保险产业及保险公司、保险监管部门、其他利害关系人等方面进行改革。

（二）保险业气候相关风险监管的应用文件

为帮助各国监管机构识别、监测和评估气候变化风险对保险业的影响，缓解相关风险，促进绿色金融稳定发展，2021年5月，国际保险监督官协会（IAIS）与可持续保险论坛（SIF）联合发布《保险业气候相关风险监管的应用文件》（以下简称《应用文件》）。长期来看，该文件作为首个由全球保险业标准制定机构发布的保险业气候风险监管框架工具文件，将对全球保险公司与监管机构防范气候风险可能引发的系统性风险产生重要影响。

《应用文件》主要根据国际保险监督官协会（IAIS）的保险核心原则编制，内容以针对保险业监管部门提出的气候风险监管相关建议和国际实践案例为主，涉及的板块主要为监督审查及报告、公司治理、风险管理、投资和信息披露等，旨在全球范围内提高保险业气候风险监管的一致性。

目前，我国已采取的环境气候相关监管举措有公开披露环境影响评价、绿色信贷绩效评价纳入宏观审慎评估体系考核等，但金融机构环境信息披露制度和环境气候风险分析和管理能力仍较为薄弱，在气候风险识别和管理方面占有独特优势的保险业也缺乏相应的气候风险监管框架。《保险业气候相关风险监管的应用文件》的发布对我国设计保险业气候风险监管框架具有较强的借鉴价值，也可以为保险公司管理改革提供指导方向。

第三节　绿色保险实践与产品创新

随着绿色金融不同业态的叠加与联动以及金融科技的渗透，绿色保险的产品日益丰富，形成了以政策驱动的环境污染责任风险为主，以市场驱动的巨灾保险、气象保险、碳汇指数保险、绿色建筑性能责任保险等绿色创新产品为辅的保险产品体系。本节将参照《绿色保险业务统计制度》的分类，主要从为环境、社会、治理风险（ESG）提供保障的保险，为绿色产业提供保障的保险，为绿色生活提供保障的保险三个维度，从环境污染责任险、巨灾保险、碳保险、安全生产责任险、生态环境产业保险、清洁能源产业保险、绿色建筑和绿色交通保险、新能源汽车保险等多个方面介绍绿色保险的创新实践。

一、为环境、社会、治理风险（ESG）提供保障的保险

ESG 风险保险业务包括气候变化风险类保险（如巨灾保险、碳保险等）、环境风险类保险（如环境污染责任保险、船舶污染责任保险等）、社会治理风险类保险（如安全生产责任保险等）。ESG 相关保险实践如表 6－4 至表 6－7 所示。

表 6 -4 ESG 相关保险实践——巨灾保险

保险品种	运作模式	赔付来源	偿付机制
美国佛罗里达飓风巨灾基金（FHCF）（1995年成立）	政府主导+市场运作	再保险费、投资收益和紧急情况下的债券发行收入、风险转移资金	1. 佛州立法机关规定几乎所有保险公司都必须与 FHCF 签订再保合同 2. 备选偿付比率。保险公司每年可以从 45%、75% 和 90% 中任选一个作为当年的偿付比率，并在自身免赔额以上、最大偿付限额以下的范围内获得赔偿 3. 免赔额。对每家保险公司来说，免赔额是所纳保费与免赔乘数之积。根据偿付比率的选择不同，2018—2019 年的免赔乘数为 10.6270、6.3762 和 5.3135，分别对应45%、75%和90%的偿付比率。不论行业整体损失是否大于当年的行业合计免赔额，对单个保险公司来说，只要自身损失超过所纳保费与免赔乘数之积，则可以从 FHCF 获得相应的赔偿 4. 法定赔付限额。每家保险公司的最大赔付限额是所纳保费与赔付乘数之积，赔付乘数在 1 个年度内只有 1 个，2018—2019 年的赔付乘数为 15.4136
武汉强降水巨灾保险	政府主导	政府资金	2019 年起，湖北武汉试点巨灾保险，由政府全额为辖区居民购买保险，对暴雨、洪涝巨灾造成的人身伤亡和财产损失给予基本经济补偿。武汉选择暴雨灾害风险集中的江夏、黄陂、新洲、蔡甸、东西湖 5 个区开展试点工作。保费由政府全额出资，8 家保险公司组成保险共保体，保险模式为指数模式，即一旦达到指数触发条件，保险公司根据指数测算赔款，赔款直达被保险人
宁波市公共巨灾保险	政府主导	政府资金	1. 自 2014 年年底，宁波市财政每年出资向保险公司购买巨灾保险，为全市城乡居民及外来人口提供因台风、暴雨等自然灾害和群体性踩踏等突发公共安全事件造成的人身财产损失提供补偿多灾种叠加、多层次保障的公共巨灾保险制度。 2. 1+N 模式：以自然灾害为主险+突发公共安全事件（事故）保险+突发公共卫生事件保险+见义勇为保险 3. 巨灾风险准备金每年根据公共巨灾保险经费实时计提，转入宁波市巨灾保险基金会账户，原则上每年从公共巨灾保险经费中按不低于20%的比例计提巨灾风险准备金，作为大灾年份的赔款储备。当发生重大自然灾害、突发公共安全事件（事故）或突发公共卫生事件，承保机构当年赔付金额超过当年实收保费时，可以动用巨灾风险准备金支付超额部分，并以承保期巨灾风险准备金累积总额为限，不得动用上一轮风险准备金结余资金。若当年发生需要使用巨灾风险准备金情形的，应在次年年初支付。承保机构承保期满后，巨灾风险准备金若有结余，结余部分在准备金账户中累积，统筹用于巨灾救灾支出

表 6-5　ESG 相关保险实践——碳保险

保险品种	保险公司	运作模式
清洁发展机制（CDM）支付风险保险	瑞士再保险公司（Swiss Re）与私人投资公司 RNK Capital LLC（RNK）	用于管理碳信用交易中与京都议定书项目相关风险的碳保险产品
碳信用保险	英国 Kiln 保险集团	2012 年推出，银行作为碳信用买方先买入“碳期权”，在期权可行权的期限内，如果碳信用价格高于行权价格，银行会行使期权买权
碳交易信用保险	联合国环境署、全球可持续发展项目（GSDP）和瑞士再保险公司	2004 年推出，由保险或再保险机构担任未来核证排减量（CERs）的交付担保人，当根据商定的条款和条件，当事方不履行核证减排量时，担保人负有担保责任。该保险主要针对合同签订后出现各方无法控制的情况而使合同丧失了订立时的依据，进而各方得以豁免合同义务的“合同落空”情景进行投保，如突发事件、营业中断等
碳排放信贷担保	美国国际集团与达信保险经纪公司	2006 年推出，主要为碳排放信贷担保与其他新的可再生能源相关的保险产品等，保障企业新能源项目运营中的风险，提供项目信用担保
碳损失保险	澳大利亚 STEEVES AGNEW 保险公司	2009 年 9 月推出，保障因雷击、森林大火、飞机失事、冰雹或者暴风雨等造成森林不能达到经核证的减排量而带来的风险
林业碳汇指数保险	中国人寿财险	运用卫星遥感科技手段与碳汇理论方法学相结合，建立林业损毁与固碳能力减弱计量的函数模型，并于 2021 年 4 月在福建省龙岩市新罗区出单。该保单年度保费 120 万元，在一年中森林累计损失面积达到 232 亩时，视为保险事故产生，起赔金额 100 万元，最高赔偿 2000 万元
碳排放配额质押贷款保证保险	广州花都建行联合广州人保财险、广州碳排放权交易所	2018 年推出，由控排企业将自身拥有的碳排放权作为抵押物实现融资，为碳排放配额质押贷款提供保证保险
碳捕集保险	人保财险	2022 年，人保财险签发国内首单 CCS 或 CCUS 项目碳资产损失保险，为中国华电集团下属某发电企业提供碳资产损失保障

表 6-6　ESG 相关保险实践——环境污染责任保险

保险品种	运作模式
深圳市强制环境污染责任保险	1. 统一条款、基础保费费率和浮动保费费率，保险公司向银保监会备案后即可开展；首创“根据污染因子数据测算保额”方式，费率因子与企业排污因子直接挂钩浮动 2. 依法实行排污许可重点管理、纳入深圳市重点排污单位名录、企业突发环境时间应急预案中确定环境风险等级为较大及以上环境风险的高污染企业必须投保，单独险种 3. 每年从保费中提取不低于 25% 的费用用于风险防控，聘请专业环保机构为企业进行环境风险预警、环境风险评估、环境风险隐患排查、环保教育培训等

续表

保险品种	运作模式
阳光保险溢油环境污染责任保险	1. 定位石油方面的运输和开采环节 2. 采用专利知识产权与绿色保险产品相结合的形式 3. 设置“施救费用”，以实现事后对于污染事件的及时处理与应对，协助投保人在承保范围内积极承担社会责任

表 6－7　　ESG 相关保险实践——安全生产责任保险

保险品种	运作模式
农机安全生产责任保险（湖南）	1. 湖南省委、省政府出台政策措施推广 2. 参保农机包括变型拖拉机、兼用型拖拉机、纯农业作业机械和无人植保机等，保险责任主要包括农机驾驶员人身伤亡赔偿、第三者人身伤亡和财产损失赔偿等 3. 投保人：农机合作社，可根据实际情况选择保额投保 4. 费率：保险机构根据不同类型农业机械安全风险，实行差别费率和浮动费率 5. 湖南省农机事务中心和人保财险湖南省分公司完善工作联动机制，每个县、市、区都设立了农机安责险服务站，开展下乡送检送险行动，提高效率和服务质量
交通安全责任保险（广西）	1. 危险货物港口经营企业，码头经营企业；道路客运企业，危险货物、普通货物运输企业；国内水路运输经营企业；城市公交运营企业（含站场运营）；城市轨道交通运营企业（含场站内电梯、扶梯）；公路交通基础设施（含路段、桥梁、隧道、收费站、服务区、客运场站、货运场站）运营企业；公路、地方铁路、水运工程建设施工项目（含养护施工项目）；水路交通基础设施（含内河、沿海港口航道）运营企业；综合交通枢纽运营企业；巡游出租汽车企业和网约出租汽车企业；机动车维修企业；机动车驾驶员培训企业。鼓励参保对象：铁路、机场、邮政及行业其他企业；其他交通运输新业态企业 2. 生产经营单位（投保人）按照属地原则，以企业为单位投保安责险 3. 卡富斯保险经纪有限公司广西分公司会同其他 5 家保险公司组成共保体
邮政快递安全生产责任保险（无锡）	无锡邮政快递安全生产责任险从安全生产必须投入资金中提取费用，按每名快递员每日 0.5 元左右计费投保。快递员若在进行收寄、运输、中转、投递等全环节生产工作中遭受人身伤亡，依法由保险机构按照保险合同约定负责赔偿；投保单位发生生产安全事故造成从业人员伤亡、第三者人身伤亡或财产损失的，依法由保险机构按照保险合同约定负责赔偿，为快递员和第三者提供最高 50 万元身故赔偿金加 10 万元医疗费用的额外保障

资料来源：绿色金融与 ESG 国际研究.《绿色保险业务统计制度》分类框架下的国际国内绿色保险案例研究［EB/OL］. https：//mp. weixin. qq. com/s/grQYmjxkLi7L5oVC2L1_2g，2022.

二、为绿色产业提供保障的保险

绿色产业保险业务主要包括生态环境产业（如生态种植业、生态林业、绿色畜牧业、绿色渔业、生态保护和生态修复等）相关保险、清洁能源（如太阳能产业、风能产业、水力发电产业、核能产业等）相关保险、基础设施绿色升级（如建筑技能与绿色建筑、绿色交通、园林绿化、环境能源基础设施等）相关保险，以及节能环保产业、清洁生产产业、绿色服务等相关保险。绿色产业保险相关实践如表6－8所示。

表6－8　　绿色产业保险相关实践

保险类型	保险品种	运作模式
生态环境产业保险	人保财险生猪保险“龙游模式”	保费由各级财政补贴85%，农户自交15%，每头猪的保费为4.05元，病死一头猪，按身长不同可获赔30—600元。并且，由于无害化处理是保险理赔的前置条件，病死猪出险后会被统一收集，运至浙江集美生物技术有限公司，经无害化处理成为生物质碳
	耕地地力指数保险	依据和运用土壤有机质含量指标数据与耕地地力间的对应关系（土壤有机质含量提高，意味着土壤得到了改善），通过监测试点区域内有机质含量指标的变化来判断是否触发保险补偿，土壤的有机质含量增幅越大，即农户地种得越好，则补偿金额越高。该产品旨在通过政府给予一定补贴，充分发挥金融杠杆效应放大财政资金作用，鼓励农户科学种植，正向激励农户积极参与耕地地力保护工作。在四川省宜宾市翠屏区试点开展的耕地地力指数保险是地方财政补贴的创新型保险产品，试点期间保险周期暂定为3年，参保后，农户每年仅需缴纳每亩地24元的保费，如果在保障期内农户种植耕地的有机质含量有所增长，根据最终监测结果，农户可获得每亩最高1500元的补偿
	天然草原保险	红原县天然草原保险参保对象是用于生产干草的生长正常的冬春草场，管理和使用冬春草场面积在500亩以上的牧民可单独投保；未达到500亩的，可以农业生产经营组织或村民委员会为单位组织牧民投保。每亩冬春草场保险金额为15元，保险费率为8%，每亩保费1.2元，其中红原县财政补贴1元，牧民自缴0.2元。在保险期内，由于火灾、雹灾、旱灾、洪水原因直接造成保险的冬春草场的损失，且全损面积达到承保面积的相应比例的，可以获得赔偿
	湿地碳汇生态价值保险	中国太保产险宁波分公司为杭州湾湿地公园签发了湿地碳汇生态价值保险。该保险以湿地的碳汇富余价值（包括固碳经济价值和修复成本）为补偿依据，保障湿地因台风、干旱等自然灾害原因受损进而导致湿地碳汇量减少的风险

续表

保险类型	保险品种	运作模式
清洁能源产业保险	太阳能光伏组件长期质量与功率保证保险	人保财险“太阳能光伏组件长期质量与功率保证保险”产品，持续保障时效最长可达30年。保险期间内，光伏组件企业生产、销售的产品，因原材料缺陷或制造缺陷、工艺不善等原因，导致产品质量或发电功率未达到其书面质量保证承诺而引发电站投资人等权益人的索赔，由保险公司负责赔偿。目前，人保财险已为国内30多家技术能力领先的光伏组件制造企业提供了“太阳能光伏组件长期质量与功率保证保险”产品服务与保障，并与德国TUV、中国质量认证中心（CQC）、中国鉴衡等第三方认证与检测机构建立良好合作关系
	财产一切险（BRI保险）	赔偿设备因自然灾害或意外事故造成的直接物质损失或灭失，可以再增加地震、烟熏造成损失等扩展条款。例如，德国Conergy公司提出可以用财产一切险减少施工及施工后（如在恶劣天气下）造成的光伏电站损失。BRI保险的长短取决于保险公司。通常，BRI是以3个月为增量（3个月、6个月或12个月），如果重大天气延误推动项目超出其完成期限，可以延长
	营业中断险	附加险，不能单独安排。赔偿被保险人在财产一切险及机器损坏险项下所承保风险造成被保财产物质损失所引起的被保险人营业中断的利润损失
	第三者责任险	人保财险推出产品责任险，用于赔偿被保险人的保险财产因发生保险单列明的保险责任范围内的灾害或事故，造成第三者财产损失或人身伤亡，在法律上应由被保险人承担赔偿责任，以及事先经保险人同意而支付的诉讼费用，由保险人负责赔偿。光伏产品造成的意外损失。理赔限额：保险金额为10万元及以下，限额为10万元；保险金额为10万—40万元（含），限额为20万元；保险金额大于40万元，限额为30万元。其他事故免赔额为1000元；因自然灾害造成保险标的的损失，每次事故绝对免赔额为2000元或核定损失金额的10%，两者以高者为准
	家庭太阳能光伏设备综合保险	人保财险在南平、宁德和莆田等地推广家庭太阳能光伏设备综合保险。对因火灾、爆炸；雷击、暴雨、洪水、暴风、龙卷风、冰雹、台风、飓风、沙尘暴、暴雪、冰凌；突发性滑坡、崩塌、泥石流、地面突然下陷下沉；飞行物体及其他空中运行物体坠落，外来不属于被保险人所有或使用的建筑物和其他固定物体的倒塌，造成的设备损伤进行保险
	核物质损失保险	在“华龙一号”项目运营期，由中再产险担任执行机构的中国核保险共同体为项目提供130余亿元的核风险保障。在“华龙一号”项目建设期，中再产险为项目提供约30亿元的再保险支持，为项目所面临的自然灾害、意外事故及第三者责任风险提供全面保障，覆盖长达近7年的主体工程建设安装期

续表

保险类型	保险品种	运作模式
绿色建筑和绿色交通保险	绿色建筑性能保险	2019 年 3 月，中国首单绿色建筑性能责任保险落地北京朝阳，该产品由人保财险承保。北京朝阳区以崔各庄奶东村企业升级改造项目为试点，引入绿色保险机制，以市场化手段保证绿色建筑实现预期的运行评价星级标准，推进绿色建筑由绿色设计向绿色运行转化。人保财险将采取实物修复和货币补偿的方式，保障项目方的权益，保障绿色建筑预定星级目标与实际评定星级之间的偏差风险。该保险具备的事前信用增进、事中风控服务、事后损失补偿的“三位一体”功能有望在支持绿色建筑发展中推动形成一种可持续、可复制推广的保险模式。绿色建筑性能保险已在北京、青岛、湖州、苏州、天津、宁波落地试点。为落实《绿色建筑创建行动方案》，人保财险推出了全国性绿色建筑性能保险产品，同时，在保险支持既有建筑节能改造方面积极开展试点探索
	绿色卫士装修污染责任险	绿色卫士装修污染责任险是聚焦绿色建筑的创新型产品，实行全流程风险管控，提供施工时污染物评估、完工后污染物检测、出险后污染物治理等服务。此保险致力于保障业主房屋装修后室内空气质量安全、符合居住标准，避免因为新装修后产生的污染物（甲醛、三苯、TVOC、氡等）对业主，尤其是儿童的身体健康危害，并可对建筑物内因空气污染引起的人身伤亡和财产损失进行赔付。2018 年 9 月 27 日，深圳市福田区政府、深圳保监局、平安产险深圳分公司、深圳经济特区金融学会绿色金融专业委员会达成战略合作，共同启动绿色卫士装修污染责任险，对福田区的新建或翻新公共场所进行承保
	轨道交通建设工程保险	绍兴市轨道交通集团携手人保财险绍兴市分公司专门为地铁 1 号线主线定制了 2022 年运营期综合保险。为绍兴地铁 1 号线的主线 26.8 公里、18 座车站，以及主线范围内的折返线、渡线、停车线、主线与鉴湖停车场的联络线，镜湖控制中心、鉴湖停车场设备，工程初期配属的 27 列 6 辆编组 B 型列车，提供了包括财产一切险（附加机器设备损坏险、现金险）、安全生产责任险及其附加险、公众责任险共计 130 亿元的综合保险保障

资料来源：绿色金融与 ESG 国际研究．《绿色保险业务统计制度》分类框架下的国际国内绿色保险案例研究[EB/OL]．https：//mp.weixin.qq.com/s/grQYmjxkLi7L5oVC2L1_2g，2022.

三、为绿色生活提供保障的保险业务

绿色生活保险业务主要包括新能源汽车保险、非机动车保险等，相关实践如表 6－9 所示。

表 6－9　绿色生活保险相关实践

保险品种	运作模式
新能源车综合商业保险	英国财险公司提供的新能源车险覆盖动力电池系统损失保障、OTA 车辆系统升级服务、合作充电服务、充电设施损失保障等，并通过各类服务提升客户黏性，例如，通过 APP 快速提供充电桩位置信息、修理期间的费用补偿（如更换儿童座椅）、临时租赁服务等。与新能源车的上下游及服务建立联系，形成新能源车险生态
UBI 车险	意大利 UBI 保险公司通过赠送 UBI 设备给车主（约 50 欧元）的方式，迅速占领了意大利 UBI 保险市场。车主若接受赠送安装 UBI 设备，会享受八五折保费优惠。承保第二年，财险公司会根据设备记录的驾驶行为数据调整保费。安装设备的成本也能在第二年的智能定价中得到弥补。Paydrive 使用 Smartcar 的里程验证 API 来确定全国特斯拉车主所行驶的里程数。除每月基本费用外，Paydrive 的保单持有人每行驶 1 英里便需支付少量费用。因此，车主的月保费取决于他们实际使用汽车的里程数。得益于 Smartcar 的技术，该计划不需要任何售后硬件配件，特斯拉车主在 Paydrive 应用中点击几下，即可共享其车辆的里程表读数。除验证客户的里程表读数外，Paydrive 还使用 Smartcar 位置 API 定期检查每辆车的位置。根据保单持有人最常开车的道路类型，Paydrive 可以调整价格以反映相应的事故风险

资料来源：绿色金融与 ESG 国际研究．《绿色保险业务统计制度》分类框架下的国际国内绿色保险案例研究［EB/OL］．https：//mp. weixin. qq. com/s/grQYmjxkLi7L5oVC2L1_2g，2022.

四、“双碳”目标下我国部分绿色保险创新产品

随着绿色保险技术应用的拓展，我国近年来涌现出多项首创的绿色保险产品（见表 6－10），从环境风险管理、融资增信、绿色投资等多个维度，为践行生态文明战略、落实“双碳”目标、推进经济社会绿色低碳转型提供了支持。

表 6－10　部分绿色保险创新产品

时间	产品名称	承保机构	地点	性质	摘要
2009 年	环责险“保险＋服务”	人保财险	江苏无锡等	—	无锡模式开创先河后，湖州、衢州等地进一步开创了“保险＋服务＋监管＋科技＋信贷”联动发展模式
2015 年 7 月	巨灾债券	中再产险	北美市场	全国首例	为内地因台风造成的损失提供保障
2019 年 4 月	绿色建筑性能责任保险	人保财险	北京朝阳	全国首单	后续逐步在北京、青岛、湖州等地扩大试点范围

续表

时间	产品名称	承保机构	地点	性质	摘要
2020 年	海水养殖赤潮指数保险	人寿财险	福建莆田	全国首单	针对海洋环境变化导致赤潮现象给海产养殖业带来的损失提供保险
2021 年 4 月	政策性林业碳汇指数保险	人寿财险	福建龙岩	全国首单	为龙岩市新罗区提供 2000 万元碳汇损失风险保障
2021 年 5 月	林业碳汇价格保险	人保财险	福建南平	全国首单	为南平市顺昌县国有林场提供林业碳汇价格损失风险保障，探索“林业碳汇”
2021 年 11 月	减排设备损坏碳损失保险	太保产险	辽宁大连	全国首单	为华粮物流集团北良有限公司大连热力分公司提供减排设备碳损失保障
2021 年 11 月	碳排放配额质押贷款保证保险	太保产险	上海	全国首笔	携手上海环交所、申能集团、交通银行达成“碳配额 + 质押 + 保险”的合作，为节能环保、碳减排技术等提供保障
2022 年 1 月	草原碳汇遥感指数保险	太保产险	内蒙古包头	全国首单	携手上海环交所共同开发，为包头市达茂旗的农牧民提供草原碳汇绿色生态风险保障
2022 年 4 月	绿色建材保证保险	大地财产保险	山东青岛	全国首单	标志着以绿色建材为投保标的的新险种正式诞生
2022 年 5 月	海洋碳汇指数保险	人寿财险	山东威海	全国首单	以 100 亩海草床为保险标的，因特定海洋环境变化造成的碳汇减弱，将由保险公司负责赔偿
2022 年 5 月	“减碳保”公共建筑节能保险	人保财险	山东青岛	全国首单	为胶州市政府能效提升项目提供为期 3 年、保额 76 余万元的风险保障
2022 年 8 月	农业碳汇保险	人寿财险	福建宁德	全国首单	为福鼎市特色农业产业提供 300 万元碳汇损失风险保障
2023 年 5 月	碳资产质押融资贷款保证保险	人保财险	上海	全国首单	由人保财险上海分公司联合中国建设银行上海张江分行共同为上海迪赛诺化学制药有限公司提供碳资产质押融资服务

资料来源：[1] 邵成多，邱峰．“双碳”目标下绿色保险创新发展的国内外实践［J］．北方金融，2023（1）：42－50.

［2］唐玮婕．人保财险首单碳资产质押融资保证保险保单签发［EB/OL］．https：//baijiahao.baidu.com/s？id＝1766559741745870692&wfr＝spider&for＝pc，2023－5－22.

第四节 绿色保险典型案例

绿色保险产品已创新出环责险、绿色项目贷款担保保险、指数保险、碳保险等产品类型。目前，中国已形成了以污染环境风险保障类为主，绿色建筑风险保障类、巨灾/天气风险保障类、绿色技术风险保障类等相结合的绿色保险体系，在绿色金融中发挥越来越重要的作用。本节将分别从负债端、资产端介绍绿色保险的典型案例。

一、绿色保险创新产品

案例 6－1　全国首单发电行业碳超额排放费用损失保险

碳交易市场作为一种新兴的交易市场，交易双方都面临着各类不确定性风险，保险作为管理风险的金融工具，在其中可以发挥重要作用。随着碳交易市场在全球的逐步兴起，各类碳交易保险也应运而生。碳交易保险是与碳市场交易直接相关的金融产品，主要保障碳交易过程中的融资风险、信用风险、交付风险、价格风险等。目前，市面上出现的碳交易保险产品主要有碳配额保险、碳信用价格保险、碳交付保险、碳排放配额质押贷款保证保险和减排设备损坏碳损失保险等。在碳交易过程中，碳交易保险一方面可以降低碳交易中的风险因素，让交易各方免除后顾之忧，提高碳市场效率；另一方面可以通过保险的信用担保功能，为减排企业进行融资增信，使其更容易获得资金和技术支持。

2022 年 8 月，由金华人保财险创新开发的发电行业碳超额排放费用损失保险授牌仪式在浙江金华宁能热电有限公司举行，标志着全国首单发电行业碳超额排放费用损失保险在浙江金华成功落地。

自 2021 年 7 月全国碳市场启动以来，各市场参与者刚经历第一个履约周期，其中的发电行业企业和各金融机构都处在摸索阶段，8 家发电企业在金华率先开展了碳交易。在“碳交易机制”的大背景下，发电企业的碳配额（CEA）成为有可参考价值的新型资产，如何为此类资产提供保障成为保险业绿色创新的新课题。

基于此，中国人保财险金华市分公司联合金华市生态环境局、银保监局，深入研究政府部门在企业碳配额管理上的需求和发电企业在参与全国碳市场中所面临的风险。据了解，发电企业在生产经营过程中，自然灾害、意外事故、工人操作错误等因素造成的发电设施或相关节能减排设备损失，可能会导致发电企业碳减排能力下降，碳排放存在超配额风险。基于上述风险，金华人保财险创新研发了发电行业碳超额排放费用损失保险，为由此产生的额外碳排放配额交易费用提供风险保障，降低企业实施碳减排项目风险，帮助企业推进“双碳”工作。

通过碳超额排放费用损失保险助力发电企业有效利用市场机制控制和减少温室气体排放，这是助力碳达峰碳中和的一次大胆创新探索，在全国尚属首创。目前，该项目已正式进入试点推广阶段，纳入全国碳市场第一个履约周期的2162家发电行业重点排放单位，均可投保该项目。

资料来源：保险科创园．行业透视丨绿色保险创新实践案例分享（二）：碳交易保险［EB/OL］．https：//mp.weixin.qq.com/s/LTcaT14n7h95bxLEbIdKdw，2022－10－28.

案例6－2 “数字化＋绿色”农业保险

随着金融科技深度赋能绿色保险，数字化应用为绿色保险提供了全新技术手段。农业生产对自然灾害最为敏感，离不开绿色农业保险的支持和保护。作为分散农业生产经营风险的重要金融手段，农业保险为农民灾后恢复生产和灾区重建提供有效保障。随着互联网和大数据等信息科技的不断发展，农业与科技进一步深度融合，农业保险也逐步实现从传统农险向绿色数字农险的跨越式发展。

1. 产品概况

太保e农险是中国太平洋财产保险股份有限公司（以下简称太保产险）与中国农科院联合开发、共同打造的数字化农险经营管理体系。太保e农险融合空间遥感、地理信息、人工智能、大数据、物联网等前沿最新科技，不断迭代更新，打造农险数字化运营管理平台。太保产险公司《太保e农险FAST慧眼人工智能定损平台》获评农业农村部信息中心的“2021年数字农业农村新技术新产品新模式优秀项目”。

在绿色农险创新发展生态化、场景化、个性化的趋势下，“e农险FAST”通过信息技术、互联网、云计算和大数据等数字化结合，为绿色农业保险数字化创新中“实时感知响应”和“智能分析”提供了全新解决方案。

e农险赋能气象指数保险及时帮助农户应对极端灾害。气象指数保险在时间定位、具体灾害上可对现有农业保险做有效的补充。不需要等到最终收获季进行理赔，而是在损失发生后就进行实时理赔的特点，可以起到鼓励地方政府和农户主动防灾、减灾和进行抗灾救灾的作用。农业气象指数保险在e农险的支持下，可以更及时、有效地帮助农户应对极端灾害，加强农户应对气候变化的能力。以宁波杨梅采摘期降雨指数保险为例，宁波慈溪市是著名杨梅之乡，若采摘期遭遇持续降雨会造成杨梅产量和品质下降，给农户带来较大的经济损失。太保产险依托e农险数字运营平台，配套铺设雨量采集器物联网设备，针对宁波杨梅项目研发了气象指数保险自动理赔模式。大部分梅农在保险期间结束后第一天就获得赔款，集体投保梅农在赔款金额公示后获得赔款，理赔工作在保期结束后一周左右全面完成。气象指数保险自动理赔在慈溪市杨梅保险上的成功应用为其进一步推广提供了参考。

2. 重视风险防控

太保e农险开发了暴风系统、灾情预警、风险地图、台风预警等功能，是发现、预警、监控气象灾害风险、掌握农情的重要工具，有助于农户防灾减损，实现大灾遥感定损，提高查勘效率和理赔服务质量。

3. 服务创新

打造了多项创新服务模式，如卫星 + 无人机 + 地面专家联合定损、气象指数保险自动理赔。“e农险 FAST”的理赔模式采用了先赔、后查、先付、后核的模式，即在审核前采取先付款的方式，最快能实现48小时内完成赔付。

资料来源：中国普惠金融研究院．绿色保险数字化创新案例：“太保e农险”助力农业指数保险［EB/OL］. https://mp.weixin.qq.com/s/h2 - t1R30j6ibJr8JZGIcag，2021 - 9 - 24.

二、保险公司 ESG 投资实践

案例 6 - 3　法国安盛公司（AXA）ESG 实践

1. 案例公司简介

法国安盛公司（AXA）是全球最大的保险集团之一，也是领先的资产管理机构，在ESG领域有一定的发展与实践。截至2021年6月21日，安盛投资管理公司开展ESG主题、可持续投资和影响力投资总计达5680亿欧元，并被H&K责任品牌指数评为2020年“全球第一”的资产管理机构。

（1）可持续发展经营：安盛早已将ESG发展理念融入企业愿景、战略规划和企业文化中，并在实践层面将其转化为更为全面的职能分工、ESG风险管理、ESG投资决策、相关方法学和新兴科技支持研究。旨在进行全面风险控制和把握全球可持续发展投资机遇的同时，履行承担企业社会责任的社会职能。

（2）国际ESG发展与推动：一方面，安盛作为全球领先的保险资产机构，通过ESG风险管控、投资标的筛选等形式，以资本支持引导全球ESG发展；另一方面，依据丰富的市场实践经验和研究，通过参加"资产所有者零净值联盟"、协助国际资本市场协会（ICMA）研究发布"可持续挂钩债券原则"、成立"零碳保险联盟"等形式助力全球应对气候变化、零碳行动实现的进程。

2. ESG治理

（1）可持续发展战略：以可持续发展业务创新、数字科技发展和专业研究，作为履行气候承诺的中心。

（2）可持续发展目标：安盛将在2025年实现一般资产账户碳足迹同比2020年年底减少20%。

（3）2023年推进计划：从扩展（expand）、简化（simplify）、加强（strengthen）、延续（sustain）、增长（grow）五个层面展开关键战略行动。

组织架构方面，安盛在集团组织架构下，依据ESG进一步完善管理架构。在董事会下分立"责任投资战略委员会"和"企业责任委员会"，从不同视角细化集团战略规划方案和路径；在此之下设立"监督和参与委员会""公司治理委员会""评分和量化方法学委员会""核心上市公司影响委员会"，从实践执行分工角度对ESG进行专业市场应用、研究和监测。

ESG信息披露方面，安盛基于产品及业务实践应用实践需求，以需求主导在ESG信息披露方面有着较为全面的尝试。其ESG信息披露以多样的量化数据为支撑，如披露ESG投资比例、非ESG资产退出规划、不同情景下投资风险等内容，有效地为利益相关者提供可追踪、可对比的参考。

3. ESG投资

ESG投资指标及应用方面，一是基于对内部员工、客户等利益相关者的多路径调研，纳入调研对象切实关注的ESG实质性议题；二是将ESG要素纳入研究经济转型发展下的重点议题；三是参考MSCI、Carbon4等国际ESG评级机构指标。截至目前，安盛主要从ESG三个维度提出包括资源和生态系统、气候变化、人力资本、社会关系、商业道德、公司治理六大议题（见表6－11）。

表 6-11　　安盛保险集团 ESG 投资参考指标

环境	资源和生态系统	在公司运营中使用自然资源，通过避免负面影响来保护生态系统
	气候变化	公司活动以及产品相关的气候变化影响，解决气候变化挑战
社会	人力资本	职业健康与安全、吸引力（招聘）和留用（员工满意度）、培训、社会对话、劳工权利、员工补偿、职业管理
	社会关系	供应链管理、与客户的关系、与供应商的关系、尊重人权，关乎社区、不歧视、消除童工问题
治理	商业道德	预防腐败和反竞争实践
	公司治理	披露与控制，传统治理问题，包括董事会/管理层多元化，董事会独立，独立首席执行官/董事长，股东权利，高管的薪酬

资料来源：中国保险资产管理业协会. 保险资金 ESG 投资发展研究报告［R］. 2023.

在负面筛选方面，明确将诸如争议性武器、烟草、棕榈油，以及在国际层面道德标准如联合国全球契约（UNGC）不准许的议题纳入负面指标清单。

ESG 投资类别方面，安盛在投资时可分为公司主体股权投资、可持续债券、国家主权债券、资产担保证券（ABS）、抵押贷款、促进保险相连证券（ILS）、实物资产等。其中值得注意的是，安盛在针对不同投资主体时会差异化调整评估流程及评估因子，例如，在针对企业为主体投资进行评判时，会参考“行业 ESG 关键性指标、企业 ESG 实务、项目 ESG 实务、气候风险”等；在针对国家主权债券投资时，会增设“经济及政治情况、国家受气候变化影响分析、能源使用比例及转型、人口及健康、人权、教育、社会运作效率”等。

4. ESG 风险管控

安盛在风险管控层面的举措主要包括三个方面：

第一，提出 5 大支柱管理体系，分别为“相关独立风险管理、共通风险偏好框架、一个系统性意见二次考量关键流程、广泛使用基于稳健资本指标的内部模型、主动风险管理”。

第二，有计划地执行“从上至下”和“从下至上”ESG 因子风险验证，从研究端对 ESG 因子风险管控研究和市场实践端 ESG 因子影响捕捉予以双向推进。

第三，创新实践气候风险情景分析，针对不同投资主体和投资产品类型，分别在 1.5 度及 2 度温升情境下在微观层面引入“政策、气候风险、对手风险、ESG 评级”，在宏观层面引入“人口、GDP、能源使用、未来温室气体排放预测、极端气候事件”等进行投资风险分析。

5. ESG研究与创新

安盛在ESG领域具有一定的前瞻性研究，如上述的情景风险分析和综合国际主流ESG标准及ESG评级机构体系和数据开发更为适配的ESG评估方法学和指标。在ESG投资实践应用层面，“ESG足迹观测平台”值得重点关注，其可方便投资经理和投资者更直观地了解产品ESG成分现状及追踪变动情况，有效推动ESG的投资实践意识和创新研究数据支撑。

资料来源：中国保险资产管理业协会．保险资金ESG投资发展研究报告［R］．2023.

案例6－4　泰康保险集团股份有限公司ESG实践

1. 案例公司简介

泰康保险集团股份有限公司（以下简称泰康保险）是1996年8月22日经中国人民银行总行批准成立的全国性、股份制人寿保险公司。泰康保险是较早开始践行绿色发展理念的保险机构之一。2021年6月，泰康保险集团正式签署联合国负责人投资组织（UN RPI），成为中国第三家加入UN RPI的保险机构①。泰康保险通过制定ESG投资发展规划、完善自身ESG投资组织架构，在投融资实践流程中提升了绿色因素占比，在清洁能源、民生基础设施等绿色项目上投资额达到千亿元级别，截至2020年12月31日，泰康资产受托泰康人寿保险资金通过股票、债券、基金、另类投资等方式助推绿色发展投资金额182.44亿元，较2019年年末增长21%。其中，股票、债券、公募基金等公开市场投资94.34亿元，股权和债权等另类项目投资88.11亿元。与此同时，泰康保险积极参与二级市场投资，大力提高直接融资比例，充分发挥了保险资金参与投资定价、提升资本市场效率的作用，切实成为多层次资本市场的“压舱石”。2020年，根据中国银行间市场交易商协会统计，泰康资产位列保险类金融机构绿债投资人首位。

2. 制定ESG投资发展规划与实践框架

为了深入融合绿色投资理念，发挥保险资金独特优势，高度参与绿色投资实践，拓宽绿色投资领域，为我国经济向绿色化转型提供融资支持，引导“双碳”目标下的绿色转型，泰康保险建立了较为完善的ESG投资实践发展规划，旨在自上而下贯彻ESG投资理念，稳步推进ESG投资实践开展。2022年3月，泰康保险发布《2022年度负责任投资（ESG投资）政策指引》（以下简称《指引》），该《指引》的发布对推

① 前两家分别是中国人寿保险股份有限公司（2018年）、中国平安保险（集团）股份有限公司（2019年）。

进集团整体向绿色投资转型，防范环境、社会和治理（ESG）投资风险具有重要意义，在保险行业内具有先行示范作用。

现阶段，集团主要对固定收益类资产（包含债券、存款、非标等）建立直接指导的政策要求，将内部评级模型和ESG投资方法论相结合，构建ESG投资数据库和固定收益投资方法论，并采取“负面清单+白名单+指标筛选”相结合的方式，对持仓资产进行评估。今后将逐步扩展增加另类资产与权益类资产，最终实现资产类别全覆盖的ESG投资方法学。

3. 构建较为完善的ESG投资组织架构

泰康保险ESG投资组织架构“自上而下”涵盖了董事会、经理层和各个子公司（见图6－3）。在董事会层面，将环境与气候变化、绿色金融等相关议题纳入公司治理、经营战略和组织文化建设重要环节。2021年，集团投资委员会新增设立ESG投资专业委员会，由董事会授权行使公司经营层面的ESG投资管理最高决策权，根据实际需要开展ESG投资授权，主要职责包括审批集团ESG投资管理政策和制度、评估考核集团ESG投资执行情况等。

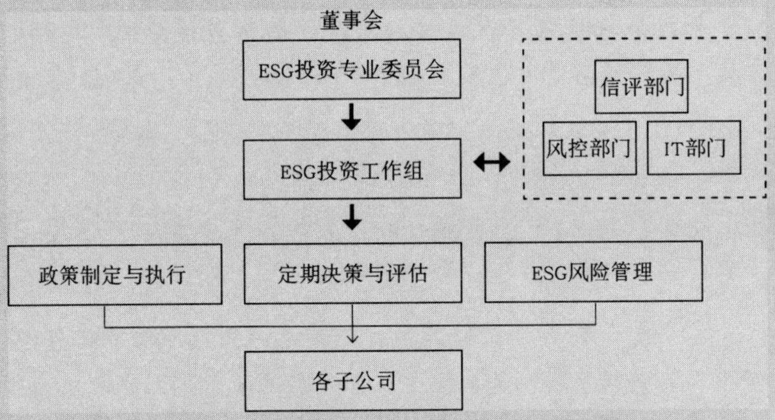

图6－3　泰康保险ESG投资组织架构图

在管理实施层面，投资管理部设立ESG投资工作组，牵头集团ESG投资研究并定期评估子公司ESG投资执行情况等。其他涉及的部门包括固定收益、信用评级、风控、IT部门等，会统一建立一套流程机制，其中投资经理负责将ESG相关因素（评分和行业指标等）纳入投资决策，IT部门负责系统数据对接，风控部门则针对非标项目额外增加ESG风险管理维度，联合信评部门支持整合ESG评分。

在子公司层面，集团将下发ESG投资政策至各子公司，并将ESG职责归口到风控与合规部门。各子公司将作为委托人，每年通过“投资指引”或“委托协议”将ESG

投资管理要求下达至受托方，并拟订 ESG 投资管理制度，监督投资管理人 ESG 投资执行情况。目前，泰康资产（香港）已设立 ESG 委员会并制定相关投资管理办法，耗时 8 个月，梳理了 ESG 相关投资政策、制度及流程，形成了投资流程改进优化方案。在方案指导下，落地外部采购投研资源，在系统中纳入相关投资元素，在投资流程上落实相关打分机制，同时制定了 ESG 策略，将环境保护和绿色投资相关因素划为重点。

4. 将绿色因素纳入投融资流程策略及标准

（1）固收投资实践：研究固收 ESG 评价体系和整合法技术路径。泰康保险初期采用筛选法，以固定收益资产为主要应用领域，借助泰康保险完善的内部信评体系和多年行业研究经验，建立集团内统一的固收 ESG 投资政策框架。目前，泰康保险引进中债 ESG 基础数据库，涵盖国内 5000 家发债主体 ESG 基础数据，定量分析 ESG 评分结果与泰康内部评级之间的关系，同时参考大量境内外公开资料，包括企业责任投资报告和 ESG 报告、ESG 指数产品、GRI 纲领、交易所 ESG 指引，初步构建 ESG 指标评分体系。泰康还与标普全球等专业机构深入探讨 ESG 因素如何传导及影响行业/企业竞争力、财务报表，探讨如何建立 ESG 信用评级和估值模型（见图 6－4）。

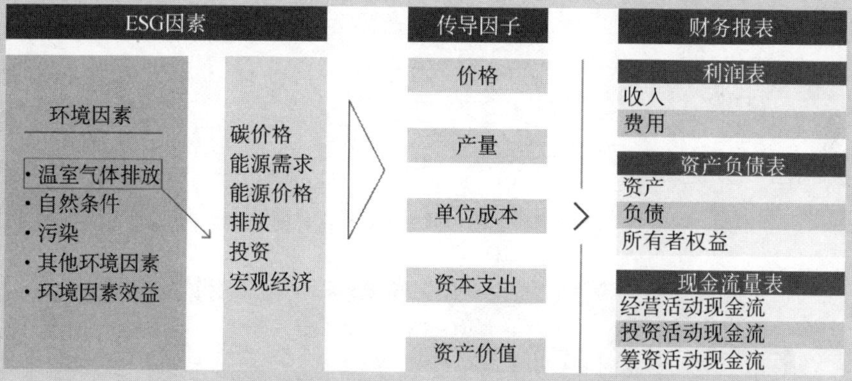

图 6－4　泰康保险探讨如何建立 ESG 信用评级和估值模型

（2）权益投资实践：泰康资管权益二级市场团队设立 ESG 专岗，跟踪 ESG 从政策、行业到企业的相关动态变化，为权益研究与估值提供有价值的分析与参考。根据泰康资管的研究，ESG 因素的影响首先自上而下地寻找机会，其次自下而上地评估企业，因此在企业价值的评价中，特别是对长期估值的评价，须将 ESG 因素纳入考量，形成新的预测与风险判断。目前，泰康资管对于每个 ESG 因素按照其与 A 股市场的关联关系，进一步细分和重点考察，同时形成问题清单，对照企业发展情况进行数据收集与分析判断。主要问题包括企业碳排放水平在同业中是否存在比较优势并致力于降低碳排放，从而降低碳交易成本；企业是否适时转型发展绿色产品和技术服务，把握市场机遇，提升自身竞争力；高碳排放、高耗能、高污染企业的政策风险敞口等。

（3）挖掘绿色投资机会：聚焦环境保护相关议题。泰康保险已完成可持续投资相关研究团队建设，积极将绿色因素融入投研全过程，在相关企业与行业研究中系统性评估“双碳”背景下的发展前景。在二级市场投研方面，集团聚焦气候变化、资源消耗、污染排放和生物多样性及土地保护四项子议题，关注企业碳排放水平、转型技术、高碳排放等政策风险敞口指标，通过聚焦绿色发展相关因素，综合评估与挖掘投资机会。

（4）完善量化研究：将ESG因子纳入构建范畴。ESG投资框架体系为公司开展量化投资时深化基本面研究、寻找有意义的基本面因子提供了宝贵的研究成果借鉴。泰康研究团队致力于开发若干绿色投资相关因子，提出完整、可落地的量化评价打分方法，并通过完善产品配置，关注环境保护、绿色转型对企业可持续发展的影响。目前，在泰康资产量化部门管理的主动性账户中，已经约有1/3的账户使用了与绿色投资、ESG理念相关的因子。

在具体因子构建上，主要通过以下步骤实现（见图6－5）：

图6－5　ESG因子构建框架

第一，数据处理。国内和集团内部已有的ESG数据可直接利用，但非结构化和非现成数据可能也隐含着丰富的信息，须发展技术能力进行数据梳理和抽取。

第二，体系构建。借鉴ESG体系下的因子细项设置与判断，形成打分，汇合为公司别的分项打分数据，再按照行业差异化的因子权重整合。

第三，策略构建。以综合ESG因子为主体，辅助以必要的其他因子，可以方便地构建ESG类指数或SmartBeta策略。

资料来源：中央财经大学绿色金融国际研究院．泰康绿色金融发展白皮书［R］．2022.

思考与练习

（1）什么是绿色保险？绿色保险的负债端和资产端分别包括哪些内容？

（2）我国绿色保险发展的现状如何？面临哪些机遇与挑战？

（3）请结合美国、德国、英国和法国等国家的绿色保险实践，简述国外三种类型的绿色保险制度。

（4）请结合案例，简述如何利用金融科技与数字化赋能绿色保险的发展。

推荐阅读材料和网站

（1）蓝虹，穆康德．绿色保险，国外是怎么做的？（美国篇）［EB/OL］．http：//www. greenfinance. org. cn/displaynews. php？ id =2703，2020 -2 -18.

（2）蓝虹，穆康德．绿色保险，国外是怎么做的？（欧洲篇）［EB/OL］．http：//www. greenfinance. org. cn/displaynews. php？ id =2701，2020 -2 -18.

（3）中国保险业协会．2020中国保险业社会责任报告［R］．2022.

（4）中国保险业协会．保险业聚焦碳达峰碳中和目标助推绿色发展蓝皮书［R］．2021.

（5）中国保险资产管理业协会．保险资金ESG投资发展研究报告［R］．2023.

（6）中国人民银行等．关于构建绿色金融体系的指导意见［EB/OL］．http：//www. pbc. gov. cn/goutongjiaoliu/113456/3131687/index. html，2016 -8 -31.

（7）中央财经大学绿色金融国际研究院．泰康绿色金融发展白皮书［R］．2022.

（8）联合国环境规划署（https：//www. unep. org/）。

（9）国家金融监督管理总局（http：//www. cbirc. gov. cn/cn/view/pages/index/index.

html）。

（10）生态环境部（https：//www. mee. gov. cn/）。

（11）中国保险业协会（https：//www. iachina. cn/）。

（12）中央财经大学绿色金融国际研究院（http：//iigf. cufe. edu. cn/index. htm）。

（13）中国金融学会绿色金融专业委员会（http：//www. greenfinance. org. cn/index. php）。

参考文献

[1]“绿色保险”与环境保护 [J]. 中国保险，2001（2）：50.

[2] 陈诗一. 绿色金融概论 [M]. 上海：复旦大学出版社，2019.

[3] 段雅超. 我国新型绿色保险的发展及建议 [J]. 现代管理科学，2017（4）：109－111.

[4] 何杰. 深圳绿色金融发展实践 [J]. 中国金融，2021（23）：42－43.

[5] 胡珺，穆颜如. 环境污染责任保险与企业金融化——基于中国重污染企业的分析 [J]. 保险研究，2022（2）：48－63.

[6] 蒋征天. 国内外绿色保险探索与实践 [J]. 金融纵横，2023（2）：69－72.

[7] 降彩石. 绿色保险服务新发展格局 [J]. 中国金融，2021（2）：44－46.

[8] 阚小冬. 绿色保险的政府角色 [J]. 中国保险，2005（4）：51－53.

[9] 李强. 国际绿色保险发展与借鉴：体制结构和产品体系 [J]. 中国保险，2022（6）：28－32.

[10] 吕秀萍，黄华，程万昕，贾建国. 基于可持续发展的绿色保险研究——一个新的视角 [J]. 生产力研究，2011（11）：74－75.

[11] 绿色金融与ESG国际研究.《绿色保险业务统计制度》分类框架下的国际国内绿色保险案例研究 [EB/OL]. 2022.

[12] 马骏等. 中国绿色金融发展与案例研究 [M]. 北京：中国金融出版社，2016.

[13] 邵成多，邱峰. “双碳”目标下绿色保险创新发展的国内外实践 [J]. 北方金融，2023（1）：42－50.

[14] 汪国庆. 搭建中国“绿色保险”制度新平台的设想 [J]. 经济与管理，2009（1）：92－95.

[15] 汪洵，黎峥. 绿色保险发展国际经验借鉴及启示 [EB/OL]. http：//iigf. cufe. edu. cn/info/1012/4694. htm.

［16］ 王顺庆. 强制绿色保险应成为我国的一项绿色新政，载于中国环境科学学会 2013 中国环境科学学会学术年会论文集（第三卷）［C］. 北京：中国环境科学学会，2013.

［17］ 王文，曹明弟. 绿色保险护航“一带一路”建设［J］. 中国金融家，2018（1）：131－132.

［18］ 夏诗园，郭金龙. “双碳”目标下绿色保险机遇、挑战和路径选择［J］. 西部金融，2022（4）：14－19＋78.

［19］ 章金萍. 基于经济可持续发展的绿色保险［J］. 浙江金融，2006（3）：45－47.

［20］ World Bank. State and Trends of Carbon Pricing 2022［R］. 2022.

第七章　绿色供应链金融

学习要求

1. 理解绿色供应链金融的基本概念。
2. 掌握绿色供应链金融的核心原理和机制。
3. 了解绿色供应链金融的基本模式和主要类型。
4. 思考绿色供应链金融的发展前景和趋势。

本章导读

随着社会对环境可持续性的日益重视，企业越来越需要在供应链运作中采用更加环保和可持续的做法。绿色供应链金融作为促进企业绿色转型和可持续发展的重要手段，借助金融工具和机制，为企业提供资金支持和风险管理服务。本章将介绍绿色供应链金融的定义、原理、产品和实践案例，以及与风险管理和监管相关的议题。通过本章的学习，你将了解到绿色供应链金融在推动环境可持续性方面的重要性，并掌握如何运用金融工具和机制来支持和促进企业的绿色供应链管理。

第一节 绿色供应链金融概述

一、绿色供应链金融产生背景

绿色供应链金融源于全球对环境保护和可持续发展的日益关注。随着气候变化、资源短缺、环境污染等问题的加剧，社会对企业的环境责任和可持续经营要求越来越高。

在传统的供应链中，由于信息不对称和利益分散，很多企业往往忽视了环境保护和可持续性方面，这导致供应链中存在许多环境风险，如能源浪费、排放增加和资源过度消耗等。为了解决这些问题，绿色供应链金融应运而生。

绿色供应链金融是将金融工具和环境可持续发展相结合，以推动企业间环保行为的金融服务模式。它通过提供绿色贷款、绿色保险、绿色证券化等金融产品和服务，激励企业在供应链中采取环保措施和实践可持续经营。

绿色供应链金融的出现有以下四个主要原因。

（一）环境压力增大

全球气候变暖、资源短缺和环境污染等问题日益严重，迫使企业和社会更加重视环境保护和可持续发展。

（二）利益相关方需求增加

消费者对产品的环保属性和企业社会责任要求提高，投资者越来越注重可持续性绩效，政府对环境保护的法规和政策力度加大，这些都推动了企业采取环保措施的需求。

（三）绿色产业崛起

随着绿色产业的快速发展，绿色供应链逐渐成为企业获取竞争优势和市场份额的重要途径。绿色供应链金融作为促进绿色产业发展的重要手段，受到了广泛关注。

（四）金融业创新与需求扩大

金融机构逐渐意识到环境风险和可持续发展对企业经营的重要性，开始开发和推出绿色金融产品和服务，以满足企业和社会的需求。

总之，绿色供应链金融的产生是为了解决传统供应链中存在的环境风险和促进可持续发展的需求，同时是金融业对环境保护和可持续性经营的积极响应。通过绿色供应链金融，企业可以降低环境风险，提高资源效率，实现经济效益与环保效益的双赢。

二、绿色供应链金融相关概念与内涵

（一）供应链金融定义

目前，学术界对于供应链金融还未形成统一的定义，国内外许多学者都曾提出过富有见解性的概念和理论。国外学者中具有代表性的供应链金融定义是由埃里克·霍夫曼（Erik Hofmann）于2005年提出，他认为供应链金融可以理解为供应链中包括外部服务提供者在内的两个以上的组织，通过计划、执行和控制金融资源在组织间的流动，以共同创造价值的一种途径。国内具有代表性的定义是最早开展供应链金融业务的深圳发展银行与中欧国际工商学院“供应链金融”课题组提出的，供应链金融是指在对供应链内部交易结构进行分析的基础上，运用自偿性贸易融资的信贷模型，并引入核心企业、物流监管公司、资金流引导工具等新的风险控制变量，为供应链的不同节点提供封闭的授信支持及其他结算、理财等综合金融服务。

1. 国际组织的定义

根据国际商会（the International Chamber of Commerce，ICC）等国际组织共同制定的《供应链金融技术的标准定义》（2016年），供应链金融是指利用融资和风险缓释的措施和技术，对投放到供应链流程和交易中的营运资本和流动资金进行优化管理。供应链金融通常用于供应链活动触发的赊销交易。贸易流对融资提供者的可见性是达成该项融资安排的必要因素，可以通过一个技术平台来实现。

2. 中国监管部门的定义

从中国监管部门的角度来看，2019年银保监会向各大银行、保险公司下发的《中国银保监会办公厅关于推动供应链金融服务实体经济的指导意见》中，将供应链金融定义为基于核心企业与上下游链条企业之间的真实交易，整合物流、信息流、资金流等各类信息，为供应链上下游链条企业提供融资、结算、现金管理等一揽子综合金融服务。

2020 年 9 月，中国人民银行、工业和信息化部、司法部等八部门联合发布《关于规范发展供应链金融支持供应链产业链稳定循环和优化升级的意见》（银发〔2020〕226 号），强调供应链金融是指从供应链产业链整体出发，运用金融科技手段，整合物流、资金流、信息流等信息，在真实交易背景下，构建供应链中占主导地位的核心企业与上下游企业一体化的金融供给体系和风险评估体系，提供系统性的金融解决方案，以快速响应产业链上企业的结算、融资、财务管理等综合需求，降低企业成本，提升产业链各方价值。

从国内外学者、国际组织及中国监管部门对供应链金融的定义可以看出，供应链金融强调供应链管理、物流管理和金融管理的集成服务。

（二）绿色供应链定义

国内外学术界针对绿色供应链的定义均开始较早。国外绿色供应链的概念源于 1996 年密歇根州立大学制造研究协会，即绿色供应链是环境意识、资源能源的有效利用和供应链各个环节的交叉融合，是实现绿色制造和企业可持续发展的重要手段，目的是使整个供应链的资源利用效率最高，对环境的负面影响最小。2003 年，联合国环境规划署将绿色供应链管理定义为包括监测企业环境绩效，与公营企业合作开展绿色设计，为供应链企业提供培训和信息以建立其环境管理能力等。国内绿色供应链的定义相对分散，学术界基本秉持了两点共识：一是绿色供应链的诞生和发展源于产业经济发展和生态环境保护之间相互依存的共生发展模式的需求；二是绿色供应链需要完成从以产业节点为边界的管理架构到具有跨企业和跨行业维度的突破和颠覆，是一种贯穿于当前生态环境保护议题的全生命周期管理模式。

随着理论和实践体系的完善，绿色供应链管理从供应链的狭义范畴逐渐扩展到更为广泛的系统化含义，从原来供应链管理要素的供应商、制造商、零售商、用户和物流商等静态环节要素发展为基于设计、采购、制造、分销、物流、消费、回收等动态的系统要素。从总体认知上，基本上都秉持了两大理念上的共识：第一，绿色供应链的诞生及发展源于社会文明发展到一定水平后，产业经济发展和生态环境保护之间的一种具有相互依存的共生发展模式的需求。这一理念既不是在经济发展上绑缚环境保护的枷锁，也不是为环境保护戴上经济发展的帽子，这是一种两者协作且融为一体的新型发展模式。第二，绿色供应链作为一种管理模式和手段机制，需要体系化的理念塑造和系统干预，需要突破传统上以产业节点为边界的管理架构，在管理维度上具有跨企业甚至跨行业的延展性，终极目标是可以形成“从摇篮到坟墓”式的全生命周期管理体系，是一种可以贯穿目前生态环境保护命题的发展模式。

（三）绿色供应链金融定义

绿色供应链金融是绿色金融、供应链金融和绿色供应链的有机融合，不同学者或研究机构对这一概念的定义有所不同。企业社会责任组织将可持续供应链金融定义为以某种方式支持贸易交易的供应链金融实践和技术，最大限度地减少负面影响，并创造环境、社会和经济利益，从而将产品和服务推向市场所有利益相关者。综合而言，绿色供应链金融是指在供应链管理中应用金融工具和金融机制，以促进和支持绿色环保和可持续发展的实践。它涉及将金融资源和创新投入应用到绿色产品、绿色技术和环境友好型企业的供应链中。

具体来说，绿色供应链金融可以包括以下四个方面：

（1）绿色融资：为供应链中的环境友好型企业提供融资支持，帮助其进行绿色产品研发、生产和销售。这可能涉及绿色贷款、绿色信用、绿色保理、绿色租赁等金融产品。

（2）环境风险管理：对供应链中的企业进行环境评估和风险管理，以确保其符合环境法规和标准，并预防环境污染和资源浪费等风险。这可能包括风险评估工具、环境监测和合规性审计等。

（3）绿色供应链补偿机制：通过金融机制鼓励和奖励供应链中的企业采取绿色环保措施，如节能减排、资源循环利用等。

（4）绿色保险：为供应链中的环境友好型企业提供绿色保险产品，帮助其应对环境灾害、可持续发展目标未达成等风险。

绿色供应链金融的目标是在供应链管理中推动可持续发展，促进环境保护和资源效率，同时实现商业和金融的可持续利益。通过金融手段的引入，为环境友好型企业提供更多的资金支持和风险管理工具，可以促进绿色经济的转型，并推动社会的可持续发展。

专栏7-1　知识拓展：绿色供应链金融发展历程

绿色供应链金融是伴随供应链金融发展应运而生的创新模式，供应链金融发展总体上经历了四个阶段。在供应链金融发展的前两个阶段，企业没有将绿色管理理念链接到供应链体系的产品设计、采购、制造、物流、销售等环节中，发展模式简单粗犷，商业银行仅针对某一环保领域提供金融服务，属于传统的供应链金融业务范畴。“绿色供应链金融”的概念出现在3.0阶段，这个阶段银行和其他金融机构主动探索绿色供应链金融创新发展路径，更加注重将绿色金融理念融入贸易全链条。目前，国内绿色供应链金融发展绝大多数停留在1.0或2.0阶段，开展简单的绿色信贷业务，少量银行搭建的绿色供应链金融服务平台发展到3.0阶段。

在“万物互联”的供应链金融4.0阶段，区块链技术与银行业务的融合发展将绿色供应链金融推入数字化、智能化、透明化的高效率时代，有望实现绿色供应链上下游企业、金融机构、核心企业之间的资金流、交易流、数据流、信息流等趋于数字透明化和高效化，构建起绿色供应链金融生态圈。绿色供应链金融发展不可能一蹴而就，但随着产融结合程度的提升、区块链技术的成熟、绿色形态的普及、高质量发展步伐的推进，以区块链技术为基础的绿色供应链金融发展路径将会成为银行金融业务创新的必然趋势。

资料来源：王骄阳．区块链赋能绿色供应链金融：基于兴业与工行模式比较［J］．现代商业，2023（15）：71－74.

三、绿色供应链金融的功能和作用

绿色供应链金融具有以下功能和作用：

（一）提供资金支持，缓解企业融资约束

绿色供应链金融可以通过提高中小企业的议价能力，缓解它们在供应链中融资难、融资贵的问题。在各产业供应链中，核心企业的上下游供应商和经销商多为民营和小微企业，资金不雄厚，议价能力相对较弱。绿色供应链金融运用丰富的金融工具，构建便捷化的融资方式，发挥供应链上核心企业的增信担保作用，降低上下游中小企业融资门槛，提升议价能力，鼓励具有强大风险管控和盈利能力的中小微企业的融资行为，保持金融机构对这些企业的融资开放。

（二）实现风险转移，形成多方共赢的局面

绿色供应链金融可以通过共享风险的模式，实现风险控制在供应链上的延伸，最终形成多方受益的局面。由于利益和风险的高度共享性，绿色供应链金融有利于实现核心企业和节点企业在供应链中风险识别和风险控制的相互制约、相互监督、相互促进，而在风险共同承担的基础上，也实现了一定程度的风险转移。从供应商收益看，供应商因受更大信用融资约束而拓展融资渠道，从而获得比较优势；从金融机构收益看，金融机构因获得更多风险管控信息，从而降低了借贷方违约风险；从买方收益看，因有效管控供应链上的风险，从而降低了购买成本。因此，绿色供应链金融形成了多方共赢的局面。

（三）推动企业的绿色转型向竞争优势转化

绿色供应链金融可以通过将企业绿色转型外部收益内部化，实现供应链核心企业及其上下游企业竞争优势的提升。从宏观层面看，绿色供应链金融要为企业绿色转型、产业转型升级和国家“双碳”目标实现服务，因此在资金融通效率提高的情况下，绿色供应链金融通过鼓励链条上各企业的绿色化，大力促进了社会绿色转型程度，增加了公共效益。但从微观层面看，企业绿色转型和产业转型升级的外部收益将内部化为企业的实际竞争力，在绿色发展背景下，低碳高效、绿色环保企业比棕色污染企业具有更大的盈利能力、环境友好力和社会影响力，因此是更可持续的，这将是“双碳”目标背景下企业最大的竞争优势。

总之，绿色供应链金融发挥着资金支持、风险管理、激励机制和竞争力提升等多种功能和作用，推动了企业绿色转型和可持续发展的进程。它不仅对企业自身具有重要意义，也对整个社会和环境产生积极影响。

第二节　绿色供应链金融的基本模式

一、绿色供应链金融和传统供应链金融

绿色供应链金融是建立在绿色供应链的基础上，强调为了达到更好的绿色发展效果，金融机构在开展信贷服务、投融资服务、保险金融等资本运作时优先考虑供应链中可以实现绿色生产的企业，使产品在生产过程的全生命周期中消耗的资源和对环境造成的危害降到最低，即金融机构在对资本使用提出要求时更加强调对整个供应链的环境保护，最终实现供应链发展与生态环境相融合。供应链上的绿色金融需要把绿色供应链上的核心企业及与其相关联的上下游配套互补企业作为一个整体，区别于传统的金融模式一对多的架构，绿色供应链金融全环节以环境评估为依托，以供应链环境风险管理为保证，以实现产品全周期环境友好为目标，将绿色金融服务在整条供应链全面展开。

绿色供应链金融首要考虑的并非供应链上各个企业的经济效益，而是在供应链经营过程中带来的环境影响以及对可能产生的污染环节是否可以进行保障，生态保护是银行和其

他金融机构在进行金融服务的时候最先关注的问题。事实上，银行和各种金融机构可以很好地实施对整个行业资源合理分配的功能，优先借贷给绿色企业，不仅能有效控制污染环境的风险，还为一些仍然只追求高利润，而不考虑环境因素的高能耗企业敲响了警钟，促使这些企业在科技创新上加大投入，加入绿色元素。绿色供应链金融更多是把这些具有合作关系的企业组成一个有机的整体，共同来承担可能带来的环境后果，将环境风险由不可控变为可控，促进解决企业开展环境治理集资难、融资难的问题，推动全社会产业向环保的绿色产业转型。

绿色供应链金融与传统供应链金融在目标、范围和关注点上存在一些差异（见表7－1）。

表7－1　绿色供应链金融与传统供应链金融的区别

区别	绿色供应链金融	传统供应链金融
目标和关注点	主要目标是推动企业向更环保和可持续的方向发展，并促使整个供应链实现绿色转型	更侧重于满足企业的资金需求和降低供应链中的融资风险
评估和认证	通常需要对参与供应链的企业进行环保指标的评估，评价其绿色水平和可持续性	更侧重于对企业财务状况和信用的评估
金融产品和服务	提供针对环境友好型企业的特定金融产品和服务	提供一般的供应链融资产品，如应收款融资、保理等
风险管理和保险	重视环境风险的管理和保险	更注重风险的财务方面

（一）目标和关注点

绿色供应链金融的主要目标是推动企业向更环保和可持续的方向发展，并促使整个供应链实现绿色转型。而传统供应链金融更侧重于满足企业的资金需求和降低供应链中的融资风险。它通常关注整个供应链中的各个环节，包括原材料采购、生产制造、物流配送等，强调供应链的顺畅和运作效率。传统供应链金融的目标是提供资金支持，优化供应链流程，降低运营风险，以确保供应链的稳定性和效率。

（二）评估和认证

绿色供应链金融通常需要对参与供应链的企业进行环保指标的评估，评价其绿色水平和可持续性。这些评估可以包括环境风险评估、绿色认证等。而传统供应链金融更侧重于对企业的财务状况和信用评估。

（三）金融产品和服务

绿色供应链金融是提供针对环境友好型企业的特定金融产品和服务，如绿色贷款、绿色信用和专门的绿色基金等。传统供应链金融则提供一般的供应链融资产品，如应收款融资、保理等。

（四）风险管理和保险

绿色供应链金融重视环境风险的管理和保险。它可以提供环境风险评估、保险产品等，帮助企业识别和管理环境风险，以减少环境问题对供应链的影响。传统供应链金融则更注重风险的财务方面，如信用风险和运营风险的管理。

总而言之，绿色供应链金融在传统供应链金融的基础上加入了对环境影响和可持续发展的关注。它强调绿色产品、绿色技术的推广和应用，促进企业的环保转型，也关注环境风险管理和责任。绿色供应链金融旨在推动经济和环境的双重效益，使供应链更加可持续、环保和高效。

二、绿色供应链金融的参与主体

绿色供应链金融的参与主体大致可视为与供应链金融类似，即绿色供应链金融融资主体、绿色供应链金融资金提供方、绿色供应链金融资金服务方和其他利益相关者四种角色。

（一）绿色供应链金融融资主体

供应链企业是绿色供应链金融的核心参与主体。它可能是一些核心企业的一级供应商，也可能是一些核企业的二、三级供应商，所以融资主体是一些上游中小企业，而核心企业充当辅助角色，需要借助核心节点企业的信用来提升自己的信用等级，从而完成对一些绿色发展和环境保护类项目的资金募集。这些中小型供应商向金融机构提出资本需求，需提供企业资产信用状况等证明材料，并提交质押，而金融机构向核心企业求证供应链交易的真实性，确认核心企业的供应商在生产过程中采取环境治理策略的可靠性，才会作出是否向供应商企业提供绿色供应链金融服务的决策。

从金融关系上看，核心企业对资金流动的参与程度不高，只起到辅助作用，但由于核心企业与供应商之间紧密的共存关系，基于核心企业的环境管理决策会对供应商产生重要影响，这种影响比其他非商务合作性的企业关系更容易使供应商产生实质性的行为改变。随着国内外企业文化发展要素中环保意识的迅速觉醒，以及国际社会对企业履行社会责任的诉求日益高涨，核心企业对自身供应链的可持续性越来越重视，所以促使融资实质性主体由企业演变成了一整条供应链。

（二）绿色供应链金融资金提供方

在供应链金融中，资金提供方一般为商业银行、证券公司、交易机构、基金公司等，尤其是已经开展绿色金融业务的机构。对于供应链系统而言，这些传统的融资机构也发展出许多新型的主体形式。例如，一些 B2B（business to business）平台企业和物流流通企业有产业互联网发展大背景下的独特优势，对供应链上的资金流转具有天然的储备及运作机制。这些资金提供方是绿色供应链金融资源的提供主体，也是金融风险的最终承担者。

由于在绿色供应链金融关系中，资金提供方面临供应链上中小型企业不履行环境管理策略从而导致绿色承诺失效的风险，因而资金提供方会和核心企业一起形成对供应链上中小企业在生产经营过程中是否采取适当的环境管理策略的监督机制，所以在资金使用的过程中，资金提供方不仅会关注资金的经济收益情况，也会关注资金相关项目的环境效益情况。

（三）绿色供应链金融资金服务方

对于供应链金融的实施系统而言，需要配套完备的基础设施服务和认证服务，这对于绿色供应链金融尤其重要。在基础设施建设方面，要有供应链信息服务商、区块链技术服务商，资金经纪方等，用以衔接融资对象和资金提供方的需求关系，建立基础服务链。认证服务对于带有绿色属性的投融资行为是必不可少的一个环节，用来界定项目性质和融资主体资金使用的符合性，也是开展供应链上环保项目投资风险控制的必要工具。

值得一提的是，相对于其他领域的金融行为，绿色金融的评价和认证具有非常复杂的技术性和专业性，一般的金融机构并不具备环保专业鉴定和评价的能力，所以绿色供应链金融的服务方中一般会有环保鉴定或认证第三方机构的存在，这一类第三方机构可能是政府部门，也可能是非政府公益性组织或环境咨询鉴定企业。

（四）其他利益相关者

社会和消费者对于绿色供应链金融的参与也非常重要。社会可以通过舆论监督和参与绿色倡议，推动企业采取绿色措施。消费者可以通过选择购买绿色产品和支持环保企业，间接影响供应链的绿色转型和金融支持。

三、绿色供应链金融的发展模式

绿色供应链金融是绿色金融、供应链金融和绿色供应链的有机融合。从国际实践来看，PUMA、法国巴黎银行和国际金融公司于2016年推出了绿色供应链融资计划，类似可持续应付款融资模式，根据PUMA和供应商自身的信用状况提供短期融资的分层定价，并为PUMA供应商（PUMA公司内部评级系统评定其得分为高可持续性）提供较低成本的融资。两个金融机构为特定细分市场提供支持——法国巴黎银行为发达市场（主要是欧洲）的PUMA供应商提供资金，国际金融公司为发展中国家的PUMA业务合作伙伴提供融资，这种互补可以向更多的PUMA供应商提供绿色供应链融资。2019年，沃尔玛和汇丰银行也以类似的模式展开绿色供应链金融合作。在国内实践方面，兴业银行2006年在国内首次推出能效项目融资产品后，在绿色金融领域不断创新，绿色设备与绿色产品买方信贷、保理等模式都属于绿色供应链金融产品。

目前，美国环保协会将绿色供应链金融模式分为“供应链金融+绿色金融”“绿色供应链+供应链金融”和“绿色供应链+绿色金融”三种融合模式。

（一）“供应链金融+绿色金融”融合模式

“供应链金融+绿色金融”融合模式，主要是指银行基于传统供应链金融模式，如质押融资模式、应收账款融资模式、信用担保融资模式为企业绿色生产、污染治理和绿色转型提供金融服务，从而实现供应链金融与绿色金融的有效融合。主要关注融资企业的资金投放是否符合绿色导向。

在绿色金融领域，银行可以向客户提供传统流动资金贷款、项目融资、银团贷款和供应链金融等服务。供应链金融是绿色金融服务重要的融资手段之一，银行一方面可以运用绿色供应链金融服务支持绿色设备生产商的生产与销售、下游企业购买绿色设备；另一方面可以发展绿色产品贸易融资，如用票据、控货融资、绿色产品买方信贷、保理、应收账款质押融资等供应链金融工具，支持下游贸易商或企业采购绿色标识产品，这也是目前绿色信贷的重要方向之一。

以绿色设备与装备供应链金融模式为例。绿色设备与装备供应链金融涉及绿色设备和装备的生产商、经销商和购买企业。银行绿色供应链金融按照节点划分，主要包括应收类、预付类和存货类。应收类适用的模式和产品主要包括保理业务、应收账款质押业务、应收租赁款质押授信、订单融资等；存货类适用的模式主要是动产质押融资；预付类适用的融资模式和产品主要包括国内买方信贷、保兑仓、厂仓银等。在这些模式下，可以适用银行承兑汇票、商票保贴、本外币流动资金贷款、国内信用证等多种融资工具。以绿色设备买方信贷为例，银行向客户提供融资，用于满足客户向核心企业或其指定经销商（或代理商）采购节能环保生产设备，同时，由核心企业向银行承担无条件回购责任或连带保证责任等。

（二）“绿色供应链 + 供应链金融”融合模式

“绿色供应链 + 供应链金融”融合模式，在借助供应链中核心企业对供应链中的中小企业的绿色考核和绿色认证与金融机构合作为中小企业提供不同等级的绿色金融服务，从而实现绿色供应链与供应链金融的融合。

一种方式是可以依托核心企业的绿色供应链管理，对供应商的绿色评级、评价等提供差异化的融资服务。“绿色供应链 + 供应链金融”融合的模式主要围绕核心企业进行，并且主要由核心企业自发主导，核心企业通过设定供应商的绿色准入标准或者绿色认证等级来给供应商提供不同程度的奖励，并将该评估作为商务采购授信的评估内容之一，以此来激励供应商的绿色行为。同时，与金融机构合作，为不同绿色等级的供应商提供差异化的供应链融资，并且由核心企业向银行担保。在该种模式下，供应商得到了融资便利；核心企业降低了自身的环境风险；供应商得到金融机构的支持后，财务成本降低，也可以在一定程度上降低核心企业的采购成本；金融机构在不需要进行额外审查工作的前提下降低了自身的环境风险，同时提升了自身的社会责任价值。

除了依托核心企业绿色供应链管理对供应商的绿色评级、评价进而提供差异化的融资外，还有一种方式是银行自己建立针对融资企业的通用性及行业性的环境绩效相关标准，并将其纳入相关的融资标准中，同时积极考虑运用大数据和第三方的力量。这一方式对银行短期及中长期融资工具都适用，相比供应链金融基本属于短期融资工具范畴，银行中长期的融资工具更加需要关注环境与社会风险。

（三）“绿色供应链 + 绿色金融”融合模式

“绿色供应链 + 绿色金融”融合模式，银行直接对绿色供应链从产品设计到原材料采购、生产、运输和销售以及回收等全产业链融入环保理念的项目进行资金支持，从而实现绿色供应链与绿色金融的有效融合。主要关注供应链上下游所有企业运营管理活动的资金投放是否满足绿色导向。

绿色供应链是将环境保护和资源节约的理念贯穿于企业从产品设计到原材料采购、生产、运输、存储、销售、使用和报废处理的全过程，使企业的经济活动与环境保护协调的上下游供应关系。绿色供应链的核心理念之一就是，通过供应链上核心企业对上游供应商的环境约束及合作来实现整条供应链的环境共赢，而绿色金融一个重要的内涵就是银行要加大对绿色产业与绿色经济的支持。两者的目标具有一致性，因此通过创新绿色金融的产品和服务来支持绿色供应链的管理有其合理性。

“绿色供应链 + 绿色金融”融合模式下，除了支持进行绿色供应链管理的大型企业外，银行对于中小企业需要创新商业模式和机制来实现金融支持。绿色供应链管理目前在大型企业和中小型企业中均有一定的实践。为了激励更多的行业和更多的企业实施绿色供应链管理，可以借鉴能效融资贷款的方式，以损失分担的商业模式或建立绿色供应链担保基金的方式，激励金融机构将更多资源投入绿色供应链管理的企业中去。

第三节 绿色供应链金融工具和产品

一、供应链上的绿色信贷

绿色信贷在国外起步较早。1974 年，联邦德国成立了世界第一家政策性环保银行，命名为“生态银行”，专门负责为一般银行不愿接受的环境项目提供优惠贷款。1980 年，美国颁布了《超级基金法案》，该法律明确规定商业银行要对其发放信贷资金的项目产生的环境污染负责。目前，绿色信贷已经在国际上变成一种潮流，得到越来越多金融机构的支持和重视，其中最有影响的就是著名的赤道原则。

绿色信贷是绿色供应链金融最主要的工具之一。绿色信贷是指银行将促进环境保护、资源节约、污染治理等作为信贷决策的重要依据，优先将资金借贷给支持绿色发展、开展绿色生产的企业，限制放贷给高耗能、高污染的企业。从这个概念上来看，绿色信贷是一种引流社会资金和优化产业结构的催化剂，企业为了使自身更好、更快地获得银行的贷款资金，就不得不在生产加工和销售渠道注意环境污染问题，使符合国家标准的绿色企业越来越多，高污染、高能耗的企业由于缺乏运转资金逐步被淘汰。

我国绿色信贷起步最早，发展最快，发行规模已居世界首位。中国人民银行发布的数据显示，2016 年至 2022 年年末，本外币绿色贷款余额从 7.5 万亿元增长至 22.03 万亿元，同比增长 38.5%，比 2021 年年末高 5.5 个百分点，高于各项贷款增速 28.1 个百分点，全年增加 6.01 万亿元。绿色信贷规模逐年增加，说明我国在绿色金融的投资方面已经初具规模，也越来越重视绿色信贷的地位。

目前，供应链上的绿色信贷可以分为两个阶段，即初级阶段和发展阶段。

（一）初级阶段

初级阶段的供应链绿色信贷主要驱动力来自商业银行的风险控制需求。商业银行无法全面了解供应链上的环境风险，尤其对供应链上量大面广的中小型节点企业的环境表现缺乏专业的风险评估。一些中小型节点的风险往往会成为供应链经营安全的巨大隐患，一些影响力较大的供应链污染事件往往来自那些非重要利益方，但产生的蝴蝶效应使整条供应链蒙受损失，所以商业银行迫切需要对供应链投资项目开展环境风险鉴别。目前，我国一部分商业银行已经开始重视开展企业供应链的环境风险预评估工作。它们通过与政府、核心企业、第三方机构合作，获得供应链上的环境信息，开展环境风险识别，从而影响对链上投资项目放贷的决策。银行本身开展风险评估的时候，还会将从不同渠道获得的环境风险信息透露给相关核心企业，使核心企业与银行共同组成供应链风险监督体，以金融关系来建立风控参与体系。银行、核心企业、供应商和服务商之间的关系如图 7－1 所示。

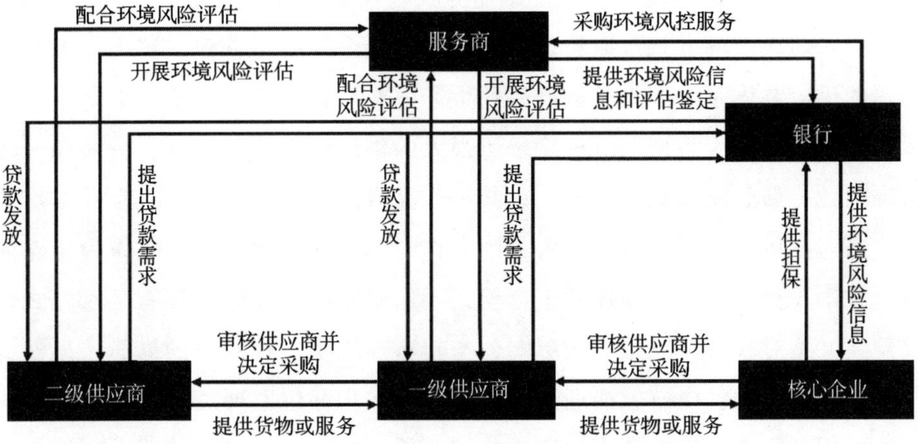

图 7－1　供应链上绿色信贷初级阶段示意图

（二）发展阶段

在解决供应链上环境风险问题的基础上，绿色信贷会向更高层次的合作模式推进。商业银行发展的本质是希望利用启动资金在量大面广的中小企业市场中建立一个值得信赖和依靠的港湾，特别是在区域经济发展水平不均等的国情中，各地区差异化的产业经济引导着广阔的资本投入市场。由于供应链是一种跨区域的共生关系，所以会形成同一条供应链上，部分企业所在区域具有良好的生态资源和廉价劳动力，而部分企业所在区域资源禀赋稀缺却占有大量的资本。那些具有绿色发展理念的企业不会忽视这样的差异性造成的商业机会，会致力于在原材料的产销和上下环节的合作供应商之间形成的良好的绿色供应链供给模式，从而产生良好的经济效益，又可以不对当地的环境造成很大的危害，这也是我国推行绿色供应链金融模式发展的初衷。

但是，在绿色供应链金融的推进过程中，企业在向银行等金融机构申请贷款时还是存在一些问题。以商贸业为例，在传统情况下，商贸企业如超市在选择供应商时的自由度是很高的，如果存在一个供应商的产品成本过高，超市完全可以换一个更有价格优势的供应商进行合作。对于零售行业而言，采购商和供应商之间的关系并不紧密，两者没有根本的制约和被制约的关系，也就形成了一种一家超市同时和好几家供应商建立起十分不紧密的供应关系，是一个网状的供应链结构。这些供应商基本不会理会客户要求由于对环境的考量在生产产品过程中增加成本，而商业银行作为放贷的金融机构出于风险的考虑，面对这些竞争力欠缺的中小企业，往往无法妥善地执行放贷操作。所以，这些供应商更加缺乏在生产过程中考虑环保绿色元素的积极性，作为零售采购方，一般情况下也不会为了某一个因环境治理成本因素导致价格偏高的供应商来作贷款的担保。这就是这些中小企业面临的问题——缺乏变“绿”的驱动力。但是，作为一些大型零售集团，如沃尔玛、永辉超市这样的大型连锁式超级市场，就可以较好地解决这类资金问题。首先，零售集团有一个更加强大、稳固的供应链体系，不管是从产品的生产、购买到中间的运输、上货，再到最后的送至消费者的手中，这一系列环节都经过了强大的供应链系统的控制，一环扣一环，哪一个环节出现问题能做到及时响应；其次，某些产品有固定的供应商，有十分密切的供求关系。所以，当这些供应商渴望继续与大集团合作时，零售集团就会愿意作为担保向银行等金融机构贷款用于更加绿色、环保的生产模式，这些中小供应商就没有了后顾之忧，即既有经济效益，又不对环境造成很大的影响，与超市形成了一种双赢的局面，显然这种有着紧密合作和制约关系的供应链就能通过金融手段来实现绿色发展。

除了这种用更紧密的供应链来解决借贷问题的情况，对于对零件要求更精密的高端专业性设备制造行业，如汽车制造、飞机制造、发动机制造等，则是另一种情况。专业设备制造企业对于供应商提供的产品有着非常严格的检查标准，如供应商 KPI 考核工具、供应商风险评估体系和分级体系，还有供应链额外费用的审核标准统一及跟踪机制。只有满足了设备生产线需求的所有条件之后，才会和零件供应商达成协议，而且往往都是 5 年、10 年甚至更长时间的合作，所以在一般情况下，专业设备制造供应链会保持一种紧密、唯一的“一对一”线状供应链。这种关系是十分牢固的，且对双方都具有约束力，供应商为了达到客户的制造标准又要注意环境影响，一定会适当增加成本，而类似于整车企业、飞机组装企业、发动机装配企业也会接受这个成本，使成本在供应链中消化。以美国通用电气公司（General Electric Company，GE）为例，在和供应商的合作中，供应商提出为了产品达标和实现绿色生产要申请贷款，如果银行无法及时放贷，GE 总部还有一个强大的“金库”——GE 资产管理有限公司。这个公司有着丰厚的资金储备，面对供应商没有足够的资金而无法贷款的情况，可以帮助供应商向银行担保来进行借贷。有些合作紧密的大型供应商，在资金流需求规模在可承受范围之内的时候，GE 可以自行向其贷款而不需要银行。GE 在放贷的同时，帮助这类供应商一边实现清洁生产，一边又在成本方面给予优惠，这种机制很好地形成了一种投入和产出紧密关联的合作模式。

二、供应链上的绿色保险

传统意义上的绿色保险是指与企业环境风险管理有关的各种保险安排，广义上来讲就是在适应绿色发展过程中为解决因经济活动中的环境问题衍生的环境风险，从而提供一种保险制度安排和长期治理机制。

绿色保险关系中的主要参与方有：(1) 承保方，一般是开展保险活动组织的商业保公司（以及保险经纪公司或者保险公司联合体）；(2) 投保方，一般是提出保险需求并为此支付保费的企业；(3) 受保方，一般是一旦出险发生理赔收到赔付的企业。在传统模式的保险关系中，通常投保方和受保方是同一家企业，即企业为了降低自身由于环境事件或污染问题产生的经济损失而通过保险机制来适度降低经营风险。然而，供应链上的绿色保险的组织关系有着明显不同。由于供应链把链上不同的企业组成了利益共同体和风险共担体，保险关系由企业和保险公司之间的点对点关系变成了供应链和保险公司之间的点对链关系。所以，在供应链保险关系中，会出现投保人和受保人不是同一家企业的情况，使保险关系融入供应链的商务关系中。

（一）环境风险管控传递类保险

环境风险管控传递类保险是一种特殊类型的保险，旨在帮助企业转移和管理与环境相关的潜在风险。该保险形式主要关注企业的环境责任和环境污染风险，并提供相应的保障和赔偿。以下是环境风险管控传递类保险的主要特点：

1. 风险评估

保险机构会对企业进行环境风险评估，评估企业可能面临的环境责任和污染风险。这有助于确定保单的范围和保费定价。

2. 赔偿责任

如果企业发生环境事故或造成环境损害，导致第三方受到损害或环境受到破坏，保险公司将承担相应的赔偿责任。赔偿范围通常涵盖清理和修复费用、法律诉讼费用以及第三方受损的赔偿等。

3. 弥补保险

环境风险管控传递类保险可以弥补传统商业保险中不包括的环境责任和污染风险。一般财产保险或责任保险通常不涵盖环境风险，因此环境风险管控传递类保险填补了这一保险空白。

4. 风险管理支持

保险公司可能提供风险管理的支持和指导，帮助企业减少环境风险和提高环境管理能力。这包括培训、咨询、安全检查等措施，有助于企业降低环境事故和污染事件的发生概率。

5. 法规合规性

保险公司可能要求企业遵守相关的环境法规和标准，以确保环境风险管理的有效性。这可以促使企业采取必要的环境保护措施，降低环境违规和风险发生的可能性。

总体而言，环境风险管控传递类保险为企业提供了一种转移和管理环境风险的方式。该类保险通过评估风险、提供赔偿责任和风险管理支持，有助于鼓励企业更好地管理环境风险，降低环境责任和污染风险对企业造成的经济损失。

（二）供应链上的断供风险类保险

供应链上的断供风险类保险是一种专门针对供应链中断供风险而设计的保险产品，旨在帮助企业应对由于供应链中的关键供应商或关键物资的中断而导致的经济损失。以下是供应链上的断供风险类保险的主要特点：

1. 中断供应赔偿

如果供应链中的关键供应商或关键物资的供应中断，直接导致了企业的生产中断或无法满足订单需求，保险公司将承担相应的赔偿责任。这些赔偿可以涵盖延误造成的损失、无法交付订单导致的损失和额外的生产成本等。

2. 风险评估

保险公司通常会对供应链进行风险评估，包括评估关键供应商的财务状况、地理位置、供应能力和供应链的复杂性等因素。这有助于确定保险范围和保费定价，并为企业提供风险管理建议。

3. 供应链监控

为了降低断供风险，保险公司可能要求企业建立有效的供应链监控体系，包括监测关键供应商的运营状况、库存水平、订单履约情况等，以及制定预警机制和备用供应计划。

4. 保险金额和期限

保险公司将根据企业的需求和风险评估结果确定保险金额和保险期限。保险金额应能覆盖潜在的经济损失，并且保险期限应与供应链中断的潜在时间一致。

5. 合同条款

供应链上的断供风险类保险通常会有特定的合同条款，明确保险责任、免赔额、索赔程序等细节。企业在购买保险前应仔细阅读并理解合同条款，确保自己得到适当的保障。

断供风险类保险可以帮助企业应对供应链中断带来的不可预测的经济损失。该保险产品通过提供赔偿、风险评估和供应链监控等支持，有助于企业降低供应链中断的风险，并提供一定的经济安全保障。

三、供应链上的绿色基金

供应链上的绿色基金是一种特殊类型的绿色基金，着重支持和投资供应链中的环保和可持续发展项目。这些基金通过提供资金和其他支持措施，帮助供应链中的企业采取环保措施，改善资源利用效率，并推动整个供应链向更加可持续的方向发展。供应链上的绿色基金具有以下特点和功能：

（一）环保项目投资

这些基金主要投资于供应链中的环保项目和企业，如清洁能源、节能减排、循环经济、绿色物流等。它们为这些项目提供资金支持，帮助企业引入环保技术和实践，推动供应链绿色转型。

（二）供应链可持续性

供应链上的绿色基金关注整个供应链的可持续性，而不仅仅是单个企业或环节。它们鼓励供应链参与者采取环保措施，包括原材料采购、生产工艺、运输方式、产品回收等方面的改进，以减少环境影响。

（三）合作与共享

这些基金鼓励供应链中的各个环节和不同参与者之间的合作和共享。它们能提供平台和资源，促进供应链参与者之间的信息交流、技术创新和最佳实践分享，以实现整体的绿色效益。

（四）风险管理

供应链上的绿色基金可以帮助企业识别和管理环境和可持续性方面的风险。它们可以提供相关的咨询和指导，协助企业制定和实施可持续发展战略，遵守环保法规和标准，降低经营风险。

通过供应链上的绿色基金的支持，企业可以获得资金、知识和网络资源，推动其在供应链中的环保行动，并加速整个供应链的可持续发展。这种基金的发展有助于构建更加环保、高效和具有竞争力的供应链，同时实现环境保护和可持续经济增长的目标。

四、供应链上的碳金融

供应链上的碳金融是指在供应链管理中应用碳市场和碳交易的金融工具和机制，旨在通过衡量和管理供应链活动中的碳排放，促进碳减排和可持续发展。以下是供应链上碳金融的一些主要概念和实践：

（一）碳市场和碳交易

碳市场是指通过买卖碳配额或碳信用来实现碳减排的市场机制。企业可以通过购买碳配额或碳信用来抵消其碳排放量，或将多余的碳配额出售给其他企业。碳交易可以在国际、国内或区域性碳市场上进行。

（二）碳足迹和碳审计

企业可以通过评估供应链中的碳排放量来计算其碳足迹，并确定碳减排的潜力。碳审计是衡量、报告和验证碳足迹的过程，有助于企业了解其供应链中的碳排放源和关键影响因素。

（三）碳中和和碳抵消

企业可以通过采取降低碳排放的措施来实现碳中和，如节能减排、使用可再生能源等。另外，企业还可以通过购买碳信用或投资碳减排项目来进行碳抵消，以抵消其无法避免的碳排放量。

（四）碳金融产品和服务

金融机构可以提供各种供应链上的碳金融产品和服务，如碳信用交易、碳配额融资、碳投资基金等。这些产品和服务可以帮助企业在供应链管理中获得碳减排的资金支持和技术指导。

（五）碳风险管理

供应链中的碳排放和碳市场波动可能会对企业的经营和风险产生影响。因此，企业需要识别和评估与碳相关的风险，并采取措施进行风险管理和应对。

供应链上的碳金融可以促进可持续发展和低碳经济转型。通过引入碳市场和碳交易，企业能够更好地衡量和管理其供应链中的碳排放，推动碳减排和环境保护。同时，碳金融产品和服务为企业提供了资金和技术支持，促进了碳减排措施的实施和可持续发展目标的实现。

第四节　绿色供应链金融的未来发展

一、绿色供应链金融发展趋势

随着全球对环保和可持续发展的关注不断增加，绿色供应链金融逐渐成为金融行业的重要领域。绿色供应链金融在未来的发展中将呈现以下趋势：

（一）技术创新

随着科技不断进步，绿色供应链金融将会借助新兴技术，如物联网、大数据分析、人工智能和区块链等，实现更高效和精确的环境数据收集、监测和验证。这些技术的应用将提升信息透明度和准确性，降低操作成本，并改进风险评估和决策过程。

（二）资本市场的支持

随着对环境可持续性问题的关注不断增加，投资者和资本市场对绿色供应链金融的关注度也逐渐提高。越来越多的资本将会流向环保领域，包括环境友好型企业和绿色供应链项目。这将促进更多的金融机构和投资者参与到绿色供应链金融业务中，为其提供更多的资金和资源支持。

（三）产业链的整合

为了实现整个供应链的可持续性，各个环节的参与方将更加积极地进行合作和整合。

金融机构、供应商、制造商和消费者等将共同努力，推动绿色供应链的发展和创新。例如，金融机构可以提供贷款和投资，帮助供应商改善环境性能，并推动整个供应链的绿色转型。

（四）政策支持

政府在绿色供应链金融领域也将起到重要的推动作用。政府可能会出台相关的政策和法规，鼓励和引导企业和金融机构进行环保投资和融资。政府还可以提供激励措施，如税收减免、财政支持和市场准入优惠，以鼓励更多的参与方加入绿色供应链金融领域。

（五）可持续发展目标的实现

绿色供应链金融与可持续发展目标（SDGs）密切相关。随着全球对可持续发展目标的追求，绿色供应链金融将成为实现这些目标的关键手段之一。各个国家和组织将会加强合作，推动绿色供应链金融的发展，并在减少碳排放、资源循环利用、社会责任等方面取得更大的进展。

总体来说，绿色供应链金融将会继续发展壮大，成为推动可持续发展的重要力量。技术创新、资本市场支持、产业链整合、政策支持和可持续发展目标的实现将推动绿色供应链金融迈向更加成熟和普及的阶段。

二、绿色供应链金融的风险与挑战

绿色供应链金融虽然有着广阔的前景，但也面临一些风险与挑战。以下是一些可能存在的风险和挑战：

（一）信息不对称

绿色供应链金融涉及多个参与方，包括金融机构、供应商和消费者等。在信息不对称的情况下，金融机构可能难以准确评估绿色供应链的环境性能。而且，供应商的环境数据和可持续性承诺的真实性也需要可靠的验证和审计。

（二）融资风险

绿色供应链金融项目的融资存在一定的风险。例如，绿色项目的技术和商业模式可能尚处于早期阶段，存在市场认可度和商业可行性的不确定性。同时，由于环保项目通常具有较长的回报周期，投资回报可能需要更长时间实现。

（三）环境风险

绿色供应链与环境紧密相关，因此环境风险也是一个重要的考虑因素。例如，天灾、气候变化和自然资源短缺等因素可能对绿色供应链所依赖的资源和供应链稳定性产生负面影响。

（四）法律与合规风险

根据地区和行业的不同，绿色供应链金融可能需要遵守一系列的法律和合规要求，包括环境保护法规、劳工法规和知识产权法规等。不遵守相关法律法规可能会导致法律责任和声誉损失。

（五）技术和数据挑战

绿色供应链金融通常需要大量的数据收集、管理和分析，需要可靠的技术基础设施和数据安全措施来确保数据的准确性、完整性和保密性。同时，数据标准化和共享也是一个挑战，因为涉及多个参与方和供应链环节。

为了应对以上的风险和挑战，各方可以采取以下措施：

（1）加强信息披露和透明度，确保各方对绿色供应链的环境性能有准确的了解。

（2）发展评估和认证机制，以验证和审计供应商的环境数据和可持续性承诺。

（3）建立风险管理和监测机制，以应对环境风险和其他潜在风险。

（4）促进合作和共享最佳实践，以解决技术和数据方面的挑战。

（5）加强法律和合规意识，确保绿色供应链金融的合法合规性。

通过合理应对这些风险和挑战，可以促进绿色供应链金融的发展，并推动可持续发展的实现。

三、绿色供应链金融的创新

（一）绿色供应链金融的产品与服务创新

绿色供应链金融作为一种新型金融模式，其产品与服务创新至关重要。首先，金融机构可开发绿色信贷产品，针对绿色产业链的各个环节提供定制化融资解决方案。例如，为绿色原材料采购、清洁生产、再生资源回收等环节提供专门的信贷服务。此外，绿色保理、绿色租赁等非标准化融资工具也有助于满足绿色企业多样化的资金需求。其次，绿色债券和绿色资产证券化产品（ABS）在推动绿色供应链金融发展方面具有重要作用。通过发行绿色债券和绿色 ABS，企业可以为绿色项目和产业筹集资金，降低融资成本。同时，这些产品也为投资者提供了多样化的投资机会，有助于引导社会资本投向绿色产业。最后，绿色供应链金融服务的创新也是关键。金融机构可通过与绿色产业链企业密切合作，为其提供全方位的金融服务，如供应链管理、风险评估、信息披露等。这不仅能够加强金融机构与企业之间的信息沟通与合作，降低信贷风险，还有助于提高绿色供应链金融的整体效率。

（二）绿色供应链金融的技术创新

绿色供应链金融的技术创新对于提高金融服务效率、降低风险和推动绿色经济发展具有重要意义。金融机构应积极探索和运用先进技术，助力绿色供应链金融的创新与发展。

一是大数据与人工智能。金融机构可利用大数据和人工智能技术分析绿色供应链中的各种数据，如环境影响、能源消耗、社会责任等，以提高风险识别和信贷决策的准确性。此外，通过利用数据挖掘和机器学习方法，金融机构可以更好地了解绿色企业的经营状况和信用状况，从而为其提供更有针对性的金融服务。

二是区块链技术。区块链技术可以提高绿色供应链金融的透明度和安全性。通过将绿色供应链的信息记录在区块链上，金融机构可以实时跟踪资金流向和环境绩效，确保资金用于真正的绿色项目。此外，区块链技术还可以降低信用风险，简化绿色金融产品的发行和交易流程。

三是互联网金融平台。金融机构可通过构建绿色供应链金融互联网平台，实现线上融资申请、审批、放款等一体化服务，降低绿色企业融资成本。此外，通过搭建绿色产业链线上社区，金融机构可以更好地连接绿色企业、投资者和政府部门，形成良好的绿色金融生态。

四是物联网技术。物联网技术在绿色供应链金融领域的应用可实现实时监测和数据采集，有助于金融机构及时掌握绿色企业的生产和运营状况，提高风险管理水平。同时，物联网技术可以帮助金融机构优化绿色供应链的运营效率，降低资源和能源消耗。

（三）绿色供应链金融的业务模式创新

绿色供应链金融的业务模式创新有助于拓展金融服务渠道，优化绿色产业的融资结构，促进绿色经济的可持续发展。金融机构应根据绿色供应链的特点和需求，不断创新业务模式，提升绿色金融服务水平。

第一，创新公私合营（PPP）模式。PPP 模式是政府与私营部门共同参与绿色项目建设和运营的一种合作方式。金融机构在这一模式中可以发挥融资和风险管理作用，为绿色项目提供长期、稳定的资金支持。另外，PPP 模式也有助于降低绿色项目的融资成本，缓解政府财政压力，促进绿色产业的发展。

第二，创新绿色金融专区。金融机构可通过设立绿色金融专区，集中整合绿色金融资源，为绿色供应链企业提供一站式金融服务。绿色金融专区可以为企业提供融资、投资、咨询等服务，降低融资成本和时间成本，提高绿色供应链金融的效率。

第三，创新绿色金融科技平台。金融机构可通过绿色金融科技平台，利用互联网、大数据、区块链等技术手段，为绿色企业提供在线融资、投资、信息服务等。绿色金融科技平台有助于提高绿色金融服务的普及度和便捷性，吸引更多社会资本投向绿色产业。

随着全球绿色经济不断发展和可持续发展理念深入人心，绿色供应链金融将成为未来金融领域的重要发展方向。绿色供应链金融的实践探索和理论研究，将有助于促进金融业和实体经济的融合发展，推动绿色经济的可持续发展。

案例 7－1 粤港澳大湾区绿色供应链金融服务

粤港澳大湾区汽车制造业绿色供应链金融服务创新的背景是该地区汽车产业融资需求强烈，但上下游配套中小企业融资存在困难。汽车的零部件众多，产业链漫长，是典型的技术密集、资本密集型产业。该地区汽车产业上下游配套企业的融资需求非常强烈，具有推广供应链金融的条件。然而，过去该地区面向汽车产业上下游配套民营中小微企业的融资方式只能通过不动产抵押贷款来实现，可选择的融资方式较少，导致企业融资成本高。

绿色供应链金融在粤港澳大湾区得到了大力推广，旨在发挥其在上下游民营中小微企业抵押贷款方面的便利作用。该服务利用大湾区的绿色金融和汽车产业优势，推动汽车产业走节能降耗、低碳环保的道路。通过将商业银行的授信标准从静态评判转化为对企业应收账款存货等动态追踪，绿色供应链金融拓宽了企业可供选择的融资方式，减少了企业融资成本，大幅降低了民营中小微企业的融资门槛。同时，通过制定绿色供应链管理评价标准并组织专家对企业进行资质审核，为获得绿色供应链金融“白名单资质”的核心企业提供绿色融资，无须对其绿色资质进行再次审核，提高了上下游企业融资效率。

粤港澳大湾区汽车制造业绿色供应链金融服务（见图 7－2）取得了显著成效。截至 2020 年 7 月，广东已推动 96 条规模供应链加入中征应收账款融资服务平台，融资金额高达 183 亿元。在广州开发区，兴业银行广州分行成功为广州开发区授信的首笔汽车行业绿色供应链金融业务融资，额度达到 1.5 亿元，有效解决了上下游企业在绿色发展过程中的融资需求。此外，广州开发区还高度重视并鼓励发展绿色供应链金融，为每家服务平台运营主体提供最高500 万元的奖励。

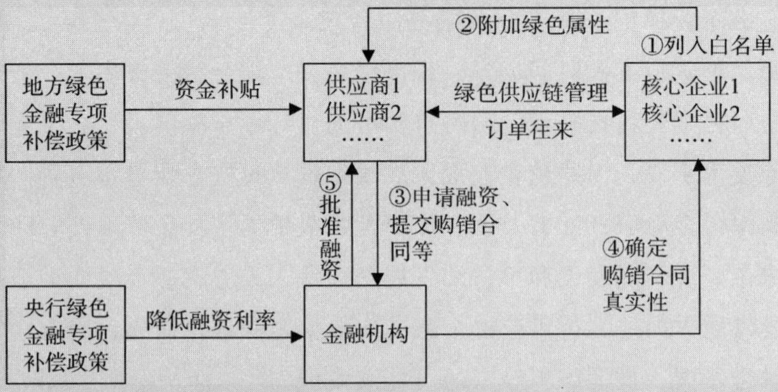

图 7－2　粤港澳大湾区汽车制造业绿色供应链金融服务示意图

相较于传统的供应链金融，粤港澳大湾区汽车制造业绿色供应链金融具有以下三个特点：首先，它实现了粤港澳大湾区绿色供应链金融标准的统一，有助于促进地区内金融机构与产业的绿色转型协同发展。通过统一的标准，金融机构可以更加准确地评估企业的绿色资质，为企业提供更加便捷和高效的融资服务。其次，绿色供应链金融丰富了传统供应链金融的内涵。传统的供应链金融主要关注企业的静态资产和交易对手的信用状况，而绿色供应链金融则将环保因素纳入考量，关注企业的动态资产和整个产业链的绿色转型。这为金融机构提供了更加全面的风险管理工具，也为企业提供了更加多样化的融资方式。最后，绿色供应链金融通过白名单制度实现了针对整个产业的绿色管理。白名单制度是一种资质审核机制，通过制定严格的环保标准和审核流程，筛选出符合绿色标准的核心企业，并为其提供绿色融资服务。这种制度大幅提高了绿色金融服务效率，降低了企业融资成本，也有助于推动整个产业的绿色转型。

粤港澳大湾区汽车制造业绿色供应链金融服务的白名单制度创新具有较大的借鉴意义。这种创新模式尤其适合向产业链长、上下游企业多、地区内标准不统一的产业推广。通过简化、统一、科学化资质审核标准，上下游民营中小微企业的融资需求得到了保障，融资效率的提高也有助于这些产业向绿色转型。这种模式为其他地区提供了可借鉴的经验，有助于推动更多产业实现绿色发展。

思考与练习

（1）绿色供应链金融的产生有着什么样的背景？

（2）绿色供应链金融与传统供应链金融有什么区别？

（3）目前，绿色供应链金融有哪些模式？

（4）如何看待绿色供应链金融创新？

推荐阅读材料和网站

（1）绿色供应链金融联盟（www. greenfinancelink. org）：该联盟致力于推动绿色供应链金融的发展，网站提供了相关资讯、政策法规、案例和研究报告等资源，是了解最新行业动态和实践经验的重要平台。

（2）环境金融网（www. efnchina. com）：该网站涵盖了绿色金融及环境领域的各种资源，包括新闻、研究报告、政策解读等，为学习和了解绿色供应链金融提供了广泛的信息来源。

（3）国际金融公司（IFC）绿色供应链金融平台（www. ifc. org/gcfp）：该平台为读者提供了丰富的工具、指南和案例研究，以及与绿色供应链金融相关的培训材料，是学习和实践的重要资源。

参考文献

［1］陈诗一，李志青．绿色金融概论［M］．上海：复旦大学出版社，2021.

［2］钱立华，鲁政委，方琦．绿色供应链金融三大发展模式［J］．中国银行业，2019（8）：78－79.

［3］宋华．供应链金融［M］．北京：中国人民大学出版社，2021.

［4］宋敏，唐方方，张生，等．绿色金融［M］．武汉：武汉大学出版社，2020.

［5］王骄阳．区块链赋能绿色供应链金融：基于兴业与工行模式比较［J］．现代商业，2023（15）：71－74.

［6］王能民，孙林岩，汪应洛．绿色供应链管理［M］．北京：清华大学出版社，2005.

［7］吴科，陶海宏，童桂兵．供应链金融［M］．南京：东南大学出版社，2020.

［8］杨晓叶．绿色供应链金融风险评估研究——基于 Logit 模型与 BP 神经网络的比较研究［J］．工业技术经济，2020，39（12）：46－53.

［9］朱庆华．绿色供应链管理［M］．北京：化学工业出版社，2004.

［10］Chen，S.，& Chang，L. Green Supply Chain Finance：Concepts，Models，and Practices［M］．Singapore：Springer，2020.

［11］Wang，F.，& Wang，H. Green Financing and Supply Chain Management［M］．New York，NY：Routledge，2021.

第八章 碳金融

学习要求

1. 理解碳交易的经济学原理及市场运行机制。
2. 掌握碳金融的概念及碳金融产品类型。
3. 熟悉我国碳金融市场发展及现状。
4. 了解国外主要碳金融市场的运行机制。

本章导读

碳市场是解决温室气体排放负外部性的有效工具，有助于促进碳减排，实现碳达峰碳中和目标。碳金融能够为碳市场提供更为丰富的交易工具，对于形成合理碳价、增强碳交易活力具有重要的推动作用。目前，碳金融产品体系已初步形成，国内外碳金融市场方兴未艾，将为绿色低碳发展提供源源不断的发展动能。

第一节 碳金融概述

一、碳金融相关概念

关于碳金融，目前还没有形成统一的确定性概念。从发展来看，碳金融随着碳排放权交易市场的建立而诞生，其内涵也随着碳市场的发展而不断扩容。因此，有必要首先厘清碳交易与碳市场等相关定义。

（一）碳交易经济学原理

从经济学视角来看，碳交易产生的主要原因是解决温室气体排放的外部性问题。二氧化碳等温室气体排放及累积导致全球气候变暖，而排放这些温室气体的主体虽然给外部带来危害，但是没有承担任何成本或支付任何补偿，最终把排放成本转嫁到全社会承担，这在经济学中被称为负外部性问题。要解决负外部性问题，就需要推动实现环境成本内部化。

传统上实现碳排放内部化的方法有两类：第一类方法是行政管制，政府通过制度直接约束企业的排放量；第二类方法是统一征税，政府对排放主体征收所谓的庇古税（pigovian tax），即根据污染所造成的危害程度对排污者征税，用税收来弥补排污者生产的私人成本和社会成本之间的差距，使两者相等，由英国经济学家庇古最先提出。但是，采取这两种方法会出现管制“一刀切”及税率欠缺弹性等不足，从适度和均衡标准来看，没有对企业减排形成有效的激励和约束。科斯等经济学家提出了产权理论，为解决温室效应等环境负外部性问题带来了新的思路。根据科斯定理，如果产权界定清晰，人们可以有效地选择最有利的交易方式，使交易成本最小化，从而通过交易来解决各种问题。以科斯定理为基础，形成“总量与交易”（cap - and - trade）理论，就是政府根据环境容量及稀缺性理论设定污染物排放上限（总量），然后以配额的形式分配或出售给排放者，作为一定量特定排放物的排放权。

1968 年，美国经济学家戴尔在总量与交易理论基础上率先提出了排放权交易体系（ETS），ETS 最初的成功应用案例是美国 1995 年开始实施的著名的“酸雨计划”。后来，在《京都议定书》的谈判过程中，ETS 被用于解决全球变暖问题，确立了国际排放贸易（IET）、联合履约（JI）和清洁发展机制（CDM）三种碳交易机制，IET 是总量控制下的配额交易体系，JI 和 CDM 两种项目产生的减排量可以用于抵消部分配额，两者共同形成了独特的碳交易市场。

（二）碳交易市场及其运行机制

碳交易市场是有效解决碳排放负外部性的市场体系，其运行机制设计包括覆盖范围、总量设定、配额分配、抵消机制、履约监督五个部分。覆盖范围包括控制排放的温室气体种类、地理范围、行业范围及控排主体门槛。总量设定指行政部门或组织机构根据覆盖范围内的历史排放情况及总体减排目标确定未来一定时段的排放总量。配额分配是指将核定的排放总量分派给覆盖范围内的控排企业，既可以根据历史排放水平或行业基准线免费发放，也可以通过拍卖等方式有偿分配。获得配额后，控排企业可根据自身排放需求，对碳配额进行交易；周期末，控排企业须上缴与自身排放等量的碳配额，否则将面临罚款等惩罚。抵消机制指允许采用特定自愿减排项目产生的减排量抵消控排主体的部分排放，以减轻控排企业的履约成本，同时鼓励自愿减排，具体包括项目类型、范围及抵销比例等。为了保证配额分配公平、项目减排量真实及履约严肃性，必须设计合理的履约监督机制，对控排企业的排放情况及自愿项目的减排情况进行严格的监测、报告与核证（MRV），并对违反报告及履约义务的控排主体给予处罚。

根据交易流程，碳交易市场可分为一级市场与二级市场。一级市场是创造碳排放权配额和项目减排量两类基础碳资产（碳信用）的市场，主要完成总量的设定、碳配额的分配和核证减排量的备案。二级市场主要进行碳配额和核证减排量的交易，还可以通过引入各类碳金融交易产品及服务，提高市场流动性，为参与者提供对冲风险和套期保值的途径。一级市场是二级市场的基础，一级市场投放的碳资产种类和数量，直接决定着二级市场上现货流转的规模和结构。二级市场交易活动之外还存在融资服务市场与支持服务市场，提供碳资产定价、流转和变现渠道，虽然交易规模与流动性和二级市场相去甚远，但仍具有无可替代的重要性。碳市场层级如表 8－1 所示。

表 8－1　碳市场层级

市场	主要活动	主要交易工具	主要参与者
一级市场	配额分配/拍卖	碳配额	控排企业及政府主管部门
	项目减排量签发	CCER	进行减排活动的非控排企业及政府主管部门
二级市场	场内交易	碳现货（碳配额、CCER）、碳期货、碳期权、碳掉期、碳指数交易产品、碳资产证券化等	控排企业、碳抵消非控排企业、其他金融机构、个人投资者
	场外交易	场外碳掉期、碳远期、场外碳期权等	控排企业、碳抵消非控排企业、其他金融机构
融资服务市场	资金服务	碳质押、碳回购、碳托管、碳基金等	控排企业、商业银行
支持服务市场	各类支持服务	碳指数、碳保险、碳保理等	控排企业、保险公司、咨询公司等

专栏 8－1　知识拓展：全球气候治理体系下的碳市场发展

20 世纪 70 年代以来，气候变化逐渐演变成为全球瞩目的重要议题。在联合国气候治理进程的推动下，气候相关的系列国际法律文本为碳市场的建立与完善奠定了有效基础。

1992 年，154 个国家签署了全球首个应对气候变化的框架性协议——《联合国气候变化框架公约》，确立了“共同但有区别的责任”原则，强调发达国家对减排承担主要责任，并为发展中国家应对气候变化提供资金和技术支持。而发展中国家的主要任务仍为发展经济和消除贫困。截至 2023 年 7 月，公约共有 198 个缔约方。

1997 年在日本通过的《京都议定书》是落实《联合国气候变化框架公约》的重要文件，于 2005 年正式生效。《京都议定书》旨在限制发达国家温室气体排放量以抑制全球变暖，也是人类历史上首次以法规的形式限制温室气体排放，并首次设定强制的量化减排目标，即第一承诺期（2008—2012 年），温室气体排放量要在 1990 年的基础上平均减少 5.2%。同时，《京都议定书》也第一次将市场机制引入国际合作减排，建立了联合履行机制（joint implementation，JI）、清洁发展机制（clean development mechanism，CDM）和排放交易机制（emission trading，ET）三种碳排放交易机制，推动了全球碳交易市场建立发展，特别是全球自愿减排交易的发展。

其中，联合履行机制主要用于发达国家和转型经济体之间的合作减排，允许发达国家从其在其他工业化国家的投资项目产生的减排量中获取减排信用，在“监督委员会”（supervisory committee）监督下，进行减排单位核证与转让或获得，所使用的减排单位为“排放减量单位”（emission reduction unit，ERU），也是一种碳排放权。清洁发展机制是指发达国家通过提供资金和技术的方式，与发展中国家开展项目级的合作，通过项目所实现的“经核证的减排量”（CER），用于发达国家缔约方完成在议定书第三条下的承诺。CDM 被认为是一项“双赢”机制：一方面，发展中国家通过合作可以获得资金和技术，有助于实现自己的可持续发展；另一方面，通过这种合作，发达国家可以大幅度降低其在国内实现减排所需的高昂费用。排放交易机制（ET）是指一个发达国家将其超额完成减排义务的指标，以贸易的方式转让给另外一个未能完成减排义务的发达国家，并同时从转让方的允许排放限额上扣减相应的转让额度。三种机制对比如表 8 - 2 所示。

表 8 - 2　《京都议定书》的三种碳交易机制

机制	交易主体	标的类型	交易标的
国际排放权交易机制（ET）	发达国家之间	碳配额	配额排放单位
联合履约机制（JI）	发达国家之间	碳信用	减排单位
清洁发展机制（CDM）	发展中国家与发达国家之间	碳信用	核证减排量

但是，第一承诺期（2008—2012 年）结束后，缔约方未能形成《京都议定书》

第二承诺期有约束力的目标，CDM 对中国等发展中国家基本关上了门。CDM 的碳信用逐步走向没落。

2015 年的《巴黎协定》是人类历史上应对气候变化的第三个里程碑式的国际法律文本，奠定了 2020 年后全球气候治理格局的基础。《巴黎协定》的贡献体现在，一是明确控温长期目标为将全球平均气温较前工业化时期上升幅度控制在 2℃以内，努力将温度上升幅度限制在 1.5℃以内，并在 21 世纪下半叶实现碳中和；二是建立了“承诺 + 评审”的国家自主贡献（NDC）合作模式，明确了从 2023 年开始以 5 年为周期的全球盘点机制；三是提出碳交易的创新市场机制，包括缔约方之间可通过转让国家减排成果实施合作，以及新一代国际减排交易等。由此，在官方主导建设的强制减排市场外，区域性和非官方的碳交易市场、碳减排标准组织开始兴起，减排项目开发、审定和签发标准开始多元化。

2021 年的《格拉斯哥气候公约》进一步明确了《巴黎协定》细则，再次重申了 1.5℃目标；回顾和评估各国自主贡献承诺的落实情况，督促在 2022 年年底前提交更具雄心的减排承诺；承诺逐步减少（phase down）煤炭的使用和逐步结束（phase out）化石燃料补贴；制定《巴黎协定》第六条关于创新市场机制的“规则手册”，明确国际减排成果和第 6.4 条款下碳减排量（6.4ER）相关交易规则；完成《加强透明度框架》谈判，为各国汇报减排目标和进度制定统一格式。

资料来源：英大证券．从碳市场建设看碳资产、碳业务和碳金融服务［R］．2022.

（三）碳金融定义

碳金融是基于碳交易的金融化活动。欧美金融市场高度发达，碳市场诞生之初就具有较强的金融和交易属性，因此相关语境中较少出现“碳金融”等提法，而是直接使用碳市场、碳交易的概念。2011 年，世界银行对碳金融的定义也几乎与碳交易一致，即“出售基于项目的温室气体减排量或者交易碳排放许可证所获得的一系列现金流的统称”。

国内对碳金融概念的界定主要分为狭义和广义两个层次，狭义的碳金融指企业间就政府分配的温室气体排放权进行市场交易所导致的金融活动，即各交易主体围绕碳排放配额及核证减排量的一级市场与二级市场交易形成的金融活动。而随着全球碳交易的不断发展，碳交易市场参与主体不断增加，碳金融覆盖面也随之不断拓展。除直接参与交易的控排企业及机构外，商业银行、资产管理公司等金融机构开始增加围绕碳交易的支持服务。碳交易参与主体与金融服务手段的丰富促进了碳金融概念的扩容。发展至今，碳金融泛指服务于限制碳排放的所有金融活动，既包括狭义碳金融，也包括在碳市场之外为减碳控排行为提供融资和支持服务的所有金融活动，即广义碳金融可以理解为围绕减排目标开展的所有金融活动。

二、碳金融基本特征

与其他金融活动相比，碳金融具有以下三个特征：

（一）专业性

碳金融活动要求相关企业、金融机构及个人投资者具有传统金融之外的相关专业知识和资质，主要包括碳排放配额总量目标的确定、配额的初始分配、配额管理，以及温室气体排放的监测、报告、核证等。

（二）广泛性

碳金融的市场主体广泛，包括政府、排放企业（单位）、交易机构、核查机构、监测机构及其他组织和个人。碳金融产品也具有多样性，包括碳现货、碳期货、碳期权、碳保险、碳证券、碳合约、碳基金、碳排放配额和碳信用等，几乎囊括了所有的金融产品形式。

（三）干预性

碳金融是金融化的碳市场机制，主要功能在于推动负外部性内部化，从而维护气候公共利益。因此，碳市场往往由政策创设和驱动，政府在其运行过程中发挥重要调控作用。市场覆盖范围、排放总量设定、配额分配机制、市场产品准入等都受到政府影响，而纳入碳排放权交易体系的企业（单位），以及相关服务主体、交易咨询机构、温室气体排放核查机构等也都由政府认定。

三、碳金融主要风险

碳金融发展过程中面对的风险主要包括：

（一）市场风险

市场风险主要来源于碳排放价格和相关衍生金融产品的价格波动。一方面，碳价直接影响企业减排成本与流动性，且碳价大幅波动不利于形成稳定预期，也会进一步影响企业未来生产经营决策；另一方面，金融机构和相关投资者也会因碳金融产品价格剧烈波动面临较大不确定性，从而降低市场参与热情。而影响碳价的因素多且复杂，包括全球宏观经济形势、各国应对气候变化政策、全球气候变化谈判情况、碳基能源价格、特殊冲击事件、天气自然因素，以及碳金融市场结构单一、风险防控体系不完善等。

（二）政策风险

政策风险是指各国气候政策调整引起损失的可能性。碳金融是应对气候变化的政策产物，市场稀缺性和价值性依赖于政策安排，因此政策稳定性对碳金融发展至关重要。而各国相关政策可能受到各种错综复杂的利益关系影响，且碳金融交易过程复杂、运作周期漫长、中间过程涉及的国家及企业很多，每一环节政策的变动均可能对后续环节造成影响，进而降低投资者的市场信心和投资回报率。

（三）政治风险

政治风险是指国家主权行为冲突可能会在相当长一段时间里影响碳配额、监管与资源的合理分配和利用。碳市场源起全球气候治理进程，作为气候公约缔约方，主权国家违约行为可能会影响该国企业或个人的碳交易决策，进而影响碳市场稳定。例如，美国 2001 年退出《京都议定书》、2020 年退出《巴黎协定》等系列环境治理“开倒车”行为对碳交易需求产生了较大负面影响。此外，部分国家政局动荡导致国际能源市场价格波动也会加速碳金融风险的传导和形成。

（四）其他风险

碳金融市场也存在金融市场共有的信用风险、法律风险、操作风险、流动性风险等，需要市场参与者予以注意。另外，碳金融市场规则复杂且专业性强，可能加重信息不对称，扭曲市场价格机制，从而进一步放大市场参与者的潜在风险。

四、发展碳金融的作用与意义

（一）提升碳市场有效性

碳市场机制的设计初衷，是用市场手段尤其是碳价信号引导高碳排企业节能减排，鼓励低碳企业健康发展，最终实现总量减排和低碳发展目标。发展金融化的碳市场，可以从三个方面强化碳市场的减排有效性，一是拓展交易主体，提升碳市场流动性，从而保持碳价相对稳定；二是丰富交易工具，以更好地管理碳价预期并进行风险对冲，促进合理碳价发现；三是创新碳资产变现途径，优化交易结构，修正参与者的碳价预期管理，进一步强化碳市场的价值发现功能。在此基础上，让碳价信号真正发挥对实体经济的引导作用，提高碳市场的资源配置效率和运行效率，激励减排技术和清洁能源研发，同时为企业开展碳资产管理提供必要的金融工具。

（二）完善绿色金融体系

发展碳金融是构建完整绿色金融体系的重要组成内容，是建立起校正二氧化碳等温室气体排放负外部性的经济机制，将企业产生的环境成本内化到自身的成本结构之中。金融市场有助于实现对温室气体排放环境成本的科学量化和市场化定价，并为其提供了流转、估值和变现的便捷渠道，将其所对应的风险成本或潜在收益转化成企业的财务绩效，成为绿色金融体系中率先实现落地生根的环节，为建立和完善基于环境成本核算与环境收益评估的绿色金融体系奠定了坚实的基础。

（三）加强碳减排国际合作

由于气候挑战的全球性质，碳金融在碳减排国际合作方面也将发挥独特作用。在推动历史性的《巴黎协定》达成及生效的过程中，中国发挥了重要的领导力，是在政治层面积极参与全球气候治理的经典篇章，而争取全球碳定价权则是在市场层面参与全球气候治理的重要环节。我国要落实“双碳”目标，引导全球经济实现低碳转型，拓展国际国内多层次的气候融资渠道是重中之重。发展碳金融市场形成权威可信的碳价信号，对于气候融资和低碳投资都可以发挥重要的引导作用。目前，包括世界银行、IMF 等国际机构都在积极研究推动为碳定价，我们应争取定价主动权，形成权威中国碳价，避免过去在大宗商品领域被别人定价的被动情况重演。

第二节 碳金融产品

一、碳金融产品及其分类

碳金融产品是指建立在碳排放权交易的基础上，服务于减少温室气体排放或者增加碳汇能力的商业活动，以碳配额和碳信用等碳排放权益为媒介或标的的资金融通活动载体。

从产品层次上，碳产品可以分为基础资产和金融产品两类。基础资产是指碳排放配额和核证自愿减排量。而碳金融产品是基于基础资产衍生出的金融工具，也可以理解为传统金融产品在碳市场的映射。根据证监会发布的《碳金融产品》（JR/T 0244—2022）行业标准，碳金融产品包括碳市场交易工具、碳市场融资工具和碳市场支持工具三大类。第一类是碳市场交易工具，包含碳期货、碳期权、碳远期、碳掉期、碳指数交易产品、碳基金、碳债券等碳金融产品；第二类是碳市场融资工具，包括碳质押、碳回购和碳托管等产品；第三类是碳市场支持工具，包括碳指数、碳保险等产品。

我国不同碳市场金融产品具有不同的特点和市场效应。从市场需求度和规模带动力来看，碳期货、碳期权是碳金融的核心，碳期货具有较强的规模带动力。从市场发育度来看，碳期货、碳基金、碳债券和碳远期发育度最高，而碳期权、碳掉期和碳指数仍有很大的完善空间。从风险可控度来看，碳期货、碳期权、碳基金和碳债券对风险的控制程度较好，而碳掉期、碳远期和碳指数仍需完善风险控制机制。如表 8－3 所示。

表 8－3　　中国区域碳市场对碳金融工具的运用情况

工具类别	具体工具		地区								
			试点							非试点	
			北京	上海	天津	深圳	广东	重庆	湖北	福建	四川
基础资产	碳排放配额		√	√	√	√	√	√	√	√	√
	CCER		√	√	√	√	√	√	√	√	√
交易工具	碳期货		—								
	碳期权		√								
	碳远期			√			√		√		
	碳掉期		√								
	碳指数交易产品						√		√	√	
融资工具	碳质押		√	√		√	√		√	√	
	碳回购/逆回购		√	√		√	√		√	√	
	碳结构性存款					√			√		
	碳信托			√							
	碳资产证券化	碳债券				√			√		
		碳基金				√			√		
支持工具	碳托管					√	√		√	√	
	碳指数		√				√				
	碳保险								√		

资料来源：平安证券．中国碳市场的金融化之路：星星之火，唯待东风［R］．2022.

二、碳金融基础资产

碳金融基础资产主要包括碳排放配额（CEA）和核证自愿减排量（CCER），也被称为碳现货。

（一）碳排放配额

经政府部门核定，企业可以获得在一定时期内“合法”排放温室气体的总量，这个“合法”总量即为配额。碳排放配额是指企业依法取得向大气排放二氧化碳的权利。在政府核定确立配额的制度设计下，当企业实际排放量较多时，超出已获得配额部分需要到碳市场购买；当企业实际碳排放较少，小于已获得配额部分则可在碳交易市场上出售。生态环境部公布的《碳排放权交易管理办法（试行）》《碳排放权交易管理规则（试行）》中明确，全国碳排放权交易市场的交易产品为碳排放配额，生态环境部可以根据国家有关规定适时增加其他交易产品。上海环境能源交易所发布的《关于全国碳排放权交易相关事项的公告》中明确，碳排放配额交易应当通过交易系统进行，可以采取协议转让、单向竞价或者其他符合规定的方式，协议转让包括挂牌协议交易和大宗协议交易。

中国碳配额分配方案主要采用基准法和历史强度法。采用基准法的行业，一般是行业产品相对一致，可以较为便捷地计算整个行业单位产品的碳排放量情况，并设置一个相对较高水平的数值作为基准值，这样既可以保障配额分配可随着产品产量的变化而调整，又可以真正地做到鼓励先进、淘汰落后。采用历史强度法的，一般是基于某一家企业的历史生产数据和排放量，计算其单位产品的排放情况，并以此为基数逐年下降。历史强度法下，排放量可随着产品产量的变化而调整，督促企业进行自身的节能减排。无论是基准法还是历史强度法，都是基于产品产量而确定的总排放量，即排放总量是一个变数。如果产品产量增长速度高于基准或者历史强度的下降速度，则总量不仅不会减少反而会增加，并未真正达到总量控制或者减排的目的。

（二）核证自愿减排量

CCER 全称为 Chinese certified emission reduction，即中国核证自愿减排量，是经国家自愿减排管理机构签发的减排量，即中国的 CER。CER 是清洁发展机制（CDM）下经核证的减排量，CDM 规定发达国家企业提供技术和资金帮助发展中国家的企业实现温室气体减排，其获得的减排量经核证可以抵消其减排指标。

2012 年 6 月，国家发展改革委发布了《温室气体自愿减排交易管理暂行办法》，设置中国核证自愿减排量机制，CCER 可作为清缴配额用于履约，抵消企业部分实际排放量，因而具有市场交易价值，也可以用于企业和个人的自愿减排用途。但是，企业把 CCER 用于配额清缴，抵消企业部分超额排量完成履约时会设定抵消上限，主要原因是：第一，经常调整抵消比例会带来行政自由裁量权过大，可能产生行政权力的滥用；第二，经常调整抵消比例，会导致市场预期不明确，带来市场价格的异常波动。

三、碳市场交易工具

碳市场交易工具是指在碳排放权交易基础上，以碳配额和碳信用为标的的金融合约，可以帮助市场参与者更有效地管理碳资产，为其提供多样化的交易方式，提高市场流动性，对冲未来价格波动风险，实现套期保值。主要包括以下类型：

（一）碳期货

碳期货与现货相对，是极其重要的碳金融衍生产品。碳期货是在将来进行交收或交割的标的物（二氧化碳排放量），交收期货时间可以是 1 个月之后、3 个月之后或者 1 年之后。买卖碳期货的合同或者协议叫作碳期货合约，是以碳排放权配额或核证减排量等现货作为合约标的物的期货合约。碳期货对碳金融和低碳经济的发展具有重要作用。对于控排企业而言，碳期货可以为参与者提供套期保值等风险规避手段；对于市场而言，碳期货可以弥合市场信息不对称情况，增加市场流动性。碳期货交易过程反映供求双方对未来某个时间供求关系变化和价格走势的预期，价格信息具有连续性、公开性和预期性的特点，有利于增加市场透明度，提高资源配置效率。

我国目前正在大力推进碳期货研发，2016 年《关于构建绿色金融体系的指导意见》已提出“探索研究碳排放权期货交易”，但由于碳市场不具备期货交易所资质，碳期货尚未落地。2021 年 4 月 19 日，随着广州期货交易所揭牌，碳期货品种研发进程正式启动，目前正大力推进碳排放权期货品种研究工作。

（二）碳期权

碳期权是在碳期货基础上产生的碳金融衍生品，指交易双方在未来某特定时间以特定价格买入或卖出一定数量的碳标的（如碳排放权配额）的权利。碳期权合约是交易双方签署的合法凭证，期权的买方向卖方支付一定数额的权利金后，获得合约有效期内的选择权。碳期权的交易方向取决于购买者对于碳排放权价格走势的判断。与碳期货一样，碳期权可以帮助买方规避碳价波动所带来的不利风险，具备一定的套期保值功能。国际主要碳市场中的碳期权与碳期货交易已相对成熟，中国当前碳期权主要为场外期权，并委托交易所监管权利金与合约执行。

案例 8 -1　中国首笔碳配额场外期权合约

2016 年 6 月 16 日，深圳招银国金投资有限公司、北京京能源创碳资产管理有限公司、北京绿色交易所（北京环境交易所）正式签署了国内首笔碳配额场外期权合约，交易量为 2 万吨。2016 年 7 月 11 日，北京绿色交易所发布了《碳排放场外期权交易合同（参考模板）》，场外碳期权成为北京碳市场的重要碳金融衍生工具。北京碳期权运行模式如图 8 -1 所示。

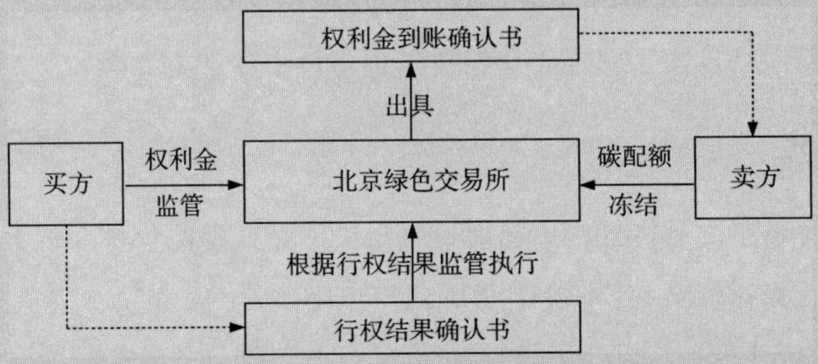

图 8 -1　北京碳期权运行模式

资料来源：平安证券研究所。

（三）碳远期

碳远期交易是指双方约定在将来某个确定的时间以某个确定的价格购买或者出售一定数量的碳配额或核证减排量等，碳远期是适应规避现货交易风险的需要而产生的，可用于锁定碳收益或碳成本。清洁发展机制（CDM）项目产生的核证减排量（CER）通常采用碳远期的形式进行交易。项目启动之前，交易双方就签订合约，规定碳额度或碳单位的未来交易价格、交易数量和交易时间。碳远期在国际市场的核证减排量交易中已十分成熟且运用广泛。我国上海、广东、湖北等试点碳市场进行了碳远期交易探索，其中，广州碳排放权交易所提供了定制化程度高、要素设计相对自由、合约不可转让的远期交易产品，湖北、上海碳市场则提供了具有合约标准化、可转让特点的碳远期交易产品。由于成交量低、价格波动等原因，国内的碳远期交易有待完善。

案例 8－2 上海碳配额远期产品

2017 年 1 月，上海碳配额远期产品上线，上海碳配额远期（SHEAF）是以上海碳排放配额为标的、以人民币计价和交易的，在约定的未来某一日期清算、结算的远期协议。交易所为上海碳配额远期提供交易平台，组织报价和交易；上海清算所为上海碳配额远期交易提供中央对手清算服务，进行合约替代并承担担保履约的责任。上海碳配额远期运行模式如图 8－2 所示。

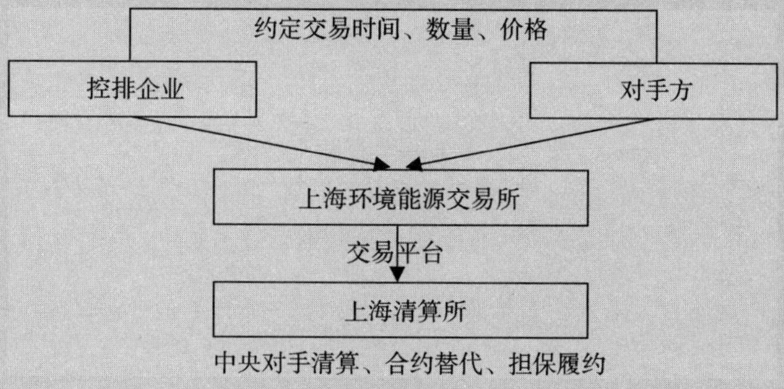

图 8－2 上海碳配额远期运行模式

资料来源：上海环境能源交易所、平安证券研究所。

（四）碳掉期（互换）

碳掉期（互换）是交易双方以碳排放权为标的物，双方以固定价格确定交易，并约定未来某个时间以当时的市场价格完成与固定价格交易对应的反向交易，最终对两次交易的差价进行现金结算。碳掉期（互换）实际上就是交易双方交换碳资产或等价现金流合约，以场外交易为主。我国的碳掉期主要有两种模式：一是由控排企业在当期卖出碳配额，换取远期交付的等量 CCER 和现金；二是由项目业主在当期出售 CCER，换取远期交付的不等量碳配额。实践中，碳配额场外掉期通常有两种形式：以现金结算标的物即期与远期差价，碳市场交易场所主要负责保证金监管、交易鉴证及交易清算和结算；不同标的资产间的互换交易，如试点碳市场中常见的配额—CCER 互换交易。

案例 8－3 中国首笔碳配额场外掉期合约

2015 年 6 月 15 日，中信证券股份有限公司、北京京能源创碳资产管理有限公司、北京绿色交易所在“第六届地坛论坛”正式签署了国内首笔碳配额场外掉期合约，交易量为 1 万吨。掉期合约交易双方以非标准化书面合同形式开展掉期交易，并委托北京绿色交易所负责保证金监管与交易清算工作。2016 年，北京碳市场发布场外碳掉期合约参考模板，场外碳掉期成为北京碳市场的重要碳金融创新工具之一。北京碳配额掉期运行模式如图 8 - 3 所示。

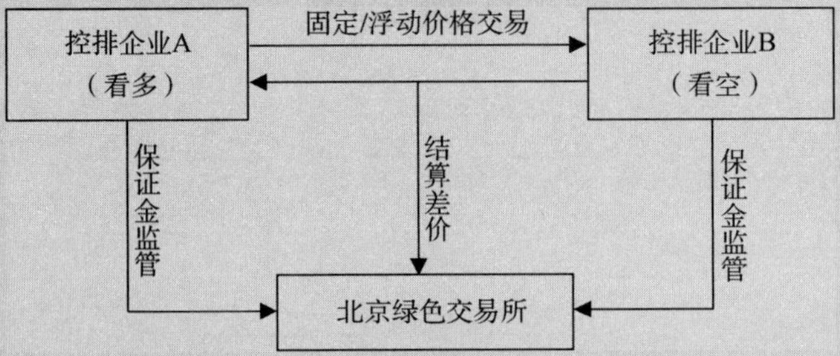

图 8 - 3 北京碳配额掉期运行模式

资料来源：平安证券研究所。

四、碳市场融资工具

碳市场融资工具是指以碳资产为标的进行各类资金融通的碳金融产品，可以为碳资产创造估值和变现的途径，帮助企业拓宽融资渠道。主要包括以下五种类型：

（一）碳质押

碳质押是指以碳资产作为质押物进行的一种融资方式，碳排放权质押贷款是以碳排放权配额或核证减排量为质押，向符合条件的市场主体发放的贷款。从业务的底层逻辑来看，碳质押是质押融资的一种，只是质押物换成了碳资产，因此碳质押本身具有所有质押融资业务的共性特点。由于碳资产这一质押物的特殊性，其业务发展与碳资产登记制度的完善、交易市场的发展、碳资产评估体系的发展紧密相关。上海、广东碳市场已出台针对碳质押的业务规则，碳质押已成为较为规范化的融资工具。2014 年 9 月 9 日，湖北宜化集团和兴业银行签订碳排放权质押贷款协议，湖北宜化集团利用碳排放配额获得 4000 万元的质押贷款，这是我国首单碳资产质押贷款项目。上海碳市场碳质押标准业务流程（以碳配额为例）如图 8 - 4 所示。

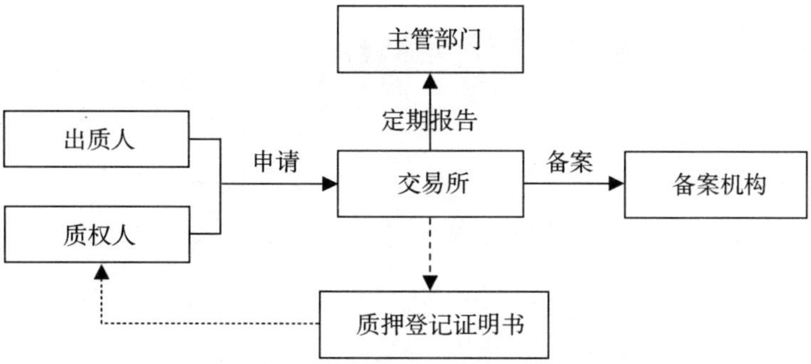

图 8-4 上海碳市场碳质押标准业务流程（以碳配额为例）

资料来源：上海环境能源交易所，平安证券研究所。

案例 8-4 碳排放权抵押贷款业务

2021 年 7 月 21 日，山东首批两单碳排放权抵押贷款业务同时落地。山东熙国能源有限公司向日照银行抵押 61 万吨碳排放配额，成功获得 3000 万元贷款，利率低于本行抵质押贷款利率 0.56 个百分点；兖州农商银行向兖州区银河电力有限公司发放 3 年期碳排放权抵押贷款 1000 万元，利率低于本行企业贷款加权平均利率 1.72 个百分点。两笔贷款均采用“快审快贷”简易办理程序，实现了押品登记、授信审批、贷款发放当日完成。

（二）碳回购

碳回购是一种通过交易为企业提供短期融资的碳市场创新安排，碳排放配额回购是碳排放管控单位或其他配额持有者，向碳排放权交易市场其他机构交易参与人出售配额，并约定在一定期限后按照约定价格回购所售配额，从而获得短期资金融通的交易活动。碳排放配额持有者作为碳排放配额出让方，其他机构交易参与人作为碳排放配额受让方，双方签订回购协议，约定出售的配额数量、回购时间和回购价格等相关要点，在协议有效期内受让方可以处置碳排放配额。我国交易所还推出跨境碳资产回购业务，境外投资者以境外资金参与碳市场，持有碳资产的管控单位以碳资产为标的获得境外资金用于企业低碳发展。该业务为管控单位拓宽了融资渠道，使其有机会使用境外低成本资金，同时盘活了其碳资产，并通过不同品种之间的碳资产互换，获得置换收益，实现企业资产值。

案例8－5　中国首单跨境碳资产回购交易

2014年8月，深圳排放权交易所获得国家外汇管理局批准，成为国内首个允许境外投资者参与的碳交易平台，且境外投资者参与深圳碳市场不受额度和币种限制。2016年3月，在深圳排放权交易所的协助下，深圳能源集团股份有限公司控股的妈湾电力有限公司和英国石油（BP）完成国内首单跨境碳资产回购交易业务，交易标的为400万吨配额，交易额达亿元规模，也是全国试点碳市场启动后交易规模较大的单笔碳交易。深圳能源集团将利用本次交易资金投入公司可再生能源的生产，为深圳市优化发电产业结构、构建低碳能源体系作出新贡献。此次跨境碳资产回购业务的落地，是深圳碳金融创新服务实体经济的实践典范，开创了境外投资者运用外汇或跨境人民币参与中国碳排放权回购交易的先河，为深圳和未来全国碳市场注入了新的活力。

（三）碳基金

碳基金是指由政府、金融机构、企业或个人投资设立的专门基金，投资于碳市场、碳减排项目、新能源项目等，通常其收益与碳价变化或减排项目回报挂钩，是重要的融资工具，主要以一级市场投资为主。碳基金的融资方式主要包括：一是政府全部出资，主要被政府出资并管理的碳基金采用，如芬兰、奥地利碳基金等；二是政府和企业按比例共同出资，这是最常用的一种方式，这种方式比较灵活，筹资速度快，筹资量大，可以由政府先认购碳基金一定数目的份额，其余份额由相关企业自由认购；三是政府通过征税的方式筹资，这种方式的优点是收入稳定，而且通过征收能源使用税也可以采用价格杠杆限制对能源的过分使用，促进节能减排；四是企业自行募集，主要被企业出资的碳基金采用。

案例8－6　嘉碳开源基金

2015年3月14日，深圳嘉碳资本管理有限公司创立“嘉碳开源基金”，募集资金投资于国内一、二级碳市场和新能源及环保领域中CCER项目。嘉碳开源基金的产品包括“嘉碳开源投资基金”“嘉碳开源平衡基金”。其中，“嘉碳开源投资基金”的基金规模为4000万元，而“嘉碳开元平衡基金”的基金规模为1000万元，二者均主要投资于核证减排项目及碳市场等。当前两只基金均已结束运行，收益率暂不明确。碳基金运行模式如图8－5所示。

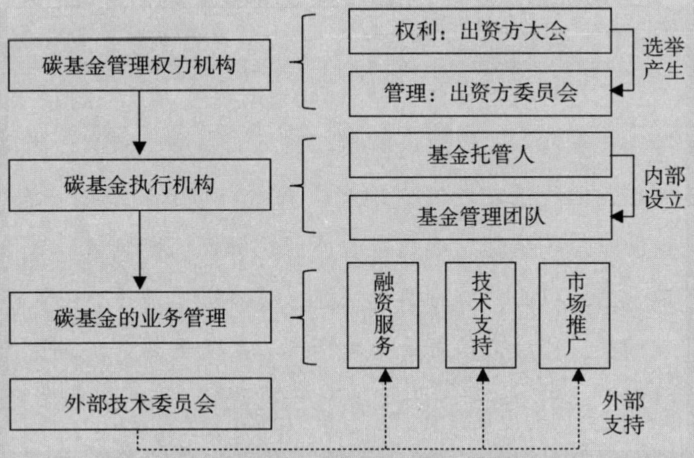

图8-5 碳基金运行模式

资料来源：绿金委碳金融工作组，平安证券研究所。

（四）碳债券

碳债券是指政府或企业等经济主体为筹集低碳经济项目资金而向投资者发行的、承诺在一定时期支付利息和到期还本的债务凭证，属于绿色债券的一个类别。碳债券的票面利率可以与发行主体的减排项目收益挂钩，采取固定利率加浮动利率的产品设计，例如，将低碳项目的 CDM 收入与债券利率水平挂钩，将 CDM 收入中的一定比例用于浮动利息的支付，项目投资者与债券投资者分享 CDM 收益。碳债券的投向十分明确，主要为碳减排或可再生能源项目进行投资，碳债券对于包括 CDM 交易市场在内的新型虚拟交易市场有扩容的作用，有助于促进整个金融体系在碳达峰碳中和目标下向低碳新兴市场转变。碳债券根据发行主体可以分为碳国债和碳企业债券。

案例8-7 中国首只碳债券

2014年5月12日，中广核风电有限公司、上海浦东发展银行股份有限公司、国家开发银行股份有限公司、中广核财务有限责任公司及深圳排放权交易所，共同落地我国首只碳债券“中广核风电附加碳收益中期票据”。该笔碳债券的发行人为中广核风电，发行金额10亿元，发行期限为5年，采用“固定利率+浮动利率”的形式，其中浮动利率部分与发行人下属5家风电项目公司在债券存续期内实现的碳资产（CCER）收益正向关联，浮动利率的区间设定为5bp到20bp。

（五）碳信托

碳信托基金一般是通过信托运作的一种集合资金信托计划，是指发起人通过发行收益权凭证，从投资者手中汇集资金，再将这些集合起来的资金按照信托协议的约定投资于温室气体减排项目，例如，通过清洁发展机制和联合履行机制确定的特定行业的具体项目，在约定期限内将获得的碳信用指标或现金以收益形式回报给投资者。碳信托是根据碳资产开展的金融受托服务，大致可分为碳融资类信托、碳投资类信托、碳资产服务类信托。

碳融资类信托是信托公司设立信托，以碳资产为抵质押物，向融资人发放贷款，或设立信托，买入返售融资人的碳资产。例如，兴业信托设立“利丰 A016 碳权 1 号集合资金信托计划”，该信托计划以海峡股权交易中心碳排放权公开交易价格作为估价标准，通过受让福建三钢闽光股份有限公司 100 万元碳排放权收益权的方式，向其提供绿色融资。

碳投资类信托与碳基金模式相似，信托资金主要用于参与碳市场的碳资产交易，在为碳资产提供流动性的同时，通过把握碳资产价格波动趋势获取收益。碳投资信托业务模式目前实践相对较多。以华宝信托“ESG 系列—碳中和集合资金信托计划”为例，信托资金主要投资于国内碳排放权交易所上市交易的碳配额及 CCER。

碳资产服务信托一般指委托人将其碳资产作为信托财产设立财产权信托，信托公司主要行使资产管理、账户管理等服务性职责。例如，中海信托作为受托人设立的“中海蔚蓝 CCER 碳中和服务信托”，是以 CCER 为基础资产的碳中和服务信托。受托人通过转让信托受益权份额的形式为委托人募集资金，同时提供碳资产的管理、交易等服务。

五、碳市场支持工具

碳市场支持工具是指为碳资产的开发管理和市场交易等活动提供量化服务、风险管理及产品开发的金融产品，为市场主体了解市场趋势提供风向标，为管理碳资产提供风险管理工具和市场增信手段。主要包括以下两种类型：

（一）碳指数

碳指数是反应碳市场总体价格或某类碳资产价格变动及走势，可以为投资者提供市场价格变化动态，是重要的碳价观察工具，也是开发碳指数交易产品的基础。国内目前比较具有影响力的碳指数主要包括中碳指数体系、复旦碳价指数和中国碳市场 100 指数。除了这些碳中和指数外，还有其他一些相关指数，比如上海环境能源交易所、上海证券交易所和中证指数公司共同研究编制的“中证上海环交所碳中和指数”等。

案例 8-8 中国碳指数产品

“中碳指数体系”是由北京绿色交易所在 2014 年 6 月推出，主要包括“中碳市值指数”和“中碳流动性指数”两只指数。中碳指数选取北京、天津、上海、广东、湖北和深圳 6 个样本地区碳市场的线上成交数据，根据样本地区配额规模设置权重，以 2014 年 1 月 2 日为基期，是综合反映国内各个试点碳市场成交价格和流动性的指标。当前，中碳指数主要通过北京绿色交易所公众号公布，应用范围相对不广。2021 年 11 月 7 日，复旦大学以第三方身份推出“复旦碳价指数”（见图 8-6），首批包括五项指数，分别为全国碳排放配额（CEA）价格指数，北京和上海、广州、其他地方试点履约自愿核证减排量（CCER）价格指数，以及全国 CCER 价格指数。复旦碳价指数的创新之处在于对未来 1 个月的碳价进行预测，可以作为碳资管的重要依据。由于全国碳市场初运行，历史交易数据相对匮乏，预测准确性仍有提升空间。广州碳排放权交易中心也根据纳入碳市场的上市公司表现，构建了“中国碳市场 100 指数”，不过该指数并非碳价指数。

2022 年 1 月 20 日，由上海环境能源交易所、上海证券交易所和中证指数公司共同研究编制的“中证上海环交所碳中和指数”正式发布。该指数是基于我国现有的能源结构与碳排放状况，从碳中和的实现路径出发，从上市公司温室气体排放水平及碳中和管理举措等角度综合评估候选样本，从深度低碳和高碳减排两大领域选取对碳排放有效管控、为社会积极提供绿色产品或服务的代表性上市公司作为样本。截至 2021 年年末，指数样本由 100 只沪深市场上市公司证券构成，样本公司总市值 8.5 万亿元，占沪深市场上市公司总市值的 9.8%。

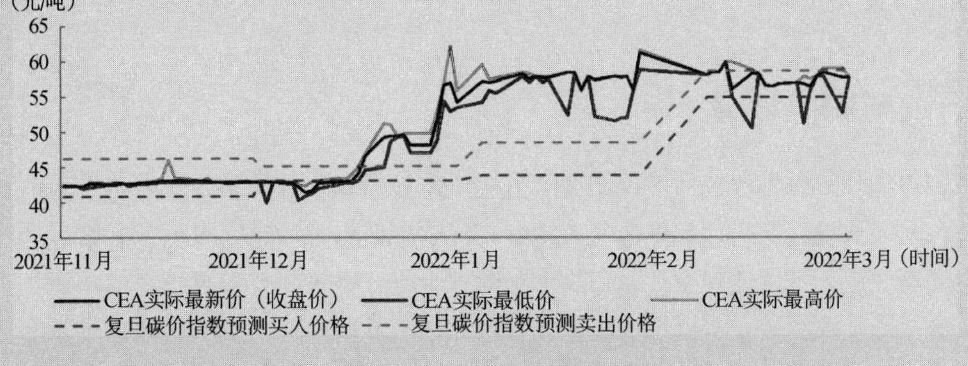

图 8-6 复旦碳价指数

（二）碳保险

碳保险是指通过与保险公司合作，对重点排放企业新投入的减排设备或项目提供减排保险，或者对CCER项目买卖双方的CCER产生量提供保险。碳保险产品的开发，主要是为了规避减排项目开发过程中的风险，确保项目的核证减排量按期足额交付，降低碳交易项目双方的投资风险或违约风险。有些保险公司已经开发出来其他标的物的保险，如碳资产损失类保险、碳排放配额质押贷款保证保险、减排设备损坏碳损失保险等产品。

案例8－9　湖北碳排放权交易中心“碳保险”开发

2016年11月18日，湖北碳排放权交易中心与平安财产保险湖北分公司签署了“碳保险”开发战略合作协议。随后，总部位于湖北的华新水泥集团与平安保险签署了碳保险产品的意向认购协议，由平安保险负责为华新集团旗下位于湖北的13家子公司量身定制碳保险产品设计方案。具体而言，平安保险将为新华水泥投入新设备后的减排量进行保底，一旦超过排放配额，将给予赔偿。这标志着碳保险产品在湖北正式落地。

六、中国碳金融产品创新

我国区域碳市场在进行碳金融尝试的过程中，开发出一系列创新型碳金融工具，包括结构性存款衍化而来的碳结构性存款、碳回购及逆回购衍化而来的借碳交易及卖出回购，以及碳信托、碳托管等。

（一）碳结构性存款

碳结构性存款属于新型理财产品，是将碳市场价格波动与传统的存款业务相结合的一种创新存款，通过选择权与配额交易的结合，使结构性产品的投资报酬与配额市场价格波动产生联动效应，可以达到在一定程度上保障本金或获得较高投资报酬率的功能。实际操作中，碳结构性存款收益可以分为固定收益与浮动收益两部分，其中，固定收益部分与普通存款基本一致，而浮动收益部分则通常与碳配额、核证减排量交易价格，或碳债券等其他金融工具价格挂钩，根据碳价或碳金融工具价格的变动决定浮动收益水平。

案例 8-10　挂钩"碳中和"债券指数的结构性存款

2021 年 5 月 14 日，兴业银行与上海清算所合作发行了挂钩"碳中和"债券指数的结构性存款。产品收益分为固定收益与浮动收益两部分，其中，浮动收益与上海清算所"碳中和"债券指数挂钩，该指数以募集资金用途符合国内外主要绿色债券标准指南并具备碳减排效益、符合"碳中和"目标的公开募集债券为样本券。

（二）借碳交易及卖出回购

借碳交易及卖出回购是碳回购及逆回购的变体，是上海环境能源交易所独有的创新型碳金融工具。与常见碳回购或逆回购需要其他非履约机构参与不同的是，借碳交易与卖出回购可以在履约机构间展开。

借碳交易是符合条件的配额借入方存入一定比例的初始保证金后，向符合条件的配额借出方借入配额并在交易所进行交易，待双方约定的借碳期限届满后，由借入方向借出方返还配额并支付约定收益的行为。借碳旨在通过碳资产管理机构专业经验，帮助试点控排企业管理碳排放权配额，盘活存量碳资产，提高碳配额流动性，活跃碳市场。卖出回购是控排企业根据合同约定向碳资产管理公司卖出一定数量的碳配额，控排企业在获得相应配额转让资金后将资金委托金融机构进行财富管理，约定期限结束后控排企业再回购同样数量的碳配额。与普通的逆回购不同的是，卖出回购通常将资金委托其他金融机构进行管理。2016 年 3 月 14 日，在交易所的协助下，春秋航空股份有限公司、上海置信碳资产管理公司、兴业银行上海分行共同完成首单碳配额卖出回购业务。

第三节　国内碳金融市场

改革开放以来，我国经济飞速发展，同时也给生态环境带来巨大压力。根据《世界能源统计年鉴》的数据，中国在 2006 年超越美国成为全球最大的碳排放国，在 2009 年成为最大的能源消费国。这给我国控制温室气体排放带来了巨大压力，也为发展碳金融市场提供了广阔的空间。"十二五"时期以来，为了应对更严峻的环境挑战，碳排放权交易体系建设与碳金融已经成为我国生态文明制度建设的重要一环。

一、中国碳金融政策演进

2007年6月，国务院发布了《中国应对气候变化国家方案》，这是发展中国家第一个应对气候变化的国家级方案，并在同月成立了“国家应对气候变化领导小组”，推动我国应对气候变化的顶层制度设计。2010年9月，国务院《关于加快培育和发展战略性新兴产业的决定》首次提出要建立和完善主要污染物和碳排放交易制度。2011年10月，国家发展改革委发布《关于开展碳排放权交易试点工作的通知》，批准在北京、天津、上海、重庆、湖北、广东和深圳七个省市开展碳排放权交易试点工作。与此同时，我国政府在多个重要国际会议场合不断强化减排承诺，例如，2009年11月，为推动哥本哈根气候大会达成协议，中国政府向国际社会郑重承诺：到2020年单位GDP碳排放强度比2005年下降40%—45%；2015年12月，包括中国在内的近200个国家在《巴黎协定》中一致同意2℃和1.5℃的目标；2020年9月，国家主席习近平在第七十五届联合国大会一般性辩论上表示，中国将提高国家自主贡献力度，采取更加有力的政策和措施，二氧化碳的碳排放力争于2030年前达到峰值，努力争取2060年前实现碳中和。在这一过程中，中央及地方层面相继出台多项政策文件，通过开展碳排放权交易试点、推进全国碳排放权交易体系落地等措施鼓励碳金融市场的发展和创新，助力碳中和目标实现，充分表现出构建人类命运共同体中的大国担当。相关重要政策文件如表8-4所示。

表8-4　　中国碳市场相关政策

文件名称	发布时间	发布机构	相关内容
《中国应对气候变化国家方案》	2007年6月	国务院	明确了到2010年中国应对气候变化的具体目标、基本原则、重点领域及其政策措施
《关于开展低碳省区和低碳城市试点工作》	2010年8月	国家发展改革委	运用市场机制推动实现减排目标
《关于加快培育和发展战略性新兴产业的决定》	2010年9月	国务院	建立和完善主要污染物和碳排放交易制度
《关于开展碳排放权交易试点工作的通知》	2011年10月	国家发展改革委	批准京、津、沪、渝、粤、鄂、深七省市开展碳排放权交易试点
《温室气体自愿减排交易管理暂行办法》	2012年6月	国家发展改革委	对CCER项目开发、交易与管理进行了系统规范
《碳排放权交易管理暂行办法》	2014年12月	国家发展改革委	对全国统一碳排放权交易市场发展方向、思路、组织架构及相关基础要素设计提出规范性要求
《生态文明体制改革总体方案》	2015年9月	国务院	深化碳排放权交易试点，逐步建立全国碳排放权交易市场

续表

文件名称	发布时间	发布机构	相关内容
《全国碳排放权交易市场建设方案（发电行业）》	2017 年 2 月	国家发展改革委	将发电行业的重点排放企业作为初期交易主体。后期成熟后逐步扩大至高耗能、高排放和资源性行业。适时增加符合交易规则的其他机构和个人参与交易。明确了重点排放单位的定义和界定标准
《全国碳排放权交易管理办法（试行）》	2020 年 11 月	生态环境部	重点排放单位为全国碳排放权交易市场覆盖行业内年度温室气体排放量达到 2.6 万吨二氧化碳当量及以上的企业或者其他经济组织。重点排放单位可使用国家核证自愿减排量（CCER）或生态环境部另行公布的其他减排指标，抵消其不超过 5% 的经核查排放量
《气候投融资试点工作方案》	2021 年 12 月	生态环境部等九部门	有序发展碳金融。指导试点地方积极参与全国碳市场建设，研究和推动碳金融产品的开发与对接，进一步激发碳市场交易活力。鼓励试点地方金融机构在依法合规、风险可控的前提下，稳妥有序探索开展包括碳基金、碳资产质押贷款、碳保险等碳金融服务，切实防范金融风险，推动碳金融体系创新发展
《要素市场化配置综合改革试点总体方案》	2021 年 12 月	国务院	探索建立碳排放配额、用能权指标有偿取得机制，丰富交易品种和交易方式
《中共中央　国务院关于加快建设全国统一大市场的意见》	2022 年 4 月	国务院	依托公共资源交易平台，建设全国统一的碳排放权、用水权交易市场，实行统一规范的行业标准、交易监管机制

二、中国碳金融市场发展历程

中国碳金融市场是在借鉴国际先进经验根据自身情况逐渐摸索建立的，发展历经三个阶段：

（一）前期探索阶段（2005—2011 年）

2005 年，我国开始借助《京都议定书》建立的清洁发展机制（CDM）参与欧盟碳排放交易市场，首次开展的 CDM 项目为与荷兰合作的辉腾锡勒风电场项目，预测二氧化碳每年减少量为 51429 立方公吨，标志着我国首个风力 CDM 项目的开端。当时的运行机制下，欧盟允许企业从发展中国家购买减排量以支持双方的能源转型。2005—2011 年，我国 CDM 项目数量呈现稳步上升趋势，且在 2012 年达到峰值。2012 年，我国 CDM 注册项目为1819个，占CDM总数的46.93%。2008—2012年《京都议定书》第一承诺期期间，我国成为全球规模最大的CDM项目供应国。项目结构以风力和水电为主，两类CDM项目占比约为75%，区域分布呈现西部地区多、东部地区少的局面。与此同时，相关部门、专业机构也积累了丰富的经验，为我国碳市场奠定了建设基础。

（二）区域试点阶段（2011—2016年）

受欧盟CDM项目限制影响，我国这一阶段暂停国际CDM项目，并尝试推动架构国内碳交易市场，借鉴欧盟碳交易市场（EU ETS）推出碳排放交易试点市场（ETS）、借鉴《京都议定书》中的CDM推出自愿核证减排机制（CCER）。碳排放交易试点市场和自愿核证减排机制双轨进行，有效促进温室气体减排。2011年10月29日，国家发展改革委发布《关于开展碳排放权交易试点工作的通知》，同意北京、上海、天津、重庆、湖北、广东、深圳七省市开展碳排放权交易试点。2013年6月，深圳试点率先启动；2016年12月，福建试点正式启动。自此，三省五市的八大试点全部启动运行。同时，全国碳市场筹备工作也提上了日程。2013年，党的十八届三中全会明确建设全国碳市场成为全面深化改革的重要任务之一。2014年12月，《碳排放权交易管理暂行方法》的发布从制度层面明晰了全国碳市场建设的总体框架。2015年，《生态文明体制改革总体方案》明确逐步建立全国碳排放权交易市场。

（三）全面推进阶段（2017年至今）

2017年12月，国家发展改革委发布《全国碳排放权交易市场建设方案（发电行业）》，全国碳市场开启建设。2021年7月，全国碳排放权交易市场正式启动，与其他八大试点并行。首批纳入的2162家发电企业年碳排放量约45亿吨，是全球覆盖排放规模最大的碳市场。除发电行业外，后续将逐步扩大行业覆盖范围，如钢铁、石化、化工、航空等重点行业。全国碳市场的运行，标志着我国市场化碳减排进入新阶段，对我国“双碳”目标的实现具有重大意义。

三、中国碳金融市场运行概况

（一）试点区域碳市场运行概况

中国八大试点区域碳市场的机制设计总体上以欧盟碳排放交易体系EU ETS为蓝本，涵盖了配额总量、覆盖范围、控排门槛、配额分配、监测报告与核证制度、抵销机制以及遵约及处罚等制度，大多以地方政府管理办法的形式推出，实现了“从 0 到 1”的突破。同时，各试点在覆盖范围、法律框架、机制设计等方面各有特色。覆盖范围方面，各试点地区依据自身产业结构，考虑市场规模和效率，分别设置了不同的纳入门槛和行业范围。其中，北京、深圳等以第三产业为主的城市排放总量小、纳入门槛低，覆盖主体多为服务行业的企事业单位；湖北、广东等则以钢铁、水泥、化工、电力等高排放工业为主。法律框架方面，各试点均发布了试行办法，但相关细则暂未发布，可能是由于全国碳排放权市场的建立，各试点市场需要研判全国统一市场的走向。机制设计方面，各试点均使用免费＋拍卖的形式，除了上海采用纯市场机制运作外，其他各试点皆保留了政府干预的机制。八大试点区域碳市场运行机制如表 8－5 所示。

表 8－5　　　　八大试点区域碳市场运行机制

试点省市	交易所	概况			市场运行机制	
		启动时间	覆盖行业	政策背景	配额分配	调节机制
北京	北京绿色交易所（原北京环境交易所）	2013 年 11 月	工业：电力，热力，水泥，石化，交通运输业，其他工业和服务业； 非工业：事业单位	《关于北京市在严格控制碳排放总量前提下开展碳排放权交易试点工作的决定》（2013 年）《北京市碳排放权交易管理办法（试行）》（2014 年）	免费分配＋不定期拍卖，电力行业标杆法	配额预留拍卖；配额回购
上海	上海环境能源交易所	2013 年 11 月	工业：电力，钢铁，石化，化工，有色，建材，纺织，造纸，橡胶和化纤； 非工业：航空，机场，水运，港口，商场，宾馆，商务办公建筑和铁路试点	《上海市碳排放管理试行办法》（2013 年）《上海市人民政府关于本市开展碳排放交易试点工作的实施意见》（2013 年）	免费分配＋不定期拍卖，电力行业标杆法	公开透明的市场化运作
广东	广州碳排放权交易所	2013 年 12 月	工业：电力，水泥，钢铁，石化，造纸	《广东省碳排放管理试行办法》（2014 年）	免费＋拍卖，电力行业标杆法	采取“控制和预留”方式进行配额总量管理，政府预留一部分配额调节市场

续表

试点省市	交易所	概况			市场运行机制	
		启动时间	覆盖行业	政策背景	配额分配	调节机制
深圳	深圳排放权交易所	2013 年 6 月	工业：能源（发电），供水，制造； 非工业：大型公共建筑，公共交通	《深圳经济特区碳排放管理若干规定》（2012 年）《深圳市碳排放权交易管理暂行办法》（2014 年）	免费 + 拍卖，电力行业历史强度法； 需求端：采用可调控的总量设置机制； 供给侧：采用配额储备、配额供给、增加	拍卖配额等方式调控配额供应
天津	天津排放权交易所	2013 年 12 月	工业：电力，热力，钢铁，化工，石化，油气开采	《天津市碳排放权交易管理办法》（2013 年）	免费分配 + 不定期拍卖，电力行业历史强度法	市发展改革委有启动调控机制的权限，通过投放或回购配额的方式稳定交易价格
湖北	湖北碳排放交易中心	2014 年 2 月	工业：电力，热力，有色金属，钢铁，化工，水泥，石化，汽车制造，玻璃，化纤，造纸，医药，食品饮料	《湖北省碳排放权管理和交易暂行办法》（2014 年）	免费分配，一些企业采用历史排放法，一些企业用标杆法	配额管理机制；价格涨跌幅限制
重庆	重庆碳排放权交易中心	2014 年 6 月	工业：电力，电解铝，铁合金，电石，烧碱，水泥，钢铁	《重庆市碳排放权交易管理暂行办法》（2014 年）	免费分配 + 历史法	涨跌幅限制
福建	福建海峡股权交易中心	2016 年 9 月	工业：电力，石化，化工，建材，钢铁，有色金属，造纸，航空和陶瓷	《福建省碳排放权交易管理暂行办法》（2016 年）	免费分配 + 拍卖，电力、水泥、铝等行业标杆法，其他历史排放法	政府预留 10% 配额进行市场干预

资料来源：亿欧智库 . 2022 中国碳金融市场研究报告［R］. 2023.

从试点碳交易市场运行情况来看，广东碳排放交易试点和湖北碳排放交易试点比较活跃，合计交易总量占比超 60%，合计碳交易额占比超 50%。北京和上海碳排放交易试点的交易总量比重虽然相对较小，但是交易金额普遍较大，重庆的交易金额较小，如图 8－7 所示。同时，成交“潮汐现象”较为明显，成交量月度集中度高，约 3/4 的交易集中在最终履约期（6—7 月）。

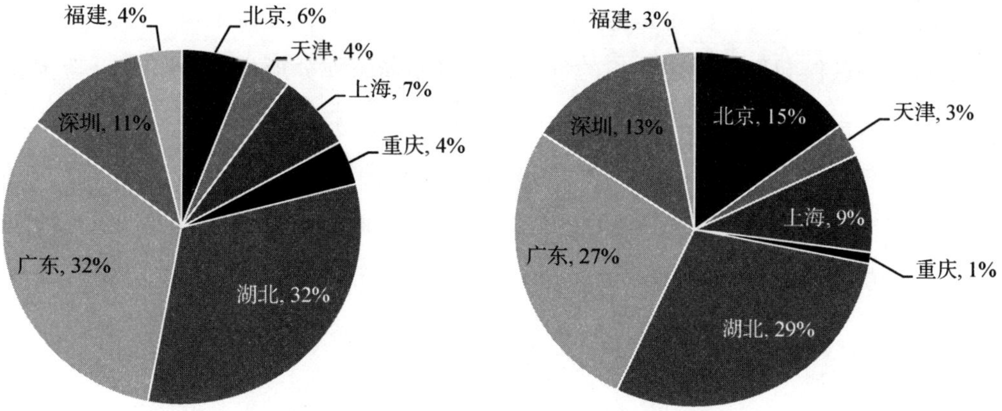

图 8-7 试点碳市场交易总量和交易额占比

数据来源：碳排放交易网。

试点碳市场的碳价普遍经历了前期走低、后期价格回调的过程。具体而言，各试点市场开市前半年的时间内，控排企业对碳市场政策情况不熟悉，对自身配额盈缺情况了解不充分，不敢轻易开展配额交易，碳价普遍保持在开盘价格（政府指导价格）附近。2015—2016 年，试点碳市场因制度不完善等原因，碳价开始探底，上海碳价一度下跌至每吨 5 元，广东、湖北碳价也一度下跌至每吨 10 元以下。此后，随着碳市场制度逐年修订完善，企业对碳市场控排的长期预期形成，配额分配整体适度从紧，碳价随之开始回调并逐步趋稳，呈现了自然波动状态，也表明了我国碳交易市场均衡机制的逐渐形成。

（二）全国碳市场运行概况

目前，全国碳排放权交易市场的基本框架已然形成。全国碳排放交易所和试点碳排放交易所保持同时开放，两类市场呈互补状态。就配额分配而言，全国碳市场均使用免费分配，以保障全国碳市场顺利运行。就覆盖范围而言，我国全国碳排放交易所仅覆盖了电力行业的 2851 家行业，行业较为单一，未来仍然需要扩充和完善。全国碳市场和试点区域碳市场的基本情况比较如表 8-6 所示。

表 8-6 全国碳市场和试点区域碳市场的基本情况比较

	全国碳市场	试点区域碳市场
成立时间	2021 年 7 月 16 日	2013 年 6 月陆续成立
交易地点	北京、上海、武汉	北京、上海、天津、重庆、湖北、广东、深圳、福建
分配方式	免费分配	免费分配、有偿拍卖
覆盖行业	电力	电力、钢铁、水泥等 20 余个行业
管控单位数量	2851 家	近 3000 家

全国碳市场开市之后，碳价走势呈现先下降后回升状态，可能是由于交易双方在市场初期更多倾向于试探和摸底，碳交易的价格调控机制尚未充分形成。2022 年，全国碳市场完成了第一个真正意义上的履约周期，中国生态网显示，履约完成率为 99.5%；年末碳排放配额（CEA）价格为 56.3 元/吨，较 2021 年年末上涨 3.8%；累计成交量为 0.49 亿吨，累计成交金额为 27.17 亿元，低于 2021 年半年 1.79 亿吨的成交量和 76.61 亿元的成交金额，这可能与新冠疫情及 2022 年经济本身面临较大下行压力有关，生产的疲弱导致碳排放权的需求小。

四、中国碳金融市场存在问题与发展趋势

（一）中国碳金融市场存在问题

近 10 年，我国碳金融市场体系得到长足发展。试点区域市场在政策、制度、市场、产品等各方面开展了众多探索和创新，碳金融产品在成交量和成交总额上已经初具规模；全国碳市场框架已逐步完善，初步弥补了试点市场割裂的不足，形成了全球最大的碳金融市场。但是，无论在顶层设计、产品工具还是参与主体等方面，都仍存在一定问题。

1. 顶层机制尚不完善

我国碳金融市场政策法规目前还不够完善，主要体现在税收政策、监管政策、风险管理和市场准入等方面。交易纠纷解决机制、交易双方的权利和义务，以及法律授权等关键问题也亟待解决。另外，市场机制也存在明显不足。试点区域碳市场制度对本地区市场情况、供需特征等考虑不足，各试点间缺乏协同机制，导致碳市场交易流动性较弱，市场割裂；全国碳市场发展也面临政策细则不足、惩罚机制对控排企业约束力不够等问题。

2. 产品工具创新不足

碳金融市场产品工具种类少、体量小。其中，碳配额获取及使用存在时滞，市场尚缺乏碳期货、碳期权等工具来规避风险、提升市场流动性。试点区域市场中的碳金融产品更多为地方控排企业服务，往往具有显著的局限性。全国碳市场仍以碳现货为主，产品比较单一。

3. 参与主体较为单一

我国碳市场参与主体仍以控排企业为主，机构投资者进入碳市场进行投资或提供经纪、做市等一系列服务的资质尚不明确，全国市场只允许发电一个行业参与交易，交易主体更为受限。

（二）中国碳金融市场发展趋势

减排的核心是资金和技术，我国企业对碳金融具有较大需求，碳金融市场发展的机遇和风险并存，完善碳金融市场机制、探索创新碳金融产品、丰富碳金融交易主体应是破局之法。同时，碳市场的健康发展和行稳致远离不开企业的积极参与。目前，全国碳市场仅限于发电行业，而随着碳市场体系的不断完善，钢铁、石化和建材行业等高碳排放行业也将逐步纳入控排管理，激励更多企业加强对碳资产管理的重视程度。据估计，全国碳市场在完成电力、石化、化工、建材、钢铁、有色、造纸、航空八大行业覆盖之后，市场的配额总量可能会从目前的 45 亿吨扩容至 70 亿—80 亿吨，覆盖我国二氧化碳排放总量的 60% 左右。按照目前的碳价水平，到 2030 年碳达峰时，累计交易额有望达到 1000 亿元。碳市场完成八大行业扩容后，控排企业预计近 1 万家，远超目前上海、深圳和北京三个证券交易所上市公司数量总和。

第四节　国际碳金融市场

据国际碳行动伙伴组织（ICAP）统计，截至 2022 年年初，全球共有 25 个排放交易系统在运行，管辖范围占全球 GDP 的 55%。目前，运行中的排放交易系统覆盖了全球 17% 的排放量，涵盖了法律规定的净零排放目标的 37%。另外，还有 22 个交易系统正在开发或探索中，将覆盖净零目标的 17%。据 ICAP《全球碳市场进展报告 2023》统计，2022 年全球新增 2 个国家级碳市场和 1 个州级碳市场，全球碳排放交易体系覆盖的温室气体排放量比例与 2021 年持平，均为 17%。全球碳市场充分展现出应对外部冲击的弹性与韧性，在波动中稳步发展。国际碳金融市场中，欧盟碳排放交易体系（EU ETS）、美国区域温室气体减排倡议（RGGI）等是目前全球较成熟、较重要的典型碳市场代表，对中国碳金融发展具有借鉴意义。

一、欧盟碳排放交易体系（EU ETS）

欧盟碳排放交易体系（EU ETS）于 2005 年 1 月 1 日正式运行，是全球第一个在公共法律框架下运行的碳排放交易体系，借助市场的力量将环境转化为一种有偿使用的生产要素，通过建立排放配额（EUA）交易市场，实现在气候环境受到保障下的企业经营成本最小化。全球主要碳市场中，不论是从交易量还是从交易额上看，欧盟均占据绝对主导地位。以2022年为例，欧盟交易量92.77亿吨，占交易总量的75%；交易额5.5万亿元，占交易总额的87%。

（一）EU ETS 发展历程

截至目前，EU ETS 发展经历了四个阶段：

1. 第一阶段（2005—2007年）

这一阶段是欧盟碳排放交易体系的实验期，市场仅涵盖来自发电机和能源密集型行业的二氧化碳排放量，总配额是由每个欧盟国家的国家分配计划自下而上确定，设定的二氧化碳上限为2096吨，几乎所有配额都免费提供给企业。然而，免费配额的发放意味着EUA价格在2007年实际上跌至零。在第一阶段中，EU ETS 可以无限使用CDM和JI的碳排放信用额度，但是实际操作中，第一阶段并未使用对应的碳信用。同时，第一阶段和第二阶段之间的配额银行是不可能的，即排放者无法在第二阶段使用第一阶段发放的配额。这一阶段逐步修正了总量设置和配额分配问题，为后续碳市场的发展奠定基础。

2. 第二阶段（2008—2012年）

第二阶段二氧化碳排放量限额为2049万吨，并将甲烷等六种温室气体纳入交易体系。覆盖范围有所拓展，将冰岛、列支敦士登和挪威纳入总量控制和贸易区域，将航空业纳入覆盖行业范围。市场机制方面，碳配额分配方式与第一阶段类似，90%的碳配额是免费分配的。引入了联盟登记，取代国家登记，跟踪配额的所有权。同时，第二阶段因受到2008年的经济危机影响，欧盟企业的碳排放量大幅下降，造成了大量的配额过剩，也压低了整个阶段的碳价格。

3. 第三阶段（2013—2020年）

第三阶段显著改变了欧盟碳排放交易体系。实施二氧化碳排放量线性递减的要求，每年减少1.74%的二氧化碳排放量，即每年减少3830万的碳配额。到2020年，二氧化碳排放量上限为18.16亿吨。行业覆盖范围扩增了碳捕获、碳封存、有色金属和黑色金属的生产等。市场机制方面，分配配额的拍卖系统正式化，约57%的碳配额为拍卖，剩余43%为按照基准免费发放。允许配额银行业务，使企业可以在第三阶段使用第二阶段的配额。强化信用抵消机制。至关重要的是，市场稳定储备机制MSR于2019年1月推出，以处理前两个阶段出现的配额过剩。该系统调整拍卖量并改变流通中的配额总量（TNAC），碳配额价格更高、更稳健，有效推动减排进程。

4. 第四阶段（2021—2030 年）

EU ETS 目前处于第四阶段，将持续到 2030 年。这一阶段的目标是在 2021 年实现欧盟范围内 15.72 亿吨二氧化碳排放量限额，且每年减少 2.2% 的二氧化碳排放量上限，这也意味着每年上限减少 4300 万个配额，且上限会在 2030 年继续下降。电力行业的碳配额全部通过拍卖进行。这一阶段引入了现代化基金和创新基金两个低碳基金机制，前者将会被用作支持提升能源效率的投资以及低收入成员国能源部门现代化，而后者将会给能源密集型行业使用再生能源、碳捕捉和存储等创新技术提供财政支持。同时，加强 MSR 和更有针对性的碳泄漏规则以加速脱碳。

（二）EU ETS 体系特征

EU ETS 是全球较为成熟的碳市场之一，历经 17 年发展，各项政策和配套机制更加完善和严格，碳金融产品也日趋完善和丰富。其体系特征主要表现为：

1. 碳配额分配机制形成碳价预期

EU ETS 成立之初，免费配额供应过剩导致碳价长期处于较低水平，难以发挥减排作用。进入第三阶段后，为了提高碳市场活跃度，欧盟碳市场逐步削减碳配额总量，年削减比例 1.74%，第四阶段调整为 2.20%。2019 年更是进一步推出市场稳定储备 MSR，将 2019—2023 年配额拍卖量的 24% 纳入储备，2024 年恢复到 12% 的正常水平，从而建立化解配额过剩的长效机制，使市场形成配额供给偏紧预期，投资者将碳配额作为规避气候政策风险的优质资产，推高了对配额的需求和碳价。

2. 碳金融产品丰富

为了满足控排企业套期保值、风险对冲等需求，EU ETS 在发展碳现货的同时，不断创新碳金融衍生品。目前，碳金融产品除期货、期权外，还包括碳远期、掉期、互换、价差、碳指数、碳保理等品类丰富且交易活跃的碳金融产品，如表 8－7 所示。其中，碳期货的交易规模最大，根据欧洲能源交易所（EEX）数据，2020 年欧盟碳期货交易占碳交易规模的 93%。多元化的碳金融产品体系有助于提高市场活跃度，增加市场流动，实现碳价合理发现，降低价格波动风险。

表 8－7　　EU ETS 的碳金融产品

碳金融产品	产品类型	交易产品
碳现货交易产品	减排指标	欧盟碳配额（EUA）
		欧盟航空碳配额（EUAA）
	项目减排量	CDM 机制下的核证减排量（CER）
		JI 机制下的减排量（ERU）

续表

碳金融产品	产品类型	交易产品
碳衍生交易产品	碳远期	CDM 项目产生的 CER
	碳期货	EUA 和 CER
	碳期权	ICE
	碳互换	EUA 和 CER 的碳互换工具
碳融资工具	碳债券	气候债券，环境债券，可再生能源债券，CDM 机制下债券
	碳基金	德国复兴信贷银行碳基金，意大利碳基金，丹麦碳基金，欧洲碳基金
碳支持工具	碳指数	BC GGI，UBS GHI，E Carbix
	碳保险	CDM 项目保险业务

3. 市场参与主体广泛

EU ETS 参与交易的主体不仅限于控排企业，金融机构和其他投资者也是重要角色（见图 8－8）。以欧洲能源交易所为例，配额拍卖参与者包括：合格卖家（固定设施运营商、飞机运营商）、投资公司和信用机构、合格卖家的商业集团、其他被授权的中介机构等。金融机构参与碳市场，一方面，直接参与碳交易，有助于提升碳交易市场活跃度；另一方面，作为中介服务机构，有助于推动碳金融产品的设计和碳金融服务的发展。

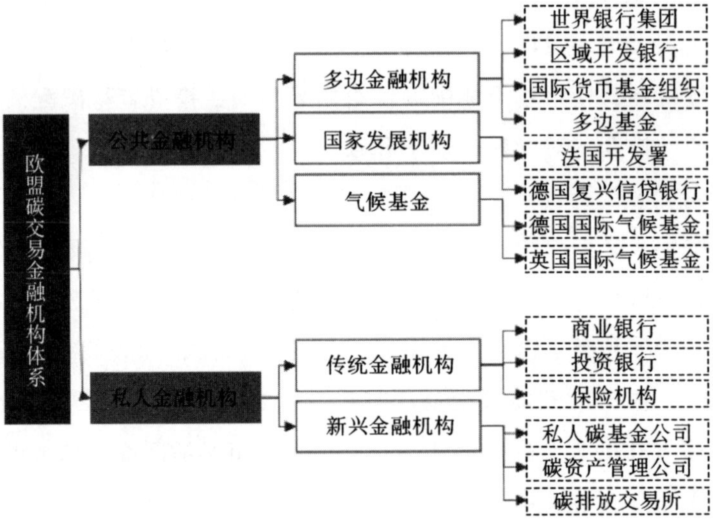

图 8－8　EU ETS 的金融机构体系

4. 低碳基金机制提供资金工具

为实现第四阶段碳减排目标，EU ETS 基于碳配额拍卖收入创新低碳基金机制，推出创新基金与现代化基金，创造了新的资金支持工具。其中，创新基金主要为创新低碳技术商业化试点提供资金支持，支持项目主要包括碳密集产品的替代品、碳捕捉及利用、碳捕集及存储的建设与运营、创新的可再生能源发电、储能等。因此，创新基金被视为欧盟达成《巴黎协定》和2050年实现碳中和的关键资金工具。现代化基金则主要为欧盟10个较低收入国家提供碳中和转型所需资金，帮助这些国家实现能源系统现代化并提升能源效率。

（三）EU ETS 发展启示

欧盟的发展经验对我国碳市场运行的启示主要体现在以下五个方面：

一是明确的路线、时间发挥引领作用。欧盟碳市场在2005年正式启动交易前，就已明确后续15年3个阶段的发展路径，并提前3年开始研究2021—2030年第四阶段的时间表和路线图。

二是配额的初始分配方式对市场的有效性、平稳性和可持续性都有着决定性的影响。在市场建设初期采用以免费分配为主的配额分配方式，在一定程度上补偿控排企业的竞争力损失，是降低碳泄漏、鼓励减排的有效手段。但随着碳市场覆盖范围逐渐提高、交易规则逐渐成熟、市场预期逐渐收敛，再过渡到以拍卖为主的分配方式，将能够更充分地发掘碳市场的减排效应。

三是引入配额供给总量调整的灵活机制，维持市场平衡。配额总量调整机制主要具有两个方面的功能：一方面，当市场出现预期外的波动（如金融危机）导致需求不足、配额大量剩余时，可以适当减少配额总量，维持市场平衡；另一方面，应对新设企业进入市场对配额的需求，从而保持新设企业与其他企业相对公平的竞争环境。

四是丰富的碳金融产品体系夯实市场活跃性基础。经历10余年发展，欧盟碳市场已经建立较为完善的碳金融产品体系，满足不同参与者差异化的市场需求。我国碳金融市场的产品创新仍任重道远。

五是多元的投资主体从融资与投资两端助推碳市场发展。欧盟碳市场不仅有机构组织参与，也有个人参与，最终动员全社会资本支持碳市场，使碳市场产生出持续的市场热度。

二、美国区域温室气体倡议和西部气候倡议

（一）区域温室气体倡议（RGGI）

区域温室气体倡议（RGGI）是美国第一个以碳市场为基础的强制性减排体系。RGGI于2009年启动，由10个州组成，分别是特拉华州、康涅狄格州、缅因州、马里兰州、马

萨诸塞州、新罕布什尔、纽约、新泽西州、佛蒙特州和罗德岛。RGGI 属于行业型碳市场，单纯管制火力发电行业，旨在通过电力产业减少温室气体排放，体系规模较小。2020 年，RGGI 交易额为 17 亿欧元，交易量为 2.7 亿吨二氧化碳。RGGI 当前处于第五阶段，已经与新泽西州对接完毕，接下来将与弗吉尼亚州、宾夕法尼亚州的碳市场对接。

（二）西部气候倡议（WCI）

西部气候倡议（WCI）是跨界型的洲际碳市场。WCI 建立了包括多个行业的综合性跨界型碳市场，计划到 2015 年进入全面运行并覆盖成员州（省）90% 温室气体排放，以实现 2020 年比 2015 年排放降低 15%。WCI 自建立以来发展迅速，2020 年，WCI 交易额达 243.3 亿欧元，交易量为 17.4 亿万吨二氧化碳。其中，加利福尼亚州碳市场（CCTP）是 WCI 的主角。加利福尼亚州最早加入 WCI，在 2012 年使用 WCI 开发的框架独立建立了自己的总量控制与交易体系（目前仍是 WCI 的重要组成部分），目前加利福尼亚州碳市场处于第四阶段。

（三）美国碳市场发展启示

美国的发展经验对我国碳市场运行的启示主要体现在以下三个方面：

一是通过立法来明确碳市场发展的长期性。从 2006 年出台《全球变暖解决方案法》作为对 2020 年温室气体进行总量控制的法律，设定了 2020 年温室气体排放减排目标，为碳市场启动奠定了法律基础。法律的设定不仅向市场传递了积极的信号，增加了投资者的信心，也增强了市场未来发展的可预见性。

二是采用免费分配与配额拍卖相结合的方式。免费分配的方式可以维持企业的竞争力，避免由于碳交易带来的电费突增，推动行业低碳转型，同时在碳配额分配的过程中采取拍卖的方式，促进市场的流动性，也为低碳发展筹集资金。拍卖分配可以帮助发现价格，确立合理的配额供需，从而避免配额发行过量。通过拍卖分配配额不仅有助于增强碳市场的流动性，并尽早确定一个满足供需平衡的合理碳价，还可以为低碳发展筹集资金，并用于低碳项目建设。拍卖收入被放入专门的温室气体减排基金，用于建设加利福尼亚州低碳交通轨道、社区节能节水设施、湿地和森林恢复等低碳项目。

三是加利福尼亚州碳市场采取了设定碳价上限和下限的方式来提高市场的稳定性，并建立了配额价格抑制储备。加利福尼亚州碳市场在拍卖中通过设定碳价的下限和灵活的上限来明确市场信号，避免由于价格大幅度波动对市场交易和经济带来干扰。通过价格限定来缩小碳价波动的空间，既可以避免碳价过低导致市场低迷，也可以防止碳价过高干扰宏观经济发展。当碳价超过价格上限时，管理部门将放出预留的配额来平稳价格，即配额价格抑制储备。

三、国际碳金融市场发展展望

（一）碳市场控排规模持续增加

根据ICAP公布的数据，2014年至今，全球实际运行的碳市场数量由13个增加到28个，控排规模从40亿吨增加到90亿吨，占全球碳排放量比例从8%增加到17%。可见，碳市场数量和控排规模正在持续增长中。目前，还有20个司法管辖区正在建设或考虑建设碳市场。未来，随着越来越多的国家或地区提出自身减排目标，在“世界银行市场准备伙伴计划”的资金支持下，全球碳市场数量将越来越多，控排规模也将持续增加。

（二）全球碳市场衔接进程加快

碳减排目标的实现需要全球各国的共同努力。《巴黎协定》第六条第四款提出了代替“清洁发展机制”的“可持续发展机制”，将减排量的流通由单向（从发展中国家到发达国家）扩展为多项（所有国家均可互相交易减排量），旨在帮助各国更好地完成其自主贡献目标；第六条第六款倡导国际碳减排合作，为建立一个全新的全球气候框架、推动各国之间通过市场机制的国际合作达成更有雄心的减排创造了可能。

（三）碳市场和碳税配合使用是未来趋势

碳市场和碳税是实现外部性内部化的两种主要方法。碳市场通过设定减排目标及排放总量，通过市场交易实现碳排放定价，属于数量手段；碳税是政府直接为外部性定价，属于价格手段。两者在管理对象、成本和效率上各具优势。从国际经验上看，越来越多的国家推行“碳税+碳市场”联合管理模式，将碳税减排定价机制纳入环境保护税改革范畴，或将碳税单独立法，同时运行碳税与碳市场，对全社会碳排放源进行分类管理。

思考与练习

（1）简述碳交易产生的经济学原理。

（2）碳市场运行机制包括哪些内容？

（3）什么是碳金融？

（4）简述碳金融产品类型。

（5）简述我国碳金融市场发展现状与问题。

（6）简述欧盟碳排放交易体系的特征及对我国的启示。

推荐阅读材料和网站

（1）国际碳行动伙伴组织 ICAP. 全球碳排放权交易：ICAP 2023 年进展报告［R］. 2023.

（2）平安证券．中国碳市场的金融化之路：星星之火，唯待东风［R］. 2022.

（3）申万宏源证券．发展完善碳市场，推动市场化减排［R］. 2022.

（4）亿欧智库．2022 中国碳金融市场研究报告［R］. 2023.

（5）英大证券．从碳市场建设看碳资产、碳业务和碳金融服务［R］. 2022.

（6）中诚研究．国内碳市场发展特征与碳信托业务展望［R］. 2021.

（7）中大咨询．碳金融内涵辨析与狭义碳金融市场发展现状［R］. 2021.

（8）JR/T 0244—2022，碳金融产品［S］.

（9）Carbon Monitor 全球实时碳数据（https：//www. carbonmonitor. org. cn/）。

（10）北京绿色交易所（https：//www. cbeex. com. cn/）。

（11）第一财经．2022 年中国碳市场年报［EB/OL］. https：//baijiahao. baidu. com/s?id = 1758518817691656358&wfr = spider&for = pc，2023 - 2 - 22.

（12）湖北碳排放权交易中心（https：//www. hbets. cn/）。

（13）上海环境能源交易所（https：//www. cneeex. com/）。

（14）深圳排放权交易所（https：//www. szets. com/index. html）。

（15）碳排放交易网（http：//www. tanpaifang. com/）。

参考文献

［1］韩学义．中国碳金融衍生品市场发展的几点思考［J］. 中国产经，2020（8）：151 - 154.

［2］蓝虹，束兰根．碳金融概论［M］. 北京：中国金融出版社，2023.

［3］蓝虹．碳金融征战的金戈铁马［J］. 中国金融，2022（14）：104.

［4］绿金委碳金融工作组．中国碳金融市场研究［R］. 2016.

［5］沈满洪．论碳市场建设［J］. 中国人口·资源与环境，2021，31（9）：86 - 91.

［6］乔海曙，谭烨，刘小丽．中国碳金融理论研究的最新进展［J］. 金融论坛，

2011，16（2）：35－41.

［7］世界银行，广州东润发环境资源有限公司．碳金融十年［M］．北京：石油工业出版社，2011.

［8］唐葆君，王璐璐．碳金融学［M］．北京：中国人民大学出版社，2023.

［9］易兰，李朝鹏，杨历等．中国7大碳交易试点发育度对比研究［J］．中国人口·资源与环境，2018，28（2）：134－140.

［10］朱民．“双碳”目标下金融进入零碳金融时代［J］．新金融，2023（9）：4－7.

［11］朱民，亓艳，宗喆．构建全球领先的碳中和转型金融［J］．中国金融，2022（2）：20－21.

第九章 碳中和下的货币政策

学习要求

1. 理解碳排放的负外部性与气候风险影响。
2. 掌握碳中和下货币政策职能。
3. 掌握碳中和下货币政策工具创新类型。
4. 熟悉碳中和下宏观审慎管理的意义与工具。

本章导读

碳中和意味着经济发展范式的颠覆性变革，金融体系在其进程中既要发挥重大作用，也将面对新的风险。作为金融体系中枢，中央银行应着力构建与碳中和目标一致的结构性货币政策体系，引导金融机构加大对绿色低碳产业发展与传统产业低碳转型的支持力度；将气候因素纳入宏观审慎管理框架，加强金融系统应对气候风险的韧性和强度，以更好地应对气候变化、维护金融稳定。

第一节　碳中和下货币政策现实需求

一、碳中和下央行实施货币政策理论基础

（一）负外部性与政策工具需求

气候变化已经成为全球关注且最令人关注的重大问题之一。经过对多种观测数据的全面分析可以看出，近百年来全球地表和对流层大气的温度明显持续升高，极端事件频率和持续时间都在增加。气候变暖的主要驱动力是温室气体浓度的直线上升，过去多是由于太阳黑子、地球轨道、火山爆发等自然因素导致，而本次增暖更与人类活动密切相关。2007年，联合国政府间气候变化专门委员会（IPCC）在第四次评估报告中指出："过去50年观测到的大部分全球平均温度升高，90%的可能性与人类活动有关，而温室气体的快速增加可能是主要因素。"工业革命以后，化石能源铸就现代工业和基础设施的发展根基，许多国家开启经济发展的高碳模式，人类在享受生产生活便利的同时也产生了大量温室气体，碳排放的负外部性特征显著，也导致市场主体缺少自愿减排的内在动力，不断推动大气中的温室气体浓度升高。气候问题可能成为全球最大的"公地悲剧"。

外部性成本内部化是解决外部性问题的关键，政策工具是解决外部性问题的有效手段。政府可以通过机制设计与政策创新，将温室气体排放的负外部性成本内部化，也可以将低碳减排产生的正外部性内部化，实现市场主体经济收益与环境成本的对等、统一，从而解决市场失灵、降低碳排放。目前，国际上常用的调控温室气体排放的碳税、碳排放权交易等机制工具即是这一理论的实践体现。另外，政府也可以通过货币政策引导，促进社会资源向低碳减排领域倾斜，防范控制转型风险，以技术升级、能源革命和产业结构优化等方式从根本上减少温室气体的排放，实现经济发展与环境保护的平衡。

（二）气候风险与政策应对需求

气候变化正在给金融市场带来严峻挑战。据欧洲央行发布的《金融稳定评估报告》，气候变化加上管理不善的低碳转型，可能对金融机构造成不利影响，引发资产价格暴跌，

从而影响金融稳定。央行需要进行适应性的调整，以更好地应对气候变化，助力碳中和目标的实现。

1. 气候风险类型

根据气候相关财务信息披露工作组（TCFD）的定义，气候风险是指极端天气、自然灾害、全球变暖等气候因素及社会向可持续发展转型对经济金融活动带来的不确定性。相对于传统风险，气候风险的特点体现在：一是不确定性较高，气候风险难以通过历史数据进行识别，气候风险影响范围、程度、时间区间均难以预期，并且气候风险未来发展路径具有较大的不确定性；二是具有全球性和不均衡性，气候风险可对整个经济社会产生影响，是全球共同面临的风险，但是受地理环境和经济发展的影响，气候变化对于不同区域的冲击存在差异。三是具有长期性和不可逆性，气候变化是一个长期且不可逆的过程，气候风险影响的时间维度多为数十年、数百年。

气候风险的类型主要包括物理风险（physical risks）和转型风险（transition risks）（见表 9－1）。

表 9－1　　气候风险的类型和来源

类型	来源	举例
物理风险	极端天气	台风、地震、海啸、火灾等
	环境污染	核泄漏等导致的水污染、有毒气体导致的大气污染等
	海平面上升	全球变暖导致海平面上升
	水资源短缺	干旱或淡水资源不足
	土地荒漠化	植被破坏导致土壤荒漠化
转型风险	政策变化	能源政策转变和新的环保型条例、资源型条例
	技术革新	清洁能源等绿色能源技术与产品的兴起
	偏好改变	消费者对产品偏好的改变带来需求端变革

物理风险是指气候变化引发的实物及潜在经济损失风险，如台风、洪涝、干旱、地震、海平面上升等气候事件所引发的风险，与人类和自然系统脆弱性及适应能力有关。从微观层面来看，极端天气可能直接造成企业资产减值损失，导致企业盈利水平下降、资产负债表恶化，使银行机构的信贷风险提升，从而引发信用危机，加深受灾地区可融资规模和经济低迷。从宏观层面上看，气候变化可能造成农业等产业产出降低，带来经济波动、税收减少和生产力下降等问题，影响宏观经济增速水平。市场主体如果没有预见到气候物理风险并采取预防缓释措施，在风险发生时可能会承受巨大损失。物理风险可被视为被动接受气候变化或处理气候变化失败而需要支付的代价。

转型风险是经济体低碳转型发展过程中的伴生风险。绿色低碳转型过程中政府推行的激励约束制度会引发企业技术创新和家庭消费偏好变化，有可能触发不确定性，如果未能很好地预判并防范这种不确定性或者不确定性在短期内集中爆发，很可能冲击资产定价、约束信用扩张，波及金融系统稳定，给经济发展带来损失。例如，化石能源企业对能源生产技术依赖性很大，如果碳减排政策短期内推出且比较猛烈，可能会导致碳密集型资产价值迅速贬值，相对应的一些高碳企业投资项目价值损失极大或“搁浅”。由此可见，转型风险体现为气候政策调整、技术改革、商业模式变化、市场情绪变化等因素下碳密集行业资产价值的重新评估，可以理解为为社会各界应对气候变化努力所带来的风险，或是成功应对气候变化所付出的成本。

2. 气候风险对金融体系的影响

气候变化和应对气候变化采取的行动，可能会通过微观主体行为及宏观经济两条渠道传导至金融市场，最终诱发信用风险、市场风险、承保风险、运营风险和流动性风险等各类金融风险（见图 9－1）。

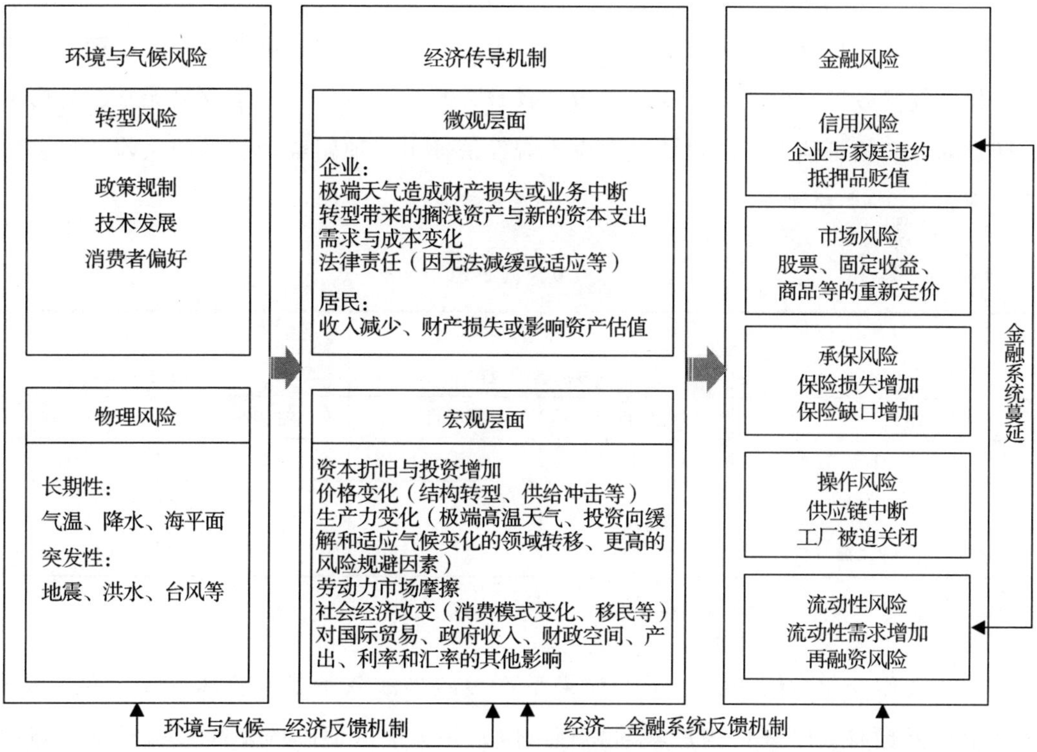

图 9－1　气候风险传导机制

就微观层面而言，物理风险导致的财产损失，一方面可能通过保险公司资产负债表渠道影响承保风险和公司经营稳定性，进一步影响企业和家庭财产保险可得性与受保资产价值稳定性；另一方面可能通过抵押品渠道放大银行体系风险，物理冲击会降低银行贷款抵押物的价值，导致违约率上升以及银行的惜贷行为，由此降低市场流动性，对金融稳定及实体经济产生负面影响。香港金管局2021年针对27家在港商业银行开展的气候风险压力测试评估显示，物理风险情景下香港房地产相关贷款的预期信用损失将大幅上升。这些贷款的一年期预期信用损失预计将飙升25倍。而气候政策、技术进步及消费者偏好转变带来的转型风险会对高碳排行业的资产负债表产生冲击，加快高碳资产的折旧速度，甚至被提前冲销，造成资产拥有者资本和收入的双重损失，诱发市场风险和信用风险，同时，转型风险也会影响企业的盈利预期和估值，推动投资者将气候因素纳入考量，重估资产价值，这会在一定程度上影响金融市场价格信号功能，损害金融系统的稳定性。

就宏观层面而言，气温上升、海平面上升和降水变化等慢性物理风险会通过降低资本、劳动及农业生产率等渠道诱发金融风险。转型风险则主要通过资产价格、政策节奏和可信度等渠道影响金融稳定。为了控制气候变化风险，可能会搁置部分化石能源，即形成"搁浅资产"，由此可能导致高碳资产无序定价和化石能源及相关企业贬值，甚至损害宏观经济。气候政策应根据经济体发展状况制定、推进，并且保持连贯性，以形成稳定的市场预期。如果气候政策突然收紧、执行过激的碳减排政策或是气候政策反复无常，易影响政策预期，降低政策可信度，从供给端引发宏观经济冲击，加剧金融市场的风险传导。气候风险表现如表9－2所示。

表9－2　　气候风险表现

	低碳情景		温室情景	
	更多的转型风险		更多的物理风险	
情景	理想目标	最低目标	略作改善	照常运营
转型影响程度	非常强烈	强烈	显著	有限
温度变化（℃）（2100年vs工业化前时代）	1.5	2	3	4

资料来源：BIS，招商证券．碳中和趋势下的货币政策：新目标与新挑战［R］．2021.

在全球气候变化持续的背景下，如果不推出碳排放政策推动低碳转型，极端天气、气候变暖等问题将会带来更为严峻的物理风险，相关国家面临的是高碳场景下的高物理风险与低转型风险；如果采用严格的低碳政策控制碳排放，则会降低物理风险的威胁，但会增加经济转型过程的风险，相关国家也须做好应对低碳场景下的低物理风险、高转型风险的准备。当前，推动碳达峰碳中和已成全球共识，转型风险也应成为世界各国关注的重点。

二、碳中和下央行实施货币政策的现实需求

气候风险会对央行维护金融稳定的职责与自身运营状况构成挑战。2008 年金融危机之后，央行逐渐重视金融稳定问题，通过建立宏观审慎政策、完善货币政策框架等方式加强央行维护金融系统稳定的能力。在低碳转型影响的情境下，高碳型搁浅资产不断增多，银行信贷能力受到严重影响，可能引发市场流动性紧缩与系统性风险，影响货币政策传导，而高碳资产及相关行业的价值重估也会给下游企业带来通胀压力。因此，央行职责也正在面临新的现实挑战，对此，英国央行行长马克·卡尼在其著名演讲《地平线的悲剧》中指出：气候变化风险已经威胁到金融稳定，央行与监管机构需尽快行动起来，确保金融体系具有足够弹性，并发挥对经济转型的促进作用。

（一）高碳资产搁浅问题

世界各国在能源领域的基础设施建设规模巨大，建设成本更是高达 25 万亿美元。随着可再生能源的竞争力不断增加，传统能源领域无疑将出现大量潜在搁浅资产。根据《金融时报》（*Financial Times*）的测算，若到 2100 年将升温目标控制在 2℃，全球将有 59%左右的煤炭储备成为搁浅资产；将升温目标控制在 1.5℃时，这一比例达到 84%。我国能源消费以煤为主，占据了碳排放的近 80%。其中煤电供应是煤消费的主要领域。而目前我国煤电装机容量仍在增加，使用年限在 20 年以内的处于运行状态的煤电设备产能占比达 89%，远远超过其他国家相同状态煤电设备产能占比 45%的水平，且火电装机呈现分散化状态，增加发电产能置换的难度。因此，我国高碳资产搁浅规模较其他国家更为严峻。据牛津大学和华北电力大学的估计，我国煤电搁浅资产规模预计可达到 30860 亿—72010 亿元。同时，产能置换的转型成本还需要考虑新增大量低碳设备、清洁能源的投资。

（二）高碳行业融资问题

低碳政策推进下，高碳行业的收入和成本水平会发生改变，压低上下游行业的整体估值。多家全球性银行和保险机构已宣布将停止为煤电项目提供融资和保险服务，众多机构投资者承诺将从化石燃料领域撤资。目前，我国高碳行业的信用等级尚且较高，发行主体信用评级为 AAA 级的占比仍超 50%，但信贷获取量已经出现趋势性下降，且在低碳转型过程中将持续承压。而据彭博新能源估计，随着新能源技术发展，可再生能源发电综合成本不断降低，2030 年我国太阳能和风电等清洁型替代性能源的综合发电成本要比煤电发电成本低一半，再叠加监管部门可能提高棕色资产的风险权重，高碳企业融资成本与违约率

将不断提高。马骏和孙天印（2020）测算指出，在2℃情景要求下，2030年我国主要煤电企业违约概率将上升到24%左右。若事实如此，我国金融体系的资产质量和稳定性将面临巨大威胁。

三、碳中和下货币政策的职能

结合现有央行研究实践，货币政策在推进碳中和过程中发挥的职能主要有三点：

（一）防范转型风险

转型风险是推动碳中和过程中各国面临的主要风险。央行在其中发挥的作用主要体现在：完善绿色金融信息披露机制，推动气候压力测试，把握转型风险冲击力度；推动绿色金融纳入宏观审慎管理框架，如将气候相关风险纳入传统货币政策框架、量化宽松政策向绿色项目倾斜、将绿色金融纳入金融监管范畴、在宏观审慎管理方面加入气候风险因素等，从而加强对绿色金融的支持力度。

（二）配置金融资源

推动资金更多地流向绿色低碳领域是实现低碳转型的关键。综合国内外相关研究及央行实践，央行主要通过完善政策激励机制引导金融资源倾向，例如，调整绿色资产与棕色资产的风险权重或者采用逆周期资本缓冲工具，缓解银行可能受到的资本充足率的约束；推动碳金融市场发展，完善碳排放定价机制，让高碳企业交出一部分资金来支持减排投资，并在市场化交易过程中形成碳排放价格，从而准确衡量绿色金融的风险收益特征，在支持碳中和与防范金融风险之间取得良好平衡。

（三）应对通胀压力

气候变化及碳中和政策执行期间，传统化石能源的使用成本可能不断上升且易向下游传导，而新能源供应能力尚不足，阶段性供给短缺也会加大通胀压力，这将导致各国通货膨胀。据 Osterloh 的2020年测算，欧元区减排目标收紧增大了欧元区中期通货膨胀预期上升的风险。我国大力推动碳达峰碳中和相关政策，也有可能面对类似2016年供给侧结构性改革期间的通胀压力，需灵活使用货币政策积极应对。

第二节　碳中和下货币政策实践与创新工具

一、碳中和下央行货币政策应对气候变化的方式

近年来，各国央行都在积极探索、优化和创新碳中和目标下的货币政策，国际清算银行（BIS）、央行与监管机构绿色金融网络（NGFS）等国际组织也不断推进相关研究。总体而言，央行货币政策应对气候变化与助力碳中和目标主要形成了三种方式。

（一）将应对气候变化和助力碳中和目标纳入央行职能

伦敦政治经济学院教授西蒙·迪考和乌尔里克·沃尔兹在梳理了133家央行职责后发现，目前将应对气候变化风险纳入央行职责的主要有两种情况：一是直接在央行职责中明确可持续发展目标，如俄罗斯、南非、捷克、匈牙利、马来西亚等16国的央行；二是因央行职责包括支持政府的政策优先事项，当该国政府推出可持续发展战略，可持续发展目标顺理成章纳入央行职责范围。就目前实施情况来看，将应对气候变化风险纳入央行职能的大多为新兴经济体，英格兰银行是少数将应对气候变化风险纳入职责的发达经济体央行。

（二）将应对气候变化风险纳入央行现行货币政策框架

这一方式强调应对气候变化风险时，货币政策应有适应性的调整，从而更好地履行宏观调整的职能，主要以欧洲央行、日本央行为代表。欧洲央行在2021年7月完成2020—2021年货币政策战略评估，明确将气候变化考虑纳入货币政策框架，并明确相关行动计划和路线图，具体措施包括：增强欧洲央行在气候变化的宏观经济建模、统计和货币政策方面的分析能力，为合格抵押品及资产购买引入环境可持续性披露要求，同时在风险评估、抵押品框架与资产购买等领域，纳入气候风险的要求。日本央行在2021年6月的议息会议之后表示，拟推出气候变化应对支持计划，支持私人部门应对气候变化。随后，日本央行在2021年7月出台了气候变化的全面战略，决定新设气候变化应对资金供应制度，并公布了制度的初步纲要。

（三）暂未将气候变化问题纳入货币政策考量

这一方式相对保守，以美国央行为主要代表。美联储认为应对气候问题的整体政策应由政府制定，美联储不会直接制定气候变化政策，也尚未将气候变化问题纳入货币政策考量，而是将其纳入银行监管和金融稳定框架。

二、碳中和下央行货币政策工具创新

央行应对气候变化和助力碳中和目标需要不断优化调整创新货币政策，一个重要原因是常规货币政策工具有失灵风险。现行常规货币政策工具在应对外部冲击过程中通常表现出阶段性、局部性等特性，但是气候变化影响持续、显著、不可逆且具有全球性，致使货币政策工具效力减弱。因此，央行需要开发新的政策工具以应对颠覆性的气候风险。

（一）绿色量化宽松政策

量化宽松是指央行在实行零利率或近似零利率政策后，通过购买国债等中长期债券，增加基础货币供给，向市场注入大量流动性资金以鼓励开支和借贷。自从日本央行在2001年提出并执行，次贷危机后美联储持续应用，量化宽松已经成为是许多国家央行刺激经济复苏的重要手段之一。

专栏9－1　知识拓展：量化宽松政策

量化宽松（quantitative easing，QE）是指央行在实施零利率或近似零利率政策后，通过购买国债等中长期债券扩张资产负债表，增加基础货币供给，向市场注入大量流动性，恢复金融市场功能，鼓励私人部门开支和借贷，以此刺激实体走出衰退和通缩。日本央行于2001年最早实施量化宽松政策，应对20世纪90年代以来的经济停滞。

量化宽松的广泛应用始于2008年次贷危机。次贷危机席卷，引发全球经济衰退，全球主要经济体纷纷采取扩张性货币政策应对。而随着利率达到“零利率下限”，传统的货币政策已近失效。美联储首先采取量化宽松政策，主要措施包括三次大规模资产购买（large－scale asset purchases，LSAP），即QE1、QE2、QE3，以及展期计划（maturity extension program，MEP），即出售短期国债，购买长期国债的扭曲操作。三轮量化宽松政策使美联储的资产负债表总规模急剧扩大，QE3结束时，美联储总资产从危机前的不足1万亿美元扩张至2014年10月的4.5万亿美元。其他主要经济体也跟进量化宽松政策，以期稳定金融市场，修复市场功能，助力经济企稳复苏。

量化宽松政策实施后，各国的经济表现不尽相同。美国经济复苏后仍然保持强势，而日本和欧元区增长缓慢。尽管遭遇了大萧条以来最严重的金融危机，美国的经济衰退也仅仅持续了18个月，于2009年6月触底后一路强势反弹。美联储在2014年退出量化宽松，2016年12月步入加息周期。欧元区遭遇金融危机和主权债务危机双重打击，2013年后开始缓慢复苏。日本经济复苏则更加乏力，经济常年处于通缩的边缘。

新冠疫情冲击使全球经济阴霾笼罩，美国金融市场流动性堪忧，美联储时隔12年再次祭出“零利率+量化宽松”组合政策。2020年3月23日，美联储宣布实施开放式的资产购买计划，即当周每天都将购买750亿美元国债和500亿美元机构住房抵押贷款支持证券，同时实施一系列宽松计划，包括通过建立新的计划来支持信贷流向雇主、消费者和企业，这些计划将共同提供高达3000亿美元的新融资；建立两种支持向大型雇主提供信贷的机制：用于发行新债券和贷款的一级市场公司信贷融资（PMCCF）和用于为未偿还公司债券提供流动性的二级市场公司信贷融资（SMCCF）。此外，还建立了定期资产支持证券贷款设施（TALF），以支持信贷流向消费者和企业；通过扩展货币市场共同基金流动性融资（MMLF）以及扩展商业票据融资工具（CPFF），促进信贷向市政当局的流动。与此同时，财政政策也火力全开，美国推出史上最大规模的刺激经济方案——2万亿美元的经济刺激法案，其中包含加强失业保障、企业贷款补助以及向医院、州政府和市政府提供更多的医疗资源等。如此强劲的财政政策与开放式量化宽松的货币政策搭配使用，可见美国稳定市场恐慌情绪、纾解经济困局的迫切。

资料来源：中信证券．美国无限量化宽松的前世寻踪［R］．2020.

绿色量化宽松政策是指央行实施量化宽松时，减少购买碳密集型金融资产，增加购买绿色资产，直接向绿色低碳领域注入流动性，为低碳转型提供额外融资。但是，关于央行实施绿色量化宽松政策是否违背市场中性原则尚存争议。支持方认为，央行购买债券时如果考虑气候变化因素，可以对商业银行产生行为引导作用。在保障实施货币政策能力的前提下，央行抵押品框架向可持续性倾斜，有助于降低金融风险，在更长时间内实现市场中性。反对方则认为，作为独立机构，央行投资应避免引发任何利益冲突。央行购买绿色债券相当于向市场释放信号，即该类债券资产更具流动性且风险较小。但是绿色债券仍是一个新兴的投资品种，购买此类资产可能会降低央行资产组合质量，也会限制可购资产的范围。同时，央行进行资产购买属于非常规货币政策，不能无限期进行。实践中，各国对绿色量化宽松政策态度各异。中国香港金管局2019年宣布，如果绿色资产的长期收益在风险调整的基础上可与其他投资相媲美，则将优先配置绿色资产，增加外汇储备基金构成中的绿色债券投资组合。新冠疫情后期，欧洲运用量化宽松工具推出了大规模政策复苏计划，但在欧洲央行和欧元区国家央行的资产购买计划中，绿色资产的认购规模占比不足1%。

（二）绿色货币政策

绿色货币政策是指央行创新激励约束机制引导商业银行等金融机构重视绿色低碳领域，主要包括补贴政策与信贷政策等。

补贴政策主要是指央行与监管部门对绿色债券进行补贴，鼓励绿债发行并促进绿色债券市场发展，以支持绿色企业与绿色项目的融资需求。例如，新加坡金管局与中国香港金管局均推出绿色债券资助计划，补贴在本地市场发行的绿债的评估认证成本。

信贷政策实施方式较多，一是实施绿色差异化准备金，即将存款准备金要求与商业银行资产结构的绿色程度挂钩。持有绿色资产较多的金融机构面对较低的存款准备金率，以此刺激绿色投资。例如，黎巴嫩央行2010年推出了差别化准备金政策，绿色贷款比例较高的银行遵循较低的准备金要求。二是实施绿色差别化再贴现率政策，即如果商业银行给绿色项目或绿色企业提供融资，可以向央行申请以较低利率进行再贴现。三是创新发展绿色倾向的再贷款工具或绿色基金等。例如，日本央行于2021年9月成立了气候应对融资操作，对金融机构的气候变化相关贷款进行再贷款，贷款期限1年，利率为零。日本央行是设立气候变化相关再贷款工具的首家大型央行。四是开展绿色信贷窗口指导。例如，孟加拉国央行自2016年起要求各金融机构必须将其贷款组合中至少5%的资金投向绿色领域；印度央行利用优先部门贷款配额，将40%的银行贷款直接用于农业、小微企业与可再生能源等低碳企业；巴西央行基于可持续发展议程目标，严格要求亚马孙河流域的农村信贷，该流域的企业申请信贷时必须出示其对环境影响的证据，同时禁止对该流域的糖类农作物生产进行融资。

三、碳中和下中国人民银行货币政策创新实践

相对于传统总量型货币政策工具，结构性货币政策工具具有直达性与精准性的特征，更适合当前“稳中求进”、专项支持绿色低碳发展的政策基调。中国人民银行2020年第四

季度《货币政策执行报告》明确提出："用好结构性货币政策工具，引导金融机构按照市场化原则支持绿色低碳发展，推动实现碳中和目标。"具体的货币政策创新主要体现为：

（一）拓展中期借贷便利担保品范围

为支持经济结构转型升级、适应新常态发展需要，中国人民银行近年来创新推出了定向降准，定向中期借贷便利（TMLF），针对"三农"与小微企业的再贷款、再贴现政策，以及普惠小微企业贷款延期支持工具与普惠小微企业信用贷款支持计划等为抗击新冠疫情而创设的直达实体经济政策工具等结构性货币政策工具，推动经济结构性调整并取得了预期成效。为进一步加大对小微企业、绿色经济等领域的支持力度，并促进信用债市场健康发展，2018 年 6 月 1 日，中国人民银行发布公告，决定适当扩大中期借贷便利（MLF）担保品范围。新纳入 MLF 担保品范围的有：不低于 AA 级的小微企业、绿色和"三农"金融债券，AA +、AA 级公司信用类债券（优先接受涉及小微企业、绿色经济的债券），优质的小微企业贷款和绿色贷款。这一拓展突出了小微企业债、绿色债以及小微企业贷款、绿色贷款并优先接受为担保品，有助于引导金融机构加大对小微企业、绿色经济等领域的支持力度，缓解小微企业融资难、融资贵问题。中国人民银行将绿色债券和绿色贷款纳入 MLF 合格抵押品，也兼具金融资源配置与环境规制双重功能。

（二）创设全新结构性货币政策工具

支持清洁能源、节能环保、碳减排技术等重点领域的发展，并撬动更多社会资金促进碳减排。2021 年 11 月，中国人民银行宣布创设推出两个全新的结构性货币政策工具：碳减排支持工具和支持煤炭清洁高效利用专项再贷款，以引导金融精准支持企业绿色转型发展。

1. 碳减排支持工具

碳减排支持工具的运行采取先贷后借的直达机制，由金融机构自主决策、自担风险，向碳减排重点领域的企业发放贷款，之后可向中国人民银行申请碳减排支持工具的资金支持，并按照中国人民银行要求公开披露碳减排相关信息，接受社会监督。碳减排支持工具发放对象为全国性金融机构，因为其规模大、业务强，是绿色金融的供给主力，引导和激励其在支持碳减排方面积极作为，更能带动社会资金积极参与绿色低碳领域投资。

中国人民银行主要通过"量"和"价"两方面为金融机构提供优惠。"量"方面是指，中国人民银行对金融机构发放的符合条件的碳减排贷款，按照贷款本金 60% 提供资金支持，期限 1 年，可展期 2 次。未提供全部资金主要是引导金融机构遵循市场化原则开展业务，做好项目识别与风险管理。"价"方面是指，中国人民银行提供的资金利率为

1.75%，金融机构向碳减排重点领域的各类企业发放贷款利率与同期限档次 LPR 大致相同。

碳减排支持工具重点支持清洁能源、节能环保和碳减排技术三个碳减排领域。具体而言，清洁能源领域主要包括风力发电、太阳能利用、生物质能源利用、抽水蓄能、氢能利用、地热能利用、海洋能利用、热泵、高效储能（包括电化学储能）、智能电网、大型风电光伏源网荷储一体化项目、户用分布式光伏整县推进、跨地区清洁电力输送系统、应急备用和调峰电源等；节能环保领域主要包括工业领域能效提升、新型电力系统改造等；碳减排技术领域主要包括碳捕集、封存与利用等。后续支持范围可根据行业发展或政策需要进行调整。

截至 2022 年 9 月末，碳减排支持工具累计使用 2400 多亿元，支持碳减排贷款超过 4000 亿元，带动减少碳排放 8000 多万吨。

2. 支持煤炭清洁高效利用专项再贷款

我国能源资源禀赋以煤为主，提升煤炭清洁高效利用水平离不开金融支持。2021 年 11 月 17 日，国务院常务会议决定在前期设立碳减排金融支持工具的基础上，再设立 2000 亿元支持煤炭清洁高效利用专项再贷款，专项支持煤炭安全高效绿色智能开采、煤炭清洁高效加工、煤电清洁高效利用、工业清洁燃烧和清洁供热、民用清洁采暖、煤炭资源综合利用、煤层气开发利用七大领域。2022 年 5 月新增 1000 亿元额度，专项支持煤炭安全生产和储备、煤电企业电煤保供等。

支持煤炭清洁高效利用专项再贷款同样采取“先贷后借”的直达机制，全国性银行向支持范围内符合标准的项目自主发放贷款，贷款利率与发放时最近 1 次公布的同期限档次 LPR 大致持平，之后可向中国人民银行申请贷款本金等额的支持煤炭清洁高效利用专项再贷款，利率为 1.75%。这一工具为金融机构提供稳定的低成本资金，有助于提高金融机构支持煤炭清洁高效利用、助力绿色发展的意愿和能力。截至 2022 年 9 月末，支持煤炭清洁高效利用专项再贷款已经累计支持银行向企业发放低成本贷款 439 亿元。

碳减排支持工具和支持煤炭清洁高效利用专项再贷款比较如表 9 - 3 所示。

表 9 - 3　　碳减排支持工具和支持煤炭清洁高效利用专项再贷款比较

	碳减排支持工具	支持煤炭清洁高效利用专项再贷款
规模	不设上限	2000 亿元
定位	长期工具	短期的过渡工具
目的	为实现碳达峰碳中和的长期目标	对高碳行业的转型支持
央行提供的资金规模	碳减排贷款本金 ×60%	贷款本金

续表

	碳减排支持工具	支持煤炭清洁高效利用专项再贷款
基本模式	先贷后借	先贷后借
央行提供资金的成本	1.75%（期限1年，可展期2年）	1.65%
适用金融机构	全国性金融机构	全国性银行
发放碳减排贷款的利率	与同期限档次LPR相同	与同期限档次LPR相同
碳减排贷款对象	清洁能源、节能环保和碳减排技术	煤炭清洁高效利用

资料来源：国泰君安证券．货币政策的外延：绿色金融 & 数字货币［R］．2022.

第三节 碳中和与宏观审慎管理

一、宏观审慎管理对缓解气候变化风险的意义

气候变化具有长期性、结构性、全局性特征，有可能引起“绿天鹅”事件，对经济产出与价格稳定产生全面影响，触发系统性金融危机（Bolton等，2020）。对此，部分央行已经对国内气候相关金融风险头寸进行评估。荷兰央行评估表明，荷兰金融体系对化石燃料等企业的风险暴露头寸较少，但对整体碳密集行业的头寸足以导致系统性风险，且部分风险正在逐步显现（Schotten等，2016；Dafermos和Nikolaidi，2017）。英格兰银行、欧洲系统性风险委员会、法国央行等机构也梳理了气候相关风险对金融稳定的影响。对此，越来越多学者认为，单纯靠价格手段不足以化解潜在且影响深远的气候风险，需通盘考虑采取系统性、全局性政策组合。央行政策框架下，宏观审慎政策意在修正约束个体理性下的系统性金融风险防范失灵现象，为解决气候变化带来的金融风险提供了可能方案。宏观审慎能够聚焦识别气候风险引发的金融不稳定性，从政策治理、政策协同、风险管理、信息披露等方面短期发力，并逐步将绿色因子纳入宏观审慎框架，加强金融机构前瞻性、逆周期调节，引导金融机构加强气候风险管理，推动金融体系有序转型，更好地应对气候变化风险与服务绿色低碳发展。当前，国际已经采用或正在讨论的审慎政策工具包括：气候风险压力测试工具与气候风险审慎管理框架。

专栏9－2 知识拓展：绿天鹅（green swan）

2007年，意指超预期灾难性事件的“黑天鹅”概念被提出以后，2020年2月，国际清算银行（BIS）首次提出了“绿天鹅”（green swan）概念，即“气候黑天鹅”，意指气候变化引发的对经济系统和金融市场的系统性、颠覆性、突发性威胁。进而BIS也提出了一种分析气候变迁（全球变暖、极端天气）所造成经济影响的分析框架，如表9－4所示。

表9－4　“绿天鹅”概念中气候变迁的经济影响

冲击类型		天气变暖的影响	极端天气的影响
需求	投资	未来需求和气候风险的不确定性	气候风险导致的不确定性消费
	消费	消费模式的改变（如为困难时期储蓄以备风险）	海平面上升导致住宅被淹的风险上升
	贸易	因运输和经济活动变化而引起的贸易格局变迁	由于极端天气事件而造成进出口中断
供给	劳动力供给	由于极热天气而损失的工时和气候变化引发大规模人口流动，及其劳动力供应冲击	自然灾害造成的工时损失，极端情况下造成的死亡，移民带来的劳动力供应冲击
	能源、食品和其他资源	农业生产率大幅下降	粮食和其他资源短缺
	资本存量	将资源从生产性投资转向适应性投资	由于极端天气造成的损坏
	技术	资源投入从创新转向适应	把资源从创新转向改造和替代

资料来源：BIS，NGFS，中信证券．碳中和目标下双支柱框架的新内涵［R］．2021.

进而，良好的宏观审慎评估框架也对气候变化的宏观经济影响提出了更高的治理要求，也是“30·60”承诺下中国承担更大转型风险的应有之义。从碳达峰到碳中和，欧盟计划用时70年，美国45年，而中国的“30·60”承诺则将用30年左右走完这一历程。2021年4月15日，易纲在中国人民银行与国际货币基金组织联合召开的绿色金融和气候政策高级别研讨会上表示：“人民银行正在探索在对金融机构的压力测试中，系统性地考虑气候变化因素，并逐步将气候变化相关风险纳入宏观审慎政策框架。”易纲进一步表示，将在四个方面加强对气候金融风险的防范与管控：第一，社会层面的绿色减排意识；第二，市场层面的碳市场定价作用，发挥碳市场的金融属性；第三，机构层面的气候信息披露完善，从自愿披露向强制披露转变；第四，风险管理层面密切关注化石燃料相关的转型风险，高度关注绿色转型带来的资产价值变化风险等问题。后续绿色金融动态如何反映到原有宏观审慎评估框架值得高度关注。

二、气候风险压力测试

央行进行审慎管理的基础是测度金融机构的风险水平，并根据风险程度要求金融机构建立风险应对能力。由于气候风险具有特殊性，识别困难较大，传统风险评估工具不再使用，需要开发新的风险压力测试工具。目前，常用的气候分析方法主要有四种：

（一）情景分析法

情景分析法是在深入分析历史和现状的基础上，基于一组给定的假设和约束条件，推导未来发展的各种可能状态（情景）的一种研究方法。面临气候风险时，机构可以通过情景分析，发现并了解气候风险与机遇随着时间推移对自身业务产生的影响。目前，情景分析法是全球央行常用的风险压力测试工具，被认为是可助力央行和监管机构评估气候变化影响的方法工具。

1. 情景分析法核心要素

联合国环境规划署金融倡议（UNEP FI）指出，情景分析法的核心要素主要包含五个方面，即情景、实体及转型危害、影响评估方法、输出和分析的颗粒度。

情景是对可能出现的未来情形和实现各种未来情形途径的描述。评估气候风险的情景主要有两种类型，即探索性情景和规范性情景。前者聚焦结果，描述的是在一定条件下，特定时间范围内的结果，主要考察在不同气候变化的情况下，生态系统和经济金融的变动结果。后者则聚焦过程，描述的是从现在到特定结果的路径，主要考察为达到特定气候目标的政策、排放等路径。

气候变化带来的实体风险可以表现为急性或慢性的物理危害，而转型风险则可能来自政策变动和技术变革。

影响评估方法是情景分析方法最重要的组成部分。各种影响分析方法的评估范围和评估深度有所不同。评估范围一般包括对手方的宏观经济环境、供应链、运营与资产以及市场。评估深度则取决于分析方法对于对手方风险脆弱性的理解，主要由风险敞口、敏感性和适应能力等部分组成。

气候情景分析的输出包括定性输出、定量输出或是二者兼具。定性输出的形式通常为风险评级；定量输出主要有财务影响、在险价值及投资组合违约概率等。

气候情景分析的颗粒度与所分析的受风险影响实体一致，涵盖独立设施、企业、行业及国家。大多数气候情景分析的颗粒度集中于企业或行业层面，其原因在于，独立设施方面的气候情景分析需要颗粒度更为精细的数据，但是相关数据可得性较差且数据质量不高；国家层面的气候情景分析更多的是为政策设计提供参考，难以对相关的投资提供有效的指导。

2. 常见的情景分析法类型

压力测试是情景分析法中常用的一种类型，即“压力情景”分析。压力测试与一般情景分析的不同之处在于，压力测试关注的是“尾部风险”，即看似概率较低但仍可能带来严重影响的风险，其使用的压力情景多为假定的、极端的，但是可能发生的不利情景。压力测试在金融机构特别是银行中应用较多，多用来确定组织或机构是否有足够的资本、收益和/或现金流来承受不利发展的影响。央行与监管机构绿色金融系统（NGFS）与国际清算银行（BIS）都倡导将气候风险情景分析整合进金融机构定期压力测试中。IMF 总裁 Georgieva 曾指出，各国央行和监管机构需要帮助银行、证券公司、保险公司和其他非金融机构，采用情景分析法评估自身面临的气候风险，并开发与气候相关的“压力测试”。英国央行也要求英国保险公司评估其在不同的现实风险和转型风险情景下受到的影响。

专栏 9－3　知识拓展：国际组织开发的气候情景

气候情景是一系列前瞻性的预测数据，描述了气候变化及社会治理对经济社会的影响。当前，学界对气候变化的认知仍处于探索阶段，气候情景构建仍在不断的完善。现阶段，联合国政府间气候变化专门委员会（IPCC）、央行与监管机构绿色金融系统（NGFS）、国际能源署（IEA）开发的一系列气候情景得到了国际认可，并被许多组织参考，广泛地用于金融机构或企业的气候情景分析中。

1. IPCC 气候情景

随着学界对气候变化的认知不断加深，IPCC 持续在其阶段性评估报告中更新和完善气候情景。2013 年，IPCC 提出了代表性浓度路径（representative concentration pathways），包含 RCP8.5、RCP6.0、RCP4.5、RCP2.6 四种情景，描述了辐射强迫水平、温室气体浓度在未来的变化路径（见表 9－5）。RCP8.5 情景是无政策干预的基准情景，RCP2.6 情景对应《巴黎协定》的 21 世纪 2℃ 温控目标，其余两个为中间情景。RCPs 的每一个情景均对应一组固定的社会经济假设，然而一种辐射强度目标或路径可对应不同的经济社会发展组合，这是 RCPs 的局限之处，也是 IPCC 后续推出的 SSPs 情景的改进之处。

为充分地描述未来经济社会发展的可能性，IPCC 进一步提出 SSPs 情景，即共享社会情景（shared socioeconomic pathways）。SSPs 包含五组情景，其中，SSP5 为常规发展情景，强调传统经济发展导向，通过经济的快速发展来解决环境和社会问题，这

表 9－5　　RCPs 气候情景对比

名称	辐射强迫（W/m^2）	浓度（PPM）	温升（℃）	达峰时间	是否有短暂超出排放
RCP2.6	2.6	430—480	2	2010—2020 年	无
RCP4.5	4.5	530—720	3	2040 年	无
RCP6.0	6.0	720—1000	4	2080 年	有
RCP8.5	8.5	>1000	—	—	无

一路径面临着较高的气候变化减缓挑战和较低的气候变化适应挑战；SSP4 为不均衡路径，这一路径总体上可较好地控制温室气体排放，但是对公平性的关注较少，各国发展差异较大，社会财富集中于少数群体，所面临的适应挑战较大；SSP3 为区域竞争路径，各区域自行发展，互相竞争，缺乏合作与协商，是减缓和适应措施最弱的情景；SSP2 为中间路径；SSP1 是可持续发展路径，在这一路径下各国均朝向环境友好型社会发展，各国差距逐步减少，经济社会等各方面均取得了较快的发展，是减缓和适应能力最强的情景（见图 9－2）。目前，基于 SSPs 的区域社会经济情景数据产品正逐步发展，并在气候变化影响、适应与减缓研究中得到应用。

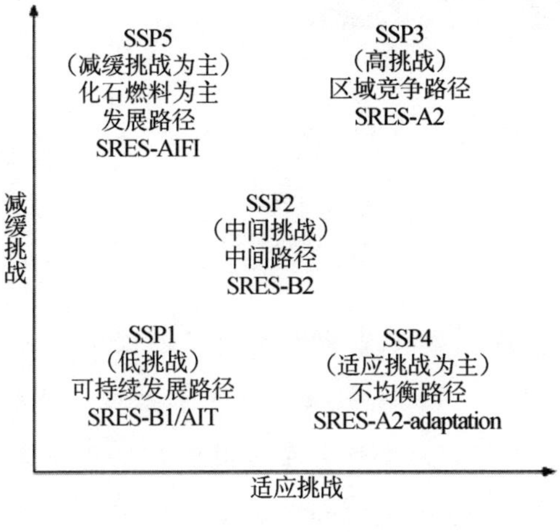

名称	减缓挑战	适应挑战
SSP1	低，资源效率高	低，经济社会发展迅速
SSP2	中等	中等
SSP3	高，区域间政策不一致	高，经济社会发展缓慢
SSP4	低，全球整体技术先进	高，部分经济体技术落后
SSP5	高，高度依赖化石能源	低，经济社会发展迅速

图 9－2　SSPs 排放情景对比

资料来源：Vivid Economics，联合国环境规划署金融倡议（UNEP FI），国信证券．气候风险分析与管理实践［R］．2023.

2. NGFS 气候情景

NGFS 从金融行业的角度出发，综合考虑 RCPs 及 SSPs 情景，开发了三类针对金融机构的气候风险情景（见图 9－3）：（1）有序情景，包含 1.5℃ 温升情景及 2℃ 以下温升情景，有序情景假设气候政策出台较早，并逐渐变得更加严格，物理风险和转型风险相对较低。(2) 无序情景，探索了政策滞后推行和国家部门之间政策的差异性所引发的较高转型风险，例如，为了达到某个特定的温升目标，需要执行的碳价水平会很高。(3) 温室世界，假设气候政策在一些区域得到较好推行，但在全球范围内，这些努力不足以阻止严重的全球变暖，这会引致严重的物理风险，包括不可逆转的影响，如海平面上升。

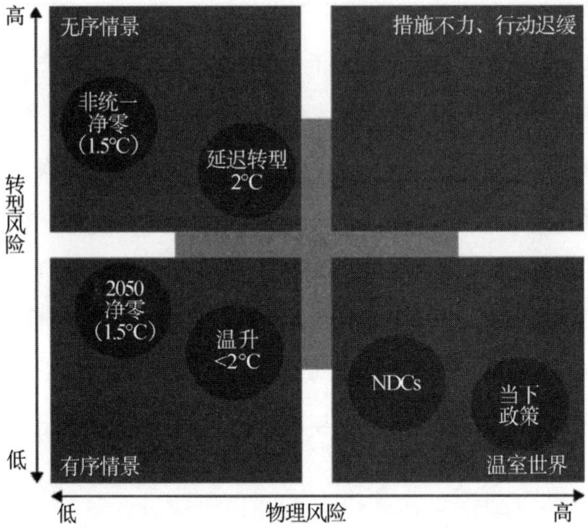

图 9-3　NGFS 气候情景对比

资料来源：NGFS，国信证券．气候风险分析与管理实践 [R]．2023.

3. IEA 气候情景

IEA 每年都会在其能源展望报告中，根据能源技术变革和重大的经济政治事件等，动态更新相应的气候情景。在最新一期的《2022 年世界能源展望》报告中，IEA 针对能源行业推出了三类情景，分别是：(1) 现有政策情景，在各国已实施的政策下对未来进行展望；(2) 公开承诺情景，在各国宣布的碳中和或转型目标下对未来进行展望；(3) 净零排放情景，即实现巴黎协定 1.5℃ 温升的目标，全球 2050 年实现净零排放。IEA 的气候情景为探索能源结构变迁、政策选择、投资趋势和技术动态的影响提供了一个分析框架。

(二) 气候风险评分

气候风险评分依据气候风险分级标准对被评分对象的气候风险敞口进行评分。该方法使用范围较广，可为单一资产、资产组合、企业或国家的气候风险敞口进行评分。在实际应用的过程中，为保证评级结果的准确性，气候风险评分通常需要使用较高颗粒度的数据（高精度地理数据、企业供应链数据等），但是目前气候相关数据可得性低、质量差，导致气候风险评分可能出现较大偏差。

案例 9－1 Moody 气候风险评价

MESG 主权气候风险评分（Moody's ESG sovereign climate risk scores）是衡量一个主权国家所面临的气候物理风险程度的指标。MESG 主权气候风险评分主要考察了六种气候风险（洪水、高温、台风、海平面上升、水资源短缺、野火，见表 9－6），通过统计风险区域内人口、按购买力平价计算的 GDP 以及用于农业生产土地面积的总量及占比，实现对一个主权国家或地区气候物理风险程度的量化。该评分的计算过程如下：

首先，识别一个国家气候灾害风险较高并且人口稠密的区域，将此作为高气候风险区域，这是后续统计的边界和基础。

其次，统计高气候风险区域内人口、按购买力平价计算的 GDP 及用于农业生产的土地面积总数以及占比，以此对物理风险进行量化，进而得到相应的总量指标及百分比指标。

最后，基于上述统计得到的总量指标及百分比指标，汇总得到主权气候风险评分。该评分有三种具体形式：百分比分数、绝对分数和最终得分。其中，百分比分数是基于百分比指标进行评估的结果，而绝对分数则是基于总量指标进行评估的结果。综合考虑这两个维度，最终得分提供了更全面、更综合的气候风险评估结果，可以帮助投资者、金融机构等更好地理解主权国家面临的气候风险，并在投资决策中考虑这些因素。

表 9－6 高气候风险区域的判定标准

洪水	在暴雨或河流洪水灾害中，至少暴露于 0.2 米的洪水中
高温	与全球平均水平相比，暴露于温度波动较高的区域
台风	位于气旋的常规路径上
海平面上升	在一场百年一遇的沿海洪水事件中至少面临部分海岸线洪水
水资源短缺	目前已经面临水资源紧缺或供水量减少，或预计未来水资源竞争将加剧
野火	该地区具有很高的野火潜在风险，并且未来野火危害性将加剧，野火发生的可能性也会增加

资料来源：Moody 官网，国信证券．气候风险分析与管理实践［R］．2023.

从计算结果来看，一个国家的百分比得分及最终得分之间可能会有较大的差异，百分比得分只考虑了一个国家受气候灾害影响的人口、GDP 和农业面积所占比重，而最终得分则同时考虑了这些因素的总量。因此，一些人口和经济条件较好的国家，如美国，在考虑绝对暴露度得分后，得分会显著提高。相反，一些人口、经济条件较弱的国家，如伯利兹，尽管其百分比暴露度得分较高，但由于相对较小的人口、GDP 和农业面积，最终得分较低。

根据使用情景的不同，选择最终得分或百分比得分取决于具体用途。例如，如果目标是了解主权国家应该保护哪些社会和经济资本免受气候灾害的影响，那么最终得分或绝对得分是更好的选择；如果目标是了解主权国家适应气候变化的韧性，那么百分比得分是更好的选择，因为它测量了相对暴露程度。

（三）自然资本分析

自然资本分析的基本思想是，将自然资源作为一种资本存量，并以此评价自然退化对金融机构造成的负面影响。自然资源作为一切经济活动的基础，气候变化所引致的自然资本的不利变化都会对依赖它的企业产生潜在的负面影响。当前阶段，气候变化会加剧自然资源的稀缺性，金融机构可基于自然资本分析法，明确其自然资产的依赖度，并全面系统地评价自身的自然资本风险敞口。就目前的研究进展而言，自然资本分析主要用于农业部门的研究，因为农业部门与自然资本的影响和依赖性直接相关。

（四）气候在险价值

气候在险价值（climate value at risk）是基于传统的在险价值研究框架，来度量气候变化风险。气候在险价值用于估计在特定投资期限内以及一系列可能的情景下，气候风险对企业、投资组合等可能造成的财务影响。Dietz 等（2016）给出了气候在险价值的计算过程，此后气候在险价值的相关研究大多是基于 Dietz 的方法改进而来。Dietz 假定一家企业的收益在 GDP 中的比重不变，且其增长率与 GDP 增长率相同，并且股权和致癌物可相互替代，未来资本结构的变化不会影响现期投资组合价值。基于现金流折现模型，气候在险价值可由式 9－1 计算得到。

$$\mathrm{VaR} = D\sum_{t=0}^{T}\left[\prod_{s=0}^{t}\frac{(1+\bar{g}_t)}{(1+r_t)} - \prod_{s=1}^{t}\frac{(1+g_t^c)}{(1+r_t)}\right] \quad \text{（式 9－1）}$$

其中，D 为股票或债券的现金流，g 代表 GDP 增长率，r 为折现率，式 9－1 的现实含义为证券在没有气候变化影响的情况下估值与受气候变化影响情况下估值之间的差值。

三、气候风险审慎管理框架

在开展气候风险压力测试与环境信息披露的基础上，部分国家开始在宏观审慎框架下纳入绿色因素，统一绿色金融标准，为评估并管理气候相关金融风险提供量化基础，推动金融机构深刻理解气候风险，并在风险管理流程与长期投资决策中加以体现。央行与监管机构绿色金融网络（NGFS）2019年提出了在审慎监管评估中纳入气候因子行动框架的参考，如表9－7所示。

表9－7　　　　在审慎监管中纳入气候因子的行动框架

行动步骤	相关举措
提高金融机构风险意识与应对能力	提高公众对气候相关风险的认识，提出解决气候相关风险的路线图
	在财务分析中考虑气候因素，提高应对能力；与金融机构共同组建工作组，将气候因子纳入风险管理或情景分析中
评估气候相关风险	在微观层面（金融机构）和宏观层面（金融体系）开发评估物理风险与转型风险的分析方法与工具
	在微观、宏观层面开展并发布风险评估结果，分析绿色资产与棕色资产的隐含价差
设置监管目标	对金融机构气候相关风险的治理、战略、风险管理设置监管指引
	对评估金融机构风险管理能力的监管人员进行业务培训
提高透明度，强化市场纪律	根据TCFD的建议，要求企业披露气候相关风险
	考虑将气候相关金融风险披露纳入巴塞尔协议第三支柱
通过监管减缓风险	考虑对不满足监管要求或气候风险较大的机构采用《巴塞尔协议》第二支柱的资本要求
	基于前述评估，考虑将气候相关金融风险纳入《巴塞尔协议》第一支柱的资本要求中

资料来源：中国人民银行研究局课题组．气候相关金融风险——基于央行职能的分析［R］．2020.

国际清算银行（BIS）结合《巴塞尔协议Ⅲ》，设计出气候风险审慎管理三支柱模型，从最低资本要求、机构气候风险监管要求与气候相关信息披露等方面构建气候风险审慎管理框架。

《巴塞尔协议》支柱Ⅰ规则以资本充足率为核心，作为维护金融系统稳定的基础指标，资本充足率在审慎管理中具有重要地位。为了应对气候变化风险对金融资产价值的冲击，监管机构主要做法是调整金融机构风险资产加权中绿色或棕色资产的权重，提高“绿色支持因子”或降低“棕色惩罚因子”，从而让各种环境风险因素的变化能及时反映在金融机构的资本充足率等指标上，鼓励机构在资本金有限的情况下，更多投向绿色资产、远离棕色资产。

《巴塞尔协议》支柱Ⅱ规则强调监管机构指导、督促金融机构内部评估，以发挥绿色预期引导作用。气候变化风险的情景分析和压力测试是非常重要的内部评估方法，有助于金融机构识别气候环境风险敞口，评估转型风险对银行资产负债表的影响，从而为银行资产负债规划、风险管理和监管措施制定提供重要参考依据。

《巴塞尔协议》支柱Ⅲ规则聚焦加强信息披露，引导社会监督和市场约束。监管机构可以要求金融机构增加关于绿色金融执行情况的信息披露，推动市场对其资产与风险的合理定价。国际通行做法是建立权威的绿色金融标准，制定系列绿色信贷和债券目录以防止“漂绿”，提升绿色资产的分类、认证和规范监管能力。国际清算银行提出开展企业绿色评级，通过区间较为宽泛的打分评级来显示企业或项目的绿色程度，避免非黑即白的错误和粗略判断，向投资者传递更为精准的信号，从而鼓励企业减排。

基于气候风险审慎管理三支柱模型，部分国家已经尝试推出相关措施，如表9-8所示。

表9-8　　国内外气候风险审慎管理政策及实践

类别	政策	国际案例	我国实践
《巴塞尔协议》支柱Ⅰ	风险资产权重调整及相关监管要求	欧盟起草法案要求在“偿二代”（Solvency Ⅱ）改革中纳入ESG和可持续发展因素；匈牙利央行探索给绿色建筑贷款降低5%—7%的权重；黎巴嫩央行根据银行对可再生能源和能效项目的融资规模，执行差别化法定存款准备金率	2022年起，“偿二代二期”对保险公司投资的绿色债券的信用风险最低资本给予10%的折扣；部分区域银行在试点绿色信贷资产改变权重
《巴塞尔协议》支柱Ⅱ	内部评估和压力测试	英格兰银行、荷兰央行、法兰西银行等众多欧洲国家央行都展开压力测试，英格兰银行也增加对保险公司的压力测试；巴西央行要求银行在内部资本充足率评价中充分考虑环境风险；欧洲保险和职业养老金管理局（EIOPA）建议各国保险监管机构，要求将气候变化风险纳入保险公司“自身风险和偿付能力评估”（ORSA）	2021年8—10月，中国人民银行组织21家银行开展了气候压力测试
	督促检查	英格兰银行、德国金管局发布文件，指引金融机构应该在治理、商业模型、风险管理等方面考虑气候风险；法国金融市场管理局定期对资产管理公司进行ESG和社会责任投资的主题审计；美国有个别州在立法进程中，要求保险公司风险管理策略纳入气候风险	建立绿色贷款和投融资统计制度，绿色信贷业绩评价结果纳入宏观审慎考核，绿色信贷在银行评价体系中权重占比6%

续表

类别	政策	国际案例	我国实践
《巴塞尔协议》支柱Ⅲ	信息披露	法国《绿色发展能源转型法》第127条要求所有金融机构都要披露气候风险敞口和管理措施；美国保险监督官协会要求中大保险公司必须在年度调查里披露气候相关风险	中国人民银行部分地区中心支行推进辖内金融机构开展环境信息披露试点；我国上市公司ESG信息披露遵循自愿原则
	绿色金融标准和分类建设	欧盟建立可持续金融分类标准，并与我国共同完成《可持续金融共同分类目录》	中国人民银行等多部委联合制定《绿色产业分类指导目录》《绿色债券支持项目目录》等

我国已经确定了“30·60”目标，为未来一段时期经济社会发展提供了新的方向和遵循。面对气候转型风险挑战，宏观审慎管理也将发挥主要的治理作用。中国人民银行已将绿色金融纳入“宏观审慎评估”（MPA）的“信贷政策执行情况”进行考核，用绿色金融标准体系对金融机构绿色金融服务情况进行衡量和评价。2021年6月9日，中国人民银行《银行业金融机构绿色金融评价方案》，从定性和定量两个方面对24家商业银行的绿色金融业务进行评价，并将评价结果纳入央行金融机构评级等中国人民银行政策和审慎管理工具。除此之外，央行也在组织商业银行开展气候风险压力测试，降低银行业配置绿色低碳资产相关约束，联合多部委完善绿色金融标准，开展环境信息披露试点，提高金融系统应对气候风险（尤其是转型风险）整体水平。整体而言，中国人民银行立足于防范无序转型引发的金融不稳定，不断推动绿色因素纳入宏观审慎政策，通过加强逆周期调节和前瞻性风险评估，引导金融机构有序转型，重点防范转型风险对金融体系和金融稳定的影响。

案例9－2　英国央行气候风险管理的探索实践

作为全球最早成立的中央银行，英格兰银行于2012年成立了审慎监管局，并首次将气候变化纳入审慎监管框架；2015年，审慎监管局联合英国环境、食品和农村事务部共同编制完成《气候变化对英国保险业影响报告》，首次系统性梳理气候变化对保险业的影响机制和审查框架。英国央行对气候风险的重视与创新实践，为全球央行提供了范例与借鉴。

一方面，开发气候风险监测及管理工具。基于气候变化会威胁金融系统稳定的认识，英国央行探索将气候因素与审慎监管理念相融合，开发气候风险监测及管理工具。

一是采用前瞻性指引，由审慎监管局判断对金融机构进行早期干预的必要性，央行金融政策委员会监测风险水平，并采取实际行动消减威胁英国金融系统整体弹性的风险因素；二是运用情景分析法评估气候变化可能引发的长短期风险，气候两年期探索情景（climate biennial exploratory scenario，CBES）宏观审慎因子如表9-9所示；三是开展金融机构环境风险压力测试评估，引导金融机构构建测算模型，对现实风险、转型风险敞口进行量化，并在特定的气候变化情形下估算风险敞口；四是强化风险监测和风险减缓。探索建立“定量+定性”混合指标工具，实时监测气候风险水平与市场主体的风险偏好变化，要求金融机构充分了解气候变化对其客户、交易对手和利益关联方的影响程度，并制定全面的风险管理及应对策略以减缓风险损失。

表9-9　　英格兰银行气候两年期探索情景（CBES）宏观审慎因子

转型风险变量	1	各部门增加值总额（GVA）
	2	按部门划分的温室气体排放价格（碳价格）
	3	耕地
	4	牧场（包括畜牧业）
	5	一次能源价格：石油
	6	一次能源价格：煤炭
	7	一次能源价格：天然气
	8	一次能源价格：生物质价格
	9	二次能源价格：电力
	10	二次能源价格：天然气
	11	一次能源总量
	12	一次能源组合：煤炭比例
	13	一次能源组合：气体比例
	14	一次能源组合：原油比例
	15	一次能源结构：核能比例
	16	一次能源组合：生物量比例
	17	一次能源组合：非生物质可再生能源总能耗（最终能源）比例
	18	电动车销量与燃油车的销量之比
	19	运输能力：航空（货运；客运）
	20	运输能力：海运（货运；客运）
	21	运输能力：铁路（货运；客运）
	22	运输能力：公路（仅货运）
	23	政府政策：建筑能效标准

续表

直接物理风险变量	24	气温
	25	洪灾
	26	暴风雪
	27	海平面上升
	28	极端气候
	29	飓风
	30	干旱
	31	酷暑
	32	森林火灾
	33	农作物产量锐减
保险业特有风险变量	34	保险损失额波动率（适用于所有货币）
	35	酷暑导致的死亡人数
	36	极寒导致的死亡人数

资料来源：Bank of England CBES，中信证券．碳中和目标下双支柱框架的新内涵［R］．2021.

另一方面，引导金融机构将气候风险纳入公司治理框架。为引导金融机构能及早识别并应对气候风险，英国央行要求金融机构完善公司治理，充分考虑气候变化因素。一是要求金融机构在公司战略和风险偏好范围内，建立气候风险管理框架，监控和管理气候风险；二是要求金融机构发表风险偏好声明，并将其作为央行评估该机构管理气候变化金融风险的依据；三是引导金融机构董事会和各级委员会建立权责明确的风险管理组织框架，以管理气候变化带来的财务风险；四是加强气候金融领域人才团队与能力建设，切实提高气候风险应对能力。

四、碳中和下宏观审慎政策展望

为了助力实现碳中和目标，进一步夯实气候风险识别与预警理论框架，强化气候风险披露要求并完善气候压力测试，填补气候风险信息与知识缺口是未来宏观审慎管理的题中之义。

本着“引导金融机构以市场化方式支持低碳发展”的政策原则，未来可能推出的政策工具包括：完善绿色金融界定标准与环境风险披露准则，便于市场主体风险识别；创新并推广气候变化情景分析与压力测试工具，了解风险分布情况；根据绿色资产分类与压力测试结果，调整银行业绿色资产风险权重，降低银行资本约束；开展金融机构绿色金融业绩评价，并将结果纳入宏观审慎评估，增强金融机构内生动力等。

思考与练习

（1）简述气候风险的类型及其对金融体系的影响。

（2）简述货币政策在推进碳中和过程中发挥的职能。

（3）什么是绿色量化宽松政策？

（4）举例说明绿色货币政策工具。

（5）气候风险压力测试的常用方法有哪些？

（6）简述各国或国际组织构建气候风险审慎管理框架的主要措施。

推荐阅读材料和网站

（1）国泰君安证券．货币政策的外延：绿色金融 & 数字货币［R］．2022.

（2）国信证券．气候风险分析与管理实践［R］．2023.

（3）牛津大学．搁浅资产与中国的燃煤发电：环境风险暴露分析［R］．2017.

（4）平安证券．货币政策视角下的碳中和［R］．2021.

（5）招商证券．碳中和趋势下的货币政策：新目标与新挑战［R］．2021.

（6）中信证券．美国无限量化宽松的前世寻踪［R］．2020.

（7）中信证券．碳中和目标下双支柱框架的新内涵［R］．2021.

（8）中信证券．碳中和的宏观政策含义［R］．2021.

（9）鲁政委，方琦，钱立华．金融机构气候与环境风险：情景分析和压力测试方法与实践综述［EB/OL］．https：//xueqiu. com/3675440587/167333679，2021 -1 -1.

（10）易纲．建设现代中央银行制度［EB/OL］．http：//www. pbc. gov. cn/goutongjiaoliu/113456/113469/4735151/index. html，2022 -12 -13.

（11）中国人民银行．2020 年第四季度货币政策执行报告［EB/OL］．http：//www. pbc. gov. cn/zhengcehuobisi/125207/125227/125957/4021036/4190887/index. html，2021 -2 -8.

参考文献

［1］陈国进，郭珺莹，赵向琴．气候金融研究进展［J］．经济学动态，2021（8）：131 -145.

［2］连平，王运金．碳减排支持工具凸显国家战略导向［J］．中国金融，2021

(23)：71 –72.

［3］刘敏，彭斯雅，张江柳．金融机构气候环境风险管理文献综述［J］．河北金融，2022（7）：57 –62.

［4］马骏，孙天印．气候转型风险和物理风险的分析方法和应用——以煤电和按揭贷款为例［J］．清华金融评论，2020（9）：31 –35.

［5］马正宇，秦放鸣．碳中和目标下的宏观审慎政策［J］．中国金融，2021（5）：49 –50.

［6］温彬，冯柏．碳减排支持工具落地，货币政策创新助力实现“双碳”目标［J］．中国货币市场，2022（2）：51 –55.

［7］吴霄，崔艺凡．学习贯彻二十大精神　用好用足结构性货币政策工具［J］．农业发展与金融，2023（3）：20 –22.

［8］徐磊，赵扬．绿色金融的货币政策与审慎监管［J］．中国银行业，2022（12）：46 –49.

［9］钟正生，张璐．货币政策视角下的碳中和［J］．中国经济评论，2021（5）：68 –75.

［10］中国人民银行研究局课题组．气候相关金融分析——基于央行职能的分析［R］．2020.

［11］朱民，彭道菊．创新内含碳中和目标的结构性货币政策［J］．金融研究，2022（6）：1 –15.

［12］Dietz S.，Bowen A.，Dixon C.，Gradwell P.“Climate Value at Risk”of Global Financial Assets［J］．Nature Climate Change，2016（4）.

［13］NGFS. A Call for Action Climate Change as a Source of Financial Risk［R］．Climate Change Report，2019.

第十章　绿色金融科技

学习要求

1. 掌握绿色金融科技概念。
2. 了解国内外绿色金融科技发展过程。
3. 了解国内外绿色金融科技创新和未来发展趋势。

本章导读

近10年来，在企业、地区、政府乃至超国家层面上，绿色金融愈发受到关注，其战略位置也逐年攀升。随着有效实现可持续发展日渐成为各国发展的主要目标，利用金融科技这一重要工具助推绿色金融发展的倡议不断被提及，基于这一理念，绿色金融科技这一交叉领域随之产生。唯有通过对绿色金融科技进行深度的探索和学习，才有机会把握这一未来金融发展的新趋势。

第一节　绿色金融科技的概念

对于绿色金融科技，目前学界还没有达成一个被广泛认可的权威定义。但由于其普遍被认为是“绿色金融”与“金融科技”的新兴交叉领域，本节将结合国内外研究和理论，综合给出“绿色金融科技”的定义。

一、金融科技概念

金融科技英译为 fintech，是 financial technology 的缩写，可以简单理解成为 finance（金融）+technology（科技）。

从全球范围来看，现代金融科技和科学技术相互交织与共同演进的开端可以追溯到20世纪60年代。在这一时期，初具雏形的自动柜员机开始被广泛使用。贝廷格（Bettinger）被认为是“金融科技”理念的最先提出者。这一概念后来被专门用于指代计算机科学技术、现代管理科学和现代银行三大领域专业知识的结合。20世纪90年代，美国花旗集团进一步沿用了这一理念，开启了专业的研究项目“金融服务技术联盟”（Financial Services Technology Consortium），此后，欧美及其他一些发达国家，开始广泛使用 fintech 这一概念，用以描述借助电子信息技术和通信互联网技术构建的金融领域。21世纪初，金融危机席卷全球后，全球金融监管不断变革升级，而数字技术的引入和不断突破，也与其深度交互演进，协同推动金融科技迈入高速发展的新态势（Zetzsche 等，2017a）。放眼全球，金融界开始广泛引入、运用各种创新数字技术。人工智能、大数据、云计算、物联网等逐渐渗透到金融业内，使金融行业呈现出快速变革的业态。一些非金融领域科技公司和新兴科创企业，也开始以自身技术优势为跳板，跨界踏足金融领域。凭借对专业技术的掌握，它们不断开拓创新型金融产品与服务，为企业和消费者提供了更加丰富的选择。

伴随全球金融科技整体快速发展的新态势，我国的金融科技发展也在2010年左右正式踏入了快速发展的新阶段。根据北京大学数字金融研究中心构建的数字普惠金融指数（郭峰等，2020），2011—2018年，中国数字金融发展呈现持续、快速的上升态势。金融科技的浪潮已然扑面而来，引起了广泛的关注。

2016年，金融稳定理事会正式提出了金融科技的“官方定义”，认为金融科技是技术驱动的金融创新，旨在运用现代科技成果改造或创新金融产品、经营模式、业务流程等，推动金融发展提质增效。如今，这一定义已在全球范围内得到广泛认可。新一轮科技革命和产业变革也已然拉开了序幕，在这样的时代主题下，发展金融科技成为业界广泛共识。人工智能、大数据、云计算、物联网等信息技术与金融业务深度融合，持续不断为金融发展注入新动力。

2022年，中国人民银行印发《金融科技发展规划（2022—2025年）》，强调以数据要素应用为基础，并围绕基础设施建设、产业生态建设方面新增多项重点任务。金融科技发展内涵更加全面细化，正从设计生产、风险控制、资源配置、渠道流通、交互协作等方面不断重构传统金融价值链。同时，金融科技也正在打破传统金融市场的单一供给方式，使金融服务不再是传统金融机构的“专属特权”。科技应用与创新模式的引入让更多市场参与者可以从科技禀赋、细分专业等角度切入金融赛道。传统金融机构、金融科技公司、技术服务商呈现三方融合发展态势，积极推动金融基础设施、金融业务模式、组织内部架构的多层次创新实践。前沿科技与金融业态间的融合碰撞蕴含了强大的增长韧性与潜力，已成为深化金融供给侧结构性改革、增强金融服务实体经济能力、打好防范化解金融风险攻坚战的重要支撑。

二、绿色金融科技概念与功能

（一）绿色金融科技概念

综合国内外多位学者的多项研究和理论、七部委联合发布的《构建绿色金融体系的指导意见》对绿色金融的定义，以及中国人民银行印发的《金融科技（FinTech）发展规划（2019—2021年）》对金融科技的定义，本书将“绿色金融科技”这一概念定义为：将现代人工智能、大数据、物联网、云计算等科学技术和科技成果，与支持环境改善、应对气候变化和资源节约高效利用的经济活动进行深度融合。即依托金融科技手段和工具，为环保、节能、清洁能源、绿色交通、绿色建筑等领域的项目提供技术支撑，全面提升其投融资、项目运营、风险管理金融服务能力，使绿色金融实现更高水平的可持续发展。

（二）绿色金融科技功能

绿色金融科技服务绿色金融发展，在提升投资决策效率、丰富投融资模式和形成绿色生活方式等方面发挥积极作用。

1. 提升投资决策效率

绿色金融科技有助于提升非财务、非结构化数据的清洗、挖掘与分析效率，提高此类数据规模、覆盖范围和时效性，更好地从环境、社会和公司治理等角度筛选出合理评价指标体系和资产标的，显著提升ESG投资组合收益率，丰富ESG产品种类，形成正向激励。在此基础上，绿色金融科技可以运用利益相关者和项目全运营周期等理论，逐步建立并修正覆盖多个利益相关主体和项目前中后期的环境效益和转型风险评价模型。随着中国碳排放权交易市场全面启动，绿色项目正外部性和污染项目负外部性内部化的市场定价口径将更加趋于精细化，需要绿色金融科技发挥作用，提高投资决策效率，切实降低绿色项目融资成本。

2. 丰富投融资模式

绿色金融科技可以为丰富投融资模式提供技术支撑，精准对接资金供给端的投资偏好和需求端的实际需要，引导私人部门资金进入绿色金融领域，弥补实现可持续发展的资金缺口。近年来，我国绿色金融改革创新试验区地方政府引导建立了诸多绿色项目融资担保平台、绿色金融信息服务平台，一方面降低信息不对称程度，发挥增信作用，降低优质绿色项目的融资成本；另一方面通过用户画像等技术为投资者匹配额度灵活和合适风险收益比的绿色项目，降低投资风险和专业性门槛，有效优化了资产配置结构。

3. 构建绿色激励机制

绿色金融科技可以通过推动金融产品与评价体系创新，形成绿色激励，推动生活生产方式的绿色化。例如，绿色金融科技可以实时计算个人乘坐公共交通工具和在线支付等的碳排放量，并实现用户碳足迹的可视化，体现出居民生活方式对于环境的具体影响，并可以针对个人绿色行为选择给予优惠利率等相应激励，帮助居民树立环保意识，形成绿色化生活方式。在企业生产方面，绿色金融科技可以通过动态化监测企业的碳排放量和污染物浓度等关键指标，协助环保主管部门制定、完善行业绿色评价和分级标准。金融机构可以依据企业的绿色分级评分、环境效益测算和信用信息等确定绿色信贷利率，激励企业提升生产绿色化水平。

三、国外绿色金融科技发展历程和现状

（一）绿色金融科技制度体系发展

应用技术创新推动绿色金融发展的探索可以追溯至 2014 年，联合国环境规划署（UNEP）正式发起了“可持续金融体系设计探寻”项目，该项目首次研究了通过发展数字金融支持可持续发展的可能性。

2017 年 11 月，在波恩举行的联合国气候变化框架公约第 23 次缔约方大会上，联合国环境规划署（UNEP）和世界银行集团（WB）联合发布了《可持续金融体系路线图》，系统地阐述了如何创建一个对可持续性进行充分考量的金融体系，将有限的资源积极引入更富有包容性及可持续的内容中去，强化了数字金融或创新型的金融服务技术，提升企业预防环境风险和支撑可持续发展融资转型的能力，为设计满足需求的全球金融机构指明了思路。

2018 年，G20 可持续金融研讨工作组将“运用金融科技推动可持续金融”确立为三大研讨议程之一，以促进可持续金融资金来源渠道的多样化。同年 9 月，UNEP 提出，数字绿色金融是通过大数据、机器学习、人工智能、区块链、物联网等技术支持，帮助环境效益项目进行投融资活动，实现可持续发展目标的金融创新。

2019年，欧盟委员会出台《欧洲绿色协议》（以下简称《协议》），确立到21世纪中叶，完全实现气候中性，并针对能源、工业、建筑、交通、农业及环境保护等经济发展不同领域制定了具体变革举措。《协议》以努力使欧洲各国经济增长与资源利用脱钩为宗旨，致力于推动欧洲经济继续走向绿色可持续发展的道路。欧盟借助它实现了内部新框架的构建，使其内部经济向全面绿色化转型成为可能，同时，也为绿色生产和投融资活动两大议题探索了一条更加可持续的解决路径——发展应用技术。针对经济发展不同领域，《协议》制定了具体变革举措，包含能源、工业、建筑、交通、农业及环境保护六个方面。同时，为了保证气候目标得以实现，经济发展的各个领域能够进行顺利转型，《协议》也相应地制定了一系列保障措施。总体而言，《欧洲绿色协议》的提出，进一步明确指明了欧洲各国的绿色低碳发展路径，也表明了欧洲通过绿色低碳创新发展的决心。

（二）绿色金融科技产品体系发展

1. 数字环保货币与绿色生产生活方式

在促进绿色生产生活方面，国外尝试通过发行数字环保货币的方式，奖励一些个人或企业的绿色生态、环境保护行为，不断探索绿色金融在此方面的可能。

2016年，太阳币基金会开始尝试发行太阳能代币（solar coin），鼓励人们在自由住宅的屋顶安装太阳能电池板，太阳能电池板每产生1MWh的电力，它的主人就可以从太阳币基金会获得一个太阳能代币作为奖励。太阳币基金会按照事先规定的指标，以这种基于区块链技术的数字代币作为绿色生态行为的奖励，希望可以增强人们对于清洁能源的应用、生产意识。人们在获取太阳能代币的过程中，完全不需要支付额外的费用，太阳币基金会也没有对产能总量设置任何隐藏的兑换门槛，并且在某些生活场景的支付中，太阳能代币也受到商家的认可，可以直接用于消费。例如，德国的一家太阳能设备供应商公开承认太阳能代币支付是其认可的支付方式，人们可以用太阳能代币购买太阳能设备。目前，该项目已经在70多个国家和地区开展，但太阳币基金会仍然是一个独立组织，不受任何国家或政府的管辖。为了持续提升清洁能源在整体能源结构中的占比，助力全球能源体系向清洁化转变，太阳币基金会计划在未来40年的时间内坚持进行太阳能代币激励。

瑞典的气候币基金会推出了加密的气候币（climate coin）用以聚集资金。他们宣称，气候币是第一个可以使所有公众参与到应对气候变化中的加密货币，公众可以通过投资气候币的方式，间接性地对一些环保企业进行投资，这类投资被认为有助于缓解温室气体效应，保护全球绿色生态，投资的收益也将按一定比例积累起来，回报给气候币的持有者。

2. 金融科技创新与绿色投资决策

在推动绿色投资方面，利用区块链、大数据和人工智能等技术，将环境风险和效益纳入决策过程。尽量避免环境风险带来的冲击，提升整体效益，使决策者免于因信息不对称蒙受损失，以期降低决策成本，减少不必要消耗，实现对绿色投资类项目进行合理定价的目标。

2018 年，借助大数据技术，德意志银行对 5000 家公司进行了 ESG 评级分析，不仅对美国证券公司及证券交易委员会报告提供的重要关键词实现了完整的搜索和分析，还通过大众媒体等诸多有效信息途径获取了更多与公司业绩和估值相关的信息，作为对证券业分析的补充。此外，这项技术还会搜寻其他同业或具有类似经营状况的公司案例进行对比分析，依靠一系列特殊算法，通过收益率、风险状况和估值波动等多个指标，跟踪并持续分析目标对象公司和对比公司的整体状况，给出未经市场定价的环境收益水平参考。

通过对 ESG 表现的评级分析，为投资决策增加了可靠性。以绿色金融科技的技术手段和工具对动态相关数据进行搜集和分析，助推 ESG 投资理念切实落地，使投资者在决策流程中，可以对环境效益和风险进行充分考量。通过大数据区块链等新兴技术，对目标项目的各项指标状况进行实时监测和跟踪，从而缩小投融资双方之间存在的信息差距，尽量克服投资机构存在的风险定位时滞现象。

瑞典建立了“绿色资产钱包”项目。该项目旨在借助区块链降低信息不对称带来的交易成本，进一步优化绿色债券市场的资源配置效率，降低绿债市场入市门槛，扩大绿债市场规模。该项目主要针对投资者、绿债发行者和验证者的不同状况，进行区别化操作。绿债发行者需要向平台方提供绿色证券框架报告、验证者要根据发行者提供的报告和其中对于投资项目的绿色承诺，出具自己的验证报告，运用、耦合各方上链数据，对交易项目的有效性和整个投资项目的绿色化程度进行分析验证；投资者可以通过平台，无门槛地查阅双方提交的报告，依靠这些有效信息创建投资组合，对项目的动态运营状况进行实时监测。此外，该平台保持灵活的可接入性，为新进入节点记录真实的业绩数据和相应的信用水平。

3. 线上银行业务与普惠绿色金融

在发展普惠绿色金融方面，部分国家将重点放在了金融服务和基础设施相对落后的地区。依靠云计算等技术，在这些地区开展线上银行业务，降低了基础设施建设成本和人工成本，使在这些地区开展绿色能源业务的小微企业可以享受与金融发达地区更加接近的服务和技术。

坦密诺斯（Temenos）就是一家从事这类业务的公司。它的总部位于瑞士第二大城市日内瓦，公司的主要业务是为全世界银行业解决云端服务问题，同时，向世界各地的银行出售本公司的软件和服务。坦密诺斯宣称，公司将帮助全球银行业实现普惠目标下的绿色融资途径升级。目前，坦密诺斯已累计服务过超 3000 家银行业企业，平均每天要处理超过12亿用户的交易。它的服务对象中，更是不乏银行业巨头，据悉，前五十大银行中，有超过40家与坦密诺斯公司有过合作。

当前，放眼整个绿色小额信贷应用，线上银行、云端银行尚处于发展的初始状态，但凭借云端运行和服务所节省的基础设施建设投入，以及实体银行运营开支和人工方面节约下来的成本，对比传统银行运营方式，终端客户若选择云端银行，可以将借款成本缩减九成左右，这无疑是极具吸引力的。凭借这项优势，坦密诺斯先后与非洲及其他待发展地区超过30个国家的200多家银行达成了合作，将绿色信贷服务开展到了以往银行业内忽略，或因成本原因无法开展业务的小微客户群体中，通过降低成本的方式，平衡了整体收益，真正实现了从供给端拓展绿色金融服务范围。

四、中国绿色金融科技发展历程和现状

（一）绿色金融科技政策体系发展

2015年1月，国务院发布《关于促进云计算创新发展培育信息产业新业态的意见》，提出进一步深化云计算在互联网金融领域的运用；同年8月，国务院发布《促进大数据发展行动纲要》，强调要推动跨领域的协同创新，培养新型业态，提升金融领域数据资源的获取和利用能力。

2016年，《中华人民共和国国民经济和社会发展第十三个五年规划纲要》明确提出，要加快环境保护大数据建设，深化大数据在各行业的创新应用，探索与传统产业协同发展新业态新模式，发展新兴领域人工智能技术。加快信息网络新技术开发应用、实施国家大数据战略成为“十三五”期间的重要任务之一，同时，强调大数据、云计算和人工智能等关键技术与各行业的深入融合运用。

2017年12月，工业和信息化部发布《促进新一代人工智能产业发展三年行动计划(2018—2020年)》，提出推动智能产品在金融领域的集成应用。从2017年开始，政府工作报告持续提及绿色金融、互联网+、数字经济、人工智能等，党的十九大报告中将可持续发展和科教兴国列入我国全面建成小康社会的七大战略。

2019年8月，中国人民银行发布《金融科技（FinTech）发展规划（2019—2021年)》，明确金融科技定义，并提出“到2021年，建立健全我国金融科技发展的四梁八柱，进一步增强金融业科技应用能力，实现金融与科技深度融合、协调发展，明显增强人民群众对数字化、网络化、智能化金融产品和服务的满意度，使我国金融科技发展居于国际领先水平”的发展目标。

2020年，中国人民银行高层陆续在相关场合表态发展绿色金融科技。同年9月，中国人民银行研究局局长王信在“外滩大会”上指出：“金融科技通过大数据、人工智能、物联网、云计算、区块链等数字技术应用，能有效缓解相关痛点和难点，因此，作为从绿水青山到金山银山的重要桥梁和转换器，绿色金融引导更多社会资本投向绿色产业，离不开数字技术的支撑。”

2020年12月，中国人民银行副行长李东荣在“2020新时代金融发展峰会”上强调发展绿色金融科技的四点要求，包括推动金融科技在绿色金融场景的应用；基于大数据、物联网提升绿色金融科技领域监管能力，优化监管流程；促进绿色金融基础设施数字化建设，基于区块链和云计算应用，建立跨部门、跨区域、跨行业的融合性数据平台体系；建立健全绿色金融科技复合型人才培养体系，实现“绿色识别精准化、评级定价智能化、预警处置自动化”。

同月，中国人民银行行长易纲在新加坡金融科技节上表示，未来，大数据、人工智能、区块链等金融科技手段在绿色金融中的运用前景非常大，中国人民银行将继续探索运用金融科技推动绿色金融发展，支持绿色金融改革创新试验区有序开展金融科技创新。同时，中国人民银行将以碳中和目标为约束条件，进一步完善绿色金融标准，愿与各方加强交流合作，整合有利资源，动员更多社会资本支持低碳和可持续发展。

（二）数字货币与绿色生活方式

在个人生活方式绿色化方面，湖州安吉农商银行开创性地展开了“两山绿币”的发行。两山绿币是典型的数字货币，它是借助银行用户的私人账户，通过引入云计算和人工智能技术，对账号所属居民的个人绿色生活方式进行实时检测和分析，并按照特定的算法，将其对应计算为居民账户上的积分。绿色生活方式包括居民日常方面的线上支付、低碳出行，以及宏观层面上的参与绿色循环和绿色文明，总计四种类目。而四大类目又可以详细划为生活垃圾分类、业务线上自助办理、积极参加志愿者活动和热心参加慈善活动等10个小项目，通过大数据技术生成模型分析，同时引入其他绿色生活方式环境效益算法，再把居民个人账户上的积分转化成绿币，并根据“1绿币=1元”的比率，允许居民在湖州安吉农商银行的指定网点进行现实场景消费，同时，居民还可以获得一定标准的折扣利率等服务。

在企业生产经营绿色化方面，衢州作为试验区，牢牢把握自身绿色金融改革创新先发优势，借助数字化改革东风，将物联网、大数据、人工智能、在线监测这一类新兴科技作为手段，率先在全国打造以应对气候变化为导向的碳账户体系。构建碳排放e本账、碳征信e报告、碳政策e发布、碳金融e超市、碳效益e评估的“5e”闭环系统，解决金融支持“5w”难题（“5w”是指你是谁、为了谁、支持谁、谁服务、谁有效），为实现政府智能治碳、企业智能减碳、金融智能支持注入更大动能。

第一，首创碳排放e本账。围绕“主体碳排情况”问题，通过数据采集、核算、评价，完成碳足迹核算，对碳排放主体精准画像。实现工业、农业、能源、建筑、交通运输、个人六大碳账户系统数据信息的搜集归纳，整体化、系统化收录不同核算对象的碳排放状况，打造数据精准、算法科学、结论可靠的经济主体碳排放e本账。

第二，首创碳征信e报告。围绕“金融支持依据”问题，衢州创造性地进行了将碳排放e本账中的碳排放信息，转换为金融语言、制度和标准的探索。考虑到金融机构围绕“双碳”这一重要目标进行投融资活动的客观需求，衢州的探索无疑为它们展示了一个具有可行性的全新解决方案。碳征信e报告包括企业基本信息、三维四色贴标结果、碳排总量和结构以及相应用能情况。

第三，首创碳政策e发布。围绕“金融支持对象”问题，衢州研发的“衢融通”平台从三个不同层次实现碳政策e发布这一目标。考虑到政府、金融管理、金融机构的不同实际需求，“衢融通”平台对需要发布的政策信息进行详细分类，按照不同类目，即时公布碳金融相关的最新政策或制度信息。政府政策有碳账户贷款贴息政策、风险补偿政策等；金融管理政策有货币政策、监管政策及碳金融统计监测制度、环境信息披露制度、环境风险压力测试等；金融机构制度主要涉及流程改造、产品创新等。

第四，首创碳金融e超市。围绕“金融服务载体”问题，衢州对金融机构提出要求，金融机构需要根据平台提供的碳征信信息，以及可采集碳排放数据企业的不同具体状况，设计具有差异化的信贷管理操作指引。此外，金融机构还需要通过数字化技术，使碳账户金融完全贯穿于信贷业务的整个过程中。上架支持非项目融资业务的“低碳贷”和支持项目融资业务的“减碳贷”等金融产品。企业在e超市中可以随时对己方提出的信贷资金申请，进行受理、审批、发放进度和状态的查询，实现信贷审批全流程“可视化”。

第五，首创碳效益e评估。围绕“金融支持效果”问题，依靠量化的方式，对投融资业务的碳效应数据进行分析。基于数据分析的结果，对金融机构工作的真实成果进行客观可信的评价，打造碳金融工作的完整闭环。金融机构则可以借助“衢融通”平台，获取已经投放出去的实时碳效分析表，通过对贷款投放前后的碳减排量、碳中和率等指标的对比分析，即时得到工作反馈。金融管理层面，通过碳效评估统计监测功能，可清楚了解、分析碳账户金融工作发展状况，为再贴现再贷款、碳减排支持工具等货币政策精准实施提供数据支撑。政府层面，通过碳效评估可为兑现贷款贴息、风险补偿等激励约束措施提供依据，为政府治理、产业发展提供方向。

（三）绿色投资

在推动绿色投资方面，各地相继进行了不同的探索与尝试。

广州市地方金融监管局和花都区政府协同推出了 FT 账户，旨在助力绿色金融与绿色产业协同发展。设置 FT 账户，旨在提升投融资、汇兑的便捷性，是进一步拓展金融市场，识别和化解危机的重要制度安排。FT 本外币一体化账户实行“分账核算”，借助 FT 账户，企业可以更高效地办理存款和融资，更好地运用境内外可使用的金融资源，进一步压缩企业本外币账户管理成本。此外，企业还可以借助 FT 账户，跨国调控资金资源，并进行国际金融创新等新兴业务，解决企业资金存在的运营效率低下问题。

在广州这一金融发展较为完善的地区进行 FT 账户实践，更有助于提高绿色金融对外开放水平，助力本地区的绿色企业更好地获得和使用境外市场流入的金融资源，使本地区跨境投融资活动获得增益，使大湾区绿色金融更加深入地与绿色产业进行融合，聚焦绿色产业发展实际需求，继续深化金融创新、改革开放，为绿色金融的长期可持续发展提供保障。在此基础上，FT 账户将协助绿色金融聚焦实体经济现实需求的功能性、服务性进一步提升，切实做好粤港澳大湾区金融与实体产业绿色化，助力两者深度交互，协同推进。

建设银行赣江新区分行成功发放全国首笔“碳足迹”披露支持贷款。这里提到的“碳足迹”披露支持贷款，就是指通过建立“碳足迹”与贷款利率的挂钩制度，以阶梯式银行贷款利率的方式，鼓励并积极引导企业在生产经营的过程中，主动减少碳排放，节能减污。作为这项贷款利率评定的重要评价指标，“碳足迹”是指对企业在生产经营过程中，整体产生的温室气体（以二氧化碳当量计），如同足迹一般保存记录下来。企业如果优化生产经营方式，提升“碳管理”水平，将自身碳足迹减少至前期的预估指标以下，就可以在银行贷款的过程中，获得更高的利率优惠，实现减少企业经营成本的目标。

“碳足迹”披露支持贷款是赣江新区继碳排放权质押贷款、碳中和基金、碳中和信托和绿色可持续发展挂钩贷款之后的又一项重大碳金融创新成果。下一步，试验区将持续加大碳金融领域产品创新，构建具有多样性的绿色金融产品服务生态，全力助推“双碳”目标实现。

（四）绿色金融服务平台与普惠绿色金融

在发展普惠绿色金融方面，2017 年 6 月以来，中国先后在六省九地开展绿色金融改革创新试点。其中，依托金融科技技术创新，持续推动绿色金融进步，是改革创新的重要探索目标之一。一些改革试点在基础设施数字化方面做出了尝试。

衢州建设了金融科技赋能的绿色金融服务信息平台“衢融通”，收集企业综合信用数据、生产经营数据、电子证照数据、绿色金融专题数据四个维度共计12小项的指标信息。

平台应用大数据和区块链技术，实现数据分布式存储计算和分析，并与国家、省级征信体系对接，自动生成企业综合信用报告，建立信贷项目事前查询、事中事后动态监测体系。这一平台旨在便利金融机构和绿色项目对接，推动绿色金融政策实施和落实监管要求。

湖州上线了全国首个地方性绿色融资企业（项目）认定评价IT系统，着重解决绿色金融支持目标定位靶向问题，是促进绿色金融市场规模化、规范化发展的重要前提，也是绿色金融改革创新试验区的首要任务之一。

这一地方性绿色融资企业（项目）认定评价IT系统，是在绿色融资企业（项目）认定评价方法学的基础上开发的。在数据来源方面，该系统对接浙江省大数据管理局、湖州市大数据管理中心，整合了环保行政处罚、环境行为信用评价、清洁生产、科技创新等方面数据。在数据处理方面，该系统实现了超过50%的评价数据可自动抓取、自动判断、自动打分，实现了认定评价流程从传统打分卡模式到IT数据系统模式的转变。在数据应用方面，该系统有利于从源头加强金融机构能力建设，帮助金融机构更加科学、精准、快捷地进行绿色识别，减轻基层客户经理工作效率，提高认定评价效率，同时，为湖州建设真实、规范的绿色企业（项目）库，推动绿色金融政策落地打下坚实基础。一些改革试点致力于对绿色产品和服务进行创新。

贵州省商业银行相继推出“茶园贷”“猕猴桃贷”等涉农绿色信贷产品和贫困地区高标准农田建设贷款等多个创新信贷产品。农产品尚未上市时，由于流动资金匮乏，担保不确定性较大，致使农产品产业贷款存在客观的融资困难问题，成为农产品产业发展的“瓶颈”。

通过发展“茶园贷”“猕猴桃贷”等创新性绿色贷款产品，引导了龙头企业探索建立农业产业化发展基金，通过“政府扶持+龙头企业带动+银行信贷支持”模式，推动了农业产业发展基金的建立。创新性地解决了这一系列困境，为地方农产品产业的发展提供了金融保障，积极助力“产业效益显著、绿色发展优先、多元协同共治”的乡村振兴模式的创造。

江西省与北京银行南昌分行签署《绿色信贷战略合作协议》，为100多家企业发放节能技改贷款。根据协议，双方将遵循公平合作原则，共同建立绿色金融合作关系。这将进一步推进地区生态环保产业、生态经济发展。

江西省生态环境厅将发挥组织协调和制定实施生态环保发展战略、规划、法规、标准、政策和技术的优势，在生态环境项目工程、重大政策实施、生态环境项目储备库建设和产业技术开发等方面，给予必要的指导和支持，促进商业银行在生态环境领域的纵深发展。北京银行南昌分行将聚焦打好污染防治攻坚战和推动绿色发展，积极运用商业银行对金融资源的引导能力，实现对相关产业的金融资源助力。以发放中长期贷款的方式，积极对生态环保领域产业进行助力，参与推进生态环境治理项目实施，为深入打好污染防治攻坚战提供融资支持。

这一合作协议的推出，对推动试验区经济发展进一步绿色化、更有效地解决市场主体在绿色金融领域切实的投融资需要，起到了不可替代的作用。数年来，各地区积极运用和发展绿色金融科技技术，坚持不懈地进行探索与实践，在推动地方绿色金融改革创新方面取得了积极进展，对于促进绿色转型、助力绿色改革创新事业的建设也起到了积极作用。这一系列举措，标志着中国绿色金融科技迈入了“自上而下”的顶层设计与“自下而上”的区域探索深度融合、互为补充的发展新阶段。

随着更多的目光逐渐聚焦到生态环境变化中来，各国政府、全球金融机构、相关企业等主体对绿色金融的关注度和积极性呈现不断增强的趋势，对发展绿色金融科技的需求也愈加迫切，放眼世界，绿色金融科技未来必将大有可为。

第二节　绿色金融科技的应用场景

中国政府于2020年9月在第75届联合大会上提出了“30·60”碳达峰碳中和目标，之后也在各种国际场合，包括联合国气候雄心峰会、领导人气候峰会等，强调了实现碳达峰碳中和目标以及坚定不移加以落实的决心。与此同时，《政府工作报告》“十四五”规划纲要等中国政府重大文件也都对实现碳达峰碳中和作出了明确的安排，中国人民银行、银保监会、证监会等金融机构也将“以科技创新为核心”的金融服务纳入了2021年的工作重心。绿色金融科技以大数据、机器学习与人工智能、移动科技、区块链以及物联网等技术手段为基础，为绿色金融的发展提供了多种服务，在推动投资决策绿色化、生产和生活方式绿色化、投融资方式多元化等方面都起到了积极的影响。

一、绿色金融与金融科技的发展融合

在金融可持续发展的大背景下，绿色金融与金融科技在提高金融可得性、发展普惠金融、拓宽项目融资渠道、提高资金周转效率、加强风险防范等方面均发挥着重要作用，这

些共同点为两者的深度融合提供了良好的基础。

（一）金融科技引导个人参与绿色金融实践，赋能低碳生活方式

在全世界的温室气体总排放量中，超过65%来自家庭消费端。因此，在消费方面，培养居民的低碳意识、绿色消费行为是十分必要的。从消费角度来看，实现产品绿色、低碳的主要方式是通过用户的绿色行为，获得绿色能量，并将其转化为绿色权益，进而对用户进行绿色行为的激励和引导，形成一个闭环。而金融科技的一个重要目标，就是要支持普惠金融的发展，通过金融科技的应用，让个人可以更好地参与绿色金融的发展。当前比较通用的方法是基于银行系统或者金融科技公司的支付账户，建立相应的个人碳账户，通过大数据、云计算等基础金融科技，准确刻画用户的绿色低碳行为，并实时转化成碳排放量数据。

衢州江山农商银行以建立客户独立的“碳账户”为基础，构建了一套以个人客户为目标的“绿色金融”评价指标体系。其中包含了绿色支付、绿色出行、绿色生活三个一级维度，并将网上支付所节省的纸张、节约的水电能源，以及所使用的低碳出行工具等转化为碳积分，可用于兑换价格不同的日常用品，这样可以对使用者产生一个循环激励，帮助他们在成长期养成低碳生活习惯。

Doconomy于2018年在瑞典成立，是一个以数字化跟踪碳足迹的金融科技公司。Doconomy通过推出DO信用卡、DO黑卡、Planet Loyalty计划、land指数和2030计算器（见表10－1），为消费者提供了碳足迹跟踪、资金信托、环保基金投融资等业务，还通过量化碳指标、品牌认证等来激励生产者降低碳排放，以推动企业进行可持续发展的战略选择。Doconomy就是通过创新的数据和产品设计，来支持消费者行为变化，引导他们对环保及碳排放的关注，建立一种负责任的消费行为，并在每次交易中都要尽力记录碳足迹，以实现人们对可持续生活的愿景。

表10－1　Doconomy卡种

产品	产品特色
DO信用卡	可追踪约50种碳足迹，持卡者可以通过智能手机和其他数字服务方式来追踪自身的碳排放轨迹
DO黑卡	全球首张具有碳限额的信用卡，拥有提前内置的每月 tCO_2e 限额，限额取决于人均国家/地区
Aland指数	世界领先的气候影响指数，基于云计算的用于气候影响计算的服务，可用于衡量付款、金融交易等行为所产生的二氧化碳排放量
Planet Loyalty	一项新型的忠诚计划，参加Planet Loyalty的品牌被要求计算产品的碳足迹以及建立的抵消值
2023计算器	全球首个免费的产品碳足迹计算工具，能够使产品品牌更好地了解其产品材料的碳足迹，并使消费者可以通过引入碳标签来作出明智的消费选择

资料来源：Doconomy官网。

以金融科技与个体用户相结合所带来的便利为基础，在将来可以考虑将其与物联网技术相结合，以实现对更多个人低碳生活指数的快速识别和融入，进而进行绿色金融产品的设计；对于个人参与的全国碳市场交易，也可以在建立一个云端的全国性碳交易市场后，通过对其进行科学的测算，对个人碳排放标准进行梯度化的制定，进而引入个人碳账户，拓展碳市场的可交易空间。

（二）绿色金融科技助力降低企业融资成本，提高资金周转效率

绿色供应链金融属于绿色金融的一种创新模式，它的实质就是利用供应链的业务重组功能，来提高资金向绿色环保领域流动的效率，对绿色生产中的金融资源进行最优的配置，从而达到供应链上各个节点企业与金融机构在绿色环保领域投融资方面的协同合作。

绿色供应链金融作为近年来大型集团经营的新型业态，已逐渐形成了“供应链金融＋绿色金融”“绿色供应链＋绿色金融”等成熟模式。在这个过程中，首先要根据统一的标准，由第三方评估供应链中原材料的生产及购买到产品的运输及销售，是否符合资源节约型、环境友好型的目标。在此基础上，以区块链为基础，引入环保组织、银行等外部监管机构，并将其纳入区块链中。针对绿色项目中的期限错配，银行可以按照绿色供应链的业务指导，提供特色的金融工具，以无形资产、环境权益、应收账款和票据等各种形式的标的作为质押融资的对象，以智能合同的形式，为供应商等各方面的企业提供贷款优惠利率。

虽然苹果公司一向把环保和可持续发展作为其社会责任的一部分，但由于供应链端频繁出现的环境问题导致其绿色可持续发展社会责任无法如约履行，这对苹果公司的口碑和长远发展利益造成了很大影响。为了提高上游中小企业的环境管理效率，降低供应链的环境风险，实现绿色可持续发展，苹果公司与花旗银行发起了“绿色供应链融资”项目，并在此基础上构建了“绿色信息评价体系”，以甄别上下游符合条件的“绿色供应商”。上游中小企业的整个贷款流程，为苹果公司和花旗银行提供了符合绿色评级标准的可信的绿色评级信息，花旗银行为下游的中小企业提供资金支持，苹果公司可以根据这些资金来挑选适当的供应商，从而使供应链更加稳定。另外，花旗银行还为其在国外的运营创造了一种独一无二的“绿色供应链金融”的模型。该商业模式是：审核下游客户向花旗银行提交的应收账款，花旗银行收购供应商的应收账款，为其提供融资，并要求客户在应收账款到期时向花旗银行进行全额付款。

传感器芯片与物联网技术相结合，将传感芯片嵌入绿色产品包装，可对商品的交易及商品进行溯源，并利用多个参与主体的共同记录，确保交易信息的真实有效性。最终的点对点体系结构使任何两个绿色企业都能够在区块链上快速地完成交易，这样就减少了传统

路径中由于需要通过核心公司进行交易而导致的时滞。较好的可扩展性也保证了在业务延伸过程中，会有更多的上下游企业作为节点加入区块链中，这对绿色供应链融资的长期可持续发展具有重要的意义。

（三）绿色金融科技破除市场信息孤岛，打造智能型全服务平台

在数字经济的发展过程中，必然会遇到许多问题，而最主要的问题就是如何实现数据的共享和开放。在世界范围内，各系统和各组织间的数据共享和开放性都很差，这就导致了“信息孤岛”现象的产生。而金融科技的推广与运用，将会加速我国绿色信贷体系的建立。通过分布式数据库、大数据、云计算等技术手段，打破“数据孤岛”，通过多个渠道，包括环境与金融监管机构、社会媒体、企业非财务类运营数据等，对非正常数据进行规范化处理，建立相应的用户画像，进而利用机器学习技术，建立标准化的、社会化的信用评分体系和信用评价模型。

以“绿色金融改革创新实验区”为龙头的一些地区，正积极探索建立“一站式”的绿色金融信息共享平台，为绿色金融的发展作出贡献。这些平台以大数据、云计算等技术作为底层架构，以一定的评价方法为基础，为企业用户提供了绿色身份评估及认证、绿色政策查询、银企融资对接和绿色金融产品发行等服务，有效地解决了绿色项目信息不对称、评估标准不规范的问题。

贵安新区充分利用其大数据产业基地的优势，建立起了一个“绿色金融＋大数据”的综合绿色金融服务平台，并对“绿色项目认证”“绿色金融产品服务”“金融支持与激励政策”“企业环境信息披露”四个模块进行了动态管理，并可以按照平台的实际运作情况，对相关的绿色认证标准细则进行修改。

考虑到绿色项目中，大部分的投资回收期都比较长，这与一部分个人的长期投资意愿和养老保险端资金的长期投资意愿相匹配。因此，将来可以拓展绿色金融平台的融资供给渠道，运用人工智能技术，对用户的需求进行准确地分析，对与他们的风险偏好和收益预期相一致的绿色债券、绿色证券投资组合等投资品进行定制并推荐，以此来吸引社会各方的力量，使其能够最大限度地覆盖不同的服务对象。

（四）绿色金融科技提升监管效率，提高管理准确度，降低行政成本

绿色金融作为一种可持续发展的驱动力量，其服务体系的构建对于推动我国经济转型具有重要意义。在绿色金融科技的探索进程中，绿色信用信息平台建设是至关重要的一环，征信平台数据收集渠道相对狭窄，在不同地区难以协同使用仍然是目前所面临的问题。在此基础上，构建适用于不同地区企业的绿色信用信息系统，并对其进行差别化定价

不失为一条可行之路。大数据不仅能够对企业的日常经营数据进行梳理和分析，还会对“非常规数据”进行收集，如互联网上的相关新闻、社交媒体上的相关评价等，从而对各个部分的权重进行合理设定。利用机器学习和数据挖掘算法，对企业的绿色行为进行全面地描述，从而提高绿色信用评分的准确性，并定期地对相应的贷款利率进行调整，为下一步对绿色项目库进行定期、动态调整提供数据依据。

英国在环境保护方面起步较早，并已确立了比较完备的标准法律法规。英国于1972年颁布的《有毒废物处置法》体现了“绿色信用”的思想。1990年出台的《环境保护法》，明确了企业获取绿色贷款的先决条件，并对企业进行了环境信用评价；2001年颁布的《污染预防法》，对企业生产过程中的各个环节进行了严格规定，并对这些规定进行了细化；2008年通过《气候变化法案》，英国成为全球首个对碳排放进行明文规定的国家。英国是世界上率先设立绿色金融公共信息平台的国家之一。2009年，英国建立了一个利用债券市场来应对气候变化的非营利国际组织——气候债券倡议组织（CBI）。CBI跟踪并揭示国家绿色债券的发展动态，制定相关的绿色债券规范与评价体系，以保证英国绿色债券的有序运行，为英国政府与企业推动低碳经济发展提供决策依据与政策建议。CBI的信息是一种实时、公开的信息，包括绿色债券的发行、投资收益、行业发展和政府的政策等方面，以日志的形式发布在其官网，且这些信息是对广大公众开放的，任何人都可以在CBI的页面上查询到绿色债券市场的信息，登录CBI的页面就可以进行数据交互，获得各个地区、时间和标准下的债券数据信息。

二、绿色金融科技应用场景

绿色金融科技作为一种新型的金融科技，将消费者、银行、保险公司、非银行（创业企业、科技企业）、监管部门等多个相关利益主体联系在一起，以实现绿色可持续发展目标。

下面梳理了全球绿色金融科技公司在绿色金融产品创新、ESG投资、碳核算和披露以及环境气候风险管理等相关业务领域的应用场景实践，列举了各场景下较为成熟的解决方案。研究发现，欧美等国在环境、气候风险的量化、分析及预测方面已较为成熟，能够为绿色产品设计、绿色主体识别、投融资与交易和风险管理等各环节提供支持。而目前，我国在环境风险分析领域还未有专业科技公司提供系统性服务，通过研究欧美市场案例，可以为我国科技公司在相关领域的布局提供技术、场景与产品方面的借鉴。

（一）绿色债券

在基础应用、智能合约、治理监管、安全验证等方面，区块链技术的标准都存在着差异，虽然它蕴含着多维度的发展机会，但是却缺少标准体系的构建，容易面临多元化的风险。建设区块链的标准化体系，有利于对区块链的开发与应用进行积极的规范与引导，将风险扼杀在萌芽之中，通过区块链标准体系的建设，也可以获得更多的国际合作机遇，为相关的研发产品提供技术上的优势。

将区块链技术引入绿色债券中，一方面可以有效地提高绿色债券的发行与存续管理效率，从而降低其发行与运作的成本；另一方面可以对非结构化信息难以获得、信息披露质量有待提高等问题进行针对性的研究。

西班牙对外银行（BBVA）是西班牙的第二大银行，它在 2019 年 2 月首创了以区块链为基础的结构化绿色债券平台，签发了第一只利用区块链平台构建的结构性绿色债券，它还和西班牙保险公司 MAPFRE 签订了一份协议，为一个为期 6 年的可持续性项目提供了以 5 年欧元掉期利率的 3500 万欧元的投资。BBVA 在区块链平台上对接了一家国际著名的保护服务和风险管理公司 DNV 的绿色项目认证系统，对项目进行了筛选、认证和评价，同时，通过数字化的方式，对流程、谈判、发行等程序进行标准化，在提高运营效率的前提下，有效地降低了公司的发债及经营成本。而且，在统一的保障协议要求的标准下，为投资人提供了更多的横向和纵向上的可比性和灵活性。

（二）ESG 投资

ESG 是 2004 年在《联合国家全球契约计划》中明确提出的一种环境（environmental）、社会责任（social responsibility）和公司治理（corporate governance）三个维度上的企业绩效评估指标。

ESG 综合战略在世界范围内呈现出不同的发展趋势。据全球可持续投资联盟（GSIA）统计，当前世界范围内主流的 ESG 投资策略可以划分七类：负面剔除、正面筛选、原则筛选、ESG 整合、主题投资、影响力投资、股东行为。当前使用最多的 ESG 投资方法有四种，分别是整合法、主题法、尽责管理法和筛选法。这些方法不仅涵盖了股票投资（A 股、H 股和美股），还涵盖了固定收益投资和 FOF 投资等。投资者们一直在研究 ESG 投资在各个方面的运用，其中，将 ESG 因子有机地融入投资分析与决策过程中的整合法，是一种比较困难但又能反映出未来发展趋势的主流投资方法。随着全球碳中和进程的加快，公众对 ESG 的投资也从最初的概念转向了新能源、低碳、风电等“双碳”目标下的相关主题。

Carbon Collective 是总部位于旧金山的一家 100% 关注气候变化的在线投资顾问公司，可以为投资者提供个性化或预先构建的 ESG 量化投资组合。Carbon Collective 以绿色、可持续领域的股票和债券组合为标的资产，如充分覆盖太阳能、家庭隔热保温技术、气候指数领域企业，助力气候变化问题的解决，并为投资者带来经济效益回报。Carbon Collective提出，从助长气候变化的公司撤资，再投资于解决气候变化问题的公司，保持其余的以迫使他们脱碳。公司的组合策略为追踪80%的低碳股票市场，将约20%的资金重新投资于构建气候解决方案的公司，最后持有剩余部分，以迫使它们脱碳。

（三）碳核算和披露

在全球化的背景下，“你中有我，我中有你”的国际供应链系统使不同地区的企业之间可以自由、便捷地开展合作。2015年，海外的金融机构就已经开始了对碳核算的研究，发起并建立了金融业的碳核算组织，提出了投资组合层面的碳核算标准，建立了供应链碳核算体系，从而可以有效地推动全周期碳减排。构建供应链碳计量体系，是解决产业转移所带来的“碳泄露”，实现全寿命周期零碳排放的先决条件。

境外金融机构的碳会计主要参考《金融行业温室气体核算和披露全球性标准》，这一标准由碳会计金融联盟（PCAF）在2020年11月发布，通过了温室气体会计制度的审查，得到了气候相关财务信息披露工作组（TCFD）、科学碳目标倡议（SBTi）等国际组织的承认，并被指定为金融机构碳会计的唯一参考。

从PCAF数据库、政府机构、第三方机构和金融机构自身等途径，金融机构可以获取相关数据。荷兰政府为财务机构提供了一个可查阅的关于碳排放系数的网站，这个网站是荷兰环境保护局下属的环保中心Milieu Central、荷兰经济和气候部门以及Stimular基金会共同建立的，其排放系数是由专业人士定期更新的。英国商务能源与产业战略部（BEIS）、食品与农村事务部（DEFRA）合作，为英国的商业和金融组织创建了一个国家的大气排放因子数据库，该数据库每年都会进行定时更新。国际金融机构十分注重与外部数据提供商的合作，包括碳披露项目（CDP）、彭博、美国明晟（MSCI）等。CDP采用问卷调查的方式，收集企业的碳排放量。MSCI主要从企业网站、年度报告等公共信息渠道收集碳排放信息。英国投资公司Evenlode的碳核算数据就来自CDP，美国波士顿公共资产管理公司（Boston Common）在很大程度上依靠MSCI的数据库。为了确保数据的连贯性，各金融机构开始进行内部数据库的建设。荷兰银行于2016年开发了数据收集系统Credit 360，运营至今已积累了一套标准一致且具有可比性的碳排放数据。美国Amalgamated银行于2020年启动了一项新的数据仓库与集成化报表体系，以提升数据的可用性与准确性。巴克莱银行研发的Blue Track TM，不但可以测算投融资活动的碳排放量，还可以随时与行业基准进行比较，以便追踪和验证投融资活动是否达到碳减排指标。

建立一套完整的供应链碳核算制度，有利于各国企业之间进行公平竞争。2019年，欧盟出台了“绿色新政”，目标是在2030年前减少50%的排放量，并在2050年前达到零碳排放。为了实现这一目标，欧盟要求其在欧洲境内的公司、境外的子公司和与欧洲进行贸易的公司都要作出相应的贡献。其中，汽车行业首当其冲，要求于 2023 年前完成全寿命周期碳排放评估和数据传输；到 2025 年，所有向欧盟出口的车辆都要登记其全寿命周期的碳排放量；到 2030 年，机动车的碳排放标准将从“尾气排气”向“寿命周期”转变。这一政策适用于与欧盟有贸易关系的世界范围内的所有公司，使不同国家的公司可以在同一产业系统中进行平等的竞争，避免了那些不受控制国家的公司因不采取减排措施而获得的成本优势。

为适应国际惯例，进行跨国业务合作，建立供应链核算制度也是必要的。在“绿色新政”的影响下，整个欧洲供应链中的各个厂商，都必须做好相应的准备，以应对与环保有关的法律、规定和对下游品牌的新的需求。另外，更多的品牌开始主动要求其供应商进行碳核算和环保审查。根据 2020 供应链气候行动 SCTI 指数评价结果，在 540 个国内外品牌中，有 108 个品牌已开始督促供应商进行每年的碳排放计算，37 个品牌已督促供应商进行碳披露。戴尔、苹果、富士康等 16 个品牌已督促在中国的供应商设定并发布温室气体减排目标，其中部分领先企业已经开始设定中长期减排目标。可以预见的是，在各个国家相继提出了碳中和目标之后，将会有更多的国家效仿欧盟，通过类似供应链的规则，对企业的碳排放进行合规要求。为了应对未来可能出现的“绿色贸易壁垒”，我国需要预先构建供应链碳核算制度。

（四）环境气候风险管理

在全球范围内，随着气候和环境风险问题不断凸显，金融机构所面对的气候和环境风险也在不断增加，迫切需要构建相关的风险管理体系，而对气候和环境风险的定量评价是其中的一个重要环节。与传统金融风险相比，未来情景分析与压力测试更具特殊性，成为评估气候与环境风险的主要工具。

Jupiter Intelligence 是一家美国气候风险分析的领先企业，致力于为那些想要增强气候适应性的企业和机构提供帮助。Jupiter 拥有一套具有前瞻性的、严谨的研究分析方法，并由行业中的顶尖科学家们进行分析，把错综复杂的气候科学转变成可行的数据。通过管理，减轻和披露企业的气候风险，使企业能为未来的挑战做好准备。Jupiter 的经营范围包括“全球气候评分”和“气候评分计划”，可以对到 2100 年在地球上任意一个地方由各种灾难引起的自然气候改变所造成的物理气候变化风险进行度量。它以高精度的概率预报洪水、极端高温与低温、大风、干旱、冰雹与极端降雨等极端气候事件的发生与发展，为评估当今可用的全球气候风险提供了最全面、最透明的框架。在此基础上，结合统计学、机器学习等方法，为全球气候变化研究提供信息，以了解广泛的气候趋势的超局部表现。

气候评分规划是一个综合应用软件，用于在资产级别上进行物理风险分析。它以概率的方式对气候变化带来的风险进行预测，并对其进行绘制。它的预测是建立在严密的气候、气象、海洋、水文、火灾的基础上，使用最新的数据来源，如人造卫星、航空、陆地和海洋的感应器，还有能模拟地球过去、现在、未来的大型气候模式。Jupiter 利用云计算和人工智能技术，对 CESM 全球气候模式进行动态降维，使其能够在 1—3 米的分辨率下，对某一具体区域进行降维，并能根据客户的特定需求，把分辨率时间范围调整为更高的几个小时到 50 年不等。

三、中国绿色金融科技探索实践

国内对金融科技在促进绿色金融与可持续发展方面进行了一定的有效探索，并将其运用于绿色金融产品创新、ESG 投资、碳核算与披露、环境与气候风险管理等方面。例如，运用金融科技，可以更有效地识别绿色资产及项目、产品和服务，并对环境效益数据进行采集、追溯、处理和分析，建立绿色资产交易平台等；能够为金融机构在低碳资产识别、转型风险量化、碳资产信息披露等方面提供工具和方法，从而解决信息不对称问题，在减少成本的同时做到提高效率；能够在绿色金融监管政策工具、企业碳中和、系统性气候风险分析、绿色投融资金融产品和创新服务、绿色金融市场机制建设等应用领域，提供更高效的解决方案。在中国绿色金融系统的构建和发展中，金融科技起到了举足轻重的作用。

（一）绿色金融产品创新

绿色信贷是我国绿色金融的主要产品之一，未来可基于人工智能、大数据等技术，构建中央银行监管下的绿色信用管理平台。该系统利用大规模机器学习算法和深度学习技术，对绿色贷款进行自动识别，并与人工评估的结果进行对比，持续地积累数据，以提高准确度。同时，可以对平台的信用追溯功能进行改进，实时地追踪每一笔贷款的实际用途，以保证其被正确地用于绿色产业。

中国银行在 2019 年 12 月发布公告，在国内完成了 2019 年第一期 200 亿元的小型微型企业贷款专项金融债券的发行定价，该债券所募集的资金将专门用于发放小微企业贷款。中国银行发行的是两年期定息债券，票面利率为 3.25%，认购倍数在 2.7 倍左右。在此次发行过程中，银行还对其自主研发的区块链债券发行系统进行了同步应用，该系统是国内首个利用区块链技术提供债券发行服务的线上集中业务处理平台，目的是以分布式存储、点对点传输、加密算法、共识机制等技术为基础，来完成债券的发行和管理工作，具有灵活、可扩展、高度集成、信息共享的特点。中国银行此次绿色债券区块链系统的构建为国内将区块链与债券结合进行了初步探索，也为对区块链与绿色债券进行深度研究与实践提供了更多可能。

（二）ESG 投资

嘉实基金是中国排名前十的大型基金公司之一，一直以来都专注于我国 ESG 的深度数据挖掘和研究，ESG 研究小组联合嘉实基金的数据研究中心，利用人工智能、机器学习、NLP 等技术，开发出一套具有中国特色的 ESG 评价体系。这一体系不仅与国际上普遍接受的 ESG 框架及标准一致，还充分体现了中国证券市场的实际情况及特征。嘉实基金是国内最早建立并推广适合中国国情的 ESG 评级体系，并已在自己的投资研究、产品策略等方面进行了全面检验与实践。这一系统极大地提高了 ESG 基础数据的质量、覆盖范围、即时性，以及与投资的关联性和效果。在中国提出碳达峰碳中和的目标背景下，ESG 投资将会得到更多政策扶持和资本市场的重视，其内涵也会逐渐向诸如气候变化、生物多样性等更广阔的领域拓展，与可持续发展和投资的国际框架也会越来越接近。

2022 年 6 月 1 日，景顺基金宣布，景顺长城 ESG 量化股票型证券投资基金于 2022 年 5 月 31 日提前结束募集。这是景顺长城基金推出的第一个 ESG 主题基金，由景顺长城基金量化与指数投资部门副总经理黎海威与基金经理周春泉共同管理。2022 年 6 月 6 日，大成 ESG 责任投资混合发起式证券投资基金启动发行，其所持有的非现金资产中不少于 80% 是通过 ESG 责任投资法所确定的标的。另外，华润元大 ESG 主题混合型证券投资基金和富国中证 500 ESG 指数 ETF 也在进行中。

根据 Wind 的数据，截止到 2022 年 6 月 2 日，有 264 只 ESG 投资基金（按份额分别计算），总规模为 3576.49 亿元。除这些带有“ESG”字样的基金之外，还有“新能源”“低碳”“绿色投资”“责任投资”“社会责任”“美丽中国”等主题基金。过去 3 年，105 只有业绩数据的基金中，104 只取得了正收益，35 只基金的收益率超过 100%。

（三）碳核算和披露

中国华电集团是全球第三大发电集团，也是中国五大电力集团之一。中国华电集团已建成一套以数据为基础的数字化、智能化、可视化的电力公司集团碳排放管理体系，包括碳排放数据管理、自愿减排项目管理、碳配额执行、碳交易、智能分析决策、监测与评估等。

该体系的研究成果将极大地提高中国华电电力公司的碳排放数据采集效率和可靠性，并为其提供有力的技术支持，同时为我国电力公司在全国范围内的碳排放交易、碳资产管理带来积极影响，为我国电力公司绿色低碳转型升级提供有力的技术支持。在全国碳市场启动后，将逐步覆盖建材和钢铁等行业。中国华电集团的研究成果将会为当地的电力企业集团和其他行业的大型企业集团参与全国碳市场中来提供可供借鉴的经验，并以创新的技术对企业的碳资产进行管理，充分发挥碳市场中的价格信号作用，从而推动企业进行绿色投资，实现低碳转型升级。

（四）环境气候风险管理

环境气候风险既包括由气候变化引起的风险，也包括由大气、水体和土壤等非气候因素引起的风险。在碳中和的背景下，如何有效地进行环境、气候等方面的风险管理，是当前我国金融机构面临的一项重要课题。近几年，随着中国人民银行将环境气候风险管理列入绿色金融的“三大支柱”，欧洲央行、新加坡金融管理局、法国审慎监管局等国外监管机构，都对其金融稳定性给予了极大的关注，并对金融机构进行了环境气候风险的评价与管理。

对环境气候风险进行评价是金融机构进行风险管理的重要环节，而情景分析和压力测试是进行风险评估的重要手段。在全球范围内，金融机构所面临的环境气候风险越来越大，因此对其进行风险管理是很有必要的。总体上讲，风险管理包括识别、敞口、评估、降低风险。在这四个环节中，风险评估即对风险所造成的经济损失的概率和程度进行量化评价，是企业在接下来的时段内，作出相应的决策以减少相关风险的重要依据。因此，进行相应的风险管理，就显得尤为重要。

情景分析指的是在给定一组假设和约束的条件下，对一系列将来可能出现的假设结果进行评估的成熟方法。它适用于对中长期，或者影响时间不确定，并且复杂、难以评估的风险进行分析。情景分析法是一种具有前瞻意义的分析工具，能够使公司制定更灵活、稳定的战略计划，更好地应对将来可能出现的各种情况。

清华大学绿色金融研究中心研发的气候转型风险分析模型，对我国煤炭电力产业开展实证研究，用以评价我国煤炭电力产业在气候变化的大背景下贷款信用违约率改变情况。这一模型测度了 5 个在未来 10 年内可能出现的转型因素，其中有：煤炭电力需求减少（运营收益减少）；煤炭和电力因为新能源费用的降低而被迫降价（减少运营收益）；煤炭价格上涨，导致煤炭和电力公司以更高的价格来购买碳配额（增加了生产成本）；煤炭电力公司的财务状况变差，信用等级降低，融资费用增加（增加融资费用）；金融监管机构有可能通过增加棕色资产的风险权重来增加资金的费用（费用增加）。模型通过实证研究方法，对五大关键转型因素进行研究，揭示我国电力行业面临的信用风险及其形成机制。

在此基础上，提出了一种基于全球变暖背景下的气候转型风险分析模型。该模型框架包括：第一步是设置气候情景，一般包括一个基准情景和若干个转型情景；第二步是评估行业和宏观经济影响，运用宏观经济计量模型或者综合评估模型，结合我国产业结构调整，对产业结构尤其是高碳型产业进行分析，并分析产业结构调整对产业结构的影响；第三步是分析对微观企业财务状况的影响；第四步是对金融机构进行风险评价；第五步是对系统财务风险的冲击进行分析。

四、总结

随着中国绿色金融的迅速发展，金融机构在产品创新、气候环境风险辨识、流程管理与集成等方面的应用日益增多，对信息的规范性、时效性、集成性和精准性等方面的要求也日益提高，金融科技对金融机构的影响越来越大。为绿色金融发展提供技术支撑，建设高效的绿色金融统计监控与管理体系，以及碳排放数据共享平台；金融机构以金融科技为依托，构建起了 ESG 数据库，并具备了对 ESG 进行评估的能力。通过金融科技，对绿色 ESG 主题产品进行了创新，从而培养出具备金融科技与绿色金融综合能力的专门人才，努力将国际先进绿色金融科技技术引进来，推进绿色金融科技领域中的国际合作，从而促进我国和世界绿色金融科技产业的和谐繁荣发展。

第三节 绿色金融科技典型案例

绿色金融科技的引领者是联合国环境规划署（UNEP），其在 2014 年创立了“可持续金融体系探索与规划”项目，并在 2016 年提出“可持续发展的金融科技”（FinTech for Sustainable Development，FT4SD）的概念。2016—2017 年，联合国环境规划署相继发布《金融科技与可持续发展的影响评估》《可持续金融体系路线图》《金融科技、绿色金融与发展中国家》等，呼吁发展中国家的领导者将金融科技促进绿色金融写进发展计划和发展路线图。金融科技可以促进绿色金融微观基础的发展，畅通绿色金融传导机制，例如，借助大数据提升绿色项目的识别精准度、借助区块链来检测资金是否流向绿色领域、借助 VR/AR 提高绿色投资者的体验和借助 AI 智能辅助投资绿色金融产品等，同时，凭借其创新性和技术灵活性，发挥潜力调动公共与私人融资，进而帮助扩大绿色投资规模，实现联合国可持续发展目标和《巴黎协定》等。金融科技在各个领域都具有巨大的潜力，通过推动绿色金融科技的创新，有望实现国家和地区的长期繁荣，并有效地抵御全球性气候危机。然而，这一过程仍然存在诸如财政支撑匮乏、工作内容复杂、信息不平等问题。

案例 10－1　嘉实基金创建 ESG 评分系统

1. 背景

ESG 概念始于社会责任投资，它与传统的财务衡量方法不同，它把环境、社会和公司治理三个关键因素融合在一起，以此衡量企业经济效率、社会效应及其对未来发展的潜在影响，以达到实现长远回报。ESG 投资受到了许多长期机构的欢迎，如养老保险公司和合作伙伴。

虽然受到新冠疫情的影响，许多领域的投资出现了下滑，但 ESG 和其他与应对气候变化有关的长期性投资，尤其是欧美国家的 ESG 投资，正以惊人的速度发展壮大，并逐渐形成了一种普遍的投资模式。根据最新数据，ESG 公司的总投入已经超过了 11 万亿美元。此外，ESG 公司的股价也显著优于其他投资者，其中欧洲、美国和亚洲投资者的投入分别超过了 20%、46%、77%。

2020 年，中国 ESG 基金的发展可谓惊人，发行量较 2019 年大大提升，达到 36%，几乎翻倍，而且年内平均收益率也达到 45%。中国的 ESG 投资已经取得了长足的进步，并且已经成为全球资产配置领域的领军者。从 2005 年开始，中国首次推出了 127 只 ESG 公募基金，累计投资额达到 1200 亿元，而中国 ESG 投资的份额只是全球资产配置领域的 2%。

如图 10－1 所示，截至 2020 年 7 月 17 日，中国 ESG 相关基金的数量和规模均有所不同。

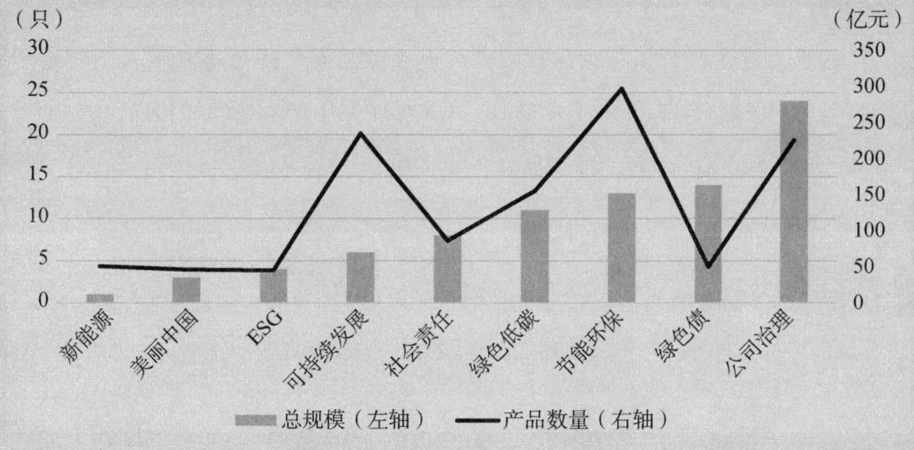

图 10－1　中国 ESG 相关基金按主体类别统计数量与规模（截至 2020 年 7 月 17 日）

中国 ESG 投资的迅猛增长得益于中国资本市场的双向流动和积极应对全球气候危机。然而，目前中国 ESG 投资仍然存在一些问题，如缺乏有效的评估机制、国际标准的冲突、信息的不全面和数据的不稳定。随着国内金融体系的改革，越来越多的第三方机构，如 MSCI、FTSE Russell、S&P，开始向中国的金融市场开放，以便更好地收集

ESG数据，并对其进行评价。然而，由于中国的评价体系普遍不够充分，以及对于投资逻辑、投资策略的检查，使中国的ESG投资信号很难被及时发现。

为了更好地推动中国ESG投资，我们应该借鉴国外的经验，并根据中国的具体情况，制定一套适用于中国的ESG评估标准，以便更好地指导和激励机构投资者做出明智的选择，从而推动中国ESG投资的高质量增长。中国的金融机构目前主要依赖外部的ESG评估工具，而不能依靠内部的评估工具。这种情况导致了他们在满足客户的投资要求时面临挑战。

2. 举措：金融科技推动ESG投资

嘉实基金被誉为中国十大基金管理公司之一，长期践行可持续投资，是国际首批认定的符合联合国负责任投资原则（UNPRI）的公募基金管理公司，并获得了气候相关财务信息披露工作组（TCFD）、全球环境信息研究中心（CDP）的认证。

ESG投资实践已经被国际多家权威机构认可，嘉实基金不仅荣膺中国UNPRI公司ESG管理“战略与治理”模块的A+级评定，而且2020年UNPRI年度新兴市场奖项也首次被中国公募基金公司纳入，证明其ESG研究整合项目的有效性和实力。

嘉实ESG研究团队与数据化研究中心Data Lab联手，基于在中国本土的深度ESG数据挖掘与研究，采用人工智能、机器学习和自然语言处理等科技手段，自主研发建立了一套本土化ESG评分系统，不仅与国际通用的ESG框架及标准接轨，而且充分考虑和反映了中国市场现状和特点。嘉实ESG评分系统自上而下由环境、社会和治理三个主题的一级指标（主题），环境风险、污染治理、产品和服务质量及公司治理等八个议题的二级指标（议题），23个事项的三级指标（事项），以及超过110个底层指标构成（见图10－2）。

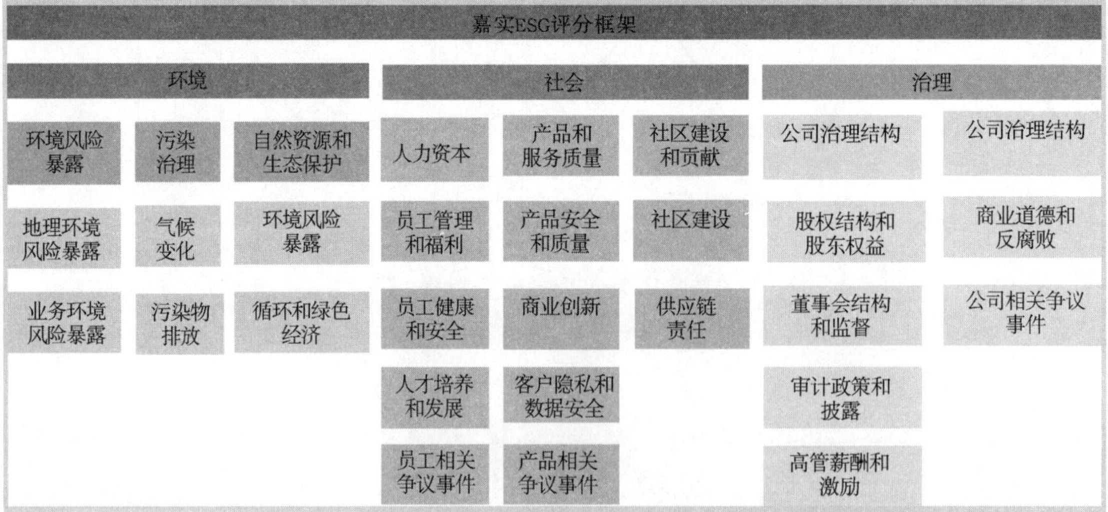

图10－2　嘉实ESG评分框架

3. 四大功能

嘉实 ESG 评分系统旨在通过提升数据的准确性、及时性和可用性，帮助投资者更好地识别 ESG 等因素的风险，并从中发现潜在的投资机会，同时为本地投资者提供了一种有效的投资指导。该系统主要包括四大功能：

第一，通过引入多元的本地数据源，利用行业领先的 ESG 自然语言处理技术，不断提高数据的质量和可用性，从而更好地把握金融监管机构的披露渠道，同时能够更有效地挖掘和处理各种异常数据。

第二，确保 ESG 数据的可靠性、实时性。采用定量指标作为核心，并依照量化评价机制，将超过 80% 的底层指标转换为可衡量的，减少对政府部门的干预。此外，利用自行研制的 ESG 自然语言处理系统，实现对 ESG 高频事件的实时捕捉，并加强对信息的公布。

第三，我们已经实现了对整个 A 股市场的全面覆盖，包括底层数据和评级，以及从 2017 年 1 月开始的月度完整历史数据时间序列。

第四，通过对底层数据的深入挖掘，嘉实的 ESG 评分系统可以更准确、客观地识别出中国市场的领先者和落后者，从而为投资者提供更多的信息支持，以期获得更高的投资回报。嘉实的投研和策略也在不断验证这一点，以确保其在市场中的领先地位。

4. 成效

嘉实基金率先在中国资管业中开发出一套全新的 ESG 评分系统，它不仅可以更好地反映中国市场的实际情况，还可以更加准确地反映投资者的需求，从而更好地指导投资决策。此外，这套系统还可以极大地提高 ESG 基础数据的质量、覆盖率、即时性，以及投资的相关性和有效性，从而推动中国 ESG 投资的发展。

嘉实 ESG 评分目前可覆盖中国 A 股市场包括创业板在内的 4000 多家上市公司，为投资者提供客观且具有时效性的 ESG 投资参考。

中证嘉实沪深 300ESG 领先指数的编制发布得益于嘉实 ESG 评分对沪深 300 各行业的精准筛查，2016—2020 年，该指数一直保持着较高的水平，年化超额收益高达 5.1%，这一结果证实了嘉实 ESG 评分的可靠性和它在中国市场的应用价值。

2020 年 7 月，嘉实 ESG 评分数据在万得金融终端（Wind）上线，为市场投资者提供了更加准确的投资参考，从而促使中国的 ESG 投资得到更好的实施。2021 年 3 月，Wind 推出 7 只 ESG 系列指数，嘉实提供 ESG 评分及投研支持，为中国的绿色可持续投资带来了更多机遇，两家机构也将共同推动绿色可持续投资在中国的发展。

2020 年 7 月底，华泰证券研究所发布了一份关于嘉实 ESG 评分体系的报告，该报告详细分析了各项评分因子，并对IC值进行了深入研究，最终得出的结论是：在所有股票池中，低频调仓拥有最佳的ROI。经过分层测试，研究人员发现综合得分表现最佳的，alpha效应也十分显著，并且Rank IC的行业中性后ESG评分在不同的频率和样本范围内有着显著的变化（见表10－2）。

表10－2　行业中性后ESG评分在不同频率与选样空间内Rank IC表现

选样空间		Rank IC均值				IC_IR			
指标		中证全指	沪深300	中证500	创业板综	中证全指	沪深300	中证500	创业板综
一个月	综合评分	0.067	0.048	0.068	0.050	0.844	0.627	0.222	0.587
	E	0.003	0.034	0.009	0.012	0.102	0.522	0.728	0.319
	S	0.043	0.033	0.041	0.020	0.690	0.628	0.815	0.295
	G	0.064	0.042	0.063	0.051	0.889	0.551	1.155	0.580
三个月	综合评分	0.107	0.073	0.093	0.081	2.295	0.786	0.127	0.996
	E	0.005	0.053	0.005	0.028	0.188	0.979	1.178	0.660
	S	0.070	0.037	0.055	0.030	1.190	0.749	1.144	0.426
	G	0.101	0.063	0.090	0.082	3.169	0.675	2.131	0.993
半年	综合评分	0.138	0.103	0.118	0.091	3.185	1.091	0.170	1.498
	E	0.009	0.076	0.005	0.048	0.538	1.479	2.379	2.522
	S	0.093	0.056	0.077	0.033	1.454	0.957	1.433	0.595
	G	0.129	0.083	0.106	0.086	5.846	0.995	5.656	1.294
一年	综合评分	0.156	0.102	0.151	0.131	5.701	0.959	1.415	3.582
	E	0.019	0.066	0.023	0.057	0.646	1.126	1.415	1.395
	S	0.105	0.067	0.083	0.056	1.899	1.334	2.905	0.873
	G	0.145	0.065	0.141	0.128	9.846	0.787	14.559	4.002

数据来源：华泰证券．嘉实ESG评分体系数据质量和选股能力分析报告2020［EB/OL］．https：//max.book118.com/html/2020/0723/8032071063002126.shtm，2020－7－23.

案例10－2　香港特别行政区发行代币化绿色债券

1．背景

香港金管局于2023年2月协助政府发行代币化绿色债券。这是第一只循香港法律制度发行的代币化债券，也是全球首只由政府发行的代币化绿色债券。

这只代币化绿色债券以分布式分类账技术（DLT）发行。DLT具有防篡改、不可变和透明度高等优点。目前，市场和公众对DLT应用的焦点多集中在比特币和非同质化代币（NFT）等虚拟资产以及央行数码货币（CBDC），但DLT的应用远不限于此。

将 DLT 应用到金融市场的现有产品与流程，如债券发行及交易，就是很好的例子。

简单而言，债券代币化就是在 DLT 分类账上记录有关债券的实益权益，而非采用传统的电脑记账方法。这不只是改变证券记账的方式，其突破在于将债券以至其他与交易相关的金融工具、参与方及活动汇聚于单一数码平台，从而促进彼此间的互动，大幅度减少相关成本，促进全过程自动化，长远而言，更可能令现有的市场运作方式出现根本性的变化，并让投资者掌握更大的主导权。

2. 具体举措

作为首批以香港法律为管辖法律的代币化债券（见表 10-3），是次发行显示香港

表 10-3　　香港特别行政区代币化绿色债券发行摘要

代币化绿色债券发行摘要	
发行金额	8 亿港元
币种	港元
年期	365 日
发行评级	A-1+/F1+（标普/惠誉）
	（与发行人本地货币短期信贷评级持平）
票面息率	4.05%
收益率	4.05%
交收日期	2023 年 2 月 16 日（T+1）
管辖法律	香港法律
募集资金用途	为属于香港特区政府《绿色债券框架》中一个或多个（合资格类别）的项目提供融资和/或再融资
联席全球协调行、联席牵头行、联席簿记行	中国银行（香港）、东方汇理银行、高盛、汇丰
结算及交收系统	金管局 CMU
平台提供者	高盛
平台	GS DAP™
市场惯例顾问	汇丰
托管行	中国银行（香港）、汇丰
信托人；CMU 支付代理、登记和过户代理人；平台上的发行代理人	汇丰
现金代币管理方	金管局 CMU
联席绿色结构银行	东方汇理银行、汇丰
法律顾问	安理国际律师事务所（发行人法律顾问）、亚司特律师事务所（平台提供方法律顾问）、年利达律师事务所（银行及受托人法律顾问）

能为创新的债券发行形式提供灵活便利的法律和监管环境。金管局作为绿债计划下香港特区政府的代表，将适时发布白皮书，总结是次发行的经验，及展望下一步计划，为在香港发行代币化债券提供参考。

财政司司长陈茂波表示：香港一直积极推动创新科技在金融领域的应用，积极探索以新概念、新技术提升金融交易的效率、透明度和安全性。我们在去年10月发表的有关香港虚拟资产发展的政策宣言，表明我们积极拥抱与第三代互联网（Web3）相关的金融创新，推动市场稳慎发展。这次成功发行代币化绿色债券，标志香港在结合债券市场、绿色和可持续金融，以及金融科技方面的优势，具里程碑意义。特区政府会继续推动金融市场创新发展。

金管局总裁余伟文表示：分布式分类账技术（DLT）极具前景，可以为金融市场运作带来革新。金管局与国际结算银行创新枢纽辖下香港中心在2021年完成Project Genesis，而是次代币化绿色债券在该项目的基础上更进一步，利用金管局发行的现金代币，实现链上（on-chain）DvP交收，促进了DLT的应用，也让我们更趋近全面发挥DLT在债券市场的潜力。金管局及政府将利用是次发行的经验，与其他持份者合作推出更多的代币化发行，力求突破界限，鼓励科技应用。

3. 优势

绿色债券并非一个新概念，2008年2月25日，国家环保总局便正式发布绿色证券的指导意见——《关于加强上市公司环境保护监督管理工作的指导意见》，其目的在于限制污染，保护环境。

此次香港将绿色证券代币化，主要原因在于“代币化”的绿色证券在流通性和透明度上更具优势，有望突破传统债券发行和流通的桎梏，为香港金融行业带来新的气象。具体来看，这些优势主要体现在以下三点：

一是代币化绿色债券的流动性更强。代币化能够实现从难以实际分割的非流动性资产中释放流动性。例如，很多固定资产价值高，锁定期很长，首付款也很高，使它们无法像股票等资产一样自由流动。代币化会为其注入流动性，让投资者可以买卖这些资产所分割出来的代币。

二是高透明度和随时可访问。代币化的绿色证券，类似区块链上的加密货币，用户的资产可以通过即时的智能合约技术在任何时候进行买卖，而不必等待银行或市场开放。

三是无摩擦的所有权转让。代币化的绿色证券所有权可以立即转让，通过点对点技术，可以在双方之间进行即时转账，而不必通过线下烦琐的手续。

案例 10－3　湖州市绿色金融一站式服务平台

1. 背景

中国绿色金融市场的主体是金融机构和大中型企业。中小企业的参与非常有限。据工业和信息化部统计，截至 2018 年年底，中小企业数量突破 3000 万户。此外，中小企业为经济贡献了 50% 以上的税收、60% 以上的 GDP、70% 以上的科技创新成果、80% 以上的就业岗位。因此，中国人民银行、银保监会和财政部等监管机构通过政策制定和普惠金融试点项目为金融机构提供指导，鼓励加大对中小企业的融资支持。

尽管做出了这些努力，但由于信息不对称、缺乏抵押品、担保费用高、风险系数高和金融资源可用性低等挑战，中小企业在获得金融资源方面仍然面临困难。的确，如何降低成本，为绿色资产和商业活动提供高效的识别和认证服务，提高中小企业融资的可及性和可负担性，以支持中小企业的绿色和可持续发展，是一个亟待解决的问题。

湖州是首批绿色金融试验区城市之一，中小企业云集。据测算，湖州从制造业到服务业共有 4 万—5 万家中小企业，占全市企业的 99%。湖州中小企业数量众多，再加上湖州的资源禀赋和产业构成，使支持它们的绿色和可持续发展成为该市绿色金融的首要任务之一。湖州市金融办牵头绿色中小企业融资，打造了湖州市绿色金融一站式服务平台。

2. 具体措施

湖州市绿色金融一站式服务平台为中小企业提供银行贷款、股权融资、绿色信用评级等服务，支持中小企业绿色可持续发展。通过利用大数据、云计算等技术，构建和运营以绿色借贷、绿色融资、绿色信用评级为核心的平台三大板块。

2018 年 6 月，中国人民银行副行长陈雨露就湖州市的绿色金融改革发展创新型实验区的发展发表了讲话，强调要构建一个完善的绿色信贷业务管理系统，以便更好地推动金融机构的发展，并且能够更准确地报送数据，为宏观经济决定和政策制定提出产业投入、贷款定价、负债品质和市场环境效果等方面的支撑，为顶层制度的建立奠定坚实的基础。为全面深化绿色金融改革，2018 年 7 月，湖州在全国率先开展人民银行绿色金融信息管理系统建设试点，8 月正式上线，将全市 36 家金融机构全部纳入监测。通过这个系统，银行可以实时收集、分析和管理绿色金融业务的信息，并使用精确的统计方法来衡量业绩，同时可以实时共享监管信息。这样就可以建立一个可追溯、可比较、可衡量的绿色金融管理和信息查询平台，为绿色金融政策和衍生交易提供充足的信息和数据支持。2020 年 4 月，以绿金系统 2.0 版本升级为契机，人民银行湖州市中心支行在系统中嵌入开发“融资监测模块”，积极打造“定制银企对接”“实时监测分析”“定向引导调控”三大特色功能，助推银企精准对接，有力支持各项金融助企惠企政策落地见效。

（1）平台的三大优势：

第一，建立企业（和项目）绿色认定标准。湖州制定了首个企业绿色信用评级标准，成为湖州市绿色金融一站式服务平台三大平台之一的“绿色信用评级平台”的组成部分。

第二，拓宽绿色企业和项目的融资渠道。通过搭建一站式服务平台，政府有效地将绿色中小企业与感兴趣的银行和投资者联系起来。通过提供更多有关绿色中小企业投资者和企业融资需求的信息，解决信息不对称问题。

第三，加大中小企业融资力度。依托“数字湖州”大数据平台，一站式服务主体平台“绿色借贷平台”整合了湖州市工商局、湖州市税务局等 31 家政府部门的信息。湖州市环保局实现跨政府机构的信息共享，绿色贷款平台上的这一机制和其他机制使银行能够降低费用，从而降低借款人的成本，有助于增加绿色中小企业的融资。

（2）四种平台服务（见图 10－3）：

图 10－3　湖州绿色金融一站式服务平台网页截图

①绿贷通：该平台连接企业和银行。利用大数据、云计算等技术，将湖州辖区内 36 家银行的 300 余款贷款产品呈现给企业。

②绿信通：该平台基于湖州制定的企业绿色信用评级标准，为中小企业或项目的绿色程度提供评级机制。借助技术，它能够自动获取和分析产生评级所需的大约一半的绿色评级指标，使中小企业获得绿色评级变得更加容易。因此，地方政府已经能够

出台绿色金融激励政策，根据平台生成的深绿色、中绿色和浅绿色评级向中小企业和项目提供贴息贷款。

③绿金宝：绿金宝面向百姓提供高品质、便利化的金融服务，并倡导低碳生活。该平台提供了丰富的线上个人贷款产品，用户可一键办理，同时用户可以凭借碳币获取更优惠的贷款利率，助力创业和绿色消费；为用户量身打造理财知识学堂，用户也可通过使用碳币预约抢购优质理财产品；为用户提供信用卡、保险全线上办理渠道，用户凭借碳币可以享受更优惠的办理体验和更加丰富的生活实惠；构建了步行、垃圾分类、共享单车等丰富的碳减排场景，用户的碳减排行为会被奖励碳币，可以用来兑换不同金额的消费券。

④绿治通：该平台面向政府部门，打造贯通、协同、数字智能的交互场景，促进金融服务治理现代化（见图 10－4）。

图 10－4　“绿治通”平台截图

3. 推进成效

自 2018 年年底三大服务体系上线以来，湖州市绿色金融一站式服务平台已注册中小企业 16000 余家、金融机构 30 家、投资者 80 余家。该平台已帮助 13000 多家绿色中小企业获得银行融资超过 1600 亿元，为 73 个项目找到投资者，融资金额超过 66 亿元。该平台通过解决企业或项目绿色识别、信息不对称、提高融资可及性和效率、降低资金成本等问题，在利用金融科技帮助中小企业绿色发展融资方面发挥了积极作用。

4. 展望

地方政府将能够利用大数据和其他金融科技技术建立平台，将中小企业与相关银行和投资者联系起来，增加进入资本市场的机会，从而提供更多的融资渠道和相关服务。这样的平台可以帮助解决信息不对称问题，增加可用信息量，直接支持中小企业的绿色和可持续发展。

湖州市金融办计划在未来开展以下工作：

（1）改善运营，建立跨部门协调和保障机制。定期召开会议讨论平台重要事项和潜在风险，进一步推动绿色金融促进中小企业可持续发展，探索构建更加开放有效的平台等行动项目。运营模式是湖州市绿色金融一站式服务平台下一步计划的一部分。

（2）做大做强，放眼国际。借鉴湖州市绿色金融一站式服务平台在绿色借贷、绿色评级、数据共享等方面的经验，希望在其他有条件的省市推广。根据迄今为止获得的经验，湖州市政府希望继续与国际社会合作，就金融科技在绿色金融中的实际应用交流见解。

案例 10－4 Carbon Trade Exchange（CTX）公司——全球领先的自愿碳信用额现货交易平台

1. 背景

碳交易是温室气体排放权交易的统称，在《京都议定书》要求减排的 6 种温室气体中，二氧化碳为最大宗。因此，温室气体排放权交易以每吨二氧化碳当量为计算单位。在排放总量控制的前提下，包括二氧化碳在内的温室气体排放权成为一种稀缺资源，从而具备了商品属性。

联合国政府间气候变化专门委员会通过艰难谈判，于 1992 年 5 月 9 日通过《联合国气候变化框架公约》（以下简称《公约》）。1997 年 12 月于日本京都通过了《公约》的第一个附加协议，即《京都议定书》（以下简称《议定书》）。《议定书》把市场机制作为解决以二氧化碳为代表的温室气体减排问题的新路径，即把二氧化碳排放权作为一种商品，从而形成了二氧化碳排放权的交易，简称碳交易。

越来越多的组织、城市和国家正在讨论实现碳中和。近 10 年来，CTX 团队一直协助企业、项目开发商和经纪人购买和出售碳信用额。CTX 支持多种核准机制下的碳信用交易，其中包括黄金标准（GS）、Verra 的核证碳标准（VCS）、联合国气候变化框架公约（UNFCCC）下的清洁发展机制（CDM）以及生物碳登记（BCR）。其他服务包括碳足迹、碳抵消、碳中和和碳项目开发。

在 2007 年出售 Bartercard 在澳大利亚的旗舰业务（25 万美元）后，碳交易交易所（CTX）创始人兼首席执行官韦恩·夏普（Wayne Sharpe）参加了在巴厘岛举行的联合国气候变化会议，并将他的技术和创业技能转移到气候变化的全球挑战上。

夏普认为，全球碳市场是一个支离破碎、多样化的场外交易市场，具有多种信用

"标准";他看到了企业对企业贸易领域可以克服的挑战,并利用他的易货卡技术作为创建 CTX 的基础。

2. CTX 关于碳交易技术的成果

CTX 是世界上第一个用于现货价格、自愿碳信用交易的数字碳抵消交易所。第一步,客户需要在 CTX 官网 www. ctxglobal. net 完成申请,成为 CTX 公司的会员。第二步,列出待售的 VER 和核证的排减量,或浏览已列出的版本和核证的排减量。第三步,将现金上传到客户的账户以立即购买列出的积分。第四步,客户的交易是实时结算的,现金和信用立即转移。

世界上第一个与区块链注册表接口的基于 Web/云的交易所是生物碳登记(BioCarbon Registry,BCR),在南美洲蓬勃发展。生物碳登记在 2021 年环境金融奖最佳温室气体计划中获得了 Verra VCS 的亚军,已经并将继续致力于为长期可持续性的生物多样性和温室气体项目制定标准和方法。他们的标准适用于自愿和受监管的市场(在南美),CTX 基于云的基础设施已与 BioCarbon Registry 的区块链技术进行电子接口,从而可以全年无休地、以电子方式购买其高质量的验证碳信用额(VCC)。

3. 公司影响

目前,CTX 由全球环境市场(GEM)的英国子公司碳交易交易所有限公司运营。自 2009 年以来,CTX 集团公司已经抵消了超过 100 亿吨的二氧化碳,为世界各地的可再生能源、森林保护和社区项目提供资金。CTX 目前在英国和澳大利亚开展业务。

4. 总结与展望

中国的金融业正迅猛增长,绿色金融科技正面临更大的挑战,包括推出更先进的金融产品、更好地识别和控制气候变化的风险、更有效地实施流程和集成资源。这些挑战都提升了金融公司的标准,包括提升金融服务的质量、透明度和可靠性。过去一年,金融科技已经大大改善了金融环境,促使金融机构更加谨慎地审查、评估、实施新的金融服务,并且研制出 ESG 指数及其相关的金融服务产品,但是,金融科技如何帮助实现金融环境的可持续性,还需要解决诸如政府、行业和技术上的诸多难题。因此,发展绿色金融科技还需从以下三个方面进行改进:

从政策的视角来看,目前尚未制定针对金融科技发展的实质性政策,以及如何将其融入绿色金融中。尽管北京、上海已经建立了金融科技的监管机制,但仍未能充分发挥其作用来促进金融科技的发展,并且尚未制定针对绿色金融的金融科技服务措施,以及如何将其融入各种金融环境中。虽然政府部门努力推动公众信息的开放和共享,但由于缺乏有力的监督,导致许多信息无法被准确追踪,从而影响到绿色金融科技的发挥。此外，由于信息的缺乏，使采集和分析的过程变得复杂，从而导致采集的信息价格昂贵、效率较慢、准确度较低。随着时间的推移，由于缺乏可追踪的信息，未来的金融科技产品将难以有效地帮助央行实施货币政策，并且难以有效地实施监督。

从金融机构的视角来看，机构缺乏将金融科技应用到实现绿色低碳转型的清晰、实际的规划。例如，领导层缺乏充分的意识，缺乏有效的合作，也缺乏充分的财力支持。金融机构应当加大对金融科技的投资，以实现金融科技与绿色金融的有效融合。为此，应当制定科学的战略，完善组织结构，并加大人员及财政支持。然而，由于缺乏专业的金融科技人才，以及缺乏有效的人才培养，当前的金融科技发展面临严峻的挑战。由于专家的短缺，绿色金融发展战略及其相关发展规划的实施受到了严重的影响，从而引发了一连串的挑战，例如，如何有效地开发、运营、维护、管理、监督、评估、考核等。

从金融科技的视角来看，尽管区块链和其他互联网技术的实施仍然有待加强，但是金融科技企业正在积极探索将这些技术融合于绿色金融领域，以期达成更高的运营效率。它们正努力利用大数据、人工智能、云计算技术，以及其他技术，来实现更高的绿色金融水平，如ESG指数的编写、项目的识别、环境的评估和其他的技术支持。然而，在提高信息的透明度、保证其可靠性、实现可追踪的前沿科学方面，仍有待于进一步发展与实践。

过去一年来，金融科技的绿色标准逐步落地，为绿色金融审核与反洗绿、促进环境信息披露与共享、绿色金融产品创新等方面提供更加精准、高效的支持。针对绿色金融科技所面临的上述问题和下一步发展需求，本书从监管机构、金融机构、金融科技企业等不同视角，提出如下建议：

我们建议政府采取措施来促进绿色金融。这些措施包括制定一个监管框架，来支撑使用区块链技术进行绿色债券或资产证券化产品的研究。通过这个框架，政府能够更好地了解并评估这些产品，并通过这些产品来降低第三方审核成本，提升债券发行效率，并加强市场公开性。通过采取沙盒监管模式，旨在促进绿色资产的跨国流通，推动使用区块链技术作为海外资金的记账凭证，对海外资金的收入、损失等进行实时追溯，确保数据的安全性。此外，通过使用区块链记录，我们还能够记载海外资金的赎回流程，从而更好地保护海外资金的安全性。为了更有效地实施绿色金融，企业可以采取措施，利用先进的区块链技术，对绿色低碳项目和资产的来源、特征、价值等进行准确地追踪，并利用大数据、人工智能等前沿技术，实现对环境影响的准确评估，同时有效地控制风险。改善绿色金融服务的流程，不仅能够更加准确地收集、传递、处置相关的数据，还能够更好地保护环境，从而达到可持续的经济增长。因此，建议政府及相关行政主体加强对企业及其相关信息的综合利用，以促进社会的健康发展。通过建立统一的公众号，收集和分析有关环保法规、企业排放标准、绿色建设计划，以及相关的信用记录。为了有效地改善信息的流动，企业将采取措施，将所有的信息都整合到一起，建立起严格的信息系统，促进信息的流动，从而有效地避免信息的丢失、混淆、篡改。此外，我国还需要加强政府、企业、项目、金融机构之间的协作，为 ESG 风险评估提供有价值的信息，从而有效地减少在第三方审计方面的费用。通过利用大数据、云计算和人工智能，湖州绿贷通的案例为绿色融资提供了一种有效的方式，即 ESG 评估，从而有效地检测出融资主体的风险。为此，有必要在各地政府及金融服务领域推广应用区块链、云计算和其他新兴科学技术，构建一个完善的碳排放数据共享平台，以便更好地核算、公开、透明地反映各类碳排放情况，从而促进绿色发展。研究如何整合碳排放信息，并对个体/公司的碳排放量进行计量。

为了促进可持续的金融服务，政府和企业需要采取有效的政策和行动，积极开拓绿色金融领域，确立可持续的金融服务政策，并且要求企业积极参与，不断提升服务水平。利用先进的金融科技，我们可以创造一个 ESG 数据库，并对其进行有效的分析。我们还可以通过统一的内部数据标准，将来自各个政府、企业、研究院、社会组织的各种外部数据进行有效的集成，从而更好地实现对环境的监测、预警、控制，并有效地实现对碳排放的控制。通过利用先进的云计算、AI 和其他相关技术，可以准确地鉴定、划分、统计、分析和公开这些绿色、棕色资源，从而有效地控制其可能带来的金融变革风险。此外，还可以将这些技术融合到 ESG 的评估中，以便更好地控制和管理无形的金融信息，从而有效地提升金融服务的效率。通过应用先进的区块链技术，可以实现快速、准确的碳排放量测量，并将其实时反映到金融机构的账户中，从而实现自动化的环保信息披露，同时也可以通过开发基于 ESG 的绿色 ESG 相关产品。建议金融机构采用绿色 ESG 战术，加强绿色产品的研究与开发，并利用区块链信息技术构建绿色债券、绿色资产支持证券化（ABS）等产品的资源池，以及更加全面、可靠的绿色债券、ABS 和 REITS 产品，以实现绿色资产的有效利用，同时减少投资者的负担，实现环保经济的可持续发展。

本书认为，在推动绿色供应链领域的发展方面，应该加大投入，充分利用区块链的优势，如信息的安全性、可追踪性和其他功能，以期望能够更好地支持金融科技公司的绿色供应链融资，并且更好地帮助它们实现目标。通过引入区块链技术，可以有效地实现资产贴标、溯源，从而极大地提升金融监管机构的标准化水平，并且可以有效地实施审计、反洗钱、反恐怖主义行动。此外，还可以借助于大数据、人工智能等前沿技术，开展 ESG 风险识别、定价的绿色金融产品及服务。通过引进先进的大数据与人工智能技术，我们可以建立 ESG 信用图谱，以便更好地掌握客户的信用状况，从而更有效地实施信贷管控。此外，我们还可以借助这些技术，构建出一张完整的绿色消费者信用图谱，以及更加有效的绿色信用评估方法。为了解决金融机构在碳排放核算方面的挑战，企业需要大力开展相关的技术创新，包括开展先进的人工智能技术，实现对受托企业的碳排放核算，并实现实时的碳排放跟踪，以及及时、准确地提交相关的环保信息。

思考与练习

（1）中国的各个行业二氧化碳排放量占比是怎样的？

（2）如何理解金融科技与绿色金融之间的关系？

（3）金融科技赋能绿色金融发展的机制是什么？

（4）我国发展绿色金融科技的优势和挑战有哪些？

推荐阅读材料和网站

（1）金融科技赋能绿色金融发展：国际案例与经验，https：//m. cnfin. com/wx/share?url = //m. cnfin. com/lsfzzq - lb//zixun/20220328/3569017_1. html.

（2）绿色金融丨金融科技在绿色金融应用场景研究，http：//iigf. cufe. edu. cn/info/1012/3784. htm.

（3）清华大学五道口金融学院绿色金融研究中心（CGFR），http：//greenfinance. pbcsf. tsinghua. edu. cn/gywm/zxjs. htm.

（4）清华大学五道口中国金融案例中心，http：//case. pbcsf. tsinghua. edu. cn/.

（5）中国人民银行 . 人民银行召开 2021 年科技工作电视会议［EB/OL］. https：//mp. weixin. qq. com/s/E5tGNxGNvfPLy_khsuKPOg，2021.

（6）中国银保监会 . 2021 年中国银保监会工作会议召开［EB/OL］. http：//xw. sinoins. com/2021 - 01/27/content_380474. htm，2021.

（7）中国证监会 . 中国证监会召开 2021 年系统工作会［EB/OL］. http：//www. csrc. gov. cn/pub/newsite/zjhxwfb/xwdd/202101/t20210128_391515. html，2021.

（8）高盛研究部．碳经济学：中国走向净零碳排放之路［EB/OL］．https：//www.goldmansachs.com/worldwide/greater－china/insights/china－net－zero－f/report.pdf，2021.

（9）中国人民银行．发展绿色金融促进低碳发展：中国人民银行行长易纲在新加坡金融科技节上的视频演讲［EB/OL］．https：//mp.weixin.qq.com/s/－J7h9dMNOhS08JT71_mzrg，2020.

（10）社会价值投资联盟．可持续发展金融概念全景报告［EB/OL］．http：//finance.sina.com.cn/esg/investment/2020－10－28/doc－iiznctkc7945711.shtml，2020.

（11）中国基金报．2020 年国内 ESG 基金规模超过 1200 亿［EB/OL］．https：//finance.sina.com.cn/roll/2021－01－18/doc－ikftpnnx8696939.shtml，2021.

（12）商道融绿，新浪财经．中国责任投资年度报告 2020［EB/OL］．http：//www.syntaogf.com/Menu_CN.asp？ID＝53，2020.

（13）Out of the Fog：Quantifying the alignment of Swiss pension funds and insurances with the Paris Agreement，https：//www.bafu.admin.ch/dam/bafu/en/dokumente/klima/fachinfo－daten/klimavertraeglichkeitsanalyse.pdf.download.pdf/EN_2ii_Out_of_the_fog_v0_full_report_October_2017.pdf

（14）Switzerland's high ambition in green fintech，https：//finance.swiss/en/news－and－events/switzerland－s－high－ambition－in－green－fintech/

（15）G20 sustainable finance study group Synthesis Report，http：//www.g20.utoronto.ca/2018/g20_sustainable_finance_synthesis_report.pdf

参考文献

［1］清华大学气候变化与可持续发展研究院．中国长期低碳发展战略与转型路径研究［R］．2020.

［2］中金公司．碳中和经济学：新约束下的宏观与行业分析［M］．北京：中信出版社，2021.

［3］陈胤默，王喆，张明．数字金融研究国际比较与展望［J］．经济社会体制比较，2021，213（1）：180－190.

［4］邓常春．环境金融：低碳经济时代的金融创新［C］//中国可持续发展研究会．2008 中国可持续发展论坛论文集（1）．2008：4.

［5］方灏，马中．论环境金融的内涵及外延［J］．生态经济，2010，（9）：50－53＋72.

［6］西南财经大学发展研究院，环保部环境与经济政策研究中心课题组，李晓西，夏

光等．绿色金融与可持续发展［J］．金融论坛，2015，20（10）：30－40.

［7］郭峰，王靖一，王芳等．测度中国数字普惠金融发展：指数编制与空间特征［J］．经济学（季刊），2020，19（4）：1401－1418.

［8］Salazar，J. Environmental Finance：Linking Two World. In A Workshop on Finance Innovations for Biodiversity Bratislava，1998：2－18.

［9］Labatt，S.，& White，R. R. Environmental finance：A guide to environmental risk assessment and financial products［M］．New York：John Wiley and Sons Ltd，2002.

［10］Scholtens，B. Financial and Social Performance of Socially Responsible Investments in the Netherlands［J］．Corporate Governance：An International Review，2007，15：1090－1105.

［11］Bettinger，A.，FINTECH：A Series of 40 Time Shared Models Used at Manufacturers Hanover Trust Company［J］．Interfaces，1972，2（4）：62－63.

［12］Zetzsche，D.，R. P. Buckley，and J. N. Barberis. Regulating a Revolution：from Regulatory Sandboxes to Smart Regulation［J］．Fordham Journal of Corporate&Financial Law，2017a，23（1）：31.

［13］Zetzsche，D.，R. P. Buckley，D. W. Arner，and J. N. Barberis. From Fintech to Techfin：The Regulatory Challenges of Data－driven Finance［J］．New York University Journal of Law & Business，2017b，14：393.

［14］Puschmann，T.，Hoffmann，C. H.，& Khmarskyi，V. How green FinTech can alleviate the impact of climate change－the case of Switzerland［J］．Sustainability，2020，12（24）：10691.

［15］Macchiavello，E.，& Siri，M. Sustainable Finance and Fintech：Can Technology Contribute to Achieving Environmental Goals? A Preliminary Assessment of 'Green Fintech' and 'Sustainable Digital Finance'［J］．European Company and Financial Law Review，2022，19（1）：128－174.

［16］Muganyi，T.，Yan，L.，& Sun，H. P. Green finance，fintech and environmental protection：Evidence from China［J］．Environmental Science and Ecotechnology，2021，7：100107.

［17］Liu，H.，Yao，P.，Latif，S.，Aslam，S.，& Iqbal，N. Impact of Green financing，FinTech，and financial inclusion on energy efficiency［J］．Environmental Science and Pollution Research，2022：1－12.

［18］Blakstad，S.，Allen，R.，Blakstad，S.，& Allen，R. Green Fintech［J］．FinTech Revolution：Universal Inclusion in the New Financial Ecosystem，2018：183－199.

第十一章　金融机构与环境风险

学习要求

1. 掌握环境风险概念和分类。
2. 熟悉环境风险的识别、评估与管理方法。
3. 了解金融机构环境风险管理典型案例，学会用理论思考现实问题。

本章导读

近年来，空气污染、干旱、风暴等灾害愈演愈烈，环境风险对金融机构的影响也越来越大。及时识别环境风险并积极采取措施防范此类风险，对我国金融机构在碳达峰碳中和目标下实现资源最优配置、推动国民经济绿色转型具有重要意义。

第一节　环境风险及其对金融机构的影响

许多专家认为，环境和气候因素引起的风险，如海平面上升、台风、飓风、旱灾、水灾等自然灾害以及由于环境气候政策和技术等因素导致的转型冲击，不仅可能造成实体经济的损失，其影响还会从实体经济传导至金融业，对金融的稳定性构成威胁。

一、环境风险

环境风险（environmental risk）是指由人类活动引起的，通过环境介质传播的，能对人类赖以生存、发展的环境和社会、经济、金融系统产生破坏乃至毁灭性影响的事件的不确定性。

环境风险可以分成两大类：物理风险和转型风险。物理风险包括各种与气候相关的自然灾害和事件，如导致大气污染、水污染、土壤污染等破坏环境的事件，以及旱灾、森林火灾、水灾、飓风、海平面上升等。随着碳排放的加剧和全球气候变暖，这些事件发生的概率会上升，有些甚至会以几何级数的速度增长，造成的经济损失也会不断加大。同时，还有各种各样的污染，如水污染、土壤污染事故也属于物理风险。在中国，每年有500多起突发性污染事故。除此之外，过度消费、气候变化和污染等原因导致的水资源缺乏也是一个典型的物理风险。中国北方、印度、中亚、中东、北非等许多地区都面临严重的水资源匮乏问题，而且还会不断加剧。水资源缺乏就导致水价格上升，未来有些地方的水价可能会有几倍、十几倍地上升。对于金融机构而言，物理风险通过直接和间接两种方式显现：直接方式是通过遭受气候冲击的企业、家庭和国家的风险敞口，间接方式是通过气候变化对广泛的经济活动的影响和金融系统内部的反馈效应。风险敞口表现为贷款组合违约风险上升或资产贬值。

转型风险来自人类应对环境和气候挑战的努力，包括公共政策的变化、技术的突破、投资者或公众情绪的转变以及颠覆性的商业模式创新。例如，现在各个国家都在推出支持清洁能源的政策，如果清洁能源发展得很快，包括煤炭、石油等传统化石能源的需求和盈利就会下降，甚至一些煤炭、石油、火电企业最终会被迫退出市场。这对煤炭、石油、火电行业来讲是危机，而对新能源来讲则是发展的机遇，这些都是政策导致的对相关行业的下行或上行风险。另外，碳交易也是由政策引起的一个重要变化。例如，2021年7月，中国全国碳交易市场正式交易，未来可能会覆盖40%的中国碳排放量，几年之后中国就可能会成为全球最大的碳市场。碳市场形成以后，政府确定的碳额总量就基本决定了碳排放价格的水平。碳价格如果上升几倍，对于火电、钢铁、水泥、化工、建材等高碳行业来说无疑是很大的下行风险，但对低碳行业和减排努力的企业来讲则是一个福音。

许多物理风险和转型风险，可能会对公司和为其业务提供资金的金融机构产生财务影响。表11-1对环境风险的来源进行了简要分类。

表 11－1　　环境风险的来源

物理风险	例子
极端气候事件	热带气旋/台风、洪水、冬季风暴、热浪、干旱、野火、冰雹等
生态系统污染	土壤污染与退化、大气污染、水污染、海洋污染、环境事故等
海平面上升	慢性海平面上升或海潮
水资源匮乏	干旱或水分供应不足
砍伐森林/荒漠化	砍伐森林导致物种灭绝、气候条件改变、荒漠化和人口流离失所
转型风险	**例子**
公共政策改变	能源转型政策、污染控制规制、资源节约规制
技术进步	清洁能源技术、节能技术、清洁交通及其他绿色技术
情绪转变	消费者对某些产品偏好的变化，投资者对某些资产类别的情绪变化
颠覆性商业模式	可以快速从传统业务（如显著减少出差的线上会议、挑战传统农业的垂直农业）中获得市场份额的新的经营方式

二、环境风险如何转化成金融机构的风险

当前，全球央行与监管机构正在形成一个新的共识，即环境风险（涵盖与环境和气候相关的风险）已经成为金融风险的重大来源之一。随着全球气候与环境风险的日益显现，金融机构面临的气候与环境风险也在日益提升。在我国，特别是2030年前碳达峰和2060年前碳中和的目标提出后，金融机构面临的气候转型风险将显著提升。环境和气候因素可能会演化为金融机构所面临的金融风险，也可能会对金融稳定构成系统性威胁。我们将环境和气候因素对金融机构带来的风险分为五类：

（一）信用风险

一方面，气候环境变化可能使债务人盈利能力下降或资产贬值，导致在银行的贷款抵押品的价值下降；另一方面，债务人未能适应有关环境的政策、法规和技术变化对其生产经营造成的负面影响，进而导致客户或被投资方由于环境问题不愿或无法履行合同，加大银行的信用风险。例如，2016年，中国工商银行针对水泥、钢铁、火电等高污染、高能耗行业企业贷款进行压力测试，结果表明环保标准的提高会增加上述行业企业贷款等违约率和信用风险，进而提高银行坏账率。

（二）市场风险

若由于环境或气候问题使金融机构持有的资产或为贷款提供抵押的资产的价值下降，

金融机构将面临市场风险。根据中央财经大学的研究，如果碳价格上升十倍，一些保险公司和资产管理公司所持有的高碳行业的股票价格就有可能下跌70%—80%。利率、汇率、股票价格和商品价格等市场价格向对银行不利的方向变动将使银行表内和表外业务发生损失。

（三）声誉风险

若处于碳密集行业的客户的环境问题带来了负面的社会影响，提供贷款或投资的金融机构将面临社会公众、媒体的负面评价，或者对受极端天气事件影响的客户支持不足可能导致金融机构失去未来客户、订单等，从而损害品牌价值，不利于正常经营，甚至影响到市场稳定和社会稳定。2009年，美国钢铁公司位于堪萨斯城的一座冶锌工厂对当地土壤造成污染，为该项目提供贷款的花旗银行因连带责任被起诉，最后支付了高额赔款。

（四）经营风险

若环境或气候问题导致客户/被投资方运营的中断，相关金融机构将面临风险。例如，飓风、水灾等可能导致厂房和生产设备受损，企业正常经营活动被迫中断，也会因此导致金融机构贷款或投资的损失。

（五）流动性风险

若因为极端气候环境事件造成客户透支信用，或者可获取资金少于预期，金融机构将无法以合理成本及时获得充足资金，用于偿付到期债务、履行其他支付义务和满足正常业务开展的其他资金需求。

因此，金融机构对气候和环境风险的评估首先可以将其映射到现有的金融风险类别中，然后再基于现有的风险评估模型进行评估。而其中需要解决的关键问题就在于，气候与环境风险如何转化到现有的金融风险类型中。虽然金融机构可能直接暴露于某些气候与环境相关风险之中，但更多的情况下是间接地通过金融机构的客户或投资标的传导而来：首先是转型风险，一方面会通过影响企业的经营情况和家庭的财富情况，给它们的债权人和投资人带来金融风险；另一方面会通过投资、生产率和相对价格等渠道影响更广泛的宏观经济，尤其是在转型导致了大量资产搁浅的情况下，这也将进一步影响各类金融风险。其次是物理风险，其影响包括两种，一是短期影响，如突发的极端天气事件等，这些事件可能直接导致业务中断和财产损失，从而增加保险公司的承保风险、损害资产价值，尽管这类风险的影响被认为是短暂的，但随着全球变暖的加剧，这些事件发生的可能性也将大大提升。二是长期影响，特别是来自气温升高、海平面上升和降水的影响，这些长期的变化可能影响劳动力、资本和农业生产力，需要企业、家庭和政府的大量投资和适应。

三、环境风险对金融机构的影响

（一）环境风险对银行业的影响

气候环境变化对银行业的影响主要表现在市场风险、操作风险、信用风险、声誉风险四个方面：

1. 市场风险

市场风险是指当高能耗、高污染企业朝低碳方向转型时，银行业所面临的风险。例如，转型风险可能会提高企业的生产成本，导致股票、大宗商品等产品价格剧烈波动；物理风险可能会损害基础设施，导致经济增长缓慢，国债收益率波动、面值缩水，增加银行的水电费等经营成本。首先，气候变化会损害金融机构的资本，减弱金融机构盈利能力，抑制机构资产流动性，导致更高的违约率，从而损害金融体系的正常运作；其次，气候问题会促使投资者进行投资产品的再分配，引起企业债券价格水平的逐步跌落，并且气候环境风险可能会对信贷扩张产生消极影响，进一步加重气候问题对金融机构的负面影响。

2. 操作风险

操作风险是指当气候变化损害办公设施或者工作人员无法应对气候变化造成的突发情况时，银行面临的业务执行风险。例如，恶劣气候会破坏银行的办公场所，可能引发停电断网，导致客户数据丢失等意外事件，从而产生操作风险。金融机构如果放任员工根据自己的工作经验以各自的方式处理业务，势必会造成金融机构内部评价体系的紊乱，加剧操作风险。因此，金融机构应该对内部工作人员进行统一管理培训，普及气候环境风险相关知识，锻炼员工使用正确合理的技术措施应对风险。

3. 信用风险

信用风险是由气候环境风险降低借款人偿债能力、提高违约率所引发的风险。例如，物理风险会降低企业的劳动生产率，甚至造成其业务中断，企业财务负担加重，还款能力下降，银行所面临的违约概率增加。但绿色融资贷款的风险敞口与违约风险呈负相关，原因可能在于绿色融资项目可持续的商业模式，导致借款人的收益和现金流具有较低的波动性。由于信用风险较低，金融机构可以从较低的贷款损失准备金和经济资本要求中受益。这种激励措施对于增加碳中和项目融资和促进环保目标至关重要。

4. 声誉风险

声誉风险是指由于气候环境风险会对银行未来发展产生威胁，引起社会对银行的质疑，从而导致银行面临声誉受损的风险。随着气候变化加剧，银行所面临的气候环境风险也日益增大，而政府颁布的各种低碳政策，也会给予银行巨大压力，若银行的高排放业务处理或转型不当，则可能会遭受批评、处罚，以至声誉受损。

（二）环境风险对保险业的影响

环境变化对保险业的影响主要表现为三个方面：一是保费风险。环境风险事件的发生导致保险公司承受的索赔频率和赔付金额增加，超出其预期的偿付情况，从而增加保费定价风险；保险公司也可能因极端天气事件致使自身还款能力降低，影响业务的正常兑付。二是利率风险。为了应对气候环境变化引起的地震、海啸等自然灾害造成的损失，央行可能会采取降低利率的措施，此时对于保险公司来说，其资产和负债的价值都会增加，但是后者可能比前者增加得更快。三是资产风险。若保险公司的资产配置在“两高一剩”企业，则可能因为这些企业的转型而使保险公司资产受损。虽然保险是管理气候环境变化中灾害影响的有效手段，但在减少极端天气风险与保险投入间需要进行平衡。

（三）环境风险对证券业的影响

气候环境通过影响投资者情绪，从而影响投资决策，最终影响股市波动。投资者呈现有限理性的特点，在投资决策的过程中容易遭受气候环境因素的干扰。有学者通过对上海证券交易所的研究发现，日照强度与股价呈正相关关系，日照强度越高，投资者心情越好，倾向于购买更多的股票，成交量增加，使当日股价也上升；气压与股价呈负相关关系，气压越大，成交量减少，从而股价降低；气温与股价也呈负相关关系，气温越高，投资者情绪浮躁，容易对信息造成误判，成交量降低，股价下降。有学者研究表明，气候的脆弱性可能对企业财务状况和债务可持续性产生重大影响，这对长期投资的估值十分重要；有学者认为，气候环境风险会导致证券投资产品的估值发生偏误，进而影响金融企业对何时退出已有投资资本的判断，使企业在市场竞争中处于被动地位。

专栏 11－1　知识拓展：贷款的环境风险敞口模型

我们构建一个模型来说明环境风险对于企业和银行贷款风险的影响。

在图 11－1 中，向上倾斜的曲线为商业银行的贷款供给曲线，它表明随着贷款利率 r 的升高，银行愿意借出的资金总量会相应提高；向下倾斜的曲线代表企业资金的需求曲线，表明企业贷款资金需求随着银行利率的上升而减小。

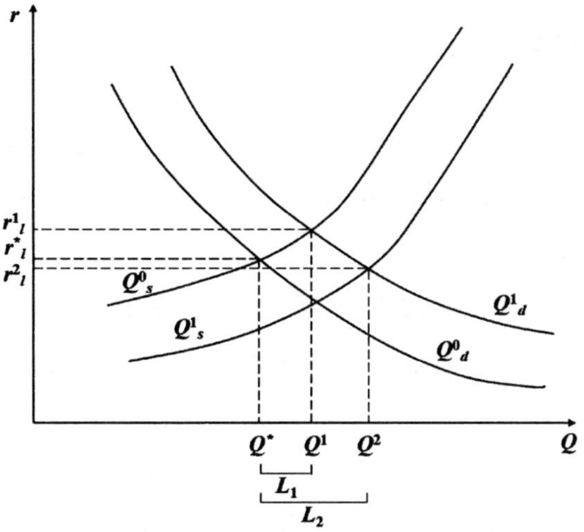

图 11－1 银行贷款风险敞口与环境风险之间的关系

假定企业的贷款需求量是其利润的减函数。由于环境和资源的外部性，如果企业不考虑环境负外部性，则其贷款的需求曲线为 Q_d^0，同银行贷款供给曲线 D_s^0 的交点决定了均衡的贷款量 Q^*；在环境保护标准提高的情况下，企业部分污染性项目的利润率可能会受到负面的影响，而其对应的贷款需求曲线右移至 Q_d^1，同时贷款量则与 Q_s^0 相交于 Q^1。另外，如果银行对环境风险进行认真分析和严格控制，还可能进一步降低银行对污染性贷款的意愿，使贷款供给曲线右移到 Q_s^1，均衡的贷款总量变为 Q^2。

由于环境风险具有一定的外部性，如果企业在经营中没有充分考虑到环境影响的外部性，则其贷款需求曲线仍有可能从 Q_d^0 右移到 Q_d^1 的水平。从目前各国的现状来看，由于许多银行的环境风险意识不够强，因此 L_1 与 L_2 之间的差距就有可能构成银行的环境风险敞口，未来一旦发生环境政策收紧或环境事故等事件，对企业和银行就会造成财务损失。二者之间的差距越大，银行面临的贷款违约风险就会越高。

第二节 环境风险的识别、评估与管理

随着金融机构面临的气候与环境风险日益提升，金融机构需要建立相应的环境风险识别、评估与管理机制。

一、环境风险识别

在现有风险管理框架下，将环境风险纳入风险管理流程的前提是能够了解环境气候因素传导至传统风险并引发新风险的路径。如前所述，对于环境风险的识别，可从物理风险和转型风险两个维度来分析。

从物理风险角度，一方面，应首先识别易受气候环境影响的地域和行业；另一方面，应评估气候环境灾害对客户资产和抵押品价值可能产生的影响，进而分析给客户还款能力带来的影响。

从转型风险角度，一方面，审查客户业务是否易受环境政策变化影响，或是否属于受技术升级影响较大的行业领域，这是一个动态分析和识别的过程，应密切关注相关政策变化，及时跟进行业技术更新，分析其对客户经营和收益以及对未来业务发展的潜在影响；另一方面，应结合客户的碳排放水平、能源使用模式、业务发展策略及其在产业供应链中所处地位等因素，综合分析财务数据与业务发展匹配情况，识别潜在的环境风险。

需要着重强调的是，信息不对称是银行识别和评估环境风险影响时面临的一个重大问题。只有依靠大量翔实的数据，银行才能准确把握自身的环境风险敞口，更全面地了解高风险企业的财务和非财务情况、环境和气候因素变化，以及各类财务指标对环境和气候变化的敏感性等。为此，银行应有计划地收集与环境气候相关的客户信息，如能源使用模式、碳排放水平、碳足迹和减排策略等，也可聘用外部顾问或者独立第三方数据供应商，持续提升银行采集、计算和评估碳排放与碳足迹的能力，建立和完善自身的环境风险信息数据库。

二、环境风险评估

气候环境风险分析既有助于金融机构识别风险类型和风险危害程度，采取前瞻性措施应对风险，降低超预期损失，也有助于发现潜在的投资机会，获取额外收益，对于金融机构有效防范气候环境风险具有重要作用。

环境风险会通过多种渠道转化成金融机构面临的风险，为了有效防范和管理这些风险，必须首先识别和分析这些风险。国内外的一些金融机构已经采取了许多方法开展对环境风险的定量分析，其中包括银行和资产管理业常用的压力测试方法（如敏感性分析、情景分析、VAR 模型）、保险业常用的精算模型，以及一些金融机构和第三方机构开发的绿色评级和绿色指数方法等。

（一）环境压力测试

压力测试是金融机构风险管理和监管分析工具，用于分析假定的、极端但可能发生的不利情景对金融机构整体或资产组合的冲击程度，进而评估其对金融机构资产质量、盈利能力、资本水平和流动性的负面影响。由于情景设定的灵活性，压力测试可以不受现实情况的约束，考察极端风险情形给金融机构带来的损失，而压力测试模型的多样性也为研究同一风险的不同传导渠道提供了便利。

环境压力测试是借鉴压力测试思想，对金融机构可能面临的环境风险进行量化评价的一类方式。

以对银行持有资产所开展的环境压力测试为例，这类测试大概包含以下步骤：选择要测试的资产组合、选择施加的压力因素及压力指标、选择承压对象并确定承压指标、构建情景、构建传导模型、执行压力测试和结果分析（见图11－2）。

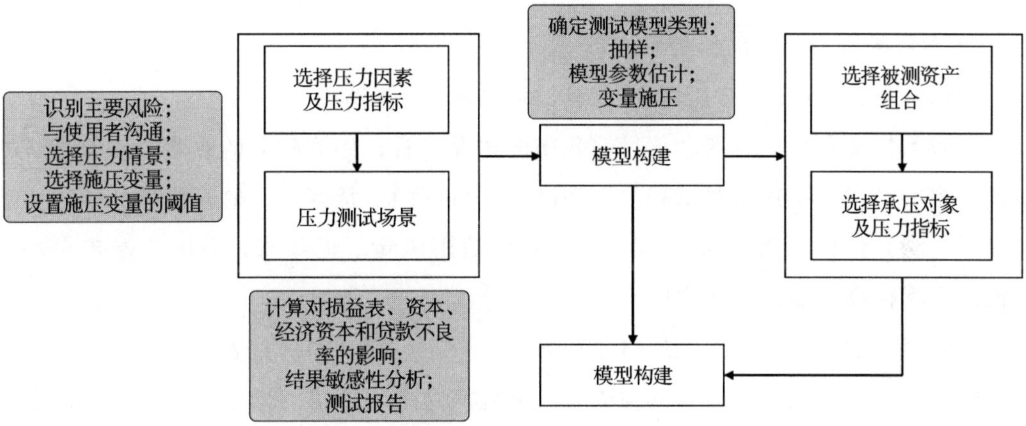

图11－2　压力测试流程

1. 环境风险的承压对象与承压指标

承压对象是指进行压力测试所需关注的被测试的主体，而承压指标则是指承压对象在某一方面的表现。目前，我国商业银行的主营业务依然以存款和贷款类客户为主，因此压力测试的主要对象也应以存款类和贷款类客户对信贷指标和相关经营指标的影响作为研究的主要对象。按照测试对象递进关系，我们可以将银行信用风险的承压对象分为“债务人或交易对手类”“组合类”和“宏观类”三个层次。“债务人或交易对手类”的测试目标定位为个体；“组合类”的测试对象则可按不同的标准进行划分，如产品、行业、客户、区域等；“宏观类”一般定位于整个银行层面，关注的是银行的全部资产和整体风险。

组合类压力测试的常用承压指标可以分为技术型指标和管理型指标两类。技术型指标是一些表示风险损失量的指标，包括违约率、损失率、预期损失、非预期损失、风险暴露等，这些指标与包括商业银行在内的金融机构的日常运营息息相关；管理型指标则包括了资本充足率、不良贷款率、经济资本、利润率等指标，通常是监管机构和政府所关心的重点（见表 11 －2）。

表 11 －2　　常用承压指标

技术型指标	管理型指标
违约概率	资本充足率
LGD	不良贷款率
久期	经济资本
缺口	资本充足率
EL	利润率
贷款损失	行业盈利能力
拨备	

2. 环境风险压力测试的压力因素

环境风险压力测试的压力因素可能有许多来源，下面举三个例子：

一是政策标准和执法力度。从目前我国的情况来看，环境政策的收紧会对企业成本收益造成一定的影响。特别是对于高污染和高排放行业的信贷客户，监管标准和执法力度的提高会影响到其偿债能力，从而影响商业银行信用风险。近年来，我国不断出台环保政策，提高环保标准，加大执法力度。

二是环境风险的价格因素。价格变动导致的资产负债表和损益表的变动一直是压力测试关注的重点。在我国企业运营的构成中，环境风险中的价格因素主要是指碳交易、排污权交易和碳税等制度安排。三者作为将环境社会成本内部化的重要经济手段，在发达国家已有较为成熟的实践经验。在我国经济转型的大背景下，政府也正着力推进相关改革，这将对环境污染、高耗能的企业产生成本压力，从而影响企业还款能力。

三是自然灾害的影响。随着温室效应的逐渐加剧，频繁发生环境灾害正在逐渐成为人类活动的另一类独特环境风险。诸如干旱、洪涝等小概率自然灾害事件的发生频率增加及覆盖范围扩大，给企业和金融机构带来风险的可能性也在逐渐加大。有必要将该因素纳入压力测试范围。

3. 环境压力测试的情景设定

在选择压力测试的对象与压力因素之后，对压力因素变动范围的设定通常被称为情景设定。常用的情景包括历史情景、假设情景和混合情景三种。历史情景是指按照历史真实发生的情况设定压力的变化范围；假设情景是风险管理者主观选取的情景，其优势是具有很强的灵活性，可以模拟历史上从来没有发生过的事件；最常用的情景是历史情景与假设情景的结合，即混合情景，这类情景既包含了历史事件的信息，又具有假设情景的灵活性，这类情景也是目前监管当局大力推崇的情景设定思路，因为它能使风险管理者在情景分析上不至于太发散，同时又具有前瞻性。

4. 环境压力测试的传导路径

构建压力传导模型是压力测试的核心。对不同风险的压力测试，如市场风险、信用风险、流动性风险、操作风险，压力传导模型是不同的。对于一些信用风险，压力传导关系比较清晰，我们比较容易采用财务模型法来刻画这种传导关系。但对一些风险，如信用风险的宏观压力测试，由于宏观经济对很多微观层面个体的影响路径是非常复杂的，传导过程很难刻画，这就更适合采用计量模型来描述这种传导机制。构建的方法可以分为自上而下法与自上而下法、集中测试与分段测试、结构化模型与简化模型。对于日常性的压力测试而言，其测试的目标资产是比较明确的，承压对象和承压指标也很明确。而对一些临时性压力测试而言，测试的对象可能不够清晰。对于环境压力测试而言，应当综合考虑各种环境风险对商业银行资产负债表、现金流量表和损益表等多方面的影响，从成本、收益、风险等多个角度模拟和构建环境风险的传导路径。

5. 分析压力测试结果及政策建议

得到承压指标在不同压力情景下的变动仅仅是压力测试的第一步，之后还需要结合压力测试的传导路径对该结果进行分析并给出政策建议。在这一过程中，如果承压指标的变化与预期偏差较大，还需要对压力情景与传导机制进行对应的调整。

（二）巨灾模型

巨灾模型是通过计算机辅助来估算因诸如暴雨、台风、地震、森林火灾或流行病毒等极端灾害风险性事件而可能在资产上承受损失的过程。精确地预估损失，可以帮助公司更好地评估公司抵抗此类风险的能力，拥有更长的资金回流周期，避免因巨灾风险产生财务危机。

现在全球主流的巨灾模型供应商有 AIR、RMS，除此之外，一些经纪人也提供相关服务，部分专业的保险和再保险人拥有自己的专利巨灾模型，如中再巨灾平台、瑞再的 CATNET 等。

根据有效的行业数据和特定数据，巨灾模型可以从风险暴露性、灾害损失、结构易损性和金融角度进行分析。其中需要列入保险责任项下的单一风险数据信息，包括灾害数据、风险暴露数据、环境数据、灾损数据和结构易损性。

1. 风险暴露模型

模型基于风险暴露分布角度，统计承保标的详细地理位置、建筑结构、居住情况、环境情况、气象水文和遥感数据等。

2. 灾害模型

针对历史灾害数据结合风险暴露的结果模拟随机事件，每个事件都有相关的概率。

3. 易损性模型

基于风险因子以及与保险标的相关联的风险和灾害事件强度的预期造成的损失值。

4. 金融数据模型

结合主要承保条件、临分条件或再保合约条件，预期灾难产生的保险及再保险损失和其他输出数据建模产品。基于历史数据的整理，从事件强度和概率损失模型的角度进行评测，分析一定时期内巨灾带来的量化巨灾事件的保险损失。保险巨灾模型是巨灾保险精算（属产险精算范畴）中风险定价的核心内容，也是保险业量化环境风险（特别是巨灾风险）的一种常用方法。

保险巨灾风险模型研究的保险标的一般来说是地表的有形财产（如建筑、道路、管线、生产厂房和设备等，也可以是动植物）。其基本原理是根据特定区域自然灾害（如地震、洪水、飓风等）发生的概率和强度分布规律，结合地表基础设施在被给定灾害强度发生情况下损坏程度的概率和损失赔付额度，从而计算出保险合同的保费。保费一定程度上也反映了总体损失的估计值和对风险的量化。

巨灾风险的种类各异，有台风、地震、洪水等，发生的地点也不同。一旦有巨灾产生，产险市场就会呈现严重的亏损，而一味地增长保险费率并不是一个对当地经济有利的方案。因此，建立一个适合当地特殊气候波动的巨灾模型是极其必要的。于是，保险巨灾模型的命名也就体现了这两个方面的信息，如欧洲冬季风暴模型、中国台风模型、美国飓风模型等。尽管看上去有差别，但这些模型基本都由三个主要的模块组成，即灾害模块、工程模块（也叫易损性模块）和金融模块，这是假设灾害发生概率和强度不变的情况（见图 11－3）。如果考虑到环境因素的变化而导致的灾害发生概率和强度的变化，则需要引入环境风险模块。环境风险模块是模拟和预测气候变化导致的自然灾害发生概率和强度的变化的组成部分，例如，全球温度上升 2℃或者 4℃时，导致的地震发生频率和震级的变化。灾害模块模拟的是特定地点灾害的各种物理强度分布，如台风的风速、洪水的水深、地震的地面震动速度等的概率分布。工程模块主要是通过易损性曲线（也叫易损性方程）把巨灾的物理强度和巨灾对标的物的破坏性联系起来，例如，2 米的洪水可能造成建筑物 30% 的破坏，3 米的洪水就可能造成 50% 的破坏，对于地震来说也是同理，不同强度的地震对地表标的物的破坏力也不尽相同。易损性曲线的开发来自专家的经验公式、实验室的破坏试验和客户的实际理赔数据。金融模块是计算在给定地表标的物破坏程度给定的情况下，货币化的损失额度或者保险责任赔付，给出最终的货币价值损失值。

图 11－3　环境风险因素量化模型

尽管国际上传统的巨灾保险模型已经取得了长足的发展，我国也在不断开发自己的巨灾模型，但就目前的应用范围来说，巨灾风险模型还主要集中应用于保险的承保业务，特别是再保险业务。从量化金融业环境相关物理风险的角度看，它的应用范围可以更加广泛。

（三）绿色评级

评级是帮助投资人综合判断市场主体在某一方面综合表现的方法。绿色评级则是基于企业环境表现等方面的风险和管理能力，给予企业、借款人和发债人等被投资主体的可持续发展能力的评价。随着绿色投资理念受到资本市场追捧，越来越多的机构开始研发对投资标的环境、ESG 或绿色评级。这些评级可以被投资者用来分析环境表现与资产财务表现之间的关系（如债券的 ESG 表现与违约率的关系、贷款的绿色化程度与违约率的关系、股票的 ESG 表现与投资回报率的关系），从而起到环境风险分析和管理相关风险的作用。

通常来看，ESG 评级指标体系可以分为三个层次。第一个层次是 ESG 指标的基本分类，包括环境保护（E）、社会责任（S）和公司治理（G）三个大类；第二个层次是在每一大类之下不同的子类，用以衡量大类下不同方面的表现；第三个层次为每个二级小类下的具体指标，可以根据评级对象和数据可得性的需要进行调整。从指标性质来看，三级指标可以分为普通指标和特例调整两类，普通指标是指更新频率较为固定且对 ESC 评级影响较为频繁的指标，它们构成了 ESG 评级的基础；特例调整指标是指偶尔发生，但对评级结果影响较大的指标，一般为负面的突发事件。在构建好指标级之后，一般通过打分卡和数理模型的方式，将正规化后的指标进行综合，得到一个 ESG 评分，并根据评分的范围设定对应的评级标尺。

据不完全统计，全球 ESG 评级机构有 600 多家，其中影响力较大的有彭博、明晟、汤森路透、富时罗素、路孚特、晨星等。与海外相比，国内 ESG 评价体系起步较晚，但近几年发展却很迅速。目前，国内主流 ESG 评级体系有华证 ESG 评级、中证 ESG 评级、商道融绿 ESG 评级、嘉实 ESG 评级、社会价值投资联盟 ESG 评级、万得 ESG 评级等。不同 ESG 评级机构在机构使命、机构特性、评级目标、评级框架、评级方法、打分机制、评级结果，乃至于产品与服务方面存在巨大差异。以下选择四个主要评级机构的评价体系进行简要介绍：

1. 明晟（MSCI）ESG 评价体系（见表 11－3）

MSCI 的 ESG 评级框架分为 4 个步骤：搜集数据、风险暴露度量与公司治理度量、关键指标的评分与权重以及 ESG 评级的最终结果。MSCI ESG 指标体系共 3 大分项，35 个细分指标。每个指标衡量的是：第一，该公司是否暴露于这种风险；第二，公司是如何管理这种风险的。以碳排放指标为例，该指标不仅衡量公司的碳排放量，还需要看公司如何管理自己的碳排放。MSCI 研究团队在具体评分时，利用公开数据和信息，以标准化方法评估公司在行业中的风险敞口和风险管理情况，并基于 0—10 分的规则对 35 项 ESG 关键指标进行打分，最终给予公司“AAA—CCC”的 ESG 评级结果。

表 11－3　　MSCI ESG 评价指标体系

一级指标	二级指标	三级代表性指标
环境	气候变化	碳排放
		单位产品碳排放
		融资环境因素
		气候变化脆弱性
	自然资源	水资源稀缺
		稀有金属采购
		生物多样性和土地利用
	污染和消耗	有毒物质排放和消耗
		电力资源消耗
		包装材料消耗
	环境治理机遇	提高清洁技术的可能性
		发掘可再生能源的可能性
		建造更环保的建筑的可能性
社会	人力资源	人力资源管理
		人力资源发展
		供应链劳动力标准
		员工健康与安全
	产品责任	产品安全和质量
		隐私和数据安全
		化学物质安全性
		尽职调查
		健康和人口增长风险
		金融产品安全性
	利益相关者反对意见	有争议的物资采购

续表

一级指标	二级指标	三级代表性指标
社会	社会机遇	社会沟通的途径
		医疗保健的途径
		员工医疗保健的机会
		融资途径
公司治理	公司治理	董事会
		股东
		财务会计
		工资薪酬
	公司行为	商业道德
		纳税透明度

资料来源：《中国 ESG 发展白皮书（2021）》。

2. 穆迪 ESG 评价体系（见表 11－4）

穆迪 ESG 评价方法的主要特色是将 ESG 因素融入其整体的信用分析框架，分析 ESG 因素对信评结果的影响。其评价体系中有两个独立的分数：一是发行人 ESG 分数，包括发行人环境得分、社会得分、治理得分；二是 ESG 信用影响分数，即该发行人的 ESG 表现如何反映在整体信用评级上，对发行人整体信用评级结果的影响如何。

ESG 得分方面，穆迪对其评级覆盖对象从 E、S、G 三个方面打分，反映其在环境、社会、治理方面的风险敞口。穆迪 ESG 评级的特别之处在于，一方面，测算社会得分和治理得分时将公共部门和私营部门的发行人区分对待，计算环境得分时未做此区分；另一方面，穆迪在计算环境得分时考虑了当下以及远期可能发生的政策风险。穆迪对被评级主体的环境、社会、治理每一项都从 1 到 5 打分。例如，E－1、S－1 或 G－1 代表企业在该领域有正面影响，E－5、S－5 或 G－5 代表企业有极高的负面影响。

此后，穆迪将 E、S、G 三项分数同其他的信用评价项目指标一同输入信用评级体系，输出穆迪 ESG 信用影响分数 CIS 评级结果，可以直接反映发行人的 ESG 表现对其信用的正面、负面影响程度；结果共分为五个等级。CIS－1 代表发行人的 ESG 特性总体上对其信用评级有积极影响；CIS－5 为发行人的 ESG 特征对其信用有极高的负面影响。对于评级 CIS－5 的企业来说，如果 ESG 风险敞口不在，那么整体信用评价将变高；CIS－1 级的企业或已经从其 ESG 行为中获得了利益。

表 11－4　穆迪 ESG 评价体系

一级指标	二级指标	三级指标
环境	气候变化	可见政策风险
		远期政策风险
		碳转型
		物理气候风险
		水资源管理
		废物和污染
		自然资本
社会	公共部门主体	人口
		劳动与收入
		教育
		住房
		健康与安全
		基础服务的可得性
	私人部门主体	客户关系
		人力资本
		人口和社会趋势
		健康与安全
		责任生产
治理	私人部门主体	财务战略与风险管理
		管理层信誉和记录
		组织结构
		合规与报告
	公共部门主体	董事会结构、政策和程序
		制度结构
		政策公信力和有效性
		透明度和信息披露
		预算管理

资料来源：《中国 ESG 发展白皮书（2021）》。

3. 商道融绿 ESG 评价指标体系（见表 11－5）

商道融绿为国内最早发布上市公司 ESG 评级的机构，自 2015 年开始推出商道融绿 ESG 评级方法体系，根据不同行业 ESG 的实质性因子进行加权计算，得到各上市公司的 ESG 综合得分。依据中国上市公司 ESG 绩效的整体水平，划分成 10 个融绿 ESG 评级：A＋、A、A－、B＋、B、B－、C＋、C、C－、D。其中，A＋和 A 代表企业具有优秀的

ESG综合管理水平，过去三年几乎没出现ESG负面事件或极个别轻微负面事件；D代表企业近期出现了重大的ESG负面事件并产生重大负面影响。

商道融绿与国内、国际评级机构的关联性较高。国内头部基金，如南方基金、易方达、浦银安盛、兴证全球、国金基金等，均采用商道融绿提供的ESG数据和咨询。国际方面，商道融绿目前是唯一一家在彭博金融终端（Bloomberg Intelligence）上发布中国公司ESG评级的评级机构。

表11－5　　　　商道融绿ESG评价指标体系

一级指标	二级指标	三级指标
环境	环境管理	环境管理体系、环境管理目标、员工环境意识、节能和节水政策、绿色采购政策等
	环境披露	能源消耗、节能、耗水、温室气体排放等
	环境负面事件	水污染、大气污染、固废污染等
社会	员工管理	劳动政策、反强迫劳动、反歧视、女性员工、员工培训等
	供应链管理	供应链责任管理、监督体系
	客户管理	客户信息保密等
	社区管理	社区沟通等
	产品管理	公平贸易产品等
	公益及捐赠	企业基金会、捐赠及公益活动等
	社会负面事件	员工、供应链、客户、社会及产品负面事件
治理	商业道德	反腐败和贿赂、举报制度、纳税透明度等
	公司治理	信息披露、董事会独立性、高管薪酬、董事会多样性等
	公司治理负面事件	商业道德、公司治理负面事件

资料来源：《中国ESG发展白皮书（2021）》。

4. 嘉实ESG评分体系（见表11－6）

嘉实ESG评分体系是一套由嘉实基金旗下专业ESG研究团队自主研发的评分方法论。该体系采用规则的量化评分体系和机制，80%以上的底层指标为量化或0—1指标，通过自主开发的ESG－NLP系统及时抓取和集成ESG高频事件。

嘉实的ESG另类数据来源包括5000多个国家省市县各级政府和监管信息发布平台、2300多个本土财经和新闻媒体、200多个公益组织、行业协会等，评价结果始于2017年1月的月度评分时间序列，并以系统化的方式进行月度更新，时效性比较强。嘉实ESG得分区间为0—100分，以反映该公司在实质性ESG议题上的表现和管理水平。

表 11－6　　嘉实 ESG 评分体系

3 个主题	8 个议题	23 个事项
环境	环境风险暴露	地理环境风险暴露
		业务环境风险暴露
	污染治理	气候变化
		污染物排放
		环境违规事件
	自然资源和生态保护	自然资源利用
		循环和绿色经济
社会	人力资本	员工管理和福利
		员工健康和安全
		人才培养和发展
		员工相关争议事件
	产品和服务质量	产品安全和质量
		商业创新
		客户隐私和数据安全
		产品相关争议事件
	社区建设和贡献	社区建设
		供应链责任
治理	治理结构	股权结构和股东权益
		董事会结构和监督
		审计政策和披露
		高管薪酬和激励
	治理行为	商业道德和反腐败
		治理相关争议事件

资料来源：《中国 ESG 发展白皮书（2021）》。

（四）绿色指数

绿色指数是绿色金融中较有特色的工具。绿色指数以可持续发展理念为核心，在指数样本选择和权重分配上，体现证券发行人在支持环境改善、应对气候变化和资源节约高效利用的经济活动中所面临的机遇和风险。同时，绿色股票指数所具有的透明、规则化、分散化等特征，也较受投资者关注。

绿色指数主要包括气候基准指数和绿色主题指数。气候基准指数通常以“双碳”目标或国际上的净零排放目标作为选样基本框架，通过超、低配不同碳排放和气候转型表现的上市公司证券实现指数碳中和或净零排放目标。绿色主题指数聚焦细分赛道主题行业，即选取环保、节能、清洁能源、绿色交通、绿色建筑等产业领域证券作为指数投资标的。此外，固定收益证券同样可以成为绿色指数的底层资产，通过选取绿色债券可构建形成绿色固定收益指数，为金融机构投资多类型绿色资产提供标的。

绿色指数通过引导资金投入特定绿色经济活动主题证券，或经特定绿色金融标准体系筛选出的公司证券，为市场参与者研究和投资绿色相关证券提供了有效工具。绿色指数的具体功能主要包括：一是标尺功能，用于反映、观测绿色相关公司的整体表现；二是投资功能，用于开发绿色指数型投资产品，引导社会资金投向绿色行业或企业；三是衍生产品标的功能，用于开发衍生品合约标的。

三、环境风险管理

（一）金融监管机构方面

一是强制或引导监管对象建立环境风险管理并完善相关信息披露。英国金融行为监督局要求披露相关环境信息；美国货币监理署于 2016 年发布油气开采与生产贷款指引（A－OG，V2.2），要求银行将环境影响纳入决策因素，并将银行对环境风险管理的过程与效果作为监管评价指标之一；中国人民银行于 2021 年发布《金融机构环境信息披露指南》，对金融机构环境信息披露的形式、频次和内容做了规定。

二是将气候风险纳入审慎管理框架。2021 年 7 月，欧洲央行将气候因素纳入货币政策行动方案，而据巴塞尔银行监管委员会于 2020 年发布的调研报告，27 家受访问机构中有 24 家已经在开展纳入审慎风险因素的研究，已有 6 家将气候风险作为审慎管理支柱之一。

三是主导气候风险压力测试。美联储 2022 年 9 月宣布，将于 2023 年年初启动气候情景分析试点，以提高监管机构和银行业衡量和管理气候相关金融风险的能力，并强调分析结果不具有强制性、不影响监管资本要求和金融机构评级。欧央行于 2022 年启动了自下而上的监管气变压力测试，评估受欧央行直接监管的 104 家欧元区银行的物理风险和转型风险。英格兰银行采用自下而上的方式，于 2021 年 6 月启动了对 19 家英国最大商业银行和保险公司的气变压力测试，覆盖物理风险、转型风险和诉讼风险。2021 年 6 月，中国人民银行发布《银行业金融机构绿色金融评价方案》，明确提出气候和环境风险压力测试信息披露、气候和环境风险管控是评价绿色金融制度制定与实施情况的重要内容之一；2021 年 7 月，中国人民银行下半年工作会议中再次强调加强气候风险管理，有序开展气候风险压力测试。截至 2023 年，全球累计已有约 30 家央行或监管机构开展或计划开展气候变化压力测试。

四是建立拨备调整与资本补充等机制，加强环境风险抵补能力。英国审慎监管局可要求商业银行增加至多1%的补充资本。

五是形成环境可持续政策方针。例如，欧洲银行管理署于2019年宣布，将于2023年前实施可持续金融行动方案。

（二）金融机构层面

一是深入推动完善环境风险管理政策制度建设。工商银行发布的《全面风险管理规定（2022年版）》，明确将气候风险管理纳入全面风险管理体系。农业银行也将气候风险作为重点领域，制定相关管控策略，探索建立气候风险分析框架，加强投融资业务气候风险识别评估和管理。兴业银行自采纳赤道原则伊始，就建立了风险战略、风险目标、管理原则、履行承诺、管理流程为一体的环境与社会风险管理体系。

二是加强环境信息披露。工商银行、农业银行、中国银行、建设银行、交通银行和邮储银行六大国有银行均在报告中披露了自身公司治理、环境绩效和社会绩效，大多数银行还披露了经济绩效。在环境绩效方面，大多数银行公布了2018年以来三年的物料、能源、水资源使用、降低减排等数据，以及污水和废弃物管理、确保环境合规和供应商环境绩效评估相关信息。信息披露有助于提高金融机构环境管理和绿色金融业务的透明度，引导更多资金流向支持绿色发展的领域，还可以推动金融机构对环境风险和机遇进行识别、分析和管理，增强金融系统应对气候变化、环境污染等风险的能力，保障绿色金融健康发展。目前，银行的环境信息披露还需进一步完善，银行碳足迹、棕色资产信息披露将是未来强制性监管的要求。

三是积极开展压力测试。工商银行早在2016年就发布了针对火电、水泥两个行业的压力测试报告，是国内首家应用国际先进技术完成气候风险压力测试的银行。建设银行、农业银行、兴业银行、浦发银行等有实力的商业银行也相继开展了压力测试。针对气候风险影响相对突出的火电行业客户，建设银行压力测试的结果表明，该行业财务状况受碳交易因素影响最为明显，其信用评级和风险加权资产受气候风险影响较小，风险整体可控。

四是加强绿色信贷管理。工商银行实施投融资绿色分类管理，修订了《境内法人投融资绿色分类管理办法（2021年版）》，将绿色信贷分类管理逐步延伸到贷款、债券、理财、租赁、保险等各项投融资业务。加强环境敏感行业风险管理，严控产能过剩融资投放。农业银行出台信贷业务环境和社会风险管理办法，对信贷业务的环境和社会风险管理实施全面覆盖、分类管理和全程管控。根据客户面临的潜在环境和社会风险程度，实施差异化管理措施，对非生态友好型客户和项目执行“一票否决”。

四、环境风险识别、评估与管理对金融业的意义

近年来，一些国家的金融监管部门和部分有前瞻性的金融机构已经开始积极推动环境风险的识别、评估与管理，并将其作为促进金融业可持续发展和保证金融稳定的重要内容。对金融业而言，开展环境风险识别、评估与管理具有重要意义。

对于金融机构，开展环境风险识别、评估与管理能帮助其识别环境和气候因素引发的金融风险，包括经营风险、信用风险、市场风险、声誉风险、流动性风险和其他风险。在识别环境因素相关金融风险的基础上，金融机构可以进一步量化该风险的水平，并采取相应的措施规避或缓释风险，包括减少对环境高风险资产的敞口等。除了识别和量化环境因素引发的金融风险外，环境风险评估也是金融机构把握潜在市场机会的新途径。在环境恶化和应对气候变化的大趋势中，相比于环境风险更高的“棕色”资产，“绿色”资产由于其低碳排放、环境友好、对气候变化不敏感等特点，资产价值更稳定，上行潜力更大。通过环境风险识别与评估，金融机构可以识别这些绿色、可持续的投资机遇，如与新能源、节能技术相关的企业和资产。

对于金融监管机构，环境风险识别、评估与管理能够帮助其识别环境因素引发的系统性金融风险，并在此基础上制定监管措施。环境风险在特定行业（如银行业、保险业等）和金融机构的长期累积，可能会质变成系统性金融风险的来源，例如，环境因素导致的银行预期损失可能会降低银行的资本充足率，但在未准确识别此类风险的情况下，银行可能会过高预计自身的资本充足率，长此以往将削弱金融系统的稳定性。目前，国外一些央行已经开展了相关课题的研究，分析气候和环境因素如何以及多大程度上构成系统性金融风险。鉴于全球因自然灾害导致的平均保险损失不断上升的趋势，英格兰央行 2015 年 9 月发布的《气候变化对英国保险业的影响》报告指出，未来保险行业在气候变化的影响下将面临持续上涨的理赔支出和保险准备金要求。荷兰央行（DNB）2018 年的研究《对荷兰金融系统的能源转型压力测试》指出，若考虑新能源技术突破和碳价上涨因素的双重影响，荷兰银行业的核心资本充足率会下降超过 25%，保险业的偿付能力充足率（solvency ratio）下降 6%。

目前，许多金融机构对环境和气候因素导致的金融风险还缺乏认知，即使有所了解，也往往低估了棕色资产（高污染、高碳排放的资产）带来的风险，导致对棕色资产过度配置和对绿色资产配置不足。这类资源错配，反映出在现有的体制、政策和技术条件下，对资产的环境外部性进行测算和评估还有困难，如资产属性缺乏界定标准、环境和气候数据的可获得性差、环境风险分析工具和方法缺失等。

第三节 金融机构环境风险管理典型案例

案例 11－1 中国工商银行关于环境因素对商业银行信用风险影响的压力测试

中国工商银行选择火电和水泥两个行业进行压力测试，分别涉及 437 户火电企业和 80 户水泥企业。主要步骤如下：

1. 梳理环境压力

中国工商银行首先梳理了火电、水泥行业的环境因素压力传导图。据中国工商银行研究，截至 2013 年年末，中国火电行业脱硫安装率已达 91.6%，脱硝安装率达到 50%，而除尘改造刚刚起步，已改造机组占现役火电机组比重仅为 20% 左右，未来节能改造还有较大空间。未来，火电行业受环境因素影响主要可分为以下两类：一是大气污染物排放标准限值提高。对氮氧化物的排放限值由 450mg/m^3 提升至 100mg/m^3（高于美国 135mg/m^3 和欧盟 200mg/m^3 的标准），对 SO_2 的排放限值由 400mg/m^3 提升至 100—200mg/m^3（高于美国 184mg/m^3 和欧盟 200mg/m^3 的标准），对烟尘的排放限值由 50mg/m^3 提升至 20—30mg/m^3（与美国和欧盟标准持平）。二是排污费收费标准提高。其中，重点污染企业和重点污染地区执行较高征收标准。按照目前新出台的污染物收费标准，预计过渡期结束后，企业排污费总额将增加 2—3 倍。

对于水泥行业，环保政策变化可分为以下三类：一是大气污染物排放标准限值提高。将 PM（颗粒物）排放限值提高至 30mg/m^3（一般地区）、20mg/m^3（重点地区），分别比原标准提高 40% 和 33%；将 NOx（氮氧化物）排放限值由 800mg/m^3 收严到 400mg/m^3（一般）和 320mg/m^3（重点），分别比原标准提高 50% 和 60%。二是水泥窑协同处置成为企业平衡环保压力和增长压力的新途径。海外水泥巨头，如拉法基、豪瑞和西麦斯，燃料替代率均在 10% 以上，而国内由于垃圾分拣机制不健全，水泥协处技术不成熟且投资压力大，龙头企业平均仅在 4.5%，较高的华新替代率达到 13% 左右，与国际同业相比差距较大。三是排污费收费标准提高。从实际执行情况来看，东部地区（如北京、天津、上海）明显提高了收费标准，而中西部地区基本都是执行国家标准。过渡期后，按照目前新出台的污染物收费标准和费改税的可能性，预计企业排污费总额将增加2—3倍。

2. 构建压力情景

传统压力测试的一个缺陷是集中于一个单一情景，这个情景发生的可能性很低。而课题组构建的情景由一系列已经制定或即将出台的政策、标准组成，这样压力情景发生的可能性就比较高了。在进行压力因素分析的前提下，课题组分轻、中、重三种情况分别设置了压力情景。对于火电行业，课题组按全国执行环境保护部标准（2014年年底）、全国执行国务院标准（2015年年底）、全国执行国务院对东部地区特别限值标准（2020年年底），大致可得到火电企业节能减排轻度、中度、重度三种压力情景。在此基础上，再考虑排污费分别提高2倍、3倍、4倍对企业成本的影响。对于水泥行业，根据多次调研和专家讨论，课题组压力情境设置主要考虑两大因素：其一，根据2013年环境保护部最新修订水泥行业环保标准，以及2014年国家发展改革委最新下发排污费征收标准等有关政策，主要选取治污、协处和排污三大政策变化因素。其二，考虑中国工商银行水泥客户绝大部分是行业中上游企业，在环保成本设定方面选取良好专家经验值。

3. 进行压力测试

由于缺少我国环保标准提高对银行信贷质量影响的历史数据，此次压力测试采用“自下而上”的方法，分析环保政策变化对企业财务状况的主要影响。根据财务报表的勾稽关系推算出压力情景下新的财务报表，通过中国工商银行已有的客户评级模型得到压力情景下企业信用等级和违约概率的变化，最后通过违约概率与不良率的关系得到相关行业在压力情景下不良率的增长。具体原理如图11－4所示：

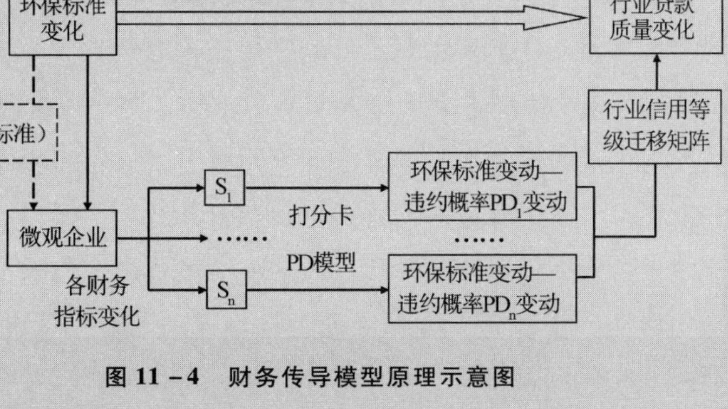

图11－4　财务传导模型原理示意图

第一步，建立环保标准变化对企业财务指标影响的函数C＝f（环保标准），C为企业成本变化情况。对于火电企业，根据企业主营业务收入和上网电价推算出一年内的发电量，然后根据压力情景下每度电所增加的成本计算出企业主营业务成本的增加金额。对于水泥企业，根据企业主营业务成本和上涨比例计算出压力情景下的企业主营业务成本。

第二步，根据主营业务成本变化的金额，按照财务报表的勾稽关系和基本处理规范，计算出利润表和资产负债表的主要指标。在对样本的财务状况施加压力时，我们重点关注两个科目，并直接对其加压。这两个科目是损益表上的收入（revenue）和销售成本（cost of goods sold - COGS）。因此，损益表上的其他科目也将随之改变，最终影响利润（或留存收益），该科目也是资产负债表的一项。我们假设 ΔB = 成本变动百分比，ΔP = 价格变动百分比，ΔQ = 数量变化百分比。计算了成本变化、价格变化和数量改变之后，我们就可以计算收入、销售成本和利润的改变，公式如下：

$$\Delta R = (1 + \Delta P)(1 + \Delta Q) - 1 \quad （式 11-1）$$

$$\Delta COGS = (1 + \Delta B)(1 + \Delta Q) - 1 \quad （式 11-2）$$

$$\Delta Profit = \Delta R - \Delta COGS \quad （式 11-3）$$

其中，ΔR = 收入的百分比变化，$\Delta COGS$ = 销售成本的百分比变化，$\Delta Profit$ = 利润的百分比变化。

（1）压力条件下损益表。损益表上的主营收入和主营业务成本直接受到影响，对受损益表上受到影响的相关项目进行调整。

（2）压力条件下资产负债表。损益表中净利润的减少体现在资产负债表上所有者权益的减少，根据现金流周期大致保持不变的假设，对流动资产和流动负债进行调整。

在损益表变化类似的前提下，不同借款人的资产负债表受到的影响也是不同的。虽然没有一般规则适用于所有借款人，我们将影响转换为资产负债表上留存收益的减少。这个简单的办法忽视了具体公司针对收入的下降可能对其融资结构进行的调整。此外，现金周期在压力条件下可能会恶化，因为现金周期因素在客户评级模型中并没有显著的权重，这一简化方法得到的结果足以用来推出信用等级迁移矩阵。

第三步，将上述财务指标代入相应的打分卡进行评分，火电企业和水泥企业在中国工商银行分别适用于不同的法人客户信用等级评价模型。评价模型由定量评价和定性评价两部分构成。从审慎的角度出发，假设定性评价得分与定量评价得分同比例下降。由各企业评价得分的变化得到其信用等级的变化，结合信用等级与违约概率 PD 主标尺的映射关系，得到各企业信用 PD 的变化。在提高企业环保标准后，企业利润会相应减少，这样就降低了其还款能力，从而导致信用等级向下迁移，违约概率 PD 上升。

第四步，汇总各企业信用等级的变化，即可得出其所在行业信用等级的迁移矩阵，同时根据违约率与不良率的关系，进一步分析相关行业贷款质量的变动状况。

4. 压力测试主要结果和政策建议

对于火电企业，虽然环保标准趋严对火电行业产生较大成本压力，但受益于宏观经济平稳发展，以及中国工业化进程产生的巨大电力需求，未来火电行业整体仍将保持稳定发展。环保标准提高将对火电行业产生结构性影响，尤其是对中小型企业形成较为明显的财务压力。AA级（含）以上客户的信用等级向下迁移率分别为8%、75%、81%。政策建议：一是维护好现有的AAA级客户，并继续拓展五大电力中的优质新客户；二是关注环保政策变化对AA+级以下企业财务成本、信用风险的影响，尤其是可能迁移至BBB+级以下的企业客户；三是关注节能减排企业的投放空间和机会；四是关注环保技术引起上下游细分市场，如固废处理行业；五是严控进入环保违法违规的火电企业。

对于水泥行业，总体而言，水泥行业进入低速增长阶段，去产能压力仍然存在。环保标准提高将对水泥行业形成较为明显的财务压力。轻度、中度、重度压力情景下，AA级（含）以上客户的信用等级向下迁移率分别为48%、62%、81%。政策建议：一是防范中小型水泥企业因环保改造压力导致的风险；二是持续跟踪水泥行业去产能进程可能带来的信用风险；三是脱硫、脱硝、除尘等环保市场空间巨大，建议择优开拓；四是关注水泥行业并购重组，抓住水泥行业发展机会，拓展优质客户；五是关注工业固废市场发展和政策变化，加大水泥协处项目支持力度，推进我行金融组合产品；六是抓住企业走出去中的水泥环保产业链投放机会。

案例11-2　中再巨灾风险管理股份有限公司发布中国台风巨灾模型

中国未来的台风灾害风险巨大，截至2019年，仅中国保险行业台风洪水风险暴露已累计112万亿元，并以11%复合增长率持续增长。从国际经验来看，采用台风巨灾模型对特定地区台风风险进行量化分析是通用手段，保险公司、政府机构、金融市场和企业均能使用台风巨灾模型开展风险量化评估和管理。

中再巨灾风险管理股份有限公司历时3年潜心研发中国台风巨灾模型，利用国际公认的灾害风险科学理论，从灾害模块、工程模块、风险暴露模块、金融模块和应用平台等方面，进行了面向保险应用的台风事件集、风场、降水场、风暴潮及洪涝模拟，探索各类承灾体风致易损性与洪涝易损性，建立了行业风险暴露数据库，融合风险损失计算、各保险场景下的费率计算方案。采用超性能计算、云计算、地理信息系统和人工智能技术，研发了具备大数据挖掘与多维度可视化功能的中国台风巨灾风险量化平台。

中国台风巨灾模型基于BS架构，采用超性能计算、GIS可视化、大数据、云计算和人工智能等先进技术手段，创新性地解决了大数据量计算上限的问题。搭建中国台风巨灾风险量化平台，研发了支持多功能的数据分析和多维度可视化的计算引擎，为台风巨灾风险识别、量化、精算定价、业务组合优化、风险累积控制和再保方案设计等提供关键技术支撑，助力提高我国保险业管理台风巨灾风险的水平。

中国台风巨灾模型包括灾害模块、工程模块、金融模块、承灾体风险暴露模块和应用平台5大模块（见图11－5）。其中，灾害模块包括中国台风随机事件集模型、中国台风风场模型、中国台风降水场模型、中国台风风暴潮模型和中国台风洪涝模型；工程模块包括中国台风风致易损性模型和中国台风洪涝易损性模型；金融模块包括保险损失计算模型；承灾体风险暴露模块包括行业风险暴露数据库。

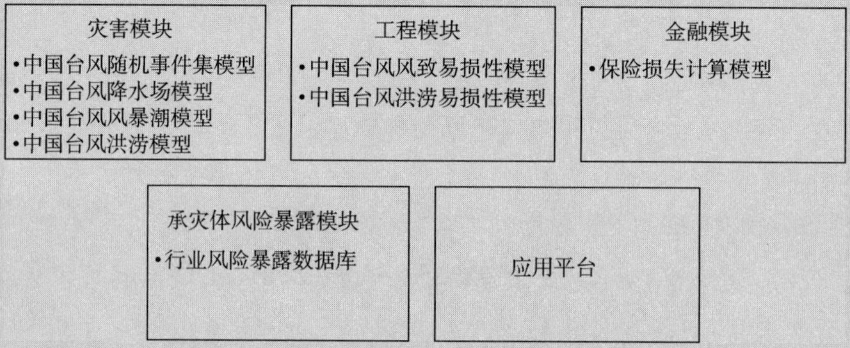

图11－5 中国台风巨灾模块

中再巨灾风险管理股份有限公司同中国气象局上海台风研究所、中国水利水电科学研究院、中国科学院计算所、哈尔滨工业大学、北京师范大学、重庆大学等科研机构与高校，共同完成中国台风巨灾模型，该模型涉及专业领域广、建模难度高、系统集成复杂。其关键创新技术主要有以下5大类。

第一，研发了包含台风事件集、风场、降雨、风暴潮、洪涝等台风巨灾广域、高精度、全过程灾害模拟模型。创新建立了具有物理机制的西北太平洋台风生成、路径、强度演变的随机模型和中国沿海台风强度衰减模型；采用了Georgiou台风风速场模型和Holland风压关系模型，结合中国精细下垫面特征数据，构建了符合中国地形地貌的台风风场模型；结合国际先进的水动力学模型ADCIRC，首次建立了覆盖中国沿海的台风风暴潮模型；建立了基于超大规模并行计算的台风巨灾洪涝灾害模拟系统；相较于国外同类模型（RMS/AIR），本模型具备底图资料新、数据精度高、全过程动态模拟等显著优势。

第二，构建了全球首个符合中国国情的台风巨灾保险易损性分析模型和曲线。以我国常见建筑结构为对象，根据台风作用下承灾体损失机制，建立了符合中国国情的住宅、商业、工业厂房等建筑台风洪涝易损性分类体系；建立全球首个面向中国台风巨灾保险的建筑结构、室内财产、营业中断和在建工程的易损性分析模型和曲线；考虑风荷载、飞掷物、洪水联合作用，建立全球首个符合中国国情的台风巨灾保险易损性分析模型和曲线。

第三，研制了基于多源异构大数据的高精度中国1公里网格风险暴露数据库。融合2019年全国68个核心城市主城区的精准建筑信息、百万级POI（兴趣点）数据、公里网格人口、生产总值、经济发展水平、夜间灯光指数、土地利用土地覆盖等多源异构大数据，构建了面向政府和保险行业的风险暴露分类体系，采用人工智能方法研制了首个高精度中国公里格网住宅、商业、工业风险暴露数据库。

第四，构建了全球首个基于超性能计算的台风巨灾模型。依托中国科学院计算技术研究所超性能计算资源，研发了针对台风风场、降水、风暴潮、洪涝模拟的大规模并行计算和算法优化技术，解决了台风巨灾模型计算范围广、计算数据庞大、数据结构复杂等因素造成耗时长的问题，打造了全球首个基于超性能计算台风巨灾模型，能够有效满足保险业对海量、广域、实时巨灾事件的模拟需求。

第五，研发了首个具有自主知识产权的台风巨灾风险量化平台。基于BS架构，采用超性能计算、GIS可视化、大数据、云计算和人工智能等先进技术手段，采用组件化开发思路，集成了灾害模块、易损性模块、风险暴露模块、保险损失计算模块，为政府部门、企事业单位、金融保险行业提供一套完整的灾害风险管理解决方案。平台通过实时Web地理信息系统手段，构建灾害风险及损失数据可视化引擎，有力支撑台风灾害风险识别、保险定价、理赔及时响应、业务组合优化、风险累积管理和再保方案设计，为保险行业防灾减损科技赋能。

目前，针对一些财险公司服务电网风险管理和防灾减损的需求，中再巨灾风险管理股份有限公司基于中国台风巨灾模型为其提供台风风场预测、预期损失计算、移动风险查勘、定价模型开发等功能，实现从灾后理赔向灾中响应和灾前预防的成功转型。针对海南省应急保险联动创新项目，中再巨灾风险管理股份有限公司基于中国台风巨灾模型正在为其打造应急风险管理平台与巨灾保险制度创新设计方案，助力海南实现现代化应急管理体系建设。此外，中再巨灾风险管理股份有限公司已与国内多家保险公司签订试用协议，从目前与保险行业主要财险公司交流情况看，可以预计，中国台风模型具有很大商业化应用前景，将会产生良好的经济效益。

案例 11－3　中国工商银行 ESG 绿色评级体系的构建

中国工商银行绿色评级体系共分为两个层次：一是针对企业的绿色评级。从内容看，ESG 绿色评级可以细分为对评级指标体系的探讨和对评级方法学的研究，目的在于提供一个针对企业可持续发展能力的评判依据，为授信与贷款的绿色转型提供支持。二是以绿色评级为基础，构建相应的指数。

遵循国际通行的惯例，中国工商银行 ESG 评级的指标体系分为三个层次。第一个层次将评级所包含的内容分为环境表现（E）、社会责任（S）和公司治理（G）三类大项；第二层则包含了每个大项对应的具体方面，是对第一层次三个维度所包含概念的具体化；第三层则是能够具体反映受评对象在每个方面上表现的代理指标。从国际经验上看，不同机构 ESG 评级指标体系的差异，主要反映在对第二层次各个维度内涵的界定与第三层代理指标的选取上。以下分别就环境、社会和公司治理三个维度下二级指标的构建进行分析。

1. 环境

对于上市公司而言，环境风险已成为企业风险管理必须考虑的重要维度。根据目前国内外相关研究的进展，环境风险通常从三个渠道影响企业经营：一是环保标准提高和政策收紧会对企业现金流和资产负债造成影响；二是企业污染物排放对贷款人可能带来的连带责任，金融机构和投资人对环境敏感行业的企业和项目提供资金的意愿和融资成本会有差别；三是环境事件和环境管理能力可能给企业，进而给金融机构带来声誉风险。

中国工商银行 ESG 评级的环境项主要包含以下维度：一是公司的环境友好程度分类。二是企业生产过程中各类污染物的排放强度。从污染源来看，应综合评价企业生产给大气、土壤、水资源等带来的各类影响；从渠道来看，应包含企业生产所带来的直接环境污染和带动上下游供应链产生的间接污染。三是政府的环保处罚和突发环境事件给企业声誉和经营带来的影响。四是表征企业主动管理风险能力的相关制度与信息披露水平。

2. 社会责任

企业的社会责任是指企业在创造利润、对股东和员工承担法律责任的同时，还要对所在的经营环境和内部员工承担的其他相关责任。社会责任不仅包括企业对于员工权益和发展的关注程度，也包含企业为慈善公益和当地社区建设等方面做出的努力。

从中国企业发展的现状来看，对企业内部职工权益的保障是现阶段影响企业稳定经营的主要因素。但鉴于企业在公益事业等项目上开支的逐年增加，评级中也应加入履行外部社会责任的考量。除此之外，社会和投资人对企业社会责任的总体认知也是影响企业声誉的关键因素，应对其进行综合评价。综合上述因素，在中国工商银行ESG评级的社会责任项下，共分为社会责任综合评价、劳动保护、工会与培训、社会公益、突发事件和社会信息披露等几个维度。

3. 公司治理

公司治理是指企业所有者对经营管理和绩效进行监督和控制的一整套制度安排。在现代企业产权和经营权分离的情况下，公司治理结构是与企业长期盈利能力最为相关的因素，公司治理结构是否健康，决定了企业经理人的行为是否符合所有权人的目标，是企业稳健经营的制度保障。

考虑到中国上市企业的总体情况，公司治理项下主要包含以下四个维度：一是考虑代表财务状况与资金管理情况的经营足迹，作为判断企业当期经营能力的基础；二是考虑企业合规经营情况和商业道德风险，用以表征企业的潜在风险；三是考虑公司治理信息的披露情况，以表征企业在公司治理制度方面的透明程度；四是适当考虑市场对企业公司治理能力的认知与综合印象。综合以上考量，公司治理项下共包含七个维度，分别为公司治理综合评价、企业经营足迹、反腐败、税收透明、商业道德、合规经营和公司治理信息披露。

ESG评级体系的第三层主要由反映第二层各维度的关键业绩指标（key performance indicator）构成。在选取上，中国工商银行绿色金融课题组认为应遵循以下原则：第一，注重指标的量化程度；第二，注重数据的可获得性和可靠性；第三，注重数据的变动频率。依据上述原则，关键业绩指标的选取共经过了三轮。在第一轮中，中国工商银行绿色金融课题组主要收集行内外与ESG评级相关的数据源，共确定了308个相关指标（中国工商银行数据库中112个、公开数据库130个、第三方数据公司66个）；第二轮对各个指标进行分析和归类，确定对应归属的二级维度；第三轮依据指标的质量、实效性和量化程度，对指标集进行删减，最终确定的关键业绩指标。

中国工商银行绿色金融课题组选择上证成分指数（以下简称上证180指数）所包含的企业进行了试评。由于上证180指数所包含的企业涵盖了国民经济产业的各个部门，企业信息披露制度较为健全，有助于提高评级结果的有效性。截至2017年6月1

日，在上证180指数的成分股中权重占比较多的是金融、保险业（45.13%）和制造业（23.84%），其次是建筑业、房地产业和采掘业（见表11－7）。

表11－7　　　　　　　　上证180指数权重在各行业的分布

行业	占比（%）
采掘业	4.06
传播与文化产业	0.78
电力、煤气及水的生产和供应业	3.67
房地产业	5.16
建筑业	6.08
交通运输、仓储业	3.49
金融、保险业	45.04
农、林、牧、渔业	0.13
批发和零售贸易	1.67
社会服务业	0.46
信息技术业	4.92
制造业	22.70
综合类	1.90

4. 评级结果

课题组自2015年6月15日至2017年6月9日共进行了四次试评，在此期间，上证180指数的样本空间共进行了三次调整。针对每次调整后的样本空间，课题组分别计算了对应企业在指数样本空间调整后的ESG评级，共进行了四次试评。综合四次结果，以下主要针对最新一次的评级结果进行分析。

（1）总体特征。

第一，受评企业在环境和公司治理方面的平均表现优于社会责任。180家企业在环境（E）、社会责任（S）和公司治理（G）三个大项下的均值分别为0.574、0.235和0.588。企业在公司治理方面的平均得分最高，主要源于上证180企业在公司治理方面的信息披露得最为充分；社会责任得分普遍较低，主要因为在没有强制约束的情况下，企业的社会责任信息披露并不充分。在已公布信息中，指标的覆盖范围和可量化程度均有待提高。大多数企业仅仅以文字的形式提供社会公益的项目名称，对于相关领域的支出缺乏量化统计和持久的跟踪报道。

第二，企业之间的ESG表现差距较大，主要源于信息披露和环境表现的不同。180家企业在公司治理、环境、社会责任三项得分的方差分别为0.165、0.159和0.09。

结合所有企业在均值方面的表现，180企业治理项下的得分差异主要源于信息披露和环境表现两个方面。一是尽管许多企业已披露了社会责任报告，但信息披露的规范性和准确性方面存在较大差异，同时，在已披露的数据中，不同企业在劳动保护与社区开支方面的差距也很大；二是受评企业所属行业环境污染强度存在差异，而在社会责任项下的方差较小，主要源于各家企业在社会责任方面的信息披露不多，使各家企业的社会责任表现呈现低水平下的“趋同”。

第三，中国工商银行ESG评级的得分与可比机构的ESG评级结果存在正相关性，但也存在一定差异。方差分析结果显示，中国工商银行行内数据和第三方机构提供数据对最终ESG评分结果的贡献超过了50%，使中国工商银行ESG评级较同业有更高的辨识能力，对受评企业ESG表现的区分度更好。

（2）重点行业ESG评分的特征。

从行业ESG得分的均值来看，电力与公共事业、采掘业和制造业是ESG总体平均分最低的三个行业，金融、房地产和其他服务业的ESG平均分数最高。金融、保险业上市公司ESG得分位于0.49—0.72，分布较为集中。ESG总评分均值为0.564，在所有行业中排名第一。金融业上市公司在环境（E）和公司治理（G）两方面的表现较好，两项指标均为各行业之首。这表明金融业公司在股改上市后，经过多年的规范经营，已经形成了完善的公司治理结构，此外，金融业上市公司在日常运营以及与供应链中上下游企业的互动过程中其排放和对环境的污染程度也较小。

房地产行业上市公司ESG得分均值为0.51，变化范围在0.39—0.62，分布较为集中。从各行业的横向对比来看，房地产行业的上市公司在环境保护及污染治理方面的表现较好，环境指标（E）在所有行业中排名第二。但其公司治理指标（G）和社会责任指标（S）的得分较低，表明该行业上市企业在公司规范运营及相关关系人管理方面与各行业平均水平相比还有一定差距。

制造业ESG得分为0.455，方差为0.10，变化范围大致在0.2—0.67。在环境、社会和公司治理三个子项目中，制造业总体的环境表现要优于采掘业和能源供应业，但在公司治理和社会责任方面的表现却差于前两者。由于制造业涵盖的子行业太多，课题组还对制造业中的子行业进行了进一步细分，观察不同行业ESG得分均值的表现。可以看出，以钢铁冶炼为主的褐色金属冶炼和加工业以及化学品制造业的ESG评分最低，而汽车制造和电器机械器材制造业的评分最高。

采掘业ESG得分为0.405，方差为0.122，变化范围大多集中在0.257—0.59，整体的环境表现较差，仅次于电力能源供应行业。公司治理和社会责任方面得分则相对较高，一方面，因为企业主要以国企为主，在财务管理方面的水平较高；另一方面，采掘业作为环境敏感型行业，更加倾向于披露自己在社会责任方面的贡献。

电力及公共事业ESG得分为0.31，在六个行业中得分最低。从横向对比来看，即使考虑其作为上游能源产业的排放不能全部算作自身的环境污染，其在环境保护及污染治理方面的表现自然不佳［环境维度（E）平均得分0.22，在所有行业中得分最低］。但其社会指标（S）和公司治理指标（G）的得分较高，表明电力行业上市企业在公司规范运营、员工劳动保护与培训等方面表现优异。

从ESG绿色评级结果本身来看，180家受评企业的ESG总体表现呈现出“平均较好，差异明显”的特征。一是较高的数据质量和独具特色的方法使中国工商银行的ESG绿色评级体系较同业具有更高的识别能力。二是在行业方面，以企业ESG评级为基础的行业均值同基于行业总体数据的可持续发展研究的结论高度一致，证明中国工商银行ESG绿色评级体系的合理性。三是环境、社会和公司治理分项表现上，环境指标同社会和治理指标相比，对企业ESG得分的贡献较大，是最为敏感的指标；治理得分普遍较高，表明上市公司在完善治理结构、合规运作、经营信息披露等方面的表现较好；社会责任得分普遍较低，表明中国的上市公司对社会责任实践活动的跟踪、披露等工作仍有不足，亟须加强。

思考与练习

（1）金融机构如何做好气候化环境风险情景分析和压力测试？

（2）环境风险对金融体系的影响方式有哪些？

（3）环境风险分析方法有哪些？

（4）了解我国金融机构环境风险管理存在的问题，并思考如何完善金融机构环境风险管理体系？

推荐阅读材料和网站

（1）中国金融学会绿色金融专业委员会（http：//www. greenfinance. org. cn/index. php）。

（2）中央财经大学绿色金融国际研究院（http：//iigf. cufe. edu. cn/）。

（3）中再巨灾风险管理股份有限公司（https：//www. cpcr. com. cn/zhzcx/567648/index. html）。

（4）商道融绿（https：//www. syntaogf. com/）。

参考文献

[1] 马骏. 推进金融机构环境风险分析［J］. 中国金融，2018，872（2）：16－18.

[2] 马骏. 金融机构环境风险分析与案例研究［M］. 北京：中国金融出版社，2018.

[3] 中国工商银行环境因素压力测试课题组，张红力，周月秋等. 环境因素对商业银行信用风险的影响——基于中国工商银行的压力测试研究与应用［J］. 金融论坛，2016，21（2）：3－16.

[4] 陈林龙. 补齐绿色金融环境风险管理“短板”［J］. 中国银行业，2021，87（3）：57－60＋6.

[5] 曹烜. 我国商业银行完善环境风险管理体系的思考［J］. 新金融，2021，395（12）：46－52.

[6] 中国工商银行绿色金融课题组，张红力，周月秋等. ESG绿色评级及绿色指数研究［J］. 金融论坛，2017，22（9）：3－14.

[7] NGFS. overview of environmental risk analysis by financial institutions.

[8] NGFS. case studies of environmental risk analysis methodologies.

第十二章　绿色金融制度与政策

学习要求

1. 理解绿色金融制度的经济学相关理论，掌握绿色金融制度的顶层设计和分类。

2. 熟悉我国绿色金融制度的历史演变、当前政策体系和立法规范，理解我国绿色金融政策的实施成效。

3. 了解我国绿色金融政策发展存在的问题，理解国外发达国家绿色金融政策发展的可借鉴之处。

本章导读

绿色金融是指为支持环境改善、应对气候变化和资源节约高效利用，金融机构对环保、节能、清洁能源、绿色交通、绿色建筑等领域的项目投融资、项目运营和风险管理。绿色金融制度与政策建设应起到促进环境保护及治理，引导资源从高污染、高能耗产业流向理念、技术先进的部门的作用，同时要求金融机构将环境因素纳入风险管理体系，更好地管理中长期风险，稳步推进金融体系可持续发展。

第一节　绿色金融制度与分类

绿色金融制度的高标准建设和高规范引导对突破绿色金融发展面临的诸多困难和挑战

具有重要意义。绿色金融制度建设具体包括绿色金融标准、业绩评价标准、环境风险评级和环境风险管理等。完善的绿色金融制度和标准体系，有利于各地和机构的绿色金融具体措施和执行机制实施到位。

一、绿色金融制度理论内涵

（一）绿色金融制度理论基础

从社会科学的角度来理解，制度（institution）泛指以规则或运作模式规范个体行动的一种社会结构。这些规则蕴含着社会的价值，其运行标志着一个社会的秩序。建制的概念被广泛应用到社会学、政治学及经济学的范畴之中。

绿色金融制度的经济学理论基础是外部性与产权理论。其中，外部性理论是绿色金融的重要特征，产权理论是绿色金融制度和政策制定的工具依据。马歇尔和庇古20世纪初提出外部性理论，也称外部效应，是指经济活动中一个经济主体（国家、企业或个人）的行为直接影响到另一个经济主体的利益，却没有给予相应赔偿或得到相应补偿的现象。外部性分为正外部性和负外部性。正外部性是指经济活动中一个经济主体的行为对另一个经济主体的利益有益（外部经济）；负外部性是指经济活动中一个经济主体的行为对另一个经济主体的利益有损（外部不经济）。无论是正的外部性还是负的外部性，都会导致市场失灵，影响市场对资源的配置。环境污染就是一种典型的负外部性。环境污染的负外部性是指市场主体对环境所造成的不利影响通常转嫁给全社会，自身并不承担相应的责任。环境污染的负外部性引起环境污染，使私人（生产者与消费者）不愿为使用生态环境支付成本，这就可能导致私人对生态环境的过度使用直至边际效益为零，并且不会关心边际社会成本的增加。并且，一些对环境有益的正外部性活动因得不到补偿而受到抑制，改变环境污染状况的进程就非常缓慢。因此，市场机制难以激励私人主动开展环境保护，只能依靠政府干预。

根据以科斯为代表的产权理论，环境污染的根源被归结为环境产权缺失或难以界定。发挥市场机制作用的前提条件是清晰的产权界定和有效的产权制度安排，只要产权界定清楚、产权制度安排合理，外部性问题就可以通过市场机制得到解决。因此，政府可以创建一种生态环境的新产权（排污权）。如果法律规定保护经济主体向生态环境排污的权利，那么经济主体就可以向政府购买排放这种权利，并可以进行权利的买卖，即进行排污权交易，继而衍生出碳排放权交易、水权交易、林权交易、矿业权交易等生态环境其他权利交易。

现代产权理论为发展绿色金融提供了方向。首先，为绿色金融通过市场机制实现发展提供了理论依据。若政府一旦立法明确了公民的环境权，即公民享有在良好、健康环境中生活和工作的权利，金融机构就有责任为生态环境项目融资，也有责任拒绝向环境污染项目融资。其次，现代产权理论也为生态权益金融通过市场机制实现发展提供了理论依据。只要生态产权明晰且生态产权交易市场完善，生态权益配额不足的经济主体就可以从生态权益配额富裕的经济主体那里购买到生态权益配额，不仅有利于经济活动的开展，还使生产者有动力通过技术进步减少环境污染或资源的低效利用。同时，通过市场机制可以促进绿色金融创新发展。为了活跃生态产权交易市场，各种金融机构、投资机构等的介入，极大地充实了市场主体，也使生态产权抵押质押、生态产权信托、生态产权证券化、生态产权租赁、生态产权回购、生态产权保理、生态产权期货期权、生态产权存储与借贷、生态产权投资等的产生成为可能。

另外，造成环境污染的另一个非常重要的原因是环境问题的“政府失灵”，也就是说，由于政府行为导致了环境政策和环境管理的失效，从而加大了环境污染和生态破坏。若不污染的收益常常大于污染的收益，而污染单位往往选择污染，所以要使污染单位不污染，应加大污染单位对环保部门严惩的预期，也就是说，要使污染单位认识到环保部门对其行为的严惩。

（二）绿色金融制度的顶层设计含义

在“双碳”（2030 年实现碳达峰、2060 年实现碳中和）目标下，政策制定者越来越关注绿色金融。绿色金融制度体系是金融工具和相关政策支持经济向绿色化转型的制度安排，即金融支持绿色发展的重要规则指引。建立绿色金融制度的目的是建立新型金融模式，规范投融资活动，达到促进环境保护和资源节约的正效应，其构建与完善是实现“双碳”目标的制度基石。

2016 年以来，中国人民银行会同相关部门，加强和完善绿色金融发展顶层设计，牵头出台《关于构建绿色金融体系的指导意见》，已经形成“五大支柱”和“三大功能”。已初步形成的“五大支柱”包括绿色金融标准体系、环境信息披露、激励约束机制、产品与市场体系和国际合作；正在显现的“三大功能”包括金融支持绿色发展的资源配置、风险防范和价格发现。绿色金融在推动我国经济低碳转型和高质量发展方面的效用越加凸显。

一是持续健全绿色金融标准体系，为绿色金融规范发展提供准确依据。绿色金融标准体系是规范绿色金融业务、确保绿色金融商业可持续的重要保障。2018 年，中国人民银行成立全国金融标准化技术委员会绿色金融标准工作组，按照“国内统一、国际接轨、清晰可执行”原则，稳步推进绿色金融标准体系建设。发布《绿色债券支持项目目录（2021

年版)》《金融机构环境信息披露指南》《环境权益融资工具》《碳金融产品》4 项标准，另有 15 项标准进入立项或征求意见环节，涉及环境、社会和治理（ESG）评价、金融机构和金融业务碳核算等重点领域。同时，深入开展转型金融标准研究，为金融支持绿色低碳发展提供标准依据。

二是稳步推进环境信息披露，为绿色金融发展营造公开透明的市场环境。环境信息披露是有效降低绿色金融供需双方环境信息不对称、降低“洗绿”等风险的重要机制。中国人民银行积极引导金融机构和发债主体重视自身环境信息披露，不断提高环境信息披露覆盖面和披露质量。牵头建立绿色金融信息管理系统，注重运用金融科技手段开展金融机构和金融业务碳核算工作，有效降低环境信息披露和管理成本。指导绿色金融改革创新试验区部分金融机构分层次、分步骤开展环境信息披露，试验区内 200 多家金融机构完成环境信息披露报告试编制。

三是不断完善激励约束机制，引导更多金融资源投向绿色低碳领域。制定和实施激励约束政策，调动金融机构和社会资本广泛参与绿色低碳投资。中国人民银行将符合条件的绿色贷款和绿色债券纳入货币政策操作合格抵质押品，盘活金融机构绿色金融资产。在全国范围内对银行业金融机构按季开展绿色金融评价，提升金融机构拓展绿色业务的动力。创设碳减排支持工具和支持煤炭清洁高效利用专项再贷款，用于支持清洁能源、节能环保、碳减排技术等重点减碳领域，以及煤炭安全高效绿色智能开采、煤炭清洁高效加工、煤电清洁高效利用等领域。2022 年 6 月末，中国人民银行通过两项工具分别向金融机构发放低成本资金 1827 亿元和 357 亿元，支持金融机构发放相关贷款 3045 亿元和 439 亿元，带动减排二氧化碳当量逾 6000 万吨。

四是鼓励创新绿色金融产品服务，培育和壮大绿色金融市场。多元化的绿色金融产品和服务是满足市场主体多样化需求、丰富和优化绿色金融市场供给结构的重要基础。中国人民银行鼓励金融机构提升绿色贷款业务规模，创新各类绿色债券产品，稳步推出绿色保险、绿色基金等多样化产品。同时，会同有关部门持续完善绿色金融产品发行管理制度，规范交易流程，提升市场透明度，更好地满足绿色低碳发展的融资需求。2022 年 6 月末，我国本外币绿色贷款余额达 19.55 万亿元，同比增长 40.4%；绿色债券存量规模 1.2 万亿元，位居全球第二，中国绿色金融市场对全球的吸引力和影响力不断提高。

五是高度重视环境风险监测与管理，有序推进气候变化相关金融风险防控。深入研究气候和环境因素与金融风险的内在联系与潜在传导路径，引导金融机构识别、评估和管理好自身环境和气候相关风险。中国人民银行组织 23 家全国性银行机构分行业开展气候风险敏感性压力测试，在试点省份开展高碳行业压力测试，为有序防范气候相关金融风险探索有益路径。

六是高质量推进绿色金融区域试点，探索中国特色绿色金融发展之路。支持部分有条件、有意愿的地区建设绿色金融改革创新试验区，为全国绿色金融体系建设和低碳转型、高质量发展提供经验借鉴。2017 年以来，国务院相继批准七省（区）十地开展绿色金融改革创新试验，经过多年努力，这些地区在创新绿色金融产品与服务、完善政策支持体系和激励约束机制等方面，取得一系列可复制、可推广的经验，有效支持了地方绿色产业发展和经济社会绿色低碳转型。其中，湖州绿色金融改革创新试验区在数字化赋能、碳账户建设、绿色金融激励约束机制等方面的经验做法，已向多地推广。2022 年 6 月末，试验区绿色贷款余额 1.1 万亿元，在全部贷款中的占比高于全国平均水平 2.2 个百分点。

七是不断深化绿色金融国际交流与合作，为绿色金融发展营造良好的国际环境。中国是二十国集团中最早提出绿色金融议题的国家，也是积极的倡导者和坚定的支持者。中国人民银行深入参与二十国集团领导人峰会（G20）可持续金融工作组、央行和监管机构绿色金融网络（NGFS）、可持续金融国际平台（IPSF）、《“一带一路”绿色投资原则》（GIP）等国际合作平台，凝聚绿色金融国际共识，主动引领绿色金融国际议题。2022 年 6 月，中国人民银行与欧盟有关部门联合发布《可持续金融共同分类目录》，为中欧绿色债券市场互联互通、便利绿色跨境投融资奠定基础。

二、绿色金融制度的分类

与传统金融相同，绿色金融的实施也需要由政府政策来推动。近年来，我国政府不断健全生态环境法规政策标准，持续推动重点领域法律法规制修订，不断出台一系列绿色金融领域发展的相关政策制度。从绿色金融的交易市场与金融工具的角度定义，绿色金融的主要范畴包含：一是在现有金融体系基础之上构建以绿色债券、绿色信贷等为代表的金融产品体系，并建立相应政策规范；二是以融合环境效益为基础构建排放权交易，在这个过程中产生的一系列金融创新及相关制度。2016 年 8 月，中国人民银行、财政部、国家发展改革委、环境保护部、银监会、证监会和保监会联合发布《关于构建绿色金融体系的指导意见》，指出绿色金融体系是指通过绿色信贷、绿色债券、绿色股票指数和相关产品、绿色发展基金、绿色保险、碳金融等金融工具和相关政策支持经济向绿色化转型的制度安排。因此，政府在大力发展绿色信贷、推动证券市场支持绿色投资、设立绿色发展基金、发展绿色保险、完善环境权益交易市场、丰富融资工具、支持地方发展绿色金融等方面具体落实绿色金融制度建设，并取得一系列的显著成效。

（一）绿色信贷

绿色信贷是为支持环境改善、应对气候变化和资源节约高效利用而开发的一种新型信贷方式，银行等金融机构在核算和决策之中纳入生态环境要素，促成金融与生态的良性循环，最终实现促使企业降低能耗、节约资源和维护人类长远利益的目标。在我国绿色金融各领域中，绿色信贷的起步最早、发展最快，政策体系较为成熟。表 12－1 中梳理了绿色信贷领域相关主要政策。

表 12－1　　绿色信贷主要政策

年份	发布机构	主要内容
1995	环保总局	首次对金融部门在信贷工作中落实国家环境政策做出规定；要求认真执行环境影响评价制度
2007	环保总局、中国人民银行、银监会	要求金融机构依据环境保护管理规定和环保部门通报情况，严格贷款审批、发放和监督管理
2007	银监会	要求银行机构加强节能减排授信工作管理，首次从董事会和高管层履职、信贷流程、信息披露等方面对银行机构开展绿色信贷工作作出全面、系统和细致的规定
2007	环保总局、中国人民银行、银监会	要求加强信贷管理工作和环保的协调配合、强化环境监管管理等
2012	银监会	在总结前期实践的基础上，进一步丰富完善绿色信贷相关规定，从组织管理、政策制度及能力建设、流程管理、内控管理与信息披露、监督检查等方面细化了绿色信贷的管理体系；明确了绿色信贷三大支柱，引导银行机构加大对绿色经济、低碳经济、循环经济支持力度，防范环境和社会风险，提升自身的环境和社会表现
2013	银监会	对绿色信贷相关统计领域进行了明确划分，要求银行机构对涉及环境、安全等重大风险企业贷款和节能环保项目及服务贷款、年度节能减排能力进行统计
2014	银监会	从 2015 年起，每年组织国内主要银行机构开展绿色信贷自评价，是绿色信贷考评的关键性文件，以及绿色银行评级的依据和基础
2017	中国银行业协会	开展绿色银行评价工作。同年，中国人民银行将银行机构绿色信贷业绩表现纳入宏观审慎评估（MPA）
2017	银监会	强调要加强对“走出去”项目融资中环境和社会风险的管理
2018	中国人民银行	建立银行机构绿色贷款专项统计制度，从用途、贷款承贷主体所属行业、质量等多个维度分别对金融机构发放的节能环保项目及服务贷款和存在环境、安全等重大风险企业贷款进行专项统计

续表

年份	发布机构	主要内容
2018	中国人民银行	将绿色信贷业绩评价指标设置定量和定向两类。定量指标权重为 80%，包括绿色贷款余额占比、绿色贷款余额份额占比、绿色贷款增量占比、绿色贷款余额同比增速、绿色贷款不良率 5 项；定性指标权重为 20%，得分由中国人民银行综合考虑银行业存款类金融机构日常经营情况，并参考定性指标体系确定
2019	银保监会	明确提出大力发展绿色金融，要求金融机构建立健全环境与社会风险管理体系，将环境、社会、治理（ESG）要求纳入授信全流程，强化环境、社会、治理信息披露和与利益相关者的交流互动等方面，大力发展绿色金融
2020	财政部	将绿色信贷占比纳入服务国家发展目标和实体经济的考核条件
2021	中国人民银行	对《关于开展银行业存款类金融机构绿色信贷业绩评价的通知》进行修订，将绿色贷款升级为绿色金融
2022	银保监会	应当有效识别、监测、防控业务活动中的环境、社会和治理风险，将环境、社会和治理要求纳入管理流程和全面风险管理体系

资料来源：根据各部门相关官方网站、网络资料整理。

我国绿色信贷政策制度逐渐完善，但是仍存在以下具体问题。第一，政策实施缺乏立法依据。目前，绿色信贷政策多以指导性文件形式发布，尚未形成立法层次体系，无法发挥法律效力约束企业强制减排，绿色信贷政策的实施效率尚且不足。第二，各个部门出台绿色信贷政策标准和口径尚不统一。执行标准不统一的结果是信息不对称，影响监督效果。第三，绿色信贷相关的配套机制尚需完善。我国绿色信贷顶层设计政策逐渐完善，但是绿色信贷评估机制、激励约束机制、环保信息披露机制、绿色信贷评价指标体系等配套机制有待统一，需要与相关法律制度相结合，促进绿色信贷政策高效实施。

（二）绿色债券

绿色债券是指为环境或气候相关收益的投资提供资金的一种固定收益证券，是绿色项目的重要资金来源。中国绿色债券市场正式启动较晚。《绿色债券支持项目目录（2015 年版）》是我国第一个绿色债券标准。2015 年 12 月，中国人民银行发布第 39 号公告，鼓励金融机构发行绿色金融债券，绿色金融债募集资金必须投向《绿色债券支持项目目录（2015 年版）》界定的绿色项目。之后，证监会、上海证券交易所、深圳证券交易所、中国银行间市场交易商协会均引用 2015 版目录颁布绿色债券的发行相关工作指引。

我国另一个绿色债券标准是 2016 年 1 月由当时主管企业债的国家发展改革委印发的《绿色债券发行指引》，明确绿色债券募集资金的支持范围，鼓励发行企业债券投向节能减排技术改造、绿色城镇化等12大类的项目。中国企业在境外发行绿色债券时，一般参考《绿色债券原则》（由国际资本市场协会ICMA编制）或《气候债券标准》（由气候债券倡议组织CBI编制）。由于考虑到发行市场、债券类型等因素，企业在发行绿色债券时会根据所在地的情况。遵循不同的绿债标准，可能是一个或者多个，但是也会导致认定标准的矛盾。例如，国内标准认为煤炭的清洁利用属于绿色项目，而国际标准通常认为其不具有绿色属性。2017年，证监会发布《关于支持绿色债券发展的指导意见》，明确了支持绿色债券发展的总体目标，交易所为绿色公司债设立绿色通道，适用"即报即审"政策。同年，中国银行间市场交易商协会正式发布《非金融企业绿色债务融资工具业务指引》，在参考借鉴《绿色债券原则》（GBP）等国内外绿色债券实践的基础上，立足银行间市场实际，明确了绿色债务融资工具的四大核心机制，包括资金用途、遴选机制、专户管理、信息披露，规范绿色债务融资工具信息披露、评估认证、资金用途和监管等内容。

2019年3月，国家发展改革委、中国人民银行等七部委联合制定我国首份《绿色产业指导目录》，明确了绿色产业、绿色项目的界定与分类，为绿色债券目录的更新奠定了基础。在《绿色产业指导目录（2019年版）》的基础上，2020年7月推出新版目录的征求意见稿。在碳达峰碳中和的背景下，我国绿色发展内涵更加丰富，相关产业政策和相关技术标准已经持续更新，因此，绿色债券支持项目目录加快更新进程。2021年4月，中国人民银行、国家发展改革委、中国证监会联合印发《绿色债券支持项目目录（2021年版）》，为国内绿色债券支持项目及领域的统一和规范奠定了重要基础，建立发行核准绿色通道，将符合条件的绿色金融债券纳入货币政策操作抵质押品范围，引导和支持符合条件的金融机构和企业发行绿色债券支持符合条件的绿色项目。《绿色债券支持项目目录（2021年版）》修订和调整了绿色债券的统一标准及用途、绿色债券发行管理模式等方面的内容，实现了国内绿色债券监管标准的重大突破。

（1）科学规范绿色项目界定标准。将煤炭等化石能源清洁利用等高碳排放项目从支持范围目录中去除。为了严格减碳约束，首次采纳国际通行的"无重大损害"原则规范绿色范围界定。

（2）优化债券发行管理模式。解决了绿色债券各相关管理部门对绿色项目的界定标准不统一的现象，有效降低绿色债券发行、交易和管理成本，提升绿色债券市场的定价效率。

（3）稳定我国绿色债券发展框架。为了境内外主体更好地识别、查询和投资绿色资产，将《绿色债券支持项目目录（2021年版）》的二级和三级目录与国际主流绿色资产分类标准统一，四级目录与《绿色产业指导目录（2019年版）》三级目录统一，以促进国家绿色低碳转型发展重点项目得到"清单"式金融服务。

《绿色债券支持项目目录（2021 年版）》科学统一界定和补充了绿色债券支持领域和范围，促进绿色债券市场扩大；统一了国内两个绿色债券支持项目的范围，加快绿色债券市场融合；技术细节要求更加丰富，对第三方评估认证提出更高要求；逐步实现国内与国际通行标准和规范的趋同，有利于绿色债券标准获得国际市场认可。

绿色债券政策和支持对于绿色企业快速发展、充分运用资本市场的力量、开辟新的融资渠道具有重要作用，有利于解决银行与企业之间资金期限错配的问题，帮助企业绿色技术创新获得长期资金支持，也帮助企业获得较低利率的融资，降低资金成本。在国家层面碳达峰碳中和目标和资本市场 ESG 理念实践潮流双重导向的背景下，2023 年 3 月，国家发展改革委发布《绿色产业指导目录（2023 年版）》（征求意见稿），进一步明确“绿色产业”的“6 大类、29 小类”产业内容，涉及 100 多个细分领域。这有助于呼吁和指引社会各方积极参与“双碳”目标及 ESG 实践，对于促进各地方构建现代化产业体系和加快产业结构的优化升级具有重要意义。

2023 年 6 月，证监会发布《关于深化债券注册制改革的指导意见》并配套出台了《关于注册制下提高中介机构债券业务执业质量的指导意见》，意味着债券注册制改革全面落地。两项指导意见的出台有助于提高债券审核注册工作效率，持续提高优质企业、民营企业债券融资便利性，加大对科技创新、绿色发展等重点领域和重大项目的支持力度，助力提高直接融资比重，更好地服务经济高质量发展。

（三）绿色保险

2022 年，银保监会发布《绿色保险业务统计制度的通知》，首次对绿色保险进行定义，并建立《绿色保险业务统计制度》。在《绿色保险业务统计制度的通知》中，绿色保险被明确定义为保险业在环境资源保护与社会治理、绿色产业运行和绿色生活消费等方面提供风险保障和资金支持等经济行为的统称。

狭义的绿色保险指环境污染责任保险；广义的绿色保险是与环境风险管理相关的保险产品，除狭义的定义范围外，还包括巨灾保险、天气保险和各类创新型绿色保险产品。2007 年以来，绿色保险制度不断丰富，具体如下：

2007 年，国家环保总局和保监会发布《关于环境污染责任保险工作的指导意见》，提出重点选择环境危害大、最易发生污染事故和损失容易确定的行业、企业和地区，率先开展环境污染责任保险工作，在部分地区的高环境风险领域试点环境污染责任险。

2013 年，环境保护部与保监会联合印发《关于开展环境污染强制责任保险试点工作的指导意见》，明确环境污染强制责任保险的试点企业范围，即进一步明确涉重金属的企业必须投保环境污染责任险，并明确了“绿色保险”的定义与强制保险企业的范围，即绿色保险环境污染责任保险，以企业发生污染事故对第三者造成的损害依法应承担的赔偿责任为标的。

2015 年，新《环境保护法》提出“国家鼓励投保环境污染责任保险”，为探索环境污染强制责任保险落地提供了政策和法律依据。但是，对于企业投保环境污染责任险尚未采用“强制”，仍存在自愿性。在环责险的配套制度建设面推出环境风险评估技术规范：环境保护部和保监会陆续针对硫酸、氯碱等行业的环境风险评估技术出台了指南，同时针对环境污染损害责任认定和鉴定评估机制，从 2011 年起环境保护部陆续在河北、江苏、山东、河南、湖南、重庆、昆明五省二市试点。同年，《加快推进生态文明建设的意见》提出“深化环境污染责任保险试点”。《生态文明体制改革总体方案》强调“在环境高风险领域建立环境污染强制责任保险制度”，将强制性环境污染责任保险制度确定为重要改革任务。

2016 年，中国人民银行等七部委联合印发《关于构建绿色金融体系的指导意见》，提出在环境高风险领域建立环境污染强制责任保险制度，鼓励和支持保险企业创新绿色保险产品和服务，鼓励和支持保险企业参与环境风险治理体系建设，为绿色保险的发展提供了顶层设计。

2017 年，《生态环境损害赔偿制度改革方案》要求在全国范围内试行生态环境损害赔偿制度，标志着生态环境损害赔偿制度改革已从先行试点进入全国试行的阶段。

2018 年，生态环境部审议并原则通过《环境污染强制责任保险管理办法》，要求完善环境污染损害赔偿机制，在环境高风险领域建立环境污染强制责任保险制度。这是环境污染强制责任保险制度的重要法律法规，对于保障环境安全和公众利益有着非常重要的作用。

2019 年，国家发展改革委、科学技术部联合印发《关于构建市场导向的绿色技术创新体系的指导意见》，鼓励保险公司开发支持绿色技术创新和绿色产品应用的保险产品。

2021 年，国务院《关于加快建立健全绿色低碳循环发展经济体系的指导意见》指出，加强发展绿色保险，发挥保险费率调节机制作用。

2022 年，银保监会《保险业标准化“十四五”规划》（以下简称《规划》）指出，加快完善绿色保险相关标准建设，支持保险业探索开发创新性绿色保险产品，加快研究绿色保险产品和服务标准，探索绿色保险统计、保险资金绿色运用、绿色保险业务评价等标准建设。根据《规划》要求，到 2025 年，要进一步完善保险标准化工作机制，建立结构清晰、覆盖全面、效用突出的保险标准体系。同年，银保监会印发《银行业保险业绿色金融指引》，将保险业发展绿色金融上升到战略层面，要求保险企业结合自身经营范围积极开展环境保护、气候变化、绿色产业和技术等领域的保险保障业务以及服务创新，开发相关风险管理方法、技术和工具，为相关领域的生产经营者提供风险管理和服务，推动保险客户提高环境、社会和治理风险管理意识。

近年来，我国绿色保险政策加快出台和落地实施，绿色保险在绿色金融发展中起到关键的风险管理作用，也逐渐上升到新的高度。国家不仅鼓励和支持保险业进行绿色保险产品品种创新，还出台政策大力支持绿色保险数字化转型的发展，将大数据、人工智能、云计算、物联网等先进技术应用于运营流程线上化转型和业务智能化改造。绿色保险作为以市场为导向的碳排放治理机制的重要组成部分，通过创新保险产品和服务，能够以较低的社会成本实现经济社会发展全面绿色转型。2020 年 5 月，银保监会财险部印发的《关于推进财产保险业务线上化发展的指导意见》中明确要求保险业相关业务领域线上化率达到 80% 以上。新冠疫情也加速了财险业务全流程线上化的进程，未来保险线上化运营方式将更加普及，深度嵌入保险业的全价值链中。在“双碳”目标下，我国的保险业将会大力创新和发展绿色保险项目和产品，促进产业低碳转型升级，助推绿色经济可持续发展。

（四）绿色证券

绿色证券领域的相关政策制度主要体现在 IPO、环境信息披露等环节的要求上。第一，上市公司环保核查及后续监督，主要针对高污染企业的 IPO 或再融资，必须根据生态环境部规定进行环保核查；未取得环保核查意见的，证监会将不再受理相关融资申请，旨在引导证券市场投融资行为的绿色化，但效果较差，近年来上市公司的环境污染事故频发。2016 年 7 月 13 日，环境保护部发布《关于废止部分环保部门规章和规范性文件的决定》（环境保护部令第 40 号），将《关于改革调整上市环保核查工作制度的通知》（环发〔2014〕149 号）予以废止。经过政策改革之后，环保主管部门的环保核查不再是企业上市及再融资的前置程序。2020 年“双碳”目标出台之后，证监会和交易所放缓了涉及“两高”行业企业上市及再融资的审核进程，明确要求发行人针对“两高”核查事项进行说明，保荐机构及发行人律师进行专项核查。第二，上市公司的环境信息披露制度，主要分为强制公开和自愿公开，对于可能对上市公司证券及其衍生品种交易价格产生较大影响且与环境事故密切相关的事件，目前上市公司的环境信息披露还不完善，例如，环境信息披露内容不规范、不全面，所披露信息主要为企业环保认证、环境风险财务信息等，对于企业主要污染物的排放情况、污染治理措施效果等重要信息披露不足。2016—2020 年，政府、监管机构、交易所对上市公司 ESG 信息披露标准不断完善，建立健全可持续信息披露框架，推动强制性环境信息披露制度。2022 年，证监会发布《上市公司投资者关系管理工作指引》，首次将 ESG 信息纳入投资者关系管理指引中，规定上市公司环境和社会责任信息披露范围。

（五）排污权有偿使用和碳排放权交易

2007 年起，财政部、环境保护部、国家发展改革委等先后批复了天津、江苏、浙江、陕西等 11 省（市）作为国家级试点单位，积极探索试行排污权有偿使用和交易制度。并且，财政部下拨数亿元进行污染物排放监测监管与交易平台建设。2008 年起，北京、天津、上海等地区陆续成立环境交易所开展排污权交易，但交易量较少。与之相关的金融活动主要由地方商业银行开展，主要金融产品是排污权抵押贷款，例如，2014 年中国人民银行石家庄中心支行与河北省环保厅联合出台了《河北省排污权抵押贷款管理办法》，允许通过交易有偿获得的排污权，可作为抵押物进行贷款，但近三年曾发生过重大环境事故或偷排等违法事件的企业，不得办理排污权抵押贷款。

2011 年 10 月，国家发展改革委办公厅印发《关于开展碳排放权交易试点工作的通知》，批准了在北京、天津、上海、重庆、深圳、湖北、广东共两省五市开展碳排放权的交易试点。2013 年 6 月 18 日，深圳碳排放权交易市场在全国七家试点省市中率先启动交易。多年来，全国碳交易市场保持活跃，碳排放交易额呈现快速增长趋势，开发了碳绿色金融产品，如债券、碳配额托管等。并且，随着碳市场需求迅速扩大，基于碳排放权交易的金融衍生品不断出现，逐渐推出如碳现货远期产品、碳互换产品等金融衍生品。2017 年，国务院印发《全国碳排放权交易市场建设方案（发电行业）》。2021 年，生态环境部发布的《碳排放权交易管理办法（试行）》，全国碳市场正式启动上线交易。多年来，全国碳市场建设成效显著，提升了企业减排意识和能力，促进资金向减排成本较低的企业流动，推动绿色低碳转型和高质量发展。

第二节　中国绿色金融政策体系

健全的法律法规使绿色金融发展有法可依。目前，《中华人民共和国证券法》和《中华人民共和国商业银行法》还没有纳入绿色因素，我国在绿色金融发展方面尚缺乏立法层面的强制性约束。但是，我国已基本确立绿色金融体系建设的顶层架构，相继出台多个层面的政策文件支持绿色金融快速平稳发展，目前已取得部分可观的成效。

一、中国绿色金融政策体系发展阶段

（一）起步发展阶段（2012—2015 年）

该阶段，政府部门围绕绿色金融的具体划分和布局进行细致和优化，从而为绿色金融的起步发展提供了新的途径。2012 年，联合国可持续发展大会召开，中国政府首次提出了建设绿色金融体系的构想，开始了绿色金融的初步探索。同年，银监会出台《绿色信贷指引》，开启中国的绿色信贷制度发展之路，为大力促进节能减排等提出了明确要求。2013 年 2 月，环境保护部、保监会进一步发布了相关政策文件，提出针对涉重金属、石化、化工等高环境风险的企业、行业展开环境污染强制责任保险制度。党的十八大后，中央高度重视环境保护工作，生态文明建设提升至空前高度。2013 年 11 月，《中共中央关于全面深化改革若干问题的决定》对“加快生态文明制度建设”提出了明确要求。2015 年 10 月，党的十八届五中全会提出了创新、协调、绿色、开放、共享的新发展理念，提出美丽中国建设目标，为全球生态安全作出贡献。同年，中国政府颁布了《关于积极推进绿色金融发展的指导意见》，明确了国家对绿色金融的支持政策。各大商业银行开始积极探索符合绿色金融要求的金融产品和服务，并在债券市场方面推出了绿色债券等金融工具。

（二）规划提速阶段（2016—2018 年）

2016 年是我国的绿色金融元年，绿色发展顶层设计确立，绿色金融体系初步形成。2016 年 8 月，中国人民银行、财政部等七个部门联合发布《关于构建绿色金融体系的指导意见》，进一步明确了我国推进绿色金融的重点领域和政策措施，为随后绿色金融规划提速。之后，中国绿色债券市场迅速增长，各类市场主体积极参与，绿色信贷业务也得到广泛推广。2017 年，绿色金融政策主要围绕落实绿色金融顶层设计展开，环境信息披露、环境压力测试等绿色金融基础设施逐步完善，绿色金融由中央向地方铺开，绿色金融国际合作的深度与广度都有所加深，我国绿色证券、绿色保险、地方绿色金融等领域都取得了切实进展。2018 年 9 月，在中国人民银行指导下，全国金融标准化技术委员会绿色金融标准工作组正式成立，从六个方面着手建立我国绿色金融标准框架体系。2018 年，中国人民银行成立全国金融标准化技术委员会绿色金融标准工作组，按照“国内统一、国际接轨、清晰可执行”原则，稳步推进绿色金融标准体系建设。同年，中国银行业协会公布实施《中国银行业绿色银行评价实施方案（试行）》，规定了绿色银行的评价范围，有助于促进中国银行业绿色信贷的健康、稳步发展。

（三）标准完善阶段（2019—2021 年）

2019 年 3 月 6 日，国家发展改革委正式发布了《绿色产业指导目录（2019 年版）》，这是我国关于绿色产业、绿色项目界定与分类的权威文件，对厘清绿色产业边界，建立全国统一的绿色标准体系，引导资金聚焦最主要、最关键、最迫切的绿色产业和绿色项目具有重大意义，它的发布对于我国绿色发展具有里程碑意义。2020 年 9 月 22 日，习近平主席在第七十五届联合国大会一般性辩论上发表重要讲话，提出中国将提高国家自主贡献力度，采取更加有力的政策和措施，二氧化碳排放力争于 2030 年前达到峰值，努力争取 2060 年前实现碳中和。2021 年 2 月，国家发展改革委发布了《关于加快建立健全绿色低碳循环发展经济体系的指导意见》，提出要大力改革绿色金融和绿色交易市场机制，完善绿色金融标准。

（四）持续深化阶段（2022 年之后）

随着绿色金融相关政策的持续完善，绿色金融进入高质量发展阶段。2022 年 2 月，中国人民银行、市场监管总局、银保监会、证监会联合印发《金融标准化“十四五”发展规划》，提出要进一步健全绿色金融标准，规范绿色债券标准，丰富绿色金融产品和服务标准，加快制定上市公司和发债企业环境信息披露标准，建立环境、社会和治理（ESG）评价标准体系等。

2022 年 4 月，证监会发布《碳金融产品》（JR/T 0244—2022）行业标准，规定了碳金融产品分类和碳金融产品实施要求。在一定基础上，对碳金融产品进行了划分，并对其进行了详细规定。在我国的发展过程中，各种创新的碳汇金融工具不断产生。《碳金融产品》金融产业规范为金融机构开发和进行碳金融产品的制定、实施和规范提供帮助，有助于各类碳金融产品的健康发展，推动社会对碳金融的理解，帮助机构识别、运用和管理碳金融产品，引导金融资源进入环保领域，支持绿色低碳发展。这一金融产业的标准是针对碳排放的金融工具进行分级和执行，界定了 30 项专门的技术名词，并将其划分为三大类别：碳市场融资工具、碳市场交易工具和碳市场支持工具。随着《碳金融产品》的发布，全国性碳交易金融产品的产业规范也逐渐被整合起来。

2022 年 5 月，国家发展改革委、国家能源局印发《关于促进新时代新能源高质量发展的实施方案》（以下简称《实施方案》），明确了要以丰富的绿色金融产品服务为基础，大力发展新型能源建设。《实施方案》提出，要对绿色金融项目的信用评级标准和评估的准入条件进行科学的定义，并加大对新能源建设绿色债券和绿色信贷的扶持。研究探讨在基建房地产投资信托（REITS）中加入新能源项目的试点支持，同时鼓励将合格的新能源企业温室气体减排量列入国家碳排放交易市场进行配额清缴抵销。

2022 年 5 月，银保监会印发《中国保险业标准化“十四五”规划》，要求推动绿色保险建设的有关规范，推动保险业为碳达峰碳中和提供服务。推动保险业在环保、气候等方面开展绿色保险产品的研发，加快研究服务新能源发展、绿色低碳技术研发应用、生物多样性保护等业务领域的绿色保险产品和服务标准，有效衔接各类环境权益市场相关标准。建立绿色保险统计、绿色资金运用、绿色保险评估等指标标准，促进绿色金融体系建设。《中国保险业标准化“十四五”规划》提出的发展目标是，到 2025 年，保险标准化工作机制进一步完善，保险标准化组织的多样性和专业性显著提升，保险标准体系结构优化健全。保险标准质量水平明显提高，标准化普及推广效果良好，标准实施成效显著。保险从业人员标准化意识和素养显著提升。保险领域参与国际标准化活动能力增强，支撑保险业发展的标准化基础更加坚实。具体目标是推动保险标准体系更加优化健全，保险标准供给进一步加大，保险标准的应用成效更加显著，保险业标准化意识显著增强。

2022 年 7 月，绿色债券标准委员会发布《中国绿色债券原则》（以下简称《原则》），从募集资金用途、项目评估与遴选、募集资金管理和存续期信息披露四大核心要素对发行人和相关机构提出了基本要求，推动绿色债券市场规范化、标准化、国际化发展。与我国以往对环保债的规定相比，《原则》在募集资金使用、项目评估和选择、存续期的信息公开等问题上都有了清晰的规定，并对其进行了绿色债券品种分类。第一，明确了发行绿色国债的全部资金必须全部投入环保工程中。第二，对环保工程的评价和选择过程进行了界定。第三，对我国上市公司的财务报告进行了整合，并对其披露的内容进行了规范。第四，确定了我国绿色债券的分类。未来，中国的债券市场也会朝着一个统一的方向发展，从而保证我国绿色债券的长远发展。

2022 年 10 月，市场监管总局等九部委联合印发《建立健全碳达峰碳中和标准计量体系实施方案》，明确我国碳达峰碳中和标准计量体系工作总体安排，科学指导相关行业、领域、地方和企业开展碳达峰碳中和标准计量体系建设工作，作为全国碳达峰碳中和“1 + N”的制度保障计划之一，为相关行业、领域、地方和企业提供碳达峰碳中和的计量系统建设提供依据。提出要尽快制定绿色、可持续金融相关术语等基础通用标准，并加快健全绿色金融产品服务、绿色征信体系、绿色债券信用评级体系、碳中和债券评级体系、绿色金融信息披露体系和绿色金融统计体系标准的建设。

2022 年 11 月，银保监会发布《绿色保险业务统计制度的通知》（以下简称《通知》），为使我国的绿色保险更加清晰，进一步明确绿色保险内涵，《通知》首次对绿色保险明确定义，即“保险业在环境资源保护与社会治理、绿色产业运行和绿色生活消费等方面提供风险保障和资金支持等经济行为的统称”。《通知》还将“绿色保险”的内涵分为“负债”

和“资产”两个部分。按照重点突出、急用优先的方针，只对绿色保险的债务端进行核算。

2022年12月，国家发展改革委、科技部联合印发《关于进一步完善市场导向的绿色技术创新体系实施方案（2023—2025年）》，从九个层面指出推进以市场为主导的绿色技术创新体制，其中，加强绿色技术财税金融扶持是重点内容之一。在加强财政扶持上，重点是引导各种形式的股权投资来扶持绿色技术创新和绿色科技成果的转换，进一步拓展绿色技术领域的创投基金管理银行范围，综合应用绿色信贷、绿色债券、绿色基金、绿色保险等绿色金融产品支持绿色技术创新。加强财税政策的保障，重点扶持有能力的地方政府加大对绿色科技创新的扶持力度，并实施相关的税收优惠政策。

二、绿色金融政策实施成效

回顾绿色金融在国内的发展历程，各类绿色金融政策进展巨大。我国通过“自上而下”的顶层设计，结合逐渐完善的制度政策引导，根据各地实际情况创新设计绿色金融产品，配套措施深化落实，绿色金融政策制度体系逐步完善并取得显著发展成效，现对绿色金融政策的运行实施成效进行总结。

（一）绿色信贷市场发展态势良好

近年来，政府出台政策鼓励和引导金融机构投资绿色产业，在绿色金融政策的多层面催化下，我国绿色金融发展迅速，投融资热度持续上升。绿色信贷市场发展态势良好，规模大增。根据中国人民银行公布数据，截至2022年年末，全国本外币绿色贷款余额22.03万亿元，同比增长38.5%，近3年复合增速达25%，大幅领先全额贷款增速。全年新增6.13万亿元，存量规模居全球前列。其中，直接减排和间接减排贷款分别为8.62万亿元和6.08万亿元，合计占绿色贷款的66.7%。绿色信贷资产质量整体良好，近5年不良贷款率远低于同期各项贷款整体不良水平。从用途看，近一半绿色贷款投向了基础设施产业绿色升级，其次是清洁能源产业和节能环保产业。绿色信贷有利于支持绿色产业和企业发展，推动供给侧结构性改革，有利于银行等金融机构积极履行社会责任，防范金融风险。

（二）绿色债券融资规模持续扩大

绿色债券发行加快。根据安融信评统计，2022年中国境内累计发行绿色债券668只，发行规模达8612.92亿元。Wind最新数据显示，截至2023年6月，我国共发行300多只绿色债券，融资规模将近6000亿元，较去年同期显著增加。绿色债券发行只数排名靠前的地区为上海（36 只）、北京（35 只）、江苏（30 只）和广东（29 只），占比均超过10%。银行类发行人共发行绿色债券 30 只，占总只数的 12.88%，较 2022 年上半年同期增长 3.37%；发行规模总计 2655.00 亿元，占总规模的 56.84%，较 2022 年上半年同期增长25.11%，发行规模在所有类型发行人中占比最高，发行只数占比仅次于融资租赁类发行人，排名第二。受“双碳”目标及我国顶层绿色金融政策支持，各金融机构在优质绿色债券项目布局持续增多。随着债券注册制改革逐渐深化，绿色债务融资工具服务质效显著提升。

（三）绿色基金陆续成立，开辟新的融资渠道

更多社会资本积极介入绿色金融投融资，开辟新的融资渠道，推动绿色金融的发展。据不完全统计，截至 2022 年 6 月底，我国绿色、可持续、ESG 等方向的公私募基金规模共 1178 只，合计达 8821 亿元。据碳博会相关数据，截至 2023 年第一季度，绿色基金累计出资 25 个项目，总投资金额近百亿元，投入资金的放大倍数接近 9.5 倍。绿色金融规模持续增长，创造绿色发展新局面。绿色投资政策发挥积极效应，通过鼓励资本投入需要降低排放的企业，达到帮助企业实现节能减排战略的发展，维持低碳绿色经济，加速环境优化改造，实现社会全面绿色低碳化的转型升级。

（四）绿色金融模式不断创新

绿色金融产品不断丰富、创新，绿色金融产品不断涌现，满足市场多样化的需求。六大行积极创新绿色金融产品，例如，中国银行打造“中银绿色 +”全球品牌，涵盖 5 大类、35 项绿色金融产品与服务，推出“绿色信农贷”“惠如愿 · 碳惠 E 贷”“惠如愿 · 高原特色畜牧贷”等绿色普惠产品。中国工商银行发行了境内首单商业银行碳中和绿色金融债，发行规模 100 亿元。中国农业银行设立“碳达峰”清洁能源基金，以投贷联动模式服务优质新能源项目。中国建设银行的建信信托依托“链通宝”创新绿色产业核心企业供应链上下游管理与融资式服务。绿色金融创新迭出，更好地服务于绿色中小企业的资金管理需求，帮助解决中小企业绿色改造升级方面的资金问题。

（五）绿色金融国际交流与合作扎实推进

在全球气候治理和我国“双碳”目标的要求下，绿色金融已经成为国际合作的重要切入点，国内外金融机构积极开展绿色金融合作，共同应对全球气候变化和环境挑战。2016年，G20 杭州峰会成立由中国人民银行和英格兰银行担任共同主席、80 多个成员参加的 G20 绿色金融研究小组，开启绿色金融全球主流化进程。2017 年，法国央行发起成立央行与监管机构绿色金融网络，探索央行如何将气候变化风险纳入金融监管框架，中国人民银

行等 36 个国家的央行参加。NGFS 成员主要为发达国家，SBN 成员全部为发展中国家。中国既是 SBN 成员，也是 NGFS 成员，可协调两国际网络，推动两网络协作互补。2018 年 11 月，中国金融学会绿色金融专业委员会和伦敦金融城共同发布《“一带一路”绿色投资原则》（GIP）。截至 2021 年年末，中国本外币绿色贷款余额达 15.9 万亿元。绿色债券、绿色贷款等绿色金融产品市场规模位于世界前列，巨大的绿色金融市场为绿色资本跨境流动奠定良好基础。绿色债券作为国际绿色金融市场上最成熟的金融工具之一，在助推绿色资本的国内外流动、提高绿色资本利用效率上扮演着重要的角色。

第三节　国际绿色金融制度演变

世界经济发展面临日益严峻的环境问题，加快实现可持续发展逐渐成为国际社会的共识。为了积极应对国际气候变化，有效治理环境污染，各国相继采取了多种措施推动绿色经济的发展。在国际社会的制度安排中，大部分制度是以法律、法规等形式出台，具有一定的强制性和稳定性。由于侧重点和实施力度不同，对于环境治理的效果不一。发达国家在环境保护和绿色金融方面的立法，可以为我国绿色金融的立法、实践和快速发展提供一些经验借鉴，为实现绿色低碳发展奠定法治基础。

一、国际绿色金融制度的发展框架

（一）美国绿色金融立法

美国是较早制定专门针对上市公司环境信息披露制度和开始排放权交易理论研究的国家。1934 年，美国出台的《证券法》要求上市公司披露环境负债、遵循环境和其他法规成本等信息。1936 年颁布的《公共汽车尾气控制法》可以说是美国绿色金融理念付诸法律实践的最初表现。1970 年、1972 年分别实施的《清洁空气法》和《清洁水法》两部法律，加强了对空气和水资源的立法保护，是绿色金融立法的具体实践。1980 年颁布的《超级基金法》规定，企业要按照“污染者付费原则”承担污染场地修复费用，减少污染场地对公众健康和环境的不利影响。这使信贷银行不得不高度关注和认真防范由于放贷而可能引起的潜在环境风险。作为美国重要的环保法律，《超级基金法案》直接催生了绿色信贷和绿色保险制度，是绿色金融立法发展的重大转折。2009 年，美国政府实施“绿色新政”，先后出台的促进低碳经济发展的《美国复苏与再投资法案》和《美国清洁能源与安全法案》，明确规定了要推广清洁能源，提高能源利用效率，通过低碳经济发展提升美国经济增长。

美国各州政府拥有较大的独立立法与行政执法权，也积极颁布了生态环境保护的相关法律，以此来推动绿色金融发展。2006 年颁布的《加利福尼亚州全球变暖解决方案法》，使加州成为美国第一个从法律上约束自己实现减排目标的州。2010 年出台的《限制二氧化碳排放总量管制与排放交易规定》，使加州政府成为美国第一个利用市场规律遏制温室气体排放的地方政府。同时，加州政府还与我国江苏省签署了《新能源与生态环境战略合作框架协议》，这是中美首个省州之间关于新能源和生态环境战略合作的框架协议，推动了中美在环境保护方面的合作。

（二）欧盟绿色金融立法

2004 年，欧盟颁布了《欧盟环境责任指令》，在污染者付费基础上，建立了一套系统的框架。基于该框架，欧盟国家将出台资金激励性措施，推动环境责任相关的资金保障工具和市场的发展。但欧盟国家的环境责任资金保障范围较窄，主要源于保险公司开发，其次才是银行担保或其他市场化工具，如债券、基金等。2014 年，有 8 个欧盟国家先后出台了强制性环境责任资金保障要求，分别是保加利亚、葡萄牙、西班牙、希腊、匈牙利、斯洛伐克、捷克和罗马尼亚。这些强制性保险资金需要根据相关行业和运营商的风险评估进行赔偿上限确定。葡萄牙、西班牙、希腊的强制性资金保障本应该是 2010 年生效，但由于基本条款尚在讨论中，资金保障还未实际到位。

2015 年，欧盟委员会为了促进欧洲经济转型、促进可持续经济发展等，针对循环经济、废弃物处理等制定了一系列政策和法律条文。其中，《欧盟循环经济行动计划》明确了具体的行动目标和宏伟计划，覆盖了从生产、消费到废弃物管理和二手原料市场，目标包括：2030 年回收 65% 的城市垃圾、2030 年回收 75% 的包装废弃物、为生产绿色产品和再循环方案提供经济激励等。

为支持循环经济发展，欧盟通过多种途径发展循环经济，成立了欧盟凝聚资金（Cohesion Fund），对人均国民收入低于欧盟平均水平 90% 的国家给予资金支持，对重复使用、维修、改进生产供给、产品设计等中小企业，提供 630 亿欧元资助。为了更好地吸引社会资本加入，欧盟专门成立了欧洲战略投资基金（European Strategic Investments），鼓励金融机构资助与循环经济相关的项目。欧盟还制定了“地平线 2020 计划”，在 2014—2020 年投入共计 770.28 亿欧元资助研发和创新，其中，59.31 亿欧元用于安全、清洁和高效能源领域，30.81 亿欧元用于气候变化、环境资源效率提升和原材料领域。

2018 年发布的《欧盟可持续金融分类法》设置了六个环境目标：缓解气候变化（减少温室气体排放）；适应气候变化（减少当前并预防未来对气候环境造成不利影响）；水资源及海洋资源的可持续利用和保护；向循环经济过渡（侧重于资源回收和再利用）；污染防治；生物多样性及生态系统的保护和恢复。《欧盟可持续金融分类法》以欧洲行业标准分类系统 NACE（Statistical Classification of Economic Activities in the European Community）为框架，制定了可持续经济活动目录，明确了哪些经济活动具有“绿色”属性，便于政府部门、金融机构和个人投资者准确辨别，也为标准、标签和可持续性基准等其他相关领域建立独立的分类体系奠定了基础。

2021 年，欧盟出台新的《欧洲绿色债券标准》（European Green Bond Standard，EUGBS），是面向欧盟内外所有公共与私营部门债券发行方的自愿性指引。EUGBS 与国际资本市场协会（International Capital Market Association，ICMA）发布的《绿色债券原则》（Green Bond Principles）所界定的绿色债券标准基本一致，可见 EUGBS 既符合国际债券标准，也遵循欧盟分类标准，具有广泛适用性，这有利于推动欧盟债券市场对外开放和欧盟债券国际化。

欧盟形成了一套较完善的上市公司环境信息披露制度，上市公司环境信息披露采用强制披露为主、自愿披露为辅、强制披露与自愿披露相结合的方式。《奥胡斯公约》《污染物排放和转移等级制度议定书》提出了污染物排放和转移登记制度。2014 年，欧盟修改审计指导原则，要求超 500 名员工的公众企业在审计报告中要披露 ESG（环境、社会和公司治理）信息。2021 年，推出了《可持续金融信息披露条例》（Sustainable Finance Disclosure Regulation，SFDR）、《非财务报告指令》（Non – Financial Reporting Directive，NFRD）和《公司可持续发展报告指令》（Corporate Sustainability Reporting Directive，CSRD），共同构筑了欧盟可持续金融信息披露框架。

（三）英国绿色金融立法

英国绿色金融制度建设主要聚焦于“应对气候变化”主题，针对碳排放信息强制需要，英国也是较早实施上市公司环境信息披露的国家之一。1985 年，《公司法》明确了企业社会责任信息披露的内容。1990 年，《环境保护法案》要求有污染的企业必须在报告中披露环境保护的行动。2000 年前后，先后制定了《英国气候变化协议》和《碳减排承诺（CRC）能源效率计划》，规定了英国温室气体排放的主要内容。为了明确企业披露相关碳排放信息，制定了《气候变化法案》《温室气体排放披露指南》和《碳减排承诺》。2013 年，修订《公司法》，要求英国在主要股票交易市场（伦敦证券交易所、纽约证券交易所、纳斯达克证券交易所等）上市公司须在年报中详细披露温室气体的排放信息。对于披露的信息，包括量化企业温室气体排放种类和规模。2015 年，英国政府发布《新环境报告指引》，推动实施强制性披露温室气体排放情况。

二、中国绿色金融政策发展存在的问题

（一）绿色金融政策标准不统一

首先，我国尚未形成统一的绿色债券标准。2012 年和 2015 年，我国政府分别发布了《绿色信贷发行指引》和《绿色债券发行指引》，这两个规定对绿色项目的认定标准不一，导致融资效率低下，不利于绿色金融国际合作的开展。其次，政府各部门主体制定的政策制度存在差异。例如，银保监会《绿色信贷指引》与中国人民银行《绿色债券支持项目目录》所涉及的产业也存在不一致的情况，即绿色信贷和绿色债券的支持范围不一致。国家发展改革委、中国人民银行和银保监会等部门对绿色项目的认定范围也存在差异，如对于轨道交通和核电项目的认定。最后，政策制度修订不同步。2021 年发布的《绿色债券支持项目目录》已经把传统化石能源项目排除在外，但是《绿色债券发行指引》并没有进行同步更新修订，煤炭石油等高效清洁项目仍然在支持范围之内。政策制度设计修订不同步的现象会导致享受绿色金融支持的企业项目运行效率较差，影响绿色金融对环境治理的内生动力作用。

（二）绿色金融监管体制不健全

我国绿色金融监管层面仅有部分政策性规定，尚无专门的立法规定，因此，存在绿色金融信息披露和监管法律制度不健全的问题。政策和法律是绿色金融体系的重要组成部分，政策是立法的前提，法律又为政策的正确实施提供了重要保障，并能够规范金融市场主体行为，建立良好有序的绿色金融秩序。目前，我国与绿色金融有关的法律共有 6 部，法规规章共计 28 部，但均未明确规定绿色金融监管的内容。大数据时代，信息监管至关重要，信息披露制度则是我国完善绿色金融制度的关键。2020 年，生态环境部等八部门联合发布的《关于促进应对气候变化投融资的指导意见》强调，健全绿色投融资的信息披露制度。虽然长期以来我国持续强调和要求绿色数据信息披露，但是由于信息不对称，高污染、高耗能企业的碳排放量等环境污染数据难以真实度量和获取。目前，绿色投融资的信息披露制度总体而言依然薄弱，主要是由于我国绿色金融立法与绿色金融政策的发展并未同步，对于绿色金融的国际规则采用较少，绿色金融信息共享平台缺失。这些问题都是解

决监管机制不健全的重要突破点。

（三）企业核心主导作用发挥不充分

目前，我国绿色金融标准的制定主要来源于政府部门。由于政府部门具有公信力、推行力和强制力的优势，在制定绿色金融标准方面有诸多便利。而且，政府对于宏观经济的驾驭和对国际、国内形势的把握能力更高，制定出的标准可能更具全局性、通用性。但是，由于绿色金融的主要市场参与者是企业和金融机构，以企业为核心在微观经济层面参与标准制定更具有合理性和可行性。例如，国际金融市场普遍遵循的赤道原则是荷兰银行、国际金融公司（IFC）和花旗银行等大型企业共同参与协商制定的结果。然而，目前我国企业和金融机构的绿色意识依旧较薄弱，绿色转型进度较慢，对绿色标准制定的参与度也不高。

（四）绿色金融激励机制不到位

虽然政府部门不断完善绿色金融激励机制，加强绿色金融激励工具的使用，并出台相关配套政策；地方政府也相应纳入税收优惠、担保和再贴现等政策支持绿色债券和绿色信贷发展，但是由于激励制度建设起步较晚，仍存在很多问题。第一，激励方式比较单一。目前，我国的政府激励直接面对产业项目，而非面向金融机构，即政府的激励对象不是为产业提供资金支持的金融机构。第二，激励机制缺乏系统性。当前出台的绿色金融激励工具绝大多数针对单一的产品或者单一业务环节，缺乏系统性，无法激发金融机构和投融资企业的内在活力。例如，中国人民银行曾发布《关于加大对新消费领域金融支持的指导意见》，鼓励各商业银行开发多元化的信贷产品支持新能源汽车绿色消费，但在实施过程中未将绿色激励工具与整个新能源汽车产业链相结合，导致资金集中在单一环节，影响了绿色资金的流转效率和减碳边际贡献率。第三，负面激励措施缺失。部分企业存在“绿色”不实的现象以骗取绿色资金支持，目前的政策制度对这种现象的预防和惩戒力度不足。

三、绿色金融政策发展的政策借鉴

结合我国绿色金融政策发展存在的问题，借鉴发达国家绿色金融制度，提出相应的建议。

（一）加快绿色金融法律层面的立法

法律层面立法的权威和规范是绿色金融政策制度实施有效性的根本保障。首先，加快国务院层面制定绿色金融相关行政法规，或者由全国人大及其常委会制定规范性法律法规。其次，增加与直接绿色融资方式相关的法律规范，如支持绿色投融资、绿色基金、绿色投融资等方面。再次，加快制定全国性绿色金融法律，通过顶层设计带动全国性绿色发展。最后，聚焦关键性绿色金融创新工具，实施特色政策支持，放宽政策适用范围，调动企业参与绿色金融的积极性。

（二）建立强制性信息披露机制

建立强制性的信息披露制度，绿色融资企业主体要明确披露产品类型、投资方向、募集资金用途和资金来源等重要生态环保信息，一定程度上增强企业的社会责任感，保障投资者规避投资风险，引导资金更好地流向绿色企业。协调相关部门完善上市公司信息披露政策法规的规范性和完整性，通过立法加大对违反信息披露相关规定企业的惩罚力度。

（三）构建全方位的激励约束体系

完善的绿色金融政策和激励约束体系是保证绿色金融高效运行、促进可持续发展的关键。首先是加快建立统一、权威的气候投融资标准体系与统计制度；其次是建立完备的绿色金融监管制度，监督绿色融资流向环境友好型企业；最后结合绿色金融市场参与者的作用机制构建全方位的激励约束体系，例如，对提供绿色资金的金融机构给予资本金和信贷额度的奖励，对需要绿色融资的企业给予财政或者税收等方面的政策支持。另外，为积极践行“双碳”目标的企业提供持续的激励，以吸引更多的投资者进入绿色金融市场。

（四）完善和配套风险防范机制

随着绿色金融产品违约风险逐渐凸显，亟须完善绿色金融风险防范相关制度建设，并且出台一系列绿色金融产品跟踪评估的配套体系，从而防范金融风险。一方面，针对不同主体需求的绿色融资工具，分别建立风险防范机制政策体系；另一方面，加快制定绿色金融违约判断标准，并融入绿色金融风险管理框架。并且，根据绿色产业发展的实际情况定期优化调整政策监管方案。

专栏 12－1　知识拓展：欧盟实施碳边境调节机制（CBAM）

1. 历史背景

在全球变暖的大背景下，减少温室气体排放量成为国际社会普遍关注的问题。根据《联合国气候变化框架公约》的规定，既然二氧化碳多源于发达国家，只要发达国家减少境内的二氧化碳排放量，其他国家二氧化碳排放量基本保持不变，那么全球二氧化碳排放量就会相应减少。但是，由于20世纪90年代国际生产分工加速发展，许多高排放产业从发达国家转向新兴和发展中国家，由此导致的排放转移被称作“碳转移”或“碳泄漏”。根据2011年国际能源署的报告，在《京都议定书》签订后的2000—2009年，仅中国、印度两个非附件一国家的二氧化碳排放量就增加了44亿吨，而如此巨大的二氧化碳排放增量足以抵消其他国家在减排上所做的许多努力。

2009年哥本哈根气候大会之后，气候政治开始广受国际社会的关注。欧盟作为全球气候治理的领军力量，与当时的奥巴马政府在碳关税问题上有了进一步的立法尝试。2009年，美国的《清洁能源和安全法案》尝试建立类似欧盟的碳排放交易体系，但遭到参议院反对，未能立法。2010年4月，法国总统萨科齐再次提出和美国在碳边界调节方面进行合作。但是，面对国际上对碳关税的不同声音，欧盟最终未拿出可行方案。

2. 欧盟重提碳关税措施

为促进世界各国更加积极地应对气候变化，欧盟一直尝试通过单边措施的形式，对欧盟进口商品增加相应碳关税，以达到让生产国实质性承担减排义务的目的。欧盟单边采取行动不符合《联合国气候变化框架公约》中“共同但有区别的责任”原则，实施的阻力也一直存在。欧盟也大力推动在WTO框架下讨论碳关税的问题，回避“共同但有区别的责任”原则约束。

由于对《巴黎协定》自下而上各国自主提出减排目标的方式不满，2019年欧盟重提碳关税措施。为提升全球减排努力，同时避免欧盟内部企业竞争力下降，欧盟再次提及单边碳关税措施，强调要“建立符合世贸组织要求的欧盟碳边境调节机制”，并意图确立该机制在国际贸易中的合法性，掩盖其单边贸易措施的实质。2010年前后，欧盟在推动将涉欧航班纳入欧盟排放贸易体系的实践中，也积累了如何通过单边措施推动形成国际解决方案的经验。2019年，《欧洲绿色新政》法案中重提碳关税措施，受到国际社会高度关注。由于是单边措施，欧盟自然无意协商各方，而是依据相关经验，紧锣密鼓、积极按计划推进内部立法和政策制定工作，取得了阶段性的成效。

2021年7月14日，欧盟委员会向欧洲议会和欧盟理事会提交《建立碳边境调节机制》的提案，正式开启了CBAM机制立法程序，相关部门可以根据提案开展实施细则的准备工作。2022年12月，欧洲议会和欧洲理事会达成一项临时协议，确定欧盟碳边境调节机制将于2023年10月1日开始试运行，过渡期至2025年12月31日，

2026年1月1日正式起征，并在2034年之前全面实施。2021年，欧洲议会投票通过了设立CBAM的决议。CBAM的行业覆盖范围包括欧盟碳排放交易体系（EU Emissions Trading System，EU ETS）涵盖的所有商品，包括电力和能源密集型工业部门的水泥、钢铁、铝、炼油厂、造纸、玻璃、化工和化肥等高碳行业。这些行业的碳排放占欧盟工业排放总量的94%左右。2023年5月17日正式生效的欧盟CBAM规定了3年过渡期（2023年10月1日—2025年12月31日），首批纳入6个高碳泄漏风险、高碳排放行业，具体是水泥、钢铁、电力、铝、化肥和氢，暂时只将这些行业所涉及产品纳入碳关税征收范围，但是未来极有可能扩大"碳关税"征收范围。CBAM还对部分国家豁免，即充分融入欧盟碳排放交易体系EU ETS的非欧盟国家以及与欧盟建立了碳市场挂钩的国家可以免征税，但是这个豁免条件比较严格（2021—2023年为欧盟碳排放交易体系EU ETS运行的第四阶段，实施更加严格的碳排放控制要求和更有针对性的碳泄露规则。这一阶段，欧盟要求每年碳排放配额总量减少2.2%，且不能再使用碳信用抵销。对于碳泄露风险较小的行业，预计2026年后将逐步取消配额免费分配。因此，虽然目前在EU ETS下大部分国家仍能获得相当比例的免费配额，但是未来能够获得免费配额的国家将越来越少）。

欧盟委员会设计了三种CBAM的政策工具，包括碳关税、碳税和购买EU ETS配额。欧盟CBAM覆盖产品的进口商需要申请成为"授权申报人"，获得相应的欧盟成员国主管部门的许可才能有资格申报排放和清缴配额。欧盟CBAM覆盖产品的边境调节价格的计算方式是该产品的隐含碳排放量与出口国和欧盟之间的碳价差的乘积。为了公平起见，若进口产品在该产品的生产国已实际支付碳价，则进口商在支付CBAM环节支付碳价时可扣减该部分金额。

欧盟CBAM实施分两个阶段进行。在过渡期（2023—2025年），EU ETS下进口商享受CBAM覆盖行业的全部免费配额，仅承担申报义务，无须清缴费用。在清缴期（2026—2035年），CBAM覆盖行业的进口商获得的免费配额将每年减少10%，直至2035年完全取消配额的免费分配。进口商需根据进口产品的隐含碳排放量清缴相应数量的CBAM证书。

3. 欧盟实施CBAM的作用

CBAM是欧盟推进绿色新政的核心举措。2019年12月，欧盟委员会公布绿色新政，并将CBAM列为核心内容，对部分行业采取这项措施，再逐渐向其他行业扩展，以避免由于各国气候雄心不同引起的碳泄漏问题。欧盟CBAM预防碳泄漏的作用机制是根据进口商品的含碳量，调整其进口价格，从而降低欧盟与非欧盟区域企业碳排放成本的差异，在保护欧盟本土企业产品竞争力的同时，避免碳泄漏问题的发生，也激励非欧盟国家采取积极的措施实施减排战略。

4. 欧盟实施 CBAM 的问题

欧盟推进 CBAM 的做法有三个方面的问题：第一，认定发达国家与发展中国家有同等的碳泄漏责任分配，破坏了“共同但有区别原则”的全球气候治理共识；第二，碳泄漏的部分原因在于自身，却将主要责任推卸给发展中国家；第三，具有明显的单边贸易保护主义特征和谋求绿色霸权的实质，对于积极参与全球气候治理的发展中国家的可持续发展和经济竞争力具有阻碍作用。另外，欧盟 CBAM 单方面在贸易进出口阶段出台边境调节方案以预防和解决碳泄漏问题，给全球气候治理和碳中和进展也将带来非常复杂的不确定性影响。

思考与练习

（1）什么是绿色金融制度体系？

（2）完善的绿色金融体系对于我国经济低碳转型和高质量发展方面有哪些重要作用？

（3）中国绿色金融政策发展历经了哪些阶段，发展至今有何成效？

（4）我国绿色金融政策发展存在哪些问题，对策和建议是什么？

推荐阅读材料和网站

（1）陈雳，川财证券．绿金深化发展，转型金融促电力行业降碳［EB/OL］．https：//caifuhao. eastmoney. com/news/20230302153854291240930.

（2）钱方．企业上市及再融资“两高”核查——环保核查篇［EB/OL］．https：//www. dehenglaw. com/CN/tansuocontent/0008/025979/7. aspx.

（3）葛敏．绿色信贷规模上升趋势明显［EB/OL］．https：//finance. sina. com. cn/jjxw/2023－06－27/doc－imyyssyz0506097. shtml.

（4）中央财经大学绿色金融国际研究院．2023 年中国绿色债券半年报［EB/OL］．http：//iigf. cufe. edu. cn/info/1012/7330. htm.

（5）王遥，赵鑫，毛倩．中国绿色金融国际合作进展与展望［EB/OL］．http：//iigf. cufe. edu. cn/info/1012/6368. htm.

(6) European Commission. A European Green Deal [EB/OL]. https://ec. europa. eu/info/strategy/priorities - 2019 - 2024/european - green_deal_en, 2021 - 1 - 27.

(7) Carbon Border Adjustment Mechanism - Taxation and Customs Union [EB/OL]. https://taxation - customs. ec. europa. eu/carbon - border - adjustment - mechanism_en.

(8) 中华人民共和国生态环境部（https://www. mee. gov. cn/）。

(9) 国家金融监督管理总局（https://www. cbirc. gov. cn/cn/view/pages/index/index. html）。

(10) 国际资本市场协会（绿色债券原则）（https://wwwicmagroup. org/）。

(11) 联合国环境规划署可持续金融项目（http://unepinquiry. org/）。

(12) 欧盟委员会（https://ec. europa. eu/）。

(13)《气候债券标准》（https://www. climatebonds. net/）。

(14) 责任投资原则（https://www. unpri. org/）。

参考文献

[1] 安国俊，曹超 . 绿色金融国际立法与借鉴 [J]. 中国金融，2017 (18)：74 - 76.

[2] 陈诗一 . 绿色金融概论 [M]. 上海：复旦大学出版社，2019.

[3] 陈洁，赵文杰 . 2022 年六大行绿色金融业务观察及商业银行绿色金融发展建议 [R]. 神州信息新动力数字金融研究院，2023 - 6 - 28.

[4] 胡勇，刁赞焜，侯宜彤 . 中国绿色金融制度体系构建现状、不足与完善 [J]. 石河子大学学报（哲学社会科学版），2022，36 (1)：34 - 42.

[5] 胡子南，冯昭威，李畅 . 欧盟绿色金融：特点、挑战及启示 [J]. 国际经济合作，2023 (2)：82 - 89 + 93.

[6] 姜华，王斯一，吕连宏 . 欧盟碳边境调节机制的影响与应对措施 [J]. 环境保护，2022，50 (7)：34 - 37.

[7] 生态环境部 . 全国碳排放权交易市场第一个履约周期报告 [R]. 2022.

[8] 吴应甲，付腾瑞 . 绿色金融国际合作的困境及法治路径 [J]. 银行家，2023 (1)：130 - 134.

[9] 魏冉 . 环境污染的经济学分析 [J]. 中国成人教育，2014 (7)：79 - 80.

[10] 王谋，吉治璇，康文梅等 . 欧盟"碳边境调节机制"要点、影响及应对 [J]. 中国人口·资源与环境，2021，31 (12)：45 - 52.

[11] 王优酉，张晓通，邹磊等 . 欧盟碳税新政：内容、影响及应对 [J]. 国际经济

合作，2021（5）：13－24.

［12］许骞．欧盟碳边境调节税对中国的影响及策略选择［J］．经济体制改革，2022，234（3）：157－163.

［13］徐昕，吴金昌．欧盟碳边境调节机制的实质、影响及中国因应——基于全球气候治理与国际贸易双重视角［J］．国际贸易，2023，496（4）：51－59.

［14］张伟．外部性、产权与绿色金融［N］．光明日报，2017－12－26（13）．

［15］杨莉薇．构建“双碳”导向型绿色金融体系［N］．中国社会科学报，2023－1－11（003）.

［16］曾桉，谭显春，王毅等．碳中和背景下欧盟碳边境调节机制对我国的影响及对策分析［J］．中国环境管理，2022，14（1）：31－37.

［17］中国人民银行研究局．完善绿色金融体系　助力绿色低碳高质量发展［EB/OL］．http：//www. pbc. gov. cn/redianzhuanti/118742/4657542/4669784/index. html，2022－9－27.

［18］中国银保监会政策研究局课题组，洪卫．绿色金融理论与实践研究［J］．金融监管研究，2021（3）：1－15.

［19］众安金融科技研究院．数字技术赋能绿色保险创新发展［R］．2022.

［20］朱文娟．欧盟提出碳边境调节机制［J］．生态经济，2021，37（11）：1－4.

［21］Kardish C，段茂盛，陶玉洁等．欧盟碳边境调节机制与中国：政策设计选择、潜在应对措施及可能影响［R］．柏林：adelphi，2021.

［22］European Commission. Proposal for a Regulation of the European Parliament and of the Council Establishing a Carbon Border Adjustment Mechanism［R］. Brussels：European Commission，2021.

第十三章　绿色金融国际合作

学习要求

1. 掌握绿色金融国际协调机制和绿色金融国际合作的主要倡议。
2. 掌握绿色金融政府间和非政府间合作方式。
3. 了解中国参与绿色金融的国际合作。

本章导读

发展绿色金融、应对气候变化离不开国际协调合作。中国是最早签署1992年《联合国气候变化框架公约》的10个缔约方之一，是全球气候合作的积极参与者，可发挥引领作用。G20、联合国、经济合作与发展组织等国际组织和标准制定机构纷纷采取行动，提出了多项倡议。这些行动为各国解决绿色金融发展中的共性问题提供了框架和思路，也为各国合作推动绿色金融发展创造了积极条件。

第一节　绿色金融政府间合作

全球气候变化、环境污染、资源紧缺等问题日益凸显，仅以经济增长为目标而忽略环境影响的发展方式将难以持续，不利于可持续发展。随着应对气候变化和推动碳减排得到越来越多国家和地区的认可，全球绿色转型正在以更快的速度展开，绿色金融成为支持全球经济可持续发展和推动产业绿色转型的重要工具。在融资需求方面，绿色金融能够引导资金流向绿色项目和方案。在融资供给方面，绿色金融工具提供了新的资产类别，以满足不同投资群体的需要。因此，发展绿色金融有助于国际社会应对气候变化和环境挑战，纠正市场扭曲，提高金融部门的可持续性，并促进绿色创新。绿色金融可以有力推动绿色产业的发展，并有效减缓和适应气候变化。

一、全球性绿色金融合作平台

二十国集团（G20）框架下发起的G20可持续金融工作组、央行与监管机构绿色金融网络、财政部长气候行动联盟、可持续银行和金融网络、可持续金融国际平台等国际多边绿色金融合作平台对全球绿色金融标准制定、气候环境风险管理、绿色金融共识达成、知识共享和能力建设作出了重要的贡献。

（一）G20框架下的绿色金融国际合作

2016年，由中国担任主席国的G20峰会首次将“绿色金融”纳入议题。在峰会期间，中国人民银行和英格兰银行共同倡导成立了G20绿色金融研究小组，并于当年7月发布了《2016年G20绿色金融综合报告》，识别绿色金融挑战，达成国际社会发展绿色金融的共识，推动绿色金融主流化进程。

2017年，在德国担任主席国的G20峰会上，G20绿色金融研究小组提交并发布了《2017年G20绿色金融综合报告》，提出了开展环境风险分析和改善公共环境数据可得性与有效性的倡议，鼓励金融机构增加对由环境因素造成的金融风险的认识，发挥金融机构支持绿色产业发展的作用。

2018年，在阿根廷担任主席国的G20峰会上，G20绿色金融研究小组更名为G20可持续金融研究小组（G20 Sustainable Finance Study Group，G20SFSG）。G20可持续金融研究小组在G20峰会上提出了三个主要研究议题，即可持续资产证券化、发展可持续私募股权（PE）和风险投资（VC）、运用金融科技发展可持续金融。经过努力，该研究小组将2016—2018年连续三年完成的《G20绿色金融综合报告》有关政策建议纳入G20峰会成果，推动形成了绿色金融的国际共识。除此之外，该研究小组的工作促使多个国家开始制定本国的绿色金融政策，开展绿色债券、绿色信贷等绿色金融工具的实践。然而，由于部分G20成员在应对气候变化等相关议题上出现意见分歧，2019年和2020年，绿色金融议题并未出现在这两届G20峰会上。

2021年，G20峰会主席国意大利主持召开了首次G20财长与央行行长会议，同意恢复设立G20可持续金融研究小组，并将其升级为“G20可持续金融工作组”（G20 Sustainable Finance Working Group，G20SFWG），邀请中国人民银行和美国财政部担任共同主席。该工作组在G20峰会期间发布了《2021年G20可持续金融综合报告》和《2021年G20可持续金融路线图》。其中，《2021年G20可持续金融综合报告》提出了投资活动需要与可持续发展目标保持一致，持续改进可持续性报告和披露，并建议加强国际金融机构在支持《巴黎协定》及联合国开发计划署2030年可持续发展目标方面的作用。《2021年G20可持续金融路线图》聚焦五个方面，分别为：发挥市场端的作用，促使投资活动朝可持续方向转型；加强对可持续性风险、机会和影响的信息披露；评估和管理气候与其他可持续性风险；发挥国际金融机构、公共资本和激励性措施的作用；解决跨领域问题。而且，针对各聚焦领域提出了19项措施和相关国际组织的行动时间表。G20框架下可持续金融工作组的成果从投资活动、风险管理、信息披露、能力建设等方面引领了全球绿色金融的发展，对推动绿色金融主流化发挥了重要作用。

（二）央行与监管机构绿色金融网络

2017年12月，德国、墨西哥、英国、法国、荷兰、瑞典、新加坡和中国的中央银行和金融监管机构发起成立了央行与监管机构绿色金融网络（Network for Greening the Financial System，NGFS）。央行与监管机构绿色金融网络旨在帮助加强实现《巴黎协定》目标所需的全球响应，并促进金融体系在环境可持续发展的更广泛背景下管理风险，实现绿色和低碳投资。

2021年，央行与监管机构绿色金融网络发布了可持续金融市场、绿色金融发展、绿色金融数据建设、央行和监管机构的气候风险分析以及央行气候风险披露等方面的报告。在2021年联合国气候变化大会召开之际，央行与监管机构绿色金融网络重申会为实现《巴黎协定》的目标作出贡献，从提高金融体系对气候相关风险和环境风险的抵御能力以及鼓励支持向可持续经济转型的资金融通两个方面作出努力。截至2022年4月13日，央行与监管机构绿色金融网络共有114名成员和18家观察员机构，并拓展设立了5个工作组，分别为监管工作组、宏观金融工作组、规模化绿色金融工作组、数据工作组和研究工作组。

（三）财政部长气候行动联盟

2019年4月，来自智利、芬兰等26个国家的政府部门发起成立了财政部长气候行动联盟（The Coalition of Finance Ministers for Climate Action，CFMCA），拟发挥世界各国财政部长应对气候变化挑战的独特能力，帮助世界各国调动和调整实施国家气候行动计划所需的资金，采取一定的财政战略和措施，将气候风险和脆弱性纳入成员国的经济规划中。该联盟目前由芬兰和印度尼西亚的财政部长担任主席，世界银行和国际货币基金组织担任秘书处。

该联盟在成立大会上发布了《赫尔辛基原则》（Helsinki Principles），强调通过财政政策和公共政策来应对气候变化。该原则包括与《巴黎协定》一致的政策和做法，主张进行知识和经验分享以促进气候行动，采取碳定价措施，在宏观经济政策中考虑气候变化因素，积极实现国家自主贡献目标。2019 年 12 月，财政部长气候行动联盟正式启动了“圣地亚哥行动计划”（Santiago Action Plan），列出了该联盟 2020 年的工作计划并识别出《赫尔辛基原则》下的关键行动，以促使成员单位积极形成应对气候变化的共识，推动应对气候变化行动的主流化进程。自推出以来，来自 70 多个国家的财政部长签署了《赫尔辛基原则》。

从 2020 年起，财政部长气候行动联盟除了公布每年的工作报告和计划外，还在新冠疫情发生后的绿色复苏、国家自主贡献和长期战略、气候和环境相关风险管理、动员私人资本应对气候变化等方面发布相关研究报告。2022 年，该联盟发布的报告《通过经济和财政政策与实践推动气候行动》明确了财政部门所面临的气候变化及相应的应对措施；报告《财政部与自然相关的风险和潜在政策行动概述》论述了与自然相关的风险的特征和财政部门可采取的行动。

（四）可持续银行和金融网络

2012 年，可持续银行网络（Sustainable Banking Network，SBN）由新兴市场的金融监管机构、中央银行、财政部、环境部和行业协会组成，致力于推动可持续金融发展。可持续银行网络将目标受众定位为新兴市场的银行业监管者与行业协会，旨在加强金融机构对 ESG 因素的风险管理，以及促使资本流向减缓和适应气候变化等具有积极环境和社会影响的活动。2020 年，可持续银行网络更名为“可持续银行和金融网络”（Sustainable Banking and Finance Network，SBFN）。2021 年，可持续银行和金融网络新增亚美尼亚、厄瓜多尔、危地马拉、哈萨克斯坦、拉丁美洲、马尔代夫和南非 7 个国家和地区的共 10 家成员单位。至此，可持续银行和金融网络由代表 62 个国家的 72 家成员单位组成，成员的银行资产总规模达 43 万亿美元，占新兴市场银行总资产的 86%。

可持续银行和金融网络针对新兴经济体的绿色金融能力建设和全球绿色金融政策国别进展开展工作。可持续银行和金融网络面向新兴经济体提出建立绿色债券市场以促进绿色金融发展，面向低收入国家提出把握可持续金融发展机会以应对贫困、气候变化和其他挑战。在全球绿色金融政策国别进展上，2021 年 10 月，可持续银行和金融网络发布了第三轮全球进展报告，通过环境风险管理、金融可持续性和 ESG 整合三个方面对 43 个参与报告成员国的可持续金融政策进行评价。根据评价结果，其中 10 个国家处于准备阶段，30 个国家处于实施阶段，仅中国、哥伦比亚和印度尼西亚处于成熟阶段。

（五）可持续金融国际平台

2019 年 10 月 18 日，欧盟联合阿根廷、加拿大、智利、中国、印度、肯尼亚和摩洛哥共同发起成立了可持续金融国际平台（International Platform on Sustainable Finance，IPSF）。此后，中国香港、印度尼西亚、日本、马来西亚、新西兰、挪威、塞内加尔、新加坡、瑞士和英国也加入了可持续金融国际平台。目前，可持续金融国际平台的 18 个成员共同代表了 55% 的全球温室气体排放量、50% 的全球人口和 55% 的全球 GDP。

可持续金融国际平台为负责制定可持续金融监管措施的决策者提供了一个多边对话论坛，以帮助投资者识别和抓住真正有助于实现气候和环境目标的可持续投资机会。通过可持续金融国际平台，成员可以交流信息，比较不同的可持续金融政策和举措的效果，识别可持续金融发展的阻碍和机会。2020 年 10 月，可持续金融国际平台发布了第一份公开报告。该报告总结了可持续金融倡议的全球趋势，比较了现有绿色金融举措，并概述了各国正在筹备的可持续金融计划。

2021 年，可持续金融国际平台在 COP26 期间发布了《2021 年度报告》《ESG 披露报告》和与中欧合作完成的《可持续金融共同分类目录》。其中，《2021 年度报告》阐释了可持续金融国际平台在方法学比较和可持续信息披露方面的工作，明确了可持续金融的发展现状和挑战。《ESG 披露报告》就当前 ESG 披露要素进行阐释，明确了当前发展状况和发展趋势。根据中国和欧盟的分类法比较分析，可持续金融国际平台发布了《可持续金融共同分类目录》，对标准、目标、领域、使用方法和可改进方向进行了阐述，对于推动中欧区域绿色投融资合作、引导跨境气候投融资活动、降低跨境交易的绿色认证成本具有重要意义。

二、国际多边合作组织

联合国、经济合作与发展组织等多边合作组织通过增加气候投融资和开展技术援助等形式来支持绿色金融领域的国际合作。不同组织在绿色金融领域的共同工作凝聚了国际社会对气候变化的认识，在一定程度上加强了发达国家对发展中国家的气候资金支持，以缩小差距和减少不平等现象。

（一）联合国

联合国是支持应对气候问题和推动可持续发展的关键机构，在促进绿色金融发展工作上扮演着不可或缺的角色。联合国通过发起和支持一系列议程和倡议，推动国际社会认识到应对气候危机的紧迫性和实现可持续发展的必要性。2015 年，联合国发布《2030 年可持续发展议程》，提出了 17 项可持续发展目标，为全球绿色金融活动提供了锚定目标，包括应对气候变化、保护海洋和森林等。联合国组织中多个主体参与了可持续目标的实现，在绿色金融合作方面，《联合国气候变化框架公约》秘书处、联合国环境规划署、联合国开发计划署、联合国经济和社会事务部为代表性机构（见表 13－1）。

表 13－1　支持可持续金融合作的联合国机构

实体名称	支持可持续发展目标的行动
《联合国气候变化框架公约》秘书处	管理根据《巴黎协定》建立的国家自主贡献登记册等
联合国环境规划署	致力于支持世界向低碳、可持续的未来过渡
联合国开发计划署	在近 170 个国家和地区开展工作，帮助实现可持续发展目标
联合国经济和社会事务部	其下属部门与世界各地的利益相关者接洽，评估并监测可持续发展目标

1.《联合国气候变化框架公约》秘书处

1992 年，《联合国气候变化框架公约》秘书处成立，这是一个支持全球应对气候变化的联合国实体组织，旨在支持《联合国气候变化框架公约》得到遵守，并促进《京都议定书》和《巴黎协定》的实施。具体行动包括：协助分析和审查缔约方报告的气候变化信息以及《京都议定书》的执行情况；管理根据《巴黎协定》建立的国家自主贡献登记册；每年组织和支持 2—4 次谈判会议，其中最重要的谈判会议是每年举行的缔约方大会（conference of the parties，COP），2021 年 COP 参会人员达 25000 人，是联合国规模最大的年度会议。在绿色金融国际合作方面，《联合国气候变化框架公约》秘书处组织设立了金融常务委员会，开展长期融资项目，创建和运行金融机制，搭建气候金融数据门户网站，以此推动绿色金融国际合作。

2. 联合国环境规划署

1972 年，联合国环境规划署成立，旨在监测环境状况、辅助政策制定，以应对世界环境挑战。1990 年，联合国环境规划署开展与金融行业的合作。1992 年 5 月，在联合国可持续发展大会前夕，包括德意志银行、国民威斯敏斯特银行、加拿大皇家银行和西太平洋银行在内的多家银行制定了联合国环境规划署银行业倡议。1995 年，联合国环境规划署与多家保险和再保险公司以及养老基金合作，作出联合国环境规划署保险业环境承诺。2003

年，将银行业和保险业的两项倡议合并形成联合国环境规划署金融倡议。2012 年和 2019 年，联合国环境规划署金融倡议分别针对保险公司、银行提出可持续保险原则和负责任银行原则。联合国环境规划署针对不同类型的金融行业发起相关倡议，推动了全球银行业、保险业和投资管理行业的可持续转型。

3. 联合国开发计划署

1966 年，联合国开发计划署在联合国大会上成立。作为联合国致力于国际发展的机构，联合国开发计划署聚焦可持续发展、民主与和平建设、气候和抗灾能力方面，帮助 170 个国家和地区制定政策，培养领导技能、合作能力和机构能力以实现可持续发展目标。2019 年 4 月，联合国开发计划署建立了可持续金融枢纽（sustainable finance hub，SFH），通过汇集联合国开发计划署在可持续发展融资上的经验和专业知识，提供了一整套方法和工具，使政府、私营部门和国际金融机构能够加速可持续性融资活动。2030 年，联合国开发计划署开展了可持续发展目标预算项目，旨在帮助相关国家政府将可持续发展目标纳入国家预算。

4. 联合国经济和社会事务部

1948 年，联合国经济和社会事务部成立。联合国经济和社会事务部以可持续发展目标为基础，提供广泛的产品分析服务、政策建议和技术援助，将经济、社会和环境领域的全球承诺转化为国家政策和行动，监测所承诺目标的实现。在绿色金融合作方面，联合国经济和社会事务部为解决可持续发展资金不足的问题建立了可持续发展筹资办公室，推进可持续发展筹资活动，帮助会员国填补可持续发展的资金缺口。

（二）经济合作与发展组织

经济合作与发展组织是一个政府间国际经济组织，致力于建立国际标准，为一系列社会、经济和环境挑战寻找解决方案，具体行动包括改善经济表现、创造就业机会、促进教育、打击国际逃税等。经济合作与发展组织通过创立绿色金融和投资中心、搭建中小企业可持续发展融资平台，以及开展 ESG 投资研究来促进绿色金融国际合作。

2016 年，经济合作与发展组织建立了绿色金融与投资中心，通过制定有效的绿色金融和投资政策，帮助相关主体向绿色、低排放和气候变化适应型经济转型，使私营部门、政府、监管机构、学术界和民间能够进行知识分享和交流活动。在 2021 年 COP26 期间，经济合作与发展组织建立了中小企业可持续融资平台，为中小企业有关可持续融资的知识共享、数据分析和政策对话提供了一个交流平台，加速中小企业和金融机构实现绿色转型。除此之外，经济合作与发展组织还对与 ESG 投资相关的评级、发展阶段、气候转型等开展研究工作。

在建立绿色金融平台方面，经济合作与发展组织发起成立绿色金融和投资中心，除了提供有关绿色金融和投资的政策指导与分析外，还组织具有影响力的论坛活动来促进私营部门、政府、监管机构、学术界和民间的知识交流与经验分享。2021 年第八届经济合作与发展组织绿色金融与投资论坛围绕“绿色金融的落实时代：驱动环境影响”这一主题，探讨了将绿色金融纳入主流所需采用的经济政策，将资金引导至净零排放或接近零排放的投资领域和高排放行业的渐进式脱碳活动。该届论坛共吸引了来自 141 个国家的 1800 多名参与者。除此之外，经济合作与发展组织的中小企业可持续发展融资平台通过组织每月平台成员会议、首席执行官/高级指导委员会季度会议和年度会议，定期收集合作伙伴有关中小企业可持续发展和绿色融资的最新进展，为中小企业提供信息以制定和实施绿色转型战略。

（三）国际开发性金融俱乐部

2011 年，国际开发性金融俱乐部（the International Development Finance Club，IDFC）成立，它是由来自世界各地的开发银行组成的领导集团，目前拥有 27 个开发银行成员，其中大部分活跃于新兴市场。IDFC 如今是全球最大的公共发展和气候融资提供方，拥有 4 万亿美元的总资产和超过 6000 亿美元的年均融资承诺额，其中年均气候融资承诺额约为 1500 亿美元。自《巴黎协定》签署以来，IDFC 成员的累计绿色金融投资承诺总额已突破 1 万亿美元大关。根据 IDFC 发布的《绿色金融跟踪报告（2021）》，2020 年，IDFC 的 27 个成员机构的绿色金融投资承诺总额达到 1853 亿美元，而气候融资额，即与减少温室气体排放和适应气候变化有关的所有活动的融资额占绿色融资总额的 96%。

气候行动大致分为气候变化减缓和气候变化适应两类，气候资金可依此分为减缓资金和适应资金。气候变化减缓是指通过减少或捕获温室气体排放，降低气候产生变化的风险。减缓资金主要投向可再生能源、能源效率、清洁交通、林业等与减少温室气体排放相关的领域。气候变化适应指的是对实际或预期气候影响进行干预的过程，旨在减轻或避免气候变化所造成的损害，并寻求潜在的有利机会。2020 年，IDFC 的气候变化适应融资额保持增长态势，达到 275 亿美元，相比 2019 年上涨了 42%，气候变化减缓融资额则迎来下滑，主要是受到新冠疫情影响。

专栏 13－1　知识拓展：部分国家发展绿色金融的政策

在绿色金融发展强劲的国家，政府都已建立了全面的支持性政策框架。2021 年全球绿色金融发展指数国别组得分如图 13－1 所示。

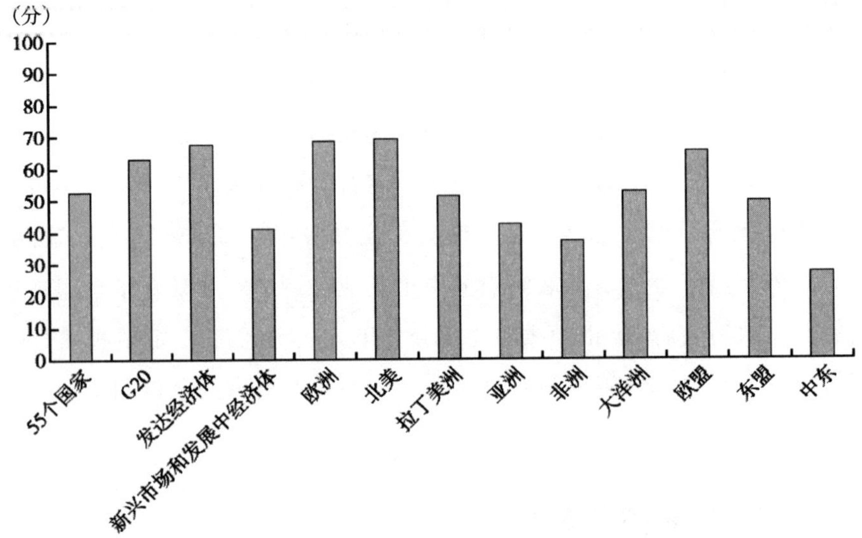

图 13－1　2021 年全球绿色金融发展指数国别组得分

资料来源：全球绿色金融发展报告（2022）。

1. 欧盟

通过出台一系列的战略和政策，欧盟已建立了一个清晰的绿色金融组织架构。欧盟于 2020 年 1 月宣布了《欧洲绿色新政投资计划》，目的是在未来十年内调动至少 1 万亿欧元的可持续投资来支持绿色转型。作为绿色新政的重要组成部分，绿色和可持续金融已成为一个重要的政策议程。该议程包括《可持续发展融资行动计划》、修订后的《可持续金融战略》和新的《可持续经济转型融资战略》。

欧盟碳排放交易体系（EU ETS）是绿色金融的另一个关键组成部分。按年度交易量计算，它是目前世界上最大的碳市场，占 2020 年全球碳交易量的 75% 左右。EU ETS 目前覆盖了 30 个国家的碳排放，包括 27 个欧盟成员国、挪威、冰岛和列支敦士登，并与瑞士碳市场相链接；覆盖的碳排放量约占欧盟温室气体排放总量的 40%。

2. 英国

英国政府于 2019 年发布的《绿色金融战略》提出了两个目标：推动私人资本流向与清洁能源、环境可持续和韧性增长一致的方向，并加强英国金融服务部门的竞争力。为实现这些目标，英国政府确立了三大战略支柱。第一个支柱是金融绿色化，目的是将与气候、环境相关的金融风险及机遇纳入主要的财务决策中。第二个支柱是融资绿色化，旨在加速融资，以支持英国实现减碳、清洁增长、增强经济的韧性和保护环境，以及国际层面的目标，同时该支柱还确定了英国如何撬动更多私人资本流向清洁能源和环境保护领域的具体措施。第三个支柱是把握商业机遇，即确保英国能够充分把握“金融绿色化”和“融资绿色化”所带来的商机。

3. 美国

与欧盟和英国的情况不同，美国的环境和气候政策相对分散，大多数决策由各州作出。拜登政府重新加入《巴黎协定》，承诺到2050年实现净零排放。拜登政府还承诺到2035年，要实现电力行业完全脱碳，现有建筑排放量减少50%，并宣布美国将重新成为国际应对气候变化的领导者。

美国各州在绿色转型方面进展不一，鉴于美国没有全国性的排放交易系统（ETS），加州和马萨诸塞州于2012年和2018年分别建立了自己的排放交易系统（ETS）。此外，美国还提出了区域温室气体倡议（RGGI），这是美国第一个基于市场化机制减少电力部门温室气体排放的强制性计划，于2009年启动，目前覆盖11个州。

第二节 绿色金融非政府间合作

国际合作在绿色金融的发展中发挥了关键作用。绿色金融领域的国际合作体现为多种形式，不仅包括政府间合作，还包括政策制定者和监管机构之间的合作，以及市场参与者为相互学习和推广最佳实践而采取的自愿合作等。

一、金融机构支持的国际绿色金融倡议

作为绿色金融的主要参与者，越来越多的金融机构已经意识到实行绿色标准不仅是承担社会责任的要求，还有利于自身业务模式的转变，提升机构声誉和国际竞争力。赤道原则、责任投资原则、负责任银行原则、可持续保险原则等国际绿色金融倡议针对不同金融机构，在推动绿色金融市场发展的同时，提升了金融机构引导相关绿色产业实现可持续发展的作用（见表13－2）。

表 13－2　　金融机构提出的主流绿色金融倡议

倡议	年份	面向的金融机构	关注重点
赤道原则	2003	银行	融资中的环境和社会风险评估基准
责任投资原则	2006	投资类金融机构	整合 ESG 因素到投资分析和决策过程中
负责任银行原则	2019	银行	银行战略和实践需符合可持续发展目标和《巴黎协定》等愿景
可持续保险原则	2012	保险公司	保险业应对环境、社会及治理风险与机会
可持续证券交易所倡议	2009	证券交易所	交易所如何与相关利益方合作来改善 ESG 表现并鼓励发展可持续投资
气候相关财务信息披露倡议	2015	银行、投资管理公司、保险公司	披露与气候相关的信息
自然相关财务信息披露倡议	2020	金融机构、监管机构、智库等	将与自然相关的风险纳入企业管理

资料来源：全球绿金融发展报告（2022）。

（一）赤道原则

赤道原则（Equator Principles，EPs）是面向金融机构建立的一套通用风险管理框架，用于在融资过程中确定、评估和管理项目的环境和社会风险。在 2020 年的第四版中，赤道原则包括 10 项，即审查和分类、环境和社会评估、适用的环境和社会标准、环境和社会管理体系与环境保护行动方案、利益相关者的参与、申诉机制、独立审查、契约签订、独立监测、报告和透明度（见图 13－2）。而且，赤道原则提出，其适用于全球所有行业，并针对项目融资、项目融资咨询、与项目有关的贷款、过渡性贷款、再贷款和收购。赤道原则是一个项目环境和社会风险管理的金融行业标准，通过对社会负责任的方式来规范金融行业的投融资活动，尽可能避免对环境和生态系统造成负面影响。

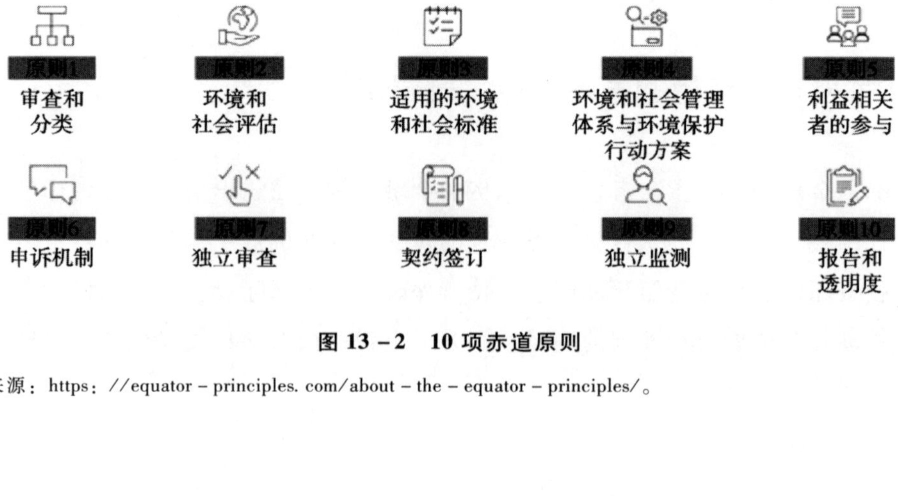

图 13－2　10 项赤道原则

资料来源：https：//equator－principles. com/about－the－equator－principles/。

（二）责任投资原则

2006年4月，责任投资原则（Principles for Responsible Investment，PRI）在纽约证券交易所发布。责任投资原则是与联合国环境规划署金融倡议和联合国全球契约共同合作的投资者倡议。责任投资原则由全球资产拥有者、资产管理者和资产服务提供者组成，致力于“了解环境、社会和治理（ESG）因素对投资的影响以及支持签署成员单位将ESG因素纳入投资和经营决策中”。

责任投资原则提出了六项要求，即整合ESG因素到投资分析和决策过程中、将ESG议题纳入管理、跟踪ESG披露、在投资行业中接受并实践责任投资原则、合作促进责任投资原则的实践、在财务报告中披露责任投资原则的践行情况。

（三）联合国环境规划署金融倡议提出的负责任银行原则和可持续保险原则

联合国环境规划署金融倡议（United Nations Environment Programme Finance Initiative，UNEPFI）发起于1992年的里约热内卢地球峰会，是联合国环境规划署与全球金融部门之间建立的伙伴关系，旨在促进整个金融系统采取行动以实现经济的可持续发展。联合国环境规划署金融倡议针对银行业和保险业，提出了两项有关可持续金融的原则，分别为负责任银行原则（Principles for Responsible Banking，PRB）和可持续保险原则（Principles for Sustainable Insurance，PSI）。

（四）可持续证券交易所倡议

2009年，可持续证券交易所倡议（Sustainable Stock Exchange Initiative，SSE Initiative）由联合国秘书长潘基文在纽约市发起。可持续证券交易所倡议旨在提供一个全球平台，以探索交易所如何与投资者、发行机构、监管机构、政策制定者及相关国际组织合作，来改善ESG表现并鼓励发展可持续投资。可持续证券交易所倡议的内容包括：进行基于证据的政策分析；举办论坛，促进多方利益相关者达成共识；提供技术援助和咨询服务。除此之外，可持续证券交易所倡议还通过搭建数据库，来跟踪证券交易所的可持续活动。目前，该倡议包括全球116家证券交易所，共61091家上市企业。根据其2021年报告，全球证券交易所的可持续活动持续增加（见图13－3）。

（五）气候相关财务信息披露倡议

2015年12月，金融稳定委员会（FSB）创建了气候相关财务信息披露工作组（Task Force on Climate-related Financial Disclosure，TCFD），旨在就公司如何自愿且一致地披露

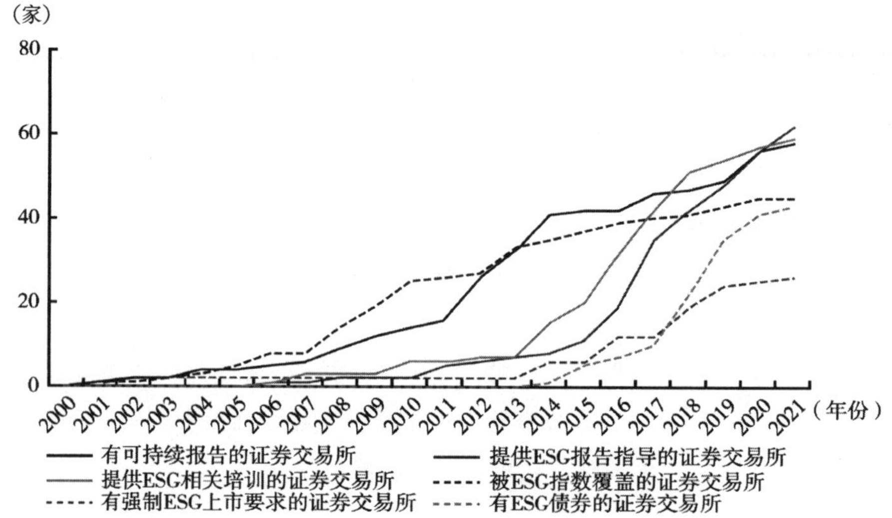

图 13－3　2000—2021 年全球证券交易所可持续活动

资料来源：SSE Results and Impact Report 2021。

气候相关财务信息提出建议，以支持投资者、贷方和保险承保人对气候变化相关的风险进行适当评估和定价。2017 年，气候相关财务信息披露工作组发布了《气候相关财务信息披露工作组建议报告》，确立了治理、战略、风险管理、指标和目标四大信息披露核心因素。从 2018 年开始，气候相关财务信息披露工作组每年连续更新《现状报告》以跟踪承诺单位践行气候变化相关信息披露的情况。根据 2021 年《现状报告》，全球共有 2600 多家机构和单位加入气候相关财务信息披露工作组。除了市场机构的不断参与，TCFD 的气候相关报告要求也被编入公共部门的政策和法规中，如巴西、欧盟、中国香港、日本、新西兰、新加坡、瑞士和英国已宣布要求相关组织按照气候相关财务信息披露工作组的建议进行报告。

（六）自然相关财务信息披露倡议

2020 年 7 月，自然相关财务信息披露工作组（Task Forceon Nature-related Financial Disclosure，TNFD）宣布成立，该工作组由 34 名成员组成，代表了规模达 19.4 万亿美元的金融机构、非金融机构和其他企业。自然相关财务信息披露工作组旨在提供信息使金融机构等能够将与自然相关的风险和机遇纳入战略规划、风险管理和资产配置决策，为相关组织提供风险管理和披露的框架，以报告和应对不断变化的自然相关风险，支持全球金融资源从对自然不利的领域转向对自然有利的领域。自然相关财务信息披露工作组提出与自然保护相关的 7 项原则：市场可用性、基于科学、与自然相关的风险、目的驱动、综合与适应性、气候与自然的关系以及全球包容性。

二、绿色金融多边合作机制

多边气候基金和多边开发银行通过增加气候投融资和开展技术援助等形式来支持绿色金融领域的国际合作。不同组织在绿色金融领域的共同工作凝聚了国际社会对气候变化的认识，在一定程度上加强了发达国家对发展中国家的气候资金支持，以缩小差距和减少不平等现象。

（一）多边气候基金

多边气候基金支持世界各国采用低碳转型和气候适应型发展模式。多边气候基金能够试验应对气候变化的相关技术方法，提供资金支持使这些技术方法落地，并引导绿色资金流向发展中国家和新兴经济体。因此，多边气候基金的运行也部分体现了发达国家在《联合国气候变化框架公约》下履行支持发展中国家减缓和适应气候变化的承诺。目前，共有 20 多个多边气候基金，分为气候变化减缓、气候变化适应、减少毁林和森林退化所致排放以及多目标共 4 种类型（见表 13 -3），总承诺金额达 431.84 亿美元，总批准金额达 283.80 亿美元。

表 13 -3　　多边气候基金

类型	名称
气候变化减缓	清洁技术基金
	市场准备伙伴关系
	扩大可再生能源计划
	全球能源效率和可再生能源基金
气候变化适应	小农农业适应计划
	适应基金
	最不发达国家基金
	千年发展目标成就基金
	气候韧性试点计划
	气候变化特别基金
减少毁林和森林退化所致排放	亚马逊基金
	面向可持续森林的生物碳基金倡议
	中非森林金融倡议
	刚果盆地森林基金
	森林碳伙伴基金
	森林投资项目
	联合国 REDD 计划

续表

类型	名称
多目标	全球环境基金
	全球气候变化联盟
	绿色气候基金
	印度尼西亚气候变化信托基金

资料来源：Climate Funds Update - Data Dashboard。

从多边气候基金的资金流情况来看，根据 2022 年 1 月数据，位列前三的出资国分别为英国、德国和日本，分别向多边气候基金提供了 62.45 亿美元、44.99 亿美元和 40.80 亿美元的资金支持，占比分别为 18%、13% 和 12%，印度、巴西、印度尼西亚是受多边气候基金资助的前三名国家，占比分别为 6.18%、4.93% 和 3.56%。

绿色气候基金以发展中国家为对象，通过“广泛的合作网络 + 降低投资风险以大规模筹资 + 管理气候风险”的模式促进气候资金的有效使用，在技术落地、资金使用和能力建设方面开展绿色金融国际合作。清洁技术基金通过“挖掘具有温室气体减排潜力的低碳技术 + 资金支持技术落地”的模式促进发展中国家转型，从减排技术的角度促进绿色金融国际合作。全球环境基金依托联合国组织内部运作，主要通过“接受资助申请 + 审批项目”的模式决定资助形式和规模，协调联合国的多个部门管理和审查项目，落实《联合国气候变化框架公约》下的金融机制，开展绿色金融国际合作。

清洁技术基金是气候投资基金框架下的多方捐助信托基金之一，旨在推动低碳技术的发展，促进新兴经济体的减排，提升能源利用效率，促进可再生能源的利用。

全球环境基金成立于 1992 年联合国可持续发展大会前夕，旨在协助保护全球环境并促进可持续发展。该基金支持多项多边环境协定的实施，同时服务于《联合国气候变化框架公约》和《巴黎协定》的多边资金机制，是历史最为悠久的公共气候变化基金。全球环境基金还管理《联合国气候变化框架公约》下设立的多个基金，包括最不发达国家基金和气候变化特别基金。

（二）多边开发银行

以世界银行为代表的全球性多边开发银行与以欧洲投资银行、亚洲开发银行、加勒比开发银行和非洲开发银行为代表的区域性多边开发银行，通过中长期愿景、绿色项目直接投资、投融资机制创新、标准和原则制定等方面，从资金到技术推动全球和区域绿色金融合作，为绿色金融的发展夯实基础（见表 13 - 4）。

多边开发银行凭借长期稳定的资金来源、优惠便利措施、专业知识和技术援助、公私资本运作方面的优势，推动了从国际到区域不同层面的绿色金融合作，在减缓和适应气候变化、促进全球可持续发展上发挥着至关重要的作用。

表 13-4 气候领域多边开发银行

类型	机构	相关项目
全球性	世界银行	清洁技术项目 可持续能源项目 碳金融项目 气候变化应对项目
区域性	欧洲投资银行	气候行动项目
	亚洲开发银行	减缓气候变化项目 适应气候变化项目 清洁能源计划 人人享有能源倡议 水融资计划 贫困与环境计划
	加勒比开发银行	灾害风险管理和气候变化应对项目
	非洲开发银行	气候变化应对项目

资料来源：Multilateral and Bilateral Funding Sources。

1. 世界银行

目前，世界银行是发展中国家气候投资中最大的多边资助方，2016—2020 年向各国提供了约 830 亿美元的气候融资，并将气候变化优先事项从财政预算和规划扩展到数字发展和社会保护等传统意义上与气候行动关联性不强的部门。2020 年，世界银行共承诺气候融资 220.16 亿美元，占其贷款总额的 29%，其中约 172 亿美元来自世界银行的主要贷款机构国际复兴开发银行和国际开发协会。从资金用途来看，气候变化适应资金占 42%，气候变化减缓资金占 58%；从资金所流向的经济体的富裕程度来看，212.52 亿美元分配给了中低收入国家，仅有 764 亿美元分配给了高收入国家。

2. 欧洲投资银行

欧洲投资银行是迄今为止唯一一个将“气候”和“环境”两个概念区分开来的多边开发银行，它将气候项目定义为“减缓气候变化”和“适应气候变化”两类，把环境项目定义为“通过推动可持续发展和采取行动防止环境恶化来满足当前人类和子孙后代对自然资源的需求”。在气候方面，欧洲投资银行的目标是成为全球气候变化行动项目最大的融资机构。欧洲投资银行在 2010 年首次设定了气候行动投资目标，之后逐年提高。2021

年，欧洲投资银行对气候行动和环境可持续性项目的总投资额为276亿欧元，占欧洲投资银行全部投资额的51%，其中，对具有气候和环境双重效益的项目的投资额达111亿欧元。

为促进绿色投融资的可持续性，欧洲投资银行在撬动民间资本方面进行了很多尝试，如创新投融资机制和开发金融工具等。这些创新机制包括股权基金、分层风险基金（绿色发展基金、欧洲能效基金）和母基金（全球能效和可再生能源基金）。欧洲投资银行及其合作伙伴还一起设计了其他金融工具促进绿色投融资发展，例如，在能效方面设有私人能效融资（private finance for energy efficiency），在自然资本保护方面设有自然资本融资机制（natural capital financing facility）等。

3. 亚洲开发银行

2021年，亚洲开发银行承诺提供的气候融资总额为47.66亿美元，其中34.38亿美元用于减缓气候变化，另外13.28亿美元用于适应气候变化。从资金来源看，35.53亿美元来自亚洲开发银行内部，12.13亿美元筹集于外部资源。2011—2020年，亚洲开发银行共批准了约416亿美元的气候融资，其中363亿美元来自亚洲开发银行内部，而外部资源贡献了53亿美元。此外，亚洲开发银行承诺将增加在气候变化适应和气候韧性方面的投资，2024年投资总额将达到90亿美元，2030年将达到340亿美元。

专栏13-2　知识拓展：亚洲开发银行的绿色金融行动

在绿色债券方面，亚洲开发银行于2015年开启了绿色债券计划。2020年，亚洲开发银行发行了约7.05亿美元的绿色债券，主要以私募形式发行。2021年9月，亚洲开发银行将《绿色债券框架》拓展为《绿色债券与蓝色债券框架》，并发行了首只蓝色债券，这是一只由15年期2.08亿澳元和10年期2.17亿新西兰元组成的双批次债券。蓝色债券具有可复制性、可扩展性，旨在发展亚太地区的海洋经济。

在清洁能源方面，亚太地区的碳排放量占全球碳排放总量的一半以上，向清洁能源转型是该地区应对气候变化的关键。为支持社会获得清洁、可靠和优惠的能源，同时促进低碳经济的发展，亚洲开发银行于2021年通过了一项新的能源政策。该政策正式承诺亚洲开发银行将不再支持煤炭开采、加工、储存和运输，也不支持任何新的燃煤发电项目。亚洲开发银行将促进采用更清洁的燃料来源，促进减排以降低温室气体对健康和环境的影响。

在碳市场方面，亚洲开发银行始终坚定地支持成员把碳定价工具纳入政策框架，以帮助其实现自主贡献和净零排放目标。亚洲开发银行长期参与碳市场，通过亚太碳基金、未来碳基金和日本联合信贷机制基金调动碳融资并提供技术和能力建设支持。在气候灾害抵御方面，亚洲开发银行通过为防洪管控、预警系统、综合水资源管理、抗灾基础设施和灾害风险融资等领域的灾害风险管理提供资金，帮助其成员提高抗灾能力。

4. 非洲开发银行

2021 年，非洲开发银行批准的所有项目、国家战略和政策文件中有 92% 在其设计中考虑了气候变化和绿色增长。2021 年，非洲开发银行的气候融资总额达到 26 亿美元，占全部批准项目金额的 41%。其中，33% 的资金用于气候变化减缓，67% 的资金用于气候变化适应。在项目类别上，非洲开发银行在 2018 年前主要将气候资金投向气候变化减缓项目。2019 年，气候变化适应的资金规模超过气候变化减缓的资金规模，并且近年来保持了这样的趋势。2021 年，气候变化适应资金占气候资金的 67%。

三、区域性绿色金融合作网络

随着绿色金融发展进程的不断推进，区域性绿色金融合作网络也不断涌现。其中，比较有代表性的有东盟催化绿色融资机制、拉丁美洲和加勒比地区绿色金融平台和非洲绿色金融联盟等。这些区域性绿色金融合作网络在推动经济、政治和地缘关联度高的国家和地区开展合作方面有突出优势，能更好地推动符合区域发展目标的绿色金融创新，促进区域协同发展。

（一）东盟催化绿色融资机制

2018 年，东盟催化绿色融资机制（ASEAN Catalytic Green Finance Facility，ACGF）由东盟基础设施基金（ASEAN Infrastructure Fund，AIF）设立，并于 2019 年 4 月正式启动。ACGF 是一个致力于促进东南亚地区绿色基础设施投资的区域合作机制，以支持东盟成员国政府建设符合环境可持续和气候目标的基础设施项目，引导公共和私人资金流向东南亚地区的绿色产业。

2019 年 4 月，ACGF 由东盟成员国和亚洲开发银行正式启动，由亚洲开发银行负责管理。ACGF 是东盟首个致力于发展和扩大绿色项目的区域性绿色金融倡议，旨在为东盟成员国提供技术援助，以发掘和孵化商业上可行的绿色基础设施项目，并为其投资提供贷款。这种双管齐下的模式有利于降低绿色基础设施项目的投资成本，吸引更多的民间投资。

基于东盟催化绿色融资机制，2018 年和 2019 年，东盟国家开发了多个具有气候变化适应力和环境可持续性的基础设施项目。2021 年，在东盟催化绿色融资机制下创立了东盟绿色恢复平台（ASEAN Green Recovery Platform），以拓展东盟催化绿色融资机制现有的融资和知识伙伴关系，加大对东南亚气候变化适应、环境可持续基础设施项目的支持力度。该平台将提供技术援助，支持绿色和可持续债券的发展，为绿色项目提供高度优惠的融资。

（二）拉丁美洲和加勒比地区绿色金融平台

2016 年，拉丁美洲和加勒比地区绿色金融平台（Green Finance for Latin America and the Caribbean，GFL）由美洲开发银行与拉丁美洲开发金融机构协会合作开发成立，是一个为国家开发银行、私营金融机构和金融市场参与者提供绿色金融信息和知识、促进可持续金融发展的平台。2020 年，拉丁美洲和加勒比地区绿色金融平台扩大了其项目领域，共提出涉及生态经济、蓝色经济、碳市场、气候风险、ESG、可持续能源的金融机制、绿色债券等方面的 12 项可持续发展倡议，协助发行绿色债券并提供技术支持和对话机会。截至 2022 年 7 月，拉丁美洲和加勒比地区绿色金融平台共开展 269 个项目，绿色金融，绿色、社会和主题债券，可持续能源金融机制为主要项目领域，在地理位置上，多数项目开展于墨西哥、哥伦比亚和巴西。

2021 年，美洲开发银行推出了绿色债券透明度平台（Green Bond Transparency Platform，GBTP），以提高拉丁美洲和加勒比地区绿色债券市场的信息披露质量，为拉丁美洲和加勒比地区的发行人、外部审查者和投资者提供可比性和透明度工具。绿色债券透明度平台使用区块链技术跟踪绿色债券信息，使投资者能够分析债券的投资收益和环境绩效。

（三）非洲绿色金融联盟

2021 年，非洲绿色金融联盟（Africa Green Finance Coalition，AGFC）的构想在格拉斯哥举行的联合国气候变化大会上被提出，旨在聚集非洲国家的资源，通过分享学习的方式，促进绿色资本流向非洲大陆。

非洲绿色金融联盟的核心是一个学习交流网络，使联盟成员能够从其他成员的经验中学习并不断完善，以帮助联盟成员制定气候法案、绿色债券指南、财政激励措施等。除此之外，非洲绿色金融联盟还构想了同行评审机制，使联盟成员对其必要的改革承诺负责，增强非洲绿色金融联盟的权威性和信誉，使其成为非洲获得公平份额气候融资的有力倡导者，确保非洲在有关绿色金融规则和报告标准的全球讨论中拥有发言权。

为推动非洲绿色金融联盟的建立运行，肯尼亚财政部在 FSD 非洲公司（Financial Sector Deepening Africa）的支持下，明确了平台概念，并对 15 个非洲国家的绿色金融政策、立法和监管进行了基础研究，奠定了与其他非洲合作伙伴的讨论基础，为 2022 年 11 月在埃及举行的 COP27 上启动非洲绿色金融联盟做准备。非洲绿色金融联盟作为一个由非洲人主导、非洲人管理的机构，释放了一个明显的信号，表明非洲大陆将积极应对气候变化问题并努力抓住绿色发展机遇。

四、绿色金融学术研究网络

（一）全球可持续金融与投资研究联盟

2017 年，全球可持续金融与投资研究联盟（the Global Research Alliance for Sustainable Finance and Investment，GRASFI）由中央财经大学、清华大学、牛津大学、剑桥大学、耶鲁大学、哥伦比亚大学、加州大学伯克利分校等研究型大学发起成立，目前共有 28 个成员高校。该学术联盟通过组织关于可持续金融和投资的年度国际学术会议等方式，为从事可持续金融和投资的研究人员开展学术交流提供平台，并培养未来可持续金融学者，最终助力实现可持续发展。

该学术联盟的年会轮流在欧、美、亚（澳）洲的成员高校之间举办，2018—2020 年的年会分别由马斯特里赫特大学（荷兰）、牛津大学（英国）、哥伦比亚大学（美国）举办，目前已成为国际上主要的绿色金融主题学术会议。2021 年 9 月 1—3 日，中央财经大学绿色金融国际研究院主办了全球可持续金融与投资研究联盟第四届学术年会，这是首次在亚洲新兴经济体举办的全球可持续金融与投资研究联盟学术年会。

（二）可持续金融政策洞察、研究和交流国际网络

2019 年，可持续金融政策洞察、研究和交流国际网络（International Network for Sustainable Financial Policy Insights，Research，and Exchange，INSPIRE）成立，它是一个旨在对气候环境相关风险进行金融监管和促进绿色金融发展的全球性研究网络。该学术研究网络由气候工作基金会（Climate Works Foundation）和伦敦政治经济学院格兰瑟姆气候变化与环境研究所（Grantham Research Institution Climate Change）共同设立，作为央行与监管机构绿色金融网络的指定利益相关方开展了多项学术研究项目并交流分享了研究成果。自 2019 年以来，可持续金融政策洞察、研究和交流国际网络已经发布了 4 次研究项目的公开征集，并委托 30 多个研究项目，涵盖了中央银行和金融监管的主要方面。目前，可持续

金融政策洞察、研究和交流国际网络分别与央行与监管机构绿色金融网络、绿色金融平台（Green Finance Platform）合作，开展了以“生物多样性和金融稳定”及“可持续金融政策有效性”为主题的联合研究项目。

第三节 中国参与绿色金融国际合作

现有的国际气候法治体系建立在《联合国气候变化框架公约》《京都议定书》《巴黎协定》的基础上，在一定程度上推动了国际碳减排行动，但总体而言仍难以显著延缓气候变暖。一方面，不少国家碳中和专项法律的缺失使碳中和行动落实缺乏具体依靠；另一方面，现有遵约机制下，《巴黎协定》规定的共同但有区别责任原则、绿色基金机制、技术支持机制和国家自主贡献机制难以落到实处。对此，我国应发挥大国作用，制定气候治理与碳中和法律，以公约机制与公约外机制共同落实气候行动义务，并督促发达国家履行国际减排义务，从而助力我国和全球碳中和目标的实现。

一、推进绿色金融国际合作面临的挑战

（一）绿色金融政策标准不统一

协调统一的国际绿色金融标准将有助于国际金融机构识别绿色项目，提高国际资本对绿色项目的关注度，促进绿色资本的国际流动。尽管目前中欧已经推动了双方绿色金融标准协同，但全球范围内的绿色金融标准在支持项目、约束范围、审核管理等方面存在较大差异。以绿色分类目录标准为例，国际组织、不同国家和地区的绿色分类标准在支持项目上的覆盖面有所不同（见表 13 - 5）。2022 年 7 月发布的《中国绿色债券原则》对绿色项目的认定主要依据《绿色债券支持项目目录（2021 年版）》，而该目录与国际资本市场协会、气候债券倡议组织的合格绿色项目的差异集中在核电、天然气冷热电三联供、客运铁路、环保装备制造、大气污染防治和低碳相关服务项目上。此外，在募集资金用途、项目评估与遴选、募集资金管理和存续期信息披露方面的不同不利于绿色项目在国际推广和获取资金支持，增加了国际金融机构跨境投融资合作的成本。

表 13－5　　部分国家、地区和国际组织的绿色分类标准

标准名称	来源	年份	支持项目
《绿色债券原则》	国际资本市场协会	2021	可再生能源、能效提升、污染防治、生物资源和土地资源的环境可持续管理、陆地与水域生态多样性保护、清洁交通、可持续水资源与废水管理、气候变化适应、循环经济产品、生产技术及流程、绿色建筑
《可持续金融分类体系》	欧盟	2021	使用可再生能源或气候中性能源、提升能源效率、可再生材料、碳捕集和储存
《绿色债券框架》	德国	2020	交通运输、国际合作、绿色相关研究和创新、能源与工业、农业、林自然景观、生物多样性、教育和可持续性研究、包容和社会一致性、保护自然资源、可持续城市发展、教育和公共卫生设施的现代化
《绿色债券指南》	日本	2020	可再生能源项目、能效项目、污染预防和控制、生物自然资源和土地利用的可持续管理、陆地和水生生物多样性保护、清洁交通、可持续水管理、适应气候变化、生态高效产品和生产技术、环境保护和可持续发展、绿色建筑
《绿色债券指南》	韩国	2020	新再生能源相关事业、能源效率、污染防治和减排工作、环境可持续生活资源、土地利用管理工作、保护土壤及海洋生物多样性、清洁运输、可持续水资源及河皮水管理、适应气候变化、环境效率和循环经济、环保建筑
《绿色债券支持项目目录》	中国	2021	节能环保产业、清洁生产产业、清洁能源产业、生态环境产业、基础设施绿色升级、绿色服务
《中国绿色债券原则》	中国	2022	境内：《绿色债券支持项目目录（2021 年版）》 境外：《可持续金融共同分类目录报告——减缓气候变化》《可持续金融分类方案——气候授权法案》等国际绿色产业分类标准

资料来源：作者整理。

（二）绿色金融监管体制不健全

大数据时代，各类金融信息的获取是监管的重中之重，信息披露制度则是我国完善绿色金融制度的关键。国内银行业监管部门积极同国际银行业监管机构合作，从统计评估、标准制定等方面对绿色金融监管进行详细规定（见表 13－6）。

表 13-6　　国内国际银行业绿色监管措施

条目	国内银行业监管机构	国际银行业监管组织
绿色金融统计评估	2012 年，银保监会通过绿色信用统计评估用统计表，收集与环境保护和循环经济活动相关的贷款数据以及银行贷款的环境和社会风险指数；2020 年，中国人民银行建立绿色统计系统，收集 24 家中国主要银行的绿色贷款数据	2017 年，我国联合法国、荷兰、德国等多国金融监管部门共同成立央行与监管机构绿色金融网络（NGFS），纳入微观审慎监管和宏观金融评估；2020 年，巴塞尔银行监管委员会（BCBS）制定一系列与气候变化有关的金融风险倡议，对委员会成员的监管进行评估
绿色金融制定标准	2015 年，中国人民银行发布《绿色债券认可项目目录》及绿色债券发行管理法规；2019 年，国家发展改革委发布《绿色产业指导目录》，阐明绿色产业范围；2021 年，国家发展改革委、中国人民银行和证监会共同发布修订版《绿色债券支持项目目录》，将煤炭等石化能源清洁利用项目删除	2019 年，中国人民银行与欧投行共同发起成立国际可持续金融平台（IPSF），重点推动全球绿色金融标准趋同；2020 年，欧盟发布《欧洲可持续分类法》，为可持续经济活动建立欧盟分类体系；2021 年，启动欧盟可持续金融行动计划，将 ESG 纳入欧洲金融体系
气候风险压力测试	2020 年，《中国银行“十四五”绿色金融规划》提出，在“十四五”期间完成对主要棕色行业的气候风险压力测试	2021 年，欧洲央行对欧元体系部分银行进行气候压力测试，并在 2022 年上半年对欧元体系银行的准备工作及气候压力测试进行全面审查

由于我国绿色金融发展时间较短，在信息披露方面存在诸多问题。一是绿色金融立法与绿色金融政策的发展并未同步，现有的部门规范性文件则存在强制力不足和执行力偏弱的问题，对于金融机构和投资企业的指引规范相当有限。尽管我国也开始重视国际社会通用的 ESG（环境、社会、治理）评价标准，但仅限于自愿披露和有限强制披露，ESG 总体上还未被完全纳入绿色金融信息披露体系之中。二是我国对于绿色金融的国际规则采用较少。以绿色信贷为例，在国际上普遍遵循前文提到的赤道原则，该原则对金融机构交易内容和交易类型等数据信息的披露作了具体规定。截至 2021 年年底，全球已有 38 个国家和地区共计 126 家金融机构在绿色信贷业务中将赤道原则作为业务准则，中国以此为准则的金融机构数量偏少。三是绿色金融信息共享平台缺失，造成信息传送渠道不畅通、信息不对称和数据缺乏可靠性等问题发生，最终导致监管失灵。监管机构无法有效掌握企业的碳足迹和碳排放量等关键环境信息，给绿色金融国际合作带来巨大挑战。

（三）绿色金融激励机制不到位

近年来，中央有关部门开始重视绿色金融激励工具的使用，并出台相关配套政策。地方金融机构开始将绿色债券和绿色信贷纳入合格担保范围，地方政府也针对绿色金融类产品出台了税收优惠、担保和再贴现等支持政策。但因处于起步阶段，激励机制的作用尚不明显，究其原因，主要有两个方面：一方面，我国绿色金融激励机制尚未充分考虑不同金融机构在不同绿色金融产品和项目中面临的风险差异，因此激励机制也未进行差异化设定，导致激励效果不佳；另一方面，目前绿色金融的激励机制更偏向对实体企业进行支持。涉及绿色融资项目时，财政贴息会直接支付给融资企业，而不是金融机构。对融资企业来说，其绿色融资需求增加，但金融机构作为资金供给方在推动绿色融资项目方面的动力不足。同时，融资企业需要先获得绿色融资再向财政部门申请贴息，而政策不统一、不同地区对政策标准理解不一，也增加了企业获得贴息资金支持的难度。

未来我国绿色金融的激励机制仍需持续完善，特别是要根据绿色金融项目投资巨大、还款期长的特点，有针对性地研究激励措施。对于金融机构而言，政府需要通过绿色金融业绩评价、贴息奖补等政策，引导其增加绿色资产配置、强化环境风险管理，提升金融业支持绿色低碳发展的能力。除金融机构外，能使企业从中获益，才能形成绿色金融的良性发展。具体措施包括：政策性银行利用其低成本资金做好带头和引导作用，中国人民银行将符合要求的绿色信贷资产纳入货币政策操作的合格抵押物范畴；政府机构对企业环境保护和污染防治方面的成本进行税收返还，对发行绿色债券等进行利息补贴，成立专业的绿色担保公司降低融资成本等。

二、全球气候合作的中国担当

中国是最早签署 1992 年《联合国气候变化框架公约》的 10 个缔约方之一，是全球气候合作的积极参与者。从哥本哈根气候大会到巴黎气候大会，中国进一步从重要参与者提升为关键引领者。

（一）应对气候变化国际合作近期策略

气候和环境是重要的全球公共产品。应对气候变化，保护生态环境，任何国家都不能置身事外，绿色金融发展离不开全球参与和各方努力。我国是绿色金融国际合作的一贯倡导者和坚定支持者，持续致力于提升全球绿色金融共识。2021 年，中国人民银行担任 G20 可持续金融工作组联合主席，持续推进绿色金融主流化进程，牵头起草《G20 可持续金融路线图》和《G20 可持续金融综合报告》，获得 G20 财长和央行行长会议核准。

中国人民银行主动引领和积极参与多双边平台及合作机制，提升国际社会对中国绿色金融政策、标准、产品、市场的认可和参与程度。中国人民银行参与发起设立的央行与监管机构绿色金融网络（NGFS），已成为最具国际影响力的绿色金融合作平台之一；中国人民银行指导中国金融学会绿色专业委员会分多家中外机构联合发起《“一带一路”绿色投资原则》（GIP），为金融机构开展“一带一路”绿色投资提供了重要依据；积极参与筹备国际标准化组织可持续金融技术委员会（ISO/TC 322），牵头起草的《可持续金融——基本概念和关键倡议》于2021年8月正式发布，成为ISO/TC 322发布的首个国际标准；与欧盟联合发布《可持续金融共同分类目录》，有力推动了中欧乃至全球绿色金融标准趋同进程。2021年，已有中资金融机构基于该目录在国际市场发行了绿色债券。

专栏13－3　知识拓展：《“一带一路”绿色投资原则》（GIP）

《“一带一路”绿色投资原则》包括战略、运营和创新三个层面的七项原则，包括：（1）将可持续发展纳入公司治理；（2）了解环境、社会和治理风险；（3）公开环境信息；（4）加强与利益相关者的沟通；（5）利用绿色金融工具；（6）采用绿色供应链管理；（7）通过集体行动进行能力建设。

原则（1）和原则（2）旨在鼓励签署方将可持续性和ESG因素纳入公司战略和管理体系，呼吁从最高层面开始，尽可能在整个组织内实施。原则（3）和原则（4）专注于加强利益相关者在运营层面的沟通。签署方可以采取的控制环境和社会风险的具体措施包括环境风险分析、信息共享和冲突解决机制。制定原则（5）至原则（7）旨在鼓励签署方利用前沿的绿色金融工具和绿色供应链，并通过知识共享和集体行动来提高组织能力。

GIP的组织架构包括秘书处和“环境和气候风险评估”“环境和气候信息披露”“绿色金融产品创新”三个由成员机构主导的工作组，开发工具、方法和标准，供签署方和其他相关方使用。此外，秘书处探索开发了绿色项目库，便于相关方获取共建国家的绿色投资信息。GIP签署方应将这些原则纳入公司战略和决策流程，并定期向GIP秘书处报告绩效。

（二）绿色“一带一路”合作倡议和平台

自2013年“一带一路”倡议发起以来，我国秉持共商、共建、共享原则，不断推进事务合作与高质量发展，习近平总书记多次强调要将绿色作为“一带一路”的底色，推动绿色基础设施建设、绿色投资、绿色金融，共建人类命运共同体。2022年3月，国家发展改革委、生态环境部和商务部等部门联合发布《关于推进共建“一带一路”绿色发展的意见》，明确提出统筹推进绿色金融等领域合作，并强调“加强生态环保法律法规和国际通行规则研究”。

近年来，中国金融机构已经在践行绿色“一带一路”上取得积极进展。一方面，我国绿色金融政策体系不断完善，绿色金融市场快速发展，为“一带一路”共建国家提供了有价值的经验借鉴。另一方面，中国金融机构对“一带一路”共建国家清洁能源等绿色项目的融资持续增长，有力支持了共建国家的绿色与可持续发展。

“一带一路”国际合作是中国向世界提供的全球治理中国方案，而“一带一路”倡议之初就是通过基础设施建设推动参与国的互联互通。加强对“一带一路”倡议低碳和气候韧性发展基础设施建设的投资，不仅本身能够形成新的增长点，激发区域内各国的潜力，还可以促进投资和消费，创造需求和就业，为“一带一路”共建国家未来实现气候友好型发展打下坚实的基础。

绿色产能合作是实现绿色“一带一路”的重要途径。绿色产能合作发展的目的是保护公众身体健康，维护生态环境系统和应对气候变化，保护人类和生物赖以生存的环境，支持社会和经济的可持续、绿色低碳和包容性发展。习近平总书记提出打造“绿色、健康、智力、和平”的丝绸之路，其中绿色排在最前面。“一带一路”国际合作重点虽然还是基础设施建设，但中国在支持这些区域基础设施和相关行业发展中可以发挥重要作用。中国应发挥行业领先和节能环保等方面的优势，促进相关行业的绿色产能合作发展。

绿色投融资对“一带一路”共建国家应对气候变化合作具有重大意义。在世界多极化、经济全球化、社会信息化和文明多样化的发展趋势下，越来越多“一带一路”共建国家和地区计划考虑、开始发展绿色金融。巨大的绿色投融资空间不断得到极大激发，为新一代绿色产品和绿色技术提供了资源投入和广阔市场，绿色投资已成为经济增长的新引擎。全球可持续发展进入以绿色经济为主驱动力的新阶段，绿色投资逐渐成为世界主要经济体的发展新动能，也必将成为“一带一路”应对气候变化国际合作的重要支撑。

绿色“一带一路”倡议探索设立“一带一路”绿色发展基金，推动设立专门的资源开发和环境保护基金，重点支持共建国家生态环保基础设施、能力建设和绿色产业发展项目。同时，引导投资决策绿色化。分享绿色金融领域的实践经验，在“一带一路”和其他对外投资项目中加强环境风险管理，提高环境信息披露水平，使用绿色债券等绿色融资工具筹集资金，在环境高风险领域建立并使用环境污染强制责任保险等工具开展环境风险管理。

（三）其他国际合作

我国自大力推动绿色金融以来，深度参与国际绿色金融的发展。中国人民银行在与二十国集团（G20）等多双边渠道加强国际交流的基础上，还参与并发起了与监管机构绿色金融网络、可持续金融国际平台等多边平台的合作，持续推进绿色金融的国际协同发展。

在绿色金融市场的对外开放方面，中国人民银行计划通过统一银行间和交易所债券市场的准入标准和程序，使境外投资者可以直接或通过其境外托管银行，委托符合条件的境内托管银行进行资产托管，便利国际投资者参与中国绿色金融市场（见表13－7）。

表13－7　近期中国人民银行开展的绿色金融国际合作

合作方	合作方式	主要合作成果
G20	2016—2019年，中国人民银行发起并与苏格兰银行共同主持G20绿色金融研究小组	1. 2016—2018年，完成《G20绿色金融综合报告》； 2. 2019年，在《G20高质量基础设施投资原则》中纳入鼓励运用绿色金融工具的表述
法国央行、荷兰央行、德国央行、瑞典金融监管局、英格兰银行、墨西哥央行、新加坡金融局等8家机构	2017年，共同成立央行与监管机构绿色金融网络（NGFS）	研究重点包括： 1. 微观审慎监管，关注气候和环境相关风险； 2. 宏观金融稳定，关注气候变化对宏观经济和金融稳定影响； 3. 发展绿色金融，关注央行如何以身作则并监测绿色金融发展； 4. 数据缺口，搜集气候变化相关数据
中国人民银行指导中国金融学会绿色专业委员会与伦敦金融城牵头多家机构	共同发起《“一带一路”绿色投资原则》（GIP），并于2019年召开第一次全体会议，宣布成立秘书处，在北京和伦敦分设办公室	1. 已有39家大型金融机构签署了GIP，包括17家参与“一带一路”投资的主要中资金融机构； 2. 督促成员落实GIP，评估落实情况； 3. 提出中长期规划“2023愿景”，明确工作重点； 4. 制定环境气候风险评估工具箱，开展风险评估； 5. 制定环境气候信息披露框架及配套指引文件
欧盟与阿根廷、加拿大、智利、印度、肯尼亚和摩洛哥等国	成立可持续金融国际平台（IPSF）	1. 成员由最初的8家财政部和中央银行扩大至15家； 2. 中欧双方达成共识，认为双方绿色金融分类标准趋同，可为形成国际通用的绿色金融分类标准打下基础

资料来源：中国人民银行网站。

三、绿色金融国际合作的路径展望

（一）加强各国在绿色金融领域的政策协调

绿色低碳发展逐渐成为全球共识，也成为全球竞争新的制高点。但可持续发展问题关乎人类命运共同体的构建，各国应从大局思维出发，摒弃恶性竞争，加强政策协调，在竞争合作中推动绿色金融共同发展。

（二）推动绿色金融国际标准体系建设

绿色金融标准是绿色金融领域的“通用语言”，具有规范绿色金融相关业务和确保绿色金融可持续发展的双重作用。从各国绿色金融实践来看，绿色金融标准体系不完善制约绿色金融发展。为形成更好的绿色金融国际合作氛围，各国不仅要尽快形成统一的国内绿色金融标准体系，还应积极参与绿色金融国际标准体系建设相关工作，坚持“共同但有区别的原则”，充分考虑多方诉求，致力于构建公开、公平、公正的绿色国际金融标准体系，推动绿色金融的主流化。

（三）积极构建绿色金融全球数据共享平台

目前，全球各国绿色金融发展都面临信息基础设施缺失、信息披露机制不完善等问题，这为绿色金融的发展和国际合作带来不小的挑战。未来还需在国际范围内提高绿色金融数据的质量和数据可获得性，拓宽绿色金融数据分享渠道，以更准确、透明的基础数据，为绿色金融国际合作提供便利，同时降低绿色金融合作过程中的潜在风险。

（四）拓宽现有合作机制下的绿色金融合作

当前，中国在 G20 框架和“一带一路”倡议机制下推动绿色金融国际合作中取得显著进展。在此基础上，可以进一步在上海合作组织、中国—东盟合作、南南合作、金砖国家等合作机制下开展绿色金融国际合作。中国作为发展中国家中绿色金融相对发达的经济体，发展经验对于其他发展中国家具有重要借鉴价值。在上述合作机制下，中国应与其他发展中国家一道，加强绿色金融合作，这也是实现中国负责任大国担当的重要举措。同时，加强与经济发展水平相似、地域相近的国家的绿色金融合作，从而进一步促进区域标准的协调统一。

（五）开展学术研究和技术援助

针对当前绿色金融区域发展不平衡的状况，需要开展学术研究和技术援助。开展学术研究活动可依托学术研究网络，关注到地域性特征并对欠发达地区进行研究，切实体现绿色金融合作的公平性。在新兴话题方面，对生物多样性金融和转型金融开展研究也是促进绿色金融发展的途径之一。

思考与练习

（1）应对气候变化，国际政府合作有哪些倡议？

（2）国际非政府合作的倡议有哪些？

（3）作为气候治理参与国，中国有哪些倡议和合作项目？

（4）绿色金融国际合作面临哪些挑战？

推荐阅读材料和网站

（1）中国人民银行.《2017 年 G20 绿色金融综合报告》发布［EB/OL］. http：//www. pbc. gov. cn/goujisi/144449/144464/3344238/index. html.

（2）中央财经大学绿色金融国际研究院. IIGF 观点：关于世界银行绿色战略的分析与探讨［EB/OL］. https：//iigf. cufe. edu. cn/info/1012/1144. htm.

（3）国际金融论坛. 2021 年全球金融与发展报告［R］. http：//iff. org. cn/uploads/2021GAM/GFAD – report – cndes20220307. pdf，2021.

（4）GIP 秘书处. “一带一路”绿色投资原则 2020 年度报告［R］. https：//gipbr. net/upload/file/20210714/6376187678735670111786768. pdf，2020.

（5）“一带一路”绿色发展国际联盟（http：//www. brigc. net/gywm/lmjs/202007/t20200726_102077. html）。

（6）Equator Principles. About the Equator Principles［EB/OL］. https：//equator – principles. com.

（7）UN PRI. About the PRI［EB/OL］. https：//www. unpri. org/about – us/about – the – pri.

（8）SSE Initiative. About the SSE Initiative［EB/OL］. https：//sseinitiative. org/about/.

（9）EIB. Environmental and Social Standards［EB/OL］. https：//www. eib. org/en/publications/eib – environmental – and – social – standards.

（10）ADB. Annual Report 2021［EB/OL］. https：//www. adb. org/documents/adb – annual – report – 2021.

（11）ADB. Energy Policy［EB/OL］. https：//www. adb. org/what – we – do/energy – policy.

（12）ADB. Green and Blue Bonds Newsletter 2023［EB/OL］. https：//www. adb. org/

publications/adb - green - blue - bonds.

（13） AfDB. Strategy for 2013—2022 ［EB/OL］. https：//www. afdb. org/en/about - us/mission - strategy/afdbs - strategy.

参考文献

［1］傅聪．欧盟可持续金融的内涵、机制与面临的挑战［J］. 2023（8）：99 - 118 + 151.

［2］G20，G20 绿色金融研究组．G20 绿色金融综合报告［R］. 2016.

［3］何茜．绿色金融的起源、发展和全球实践［J］. 西南大学学报（社会科学版），2021（1）：83 - 94.

［4］何莎．中央银行碳减排支持工具、政策模拟与评估——基于环境动态随机一般均衡模型分析［J］. 国际金融研究，2023（11）：16 - 27.

［5］可持续金融国际平台．共同分类目录报告——减缓气候变化［R］. 2021.

［6］清华大学气候变化与可持续发展研究院．中国长期低碳发展战略与转型路径研究综合报告［R］. 2021.

［7］王遥，毛倩等．全球绿色金融发展报告（2022）［M］. 北京：社会科学文献出版社．

［8］中国人民银行国际司绿色金融研究小组. 绿色金融国际协调的实践［J］. 中国金融，2021（17）：78 - 80.

［9］朱信凯，周月秋等．中国绿色金融发展研究报告（2022）［M］. 北京：中国金融出版社．

［10］朱隽等．金融支持碳达峰、碳中和：国际经验与中国实践［M］. 北京：中信出版社，2022.

［11］IPSF. International Platform on Sustainable Finance Annual Report 2021［R］. 2021.

［12］IPSF. International Platform on Sustainable Finance Report on ESG Disclosure［R］. 2021.

第十四章　企业碳金融实验

学习要求

1. 了解全球气候治理和碳减排要求下，企业参与碳市场和减排投融资决策的时代背景及发展趋势。

2. 了解我国碳交易市场发展情况，熟悉我国重点排放企业参与碳交易的制度逻辑和具体规则要求。

3. 掌握基于实验软件系统的企业碳金融实验步骤，完成实验任务和实验报告。

本章导读

碳交易市场是推动经济发展方式低碳转型、实现“双碳”目标的重要金融工具。在碳交易政策逐渐完善和市场发展驱动下，企业碳金融活动在应对气候变化、服务低碳经济技术投融资、盘活企业碳资产方面发挥重要作用。企业碳金融实验训练可以帮助学生掌握我国碳市场发展、交易规则和减排投融资决策相关知识。

第一节　企业参与碳交易市场的背景

一、国际碳交易市场背景

碳排放权交易在全球范围内正日益成为有效促进温室气体减排的市场机制或政策工

具。早在 20 世纪 60 年代，Coase RH、Dales JH 等经济学家提出排污权交易的有关理论；而后在 20 世纪 90 年代，美国实施酸雨、氟氯烃的总量控制与交易计划，对如何有效利用金融手段与市场机制解决环境问题进行了深入探讨。20 世纪末，气候问题逐步成为全球焦点，欧盟和美国启动了碳交易框架体系研究，并积极付诸实践，逐步建立相对成熟的碳市场。

欧盟碳排放交易体系（European Union Emissions Trading Scheme，EU ETS）于 2005 年建立，以限额与交易（cap and trade）为基础，是全球第一个多国参与的区域性、强制性碳市场。2021 年，《欧洲绿色协议》一揽子复苏计划及《欧盟气候法案》中 2030 年气候目标被提出，欧盟打算进一步扩大碳市场的覆盖范围，提升碳排放上限年折减率到 2.2% 甚至更高，同时加大配额拍卖比重，适时调整 MSR 机制，取消联合履行机制项目减排（emission reduction unit，ERU）、清洁发展机制项目减排（certified emission reduction，CER）等国际信用抵消。

国际碳行动伙伴组织 ICAP《2022 年度全球碳市场进展报告》显示，截至 2022 年 1 月，全球正在运行的碳市场共 25 个，位于 33 个司法管辖区，包括 1 个超国家机构、8 个国家、19 个省和州以及 6 个城市，并有 22 个碳市场正在建设或考虑中。目前，碳市场已覆盖全球 17% 的温室气体排放，全球将近 1/3 的人口生活在有碳市场的地区，参与碳排放权交易的国家和地区的 GDP 占全球总 GDP 的 55%。目前，欧盟 EU ETS 是全球最具规模、最为成熟的碳交易体系，交易机制与《京都议定书》中的温室气体排放权交易机制是一致的，对全球其他碳交易市场起到示范作用。

近年来，各国应对气候变化政策存在显著差异，引起部分国家强烈的国际竞争压力和碳泄漏顾虑。2023 年 4 月，欧盟议会正式批准了欧盟碳边境调节机制（carbon border adjustment mechanism，CBAM），重要目标之一是解决碳泄漏问题，即保护欧盟企业不受碳泄漏威胁。欧盟委员会设计了三种 CBAM 的政策工具，其中包括购买 EU ETS 配额，运行机制也与 EU ETS 类似。欧盟 CBAM 实施分两阶段进行，在过渡期（2023—2025 年），EU ETS 下进口商享受 CBAM 覆盖行业的全部免费配额，仅承担申报义务，无须清缴费用；在清缴期（2026—2035 年），CBAM 覆盖行业的进口商获得的免费配额将每年减少 10%，直至 2035 年完全取消配额的免费分配，进口商需根据进口产品的隐含碳排放量清缴相应数量的 CBAM 证书。

二、国内碳交易市场背景

在全球气候治理和我国“双碳”目标推动下，我国企业绿色低碳发展和转型升级面临更高的要求。相较于国际发展趋势，我国碳交易市场比发达国家起步晚，仍处于初期阶段。

自“十二五”时期以来，我国为了应对气候变化、促进经济可持续发展、提升资源利用效率、推动低碳转型，开始进行碳排放权交易（以下简称“碳交易”）试点，推进全国碳交易体系建设。2012 年 1 月，国家发展改革委同意在北京、天津、上海、重庆、广东、湖北、深圳 7 省市开展碳排放权交易试点。2013 年，深圳、上海、北京、广州和天津相继全面启动碳排放权交易，湖北和重庆在 2014 年也开始了碳排放权上线交易。2016 年，福建碳市场启动。2017 年 12 月，全国碳排放权交易体系启动。2021 年 7 月 16 日，全国碳市场正式交易。截至 2022 年 6 月 30 日，全国 8 个碳交易试点的碳排放配额累计成交量高达 3.98 亿吨，总成交额达 97.82 亿元。在对碳排放权交易市场发展进行阶段划分后发现，第一阶段上海碳市场达到弱式有效，第二阶段湖北、重庆、福建碳市场达到弱式有效。因此，在碳排放权交易市场持续发展和成熟的过程中，市场的效率也在不断提升。

相比于国际先进的碳市场，我国碳市场起步较晚，仍处于发展培育期。但是，从近年来的发展速度看，我国碳市场的发展已经取得了长足的进步，建设经历了从无到有，先进行地方碳市场试点，再稳步推进全国碳市场发展的历程，现在处于地方试点与全国碳市场并行阶段。目前，全国碳市场已成为全球覆盖碳排放量最大的碳市场，未来将存在很大的发展空间。

第二节　企业参与国内碳市场的交易逻辑

我国政府部门通过法规、部门规章等规定企业参与国内碳市场的交易制度。2020 年 12 月 25 日，生态环境部部务会议审议通过的《碳排放权交易管理办法（试行）》对企业参与国内碳市场的温室气体重点排放单位、碳排放配额分配与登记、碳排放配额交易、排放核查与配额清缴等交易逻辑实施总体安排。各部门配套相关通知及规范性文件，对全国碳市场交易流程和细节作具体要求。2021 年 3 月 30 日，生态环境部办公厅起草了《碳排放权交易管理暂行条例（草案修改稿）》，公开征集意见。2021 年 4 月 21 日，由中国绿发会法工委和政研室牵头举办的碳排放权交易管理暂行条例讨论会在北京召开，围绕碳排放权交易实践问题和建议、《碳排放权交易管理暂行条例（草案修改稿）》研讨建议与意见进行重点分享并展开互动讨论。2023 年 11 月 30 日，生态环境部召开例行新闻发布会，《碳排放权交易管理暂行条例》草案已经国务院相关部门复核。

一、温室气体重点排放单位

《碳排放权交易管理办法（试行）》明确纳入全国碳排放权交易市场的重点排放单位，不再参与地方碳排放权交易试点市场。对于温室气体重点排放单位的纳入标准规定：

（1）属于全国碳排放权交易市场覆盖行业；

（2）年度温室气体排放量达到2.6万吨二氧化碳当量。

二、碳排放配额分配与登记

生态环境部根据国家温室气体排放控制要求，综合考虑经济增长、产业结构调整、能源结构优化、大气污染物排放协同控制等因素，制定碳排放配额总量确定与分配方案。

省级生态环境主管部门应当根据生态环境部制定的碳排放配额总量确定与分配方案，向本行政区域内的重点排放单位分配规定年度的碳排放配额。重点排放单位应当在全国碳排放权注册登记系统开立账户，进行相关业务操作。

《碳排放权交易管理办法（试行）》仅规定碳排放配额以免费分配为主，并将适时引入有偿分配。每年7—8月，碳交易主管部门按照重点排放单位配额总量的一定比例预分配碳排放配额。重点排放单位可获得的配额计算方法包括基准线法、历史强度下降法和历史排放法。例如，目前全国发电行业配额分配是采用基准法核算机组配额总量：

$$企业配额总量 = \sum_{i=1}^{n}(供电基准值 \times 实际供电量 \times 修正系数 + 供热基准值 \times 实际供热量)$$

其中，企业配额总量由发电企业各类机组的CO_2排放配额加总组成。排放基准即碳排放强度行业基准值，是某行业代表某一生产水平的单位活动水平碳排放量，主要用于碳交易机制中的配额分配，是基准线法的主要依据。

三、排放核查与配额清缴

重点排放单位应当根据生态环境部制定的温室气体排放核算与报告技术规范，编制该单位上一年度的温室气体排放报告，载明排放量，并于每年3月31日前报生产经营场所所在地的省级生态环境主管部门。每年4—5月，省级生态环境主管部门应当组织开展对重点排放单位温室气体排放报告的核查，并将核查结果告知重点排放单位。核查结果应当作为重点排放单位碳排放配额清缴依据。

四、配额清缴与抵销机制

每年5—6月，重点排放单位应当向分配配额的省级生态环境主管部门清缴上年度的碳排放配额。清缴量应当大于或等于省级生态环境主管部门核查结果确认的该单位上年度温室气体实际排放量。

（一）碳排放配额交易

若重点排放单位配额不能够足额清缴的，可以通过在全国碳排放权交易市场购买配额等方式完成清缴；若重点排放单位足额清缴碳排放配额后仍有剩余，则可以将配额挂牌卖出，也可以不卖出，而通过碳金融实现碳资产增值。

（二）国家核证自愿减排量抵销

重点排放单位每年可以使用国家核证自愿减排量抵销碳排放配额的清缴，抵销比例不得超过应清缴碳排放配额的5%。用于抵销的减排量不得来自纳入全国碳排放权交易市场配额管理的减排项目。

（三）技术改造节能减排

重点排放单位可以通过多种金融渠道获得资金支持，用于技术改造和技术创新，以提高企业的能源利用效率，降低单位产出的碳排放。技术改造资金来源可以是自有资金、产业投资基金股权投资、技术改造抵押贷款、碳排放配额抵押融资、碳排放配额回购交易等。

五、不履约的惩罚

每年6月，主管部门核销重点排放单位碳排放额。重点排放单位虚报、瞒报温室气体排放报告，或者拒绝履行温室气体排放报告义务的，由主管部门责令限期改正，处1万元以上3万元以下的罚款。逾期未改正的，由主管部门测算其温室气体实际排放量，并将该排放量作为碳排放配额清缴的依据；对虚报、瞒报部分，等量核减其下一年度碳排放配额。

重点排放单位未按时足额清缴碳排放配额的，由主管部门责令限期改正，处2万元以上3万元以下的罚款；逾期未改正的，对欠缴部分，由主管部门等量核减其下一年度碳排放配额。

全国碳市场履约交易基本规则流程如图14－1所示。

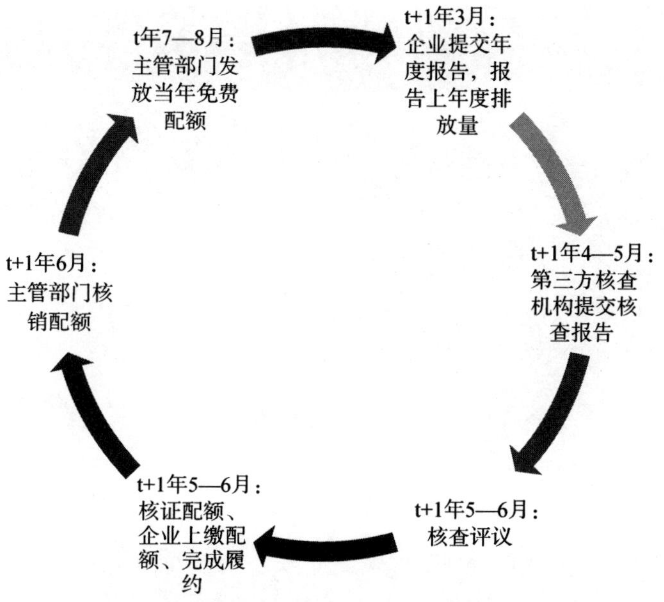

图 14－1　全国碳市场履约交易基本规则流程

第三节　企业碳金融实验步骤

根据目前我国重点排放单位参与碳市场的逻辑和碳市场的交易规则要求，设计开发“碳达峰碳中和目标下企业碳金融实验系统”，具体操作步骤如下：

第 1 步，系统登录。打开“碳达峰碳中和目标下企业碳金融实验系统”，网址①为 http：//www. matrix12345. com/carbonfinance/app，输入用户名和密码，点击登录。鼠标放置在右下角小地球上，可以呈现旁白说明文字。

第 2 步，实验准备。观看“国家和地区碳排放总量走势预测”动态图，点击右下角小地球，了解我国碳市场的基本信息，也可以点击“点击跳过”（见图 14－2）。

第 3 步，电力企业选择（见图 14－3）。可以点击“自定义”自主命名一家电力企业，也可以选择前三个已经命名的企业，如点击“黛珂电力”。系统自带旁白，可以通过点击右上角的静音按钮关闭旁白声音。

---

① 教师端设置有专门的网址（http：//www. matrix12345. com/carbonfinance/admin），用于后台设置班级、学生用户名和密码等管理。

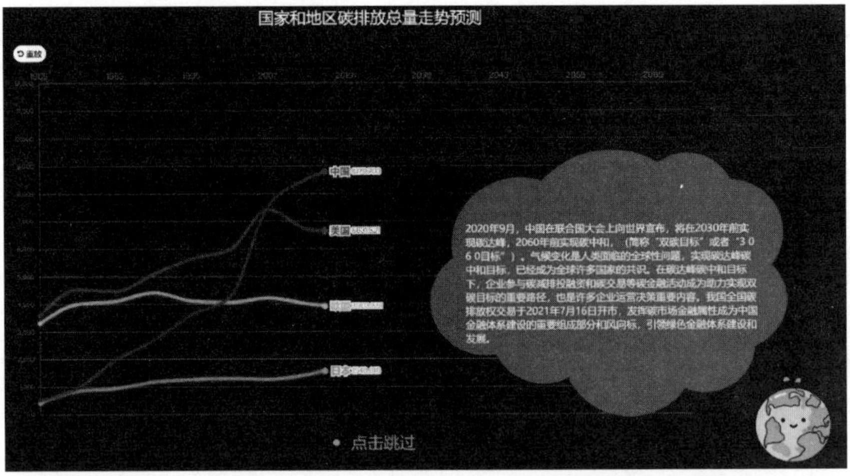

图 14－2　“国家和地区碳排放总量走势预测”动态图界面

图 14－3　电力企业选择界面

第 4 步，企业介绍（见图 14－4）。进入企业基本情况介绍界面，了解企业的机组类别、2020 年实际发电量（MWh/年）、2021 年实际发电量（MWh/年）、基准值（tCO_2/MWh）、煤炭燃烧量（吨/年）和天然气燃烧量（万立方米/年）相关基本信息。点击下一步。

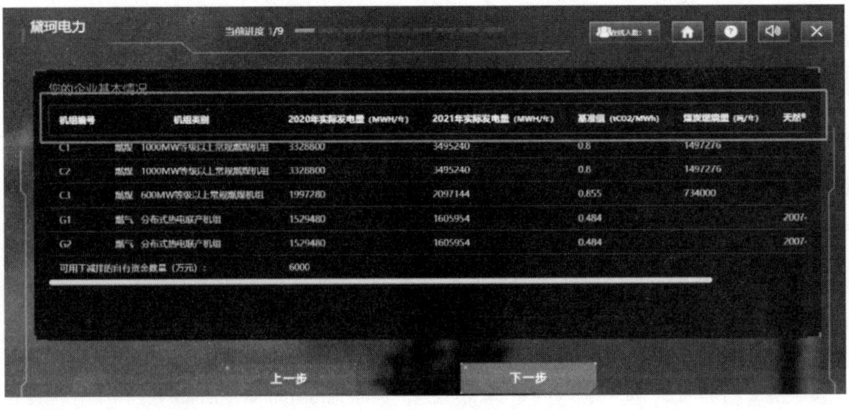

图 14－4　企业介绍界面

第 5 步，计算公司获得的政府预分配配额量（见图 14－5）。点击“计算”，学习弹窗内容，了解预分配配额量计算原理，根据 2020 年发电量计算 2021 年政府预分配配额量。

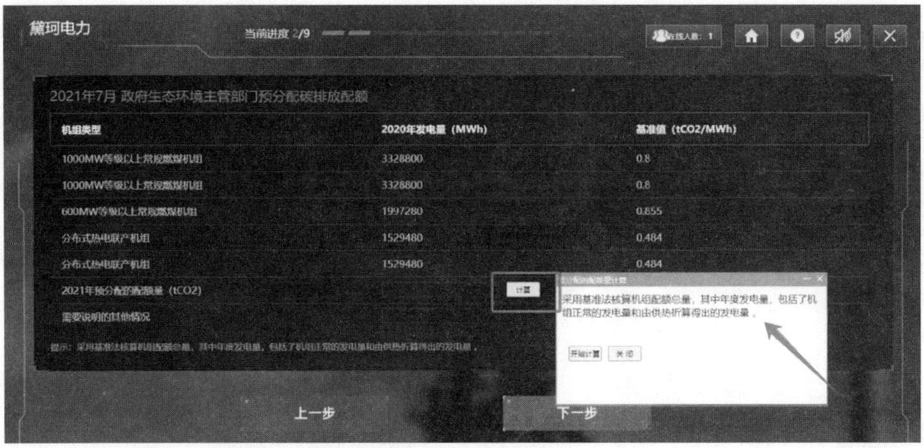

图 14－5　计算公司获得的政府分配配额量界面

第 6 步，技术改造节能减排投融资决策（见图 14－6）。根据企业 2021 年预计发电量，估计最终核定的碳排放配额量，并与所获得的政府预分配配额量进行对比，作出是否通过技术改造实现节能减排的投融资决策。

图 14－6　技术改造节能减排投融资决策界面

第 7 步，技改投融资决策（见图 14－7）。选择进行技术改造的投融资方式，主要包括自有资金方式、产业投资基金股权投资方式、减排技术改造抵押借款方式、碳资产质押融资方式，其中自有资金方式为必选。对每一种方式进行选择，并填入技术改造投入资金量（万元），同时计算技术改造总减排量（吨）。

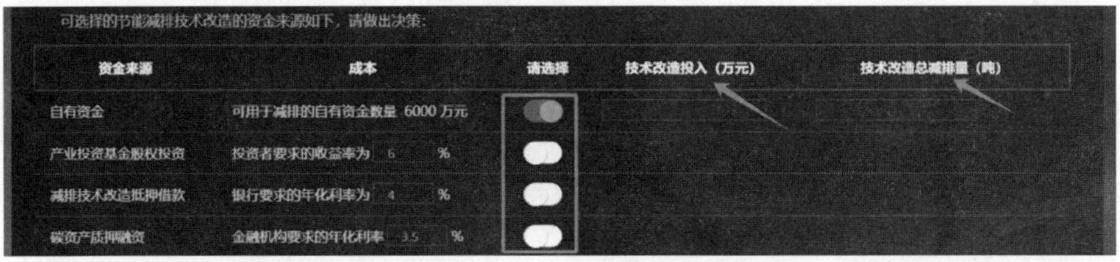

图 14－7　技改投融资决策界面

第 8 步，投融资汇总计算（见图 14－8）。点击“计算”，获得本年度合计技术改造投入总额和技术改造总减排量，以及年平均额。点击“下一步”。

图 14－8　投融资汇总计算界面

第 9 步，企业参与碳市场交易（见图 14－9）。企业根据可购买碳排放配额的资金和可出售碳排放配额的实际情况，决定可购买/出售的配额量，并计算支出/收入金额。点击“下一步”。

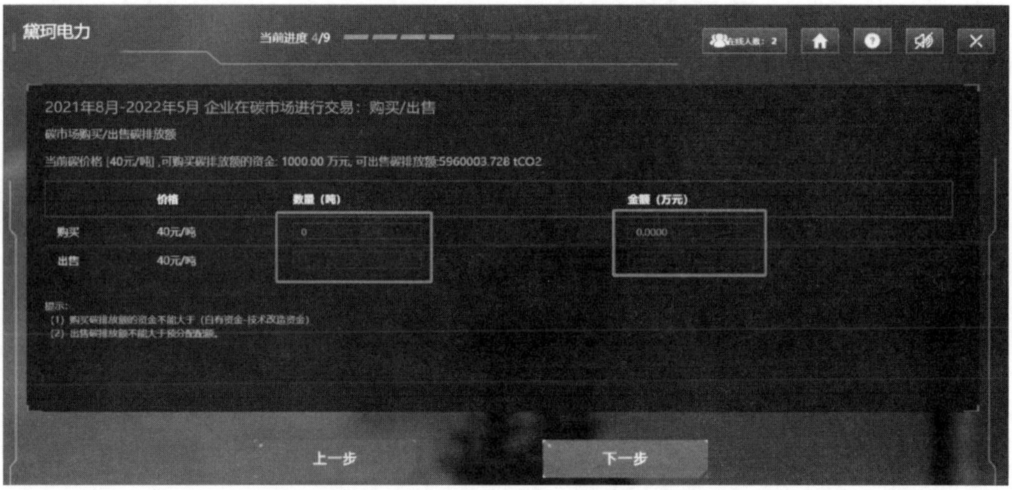

图 14－9　企业参与碳市场交易界面

第 10 步，企业上报温室气体排放量（见图 14－10）。

（1）根据能源消耗量、低位发热量和单位热值排放因子，估测企业 2021 年使用煤炭、天然气的“原有煤炭燃烧直接排放”“原有天然气燃烧直接排放”，即估测不存在技术改造的直接排放量。

（2）将上述两个数据填入“企业上报二氧化碳排放表”中，点击“计算”，得到扣除技术改造减排量之后的二氧化碳实际排放量。

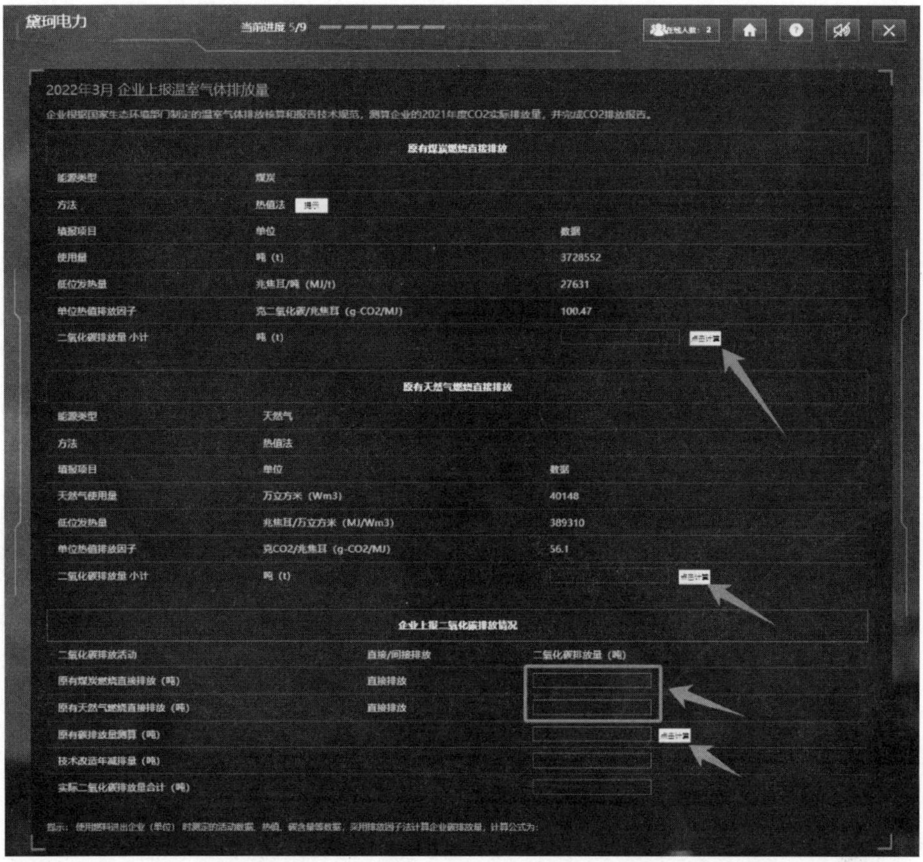

图 14－10　企业上报温室气体排放量界面

第 11 步，最终核定企业碳排放配额（见图 14－11）。根据 2021 年的实际供电量情况核定最终的配额量，并获得提示完成履约。

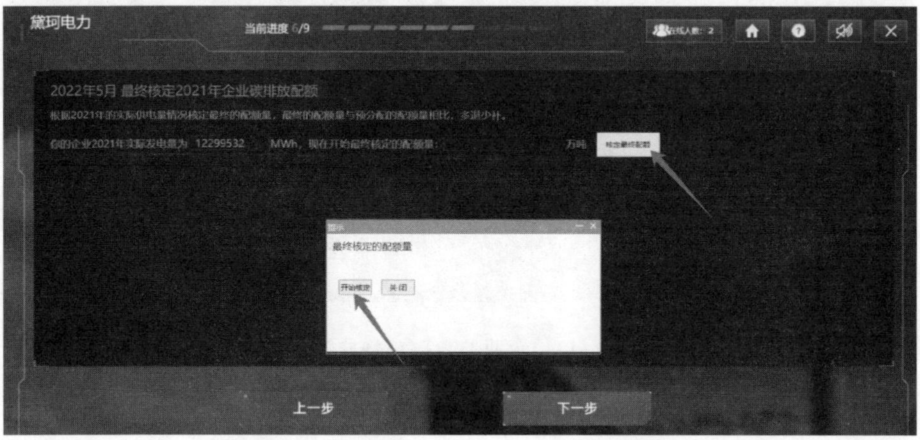

图 14－11　最终核定企业碳排放配额界面

第 12 步，核算履约配额缺口（见图 14－12）。根据上述计算数值，逐步输入或计算填写空格。计算原理为：

2021 年实际碳排放量＝2021 年原有碳排放量－技术改造年减排量

履约配额缺口＝企业实际排放量－核证的配额量－已在碳市场购入的碳排放额

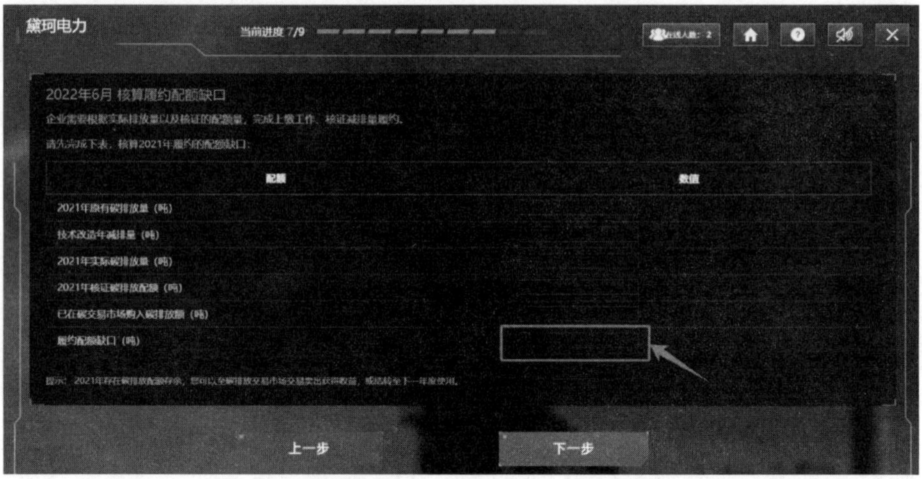

图 14－12　核算履约配额缺口界面

第 13 步，企业参与碳市场交易（见图 14－13）。企业在碳市场进行交易，购买/出售完成当面履约。操作原理为：若履约配额缺口为正，表明配额不足，需额外购买；若履约配额缺口为负，表明配额充足，可出售获益。

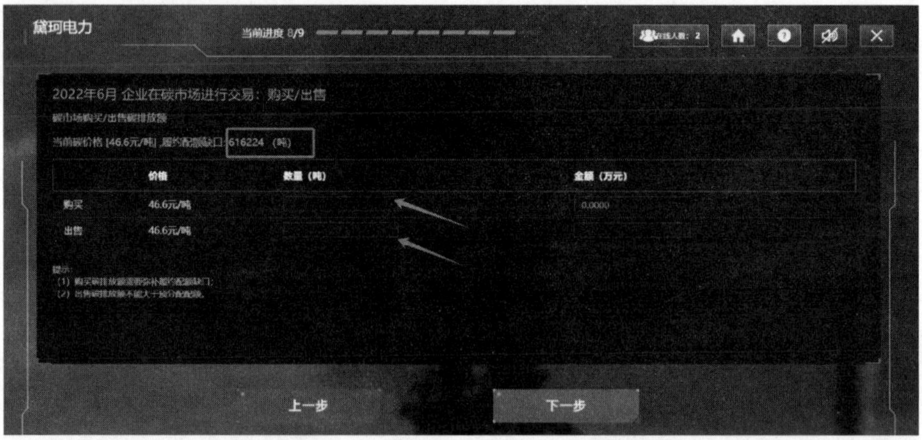

图 14－13　企业参与碳市场交易界面

第 14 步，完成实验报告（见图 14－14）。

（1）根据电价、发电总量计算主营业务收入。

（2）根据主动交易时价格与履约清缴时价格之差计算碳交易主动买卖的净收入。

（3）根据履约清缴时购买的配额和价格计算被动购买支出。

（4）根据技术改造减排量计算履约清缴时购买碳排放配额的支出减少额。

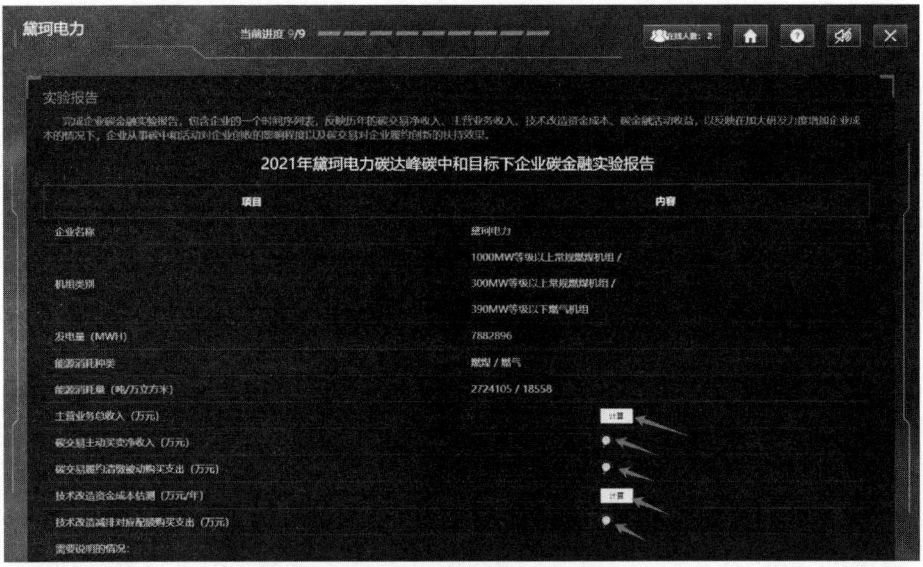

图 14－14　实验报告界面

进一步说明，进行总结分析，主要包括：进行技术改造的融资策略及原因、第一次碳排放市场交易策略及原因、第二次碳排放市场交易分析，以及下一年配额履约的预期困难及拟解决方案。最后，完成实验并发送至指定邮箱（见图 14－15）。

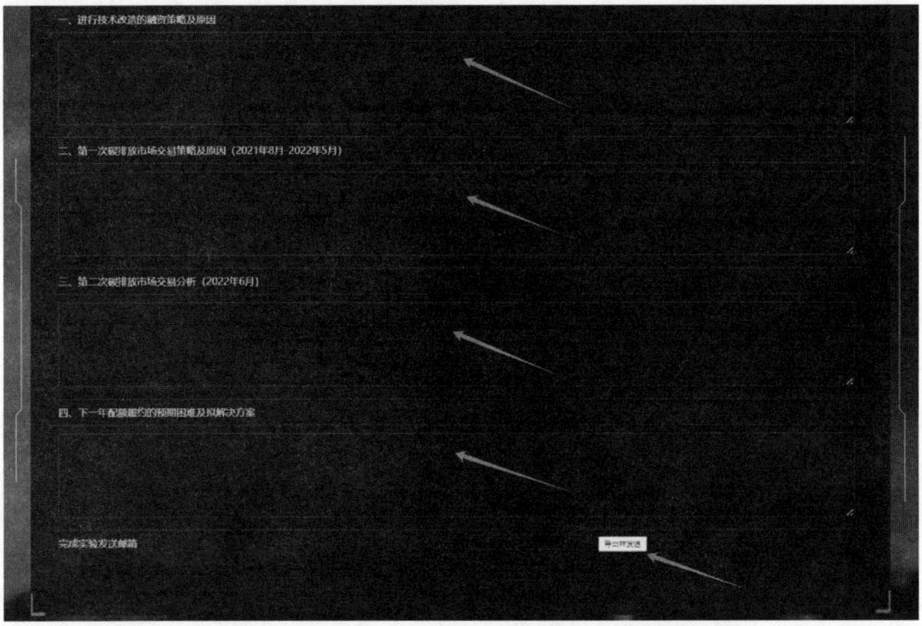

图 14－15　进一步说明及完成实验发送邮箱界面

参考文献

[1] 管河山，王培，王谦．我国碳排放权交易市场的有效性研究［J］．金融经济，2020（11）：8－17.

[2] 刘志强，唐艺芳，谢伟伟．碳交易理论、制度和市场［M］．长沙：中南大学出版社，2019.

[3] 生态环境部办公厅．关于全国碳排放权交易市场2021、2022年度碳排放配额清缴相关工作的通知［EB/OL］．https：//www.mee.gov.cn/xxgk/xxgk/xxgk06/202307/620230717_1036370.html，2023－7－17.

[4] 生态环境部办公厅．关于做好2022年企业温室气体排放报告管理相关重点工作的通知［EB/OL］．https：//www.mee.gov.cn/xxgk2018/xxgk/xxgk06/202203/t20220315_971468.html，2022－3－15.

[5] 生态环境部办公厅．关于做好2023—2025年部分重点行业企业温室气体排放报告与核查工作的通知［EB/OL］．https：//www.mee.gov.cn/xxgk2018/xxgk/xxgk06/201310/t20131018_1043427.html，2023－10－18.

[6] 生态环境部办公厅．碳排放权交易管理办法（试行）［EB/OL］．https：//www.gov.cn/zhengce/zhengceku/2021－01/06/content_5577360.htm，2021－1－5.

[7] 吴定迪．欧盟碳市场建设对中国碳市场发展的启示［J］．特区经济，2021（10）：18－23.

[8] 肖宏伟，易丹辉，张亚雄．中国区域碳排放空间计量研究［J］．经济与管理，2013（12）：53－62.

[9] 许英明，李晓依．欧盟碳边境调节机制对中欧贸易的影响及中国对策［J］．国际经济合作，2021（5）：25－32.

[10] 杨兆廷，吴祎伦．“双碳”目标下雄安新区发展碳金融的思考［J］．区域经济评论，2022（1）：124－129.

[11] COASE R H. The problem of social cost［J］．The journal of Law & Economics，1960，3：1－44.

[12] International Carbon Action Partnership（ICAP）．Emissions Trading Worldwide：Status Report 2022［R］．Berlin：ICAP，2022.